in cattedra
Concorsi Scuola

MANUALE DELLE METODOLOGIE E TECNOLOGIE DIDATTICHE

a cura di **Lucia Gallo** e **Iolanda Pepe**

Manuale di preparazione alle prove metodologico-didattiche dei concorsi a cattedra

II EDIZIONE

Il QR Code per accedere alle risorse online

Come accedere alle nostre risorse online

Se hai uno smartphone, per utilizzare il QR Code devi utilizzare un lettore di QR Code.
Se non hai un lettore di QR Code sul tuo smartphone, puoi scaricarlo da iTunes (se hai un iPhone) o da Play Store (se hai uno smartphone Android).
Scaricato il lettore, utilizzalo per **inquadrare il QR Code che trovi su questa pagina** con la fotocamera del tuo smartphone. Una volta inquadrato e riconosciuto il QR Code, avrai automaticamente il link per accedere alle nostre risorse online.
Se, invece, non hai uno smartphone puoi accedere alle nostre risorse online direttamente utilizzando questo indirizzo nel tuo browser:

www.simone.it/d/526_b

In entrambi i casi, registrati sulla pagina che ti abbiamo indicato (in alto a destra, nel box, **Area Riservata**, clicca sul link **Registrati**). Terminata la registrazione dovrai attendere una mail con la password che ti è stata assegnata.
Ricevuta la password **accedi all'Area Riservata** e potrai scaricare i contenuti online.
Per accedere ad alcuni contenuti è necessario digitare il **Codice identificativo** che hai ricevuto **via email** da **Amazon**.

Copyright © 2019 Simone s.r.l.
Via F. Russo, 33/D
80123 Napoli
www.simone.it

Tutti i diritti riservati
È vietata la riproduzione anche parziale e con
qualsiasi mezzo senza l'autorizzazione
scritta dell'editore.

Maggio 2019
526/B • Manuale delle metodologie e tecnologie didattiche

Questo volume è stato stampato presso:
«Multimedia»
V.le Ferrovie dello Stato Zona Asi - Giugliano (Napoli)

Il Cap. 3 della Parte II è stato elaborato dal dott. Alessio Caiaffa.
Si ringrazia la dott.ssa Rossella Micillo per la collaborazione nella stesura dei Cap. 3 della Parte I e Cap. 4 della Parte III.

La pubblicazione di questo volume, pur curato con scrupolosa attenzione dagli Autori e dalla Redazione, non comporta alcuna assunzione di responsabilità da parte degli stessi e della Casa editrice per eventuali errori, incongruenze o difformità dai contenuti delle prove effettivamente somministrate in sede di concorso o esame.
Tuttavia per continuare a migliorare la qualità delle sue pubblicazioni e renderle sempre più mirate alle esigenze dei lettori, la Edizione Simone sarà lieta di ricevere segnalazioni e osservazioni all'indirizzo info@simone.it.

PREMESSA

Il **Manuale delle metodologie e tecnologie didattiche**, giunto in brevissimo tempo alla **seconda edizione** grazie all'entusiasmo con cui è stata accolta la prima, costituisce un utile strumento di preparazione in vista delle prove scritte e orali dei concorsi a cattedra. In queste prove, gli aspiranti docenti sono chiamati a dimostrare non solo la padronanza delle discipline ma anche di possedere quelle competenze pedagogiche, metodologiche e didattiche, oltre che normative, che formano la sostanza propria dell'insegnamento e che permetteranno loro, una volta chiamati ad insegnare, di governare compiti sempre più vasti e articolati in una realtà sociale complessa e in continua evoluzione.

Nella didattica aspetti teorici e aspetti operativi devono essere, pertanto, strettamente connessi in quanto gli uni rimandano agli altri, secondo un rapporto di interdipendenza e reciprocità.

Questo è il problema più complesso sul piano metodologico e culturale, ovvero: qual è il rapporto tra teoria e pratica, tra ricerca per conoscere e ricerca per agire?

Non vogliamo entrare più di tanto in questo complicato problema perché rischieremmo di andare oltre i confini del nostro lavoro, ma possiamo affermare che il grosso nodo della professionalità docente è proprio quello del corretto rapporto teoria/pratica.

Teoria e pratica, infatti, devono considerarsi come due aspetti della stessa medaglia perché se la teoria ignora la pratica diventa astrazione pura, ma se la pratica ignora la teoria rischia di trasformarsi in arido tecnicismo. Guardare alla pratica significa essere attenti ai dati empirici, all'esperienza maturata sul campo, e in certi casi alle norme che disciplinano l'insegnamento; guardare alla teoria significa ricostruire il senso dell'azione, dilatare il suo spazio, correggere la destinazione, orientarla, guidarla.

Vista l'indissolubilità dei due campi e i pericoli connessi alla loro separazione, questo lavoro vuole configurarsi come momento di cerniera tra aspetti teorico/descrittivi e aspetti tecnico/operativi, come occasione di ricerca e di approfondimento, che mentre fa propri i risultati della letteratura pedagogica e psicologica, ne illustra anche la loro attuazione in sede didattica.

Dalle considerazioni sopra esposte, scaturiscono le caratteristiche di questo Manuale che si articola in *più parti*:

— **Prima Parte – Fondamenti di psicologia dello sviluppo e dell'apprendimento**: con taglio *teorico* vengono sintetizzati i *fondamenti della psicologia dello sviluppo e dell'apprendimento*, con lo scopo di richiamare velocemente alla mente teorie, concetti, definizioni, studiosi. Si parte dalla struttura del cervello e dei processi cognitivi, dalle teorie dell'apprendimento e dell'educazione del pensiero, per arrivare a un'analisi degli *stili di apprendimento* e delle pratiche didattiche per individuarli. Qui vengono messi a fuoco in modo sintetico e immediato i nuclei teorici più importanti che necessitano di essere conosciuti nella loro essenzialità, prima di essere tradotti operativamente sul campo per trasformarsi in scelte didattiche. Da essi potranno, poi, scaturire approfondimenti, inferenze, ricerca di senso e di significato.

— **Seconda Parte – Metodologie, strategie e tecniche didattiche**: questa Parte, applicando sul campo i nuclei teorici trattati nella Prima, si sofferma, con un *taglio tecnico/operativo*, su metodologie, strategie e tecniche didattiche, al fine di offrire un supporto concreto alla progettazione di un percorso formativo, attraverso la presentazione di *modelli, strumenti e concrete proposte operative*.
Largo spazio viene dato: alla individuazione delle *competenze del docente*, ritenute necessarie per fronteggiare compiti sempre più difficili e problematici; alle *principali metodologie e metodi didattici*, evidenziando per ciascuno punti di forza e nodi critici; alla illustrazione delle *principali strategie e loro esemplificazione pratica*; alla definizione del concetto di *competenza* e *progettazione*, nonché alla *valutazione e certificazione delle competenze*.

— **Terza Parte – Inclusione a scuola**. Vengono qui illustrate tutte le tematiche sia normative sia didattiche relative agli alunni con *bisogni educativi speciali*: disabili, DSA, stranieri, nonché le problematiche relative ai *fenomeni sociali della devianza e della dispersione scolastica*, ma anche le attività di *continuità educativa* (continuità orizzontale e verticale, orientamento, lifelong learning etc.).

— **Quarta Parte – Gli strumenti**. Si analizzano qui tutti i vari *strumenti, tradizionali e digitali*, che oggi si offrono al docente per una didattica innovativa e personalizzata: dal libro all'ebook, dalla LIM ai social, dai blog ai podcast, ai viaggi di istruzione. Largo spazio è dato anche agli *ambienti di apprendimento* che, nella scuola della metacognizione, diventano fondamentali per l'apprendimento, nonché alla *relazione educativa* insegnante allievo (anch'essa considerata strumento per una corretta ed efficace attività didattica).

— **Quinta Parte – Gli ordinamenti didattici**. In questa Parte si presenta una rapida sintesi degli *ordinamenti delle scuole di ogni ordine e grado*.

Tutti i capitoli di cui si compongono le varie Parti sono arricchiti da **schede di approfondimento** con focus su alcuni temi di particolare interesse, e da **sintesi finali** in cui vengono evidenziati, attraverso *parole chiave*, i contenuti fondamentali di ciascun capitolo.

Chiudono il libro **due Appendici** su *come strutturare un progetto didattico e come organizzare una lezione*. Tra le **espansioni online** i principali provvedimenti normativi che incidono sulla didattica (Indicazioni nazionali, Linee guida etc.).

Questa nuova edizione, arricchita anche nei contenuti, esce aggiornata ai più recenti provvedimenti che incidono sulla didattica, tra cui la Raccomandazione UE sulle competenze chiave del 2018.

I. Fondamenti di psicologia dello sviluppo e dell'apprendimento

Sommario Parte I

1 | Struttura del cervello e processi cognitivi

2 | Apprendimento, psicologia dello sviluppo e educazione del pensiero

3 | Stili di apprendimento e pratiche didattiche per individuarli

1
Struttura del cervello e processi cognitivi

La scuola è un *articolato sistema educativo*. Per aiutare gli studenti ad intraprendere un proprio percorso formativo e di sviluppo, il docente necessita di un sapere vastissimo che va molto oltre le tradizionali competenze disciplinari. Deve, infatti, possedere robuste conoscenze pedagogiche, psicologiche, metodologico-didattiche, relazionali e comunicative (oltre che normative), trasferendole in chiave pratica e sapendole empiricamente riadattare a seconda del contesto in cui opera e soprattutto degli allievi che si trova di fronte.

In questa Prima Parte affronteremo gli elementi e le teorie fondamentali della psicologia dello sviluppo e dell'educazione. Tutte in qualche modo influenzano anche la didattica.

Prima ancora di tutto è, però, importante capire quali sono i *meccanismi con cui il cervello dell'uomo opera* e come questo si modifica nel corso della vita di un individuo. Ed è importante studiare, anche se solo per cenni, quei meccanismi (come memoria, attenzione etc.) che incidono sui processi di apprendimento.

1 Il cervello e la sua struttura

Il **cervello**, evolutosi in milioni di anni, è l'**organo fondamentale delle attività cognitive** oltre che l'organizzazione biologica più complessa a noi nota: tutti i processi psichici dipendono dalle sue funzioni.

Il cervello è composto da un numero smisurato di **cellule nervose** (o **neuroni**): circa 30 miliardi nell'uomo. Ciascun neurone comunica con un numero notevole di altri neuroni: da questi contatti si originano mediamente da 1.000 a 10.000 **connessioni** (o **sinapsi**). Nella corteccia cerebrale (lo strato esterno del cervello) sono così presenti decine di migliaia di miliardi di sinapsi continuamente attive e volte a regolare il nostro comportamento cosciente e il nostro pensiero.

Le funzioni della corteccia cerebrale sono molteplici:

— controllo delle **attività motorie** dell'organismo;
— produzione del **linguaggio**;
— funzioni di **attenzione**;
— elaborazione del **pensiero** e organizzazione della «**mente**» nel suo complesso.

Nonostante le diverse aree della corteccia siano fortemente **specializzate** in ragione delle varie funzioni sensoriali, la struttura delle varie zone cerebrali risulta molto simile.

La corteccia cerebrale, composta dai due emisferi cerebrali, è suddivisa in *quattro lobi*: frontale, parietale, occipitale e temporale.

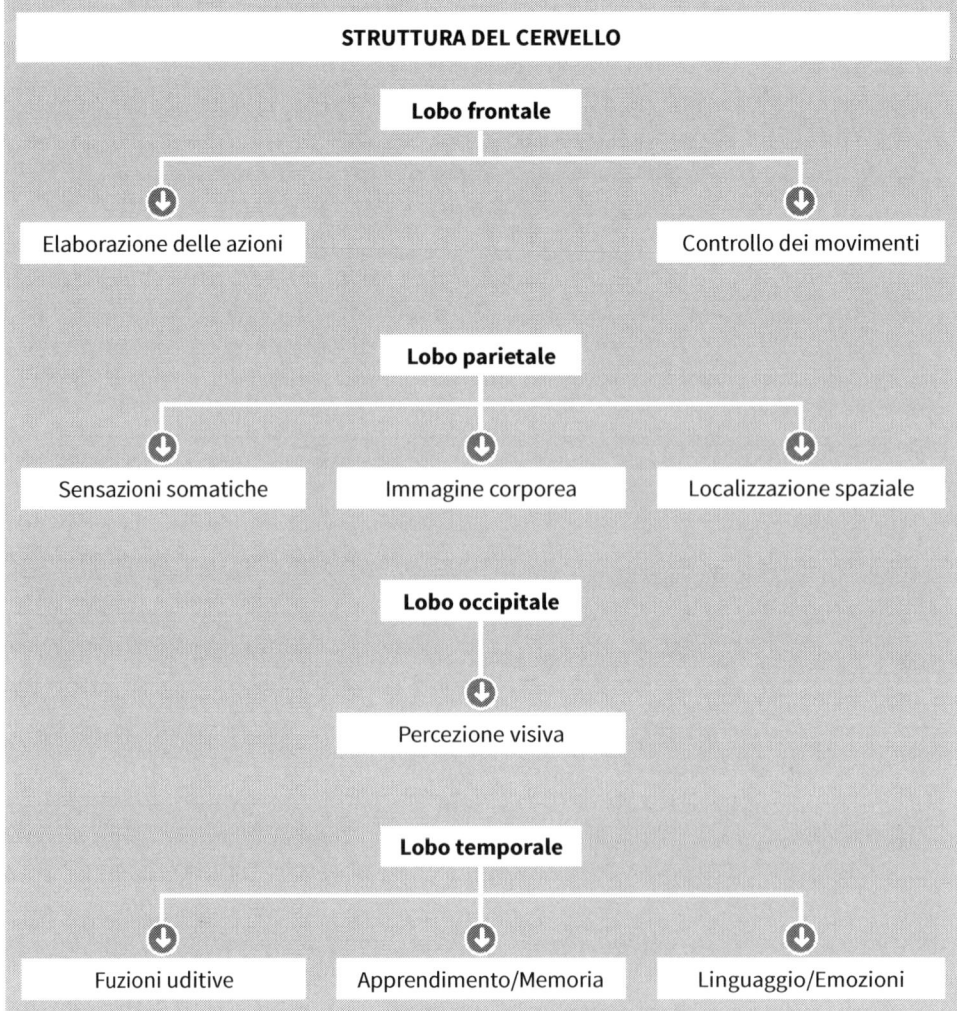

La corteccia cerebrale si caratterizza per la sua plasticità.

La nozione di «**plasticità**» implica la capacità, tipica dei circuiti nervosi, di **mutare** le loro caratteristiche funzionali e strutturali in ragione delle **stimolazioni sensoriali** esterne, e di adattarsi progressivamente all'ambiente.

Il cervello è plastico soprattutto nella prima fase della vita neonatale, anche se, per alcuni versi, lo è per tutto il ciclo di vita.

1.1 Prima infanzia

Tra la nascita e l'inizio del funzionamento degli apparati sensoriali esiste un periodo di particolare sensibilità del sistema nervoso centrale alle influenze del mondo esterno, denominato **periodo critico**.

A livello generale, si tratta di una capacità ben nota da tempo anche a tutti gli **studiosi dell'apprendimento infantile**, agli educatori in genere, e studiata a fondo dagli psicopedagogisti che affronteremo più avanti (come L. Vygotskij e J. Piaget).

Da un punto di vista concettuale, possiamo definire il periodo critico come un fenomeno di progressiva **sintonizzazione tra mondo cerebrale e mondo esterno**. Si tratta di un evento complesso che implica forme di accomodamento e di selezione di determinati circuiti cerebrali al fine di generare un **comportamento** che garantisca la sopravvivenza dell'organismo in un certo ambiente.

La riprova è che l'assenza di stimolazione nel periodo critico produce danni, spesso irreversibili, nello sviluppo del bambino. Importanti sono in proposito gli studi dello psicologo René Spitz sulla deprivazione delle cure materne su bambini nei primi mesi di vita.

L'impatto ambientale, in questo senso, serve ad attivare una serie di geni che, in assenza di stimoli, resterebbero latenti.

1.2 Sviluppo del sistema nervoso nell'adulto

Una teoria largamente diffusa fino a non molti anni fa riteneva che il cervello — terminate le acquisizioni del periodo critico — tendesse inesorabilmente a stabilizzarsi. Ricerche recenti mostrano invece che esistono, seppur in misura ridotta, zone di plasticità anche nel cervello adulto. Questo fenomeno è probabilmente alla base della capacità di **apprendimento continuo** (*lifelong learning*) che dura per tutta l'esistenza dell'essere umano.

Anche il corpo si modifica ben oltre l'età dell'adolescenza; nelle persone che imparano a leggere in Braille, ad esempio, si verifica un'espansione della rappresentazione della zona cutanea corrispondente al dito impiegato per la lettura.

Studi ancora più recenti hanno mostrato la possibilità che anche in adulti soggetti a lesioni periferiche o amputazioni di arti è possibile una cospicua riorganizzazione delle cortecce sensoriali.

Il fatto che il cervello rimanga **plastico**, sia cioè sensibile alle molteplici tipologie di input provenienti dall'esterno, pone naturalmente la questione dell'**utilità di un esercizio cerebrale** preventivo volto a migliorare, o garantire la stabilità nel tempo, delle nostre performance.

La risposta delle neuroscienze, pur con molta cautela, è tendenzialmente affermativa: circuiti neuronali tenuti inattivi per lungo tempo tendono a perdere in efficienza e funzionalità sinaptica.

2 I processi cognitivi e l'intelligenza: la percezione

Senza la capacità di percepire non potremmo conoscere il mondo esterno e soprattutto «imparare». È solo in virtù di questo processo, infatti, che il nostro corpo e la nostra mente entrano in contatto con la realtà che ci circonda.

Più precisamente, per **percezione** si intende il processo cognitivo che ci permette di trarre informazioni dal mondo in cui viviamo attraverso l'integrazione tra le **sensazioni** che raccogliamo mediante gli organi di senso e le nostre esperienze pregresse.

Naturalmente l'atto di percepire non è un'operazione del tutto obiettiva; esso viene infatti influenzato da una serie di fattori, come il proprio bagaglio di esperienza, lo stato d'animo in quel dato momento, la presenza di altre persone etc.

Si tratta quindi di un fenomeno complesso che implica il concorso di **elementi fisiologici** e **condizioni soggettive** che intervengono tra le informazioni sensoriali e la presa di coscienza di esse. È, quindi, *impossibile una coincidenza piena tra la realtà fisica e quello che noi percepiamo*: esiste sempre uno scarto dovuto all'intervento delle **variabili soggettive** durante i processi di elaborazione. Si tratta in ampia misura di processi inconsapevoli (il sistema percettivo corregge i valori della percezione all'insaputa del soggetto) ma fondamentali per la *costruzione* del nostro mondo.

Il processo percettivo è, dunque, un meccanismo complesso, in cui entrano in gioco molti aspetti, che coinvolgono non solo l'elaborazione sensoriale, ma anche l'**intelligenza**, l'**affettività**, ovvero l'intera personalità dell'individuo.

La percezione è stata oggetto di ricerca delle **principali scuole psicologiche**. Naturalmente, data la differenza tra i metodi di approccio, i risultati sono molto diversi e talora divergenti.

Indichiamo qui di seguito le principali impostazioni di ricerca che si sono interessate di questo complesso fenomeno psicologico e che possono risultare funzionali ai fini della nostra trattazione.

2.1 La prospettiva della Gestalt

Le teorie psicologiche dominanti nel primo decennio del Novecento sostenevano che la percezione di un oggetto fosse il prodotto dell'associazione e della combinazione di elementi sensoriali distinti.

La **teoria della Gestalt** (o *teoria della forma*) sviluppatasi dopo le ricerche di *Max Wertheimer* (1880-1943) sulla percezione del movimento apparente, sostenne, invece, che la percezione non dipende dai singoli elementi, ma dalla **strutturazione di questi elementi in un insieme organizzato** (*Gestalt* = forma, struttura, *pattern*).

I PRINCIPI DELL'ORGANIZZAZIONE PERCETTIVA

Wertheimer descrisse vari **principi dell'organizzazione percettiva**, in base ai quali ogni forma è una figura che si stacca dallo sfondo in base ad una particolare organizzazione delle parti.

I più importanti sono i seguenti:

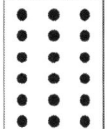
- principio di «**vicinanza o prossimità**», secondo il quale tendiamo ad accorpare visivamente elementi vicini tra loro. Nella figura a sinistra, infatti, *vediamo* tre file di punti piuttosto che diciotto puntini;
- principio di «**somiglianza**», ovvero percepiamo più nettamente gli elementi simili di una serie rispetto agli elementi dissimili o discordanti. Nell'immagine a destra, tendiamo a percepire i puntini neri come un insieme distinto dai puntini bianchi;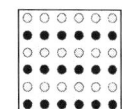
- principio di «**chiusura**», in base al quale linee discontinue o altri tipi di stimoli, che non si susseguono linearmente, sono percepiti nella loro unità: tendiamo a «completare» forme, immagini e figure non complete. Nell'immagine accanto, ci sembra di vedere un cerchio o un triangolo, sebbene le linee che li compongono sono aperte;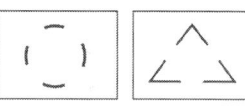
- principio della «**continuità**» o «**destino comune**», per cui tendiamo a vedere certe forme come esito di una prosecuzione, piuttosto che di un contrasto. Nell'immagine, ad esempio, ci sembra di vedere più distintamente due linee curve, AD e CB, piuttosto che diversi piccoli segmenti (AO; CO; OD etc.);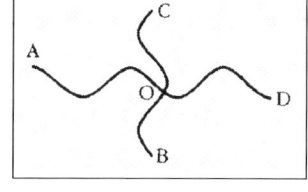
- principio della **buona forma o della pregnanza**; l'individuo tende a percepire più intuitivamente le figure simmetriche, regolari e stabili. Nell'immagine vediamo infatti delle parentesi quadre, e non delle colonne.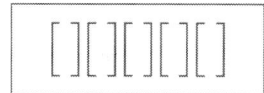

A questi principi, si aggiunge quello dell'**esperienza passata** teorizzato da Wertheimer, in base al quale il vissuto dell'individuo influenza il suo modo di percepire le forme. Nella figura qui a destra, per esempio, noi vediamo una lettera E perché conosciamo l'alfabeto; la forma non è, infatti, chiusa e si presta ad altre interpretazioni.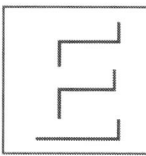

L'organizzazione finale *prevale sempre sugli elementi singoli*, li struttura in un insieme per cui essi diventano una figura che si differenzia dal resto del campo di stimolazione (lo sfondo). Vale a dire che l'uomo tende a percepire con più immediatezza le figure chiuse e strutturate piuttosto che i singoli elementi che le compongono. Ne deriva che per questa teoria, percepire è cosa diversa dal sommare le sensazioni: l'intero è, cioè, più della somma degli elementi percepiti. Inoltre il significato che ogni stimolo assume dipende dal contesto (*relatività delle percezioni*).

2.2 La prospettiva funzionalista

La prospettiva funzionalista si interessa dell'aspetto soggettivo della percezione, vale a dire del modo in cui le sensazioni vengono integrate in relazione alla personalità dell'individuo.

È stato, in particolare, lo psicologo **Jerome Bruner** (1915-2016) a mettere in luce le **variabili** che si frappongono fra la presentazione dello stimolo e la risposta dell'individuo.

La valenza affettiva che un dato oggetto ha, per la persona che lo percepisce, *influenza fortemente i tempi di riconoscimento*, modificando i valori della sua soglia percettiva. Ciò è stato interpretato come effetto di un meccanismo messo in atto dall'individuo, il quale sicuramente elabora lo stimolo in base al suo vissuto e al suo stato emotivo.

Ad esempio, di fronte ad uno stimolo ritenuto doloroso, il soggetto può attuare un meccanismo difensivo al fine di evitare il riconoscimento di esso. Nel caso di bisogno, invece, accadrebbe il contrario, verificandosi così una maggiore ricettività dell'input sensoriale.

Secondo la teoria funzionalista il soggetto **interviene attivamente nel processo percettivo**, mostrando implicitamente il bagaglio di esperienze passate che ne hanno determinato lo stato sociale, culturale e affettivo (e ciò incide moltissimo su pregiudizi, bisogni e motivazioni).

3 L'attenzione

L'**attenzione** si può definire come la capacità cognitiva di mettere a fuoco specifici contenuti e, all'opposto, inibire informazioni valutate come irrilevanti.

Essa costituisce una potentissima attività di filtro, impedendo l'accumulazione di dati inutili. L'attenzione opera sull'informazione in **entrata** (*input*), selezionandola in base a **interessi**, motivazioni e **aspettative**.

Lo psicologo inglese **Donald Eric Broadbent** (1926-1993) ha dedicato i suoi studi ai processi di selezione che la mente opera sulle informazioni in entrata. Sulla scorta delle sue osservazioni, egli suppose che l'attenzione umana operasse in base ad un **sistema di filtraggio**. Il filtro agirebbe in relazione:

— alle **finalità**;
— ai **compiti**;
— alle **aspettative** del soggetto.

ATTENZIONE SELETTIVA E MULTITASKING

«Chiunque sia stato a una festa sa perfettamente che è possibile focalizzare l'attenzione sulla conversazione che stiamo intrattenendo con il nostro accompagnatore, mettendo in secondo piano il brusio, le chiacchiere e il rumore dell'intera sala. Questo fenomeno, chiamato non a caso dagli psicologi *effetto party*, è un esempio efficace di *attenzione selettiva*, vale a dire la capacità di focalizzare l'attenzione su una specifica e ben definita categoria di stimoli, perché ritenuti d'interesse o d'importanza maggiore rispetto agli altri (che sono così esclusi dall'elaborazione). L'*attenzione selettiva* è quindi una strategia adottata dal cervello per economizzare le risorse dell'organismo, per evitare cioè di elaborare informazioni inutili o irrilevanti.

L'*attenzione selettiva* è l'ingrediente fondamentale per l'*apprendimento* di una competenza. Chi guida l'auto ormai da qualche anno, sa bene quanto più semplice sia guidare oggi, rispetto alle prime volte che si è seduto al volante. Allora la faccenda appariva piuttosto complicata: c'era da coordinare i piedi sui pedali del freno e della frizione, da ascoltare il suono del motore per cambiare marcia al momento giusto, da premere la frizione assieme al pedale dell'acceleratore; e tutto questo mentre ci si doveva muovere nel traffico! C'era quindi da capire di quanto l'auto svoltasse a destra o a sinistra in base alla quantità di forza muscolare che mettevamo nel girare il volante, quanto peso caricare sul pedale del freno per frenare ma non inchiodare; c'era da decidere in pochi istanti quando fermarsi e quando passare a un incrocio, chi aveva la precedenza, dove e se poter sorpassare; e da rispondere costantemente ad amletici dilemmi, del tipo: quell'auto ha intenzione di svoltare? Dove sta andando? Le sono troppo vicino? Mi farà passare o mi verrà addosso?

Durante esperienze di apprendimento come questa, l'*attenzione* è *selettiva* e praticamente del tutto focalizzata sulle competenze che stiamo apprendendo. Al contempo, le risorse cognitive sono impiegate in maniera quasi esclusiva nell'elaborazione degli stimoli pertinenti. Dopo qualche anno, quando ormai i comportamenti di guida sono divenuti *iperappresi*, non c'è più bisogno di un'*attenzione selettiva* rivolta alla guida, né per quanto riguarda l'aspetto più tecnico (coordinazione degli arti, sequenza delle manovre, etc.), né per la gestione delle dinamiche del traffico (distanza di sicurezza, precedenze, posizione del veicolo sulla carreggiata, etc.). Dopo che si è realmente *appreso* come guidare, la pratica di guida nella sua totalità viene registrata nella *memoria procedurale*, diventando così un qualcosa che sappiamo fare, mi si passi il termine, *in automatico*. L'apprendimento, dunque, ci consente di non dover dedicare più troppa attenzione al compito che stiamo eseguendo, perché ci sono già noti l'insieme di stimoli che dobbiamo elaborare e l'insieme delle risposte che possiamo, e dobbiamo, dare. A questo punto, quindi, ci possiamo anche concedere il lusso di un'*attenzione divisa* e, proprio grazie a questa capacità, possiamo ascoltare la radio mentre guidiamo, o parlare col passeggero, o ancora fare progetti per la serata. Nel caso di un guidatore esperto, l'*attenzione* è *divisa* tra il compito della guida e il compito accessorio (ascoltare, parlare, progettare). Dividendo l'attenzione è possibile svolgere contemporaneamente due o più attività, una delle quali anche piuttosto complessa come la guida. […]

…cosa accade quando c'è un altro compito da eseguire contemporaneamente? E quando i compiti sono più di due?

La corteccia prefrontale anteriore conferisce all'essere umano l'abilità di perseguire simultaneamente più scopi. Il punto è: con quale accuratezza? A questa domanda ha dato risposta un recentissimo studio di neuroimaging condotto su 32 partecipanti da Etienne Koechlin e Sylvain Charron dell'agenzia di ricerca biomedica francese INSERM di Parigi. Koechlin e Charron hanno mostrato che lavorare su un singolo compito attiva la corteccia prefrontale anteriore, e successivamente la posteriore, di entrambi gli emisferi cerebrali. Ma quando viene aggiunto un compito da svolgere in simultanea, il cervello *suddivide il lavoro* tra i suoi due emisferi: dalla Risonanza Magnetica funzionale si è potuto osservare che l'attività della corteccia prefrontale dell'emisfero destro corrispondeva all'esecuzione di un compito, quella del sinistro all'esecuzione dell'altro. Ogni lato del cervello lavorava indipendentemente, eseguendo i due compiti in maniera soddisfacente. Però, nel momento in cui ai partecipanti veniva assegnato un terzo compito, questi cominciavano ad avere qualche difficoltà e spesso si dimenticavano di eseguirne uno. Inoltre, facevano il triplo degli errori di quando dovevano eseguire solo due compiti. Koechlin sostiene che il cervello non può gestire in maniera efficace più di due compiti perché ha solo due emisferi. […]

Riprendendo l'esempio della pratica di guida, come già detto, il fatto che sia stata appresa rende possibile l'esecuzione di altri compiti in contemporanea, come parlare col passeggero e ascoltare musica. Ma pensiamo a cosa succede se un veicolo, inaspettatamente ci taglia la strada. Sorpresa, paura, allerta! Immediatamente ogni risorsa cerebrale è dirottata sul compito *guida* […]. Una volta superato il compito, incolumi, il cervello-*scheduler* può distogliere l'attenzione dal task *guida* e tornare ai task *colloquio col passeggero* e *ascolto musica*. Ma… cosa stavamo dicendo? E che brano stavano dando alla radio qualche istante fa? Ebbene sì, qualcosa è andato perso. O meglio, niente si perde, ma non sono stati creati sufficienti *appigli* per recuperare informazioni sugli ultimi secondi dei compiti che accompagnavano i task *guida*.

Forse ha proprio ragione Koechlin, il cervello non è fatto per il multi-tasking. Possiamo sfidare continuamente noi stessi e le nostre capacità individuali, mettendoci continuamente alla prova, ma dobbiamo anche mettere in conto la possibilità che i risultati non siano poi così soddisfacenti. E dobbiamo mettere in conto anche il fatto che certi compiti, certi task, hanno la priorità su altri, come ad esempio quelli il cui buon esito ci garantisce la sopravvivenza e la salute. La motivazione interna all'esecuzione corretta di questi task è così forte che può portare a quello che viene chiamato *sequestro neuronale*, vale a dire l'impiego totale delle risorse cerebrali per la soluzione di quell'unico compito, trascurando gli altri».

Fonte: Francesco Albanese, *Il Cervello Multi-Tasking*, in *Neuroscienze.net* (l'interessante articolo, qui presentato solo in parte, si conclude con un'ottima bibliografia per chi volesse approfondire).

Tale azione avverrebbe *selezionando* gli stimoli significativi e *scremando* quelli privi di interesse. Tuttavia, molti esempi ci dimostrano che siamo capaci di eseguire nello stesso tempo compiti diversi.

Le ricerche della psicologia cognitiva si sono quindi spostate, sul finire del secolo scorso, dallo studio dell'attenzione intesa come processo di selezione di dati, all'attenzione come abilità di differenziazione delle risorse da destinare a compiti differenti.

Tra le ricerche più interessanti ci furono quelle di **W. Hirst e S. Kalmar** (1987).

Questi due studiosi dimostrarono che un individuo è in grado di concentrarsi efficacemente su prestazioni diverse, se esse prevedono *elaborazioni cognitive dissimili* (ascoltare la TV mentre si digita un sms). Compiti che richiedono *elaborazioni simili*, invece, generano **interferenza** (ascoltare la TV e parlare al cellulare). In quest'ultimo caso, secondo gli studi di Hirst e Kalmar, l'**attenzione selettiva**, spostandosi ora su un compito ora su un altro, si distribuirebbe con minore efficacia sulle singole prestazioni, riducendone significativamente la qualità.

«In questo contesto di ricerche l'attenzione non è considerata come un'unica risorsa, ma come un sistema di *organizzazione di risorse cognitive che vengono dislocate in funzione della complessità del compito e delle istruzioni*:
— il compito che riceve la quota di risorse sufficiente per una prestazione ottimale, o che comunque viene privilegiato (ad esempio, guidare l'automobile), è definito **compito primario**;
— il compito che riceve la quota residua di risorse, e che perciò non sarà eseguito allo stesso livello di prestazione, viene definito **compito secondario** (ad esempio, ascoltare la radio mentre si guida). Il compito secondario sarebbe eseguito sfruttando le risorse di attenzione lasciate libere dall'esecuzione del compito primario»[1].

Se nel modello di Broadbent l'attenzione costituisce un sistema di filtraggio dell'informazione in entrata, nei modelli più recenti essa è considerata un **sistema di controllo** delle operazioni cognitive. Secondo il modello più noto, ossia quello proposto da **Tim Shallice** (1940), l'attenzione interviene nella selezione tra un processo cognitivo e l'altro qualora questi siano in conflitto tra loro (cosiddetta «**selezione competitiva**»).

Un'operazione cognitiva può imporsi in modo automatico su un'altra in base al valore maggiore di attenzione che essa ha in un determinato momento rispetto ad altre operazioni. Secondo Shallice, si tratta di una scelta effettuata *automaticamente* dal cosiddetto «**sistema attenzionale supervisore**».

---

[1] L. Mecacci (a cura di), *Manuale di psicologia generale*, Giunti Editore, Milano, 2001.

4 La memoria

La memoria è generalmente definita come la **struttura psichica** che conserva e organizza le informazioni. Si tratta di una struttura di archivio e di recupero dati, dal momento che funziona come un magazzino di eventi, solitamente definiti «tracce».

Studiare la memoria significa, dunque, studiare il modo in cui le tracce vengono incamerate e organizzate.

Per spiegare il funzionamento della memoria umana sono stati proposti nel tempo diversi modelli. Vediamo i principali.

4.1 Il modello associativo

È il modello più antico: sostiene che la capacità di ricordare viene favorita dalle **relazioni associative**. Le tracce cioè si ricordano meglio se possono essere associate tra loro *per contiguità, per somiglianza o per contrasto*.

Tuttavia, solo gli studi sperimentali di **Hermann Ebbinghaus** (1850-1909) sulla memoria alla fine dell'Ottocento conferirono a questo modello un primo assetto scientifico.

Egli si propose di studiare la memoria come **capacità pura**, cioè non influenzata dalle conoscenze pregresse né dalle strategie organizzative del soggetto. Lo psicologo tedesco introdusse così delle novità tecniche, tra cui la più interessante fu l'uso di **liste di sillabe senza senso** (cosiddetta «**presentazione seriale**») per verificare la capacità di trattenerle in mente e riprodurle.

Usando gruppi di lettere senza senso, nei suoi esercizi lo studioso voleva valutare le capacità della memoria di *ricordare informazioni neutre*, ovvero dati che non avessero per il soggetto alcun valore, né di significato né affettivo. In questo modo non sarebbero intervenuti fattori (esperienze, ricordi, emozioni) che avrebbero potuto facilitare il compito.

Questo tipo di tecnica mostrò che l'**esercizio** favoriva in modo significativo l'apprendimento.

Ebbinghaus, che testava su sé stesso i suoi metodi di ricerca sulla memoria, imparava a mente delle triplette di sillabe senza significato (ad esempio ZUC, DAX etc.), verificando quotidianamente il suo potere di ricordarle. Dopo la prima lettura non riusciva a ricordarne più di sette. Aveva bisogno di leggere la lista sedici volte per ricordare dodici sillabe, leggerla quarantaquattro volte per ritenerne ventiquattro e cinquantacinque per rammentarne ventisei. Ebbinghaus considerò come momento del ricordo esatto quello in cui poteva riprodurre tutta la lista senza dimenticare nessuna sillaba. Egli verificò che con la **ripetizione** si riduceva contemporaneamente sia il tempo di apprendimento sia il fenomeno della dimenticanza.

Lo studioso notò pure che **associando gli elementi** tra loro (per criteri come stesse lettere o suoni simili) il ricordo era facilitato.

I metodi di studio dell'apprendimento e della memoria che sono seguiti nel Novecento hanno approfondito la presentazione seriale già proposta da Ebbinghaus.

Tale tecnica, come abbiamo visto, consiste nel presentare ai soggetti nomi, sillabe, numeri in modo costante, e nell'invitarli a riprodurre i singoli stimoli nello stesso ordine in cui sono stati presentati. Si chiede poi ai soggetti, dopo un intervallo di tempo stabilito dal ricercatore, di riapprendere la stessa serie finché non viene riprodotta correttamente.

Emerge allora un fenomeno definito **risparmio**, che consiste in una riduzione, rispetto alla prima acquisizione, del tempo e del numero delle prove richieste ai soggetti per svolgere il compito. Ciò significa che *apprendere di nuovo un compito che si era già imparato in passato costa meno fatica che studiarne uno ex novo*.

4.2 Il modello «pluri-componenti»

I sostenitori di questo modello affermano che la *memoria non ritiene gli stimoli in una traccia univoca, ma ne conserva anche le differenti componenti*, ad esempio quella emotiva, le coordinate spazio-temporali, la frequenza di presentazione etc. Alcuni esperimenti hanno dimostrato, ad esempio, come informazioni a cui sono *associate delle immagini* siano più facilmente ricordate rispetto ad altre che, seppur molto significative, hanno un basso corredo iconografico.

Questo fenomeno viene spiegato supponendo l'esistenza di due sistemi di **codifica**: il **sistema verbale** e il **sistema per immagini**. Se associamo il *nome* di una persona con l'*immagine* del suo viso abbiamo più possibilità di ricordarla, perché è possibile attribuire a quell'informazione una doppia codifica: verbale e immaginativa.

Per **codifica** si intende qui quel processo in base al quale un soggetto impiega le proprie risorse cognitive per dare un significato alle informazioni che sta apprendendo. Gli studi sulla memoria hanno dimostrato che le informazioni vengono apprese più facilmente se sono state elaborate, codificate appunto, utilizzando tutte le proprie risorse cognitive (vista, udito etc.).

Se durante una lezione frontale il docente, mentre spiega, mostra delle slide con immagini magari in movimento, frasi, schemi etc., gli studenti apprenderanno utilizzando due canali sensoriali (vista e udito) e quindi l'apprendimento sarà più profondo e il ricordo sarà favorito.

In alcuni casi la codifica può essere anche «intenzionale», ossia avviene attraverso delle *tecniche di memorizzazione* poste in essere intenzionalmente dal soggetto che apprende.

MEMORIZZARE E DIMENTICARE

Con le sue ricerche Ebbinghaus dimostrò due fenomeni: la curva di oblio e la curva della ritenzione.

La «**curva dell'oblio**» sta a identificare quel fenomeno in base al quale *la prestazione del ricordare tende a calare con l'aumentare del tempo di ritenzione*. Dunque il soggetto, con il passare delle ore e dei giorni, tenderà a perdere l'informazione appresa.
Con il termine *oblio* indichiamo quel processo di rimozione o meglio di eliminazione d'informazioni memorizzate, che può essere più o meno consapevole. La perdita di memoria di cui stiamo parlando qui non è una disfunzione bensì una strategia che il nostro organismo attua in termini fisiologici e di economia.
In particolare secondo questo studioso, dopo un'ora dall'apprendimento, *si ricordano solo il 40%* delle nozioni. Studi successivi hanno rilevato che questa percentuale non è sempre uguale per tutti, ma varia in relazione alle caratteristiche del materiale appreso: infatti, se l'apprendimento è significativo per l'allievo, le informazioni trattenute possono essere superiori al 40% ipotizzato da Ebbinghaus.

Al contrario in base alla «**curva della ritenzione**», con l'aumentare delle ripetizioni del materiale da memorizzare, aumenta la ritenzione, fino ad arrivare ad un punto oltre il quale il processo non produce più miglioramenti. Non basta, quindi, aumentare le ripetizioni all'infinito per aumentare la memorizzazione.

Altra importante scoperta di Ebbinghaus fu il *rapporto tra l'apprendimento massivo e distributivo*: frazionare il carico di apprendimento su più sessioni distanziate tra loro (piuttosto che cercare di apprendere tutto in una volta sola) si è rivelato più redditizio ai fini della memorizzazione delle informazioni.
Sempre lui rilevò che *le informazioni iniziali e finali* contenute in un testo sono quelle di *più semplice memorizzazione* (cd. *effetto seriale*).

Gli studi di Ebbinghaus, seppure per certi versi successivamente superati, mantengono ancora oggi un rilevante interesse educativo soprattutto per gli insegnanti: è consigliabile, quindi, sempre frazionare i carichi di studio somministrati agli studenti (evitando inutili sovraccarichi), e ricorrere alla ripetizione per aumentare la ritenzione delle informazioni.

4.3 Il modello cognitivista HIP (*Human Information Processing*)

Si tratta di un modello di memoria che considera quest'ultima come una **funzione psichica attiva**, e non come un semplice contenitore di dati. Questo modello è sorto nell'ambito dell'approccio cognitivista, che promuoveva l'analogia tra la psiche umana e il computer (→ Cap. 2, par. 4). Sulla scia di questa analogia, si sostenne una differenziazione tra **fasi** o **livelli** nell'elaborazione dell'informazione.

La memoria, secondo questo approccio di studi, opera sull'informazione che proviene dal mondo esterno, decodificandola, elaborandola e codificandola a sua volta, proprio come farebbe un elaboratore elettronico.

Come modello consideriamo quello proposto da K.C. Atkinson e R.M. Shiffrin nel 1968, che prevede **tre sistemi** di memoria:
— un **registro sensoriale** (RS) che riceve gli stimoli tramite gli organi di senso e che li trattiene per pochissimo tempo (decimi di secondo);
— da questo registro l'informazione viene inviata ad una **memoria a breve termine** (MBT), che è un magazzino con capacità limitata e che conserva l'informazione per un brevissimo periodo di tempo (anche in questo caso, si tratta di secondi);
— infine, viene trasferita e immagazzinata in una **memoria a lungo termine** (MLT), che ha una **capacità illimitata** e che conserva l'informazione per tempi lunghi (se non in modo permanente).

Per far sì che un'informazione percepita (ad esempio, un numero di telefono) passi dalla MBT alla MLT occorre un processo di **codifica** (ad esempio, il ripasso, l'immaginazione e la categorizzazione).

L'effettiva presenza della traccia in memoria si riscontra nella fase successiva, quella del **recupero** o anche della **riattivazione** o del ricordo.

Secondo il modello cognitivista HIP *la memoria è una condizione indispensabile per l'apprendimento*; noi riusciamo ad apprendere nuove informazioni proprio in funzione al fatto che abbiamo già in memoria conoscenze e informazioni in base alle quali le nuove informazioni possono essere riconosciute, codificate e apprese. Per il modello HIP apprendere significa attivare delle conoscenze che già possediamo mediante il confronto con nuove informazioni.

Anche per Atkinson e Shiffrin il **rehearsal** (ossia la *ripetizione*) assume un ruolo fondamentale nell'apprendimento, ma altri studiosi successivamente hanno rilevato che non sempre la ripetizione deliberata del materiale produce automaticamente apprendimento.

5 Età evolutiva e apprendimento

Occorre ora considerare i diversi **tipi di apprendimento** e, nello stesso tempo, l'insieme delle circostanze in presenza delle quali si verifica ciascuno di essi (*condizioni dell'apprendimento*).

In estrema sintesi, si possono prendere in esame **6 tipi di apprendimento** fondamentali:

1. **apprendimento per stimolo-risposta (S-R)**. È il tipo di apprendimento che è alla base delle teorie del comportamento di cui tratteremo nel prossimo capitolo;
2. **concatenazione (motoria o verbale)**. È il tipo di apprendimento che si riscontra quando si impara a guidare un auto o a nuotare;
3. **apprendimento per discriminazione**. È quel tipo di apprendimento basato sulla capacità di *distinguere* tra le parti di un contesto: colori, luce, forme, misure, strutture, distanze, lettere, numeri etc. In particolare, nei primi anni di scuola l'apprendimento per discriminazione avviene per *rappresentazioni* (figure e simboli);
4. **apprendimento di concetti**;
5. **apprendimento di princìpi (o regole)**;
6. **soluzione di problemi (*problem solving*)**.

È da notare subito che la gerarchia del suddetto elenco (dove il primo tipo corrisponde all'apprendimento più semplice ed il sesto a quello più complesso) consiste nel fatto che *ogni livello di apprendimento costituisce il presupposto per il conseguimento dei livelli superiori*: ad esempio, un bambino non potrà apprendere una concatenazione (ovvero una sequenza ordinata di azioni) se prima non avrà imparato a reagire opportunamente a un determinato stimolo.

Inoltre, bisogna tener presente che tutti i tipi di apprendimento si possono riscontrare sia nei bambini che negli adulti. Non è vero, quindi, che gli apprendimenti più semplici (elementari) sono tipici dei bambini e che quelli più complessi (apprendimenti di concetti, di regole etc.) possono appartenere solo agli adulti. Ad esempio, una qualunque persona, indipendentemente dall'età, che fosse intenzionata a conseguire la patente di guida, dovrebbe non solo apprendere a discriminare (cioè a distinguere) le diverse parti dell'auto funzionali alla guida, ma dovrebbe anche imparare a rispondere con prontezza a determinati stimoli e a concatenare diversi movimenti (concatenazione motoria), come quelli necessari all'avviamento del motore o alla frenata.

È importante, inoltre, tener presente che **gli apprendimenti elementari** (quelli indicati ai primi tre livelli) **sono possibili anche per gli animali**. Ad esempio, un cane si comporta in un certo modo al comando del suo padrone perché ha imparato a dare una certa risposta a un determinato stimolo (alla voce, cioè, del suo padrone articolata in un particolare modo); può eseguire ordinatamente una serie di movimenti (alzarsi sulle zampe posteriori, tendere una delle zampe anteriori, muovere la testa in una certa direzione) perché ha appreso una concatenazione motoria; così come può distinguere le varie persone che fanno parte della famiglia del suo padrone e le loro voci perché ha già sperimentato un apprendimento per discriminazione. Si tratta degli stessi tipi di apprendimento che un bambino realizza nei primi anni di vita: rispondere con un sorriso alla voce di un genitore, distinguere i propri giocattoli, concatenare due o più parole per formare una frase (*concatenazione verbale*) o due o più movimenti per eseguire spostamenti nello spazio (*concatenazione motoria*), pronunciare la parola «gatto» quando vede la figura dell'animale etc.

Ci soffermeremo sinteticamente di seguito sugli apprendimenti cognitivi degli **ultimi tre livelli**, che sono **propri dell'esperienza didattica dell'insegnante**.

5.1 L'apprendimento di concetti

L'**apprendimento di concetti** assume massima importanza a tutti i livelli dell'educazione. Nel bambino l'acquisizione di concetti ha inizio molto probabilmente in concomitanza con l'acquisizione dei simboli del linguaggio verbale. Egli apprende allora a designare con il medesimo termine linguistico un numero assai grande di oggetti: dirà che sono «animali» sia le formiche che i cavalli, nonostante le notevolissime differenze anatomiche. Si può dire che un bambino acquisisca un concetto quando impara a trattare una classe o un gruppo di stimoli come equivalenti. Ad esempio, l'acquisizione del concetto di «triangolo» implica che sia chiara la consapevolezza di ciò che distingue un elemento della classe dei triangoli da un elemento appartenente ad un'altra classe di figure geometriche piane (*discriminazione tra classi*), nonché che il soggetto sappia riconoscere la possibilità di estendere a tutti gli elementi della classe dei triangoli le caratteristiche proprie di tali figure geometriche (essere una figura convessa, chiusa, con tre angoli e tre lati).

Il *docente di scuola primaria* a cui spetta il compito di promuovere l'acquisizione, da parte dei suoi alunni, dei quadri concettuali di base nell'ambito dell'alfabetizzazione culturale dovrà considerare fondamentali gli interventi didattici finalizzati a tale scopo. Più in generale, è auspicabile che ogni docente dedichi tutto il tempo necessario a promuovere l'acquisizione, da parte degli alunni, dei concetti di base che costituiscono, per così dire, la struttura portante, le idee-chiave di ciascuna disciplina (ad esempio, in matematica sono fondamentali i concetti di «numero», «forma», «lunghezza», «rapporto», «angolo», «perpendicolarità» etc.). In seguito la stessa cura dovrà essere posta nel verificare che ciascuno dei concetti di base sia stato correttamente acquisito.

Uno degli errori più gravi in cui è possibile incorrere nell'attività di verifica è ritenere sufficiente che lo scolaro enunci una definizione esatta per dedurne che abbia acquisito il concetto: ad esempio, non è raro il caso di alunni che sanno ben ripetere la definizione di «linea verticale», senza aver per nulla afferrato, però, il concetto di «verticalità».

5.2 L'apprendimento di princìpi (o regole)

L'**apprendimento di princìpi (o regole)**, a sua volta, **presuppone l'acquisizione del livello precedente di apprendimento**, in quanto richiede di saper mettere in relazione due o più concetti. Ad esempio, il noto *principio di Archimede*, secondo cui «*ogni corpo immerso in un fluido (liquido o gas) riceve una spinta verticale dal basso verso l'alto, uguale per intensità al peso del volume del fluido spostato*», non può essere compreso se non sono chiari i concetti di «fluido», «peso specifico» etc.; così come, analogamente, l'apprendimento della semplice regola secondo cui l'area di un rettangolo si calcola moltiplicando la base per l'altezza presuppone che siano stati acquisiti i concetti di «area», «rettangolo», «lunghezza», «larghezza», «misura», «moltiplicazione» etc.

Da ciò consegue che il docente, per guidare efficacemente i suoi allievi all'apprendimento di regole, dovrà anzitutto controllare che siano stati chiaramente compresi i concetti da mettere in relazione. Tale verifica è necessaria sia che il docente abbia intenzione di procedere, successivamente, all'enunciazione della regola, sia che voglia, invece, guidare gli allievi a scoprirla.

Per quanto riguarda poi la verifica dell'avvenuto apprendimento della regola (o del principio) nel suo complesso, non è sufficiente che l'alunno la enunci, poiché potrebbe aver imparato l'enunciazione come una catena verbale e non come una relazione tra concetti. Una prova di verifica più attendibile potrebbe consistere nel proporre all'alunno di applicare ad un caso particolare il principio o la regola appresi (ad esempio, calcolare la misura della superficie di una delle facce di una scatola a forma di parallelepipedo).

5.3 Il problem solving

Il ***problem solving* (soluzione di problemi)**, infine, è il tipo più complesso di apprendimento, anche se, a ben vedere, si tratta della *naturale estensione dell'apprendimento di regole*, nel senso che i fattori che rendono possibile l'apprendimento mediante la soluzione di problemi corrispondono proprio alle regole apprese in precedenza. Non si tratta, però, della semplice applicazione di regole già note.

La situazione problematica, nella cui soluzione il soggetto è impegnato, deve presentare per lui carattere di novità, nel senso che non deve rientrare in situazioni identiche a quelle risolte precedentemente. Quando si trova in una situazione problematica, il soggetto cerca di richiamare alla mente la regola o il principio che, in rapporto all'ipotesi scelta, può offrirgli la maggiore garanzia di soluzione.

Non è possibile, pertanto, ritenere che la capacità di problem solving possa essere conseguita attraverso semplici informazioni e conoscenza di regole, in quanto *la «soluzione di un problema» rappresenta soltanto il momento finale di una sequenza di apprendimento che si estende*, retrospettivamente, *su tutta una serie di altri apprendimenti che devono averlo necessariamente preceduto*.

Per avere successo il *problem solving* deve essere basato sulla precedente conquista e sul ricordo di regole; esso comporta, cioè, la combinazione di regole apprese in precedenza *in una nuova regola di ordine superiore* atta a risolvere il problema, dopodiché la soluzione trovata può essere estesa anche ad altri problemi dello stesso tipo. Il *problem solving*, infatti, genera ulteriore apprendimento e favorisce l'*acquisizione di nuove capacità* che, proprio perché acquisite nel corso di un apprendimento autonomo, si rivelano *resistenti all'oblio*.

Al fine di favorire il conseguimento, da parte degli allievi, di un obiettivo educativo di fondamentale importanza, quale lo sviluppo del pensiero produttivo (o creativo), occorre che il docente abbia piena consapevolezza delle condizioni che possono ostacolare questo sviluppo.

Nell'ambito di tali *condizioni ostative* assumono particolare rilievo:
— la scarsa fiducia dell'alunno nelle proprie possibilità, con conseguente atteggiamento di dipendenza dall'adulto;
— l'eccessiva preoccupazione di sbagliare (ogni docente dovrebbe rassicurare esplicitamente gli allievi e mettere in risalto la valenza positiva dell'errore);
— la presenza di strutture percettive «forti» che riducono la possibilità di individuare una diversa organizzazione delle parti o degli elementi utili alla soluzione (può servire da esempio l'incapacità di alcuni allievi di distinguere un trapezio quando tale figura geometrica viene disegnata in maniera diversa da come essi l'hanno sempre percepita);
— il considerare «banale» un evento o una situazione, che costituisce spesso un'insidia al processo creativo perché impedisce di vedere il problema;
— la cosiddetta *fissità funzionale*, intesa come rigidità di determinati procedimenti mentali e operativi (l'uso consueto di un oggetto impedisce di vedere mentalmente altri e diversi modi di utilizzazione dello stesso oggetto).

6 Pedagogia dell'adolescenza

L'ambito della *psicologia dello sviluppo* è molto ampia in quanto parte dalla nascita fino ad oltre i 20 anni. Dal punto di vista pedagogico-didattico, esso è ancora più ampio in quanto può abbracciare anche l'età adulta. In questo manuale, focalizzeremo l'attenzione soprattutto sul periodo dell'età evolutiva (l'adolescenza) che assume particolare rilevanza per i docenti delle scuole superiori.

Di tale fase tratteremo in questo e nei prossimi paragrafi.

La **preadolescenza** è la fase della vita dell'individuo che va **dai 9 ai 12-13 anni**, abbracciando il periodo scolastico dagli ultimi anni della primaria a tutto il ciclo della scuola secondaria di primo grado, mentre l'**adolescenza** abbraccia la fascia d'età che va **dai 12-15 anni** (*prima adolescenza*) **ai 16-20 anni** (*seconda adolescenza*).

L'**adolescenza** rappresenta una fase di transizione cruciale nello sviluppo dell'individuo per diverse ragioni: tra le principali si possono annoverare la maturazione puberale, lo sviluppo intellettuale e l'accesso a nuovi contesti, come ad esempio quello lavorativo. Durante questo periodo il soggetto è sottoposto a considerevoli mutamenti somatici assai repentini, dai quali consegue un mutamento nell'immagine di sé e nei rapporti con gli altri, che tuttavia poggia sulla struttura sottostante e quindi conserva soluzioni di continuità determinanti con le età precedenti.

È luogo comune ritenere l'adolescenza l'età della ribellione, della turbolenza, della sregolatezza. Peraltro nel mondo occidentale la soglia della «**crisi adolescenziale**» si è fortemente abbassata: la maturazione fisica dei ragazzi avviene ad un'età (11-12 anni) che, fino a qualche decennio fa, era considerata parte integrante dell'infanzia. Tuttavia, tale maturazione fisica non va di pari passo con quella psichica e cognitiva, la qual cosa determina fortissimi scompensi capaci di generare smarrimento e insicurezza.

Lo psicoanalista tedesco Erik Erikson (→ Cap. 2, par. 11) attribuisce al periodo adolescenziale, da lui situato nella fascia d'età compresa tra i 12 e i 20 anni, una **valenza fondamentale per lo sviluppo dell'identità personale adulta**, sollecitata dall'ambiente che, a partire da questo momento, comincia a chiedere al ragazzo comportamenti adulti.

A tale riguardo, altri studiosi mettono in evidenza le ambivalenze presenti nella nostra società, che destabilizzano ulteriormente l'adattamento del soggetto alla moltitudine dei mutamenti in corso: da una parte, infatti, egli si trova a dover affrontare le richieste sociali di assunzione di responsabilità e di autonomia; dall'altra, anche il contesto deve adattarsi a un individuo nuovo e in continua trasformazione e non sempre le cure e il controllo da parte del nucleo familiare o della scuola rispettano o entrano in sintonia con tali mutamenti. In particolare, non sempre è naturale o privo di scossoni il processo di «desatellizzazione» dal pianeta famiglia, fondamentale ma carico di incertezze, le quali assumono forme disparate che vanno *dall'insicurezza alla ribellione* vera e propria. Quest'ultima, non di rado, si accompagna a scelte disadattanti e, in certi casi, devianti rispetto alle norme morali e giuridiche (utilizzo di droghe, alcool, partecipazione a gruppi che adottano comportamenti antisociali).

Gli insegnanti, soprattutto quelli delle scuole secondarie di secondo grado, devono quindi misurarsi con alunni nei confronti dei quali gli strumenti pedagogici e didattici tradizionali non sono più efficaci. L'adolescente tende a rendersi indipendente dalle figure parentali che in precedenza costituivano un punto di riferimento, e ricerca nuove identità affettive che si estrinsecano nel **gruppo**.

In questo contesto *il docente può diventare una figura di riferimento*: il suo sforzo educativo deve essere indirizzato a promuovere un **apprendimento centrato sull'acquisizione dei contenuti**, potenziando una **didattica basata sulla ricerca e sul lavoro di squadra**, piuttosto che un apprendimento focalizzato sull'Io e sulla competizione. Infatti, quest'ultimo tipo di apprendimento (tipico di materie, come matematica, chimica e fisica, in cui le valutazioni sono tendenzialmente fatte «l'uno rispetto all'altro» e in cui lo studente tende a raggiungere il voto «più alto») è fortemente competitivo e normalmente crea situazioni di insicurezza e frustrazione per chi non riesce a raggiungere i risultati sperati, nonché di isolamento rispetto al gruppo degli studenti che invece risultano più bravi[2].

L'adolescenza rappresenta il momento in cui l'individuo è alla ricerca di sé, di quello che è e, soprattutto, di ciò che potrà essere: è in tale contesto che gli adolescenti scelgono modelli a cui cercano di assomigliare. In questo la scuola, ma soprattutto il singolo docente, può offrire un valido sostegno, proponendo modelli forti e stimolanti in cui il ragazzo può immedesimarsi. Tali modelli possono essere per lo più tratti dalla **lettura**, che costituisce il principale e più efficace esercizio di immedesimazione. Il lettore, infatti, immergendosi nella lettura, nella psicologia dei personaggi e nella storia, si astrae da sé e si immedesima in un personaggio «altro», cosicché la lettura diventa esperienza emozionale, oltre che un indiretto spunto di riflessione sul reale.

---

[2] Per un approfondimento su questi temi, si veda E. Calamari, *A scuola con gli adolescenti*, Felici, Pisa, 2008.

In sintesi

- **Cervello**: è l'organo fondamentale delle attività cognitive. La sua *plasticità* implica la capacità dei suoi circuiti nervosi di mutare le loro caratteristiche in ragione delle stimolazioni sensoriali esterne e di adattarsi progressivamente all'ambiente.
- **Percezione**: è il processo cognitivo che ci permette di trarre informazioni dal mondo esterno: esso coinvolge gli organi di senso, l'intelligenza, l'affettività e la personalità dell'individuo. È un fenomeno complesso che implica il concorso di elementi fisiologici e condizioni soggettive (per esempio le esperienze pregresse).
- **Studi sulla percezione**: per la **teoria della Gestalt**, la percezione non dipende dai singoli elementi, ma dalla strutturazione di questi elementi in un insieme organizzato. Per la **prospettiva funzionalista** (Bruner), l'individuo elabora lo stimolo sensoriale in base al suo vissuto e al suo stato emotivo: il soggetto interviene, quindi, attivamente nel processo percettivo.
- **Attenzione**: è la capacità cognitiva di mettere a fuoco specifici contenuti e, all'opposto, inibire informazioni valutate come irrilevanti. Per Broadbent in particolare l'attenzione costituisce un sistema di filtraggio dell'informazione in entrata. Gli studi più recenti ora si concentrano sull'attenzione come abilità di differenziazione delle risorse cognitive da destinare a compiti differenti.
- **Memoria**: è la struttura psichica che conserva e organizza le informazioni. Per spiegare il funzionamento della memoria umana sono stati proposti diversi modelli: il *modello associativo* (la capacità di ricordare viene favorita delle relazioni associative); il *modello pluricomponenti* (la memoria non ritiene gli stimoli in una traccia univoca, ma ne conserva anche le differenti componenti: emozioni, coordinate spazio temporali, frequenza etc.); il *modello cognitivista HIP* (la memoria è una funzione psichica attiva che opera sull'informazione che viene dal mondo esterno, decodificandola, elaborandola e riattivandola poi nel ricordo).
- **Rehearsal**: la ripetizione di un'informazione ha per molti studiosi della memoria un ruolo fondamentale nell'apprendimento.
- **Apprendimento**: si intendono in generale le modificazioni del comportamento prodotte dall'esperienza. Sono stati individuati *6 tipi di apprendimento*: apprendimento per stimolo e risposta; concatenazione (motoria o verbale), apprendimento per discriminazione; *apprendimento di concetti*; *apprendimento di principi (o regole)*; *soluzione di problemi*.
- **Adolescenza**: è la fase della vita dell'individuo che abbraccia l'età tra i 12-20 anni. È una fase di transizione cruciale nello sviluppo, in quanto interessa la maturazione puberale e le conseguenti trasformazioni corporee, lo sviluppo intellettuale e l'accesso a contesti del tutto nuovi (compreso quello lavorativo). Tale fase dello sviluppo del ragazzo può avere molte implicazioni sull'apprendimento.

2
Apprendimento, psicologia dello sviluppo e educazione del pensiero

1 Le teorie dell'apprendimento

Per **apprendimento** si intendono quelle modificazioni del comportamento prodotte dall'esperienza: apprendere significa, quindi, acquisire nuove informazioni. Esso è strettamente collegato alla *capacità di memorizzare*.

Sono *comportamenti appresi* quelli che avvengono *per condizionamento, per prove ed errori, per imitazione* di cui tratteremo nei prossimi paragrafi.

Gli studi sull'apprendimento in particolare studiano come un soggetto impara attraverso vari stimoli e situazioni.

Le **teorie dell'apprendimento** sono numerose ma possono raggrupparsi in due macrofiloni:

— **teorie stimolo-risposta** (*teorie sul condizionamento*);
— **teorie cognitive** in base alle quali l'apprendimento non avviene per tentativi, ma grazie a processi cerebrali centrali (come la memoria, le aspettative, l'eliminazione e l'imitazione), che costruiscono nuove strutture cognitive.

2 Le teorie sul condizionamento: il comportamentismo

Le prime **teorie sperimentali sull'apprendimento** sono state dominate da due orientamenti, entrambi concentrati sull'osservazione del *comportamento* (cd. **comportamentismo**), che possono essere indicate come teoria del **condizionamento classico** (Pavlov) e teoria del **condizionamento operante** o **strumentale** (Thorndike e Skinner). Ricordiamo preliminarmente che oggetto di studio del comportamentismo è solo il comportamento *osservabile*.

2.1 Il condizionamento classico di Pavlov

La prima di queste impostazioni proviene dagli studi del fisiologo russo **Ivan Pavlov** (1849-1936), premio Nobel per la medicina nel 1904 e considerato uno dei più grandi studiosi dell'apprendimento.

Secondo Pavlov uno «**stimolo incondizionato**» (**SI**) (per esempio, un pezzo di carne), inserito nella bocca di un cane, **determina automaticamente** un flusso di saliva, cioè un «**riflesso incondizionato**» o «**risposta incondizionata**» (**RI**). Si definisce in questo modo qualsiasi risposta che dipende solo dalle condizioni naturali dell'individuo, che è cioè un *comportamento istintivo*.

Pavlov notò però che se uno stimolo «neutro» (per esempio, il suono di un campanello) che normalmente non determina alcuna salivazione automatica, viene presentato poco prima della somministrazione del cibo, dopo varie presentazioni dei due stimoli posti in successione, si ottiene *che lo stimolo neutro* (il suono del campanello) *determina la risposta incondizionata* (la salivazione) anche in assenza dello stimolo incondizionato (il cibo).

La nuova risposta viene definita «**riflesso condizionato**» o «**risposta condizionata**» (**RC**), poiché non è spontanea ma indotta, quindi frutto di un *apprendimento*.

Il condizionamento consiste, dunque, in un *processo di* **sostituzione** *dello stimolo*, per cui uno stimolo neutro diventa capace di produrre la risposta originariamente prodotta dallo stimolo incondizionato. Esso avviene per via associativa: è l'associazione tra i due stimoli che produce il condizionamento.

2.2 Il condizionamento «operante» (o «strumentale»)

Nel **condizionamento operante** (o «**strumentale**») gli esperimenti sono stati condotti su animali di cui, prima veniva osservato il comportamento spontaneo e poi, in un secondo tempo, venivano offerti premi o somministrate punizioni al fine di ottenere una data risposta. I due principali studiosi del condizionamento operante furono Thorndike e Skinner.

Lo psicologo americano **Edward Thorndike** (1874-1949) studiò l'**apprendimento per prove ed errori**.

Thorndike pose un gatto in una gabbia (che egli chiamò *puzzle-box*) piena di leve e di pulsanti: solo uno di questi consentiva all'animale di uscire e di raggiungere il cibo. In un primo tempo, il gatto si agitava forsennatamente fino a toccare *per caso* la leva che gli permetteva di aprire la gabbia. Dopo una serie di volte in cui lo psicologo faceva ripetere all'animale lo stesso esperimento, il gatto impiegava sempre meno tempo a trovare la leva giusta. Thorndike arrivò così a formulare la **legge dell'effetto**, secondo la quale le risposte (effetto) *accompagnate da soddisfazione* tendono a subire un *rinforzo* che le fissa e le induce a guida del comportamento. Di contro, se l'effetto è spiacevole, la connessione si indebolirà e la risposta tenderà ad estinguersi.

Sulla scia degli studi di Thorndike, lo psicologo **Burrhus Skinner** (1904-1990) mise a punto un metodo per lo studio del **condizionamento operante**, dimostrando l'*influenza dei premi e delle punizioni* sul comportamento.

L'esperimento era abbastanza semplice: un topo affamato veniva collocato in una scatola — la cosiddetta «**Skinner-box**» — all'interno della quale era libero di muoversi. Dopo vari percorsi esploratori, il ratto cominciava a premere una levetta collocata nella scatola e, ogni volta che eseguiva questa azione, gli veniva consegnato un pezzetto di cibo (*premio* dato a fronte di un comportamento che il topo eseguiva per caso). Dopo una serie di volte in cui riceveva la ricompensa, il ratto cominciò a premere la levetta *intenzionalmente* per ottenere il cibo. Dunque, si apprende dalle conseguenze del proprio comportamento.

Nel corso di questi esperimenti, e in contrasto con la somministrazione del premio (il cibo, ovvero il «**rinforzo positivo**»), vennero somministrati ai ratti anche stimoli nocivi (ad esempio delle punizioni, cioè dei «**rinforzi negativi**») ogni volta che facevano qualcosa di diverso dal premere la levetta. Questi esperimenti mostrarono che il comportamento del ratto era funzionale al *procurarsi i premi o all'evitare le punizioni* (in realtà, per indurre un comportamento, ricevere premi sembrava funzionare di più, piuttosto che somministrare punizioni). Al contrario del condizionamento classico in cui il soggetto apprende in modo passivo, nel condizionamento operante, il soggetto è attivo e modifica l'ambiente attraverso il proprio comportamento.

Skinner studiò inoltre anche il fenomeno del **modellamento**, che consiste nel premiare in maniera progressiva tutte le azioni che, man mano, portano al comportamento voluto dallo sperimentatore. Ciò avviene naturalmente anche nell'apprendimento dell'essere umano: *i bambini imparano di più e più velocemente se vengono* **lodati o premiati** *ogni volta che rispondono correttamente* a un input o eseguono bene le indicazioni date dagli adulti.

Come abbiamo visto, mentre il *condizionamento classico* sembra realizzarsi **indipendentemente** dalla volontà del soggetto (la salivazione del cane di Pavlov è involontaria), nel c*ondizionamento operante* l'individuo **produce volontariamente** quella risposta.

2.3 Comportamentismo e apprendimento

Il **comportamentismo**, anche detto *behaviorismo* (dall'inglese *behaviour*, «comportamento»), è una delle *grandi tendenze di pensiero della psicologia moderna*, particolarmente vivace tra il 1915 e il 1950 negli Stati Uniti, dove in origine la teoria fu studiata.

Il comportamentismo è basato sui principi del condizionamento classico e operante: considera, quindi, **lo sviluppo come una serie di condizionamenti esercitati dall'ambiente**.

Secondo questo modello, l'oggetto della psicologia diventa non più la coscienza o l'attività mentale, ma il **comportamento**, inteso generalmente come quello che l'uomo (o l'animale) fa di visibile e osservabile. Il comportamento, come abbiamo visto, è la risposta o la *reazione* (R) di ordine fisico o fisiologico che un organismo produce in presenza di uno stimolo (S). *Alla coscienza viene dunque negata ogni dimensione psicologica*, e anche fondamentali processi psicologici di ordine cognitivo come il linguaggio e il pensiero sono ricondotti a fatti di ordine meramente fisico e fisiologico.

Per i comportamentisti, l'**apprendimento** si verifica *lentamente* attraverso una **serie di prove ed errori** che porta al consolidamento delle reazioni. I principali esponenti del comportamentismo classico sono, come abbiamo visto nelle pagine precedenti, *Pavlov, Thorndike e Skinner*.

Questo tipo di apprendimento forma *memorie molto stabili, difficili da modificare*.

Nella prospettiva comportamentista, un apprendimento indesiderato può essere modificato solo attraverso quel processo che viene chiamato **estinzione**, attraverso cioè la presentazione ripetuta dello stimolo condizionato senza lo stimolo condizionante, o anche associando allo stimolo condizionante un altro stimolo condizionante, ma questa volta di genere piacevole anziché spiacevole.

Il problema che, però, si può presentare nell'«estinzione» sta nel fatto che la memoria originale, che abbiamo detto essere molto stabile, non viene facilmente modificata, ma viene «affiancata» da altre memorie che permettono di apprendere che in quella tale altra situazione o in un altro contesto non c'è da avere paura.

Per esempio, il topolino che era stato condizionato ad aver paura di un suono attraverso una scarica elettrica del pavimento della gabbia in cui era stato messo, esposto ripetutamente al suono non più accompagnato dalla scarica elettrica può non provare più paura del suono, ma la reazione di paura nei confronti del suono si ripresenterà qualora il topolino verrà posto in un contesto differente; l'animale avrà, insomma, imparato che in *quella* gabbia ma non in un'altra, non deve più temere il suono.

La ragione di questo comportamento è da rintracciare, probabilmente, nel fatto che sul piano evolutivo la paura si è rivelata una strategia efficace per la sopravvivenza della specie.

3 L'apprendimento sociale e per imitazione

Prima di analizzare l'altra e fondamentale macrocorrente delle teorie dell'apprendimento (il cognitivismo), merita un cenno la **teoria dell'apprendimento sociale** del comportamentista Bandura che si pone a metà strada tra comportamentismo e cognitivismo.

Lo psicologo canadese **Albert Bandura** (1925) dimostrò che l'apprendimento avviene anche *per imitazione*, in quanto esso è un **processo attivo** che comprende l'osservazione di un modello, l'immagazzinamento delle informazioni in memoria e la *scelta di cosa tradurre in comportamento*.

Nel corso di uno studio fatto per valutare l'*influenza dei mass media sui bambini*, Bandura selezionò tre gruppi:
— al primo mostrò un filmato in cui un bambino picchiava una bambola (chiamata Bobo) e veniva premiato;
— al secondo gruppo mostrò un filmato in cui lo stesso bambino picchiava la bambola e veniva punito;
— al terzo gruppo fece vedere un filmato in cui un bambino giocava tranquillamente con la bambola.

Alla fine della proiezione, Bandura notò che il primo gruppo, nel giocare, mostrava un'aggressività superiore alla norma; i bambini del secondo gruppo esprimevano un'aggressività inferiore alla media e quelli del terzo gruppo erano pienamente nella norma.

I NEURONI SPECCHIO E GLI STUDI RIZZOLATTI

Un contributo fondamentale alle *teorie sull'apprendimento per imitazione* è stato dato dagli studi sulle neuroscienze condotti dal laboratorio di neurofisiologia dell'Università di Parma, dove, negli anni Novanta del secolo scorso, si è svolto un importante esperimento ad opera di un gruppo di ricercatori coordinati dal neuroscienzato italiano **Giacomo Rizzolatti** (1937).

Nel corso di una pausa del lavoro, che aveva come obiettivo lo studio dei meccanismi neurofisiologici del controllo motorio della mano, in funzione del trattamento di malattie di tipo neurologico, una scimmia stava tranquillamente seduta sulla sua sedia in attesa del nuovo compito. Qualcuno dei ricercatori fece qualcosa, prese un gelato o delle noccioline, per mangiare, e all'improvviso sentì una scarica di attività prodursi nel computer collegato agli elettrodi che erano stati chirurgicamente impiantati nel cervello della scimmia, come se essa stessa compiesse l'azione messa in atto dal ricercatore, sebbene nella realtà non facesse alcun movimento.

Da qui iniziarono le ricerche sui **neuroni specchio**, ricerche che, ormai condotte in laboratori di tutto il mondo, hanno portato il neuroscienziato indiano *Vilayanur Ramachandran* ad affermare che i neuroni specchio sono per le neuroscienze ciò che il DNA è stato per la biologia.

La scoperta di questa particolare classe di neuroni — che in pratica si attivano sia quando si compie un'azione sia *quando la si osserva mentre è compiuta da altri* — ha permesso di ribaltare alcune concezioni sulla funzione del sistema motorio nell'apprendimento, sui fenomeni imitativi, su alcune condizioni gravi come la sindrome di Asperger (una forma di autismo); di sperimentare forme di terapia mai prima immaginate, e altro ancora.

Grazie agli studi di questi ed altri ricercatori che, in ambito internazionale, hanno approfondito il tema, è oramai noto che l'**imitazione è un processo fondamentale per l'apprendimento**, che i neuroni specchio sono di molte specie e che si attivano rispetto non alle azioni ma al *significato* di quelle azioni — è un «afferrare le intenzioni degli altri» per usare un'espressione propria dei testi scientifici che descrivono il fenomeno.

Da questo esperimento si evidenziò non solo il peso che i mezzi di comunicazione avevano nell'influenzare i comportamenti dei più piccoli, ma anche che **alcuni atteggiamenti, come l'aggressività, risentono del *rinforzo sociale***, ovvero del verificare se certe azioni compiute da altri vengono premiate o punite. Per Bandura, l'aggressività aumenta se si osserva che le condotte violente vengono ricompensate.

Secondo Bandura, quindi, l'apprendimento avviene non solo attraverso esperienze dirette (come per i comportamentisti) ma anche osservando il comportamento di altre persone, considerate come *modelli*. L'uomo cioè impara guardando gli altri.

4 Il Cognitivismo

Le posizioni comportamentiste, fin qui viste, furono successivamente molto criticate in quanto *non in grado* di spiegare le modificazioni spontanee del comportamento e soprattutto le idee creative.

La **Gestalt**, ad esempio, elaborò una sua teoria dell'apprendimento che non era più considerato come il risultato di una successione di prove ed errori, come teorizzava il comportamentismo, bensì come un *fenomeno istintivo*, in cui si giunge alla «soluzione» non solo gradualmente secondo un processo di prove ed errori, ma anche in seguito a un'**intuizione improvvisa**, riorganizzando e ristrutturando vari elementi cognitivi acquisiti precedentemente.

L'apprendimento anche secondo Piaget, di cui parleremo più avanti, non è una risposta automatica ad un dato stimolo ambientale, ma un processo cognitivo complesso in cui il soggetto reinventa le conoscenze.

Nasce così il **cognitivismo**, una corrente della psicologia che studia i processi mentali considerandoli simili ai processi di elaborazione dell'informazione, simili cioè ad un *software* che elabora le informazioni ricevute (*input*) restituendo conoscenza (*output*). Il **costruttivismo** (→ par. 9) è considerato una corrente del cognitivismo, anche se non tutti (Kelly) sono concordi con questa classificazione.

Secondo il cognitivismo, dagli anni Settanta il modello più utilizzato della psicologia non solo nel Nord America ma in tutto il mondo, *la mente umana funziona elaborando attivamente informazioni che le giungono tramite gli organi sensoriali*, in analogia con i meccanismi di tipo cibernetico.

A differenza di altri modelli precedenti (ad es.: il comportamentismo), il cognitivismo non costituisce un sistema teorico organizzato e coerente. Le influenze che hanno inciso sulla nascita delle teorie cognitiviste sono state, infatti, molte ed eterogenee: le più recenti possono essere individuate nella teoria dell'informazione e nella cibernetica, che forniscono un modello dell'organismo umano come sistema complesso in grado di ricevere informazioni (input), di elaborarle compiendo scelte fra gli elementi in entrata, di porre in atto sui dati selezionati una serie di trasformazioni e un immagazzinamento rapido ed efficace, di raggiungere decisioni dipendenti dai risultati dell'elaborazione compiuta e non predeterminate in partenza (output), come era nel modello comportamentista, dagli stimoli ambientali in entrata.

Broadbent enunciò la più nota delle teorie cognitiviste relative all'attenzione, la *teoria del filtro*, che sottolinea la capacità della mente di selezionare in modo molto preciso le informazioni in arrivo.

Nel 1960, gli psicologi cognitivisti presentarono più compiutamente l'analogia di funzionamento fra mente umana e computer. Negli anni successivi si differenziarono diversi filoni di ricerca cognitivista che si focalizzarono su percezione, memoria, attenzione, vigilanza, ragionamento (il cosiddetto problem solving) e soprattutto linguaggio (Chomsky).

I maggiori esponenti di questo indirizzo sono **Jean Piaget**, **Lev Vygotskij** e **Jerome Bruner**, ai quali va riconosciuto il merito di aver apportato contributi fondamentali alle teorie dell'apprendimento, tanto da essere considerati tra i *maggiori studiosi di psicologia dello sviluppo del Novecento*. Per questo motivo ne parleremo ampiamente nei prossimi paragrafi.

4.1 Cognitivismo e psicologia dello sviluppo

Alcuni esponenti del cognitivismo, oltre che formulare le teorie dell'apprendimento, hanno approfondito anche le tematiche proprie della **psicologia dello sviluppo**.

Secondo i cognitivisti (Piaget, Erickson) il processo di formazione dell'individuo avviene, infatti, **per stadi**: è possibile estrapolare, tra i vari passaggi evolutivi, almeno **cinque momenti** durante i quali lo sviluppo è fortemente critico:
a) **infanzia**;
b) **fanciullezza**;
c) **adolescenza**;
d) **età adulta**;
e) **tarda età**.

Ciascuno di questi momenti presenta delle **criticità**.

— Durante l'**infanzia** (0-2 anni), ad esempio, il processo di adattamento nel bambino è costantemente «attivo» (le nozioni da apprendere sono innumerevoli e l'interazione con l'ambiente è naturalmente regolata da diversi compiti evolutivi, tra cui: esplorazione, emozione, gratificazione, percezione degli effetti delle proprie azioni sul mondo e controllo). Studiosi come **John Bowlby** e **Donald Winnicott** considerano la prima infanzia un periodo cruciale per lo sviluppo di una fiducia di base in se stessi e negli altri. Si tratta di una fase di fondamentale importanza per lo sviluppo della capacità di agire con efficienza, oltre che per la possibilità di costruire un atteggiamento di fiducia e concretezza. Il fallimento dei compiti evolutivi in questa fase si manifesterà nell'adulto

o già nel bambino in molteplici forme: **ritardo nello sviluppo cognitivo**, sentimenti di **dubbio**, **vergogna** o **inferiorità**; sentimenti di **ambivalenza verso di sé** e gli altri; modalità emotive rigide e comportamenti nevrotici.
- Nel corso della **fanciullezza** (fino agli undici anni circa) ritroviamo alcuni elementi dell'infanzia, ai quali si aggiungono nuovi compiti che richiedono ulteriori esperienze di apprendimento e nuove abilità. In questa fase, il bambino è messo di fronte alla possibilità, soprattutto attraverso il gioco, di **compiere delle scelte e prendere delle iniziative**. Sviluppa interesse per le relazioni interpersonali; si libera progressivamente del «pensiero egocentrico» (Piaget); riconosce i propri sentimenti; si impegna in diversi ruoli sociali; comincia a percepire l'incremento della complessità del Sé; sviluppa, a meno di profondi blocchi evolutivi, la capacità di **pensare in modo logico e sistematico** (genesi del senso di autonomia e del «confronto» con l'esterno).
- Molti autori (tra cui principalmente Erik Erikson) concordano nell'attribuire al periodo dell'**adolescenza** il compito evolutivo della formazione di un'**identità stabile**. Si intuiscono la complessità e la delicatezza di questa fase, che costituisce un supporto decisivo per la costruzione di una stabilità psichica profonda per l'individuo.
- Il compito evolutivo fondamentale dell'**età adulta** consiste nella percezione della propria **generatività** (Erikson), che riguarda problemi relativi al senso di sé e degli scopi della propria vita. Si tratta anche di una fase in cui, come è noto, le problematiche psicosociali spesso assumono un potere soverchiante, destabilizzando l'individuo fino a generare confusioni bloccanti o esiti psicopatologici.
- La **tarda età** è caratterizzata da mutamenti fisiologici e sociali che impongono all'individuo una nuova serie di adattamenti. Alcuni studiosi individuano in questa fase il compito evolutivo di costruire una **piena accettazione di sé**, valorizzando la dimensione temporale della *memoria autobiografica* (cioè della propria narrazione di sé) e il proprio vissuto.

5 Piaget e lo sviluppo mentale del bambino

L'opera di **Jean Piaget** (1896-1980) fornisce un preciso schema della progressiva evoluzione psicologica del bambino e dunque merita una più approfondita trattazione.

A suo parere i comportamenti intelligenti sono influenzati da due processi fondamentali:

1. l'**assimilazione**, ossia il processo in virtù del quale i dati ricavati dall'esperienza vengono incorporati in schemi mentali preesistenti, senza che avvenga alcuna modificazione di questi ultimi;
2. l'**adattamento**, cioè il processo per cui i nuovi dati incorporati modificano gli schemi preesistenti, adattandoli alle nuove esigenze della realtà.

L'**intelligenza**, quindi, è una forma di adattamento dell'organismo all'ambiente, basata sul dinamico equilibrio fra i due processi appena descritti.

Ogni attività mentale, secondo Piaget, presuppone una **maturazione neurobiologica** che ne orienta lo sviluppo, il quale, a sua volta, non può essere ridotto esclusivamente all'influenza di fattori esterni (sociali e culturali) sul bambino, come invece sostenevano, più o meno contemporaneamente a Piaget, gli esponenti del comportamentismo. In altre parole, lo sviluppo deve tener conto anche — e soprattutto — dell'esistenza di un **livello genetico alla base delle formazioni cognitive**. L'ipotesi fondamentale di Piaget è, infatti, che esiste un «*parallelismo tra i progressi compiuti, l'organizzazione razionale e logica della conoscenza, e i corrispettivi processi psicologici formativi*».

Lo sviluppo nasce così da un'interazione assai complessa e stratificata tra *individuo e ambiente*, da non intendersi soltanto come ambiente socio-culturale: la mente stessa è come un organismo vivente che, entrando in rapporto con l'esterno, si accresce e si sviluppa.

In tal senso, secondo Piaget, i **fattori generali dello sviluppo** sono:
— la maturazione del sistema nervoso;
— l'interazione con l'ambiente biologico e, più limitatamente, con quello sociale, storico, culturale;
— l'integrazione adattiva attraverso cui il bambino «autoregola» progressivamente il proprio sviluppo.

La teoria piagetiana, basata sul collegamento tra psicologia e biologia, tra sviluppo fisico e sviluppo psichico, distingue **quattro stadi principali nell'evoluzione del bambino**, che vanno dalla nascita all'adolescenza.

1. **Stadio senso-motorio** (da 0 a 2 anni). In questa fase il bambino non riesce a distinguere tra se stesso e l'ambiente, né tra gli oggetti e le azioni che esercita su di essi. Conosce il mondo attraverso l'*intelligenza senso-motoria*, che gli permette di intervenire sulle cose, percepire gli effetti dell'azione e tornare ad agire. Appena il bambino verifica il successo di un'azione, tende a ripeterla. Il risultato ottenuto per caso la prima volta diventa uno *schema d'azione*, che viene riprodotto attivamente in seguito. Soltanto verso la fine di questo periodo, il bambino acquisisce completamente il concetto di «permanenza» dell'oggetto: un oggetto continua ad esistere anche quando non è percettivamente presente. Si tratta di una conquista che Piaget considera il fondamento della *capacità di rappresentazione mentale*: il bambino non apprende più per tentativi ed errori, ma è finalmente in grado di rappresentarsi, di immaginare mentalmente le operazioni da compiere, e utilizza le parole anche per descrivere cose non presenti o svoltesi nel passato più prossimo.

   Piaget distingue questa fase in ulteriori **6 sottostadi**:
   1) riflessi innati (da 0 a 1 mese);
   2) reazioni circolari primarie (da 2 a 4 mesi);
   3) reazioni circolari secondarie (da 4 a 8 mesi);
   4) coordinazione mezzi fini (da 8 a 12 mesi);
   5) reazioni circolari terziarie (da 12 a 18 mesi);
   6) comparsa della funzione simbolica (da 18 a 24 mesi).

2. **Stadio pre-operatorio** (dai 2 ai 6-7 anni). Mentre nello stadio precedente l'intelligenza ha carattere sensoriale e motorio, ossia si manifesta con azioni ed è legata al dato percettivo del momento, in questa fase lo sviluppo intellettivo trae impulso dalla capacità del soggetto di svincolarsi dall'apparenza dei fenomeni. Fino ad ora l'azione era puramente concreta e momentanea; in questo periodo essa viene, invece, interiorizzata: *il bambino ne conserva una traccia nella mente*. Egli acquisce la *capacità di rappresentazione*, cioè di riprodurre mentalmente un oggetto o un avvenimento con le medesime caratteristiche spazio-temporali con cui è stato percepito la prima volta. In questo stadio, però, il bambino mostra un'intelligenza ancora rigida, incapace di tener conto del punto di vista altrui (*egocentrismo*), di separare le cause dagli effetti (*finalismo*), di distinguere l'animato dall'inanimato (*animismo*).

    Relativamente a questo stadio Piaget distingue tra *pensiero simbolico* e *pensiero intuititvo* del bambino (alcuni studiosi tendono da ciò a suddividere lo sviluppo cognitivo del bambino secondo Piaget, in *5 stadi* invece che 4):
    — *Fase del pensiero simbolico* (da 2 a 4 anni). Il bambino acquisisce la capacità di rappresentare mentalmente un oggetto, potenzia il linguaggio attraverso l'acquisizione di un lessico più ampio, ma non è in grado di svolgere un ragionamento passando dal generale al particolare (*deduttivo*) o viceversa (*induttivo*). Si tratta però ancora di un pensiero egocentrico, perciò incapce di distinguere la propria prospettiva da quella degli altri, inoltre il bambino non è capace di relazionare i concetti di tempo, spazio, causa;
    — *Fase del pensiero intuitivo* (da 4 a 7 anni). Il bambino socializza di più anche entrando alla scuola dell'infanzia, e ciò gli permette di aumentare il suo bagaglio di conoscenze. Il suo pensiero è ancora rigido e *irreversibile*, tende cioè a pensare oggetti ed eventi solo nell'ordine in cui li ha sperimentati, e non è capace di annullare o invertire un certo risultato;

3. **Stadio delle operazioni concrete** (dai 7 ai 12 anni). Questo periodo è segnato dalla comparsa delle *operazioni*, cioè dalla capacità di immaginare trasformazioni della realtà e perciò di compiere manipolazioni mentali delle cose in base a determinate regole. Il bambino comprende i meccanismi dell'addizione, della sottrazione, della moltiplicazione, della divisione, dell'ordinamento in serie, della *reversibilità*. Matura anche la *logica delle classificazioni* e, in particolare, l'acquisizione del *principio d'inclusione*, secondo cui esistono categorie più piccole comprese in altre più ampie.

4. **Stadio delle operazioni formali** (dai 12 ai 15 anni). In questa fase, il pensiero del preadolescente è in grado finalmente di staccarsi dal dato concreto per operare su ricordi, immagini mentali, idee e concetti astratti. Egli effettua confronti fra concetti, ragiona per ipotesi e immagina nuove situazioni per comprendere meglio gli eventi reali. Il ragionamento si fa progressivamente complesso e il pensiero diventa formale. Il ragazzo avverte il gusto della

discussione animata su problemi astratti ed esercita le proprie capacità logiche e critiche, mostrando un notevole grado di concentrazione su problemi astratti. Il ragionamento si avvale ora del *procedimento deduttivo*, che consiste nel partire da una relazione già nota fra due proposizioni per individuare la verità o falsità della prima di esse e affermare con certezza la verità o falsità della seconda. Il pensiero del preadolescente acquista sempre maggior rigore, per cui egli è in grado di ripetere alcune dimostrazioni scientifiche ed esperimenti, partendo dalle medesime premesse; in tal modo potrà confermarne o smentirne la validità[1].

La ricaduta delle teorie di Piaget sulle scienze dell'educazione è stata di notevole rilevanza; il punto più problematico della sua concezione rispetto alle applicazioni educative è la tesi (a suo dire abbondantemente dimostrata a livello sperimentale, ma sulla quale ancora oggi non c'è accordo tra gli studiosi) secondo cui **i tempi e la successione delle fasi di sviluppo psicologico sono sostanzialmente immodificabili**, togliendo così rilevanza ed efficacia all'intervento dell'ambiente, che non può cambiare né accelerare questi aspetti.

Per Piaget, dunque, l'apprendimento segue lo sviluppo e l'insegnante deve attendere che si manifestino nell'alunno i prerequisiti cognitivi necessari per la piena comprensione dei concetti che deve insegnare[2]. Secondo Piaget, l'educazione potrebbe, insomma, soltanto creare le condizioni più adatte per lo sviluppo cognitivo, senza mai orientarlo, però, in maniera determinante. Una posizione diversa assumerà Vygotskij, che ritiene, invece, sia l'istruzione a mettere in moto lo sviluppo cognitivo (→ par. 8).

6 Lo sviluppo morale: Piaget e L. Kohlberg

Lo **sviluppo morale** durante l'età evolutiva è, nell'uomo, intimamente **legato allo sviluppo cognitivo**. La morale diventa autonoma soltanto dopo l'acquisizione del pensiero reversibile e operativo.

Nel bambino, secondo Jean Piaget, si possono distinguere due fonti delle regole del comportamento. Ciò si può scoprire bene nel gioco: il bambino quando non ha ancora acquisito il «gioco delle regole» (*morale autonoma*), si attiene a quelle imposte dai genitori e dagli adulti (*morale eteronoma*).

Le regole del comportamento e la morale autonoma si sviluppano non solo attraverso la reciproca collaborazione tra gli adulti (genitori, parenti e insegnanti) e i bambini, ma anche tramite i giochi che questi ultimi intraprendono tra loro.

---

[1] Per un approfondimento si rimanda a: J. Piaget, *La rappresentazione del mondo del fanciullo*, Bollati Boringhieri; J. Piaget, *Lo sviluppo mentale del bambino e altri studi di psicologia,* Einaudi, 2000.

[2] E. Calamari, *A scuola con gli adolescenti*, cit., pag. 29.

Durante l'età infantile, l'individuo non ha ancora acquisito una visione morale nei confronti della realtà circostante e, quindi, non possiede la capacità di formulare giudizi di valore corretti, che gli adulti attribuiscono con un preciso ordine gerarchico ai fatti e agli eventi. Questo perché la *morale non è ereditata geneticamente, ma viene acquisita attraverso l'apprendimento e la socializzazione.*

Il **senso morale** (giusto o sbagliato, bene o male e così via) si struttura in una personalità come *conseguenza delle esperienze dirette e dei comportamenti indiretti degli altri.* Il bambino, come visto, prima si adegua ad una morale impostagli indirettamente dal mondo esterno (**morale eteronoma**) e, in seguito, interiorizzando le regole e i comportamenti morali del mondo esterno, incomincia a adattare le sue azioni, secondo le norme che ha interiorizzato (**morale autonoma**).

Lo psicologo americano **Lawrence Kohlberg** (1927-1987), seguendo la tesi di Piaget, ha supposto che lo sviluppo morale fosse provvisto di precise sequenze evolutive. Egli ha formulato, attraverso le sue ricerche, l'esistenza di **tre livelli di sviluppo morale**.

I tre livelli, ciascuno ripartito in stadi, sono:

1. il **livello pre-convenzionale** si basa su due stadi: l'*orientamento* e l'*edonismo strumentale*. Il primo stadio si basa sull'obbedienza e sulla punizione; il secondo consente al bambino di conformarsi alle regole, per ottenere le ricompense;
2. il **livello convenzionale** si struttura, invece, su altri due stadi. Il primo è quello dell'*ordinamento*, che si basa sulle relazioni interpersonali; in tale stadio, il comportamento buono è quello che gli altri gradiscono e approvano. Il secondo stadio è quello che *non permette all'ordine sociale di cambiare*; il comportamento è, pertanto, buono quando ognuno rispetta l'autorità, agisce in conformità al dovere e opera per la stabilità dell'ordine sociale (morale eteronoma);
3. infine, gli stadi dell'ultimo **livello**, quello **post-convenzionale**, sono rappresentati dall'esigenza di sottoscrivere un *contratto sociale* e di orientarsi seguendo la propria coscienza e il principio etico universale.

Seguendo valori percepiti e accettati universalmente, un soggetto è, da un lato, di sicuro, maturo e inserito in maniera opportuna nei ruoli sociali e, dall'altro, pronto ad esprimere giudizi morali su una base soggettiva (morale autonoma).

7 Istruzione e cultura dell'educazione per Bruner

Il bambino si modifica incessantemente fin dalla fase del suo concepimento. Alcune trasformazioni riguardanti sia la struttura fisica che il modo di comportarsi dipendono strettamente ed unicamente dal processo di crescita, ossia dalla sua **maturazione biologica**. Un bambino di 3-4 anni, ad esempio, solo in virtù del suo sviluppo fisico, riesce ad afferrare facilmente un oggetto posto su un tavolo che appena pochi mesi prima non riusciva a prendere, perché non era ancora sufficientemente alto.

Nella maggior parte dei casi, però, le modificazioni del comportamento sono la conseguenza di una serie di tentativi che man mano diventano sempre più riusciti, ovvero conseguono da *esperienze ripetute*, come accade, ad esempio, quando il bambino impara a camminare o a parlare. Ovviamente, affinché il bambino possa imparare a camminare o a parlare, è necessario che il livello di maturazione della struttura ossea e muscolare, nel primo caso, e delle corde vocali e dell'apparato fonatorio in genere nel secondo caso, sia adeguato alle esigenze della deambulazione e della emissione di suoni articolati. Anche questo, però, non è ancora sufficiente: infatti, se un bimbo non compie tentativi reiterati, magari aiutato anche dai genitori, non diventerà capace di camminare, così come, allo stesso modo, non apprenderà mai a parlare se non sarà stato immesso in un ambiente di parlanti, cioè se non avrà sentito parlare intorno a sé.

È dunque possibile definire **l'apprendimento come un cambiamento delle attitudini e delle capacità umane che non si può attribuire semplicemente al processo di crescita**.

Così nella teoria dello psicologo statunitense **Jerome Seymour Bruner** (1915-2016) lo sviluppo cognitivo non si realizza, al contrario di ciò che sostiene Piaget, attraverso una sequenza fissa di stadi, in quanto l'intelligenza sarebbe definibile piuttosto come capacità di mettere in atto una serie di strategie e procedure utili per risolvere problemi, analizzare le informazioni e codificarle.

Sotto questo profilo **Bruner attribuisce grande importanza alla situazione e al contesto** in cui l'individuo apprende (ossia ai *fattori sociali*), ma anche **alle spinte motivazionali** (*fattori individuali*).

Piaget si era limitato a descrivere il processo di maturazione fisiologica delle strutture mentali ma aveva del tutto trascurato i fattori che possono agevolare lo sviluppo cognitivo, ossia il passaggio da sistemi poveri a sistemi sempre più ricchi ed efficaci nell'elaborazione delle informazioni. Tale passaggio, che avviene non in maniera regolare ma per **scatti e pause**, e che può essere accelerato dall'ambiente in cui l'allievo matura, avviene attraverso tre forme di rappresentazione: l'**azione**, l'**immagine** e il **linguaggio**. Per Bruner, tutto può essere insegnato a individui di qualsiasi età: l'importante è che le informazioni siano tradotte in forme di rappresentazione adatte allo sviluppo cognitivo del soggetto.

Per Bruner esistono **3 sistemi di rappresentazione della conoscenza**, 3 forme di pensiero tra cui non vi è una relazione gerarchica, ma che coesistono in tutte le diverse età dello sviluppo cognitivo. Esse sono:

Rappresentazione esecutiva → azione → il bambino nel primo anno di vita (ma ciò avviene anche nell'adulto) *impara facendo*.

Rappresentazione iconica → immagine → il bambino fino ai 6-7 anni impara attraverso *immagini* visive (ma anche uditive, olfattive o tattili), che gli permettono di evocare mentalmente una realtà non presente.

Rappresentazione simbolica → simbolo → Dai 7 anni in poi la realtà viene codificata attraverso simboli e segni convenzionali (lettere, numeri, note musicali etc.). Si sviluppa il ragionamento astratto.

I modi o gli itinerari dell'apprendimento possono essere diversi e ciascuno di essi è da utilizzare prevalentemente non tanto e non solo in relazione alle diverse tappe dell'età evolutiva, ma soprattutto in rapporto all'oggetto dell'apprendimento. Ad esempio, è possibile imparare a nuotare solo facendo esperienza diretta del nuoto (**apprendimento pratico**), ma ciò non significa che siano privi di valore l'osservazione del modo di nuotare di un esperto nuotatore (**apprendimento iconico o per immagini**) o i suggerimenti e le lezioni di un maestro di nuoto (**apprendimento simbolico**, che utilizza, cioè, come nell'esempio riportato, i simboli del linguaggio verbale).

È bene che l'apprendimento scolastico prenda avvio, tutte le volte che ciò sia possibile, dall'esperienza diretta e dalla manipolazione, ma ciò nulla toglie alla necessità di avviare gradualmente l'allievo a un'osservazione sempre più attenta della realtà, all'uso consapevole dei simboli dei linguaggi fondamentali e all'acquisizione dei concetti basilari delle varie discipline.

A differenza della successione stadiale di Piaget, le tre forme di rappresentazione di Bruner non costituiscono una sequenza fissa, in cui l'una scompare e l'altra appare, ma tutte coesistono, conservando la propria autonomia.

Tutti i processi mentali hanno un fondamento sociale (evidente, in tal senso, la volontà di Bruner di «correggere» la visione biologista di Piaget): **la struttura della conoscenza umana è influenzata dalla cultura attraverso i suoi simboli e le sue convenzioni**. In ogni fase di sviluppo l'attività è guidata sia da scopi individuali che dal bisogno di relazioni sociali. L'influenza sociale determina e diffonde i concetti e le categorie che, condivisi da una determinata cultura e approvati dai suoi membri, vengono facilmente appresi e rappresentati nella mente di ogni individuo. La cultura si riflette così nella vita mentale del soggetto e l'intelligenza, a sua volta, costituisce l'interiorizzazione degli strumenti di una cultura.

Su queste basi Bruner considera l'**apprendimento come un processo attivo**, in cui *il soggetto costruisce nuove idee o concetti a partire dalle proprie conoscenze passate e presenti*. Gli strumenti che permettono all'individuo di crescere all'interno di una cultura vengono forniti dal sistema stesso a cui egli appartiene: in tal modo la cultura, da un lato, rappresenta l'articolata rete di influenze e di *input* che consentono lo sviluppo mentale del bambino, dall'altro gli fornisce anche l'insieme degli strumenti e dei contenuti, indirizzando i suoi apprendimenti e la costruzione della sua concezione del mondo. In definitiva, l'*apprendimento e il pensiero sono collocati in un certo contesto culturale e si sviluppano sempre a partire dall'uso delle risorse culturali disponibili.*

La vita mentale va, dunque, considerata come un processo intimamente dinamico e comunicativo, che si sviluppa con l'aiuto di *codici culturali, tradizioni, relazioni sociali*, e le strutture stesse della conoscenza individuale si delineano, nel tempo, all'interno di contesti specifici. L'*apprendimento* si produce nell'ambito di una varietà di pratiche socialmente e culturalmente determinate (leggere, scrivere, eseguire operazioni aritmetiche, insegnare, lavorare etc.) e si configura come un *fenomeno sociale* in cui intervengono molti elementi diversi, ma tutti ugualmente attivi: il linguaggio, le strumentazioni, le immagini, i ruoli sociali, i sistemi di giudizio, le regole e gli stili di vita e così via. In conclusione: l'*educazione non ha luogo solo nelle aule scolastiche, ma anche, e in pari grado, nelle famiglie, per la strada, nei luoghi di lavoro*, cioè ovunque vi sia un *incontro* e un *confronto* fra soggetti diversi.

8 Ambiente e sviluppo secondo Vygotskij

Elaborate negli stessi anni e rivolte al medesimo ambito di studi (lo sviluppo delle funzioni psichiche superiori), anche le tesi dello psicologo russo **Lev Vygotskij** (1896-1934) divergono in misura netta dalla contemporanea psicologia genetica di Piaget. Infatti, Vygotskij considera centrale per lo sviluppo della psiche, non tanto l'aspetto della maturazione biologica e della costruzione attiva di conoscenze, quanto l'**influenza specifica del contesto sociale**. I sistemi mentali di rappresentazione, secondo questa prospettiva, non derivano, come per Piaget, dal rapporto dell'individuo con il mondo fisico, ma vengono generati dal contesto socio-culturale.

Lo sviluppo mentale non è un fatto individuale, ma un processo di interiorizzazione di forme culturali. Vygotskij sostiene, ad esempio, che la prima attività intellettiva del bambino è da considerarsi sostanzialmente pratica e concreta, non isolata dal contesto sociale, ma sempre interna all'interazione con l'ambiente.

Uno dei campi di studio in cui è emersa maggiormente la differenza teorica tra Piaget e Vygotskij, riguarda l'origine e il **significato cognitivo del linguaggio umano**. Secondo Piaget nelle prime fasi dello sviluppo infantile il pensiero è «**autistico**», ossia non comunicabile e non rispondente alla realtà. Nelle fasi successive il pensiero diventa «**egocentrico**», per cui il bambino non concepisce punti di vista diversi dal proprio, così come pure il linguaggio è egocentrico, ovvero non aperto alla comunicazione interpersonale. Il linguaggio egocentrico scompare progressivamente man mano che il pensiero diventa più completo e si razionalizza.

Per Vygotskij il rapporto tra pensiero e linguaggio è inverso: il bambino è fin dalle prime fasi di sviluppo immerso in relazioni interpersonali. Il primo linguaggio è soprattutto «sociale» e riesce ad esprimere emozioni ed affetti. La funzione «interpsichica» del linguaggio precede dunque quella «intrapsichica». Solo in seguito, con il processo di interiorizzazione, il linguaggio diventa uno strumento del pensiero, contribuendo alla strutturazione dei processi mentali. Quando il processo di interiorizzazione è completato, il linguaggio diventa «interiore»: è una forma di pensiero che si struttura utilizzando le regole della lingua, le parole e i loro significati.

Per Vygotskij l'**interazione tra individuo e ambiente** avviene attraverso due tipi di strumenti:
— **strumenti materiali**, consistenti in oggetti più o meno complessi di cui l'individuo si serve per entrare in contatto con l'ambiente, costituito da elementi sia fisici che umani;
— **strumenti psicologici**, a loro volta rappresentati dal linguaggio, da sistemi di numerazione e di calcolo, dalla scrittura, dall'arte etc.

Tali strumenti, insieme all'interazione con i propri simili, mettono il soggetto in condizione di sviluppare **funzioni psichiche elevate**, fra cui:
— il ragionamento;
— la volontà;
— il pensiero e la memoria logica;
— i concetti astratti;
— le capacità progettuali in rapporto al raggiungimento di un obiettivo.

8.1 Il ruolo dell'ambiente esterno nella psicologia cognitiva

Il risultato che offrono gli studi della psicologia cognitiva è che il modo in cui un pensiero (e il conseguente apprendimento) si determina dipende da due elementi:
— la struttura cerebrale **geneticamente determinata**;
— e l'influsso culturale dell'**ambiente esterno** sul cervello.

Il vantaggio che ha l'uomo rispetto ad altri esseri viventi è proprio in questa maggiore influenzabilità da parte dell'esterno: vale a dire che evolutivamente **è vantaggioso che il cervello sia meno vincolato alla propria formazione biologica**, in favore di una maggiore formazione sinaptica in dipendenza dall'ambiente di vita. Le conseguenze sono un maggiore sviluppo del pensiero, un arricchimento della comunicazione tra individui, un'intensificazione dei legami sociali e la maggiore originalità di ogni soggetto.

VALORIZZARE LA CAPACITÀ EVOLUTIVA DEL CERVELLO

La pedagogia può e deve giovarsi delle scoperte su questo campo assumendo il compito di comprendere e valorizzare la **capacità evolutiva del cervello-mente**: in questo modo è possibile programmare una strategia di formazione che utilizzi l'ambiente per permettere il massimo e migliore sviluppo del potenziale mentale. Vediamo più in dettaglio alcune riflessioni in campo pedagogico che conseguono le conoscenze che vengono dalla psicologia cognitiva. Presenteremo cinque punti fondamentali.

— **Offerte formative per l'infanzia**: fin dalla nascita il cervello deve nutrirsi di informazioni, è questo un bisogno fondamentale del bambino, per cui è necessario predisporre e **attrezzare ambienti adatti per la formazione** che consentano un esercizio del pensiero che permetta di realizzare al meglio le potenzialità di ogni individuo. È necessario prevenire la perdita di potenziale mentale offrendo un ambiente di vita cognitivamente e affettivamente ricco.

— **Offerte formative tempestive per i periodi critici**: per poter stabilire al meglio interventi pedagogici mirati, è necessario individuare quali sono i **periodi critici** in cui determinate capacità cognitive emergono, si stabilizzano o sono inaccessibili. Anche nel caso di un individuo di «talento», l'assenza di questo progetto educativo che offra un sostegno positivo e «al momento giusto», potrebbe arrivare a risultati solamente mediocri. Bisogna dunque valorizzare l'idea di Maria Montessori secondo la quale bisogna presentare ai bambini **numerose e varie sollecitazioni**, in modo da intercettare per tempo e positivamente la capacità cognitive che devono avere un sostegno esterno per poter venire fuori e progredire.

— **Offerte formative che valorizzino le differenze**: sia la base fisiologica, sia l'evoluzione di essa in rapporto all'ambiente di vita, contribuiscono a fare di ogni individuo un *unicum*, caratterizzato da specifiche differenze rispetto agli altri. Bisogna pertanto comprendere e valorizzare queste differenti propensioni intellettuali già in età precoce, in modo da permettere che si sviluppino al meglio. Questo significa permettere un percorso all'occorrenza individualizzato per quegli individui che presentano alcune spiccate propensioni e capacità o bisogni speciali sul piano educativo.

— **Qualità della formazione**: la *pedagogia deve essere alleata con la didattica* al fine di sfruttare al meglio le conoscenze che ci giungono dalle neuroscienze, in particolare la consapevolezza di quanto influisca l'ambiente esterno sulla **formazione neurologica** dell'individuo. *Il contesto educativo è dato da tanti fattori concomitanti: il tempo, lo spazio, i mediatori culturali, il clima affettivo, le relazioni interpersonali* etc., ed è particolarmente importante che tutti questi fattori siano bene organizzati per sostenere la naturale tendenza all'apprendimento.

— **Promozione di un pensiero ecologico**: riassumiamo con l'espressione **pensiero ecologico** un particolare modo di intendere il mondo che deriva dalla consapevolezza della *partecipazione dell'uomo alla natura comune degli esseri viventi*; dalla **propensione naturale** dell'uomo alla cultura e alla tecnica; dalla **compartecipazione** dell'uomo all'ambiente in cui vive, secondo un approccio ecosistemico e non più antropocentrico.

9 Il Costruttivismo

Nel corso degli anni '80 i fondamenti teorici del cognitivismo di prima generazione incominciarono a essere contestati: si andò così diffondendo l'idea che il mondo sia una *costruzione* che deriva dalla nostra esperienza: **il soggetto che apprende compie**, infatti, **un'azione di attiva costruzione della conoscenza**.

Secondo la teoria costruttivista, il sapere non esiste indipendentemente dal soggetto che conosce. *La conoscenza non è mai, quindi, oggettiva*, ma è *sempre una soggettiva costruzione di significato*, in base a proprie sensazioni, conoscenze, credenze, emozioni. Il concetto di verità anche scientifica perde così di significato.

Ogni individuo ha una propria visione personale della realtà e comprende il mondo attraverso la costruzione di concetti e categorie che lo organizzano, in parte li adatta per renderli compatibili con quelli degli altri. La conoscenza è, quindi sempre individuale e non è possibile trasmettere il significato che si attribuisce ad un concetto, in quanto questo è sempre influenzato dall'esperienza personale. *Il sistema di costrutti di un individuo varia, dunque, in base alla sua esperienza e all'ambiente in cui vive*.

Nell'ambito didattico, il costruttivismo rinnega qualsiasi forma di metodologia di insegnamento trasmissivo (no lezione frontale, sì a qualsiasi tipo di tecnica didattica che ricorre all'*esperienza*): la scuola è uno dei contesti (come anche famiglia e gruppo dei pari) in cui si sviluppa l'apprendimento e il docente può offrire allo studente solo stimoli ed orientamenti. Ciò significa anche che l'apprendimento individuale non può rispondere a standard e fasi predefinite e lineari e che la scuola deve permettere a tutti di seguire un proprio **percorso individuale di apprendimento**.

Uno dei maggiori esponenti del costruttivismo fu G. A. Kelly.

9.1 La teoria dei costrutti personali di Kelly

Secondo lo psicologo statunitense **George Alexander Kelly** (1905-1967), ciascuno percepisce e interpreta il mondo in base a un **proprio punto di vista**, dal quale dipendono non solo le opinioni ma anche i comportamenti.

Secondo questa teoria, la personalità degli individui può essere considerata come un organismo dinamico che, sulla scorta dell'esperienza, elabora specifici «**costruzioni mentali**» che determinano poi gli atteggiamenti esteriori.

Per «**costrutto**» Kelly intende gli *schemi* che l'individuo costruisce *per conoscere gli eventi*. I costrutti hanno essenzialmente queste caratteristiche:
— costituiscono delle modalità di **percezione**, di **interpretazione** e di **anticipazione** dei fatti e dei fenomeni;
— sono **dinamici** e non statici: la nostra esperienza quotidiana implica processi di *consolidamento* di alcuni aspetti del nostro modo di vedere le cose e la revisione o l'abbandono di altri;

— sono delle *astrazioni mentali* in base alle quali l'individuo attribuisce significati alle proprie esperienze.

Secondo Kelly, l'individuo *costruisce gli eventi della realtà*, nella misura in cui mostra una **capacità creativa** che gli permette di *rappresentarsi l'ambiente*, di *modificarlo, costruirlo* e *adattarlo* alle proprie esigenze. La realtà esiste come un dato di fatto che può essere modificato o compreso in modo diverso da individuo a individuo.

Per semplificare lo sfondo teorico della teoria dei costrutti personali, Kelly propone la metafora dell'**individuo come scienziato**: come questi nella sua attività di ricerca mira a definire le condizioni di *verità, controllo* e *verifica* delle sue ipotesi di partenza (dei suoi «**costrutti**» teorici), così anche l'individuo comune orienta la propria attività comportamentale e conoscitiva verso forme di previsione e controllo del *corso degli eventi* che lo coinvolgono.

L'individuo allora, come lo scienziato, è in grado di *elaborare attivamente* teorie e proporre **ipotesi confermabili** dall'*evidenza sperimentale* o **falsificabili** alla luce di nuove esperienze.

9.2 Il Sociocostruttivismo

Kelly è considerato uno dei padri fondatori del **costruttivismo**: secondo questa teoria, come detto, l'apprendimento è influenzato da una serie di interrelazioni tra l'individuo e l'ambiente in cui vive e opera. La conoscenza non viene trasmessa, ma «*costruita*» creativamente da ciascun individuo in base al *contesto* in cui avviene l'apprendimento.

Un'evoluzione di questa teoria è il **sociocostruttivismo** che pone l'accento sul ruolo che le *relazioni sociali* rivestono nell'apprendimento. L'interazione consente, infatti, di arricchire la propria prospettiva attraverso il punto di vista altrui, e da ciò scaturisce, secondo i sociocostruttivisti, un miglioramento delle proprie performance e abilità.

In base a questa teoria, l'attività cognitiva dell'essere umano si esprime quasi interamente nel rapporto col mondo esterno, e solo dallo scambio tra l'individuo e il suo ambiente si può crescere e imparare.

L'apprendimento dell'individuo è il risultato di due fattori: la **cooperazione** con gli altri (fattore sociale) e le **caratteristiche del compito** (fattore ambientale) da svolgere. La conoscenza è quindi una **costruzione** che scaturisce dal confronto e dallo *scambio sociale*, cioè dalla condivisione di informazioni con coloro che si trovano a fronteggiare lo stesso problema.

In quest'ottica, il **lavoro di gruppo** diventa fondamentale: esso, infatti, favorisce lo scambio di idee, di strategie e soluzioni, incentiva l'approccio critico ai problemi e rende più aperti e flessibili verso le opinioni altrui.

Affinché si realizzi l'apprendimento, nell'ambito del gruppo di lavoro devono concorrere diversi fattori. Anzitutto è necessario che ciascuno cooperi esprimendo le proprie idee e i propri punti di vista, seppur discordanti dall'orientamento predominante.

Nella prospettiva sociocostruttivista, anche la **dimensione affettiva** riveste un ruolo di primo piano nella costruzione della conoscenza: lo scambio sociale deve avvenire in un clima sereno, all'interno del quale il **conflitto** derivante dallo scontro di opinioni diverse può essere risolto e generare un arricchimento utile per tutti i partecipanti ai lavori.

Attraverso il processo di interazione, è possibile confrontare le differenti interpretazioni che ciascuno dà a un determinato evento; in questo modo, i propri percorsi mentali si scuotono e si riorganizzano in funzione del punto di vista altrui. L'interazione e il conflitto generano, quindi, l'acquisizione di nuove strategie per la risoluzione dei problemi e, dunque, nuovi apprendimenti.

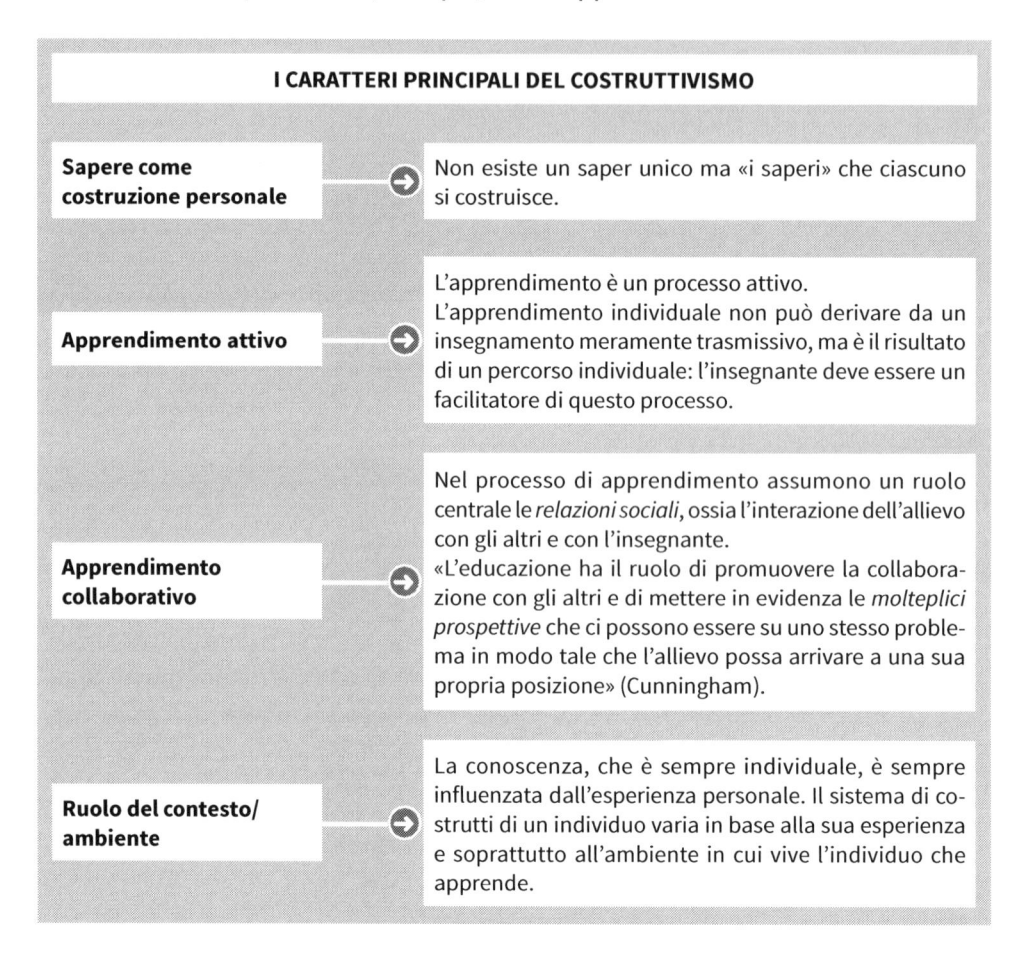

I CARATTERI PRINCIPALI DEL COSTRUTTIVISMO

Sapere come costruzione personale	Non esiste un saper unico ma «i saperi» che ciascuno si costruisce.
Apprendimento attivo	L'apprendimento è un processo attivo. L'apprendimento individuale non può derivare da un insegnamento meramente trasmissivo, ma è il risultato di un percorso individuale: l'insegnante deve essere un facilitatore di questo processo.
Apprendimento collaborativo	Nel processo di apprendimento assumono un ruolo centrale le *relazioni sociali*, ossia l'interazione dell'allievo con gli altri e con l'insegnante. «L'educazione ha il ruolo di promuovere la collaborazione con gli altri e di mettere in evidenza le *molteplici prospettive* che ci possono essere su uno stesso problema in modo tale che l'allievo possa arrivare a una sua propria posizione» (Cunningham).
Ruolo del contesto/ambiente	La conoscenza, che è sempre individuale, è sempre influenzata dall'esperienza personale. Il sistema di costrutti di un individuo varia in base alla sua esperienza e soprattutto all'ambiente in cui vive l'individuo che apprende.

10 L'Attivismo: J. Dewey

Non vi è dubbio che l'**esperienza diretta** sia la prima e insostituibile fonte di apprendimento: in un certo senso, i nostri primi insegnanti sono i nostri sensi, le nostre mani, i nostri piedi. Nonostante l'evidenza, la teoria di Dewey è diventata prassi scolastica con notevole ritardo.

A partire dagli ultimi decenni dell'Ottocento ha avuto larga diffusione, nelle istituzioni educative di numerosi Paesi, un insieme di metodologie d'insegnamento (di derivazione americana) secondo cui l'**educazione deve essere attiva**: l'educatore deve rendersi conto che il bambino è un essere vivo e perciò intensamente coinvolto nel processo formativo; nell'educarlo si tratta di dirigere questa sua naturale tendenza all'attività spontanea, senza soffocarla ma senza neppure lasciarla in balia di sé stessa.

Fu il pedagogista svizzero **Adolphe Ferrière** (1879-1960), per il quale la scuola deve tendere essenzialmente alla liberazione dell'uomo, il primo sostenitore della **scuola attiva** (da qui il termine **attivismo**), la quale, considerata inizialmente come una reazione al formalismo della scuola antica, mise in primo piano il valore dell'attività spontanea, personale e produttiva dell'allievo, da considerare non più come un «adulto incompleto», bensì come un essere *sui generis* dotato di slancio vitale.

Pur differenziandosi per le diverse concezioni dell'uomo a cui si ispirò, l'attivismo affermò il **primato dell'educazione sull'istruzione**, ma ebbe soprattutto il merito di porre a fondamento della pedagogia lo studio psicologico del fanciullo, da considerare nei *suoi bisogni e nei suoi interessi, nella sua spontaneità, nella sua natura evolutiva*.

La cultura attivista ricevette un profondissimo slancio grazie all'opera del filosofo e pedagogista **John Dewey** (1859-1952), uno dei padri della pedagogia moderna. Un elemento costante della filosofia di Dewey è la centralità del mondo dell'**esperienza**: il suo principio fondamentale è riscontrabile nell'espressione ***learning by doing*** (imparare facendo).

Il processo cognitivo, quindi, è sempre rivolto al «controllo dell'esperienza», che di per sé pone *problemi*: la risoluzione dei problemi posti dall'esperienza è possibile solo mediante una continua e attiva «sperimentazione» di molteplici, diverse soluzioni da parte dell'uomo. La conoscenza stessa non è altro che la risoluzione di problemi o, meglio, l'apprendimento di «**metodi di azione**» per fronteggiarli.

Dal punto di vista più strettamente pedagogico, il punto di partenza di Dewey è che le scuole tradizionali imponevano programmi e metodologie cognitive profondamente «estranei» alle capacità, alle attività, ai bisogni e alle inclinazioni dell'alunno: imponevano modelli statici di sapere, completamente scissi dall'esperienza concreta e dal contesto sociale. Le *scuole attive*, al contrario, sono in grado di imporre una decisa svolta nella misura in cui concentrano la propria **attenzione sulle reali capacità degli allievi**, sullo sviluppo delle loro potenzialità, sulla necessità di un sapere intimamente legato all'esperienza, sullo sviluppo delle capacità critiche.

Il **bambino** che *apprende facendo* è **protagonista attivo** del processo educativo e non più soggetto passivo dell'insegnamento dell'adulto. Il docente è una **guida nel processo di scoperta** dell'allievo e deve *personalizzare l'insegnamento* a seconda degli interessi e dei bisogni di questi.

Dal suo pensiero, qui oltremodo sintetizzato, si arrivò a una nuova concezione di insegnamento che vedeva l'**alunno come attivo costruttore del proprio sapere** e l'insegnante non più come un mero trasmettitore di conoscenze, ma come colui che forniva gli strumenti teorici ed empirici per arrivare a forme di apprendimento realmente efficaci.

A partire degli anni '70 anche in Italia, sull'onda delle scuole attive, e come reazione alla scuola nozionistica di stampo idealista, vennero ad affermarsi i principi deweyani: da lui, tra le altre cose, ha origine l'odierna concezione di *laboratorio* e di *didattica laboratoriale* (→ Parte II, Cap. 2, par. 3).

Fra le innovazioni di maggior rilievo che la pedagogia dell'attivismo contribuì ad introdurre nella scuola sono da annoverare tutte le metodologie volte a promuovere negli allievi un *apprendimento autonomo*, con particolare riferimento alla cosiddetta **metodologia della ricerca** (→ Parte II, Cap. 2, par. 4; Cap. 6, par. 5). Questa, infatti, costituisce certamente un positivo itinerario di apprendimento, soprattutto perché impegna personalmente e direttamente l'alunno dall'individuazione del problema alla formulazione dell'ipotesi, fino alla soluzione, ma anche per la gratificazione che l'alunno stesso trae dalla propria attività nel momento in cui si rende conto di essere riuscito, con le sue forze, a dare una convincente risposta al problema che aveva acceso il suo interesse iniziale.

11 Lo sviluppo psico-sociale di Erikson

Le **teorie psicoanalitiche** hanno apportato un notevole contributo alla psicologia dello sviluppo, centrando il lavoro di ricerca soprattutto su quei fattori dinamici del comportamento umano e animale che attivano e spingono un organismo al raggiungimento di una meta, ovvero quelli legati alla **motivazione** piuttosto che agli aspetti cognitivi del comportamento, subordinati, invece, soprattutto allo sviluppo di abilità, come risulta dall'analisi dei lavori di autori di cui abbiamo precedentemente trattato.

Non è questa la sede per approfondire le numerose teorie psicoanalitiche dello sviluppo elaborate da scienziati del calibro di S. Freud, A. Freud e Winnicott, anche perché spesso l'approccio psicoanalitico si focalizza su aspetti patologici e nevrosi. Qui ci soffermeremo soprattutto sugli studi di Erikson e sulla ricaduta che essi hanno avuto in campo educativo.

Erik Erikson (1902-1994) divide il ciclo di vita dell'uomo in **otto età**, disposte in sequenza ordinata che si ripete in tutti gli individui, anche se appartenenti a culture diverse (sia pure con delle variazioni). Tra un ciclo e l'altro l'individuo si trova a dover affrontare costantemente delle specifiche «**crisi**» **psico-sociali**, sullo sfondo delle quali si colloca il problema dell'identità. Ciascuna delle otto svolte risulta centrale nel periodo specifico in cui avviene, ma ricompare, in altre forme, lungo tutto l'arco della vita. La grande novità di Erikson (novità soprattutto rispetto a Freud, padre della psicoanalisi) consiste nel ritenere che *lo sviluppo psico-sociale continui oltre l'adolescenza* e prosegua per tutta la vita dell'individuo.

STADI DELLO SVILUPPO PSICO-SOCIALE SECONDO ERIKSON			
Stadio	Crisi psico-sociali	Relazioni sociali	Modalità psico-sociali
Da 0 a 1 anno Stadio orale	dare / avere	figura materna	fiducia / sfiducia
Da 2 a 3 anni Stadio anale	autonomia / vergogna e dubbio	genitori	trattenere / lasciar andare
Da 4 a 5 anni Stadio infantile	iniziativa / senso di colpa	famiglia	fare, tentare e giocare / non agire
Da 6 a 12 anni Stadio di latenza	industriosità / inferiorità	parenti / amici / scuola	agire, fare insieme agli altri / isolarsi
Da 13 a 20 anni Adolescenza	identità / confusione dei ruoli	gruppo dei pari / associazioni / comitiva	essere se stesso / non essere se stesso
Da 20 a 35 anni	intimità / isolamento	amici / partner	trovarsi in un altro / perdersi in un altro. Cooperazione / competizione
Da 35 a 60 anni	generatività / stagnazione	divisione del lavoro	prendersi cura di qualcuno / trascurare gli altri
Oltre i 60 anni	integrità dell'Io / disperazione	totalità del genere umano	essere attraverso l'essere stato

La **prima fase** inizia con la nascita ed è centrata sull'acquisizione di una **fiducia di base** e della sua controparte, la **sfiducia di base**: entrambe sono necessarie ai fini dello sviluppo, poiché andranno successivamente integrate. La fiducia di base viene acquisita, secondo Erikson, grazie alle continue esperienze positive (soprattutto di tipo sensoriale: carezze, suono della voce etc.) garantite dalla figura materna. Gli elementi negativi, derivanti, ad esempio, dalle provvisorie assenze della madre, possono essere sopportati proprio grazie all'acquisita fiducia di base.

La **seconda fase** è un periodo caratterizzato dal **controllo** e dalla **disciplina** che il bambino comincia a sperimentare su se stesso: egli apprende progressivamente a sottoporre i propri bisogni e desideri al principio di realtà, limitando il proprio egocentrismo di base e iniziando a percepire psicologicamente la presenza degli altri. È in questa fase che nascono la coscienza etica, i sensi di autocontrollo, di volontà e di autonomia.

La **terza fase** è quella propriamente **psico-sociale**. L'autocontrollo e la volontà si rafforzano: l'attività principale del bambino, a questa età (4-5 anni), è il **gioco**, nel quale egli sperimenta le proprie «abilità» cognitive e manuali, impara a conoscere la realtà, sperimenta processi imitativi e di identificazione nei confronti dei compagni: tutto ciò che Erikson definisce «**iniziativa**». Nasce però anche il **senso di colpa**: il bambino sente che per raggiungere i propri fini può potenzialmente utilizzare qualsiasi mezzo, anche l'aggressività.

Nella **quarta fase** emerge una prima forma di **senso di competenza e di efficacia**. Si tratta di uno stadio in cui il bambino inizia ad impegnare le proprie energie in compiti più maturi rispetto a quelli sostanzialmente ludici della terza fase: attività scolastiche, sportive, artistiche, impegni che richiedono responsabilità diventano dominanti (per tale motivo Erikson compendia questo periodo nella definizione di «**industriosità**»). Si tratta di un momento piuttosto delicato dello sviluppo: la sicurezza e la padronanza delle proprie capacità operative costituiranno infatti la premessa necessaria per il futuro sviluppo della competenza lavorativa. Disagi e conflitti in questa fase potrebbero, dunque, generare un sentimento di inferiorità nei confronti degli altri: si tratta di uno stadio in cui il bambino comincia a confrontarsi con tipologie di educazione formale, scolastica, istituzionale, trovandosi costantemente esposto alle proprie reazioni emotive.

La **quinta fase** è fondamentale nell'economia dello sviluppo psichico, sociale e cognitivo dell'individuo. Oltre ai profondi mutamenti biologici (pensiamo allo sviluppo fisico e sessuale), l'**adolescente** si trova di fronte al problema psicologico di sviluppare un senso di **identità stabile**, molto diverso da quelli vissuti nelle fasi precedenti, più mutevoli e differenziati. Inizia cioè a prendere consapevolezza dei tratti fondamentali della propria personalità, delle proprie attitudini, dei desideri, delle aspirazioni, delle potenzialità, ma anche dei propri limiti.

La transizione dall'infanzia all'età adulta è un momento complesso che vede la compresenza di due tendenze in lotta: una spinge verso un mondo adulto ancora sconosciuto, un'altra appare dominata dal rifiuto di abbandonare le sicurezze dell'universo cognitivo e affettivo tipico dell'infanzia. Secondo Erikson, in tale fase l'adolescente rischia in qualunque momento di disperdersi, non trovando il senso, il percorso, la «tenuta» della sua integrità psichica. La **crisi di identità** nasce proprio dai suoi tentativi di superare questa confusione e questa ambivalenza per lasciare libero spazio alla propria personalità, con le caratteristiche di stabilità, di coerenza e di unicità rispetto agli altri. È in questa fase, infatti, che si genera il senso di **aderenza ai propri schemi fondamentali di riferimento**, che si concretizza lungo fasi conflittuali come l'ossessione delle mode, l'adesione a forme ideologiche contrastanti, l'appartenenza a gruppi di coetanei fortemente coesi che confermino l'adeguatezza dei propri valori, ma anche l'idealizzazione dei sentimenti affettivi e amorosi, spesso vissuti in modo drammaticamente conflittuale.

Con la **sesta fase** ha inizio l'età adulta propriamente detta. Il cardine è ancora una volta l'**amore**. Ma mentre nell'infanzia e nell'adolescenza esso viene vissuto come una sorta di bisogno indifferenziato, in questa fase diventa una dimensione più matura: le relazioni sociali, sessuali e di amicizia appaiono come scelte di *legare* la propria individualità a quella di altre persone. L'amore viene dunque inteso come impegno nella relazione, come compartecipazione a tutte le attività fondamentali della vita. Il rischio consiste nel fallimento di questo forte investimento emotivo nella ricerca dell'altro, cioè nell'isolamento affettivo e sentimentale.

La **settima fase** segna il periodo della **generatività**. Siamo al momento della vita delle persone adulte in cui si manifesta appieno la propria capacità produttiva nel campo lavorativo, nell'impegno sociale, nella cura della famiglia. Nel caso in cui la possibilità di «generare» (a tutti i livelli, non solo fisico) venisse impedita, c'è il rischio che la personalità regredisca e si abbandoni ad un senso di vuoto, di impoverimento: un blocco che Erikson definisce efficacemente come «**stagnazione**».

L'**ottava fase** presuppone l'idea della personalità umana come un lungo processo evolutivo che si estende fino alla vecchiaia. In questo periodo il polo conflittuale è rappresentato dalle dimensioni dell'**integrità** e della **disperazione**. Nella vecchiaia giunge, infatti, il momento della riflessione sulla propria esistenza, del bilancio su ciò che si è realizzato. È un periodo che può prevedere un'affermazione finale della propria individualità, caratterizzata da un senso di «integrità» oppure, al contrario, da un senso di fallimento e rimpianto (con relativi stati clinici depressivi).

12 Le forme dell'intelligenza

Gli studi sull'intelligenza rivestono un ruolo inevitabilmente fondante nell'ambito della psicologia dell'apprendimento.

L'**intelligenza** è la capacità di comprendere la realtà in cui viviamo e di risolvere i problemi ambientali, sociali e culturali con cui continuamente dobbiamo confrontarci.

L'idea che l'intelligenza non sia un'abilità monolitica, ma che vi siano invece **forme diverse di intelligenza**, è andata affermandosi sul finire del secolo scorso. Secondo questa prospettiva, l'intelligenza è considerata una **struttura articolata**, scomponibile in elementi (o «**fattori**») che corrispondono a *distinte abilità* indagabili attraverso appropriate metodologie sperimentali e di analisi statistica.

Se si parte dal presupposto che l'intelligenza è un'entità composta da vari elementi, il problema diventa quello di stabilire quanti e quali sono i suoi fattori.

Una prima teoria (R. Cattell) distingue tra:
— l'**intelligenza cristallizzata** (tipica degli anziani) che riflette l'effetto dell'acculturazione, dell'esperienza, del cumulo di conoscenze immagazzinate nel corso della vita;
— l'**intelligenza fluida** (tipica dell'età adolescenziale e legata allo sviluppo neuronale e sinaptico) che fa invece riferimento ad abilità *non trasmesse dalla cultura*, ossia **capacità di ragionamento logico** indipendenti dall'esperienza (ad esempio, capacità di *problem solving*, intuito).

Alcuni autori (tra cui P. E. Vernon) distinguono, invece, nell'intelligenza un'**attitudine verbale/scolastica** (collegata al linguaggio e al calcolo matematico) e un'**attitudine pratico/operativa** (corrispondente alle abilità spaziali e manuali).

Altri studi, infine, individuano **cinque attitudini intellettive primarie**: *ragionamento astratto, ragionamento spaziale, abilità numerica, fluidità di pensiero, significato verbale*.

12.1 Le intelligenze multiple: Gardner

Le ultime tipologie citate suggeriscono l'idea che l'intelligenza si differenzi secondo l'ambito in cui essa si trova ad operare. In questa prospettiva, lo psicologo americano **Howard Gardner** (1943) sostiene la cosiddetta **teoria delle intelligenze multiple**, in cui si continua a considerare l'intelligenza come composta da abilità distinte, ma tali abilità si riferiscono non soltanto, come avveniva nelle teorie sopra esposte, alla sfera intellettiva, bensì sono individuate in una maggiore varietà di campi[3].

La specificità di ciascuna forma di intelligenza sarebbe determinata, secondo Gardner, da una **diversa base biologica** (ciascuna intelligenza sarebbe localizzata in una diversa struttura cerebrale) **e da differenze psicologiche** relative al *tipo di stimoli* che vengono processati (stimoli verbali, visivi, numerici), al *modo* in cui essi sono elaborati (in modo sequenziale, in modo simultaneo), alle *strategie* che presiedono alla loro elaborazione (deduttive, analitiche, intuitive), alle *caratteristiche* che assumono le risposte fornite dal soggetto e agli *aspetti* che ne determinano la rilevanza (precisione, velocità, completezza, originalità).

Gardner, in particolare, ipotizza l'esistenza di **sette forme di intelligenza**:

1. **intelligenza logico-matematica**: si tratta di una forma di pensiero che può essere ricondotta al rapporto col mondo fisico. Si esprime nel confrontare oggetti, nell'ordinarli e riordinarli, nello stimarne analogie, differenze e quantità. È tipica di scienziati, ingegneri, tecnologi;
2. **intelligenza linguistico-verbale**: si manifesta in una particolare sensibilità all'ordine fra le parole, vale a dire nella capacità di seguire regole grammaticali e, in occasioni scelte con cura, di violarle. A un livello sensoriale, si presenta come una sensibilità ai suoni, ai ritmi, alle inflessioni e ai metri delle parole. Si tratta di una sensibilità nei confronti delle diverse funzioni del linguaggio: il suo potenziale di eccitare, convincere, stimolare, trasmettere informazione o semplicemente di piacere. È l'intelligenza tipica di poeti, scrittori, oratori, linguisti;
3. **intelligenza spaziale**: si tratta della capacità di percepire il mondo visivo con precisione, di eseguire trasformazioni e modifiche delle proprie percezioni iniziali e di riuscire a ricreare aspetti della propria esperienza visiva, persino in assenza di stimoli fisici rilevanti. Essa è strettamente connessa all'osservazio-

---

[3] H. Gardner, *Formae mentis – Saggio sulla pluralità dell'intelligenza*, Feltrinelli, Milano, 1991.

ne del mondo e si sviluppa da essa in modo diretto. È tipica di scultori, pittori, esploratori e chirurghi;
4. **intelligenza corporeo cinestetica**: consiste nella capacità di usare il proprio corpo in modi molto differenziati, per fini espressivi oltre che concreti; permette di lavorare abilmente con oggetti, tanto quelli che implicano movimenti fini delle dita, quanto quelli che richiedono il controllo dell'intero corpo (essa è tipica di sportivi, ballerini, artigiani). Perciò l'intelligenza corporeo-cinestetica si serve della fisicità nella sua duplice natura di soggetto e di strumento. La sua valenza è inoltre allargata agli *usi espressivi del corpo*, come quelli adottati da un ballerino, un direttore d'orchestra o da un attore;
5. **intelligenza musicale**: ha a che fare con i principali elementi costitutivi della musica, vale a dire il tono (o melodia) e il ritmo. Prevede una raffinata competenza nel distinguere il timbro, cioè la qualità caratteristica di un suono. Il senso dell'udito è cruciale a ogni partecipazione musicale, ma almeno un aspetto centrale della musica — l'organizzazione ritmica — può esistere a prescindere da ogni percezione uditiva. È l'intelligenza propria di compositori, musicisti e cantanti;
6. **intelligenza interpersonale**: si tratta dell'abilità di interpretare le emozioni, le motivazioni e gli stati d'animo degli altri. È la forma d'intelligenza che caratterizza i politici, i leader e gli imprenditori, gli psicologi.
7. **intelligenza intrapersonale**: implica capacità di accesso alla propria vita affettiva, dunque si tratta di un'abilità intrapsichica che consiste nel discriminare istantaneamente i propri sentimenti, di classificarli, di prenderli nelle maglie di codici simbolici, di attingere a essi come mezzo per capire e guidare il proprio comportamento. È un tipo di intelligenza che potremmo definire trasversale, ma che è tipica soprattutto degli attori.

A questi tipi di intelligenza, Gardner ha aggiunto successivamente:
— l'**intelligenza naturalistica**, relativa alla capacità di riconoscere e classificare gli oggetti naturali (piante, animali, etc.) e propria di antropologi, biologi, medici etc.;
— e, in anni recenti, l'**intelligenza esistenziale**, che riguarderebbe l'abilità di riflettere sulle questioni fondamentali dell'esistenza e, più in generale, nell'attitudine al ragionamento astratto per categorie concettuali universali. È tipica non solo dei filosofi ma anche di molti fisici e astronomi.

Gli studi di Gardner influiscono in maniera significativa sulla pedagogia: se è vero che esistono diversi tipi di intelligenza, la scuola non può concentrarsi, come purtroppo spesso ancora avviene, nella valorizzazione solo dell'intelligenza logico-matematica e linguistica, in quanto ciò non fa che demolire tutti quegli studenti che potrebbero sviluppare altre forme di intelligenza.

Gli ambienti di apprendimento devono quindi essere ricchi e diversificati per permettere allo studente di sperimentare tutte le proprie capacità. E gli insegnanti devono, attraverso vari stili comunicativi, promuovere varie strategie per stimolare le diverse intelligenze degli studenti.

12.2 L'intelligenza emotiva di Goleman

La cultura moderna (per l'influsso della psicoanalisi, della psicologia, della pedagogia) ha riconosciuto l'importanza della componente emotiva del comportamento e dell'identità umana: l'**affettività**, intesa come sfera dei sentimenti e delle reazioni emotive, **condiziona l'apprendimento e i processi cognitivi**.

La cultura contemporanea ritiene ogni individuo un'organizzazione dinamica in cui i comportamenti, le funzioni cognitive, la comunicazione, le emozioni sono in interazione reciproca. Ogni individuo, come sottolineato precedentemente, funziona come un **sistema**. In esso ogni movimento provoca una modificazione a tutti i livelli.

Oggi proprio le **neuroscienze** sostengono la *necessità di affrontare seriamente la questione delle emozioni per il miglioramento della relazione con se stessi e con gli altri* e propongono già nei bambini un'**alfabetizzazione emozionale**, insegnando loro a distinguere gli stati emotivi e ad esprimerli in maniera sana. Gli individui, fin da quando sono piccoli, hanno, infatti, bisogno di imparare a gestire la propria interiorità (emozioni e sentimenti) per riuscire a sviluppare idonee competenze interpersonali e raggiungere capacità sempre più raffinate di adattamento alla realtà.

Le emozioni consistono essenzialmente in impulsi ad agire, ovvero in schemi d'azione che ci ha trasmesso l'evoluzione allo scopo di gestire le emergenze della vita. Esse sono caratterizzate dalla decodifica cognitiva di uno stimolo, da modificazioni dell'organismo e da un'azione come risposta allo stimolo. Se le modificazioni organiche sono innate, la decodifica cognitiva e la risposta sono frutto dell'apprendimento.

La capacità di riconoscere le emozioni degli altri è il prerequisito essenziale dell'**empatia**, la competenza emozionale più importante.

Le reazioni emozionali sono tendenze automatiche e, in tal senso, non passano al vaglio della riflessione. L'emozione è istintiva, intima, personale; il sentimento è sentire le emozioni, è consapevolezza di sé.

Lo psicologo statunitense **Daniel Goleman** (1946) definisce **intelligenza emotiva** la capacità di gestire e monitorare i propri sentimenti e quelli altrui al fine di raggiungere obiettivi. Egli distingue, inoltre, tra:

— *intelligenza emotiva personale*, che riguarda quelle capacità in grado di cogliere i diversi aspetti della propria vita emozionale: consapevolezza di sé, conoscenza delle proprie emozioni, capacità di monitorarle, gestione dei propri stati emotivi, autocontrollo, capacità di alimentare la propria motivazione;
— *intelligenza emotiva sociale* che si riferisce a quelle caratteristiche che ci permettono di relazionarci positivamente con gli altri: empatia, valorizzazione degli altri, **rispetto per le diversità**[4].

---

[4] D. Goleman, *Intelligenza emotiva*, Rizzoli, Milano, 1996.

La capacità individuale di gestire il proprio mondo interiore si acquisisce all'interno della relazione. È nel relazionarsi con gli altri che si impara a pensare. **Educare alle emozioni**, cosa di cui negli ultimi anni e in conseguenza di alcuni allarmanti fenomeni giovanili, si sente sempre più l'esigenza, significa offrire le opportunità necessarie per apprendere, identificare, gestire e modulare la propria interiorità. In tal senso le figure adulte di riferimento — genitori, insegnanti, educatori — nella relazione devono aprirsi all'ascolto, alla condivisione, alla sintonizzazione empatica, per promuovere cambiamenti costruttivi, adattivi ed evolutivi nei soggetti in formazione.

Gli atteggiamenti dell'insegnante possono essere in armonia con il mondo interiore dell'allievo o entrare in conflitto con esso. La buona relazione lascia spazio al conflitto in quanto, per suo tramite, è possibile attivare ulteriori processi di apprendimento e acquisire nuovi valori. A patto, però, che nella **gestione del conflitto** si resti sul piano relazionale e non lo si confonda con la persona rischiando di annullarla. Ciò può essere possibile solo attraverso la **disponibilità affettiva**. La radice affettiva della relazione, inoltre, genera l'identificazione e il paragone personale con l'insegnante-educatore attivando un circuito virtuoso.

L'apprendimento nasce allora attraverso un processo che è affettivo e cognitivo insieme. Solo l'insegnante che permette ai propri allievi attraverso la partecipazione attiva, la corresponsabilità e la cooperazione, di sviluppare i propri interessi otterrà una maggiore fissazione di quanto appreso perché laddove si realizza una partecipazione affettiva, l'apprendimento si lega maggiormente alla rete cognitiva dell'allievo.

Il docente che intende realmente aiutare l'alunno in modo da attuare la pienezza del suo potenziale educativo è mosso da *amore pedagogico*; è pertanto un **insegnante affettivo**. L'insegnante affettivo nell'azione educativa deve percorrere l'itinerario del dialogo, della reciprocità, dell'ascolto attivo della condivisione dei vissuti, delle esperienze e degli scambi anche al di fuori della classe[5].

---

[5] Per un interessante approfondimento di questi argomenti, anche se da una diversa prospettiva, si veda M. Recalcati, *L'ora di lezione – Per un'erotica dell'insegnamento*, Einaudi, Torino, 2014.

INTELLIGENZE	PREFERENZE*
Corporeo-cinestetica	Lo studente predilige e apprende maggiormente delle attività che richiedono l'uso del corpo e implicano movimento, come la danza, la drammatizzazione, il mimo, l'uso di materiali da manipolare, la pratica sportiva.
Interpersonale	Lo studente apprende soprattutto attraverso l'interazione con gli altri e preferisce le attività di squadra e cooperative; è spesso abile come guida del gruppo e come mediatore di conflitti.
Intrapersonale	Lo studente ha una conoscenza funzionale di sé e ama i compiti individuali, introspettivi e metacognitivi; generalmente preferisce lavorare secondo i propri ritmi e definire i propri obiettivi personali.
Logico-matematica	Lo studente apprende bene attraverso le attività logiche e matematiche (come il problem solving, gli esperimenti, i giochi di logica) e dall'uso di numeri e schemi.
Musicale	Lo studente comprende e apprende agevolmente attraverso l'uso del ritmo e della melodia, il canto e l'ascolto della musica.
Naturalistica	Lo studente mostra una propensione all'osservazione e alla comprensione dell'ambiente e dei meccanismi della natura; preferisce apprendere attraverso le attività all'aperto e quelle che implicano l'interazione con materiali e concetti della natura e dell'ambiente.
Verbale-linguistica	Lo studente apprende maggiormente attraverso il linguaggio e le parole: ama leggere, scrivere e parlare, così come usare le parole e il linguaggio in giochi, enigmi e attività creative.
Visuo-spaziale	Lo studente comprende e apprende facilmente attraverso l'uso dello spazio: gli piace imparare e comunicare attraverso il mezzo visivo e creare mappe, disegni, modelli tridimensionali e rappresentazioni grafiche.
Emotiva	Lo studente ha acquisito una buona alfabetizzazione emozionale; sa equilibrare la razionalità con la compassione e la meraviglia; possiede autoconsapevolezza, controlla i sentimenti negativi, conserva l'ottimismo, persevera nonostante le frustrazioni, aumenta la capacità empatica, si cura degli altri, coopera e stabilisce legami sociali positivi.

* Tabella tratta da M. Gori – M. Tonga, *Metodologia e didattica*, Calzetti e Mariucci Editori, Perugia, 2000.

13 Le forme del pensiero

Insieme alle teorie sull'intelligenza, nella seconda metà del secolo scorso si sono sviluppate anche molte **teorie sul pensiero**.

Il primo a fare del pensiero il suo oggetto di studio fu Morin, partendo dallo studio della scienza classica (in cui l'uomo attuale sembra porre cieca fiducia): quest'ultima riduce la complessità della realtà a poche leggi universali. Al pensiero «semplificante» (di Cartesio, Newton etc.) va invece contrapposto il pensiero complesso di Morin, unica forma di pensiero in grado di analizzare la complessità del reale.

13.1 Il pensiero complesso

La **teoria della complessità** ha, come detto, tra i suoi principali esponenti il filosofo **Edgar Morin** (1921) che, nel suo testo *I sette saperi necessari all'educazione del futuro*, specifica quali sono gli elementi che caratterizzano un **approccio educativo di tipo «complesso»**, e cioè che tiene conto di tutti gli aspetti e delle relazioni che formano il tessuto sociale:

— il *contesto*: è l'insieme di elementi, idee e fatti che danno senso a un evento. Esso è importante per determinare il senso, per interpretare, in quanto la conoscenza delle informazioni o dei dati isolati non è sufficiente. Bisogna porre informazioni e dati nel loro contesto affinché essi abbiano senso;
— il *globale* (le relazioni tra tutto e parti) «è più del contesto» e rappresenta «l'insieme contenente parti diverse che a esso sono legate». Una società, ad esempio, è l'insieme di molteplici contesti. Ne deriva che risulta impossibile conoscere le parti senza conoscere il tutto (e viceversa). A tale proposito, Morin sottolinea che «la società, in quanto tutto, è presente all'interno di ogni individuo nel suo linguaggio, nel suo sapere, nei suoi doveri, nelle sue norme»;
— il *multidimensionale* è rappresentato dalle «unità complesse, come l'essere umano o la società. Così l'essere umano è nel contempo biologico, psichico, sociale, affettivo, razionale etc. La società comprende dimensioni storiche, economiche, sociologiche, religiose etc.». Ciascuna realtà, quindi, ha più sfaccettature ed è definita «multidimensionale».

Il pensiero complesso, dunque, intende la *realtà come composta da relazioni*. Esso deve affrontare la difficoltà di misurarsi con quell'*unità molteplice* che è la relazione stessa. L'educazione deve promuovere una conoscenza basata sulla capacità di riferirsi al complesso, al contesto, al globale, in modo multidimensionale.

Per Morin «il pensiero complesso è consapevole in partenza dell'impossibilità della conoscenza completa: uno degli assiomi della complessità è l'impossibilità, anche teorica, dell'onniscienza ... Il pensiero complesso è animato da una tensione permanente tra l'aspirazione a un sapere non parcellizzato, non settoriale, non riduttivo, e il riconoscimento dell'incompiutezza e dell'incompletezza di ogni conoscenza».

13.2 Il pensiero laterale e il pensiero verticale di de Bono

La **teoria del pensiero laterale**, elaborata alla fine degli anni Sessanta dallo scrittore maltese **Edward de Bono** (1933), poi accettata in tutto il mondo, viene applicata per cercare di risolvere i problemi utilizzando metodi non ortodossi o «apparentemente illogici». Il «pensiero laterale», infatti, pur apparendo «illogico», segue in realtà la **logica della percezione**.

Volendo operare una contrapposizione tra *pensiero verticale* e *pensiero laterale* va detto che:
— il **pensiero verticale** è logico, selettivo (nel senso che seleziona le idee), sequenziale;
— il **pensiero laterale** è generativo (nel senso che genera nuove idee, nuovi concetti), esplorativo, può «fare dei salti» e consente di essere creativi individuando soluzioni originali.

È importante, quindi, disporre di modalità e strumenti che facilitino questi processi di pensiero, per generare creativamente ipotesi da abbinare e combinare con le conoscenze già possedute, fino al raggiungimento dell'obiettivo prefissato. È il caso delle **mappe creative**, che consentono al contempo di «fermare» le idee e di registrarle, predisponendole ad una successiva rielaborazione.

Essendo il «pensiero laterale» una **forma strutturata di creatività**, che può essere adoperata in modo sistematico e deliberato, fra le varie **tecniche di utilizzo** si possono citare:
— la **ricerca di alternative**;
— l'**entrata casuale** (come generare nuove idee partendo da *input* casuali);
— la **provocazione**, consistente nel produrre idee (folli, assurde, illogiche) sotto forma, appunto, di «provocazione», come punto di partenza per generare punti di vista logici e innovativi.

A fronte di una determinata problematica, la nostra valutazione cambia a seconda del punto di osservazione: la mente umana, infatti, è in grado di cambiare a piacimento la maniera di considerare un fatto. Possiamo immaginare di *indossare un cappello* diverso in base alle situazioni: ebbene, indossare un cappello in presenza di un problema significa assumere volontariamente un certo *atteggiamento*, che cambia in virtù del cappello indossato (**atteggiamento del pensiero**)[6].

---

[6] E. De Bono, *Sei cappelli per pensare, Manuale pratico per ragionare con creatività ed efficacia*, RCS Rizzoli libri, Milano, 1991; E. De Bono, *Il pensiero laterale*, BUR Biblioteca Univ. Rizzoli, Milano, 2000.

SIAMO SEMPRE LA STESSA PERSONA SE INDOSSIAMO DIVERSI CAPPELLI?

I «**6 cappelli per pensare**» di cui parla Edward de Bono favoriscono l'attivazione di differenti settori della mente, creando una mappa esauriente, in grado di guidare efficacemente dall'*intenzione* all'*attuazione*. Il fatto di dover «indossare» un cappello determina automaticamente un'autovalutazione del proprio pensiero: si tratta di una **tecnica metacognitiva** utile per scorporare il flusso di pensieri che si affastellano nella nostra mente, permettendoci di esaminare le questioni sotto differenti aspetti.

Le **applicazioni** possono riguardare:
— l'uso individuale;
— l'uso di gruppo;
— la focalizzazione sul *problem solving* e la creatività;
— la gestione delle riunioni in modo efficace e creativo.

Per applicare questa *tecnica metacognitiva* supponiamo di indossare un *cappello di diverso colore*, che rappresenta la concentrazione su determinati aspetti del nostro pensiero. È possibile applicare tale tecnica anche con gli studenti, i quali potranno indossare materialmente i diversi cappelli per aumentare la concentrazione, oppure potranno posizionare in un punto visibile un cappello del colore voluto, che guiderà le idee sul tema prescelto.

— **Cappello bianco**: analisi dei dati, raccolta di informazioni precedenti, analogie ed elementi raccolti senza essere giudicati. Pensare con il cappello bianco significa essere neutrali ed obiettivi, valutare soltanto ciò che è suffragato da prove. È un atteggiamento non facile da perseguire, perché essere oggettivi è molto difficile. «*Si pensa che i tassi di interesse scenderanno*» non è un'affermazione da cappello bianco, come invece lo è la seguente: «*Abbiamo consultato cinque esperti finanziari e tutti confermano che, con una probabilità dell'80%, i tassi di interesse scenderanno di mezzo punto entro il mese*».

— **Cappello rosso**: emotività, espressione istintiva e liberatoria di intuizioni, emozioni e sentimenti soggettivi. Utilizzare il cappello rosso significa «pensare con il cuore». Colui che pensa col cappello rosso si colloca all'estremo opposto del pensatore col cappello bianco ed è autorizzato a dire: «*Questa è la mia sensazione rispetto al problema*». Il cappello rosso legittima emozioni, sensazioni, sentimenti, presentimenti, intuizioni, in quanto componenti importanti del pensiero. Il pensiero da cappello rosso non ha bisogno di giustificazioni o di basi logiche. Se si impedisce, nel corso di un ragionamento, di dare libero sfogo alle emozioni e ai sentimenti, essi rimarranno nascosti o repressi ed eserciteranno un'influenza occulta.

— **Cappello giallo**: rileva gli aspetti positivi, i vantaggi, le opportunità; è l'avvocato dell'angelo. Il pensiero con il cappello giallo è costruttivo, ossia concerne le valutazioni ottimistiche. È fondato su una base logica, valuta guadagni e benefici, offre suggerimenti e proposte concrete, è connesso alla fattibilità e alla realizzabilità, è speculativo, nonché teso alla ricerca di opportunità e allo sfruttamento di occasioni. Il pensatore con il cappello giallo sogna e si diverte a fantasticare, mantenendo, però, i piedi per terra.

- **Cappello nero**: è l'avvocato del diavolo. Rileva gli aspetti negativi, le ragioni per cui la cosa non può andare. L'oggetto specifico del pensiero con il cappello nero è la valutazione pessimistica. Se con il cappello bianco vengono presentati i fatti, con quello nero li si mette alla prova, si cerca di individuare, in modo obiettivo, ciò che è debole, falso, scorretto, sbagliato o in disaccordo con l'esperienza. Si additano i rischi, i pericoli e le lacune di un progetto, gli errori o le errate procedure di un metodo. Il cappello nero va visto come il tentativo di inserire con imparzialità gli elementi negativi nella mappa dell'analisi di un problema. Il pensiero con il cappello nero è sempre logico-negativo, ma non emotivo.

- **Cappello verde**: indica sbocchi creativi, nuove idee, analisi e proposte migliorative, visioni insolite. Il cappello verde serve per produrre il *pensiero creativo*, cercare alternative, superare ciò che è noto, ovvio e soddisfacente. Pensare con il cappello verde significa muovere da un'idea per approdare a una nuova visione, attraverso un processo dinamico che obbliga a rispondere alle seguenti domande «*Cosa c'è di interessante in questa idea? Cosa c'è di diverso? Cosa suggerisce? Dove conduce?*». Il pensatore con il cappello verde utilizza le tecniche del *pensiero laterale*, che consentono di tagliare trasversalmente gli schemi dei sistemi auto-organizzati, anziché seguirli, per generare concetti nuovi. Per essere creativi è necessario affrontare l'ignoto, le provocazioni, i rischi, così da permettere al pensiero di uscire fuori dagli schemi correnti. Un elemento importante è che l'idea nuova venga recepita; il pensatore con il cappello verde, poi, deve riuscire a modellarla per far sì che sia utilizzabile nelle condizioni che la situazione impone e adattabile alle esigenze di chi dovrà realizzarla.

- **Cappello blu**: stabilisce priorità, metodi, sequenze funzionali; pone domande esplorative; pianifica il pensiero, stabilisce le regole e conduce il gioco. Il cappello blu è adibito al controllo e ciò significa che chi lo usa organizza il pensiero necessario per esplorare un argomento. Il pensatore con il cappello blu è il direttore d'orchestra, colui che individua e mette a fuoco i problemi. In un certo senso, è colui che sviluppa e personalizza il «*software*» per riflettere su un determinato problema. Successivamente, provvede alle sintesi, al quadro d'insieme e alle conclusioni. Questo tipo di funzione è attiva all'inizio del processo, durante il processo e alla sua conclusione.

Uno dei temi centrali delle teorie di **Edward de Bono** è il tentativo di dimostrare come sia possibile liberare la mente dalla trappola di quello che egli chiama «il pensiero negativo» e orientarla «alla molteplicità dei punti di vista, che consentono nuove interpretazioni della realtà, spesso inaspettatamente risolutive».

13.3 Il pensiero convergente e il pensiero divergente

La **creatività** è un concetto familiare eppure non facilmente definibile. Volendo cercare di darne una definizione possiamo dire che la *creatività* è un «modo particolare di pensare», una maniera di pensare che rompe con i modelli esistenti, introducendo qualcosa di *nuovo*.

A partire dalle teorie dello psicologo statunitense **J.P. Guilford** (1897-1987), l'espressione «**pensiero divergente**» è quella più strettamente connessa all'*atto creativo*. Lo studioso, infatti, asseriva che il *pensiero divergente* è la capacità di produrre una gamma di possibili *soluzioni alternative* per una data questione, in particolare per un problema che non preveda un'unica risposta corretta. È facile rendersi conto che una simile capacità ha probabilmente un ruolo nell'atto creativo, poiché l'artista, lo scrittore, il poeta hanno spesso bisogno di esplorare tutta una serie di possibili modalità espressive per dipingere un quadro, per portare a termine un romanzo o per comporre dei versi, prima di decidersi, alla fine, per quella che sembra essere la migliore.

Secondo Guilford, il *pensiero divergente* è misurato da *tre indici*:
— la **fluidità**, parametro quantitativo, basato sull'abbondanza delle idee prodotte;
— la **flessibilità**, ovvero la capacità di cambiare strategia e l'elasticità nel passare da un compito ad un altro, richiedente un diverso approccio;
— l'**originalità**, ossia l'attitudine a formulare soluzioni uniche e personali, che si discostano da quelle della maggioranza.

Nei suoi studi, Guilford si soffermava anche su un *secondo modello di pensiero*, quello che lui chiamava **pensiero convergente**, tramite il quale gli individui «convergono», appunto, invece che discostarsene, sull'unica risposta accettabile a un problema e producono efficacemente la soluzione.

Il *pensiero convergente*, in sostanza, è il *ragionamento logico e razionale*, e consiste:
— in un **procedimento sequenziale e deduttivo**;
— nell'**applicazione meccanica di regole apprese**;
— nell'**analisi metodica** d'informazioni.

Questo pensiero **si adatta a problemi chiusi**, quelli, cioè, che prevedono un'unica soluzione; il più delle volte è la **forma di pensiero maggiormente sollecitata dalle scuole**.

Talvolta si afferma anche che i *test d'intelligenza* si concentrano solamente sul pensiero convergente, dato che a ogni *item* corrisponde un'unica risposta accettabile, e che il pensiero divergente può essere veramente dimostrato solo con *test* cosiddetti *«a risposta aperta»*.

Non esiste, comunque, una forma di «superiorità» di un *modello di pensiero* rispetto all'altro, né si può sostenere che si sbagli nel dedicare al pensiero convergente così tanto tempo nelle scuole. Spesso quest'ultimo si adatta meglio a un problema particolare e forse, inizialmente, si dovrebbe considerare il pensiero divergente come *complementare* a quello convergente, invece di istituire fra i due una sorta di competizione. Ciò che Guilford e altri tentarono di dimostrare è che, dando maggior rilievo al *pensiero convergente*, siamo inclini a trascurare completamente l'altra tipologia di pensiero e, di conseguenza, non facciamo abbastanza per l'insegnamento (e lo sviluppo) della *creatività* nelle scuole.

Si è in particolare notato che spesso si tende a far «specializzare» i ragazzi con alto grado di divergenza nelle materie artistiche, e gli altri con alto grado di convergenza nelle materie scientifiche. I docenti invece dovrebbero cercare di incoraggiare lo sviluppo del pensiero divergente di tutti i loro allievi (adottando metodologie quali ad esempio, il brainstorming, → Parte II, Cap. 6, par. 2.1). Dare un buon voto per tutte le risposte esatte e penalizzare sempre quelle sbagliate, rende i giovani restii ad azzardare soluzioni nuove e appunto «divergenti» per paura di sbagliare.

Anche Bruner sottolinea spesso la necessità di incoraggiare il pensiero divergente e sviluppare la creatività nelle aule: al contrario, nelle scuole si tende a premiare di più i ragazzi con alto grado di convergenza, in quanto sviluppano comportamenti e forme di apprendimento più conformi al modello didattico applicato.

In sintesi

- **Comportamentismo**: le prime **teorie sull'apprendimento** si concentrano sull'osservazione del comportamento.
  Basato sui principi del condizionamento classico e operante, il comportamentismo (o *behaviorismo*) considera lo sviluppo come una serie di condizionamenti esercitati dall'ambiente. L'*apprendimento* si verifica lentamente attraverso una *serie di prove ed errori* che porta al consolidamento delle reazioni.
  Principali esponenti del comportamentismo classico sono Pavlov (teorico del *condizionamento classico*), Thorndike e Skinner (teorici del *condizionamento operante*).

- **Apprendimento sociale**: per il comportamentista Bandura l'apprendimento non avviene solo attraverso le esperienze dirette, ma anche per imitazione osservando il comportamento di altre persone, considerate come *modelli*. L'apprendimento è un processo attivo che comprende l'osservazione di un modello, l'immagazzinamento delle informazioni in memoria e la scelta di cosa tradurre in comportamento.

- **Cognitivismo**: è uno dei più importanti movimenti della psicologia contemporanea secondo il quale la mente funziona elaborando attivamente informazioni che le giungono tramite gli organi sensoriali, proprio come fa un computer. I maggiori esponenti di questo indirizzo sono Piaget, Vygotskij e Bruner.
  Il cognitivismo approfondisce anche la psicologia dello sviluppo: per i cognitivisti essa avviene per *stadi* che presentano ognuno elementi di criticità.

- **Sviluppo mentale**: per Piaget, lo sviluppo mentale del bambino nasce dall'interazione assai complessa e stratificata tra individuo e ambiente (biologico, sociale, storico, culturale).
  La teoria di Piaget si basa sul collegamento tra psicologia e biologia, tra sviluppo fisico e sviluppo psichico e distingue *4 stadi principali nell'evoluzione del bambino*: stadio senso-motorio, stadio pre-operatorio, stadio delle operazioni concrete, stadio delle operazioni formali
  I tempi e la successione delle fasi di sviluppo psicologico sono sostanzialmente immodificabili.

- **Sviluppo morale**: è legato allo sviluppo cognitivo e avviene anch'esso per stadi (Kohlberg). Il senso morale si sviluppa come conseguenza delle esperienze dirette e dei comportamenti indiretti degli altri.

- **Ambiente esterno**: Bruner attribuisce grande importanza alla situazione e al contesto in cui l'individuo apprende (fattori sociali) e alle spinte motivazionali (fattori individuali). Esistono *tre forme di apprendimento* (apprendimento pratico, iconico o per immagini, simbolico) che devono essere considerate sempre in ambito scolastico a prescindere dall'età dell'allievo. Anche per Vygotskij e in generale per la psicologia cognitiva, il contesto sociale è determinante per l'apprendimento e lo sviluppo.

- **Costruttivismo**: secondo la teoria costruttivista, la conoscenza non è mai oggettiva ma è sempre una soggettiva costruzione di significato, in base a proprie sensazioni, conoscenze, credenze, emozioni. La conoscenza è quindi sempre individuale e non è possibile trasmettere il significato che si attribuisce ad un concetto in quanto questo è sempre influenzato dall'esperienza personale e quindi anche dal contesto sociale dell'allievo. Il costruttivismo in ambito didattico rinnega qualsiasi forma di metodologia di insegnamento trasmissivo (come la lezione frontale): il docente può offrire allo studente solo stimoli e indirizzamenti, garantendo a ogni allievo un percorso individuale di apprendimento. Uno dei maggiori esponenti del costruttivismo è Kelly.

▶ **Sociocostruttivismo**: anche le relazioni sociali incidono sull'apprendimento. L'interazione sociale consente di arricchire la propria prospettiva attraverso il punto di vista altrui. In quest'ottica il lavoro di gruppo e il *cooperative learning* diventano fondamentali nella didattica.

▶ **Attivismo**: è un metodo educativo che fa capo prevalentemente a Dewey, per il quale la pedagogia deve mirare al metodo e non tanto al contenuto: ne deriva un modello di scuola non impostata sul nozionismo e sulla lezione trasmissiva tradizionale, ma impostata sulla psicologia, sulle esigenze personali dell'alunno e sull'apprendimento mediante l'esperienza e l'attività pratica (*learning by doing*). Ancora oggi l'attivismo influenza i nostri ordinamenti didattici.

▶ **Intelligenza**: è la capacità di comprendere la realtà in cui viviamo e di risolvere i problemi ambientali, sociali e culturali con cui continuamente dobbiamo confrontarci. Gli studiosi hanno individuato diverse forme di intelligenza. Gardner, teorico delle intelligenze multiple, in funzione delle basi biologiche e delle differenze psicologiche di ciascuno, distingue *nove forme di intelligenza: intelligenza logico matematica, intelligenza linguistico verbale, intelligenza spaziale, intelligenza corporeo cinestetica, intelligenza musicale, intelligenza interpersonale, intelligenza intrapersonale, intelligenza naturalistica, intelligenza esistenziale*.
Se esistono vari tipi di intelligenza la scuola non può concentrarsi, come ora avviene, solo nella valorizzazione dell'intelligenza logico-matematica e linguistica, ma deve promuovere strategie diverse per stimolare le diverse intelligenze degli studenti.

▶ **Intelligenza emotiva**: l'affettività condiziona l'apprendimento e i processi cognitivi. Per Goleman è fondamentale sviluppare nei ragazzi anche l'intelligenza emotiva, ossia la capacità di gestire e monitorare i propri sentimenti e quelli altrui al fine di raggiungere obiettivi di maturazione e apprendimento.

▶ **Pensiero complesso**: la realtà è sempre più complessa. Per questo per Morin è necessario un approccio educativo di tipo complesso che tenga conto di tutti gli aspetti e le relazioni che formano il tessuto sociale. Il pensiero complesso può dunque comprendere le relazioni che compongono la realtà.

▶ **Pensiero divergente e creatività**: la creatività è un modo particolare di pensare che rompe con i modelli esistenti, introducendo qualcosa di nuovo. Il pensiero creativo è quello che Guilford definisce pensiero divergente, ossia quella forma di pensiero che riesce a produrre più soluzioni alternative per un problema che non prevede un'unica soluzione corretta. Ad esso si contrappone (ma in realtà dovrebbero essere considerati complementari) il pensiero convergente, quello con il quale gli individui convergono, invece, che discostarsene su un'unica risposta accettabile a un problema. Il pensiero convergente è quello che viene maggiormente sollecitato nelle scuole e si adatta a problemi chiusi, che prevedono cioè un'unica soluzione.

3
Stili di apprendimento e pratiche didattiche per individuarli

1 Stili di apprendimento e intelligenza

L'**apprendimento**, come abbiamo visto, è l'acquisizione di conoscenze in vista di uno scopo. È un comportamento motivato e orientato, non riducibile a un semplice meccanismo di assimilazione di contenuti privi di un rapporto emozionale.

L'apprendimento è, infatti, un processo complesso e multifattoriale, che si *compone di elementi verbali, emotivi, motori, percettivi e di abilità nella risoluzione di problemi*.

A volte l'apprendimento si sviluppa come un percorso per gradi, un lento processo di raccolta di conoscenze (*apprendimento continuo*). Altre volte, invece, l'apprendimento è immediato e creativo, uno spot che permette di cogliere in modo subitaneo i processi della conoscenza (*apprendimento discontinuo*).

Oggi le teorie pedagogiche più condivise ritengono che l'**apprendimento sia un processo continuo e progressivo a partire dalla vita neonatale e lungo tutto l'arco di vita, che tuttavia non esclude atti creativi**: questi sono resi possibili dalla qualità degli apprendimenti precedenti.

Lo **stile di apprendimento** è invece l'insieme di strategie prevalentemente usate per apprendere, cioè il modo in cui ciascuno impara. Conoscere lo stile di apprendimento prediletto da ciascuno studente è fondamentale per l'efficacia dell'azione didattica.

Secondo Sternberg (2011), molti degli scarsi risultati scolastici degli allievi dipendono dalla discordanza tra il modo di insegnare del docente e lo stile di apprendimento dell'alunno. È importante quindi per l'insegnante cercare di adattare il proprio «stile» di insegnamento allo stile di apprendimento dei singoli alunni, promuovendo negli stessi la consapevolezza del proprio stile (*metacognizione*) al fine di garantire una didattica personalizzata utile allo sviluppo dell'intelligenza del singolo.

Anche se spesso vengono usati come sinonimi, «**apprendimento**» e «**studio**» non possono identificarsi.

Apprendere significa modificare la struttura delle conoscenze possedute, i legami tra le stesse, così da poter costruire nuovi concetti utilizzabili in funzione di scopi differenti e sempre nuovi. Apprendere significa, altresì, comprendere e mantenere nel tempo le conoscenze (memoria) e saperle utilizzare in altri contesti (trasferimento)[1].

---

[1] R. De Beni - A. Moè, *Motivazione e apprendimento*, Il Mulino, Bologna, 2000.

Lo *studio* è invece solo un tipo di apprendimento, in particolare una forma di *apprendimento intenzionale* che si realizza quando ci si concentra nell'apprendimento di una cosa e che si si contrappone a quello *incidentale* che si verifica quando, pur senza intenzione, ci troviamo a memorizzare qualcosa. In genere lo studio si focalizza su un testo, che viene letto (più di una volta) con l'obiettivo di comprenderlo e memorizzare le informazioni in esso contenute.

Il *concetto di apprendimento è, quindi, molto più ampio di quello di studio*: non si apprendono solo conoscenze (come nello studio) ma anche comportamenti, abitudini, reazioni emotive, abilità etc.

Lo stile di apprendimento tiene conto:
— delle caratteristiche individuali nell'approccio ai problemi;
— delle differenti strategie nell'elaborare le informazioni;
— dei diversi modi di categorizzare ed utilizzare le informazioni;
— delle differenze cognitive e motivazionali;
— delle differenze di personalità.

Dunque, ogni persona adotta particolari processi per arrivare ad apprendere, strategie personali preferenziali di apprendimento indipendenti dalle caratteristiche specifiche del compito. Ma accanto alle strategie individuali, occorre tener conto anche della **dimensione sociale** dell'apprendimento: dal confronto e dall'interazione con gli altri nascono, infatti, nuovi input per la riorganizzazione delle esperienze e dei contenuti da elaborare.

Gli stili di apprendimento dipendono, perciò, da vari fattori:
— le *preferenze ambientali*: il luogo in cui si studia, la luce, la temperatura, l'orario;
— i *canali sensoriali*: visivo, uditivo, cinestetico;
— gli *stili cognitivi* di cui tratteremo nel prossimo paragrafo;
— i *tratti caratteriali*: introversione, estroversione etc.

2 Stili cognitivi

Per **stile cognitivo** si intendono le modalità preferenziali con cui gli individui elaborano l'informazione nel corso di compiti diversi: *lo stile di apprendimento è un aspetto particolare del concetto più ampio di stile cognitivo*.

Gli stili cognitivi di ognuno influenzano la *strategia* adottata per cercare di imparare (il proprio stile di apprendimento) e determinano anche il processo di acquisizione della conoscenza e le probabilità che tale processo abbia successo in relazione alle caratteristiche del compito.

Lo stile cognitivo tiene conto:
— delle differenze individuali nei principi generali dell'organizzazione cognitiva (in relazione alla semplificazione e alla coerenza);
— delle diverse tendenze soggettive, internamente coerenti, che non si riferiscono al funzionamento cognitivo generale (per esempio la memoria per un particolare tipo di esperienze).

I CANALI SENSORIALI

Come detto, per stile di apprendimento si intende l'approccio all'apprendimento preferito da una persona, il suo modo tipico e stabile di percepire, elaborare, immagazzinare e recuperare le informazioni.
Le informazioni che provengono dal mondo esterno passano attraverso i nostri sensi (*canali sensoriali*) che percepiscono gli stimoli. Ciascuno ha un canale sensoriale preferenziale per recepire e filtrare gli stimoli del mondo esterno.

Quattro sono i canali tramite i quali passa l'apprendimento[*]:

— **canale visivo verbale**, quello sicuramente più utilizzato in ambito scolastico che predilige la letto-scrittura. Le strategie più utili per valorizzare l'apprendimento usando questo canale, in cui si impara leggendo, sono:
  - prendere appunti in classe per poi rileggerli a casa;
  - fare riassunti scritti di quanto si è letto;
  - accompagnare grafici, diagrammi e immagini con ampie didascalie e spiegazioni scritte;
  - creare elenchi scritti delle informazioni da memorizzare;
  - dettare istruzioni o spiegazioni scritte;

— **canale visivo non verbale o iconografico**, in cui emerge la preferenza per ciò che si definisce *visual learning*: immagini, foto, disegni, mappe concettuali, grafici, diagrammi, simboli, filmati etc. Le strategie per valorizzare lo stile di apprendimento che predilige questo canale sono:
  - utilizzare disegni, mappe, immagini, grafici etc. con riempimento di termini e parole chiave per ricordare e riassumere le informazioni;
  - focalizzare l'attenzione sugli indici testuali prima di affrontare la lettura del capitolo di un libro;
  - utilizzare il colore per evidenziare parole chiave e differenziare i vari livelli dei testi, o i vari elementi di una mappa per differenziare i contenuti e i livelli gerarchici;
  - elaborare immagini mentali per memorizzare le informazioni lette o ascoltate;

— **canale uditivo**, in cui emerge la preferenza per l'ascolto della lezione dell'insegnante, dell'esposizione di un compagno, o per la partecipazione a discussioni, convegni etc. Le strategie per valorizzare lo stile di apprendimento che predilige questo canale sono:
  - ascoltare attentamente le spiegazioni in classe;
  - registrare le lezioni in classe o la propria voce mentre si ripete o si legge;
  - utilizzare gli audiolibri o le sintesi vocali dei testi di scuola;
  - studiare e ripetere in coppia con un compagno;

— **canale cinestetico**, in cui emerge la preferenza per attività concrete e manuali (si impara facendo). Le strategie per valorizzare lo stile di apprendimento che predilige questo canale sono:
  - trasformare in prove pratiche ciò che si apprende (ovviamente nelle materie dove è possibile);

[*] L. Mariani, *Portfolio. Strumenti per documentare e valutare cosa si impara e come si impara*, Zanichelli, Bologna, 2000.

- creare mappe, grafici e diagrammi di quanto si studia;
- fare esempi concreti per ogni argomento;
- alternare momenti in cui si sta fermi seduti a momenti in cui ci si alza;
- ripetere i compiti a casa non fermi seduti dinanzi al tavolo ma in piedi passeggiando.

I **soggetti con DSA**, ad esempio, hanno grandi difficoltà di apprendimento se si utilizza il canale visivo tradizionale, mentre prediligono il canale uditivo (l'ascolto però va allenato, per esempio con audiolibri e sintesi vocali) e quello visivo non verbale. Anche il canale cinestetico può diventare preferenziale.

In generale i DSA prediligono uno stile di apprendimento visuale e usano uno stile cognitivo globale (→ *infra*), che fatica a cogliere le informazioni in sequenza (è questa una caratteristica peculiare dei DSA), ma che riesce a cogliere una visione d'insieme. Alcuni studi hanno osservato inoltre come i DSA abbiano un pensiero divergente più sviluppato rispetto al resto degli alunni e sono quindi più orientati a soluzioni creative e originali.

PROPOSTA OPERATIVA PER DSA

TEMPI: 1 ora
SPAZI: aula

L'attività ha lo scopo di riuscire a riformulare un testo con diverse modalità espositive. Viene proposto un testo con una determinata modalità (ad esempio, una lettera o una telefonata) e si chiede agli alunni di riformularlo in un'altra (ad esempio, testo descrittivo, narrativo o poetico).

Esempio: lettera/email
«Ciao tesoro, come stai? Oggi è stata proprio una giornataccia! Mi sono svegliata col mal di testa e pure in ritardo. Sono corsa in ufficio e quella iena del principale mi ha avvisata all'ultimo momento dell'arrivo di un importante cliente. Ero una furia! Ho dovuto preparare tanti documenti di corsa e il mal di testa intanto aumentava ... Lasciamo perdere guarda, sono andata via arrabbiatissima. Non vedo l'ora di andare in pensione! Ora corro in palestra, così magari mi rilasso un po'. Tu come stai? Come procede lo studio? L'esame è fissato per martedì? Non stancarti troppo, mi raccomando! Baci, mamma.»

Nella riformulazione, l'allievo deve inferire alcune informazioni, come: rapporto tra i due interlocutori, distanza, la mamma che scrive alla figlia studentessa, la probabile età di entrambe, lo stato d'animo di chi scrive etc.
Se, infatti, viene chiesta una riformulazione in testo narrativo, sarà auspicabile che tali inferenze vengano esplicitate, in quanto interpretazioni che mostrano un'adeguata comprensione del testo.
È preferibile avviare il lavoro con una prima attività svolta in gruppo e guidata dall'insegnante, seguita da una reiterazione in piccoli gruppi, in cui il docente assume il ruolo di facilitatore, con al centro il *peer to peer*. In ultimo, si procederà con la proposta di lavoro individuale.

Il termine fa riferimento alle differenze di personalità e alle differenze genetiche e indotte dall'esperienza, nelle capacità e nel funzionamento cognitivo. Di fatto, opera una mediazione tra *motivazione, emozione* e *cognizione*.

Lo *stile cognitivo* è, quindi, una modalità di elaborazione dell'informazione che si sviluppa in compiti diversi e, spesso, in aspetti diversi del comportamento. Lo **stile cognitivo riguarda la globalità dell'individuo**, non solo il suo approccio alle cognizioni, ma anche i suoi atteggiamenti, il modo di rapportarsi agli altri o di reagire a situazioni inconsuete: così si parla di stile dipendente o indipendente, riflessivo o impulsivo, convergente o divergente etc.

Gli stili cognitivi evidenziano quindi le differenze individuali in relazione a:
— il *tempo*: c'è chi impara rapidamente e chi procede con lentezza e continuità;
— lo *spazio*: c'è chi riesce a concentrarsi anche in un ambiente rumoroso e disordinato e chi ha bisogno di ordine e calma;
— gli *altri*: c'è chi apprende più facilmente attraverso la discussione e il rapporto interpersonale e chi riesce a concentrarsi esclusivamente da solo;
— gli *strumenti di lavoro*: c'è chi si basa solo sulle prime conoscenze acquisite e sulla propria memoria e chi ha la necessità di consultare appunti, libri, banche dati;
— le *valutazioni*: c'è chi si sottopone frequentemente a giudizi parziali e chi chiede la valutazione solo a lavoro terminato;
— la *memoria e l'organizzazione dello studio*: c'è chi ripete ad alta voce, chi visualizza nuclei significativi di argomento, chi elabora schemi o elencazioni;
— la *percezione di fenomeni*: c'è chi enfatizza i dettagli, chi guarda all'insieme, chi percepisce i rapporti spaziali e chi la successione dei fenomeni etc.

Ogni persona apprende, quindi, in maniera diversa elaborando una propria strategia adeguata alla sua personalità e ai suoi bisogni.

Sono state individuate **strategie preferenziali**, efficaci per categorie di individui; accanto ad esse, comunque, vi sono strategie sempre diverse, da scoprire, sperimentare e valutare.

Tali strategie vanno pianificate per ottenere le migliori condizioni di studio in uno specifico contesto, e si basano sulle diverse modalità di affrontare gli obiettivi.

L'individuazione delle strategie si deve necessariamente basare sulla relazione sistematica tra i risultati conseguiti, con i metodi usati per ottenerli.

Propedeutica alla definizione delle strategie è la individuazione dei supporti che le condizionano, che non sono imposti, ma devono essere discussi e concordati.

Vengono quindi selezionati:
— *l'ambiente più favorevole* alla concentrazione e allo studio: devono essere verificate le singole esigenze, quali il bisogno di lavorare isolati o in gruppo;
— i *materiali* (computer, lavagna luminosa, penne, gomma, evidenziatore, quaderni…) che favoriscano lo studio;
— le *modalità del processo*, collegate ai differenti stili cognitivi;

— un *tutor* o un *esperto* che periodicamente verifichi se e quanto si è appreso;
— un *gruppo di lavoro* con cui condividere il percorso;
— i *tempi* più favorevoli allo studio, nell'arco della giornata o della settimana.

Il processo di apprendimento non può poi essere uniforme: *ogni disciplina necessita di una particolare metodologia* e pone problemi specifici che vanno affrontati singolarmente.

Se per favorire l'apprendimento è necessario che ognuno conosca e adotti il proprio stile, è necessario che faccia *prima esperienza con stili differenti*, imparando a riconoscerne le caratteristiche e le particolarità.

2.1 I diversi stili cognitivi

La costituzione di un ambiente di apprendimento si basa sui diversi stili cognitivi e sull'attivazione di meccanismi che consentano di sviluppare, accanto alle conoscenze, le competenze individuali.

Tra gli stili cognitivi si distinguono:

a) **stile globale e stile analitico**
   Lo stile *globale/analitico* riguarda la preferenza per la considerazione dell'*insieme* o dei *dettagli*.
   Lo **stile globale** indica la tendenza ad affrontare le attività nella loro totalità, parte dalle caratteristiche generali del compito per arrivare ai dettagli (di fronte ad un insieme di alberi vede una foresta).
   Questo stile si basa sulla struttura che lega le unità di conoscenza attraverso una *mappa ragionata del percorso*.
   Lo **stile analitico** indica invece la tendenza a soffermarsi sugli elementi (vede tanti alberi diversi), parte dai singoli dettagli del compito per giungere alla visione d'insieme.
   Questo stile si basa sulla suddivisione del percorso in *unità di conoscenza* e sulla possibilità di analizzarle in modo libero.

Stile globale	Stile analitico
• Parte dal generale per arrivare al particolare • Privilegia una visione d'insieme • Attribuisce maggiore importanza alla visione d'insieme piuttosto che ai dettagli	• Scorpora il generale in singoli segmenti • Analizza il singolo segmento • Elabora il segmento • Assembla i diversi segmenti per giungere a una visione di insieme

b) **stile dipendente e stile indipendente dal campo**
   Gli stili *dipendente/indipendente* si riferiscono all'elaborazione percettiva e alla soluzione dei problemi in relazione alle caratteristiche della personalità.

Il **soggetto campo-indipendente** è più portato ad avere un suo punto di vista, è più flessibile nell'affrontare i diversi stimoli, si lascia poco influenzare dal contesto e ha un atteggiamento più autonomo.
Per lo *stile indipendente,* le diverse unità di conoscenza sono dotate di autonomia.
Il **soggetto campo-dipendente** si basa, invece, maggiormente sui dati che gli vengono forniti, è più legato alle situazioni stimolo, ha necessità di conferme frequenti del suo percorso.
Per lo *stile dipendente*, ogni unità di conoscenza è caratterizzata da rimandi ad altre unità di conoscenza.

Stile indipendente	Stile dipendente
• Socializza con tutti • È in grado di utilizzare i diversi materiali che gli vengono forniti • Mantiene lo stesso comportamento in contesti e con gruppi diversi • Non cerca l'approvazione degli altri	• Cerca di stare sempre con gli stessi compagni • Utilizza solo i propri materiali • Imita i comportamenti del gruppo • Ha bisogno di ricevere stimoli, indicazioni, valutazioni dai compagni e dagli insegnanti

c) **stile verbale e stile visuale**
Il soggetto che privilegia un **codice verbale** riesce a concentrare l'attenzione sull'esposizione orale, sottolinea mentalmente le frasi e recepisce i messaggi fondamentali, archiviandoli nella memoria.
Nello *stile verbale*, l'esposizione dei contenuti privilegia l'uso del codice linguistico e sonoro.
Chi preferisce, invece, uno **stile visuale** riceve più facilmente gli stimoli attraverso l'osservazione. Per lui è essenziale l'utilizzo di diapositive, lavagne luminose, libri e computer.
Nello *stile visuale*, l'esposizione dei contenuti privilegia l'uso del codice visuale, spaziale e iconico.

Stile verbale	Stile visuale
• Segue la lettura di un brano senza sottolineare o evidenziare • Per memorizzare utilizza il riassunto e la ripetizione orale • Associa a una parola una frase o un'altra parola	• La sua attenzione è catturata dalle parti grafiche e dalle immagini • Evidenzia le parti importanti di un testo • La memorizzazione è favorita da schemi, mappe, grafici • Associa a una parola un'immagine

d) **stile convergente e stile divergente**
Gli *stili convergente/divergente* sono legati al tipo di intelligenza.
Il soggetto dallo **stile convergente** procede seguendo una logica lineare e convenzionale diretta verso una risposta unica e prevedibile.

Per chi preferisce lo *stile convergente* i diversi problemi e le differenti questioni sono corredati da una o più soluzioni preferenziali.
Il **soggetto divergente**, invece, sviluppa l'informazione in modo autonomo e creativo, elaborando diverse risposte.
Nello *stile divergente* i diversi problemi e le differenti questioni sono corredati da soluzioni alternative.

Stile convergente	Stile divergente
• Utilizza procedure e strategie già applicate in contesti simili • Richiama esercizi, procedure, attività scolastiche già affrontati • Tende a memorizzare	• Applica procedure e strategie non utilizzate • Recupera esperienze e conoscenze non scolastiche • Crede nelle proprie capacità • Collega e raffronta le conoscenze

e) **stile risolutore e stile assimilatore**
Chi adotta uno **stile risolutore** preferisce l'azione e la concretezza nell'affrontare un problema e cerca di ottenere soluzioni soddisfacenti con il minimo dispendio di tempo e risorse, trovando nelle informazioni già in suo possesso ciò che serve a risolvere la necessità contingente.
Nello stile risolutore il percorso di apprendimento è sviluppato in modo non elaborato.
Per lo **stile assimilatore** il percorso è sviluppato in modo elaborato ed articolato. Chi adotta uno *stile assimilatore* privilegia la ricerca di soluzioni articolate, non necessariamente di utilità pratica e non limitate alla necessità contingente.

Stile risolutore	Stile assimilatore
• Cerca soluzioni rapide in tempi brevi • Utilizza le conoscenze e le risorse a disposizione • Limita la soluzione al problema contingente	• Ricerca una soluzione globale, che vada oltre il problema contingente • Sviluppa procedure articolate • Collega e raffronta problemi e soluzioni

f) **stile sistematico e stile intuitivo**
Gli *stili sistematico/intuitivo* considerano il modo in cui un soggetto giunge all'individuazione di una regola o di un criterio di classificazione.
Il **soggetto sistematico** procede a piccoli passi prendendo in esame le variabili una ad una, in modo elaborato, lento, consapevole.
Nello *stile sistematico* ogni percorso di apprendimento fornisce il completo processo concettuale necessario a comprendere un argomento specifico.
Il **soggetto intuitivo** procede per ipotesi che cerca di confermare o di confutare, è più rapido ed immediato.
Nello *stile intuitivo* ogni percorso si basa su programmi di simulazione relativi a concetti chiave della disciplina.

Stile sistematico	Stile intuitivo
• Ha bisogno di indicazioni complete, precise e chiare • È generalmente l'ultimo a consegnare una verifica o un lavoro • Parla poco • Chiede informazioni e chiarimenti	• Interpreta facilmente un compito • Non necessita di indicazioni dettagliate • È rapido nell'eseguire e nel consegnare le verifiche e i lavori • Esprime ipotesi e congetture personali

g) **stile impulsivo e stile riflessivo**

Gli stili *impulsivo* e *riflessivo* riguardano i processi decisionali e indicano il tempo di reazione cognitiva di un individuo a fronte di compiti a risoluzione non immediata. Lo **stile impulsivo** indica la tendenza a decidere con rapidità. La persona impulsiva affronta con immediatezza il compito, prendendo decisioni di getto sulla base di poche informazioni.

Lo *stile impulsivo* privilegia l'apprendimento sintetico per consentire lo sviluppo di stimoli nuovi.

Lo **stile riflessivo** indica la preferenza ad esaminare più risposte alternative prima di decidere. La persona riflessiva procede con cautela, affronta un compito passo dopo passo e prende decisioni ponderando minuziosamente i diversi risvolti. Nello *stile riflessivo* ogni percorso di apprendimento, seppure sintetico, è sviluppato insieme a processi di approfondimento.

Stile impulsivo	Stile riflessivo
• Prende la parola con facilità • Improvvisa le argomentazioni via via che procede nell'esposizione • Risponde precipitosamente alle domande • Consegna rapidamente i lavori	• Non prende la parola se non è invitato • Deve sentirsi sicuro e tranquillo prima di parlare • Teme di sbagliare • Necessita di tempi di elaborazione lenti

Accanto a questi viene individuato anche lo **stile compulsivo**, che si riferisce alla tendenza ad affrontare un compito in modo incontrollato. La persona compulsiva frammenta «ad intermittenza» il compito che deve affrontare, ma senza un ordine preciso.

Il *gruppo di lavoro MT* (impegnato nello studio della diagnosi e del trattamento dei disturbi dell'apprendimento) coordinato dallo psicologo Cesare Cornoldi, ha individuato tra i sopraelencati stili cognitivi, **i quattro più importanti nella determinazione di strategie funzionali all'elaborazione delle informazioni**, ovvero:

— sistematico/intuitivo;
— globale/analitico;
— impulsivo/riflessivo;
— verbale/visuale.

L'azione educativa dovrà tener conto dello stile cognitivo dello studente e mirare a renderlo consapevole del funzionamento dei propri processi di apprendimento.

3 Altri fattori che incidono sull'apprendimento

3.1 I tratti della personalità

Le *caratteristiche della personalità* incidono in maniera significativa sui processi di apprendimento. Ciascun allievo, infatti, porta in classe i tratti peculiari del suo temperamento che, inevitabilmente, influenzano il suo modo di apprendere e concorrono a determinare le dinamiche di relazione interne al gruppo.

Importanti studi sul tema si devono allo psicologo e psichiatra di origini austriache **Hans Jürgen Eysenck** (1916-1997), il quale ha analizzato la personalità in base a due parametri: *introversione/estroversione* e *stabilità/instabilità* (o nevroticismo). Dalla combinazione di tali parametri emergono quattro tipologie di personalità:

— *Estroverso e stabile*, un profilo che appartiene a una persona equilibrata, espansiva, accomodante e socievole;
— *Estroverso e instabile*, tipico di un individuo che tende ad essere eccitabile, impulsivo, irrequieto e irascibile;
— *Introverso e stabile*, ovvero una personalità orientata alla serietà, alla calma, alla riservatezza e alla riflessività;
— *Introverso e instabile*, tratti che definiscono uno stile improntato alla rigidità, alla tendenza ad essere lunatico e ansioso.

A tali parametri, nel 1952 Eysenck ne ha aggiunto un terzo, definito *psicoticismo*, che attiene ai tratti relativi all'asocialità, all'aggressività e, nelle forme più estreme, alle psicosi vere e proprie.

A partire dalla teoria di Eysenck sono stati elaborati studi successivi riguardanti l'elaborazione di test e questionari, di cui il più noto è l'**EPQ** (*Eysenck Personality Questionnaire*) volti alla misurazione dei tratti della personalità, anche allo scopo di indagare le possibili relazioni tra tali tratti e l'apprendimento.

Il test EPQ, basato sulle teorie e gli studi di Eysenck, mira a misurare negli individui che vi si sottopongono le tre basilari dimensioni della personalità (*estroversione*, *nevroticismo* e *psicoticismo*) così da far emergere dati importanti anche ai fini dell'apprendimento, quali, ad esempio, disturbi della condotta, capacità di adattamento e di socializzazione, stabilità emotiva, tendenza alla depressione di fronte al fallimento, etc.

3.2 L'interazione sociale

Lo psicologo belga **Willem Doise** (1935) ha studiato i processi psicosociali mediante i quali l'uomo costruisce la sua personalità, apprende e orienta il suo atteggiamento verso gli altri.

Egli sostiene che l'*interazione tra individuo e contesto* possa essere studiata su quattro dimensioni:
— analisi *intraindividuale*: consiste nel valutare i processi sociocognitivi che l'individuo utilizza per **processare le informazioni** in suo possesso (e cioè come la singola persona apprende le informazioni);
— analisi *interindividuale*: si osserva il modo in cui i rapporti interpersonali influenzano i meccanismi individuali di **elaborazione dei dati** (come e quanto il confronto con gli altri influenza l'apprendimento);
— analisi *posizionale*: in questa fase si studia come la posizione sociale degli individui che partecipano a un gruppo, influenza l'acquisizione degli **apprendimenti individuali** (si impara di più interagendo con il leader del gruppo o con un proprio pari?)
— analisi relativa alle *norme sociali* e alle *componenti ideologiche*: si valuta come e quanto si modificano le abilità individuali in base all'adesione a determinate ideologie, norme e valori del gruppo di riferimento.

Tutti questi aspetti concorrono alla formazione della personalità dell'individuo e alla strutturazione delle sue competenze.

3.3 La mediazione didattica: il metodo Feuerstein

Ogni metodo di insegnamento, che ha come obiettivi lo sviluppo e il potenziamento delle abilità cognitive, si basa sull'ipotesi della plasticità dell'intelligenza e sulla possibilità di *incrementare le capacità di ragionamento di qualsiasi soggetto*.

Il **metodo Feuerstein** consente di sviluppare la consapevolezza dei traguardi raggiunti, durante il percorso e al termine del processo di apprendimento.

In particolare, l'approccio del pedagogista rumeno **Reuven Feuerstein** (1921-2014) è di tipo sistematico ed è basato sulla **teoria della modificabilità cognitiva**.

Contrapponendosi alla teoria innatista dell'intelligenza per la quale quest'ultima è una dote innata, di natura genetica ed ereditaria, Feuerstein ritiene che **le facoltà intellettive dell'individuo possano essere accresciute** sia nell'età evolutiva che durante tutto l'arco della vita. A qualsiasi età e in qualsiasi condizione fisica o psicologica è quindi possibile sviluppare le abilità cognitive e migliorare la qualità dei rapporti con l'ambiente.

Le strutture cognitive, se opportunamente stimolate, possono incrementare le proprie potenzialità. Lo confermerebbero analisi scientifiche, che mostrano l'organo in attività in tempo reale, evidenziando che i comportamenti nuovi si ripercuotono sul cervello, e quelli consolidati producono mutamenti permanenti.

Secondo Feuerstein, l'apprendimento si verifica in seguito a stimoli diretti, ma soprattutto in seguito all'**azione di un mediatore**.

La mediazione può essere esperta o meno.

Una madre esercita l'azione mediatrice sul bambino fin dalla nascita: sceglie gli stimoli adatti e li propone, usandoli nei diversi contesti, e ne elabora i risultati.

Un *mediatore esperto* (come un docente) applica gli stessi principi, ma in maniera consapevole.

Feuerstein ritiene che tutti i casi di mancata o carente efficacia dell'azione formativa della scuola e, più in generale, le carenze formative di ogni individuo, siano imputabili soltanto a insufficienti esperienze di apprendimento mediato; risultano quindi superabili sia i deficit ambientali, sia quelli genetici.

Per l'applicazione corretta del metodo elaborato da Feuerstein e definito **PAS** (*Programma di Arricchimento Strumentale*) bisogna rispettare rigorosamente **tre vincoli**: *tempo, metodo e contesto*:

— il **tempo**: lo sviluppo di esperienze di apprendimento mediato deve essere adeguatamente lungo: chi riceve gli stimoli deve avere la possibilità di recepirli, svilupparli e farli propri;
— il **metodo**: solo formatori esperti, che conoscano adeguatamente le diverse sfaccettature del metodo, possono operare con successo;
— il **contesto**: deve esistere un ambiente favorevole e collaborativo, che condivida le aspettative create nel rapporto allievo-mediatore e riconosca e valorizzi i progressi, anche i più piccoli, del soggetto. L'individuo oggetto dell'esperienza deve essere inserito in un ambiente in grado di accettare e di promuovere le sue nuove capacità. Il programma non può avere successo in un gruppo indifferente all'iniziativa o, peggio, ostile.

Tali vincoli sono presupposti indispensabili alla riuscita del processo.

La preparazione dei **mediatori didattici** garantisce uno svolgimento adeguato e pertinente dell'esperienza. Se i formatori non sono in grado di proporre correttamente i processi di apprendimento mediato, il metodo non può che fallire.

Non è, infatti, possibile limitarsi ad una applicazione meccanica, riducendo il metodo ad una serie di esercizi più o meno complessi che non hanno la minima incidenza sulla sfera cognitiva del soggetto.

L'applicazione del metodo deve anche tenere conto dei vincoli sociali a cui sono sottoposti i discenti.

Al di là delle sue applicazioni pratiche, la portata innovativa degli studi di Feuerstein consiste nell'aver considerato l'intelligenza umana come *processo*, ovvero come un costrutto modificabile e dinamico nel corso dell'intera vita.

4 L'apprendimento significativo di Ausubel

Lo psicologo statunitense **David Ausubel** (1918-2008) ha, invece, concentrato i suoi studi sulla *qualità* degli apprendimenti da parte degli studenti. Per lui solo l'**apprendimento significativo** è degno di attenzione, riferendosi a quel tipo di conoscenza che, per realizzarsi, richiede la messa in campo di percorsi cognitivi complessi e non riconducibili alla mera accumulazione mnemonica di nozioni[2] (→ anche Parte II, Cap. 2, par. 1.3).

---

[2] D. Ausubel, *Educazione e processi cognitivi – Guida psicologica per gli insegnanti*, Franco Angeli, Milano, 1988.

Affinché un apprendimento sia significativo, ovvero dotato di senso, è necessario, secondo Ausubel, che le nuove informazioni vadano ad «agganciarsi» a esperienze e cognizioni pregresse del discente, così da creare in lui associazioni e mappe mentali che agevolano la memorizzazione. Da questa relazione nascono delle reti che sostengono e alimentano la conoscenza, in un processo continuo di consolidamento delle competenze e sviluppo di nuove abilità.

L'apprendimento significativo, inoltre, **avviene per scoperta**: il docente non deve limitarsi a trasferire contenuti, bensì è opportuno che egli induca lo studente a comprendere da sé i processi e le dinamiche che regolano i fenomeni oggetto di studio. A questo scopo, si rivelano particolarmente efficaci le *attività laboratoriali*, gli esercizi di *problem solving*, le uscite didattiche e la messa in campo di tutti quegli *strumenti applicativi* funzionali allo studio della disciplina d'insegnamento.

5 L'apprendimento esperienziale di Kolb

Il pedagogista statunitense **David Kolb** (1939) ha indirizzato i suoi studi in direzione del collegamento esistente tra apprendimento e pratica esperienziale. Secondo l'educatore americano si impara a partire dalla pratica, e l'apprendimento si realizza a seguito della teorizzazione dell'esperienza fatta, in un processo circolare (*learning cycle*) sintetizzato in quattro fasi:
1. esperienza concreta;
2. osservazione riflessiva;
3. concettualizzazione astratta;
4. sperimentazione attiva.

Nella prima fase (*esperienza concreta*), gli individui sperimentano sul campo le loro abilità, agendo sull'ambiente e confrontandosi tra loro. Segue, nella seconda fase (*osservazione riflessiva*), un'*attività metacognitiva*, ovvero la riflessione su quanto esperito e la condivisione di tali impressioni in gruppo, attraverso confronti, dibattiti o attività di brainstorming.

Durante la *concettualizzazione astratta*, le informazioni vengono sistematizzate in un quadro teorico più ampio, generalizzando i dati dell'esperienza a modelli di funzionamento e di comportamento globali. Infine, la *sperimentazione attiva* prevede «il ritorno sul campo», con la messa in pratica delle conoscenze acquisite e delle competenze sviluppate.

Tale modello si rifà alle pratiche educative deweyane, che nel suo celebre testo *Come pensiamo* scriveva «È possibile assumere un controllo intenzionale degli elementi che ci circondano solo se essi assumono per noi significati specifici che ci permettono di prospettare le conseguenze delle nostre azioni»[3].

---

[3] J. Dewey, *Come pensiamo*, La Nuova Italia, Firenze, 1961.

Nell'ambito del processo di apprendimento teorizzato da Kolb (e definito *experiential learning*), il docente ha il ruolo di predisporre situazioni laboratoriali e di contatto con la realtà, di coordinare il lavoro di metacognizione che segue l'esperienza pratica e favorire la sperimentazione successiva alla concettualizzazione dei dati acquisiti.

6 Tecniche e attività per individuare gli stili di apprendimento

Gli studi e le ricerche sull'apprendimento esposte sin qui evidenziano, al di là delle differenze metodologiche, l'importanza di andare incontro agli stili educativi degli studenti al fine di realizzare apprendimenti che risultino per loro *significativi*.

Ciò significa, per il docente, anzitutto partire da un **lavoro metacognitivo orientato al riconoscimento del proprio stile**, in modo da non esserne condizionato durante la progettazione e la pratica didattica. È facile, infatti, tendere a strutturare il proprio lavoro sulla base dei modelli di studio e di apprendimento appresi; è importante, allora, verificare le proprie modalità di insegnamento e valutare in che modo esse incidono sulla pratica didattica.

Il passo successivo consiste nell'**individuare gli stili di apprendimento degli studenti**, così da valorizzare le potenzialità di ciascuno e indirizzare tutto il gruppo classe verso il successo formativo.

Come abbiamo visto nel corso della trattazione, l'apprendimento è influenzato non solo dalle specifiche *strategie cognitive* adottate per l'acquisizione e la ritenzione delle informazioni, ma anche dai *tratti della personalità*: uno studente estroverso trarrà maggiori benefici da un lavoro interattivo con la classe rispetto a un suo collega più introverso, il quale preferirà probabilmente approfondire in solitudine quanto trattato in classe.

L'obiettivo del docente è, dunque, quello di intercettare gli stili e le caratteristiche della personalità di ciascuno studente, al fine di presentare i contenuti oggetto di studio attraverso un ampio ventaglio di canali e strumenti didattici. Lo scopo verso cui tendere è fare in modo che i ragazzi acquisiscano consapevolezza del proprio stile (**metacognizione**) e che, al tempo stesso, allarghino le proprie competenze dal confronto e dall'interazione con gli altri, così da *imparare ad apprendere* anche in quelle modalità meno congeniali (→ anche Parte II, Cap. 2, par. 5).

Per *individuare gli stili di apprendimento* degli studenti può essere utile somministrare **questionari mirati** ad indagare le abitudini di studio, i canali preferenziali utilizzati per studiare e ricordare le informazioni apprese, l'utilizzo dei supporti digitali, la propensione a studiare soli o in compagnia, etc.

Molto utile si rivela anche l'**osservazione** da parte del docente delle interazioni e delle modalità di svolgimento dei lavori di gruppo, durante i quali gli studenti esprimono la loro propensione rispetto all'utilizzo dei linguaggi (verbale, non verbale, paraverbale) alla socialità, ai supporti didattici e digitali messi in campo.

La progettazione e l'attività didattica dovranno tener conto degli stili individuati ed essere organizzate in maniera agile e flessibile, in modo da potersi adattare agli eventuali cambiamenti da apportare in corso d'opera.

6.1 Approccio multisensoriale e metodo VAK

L'**approccio multisensoriale** si basa sull'idea che, sollecitando i vari sensi contemporaneamente, il docente ha maggiori possibilità di andare incontro ai diversi stili di apprendimento dei suoi allievi. Tra i modelli più noti che si fondano su questo assunto figura il **VAK** (elaborato dagli psicologi Fleming e Mills sul finire degli anni Novanta), acronimo di *Visivo, Auditivo e Kinestetico* (o cinestetico). Andando a sollecitare tutte e tre queste dimensioni sensoriali (coinvolgendo anche il *Tatto*, il modello assume l'acronimo di **VAKT**), l'insegnamento risulta più efficace in termini di potenziamento della capacità di comprendere e memorizzare per il maggior numero degli studenti.

Ricordiamo nel dettaglio i canali coinvolti nell'applicazione del VAK:

— *Visivo*. È proprio di un individuo che elabora le nuove informazioni associandole ad **immagini mentali**; in questo caso, l'utilizzo di **figure**, **disegni**, **mappe** faciliterà il lavoro.
— *Auditivo*. Caratterizza il soggetto che **apprende ascoltando**; le **narrazioni**, i **filmati** o i **file audio** con le sintesi e gli approfondimenti delle lezioni ne agevolano lo studio.
— *Kinestetico*. È tipico di coloro che **imparano facendo** e che trovano dunque particolarmente utili le **attività pratiche e laboratoriali** per fissare i concetti e memorizzare le esperienze.
L'aspetto tattile rientra nella categoria della cinestetica, perché riguarda quegli studenti particolarmente propensi alle attività pratico-manuali.

L'approccio multisensoriale consente di andare incontro anche alle esigenze di **studenti con bisogni educativi speciali (BES)** perché la pratica di veicolare un contenuto didattico sollecitando diversi canali consente anche a coloro che soffrono di svantaggi linguistici, culturali o che presentano disturbi dell'apprendimento (DSA), di poter beneficiare di supporti adatti al proprio stile cognitivo.

6.2 Il modello Felder-Silverman

Si tratta di un modello elaborato da due docenti americani, **Richard Felder** e **Linda Silverman**, allo scopo di migliorare i *percorsi formativi degli studenti universitari*.

Gli stili di apprendimento individuati dai due docenti sono suddivisi in cinque coppie:
— **Sensoriale/Intuitivo**, laddove i primi (*sensoriali*) prediligono la concretezza e la pragmaticità, mentre i secondi (*intuitivi*) tendono alle soluzioni creative e a un apprendimento più veloce, seppur impreciso;
— **Visivo/Verbale**, con i primi (*visivi*) che si concentrano su immagini, schemi, mappe, figure, diagrammi, mentre i secondi (*verbale*) su testi scritti, narrazioni, ripetizione ad alta voce;
— **Induttivo/Deduttivo**, ovvero chi procede dal particolare al generale (*induttivi*), e chi invece apprende a partire dal generale, quindi dalle teorie, per arrivare ai fenomeni specifici e concreti (*dedutttivi*);
— **Attivo/Riflessivo**, con studenti che prediligono la sperimentazione e la pratica (*attivi*) e altri che prediligono lo studio teorico e solitario (*riflessivi*);
— **Sequenziale/Globale**, laddove i primi (*sequenziali*) apprendono in maniera lineare, procedendo per fasi graduali, mentre i secondi (*globali*) si avvantaggiano dall'avere dapprima informazioni sul concetto generale e il quadro d'insieme, per poi approfondirne i particolari contenuti da studiare.

Anche in questo caso, per individuare lo stile preferenziale dello studente, può essere utile per il docente strutturare dei test mirati ad indagare le modalità di studio, le propensioni artistiche, le modalità di relazione, le strategie utilizzate per concentrarsi e memorizzare, etc.

In sintesi

- **Apprendimento**: con questo termine si è soliti indicare la modifica durevole del comportamento in seguito a esperienze ripetute.
- **Stile di apprendimento**: complesso di strategie messe in campo per realizzare un apprendimento.
- **Metacognizione**: consapevolezza che l'individuo ha del proprio funzionamento cognitivo. Essere consapevoli delle proprie modalità preferenziali di apprendimento (**stile cognitivo**) consente al soggetto di ottimizzare i tempi di memorizzazione e di recupero delle informazioni.
- **Canali sensoriali**: vie attraverso le quali passa l'apprendimento. Tra questi figurano: *canale visivo verbale*, proprio di quanti prediligono la letto-scrittura; *canale visivo non verbale o iconografico*, di chi utilizza immagini, foto, filmati, e basato sul cosiddetto *visual-learning*; *canale uditivo*, tipico di chi impara meglio *ascoltando* (l'insegnante, un compagno, un file audio); *canale cinestetico*, caratteristico di coloro che tendono ad imparare *facendo*, attraverso attività pratiche e laboratoriali.
- **Interazione sociale**: processo di relazione che influisce significativamente sull'apprendimento. Secondo lo psicologo *W. Doise*, l'interazione tra individuo e ambiente concorre alla formazione della personalità e alla strutturazione di competenze e abilità.
- **Mediazione didattica**: apprendimento che avviene attraverso l'opera di un mediatore (figura genitoriale, insegnante, esperto, etc.). Secondo alcuni autori, tra cui il pedagogista *R. Feuerstein*, le facoltà intellettive dell'individuo sono modificabili lungo tutto l'arco di vita, per cui l'apprendimento è sempre possibile, anche al di fuori delle aule scolastiche. La funzione del *mediatore* consiste nel proporre stimoli adeguati, rispettando i tempi e i contesti in cui l'individuo si trova in quel dato momento.
- **Apprendimento significativo**: apprendimento dotato di senso; non una mera accumulazione di saperi, dunque, ma contenuti realmente compresi dallo studente. Per lo psicologo *D. Ausubel*, affinché si realizzi un apprendimento, il discente deve trovarsi di fronte a informazioni per lui *significative*, ovvero che possano agganciarsi a conoscenze pregresse, arricchendo il bagaglio di informazioni funzionali ad una visione più ampia e complessa dell'argomento in questione.
- **Apprendimento esperenziale**: il pedagogista *D. Kolb* ha messo in evidenza il nesso tra apprendimento e pratica; il modello da lui teorizzato presuppone quattro fasi: *esperienza concreta*; *riflessione* sull'esperienza fatta; *concettualizzazione* dell'apprendimento; *sperimentazione* di quanto teorizzato. Il processo è circolare e presuppone che il docente predisponga attività laboratoriali e momenti di confronto durante i quali gli studenti possano riflettere su quanto esperito ed elaborare, in maniera metacognitiva, i contenuti affrontati.
- **Approccio multisensoriale**: tecnica di apprendimento basata sull'idea che, sollecitando più canali sensoriali, il docente abbia maggiori possibilità di *colpire nel segno* e raggiungere il maggior numero di studenti.

II
Metodologie, strategie e tecniche didattiche

Sommario Parte II

1 | Le competenze dell'insegnante

2 | Metodi e metodologie di insegnamento/apprendimento

3 | I modelli didattici

4 | Modelli di scuola e tecniche di progettazione

5 | Le competenze: dalla teoria all'applicazione pratica

6 | Strategie e tecniche educativo-didattiche

7 | La valutazione

1
Le competenze dell'insegnante

1 Premessa

L'**insegnamento** viene definito come: «… seria attività artigiana che opera in determinate condizioni»[1], dando per scontato che insegnare, istruire ed educare siano legati tra loro in un rapporto di interdipendenza e reciprocità.

Esso viene considerato tra i tre «mestieri impossibili» in quanto **ha in sé i rischi dell'insuccesso** anche se sussistono condizioni di professionalità eccellenti, con il risultato di **spostare l'attenzione dai processi di apprendimento** e dai risultati raggiunti dagli alunni, **ai processi di insegnamento**[2].

Anche Freud non ha esitato ad affermare che tra i tre mestieri difficili se non impossibili (educare, governare, curare) l'educare sia sicuramente il più complicato. Basta ripercorrere la storia della pedagogia per incontrare tracce della consapevolezza della problematicità dell'atto educativo. Le citazioni potrebbero essere tante: da Socrate a S. Agostino, da Comenio a Rosseau, da Pestalozzi a Dewey.

Oggi più che mai la *coscienza delle complessità dell'insegnare* è diventata più piena e consapevole.

Il mondo scolastico è al centro di ricerche e di studi che documentano una generale disaffezione di tutte le sue componenti, una reazione di indifferenza, quando non di disagio e di timore, nel prefigurarsi un futuro che si percepisce come incerto e, perciò, più minaccioso del presente che, se pur grigio e deludente, appare, almeno, più certo e definito[3].

Sembra, insomma, che **la scuola così com'è non piaccia più**. Non piace alla società che le rimprovera di non saper leggere i processi di cambiamento formativo delle nuove generazioni, non piace agli alunni perché ritengono che essa non sappia più parlare loro, non piace ai docenti che provano una sensazione di impotenza, di disincanto, di difficoltà a costruirsi una *visione* che conferisca uno scopo e un significato alla loro azione[4].

---

[1] A. Visalberghi, *Insegnare e apprendere*, La Nuova Italia, Firenze, 1988.

[2] L. Paquay, M. Altet, P. Perrenoud, R. Vigo, É. Charlier, *Formare gli insegnanti professionisti*, Armando Editore, Roma, 2006.

[3] Su questa vasta tematica cfr. AA. VV. *Dimensioni attuali della professionalità docente,* Editrice La Scuola, Brescia, 1995; E. Damiano, *la formazione degli insegnanti* La Nuova Italia, Firenze, 1992; L. Santelli Beccegato (a cura di), *Formazione docente e curricoli universitari,* Edinova, Lecce, 1992.

[4] C. Scurati (a cura di), *Valori formativi,* Progetto Centaurus, Fiuggi 1997.

Eppure, oggi più che mai c'è bisogno di sintesi, di dare significato perché il mondo della scuola, nel suo complesso, risulti orientato verso una nuova visione del mondo e della realtà che trascenda in qualche modo l'attimo e il presente a cui si è sempre più ancorati.

Un ruolo fondamentale lo assumono ovviamente i docenti, cui è affidata la responsabilità di elaborare una proposta educativa in grado di rispondere con creatività e coraggio alle sfide cui sono chiamati e a sostenere i bisogni formativi delle nuove generazioni.

C'è bisogno, insomma, della *costruzione di una più matura e consapevole identità professionale* e di considerare la scuola come luogo privilegiato dell'educazione, di un'educazione intesa come formazione globale e complessa.

Tutto ciò comporta una **ridefinizione critica della professione docente e l'individuazione delle competenze necessarie** per fronteggiare compiti sempre più difficili e problematici.

La scuola è un luogo di vita, un microcosmo in cui si intrecciano molte dimensioni: è luogo di cultura, di relazioni, di trasmissione di valori, di rapporto con il territorio e le sue istituzioni. Ciascuno di questi aspetti va ripensato e re-interpretato alla luce del nuovo compito educativo e delle competenze che qualificano e orientano la professione docente.

2 La competenza educativa

Il cuore dell'attività dell'insegnante sta sicuramente nella dimensione educativa del suo compito che si fonda sul «**prendersi cura» della persona** nella sua globalità, **nel farsi carico dei suoi «bisogni»** e delle più profonde esigenze connesse alla dignità della persona.

Eppure, chiunque operi nel campo educativo, come genitore, insegnante, operatore sociale etc., ha modo di constatare giorno dopo giorno la **complessità dell'atto educativo**. Non tanto perché i giovani siano sordi o insensibili a sollecitazioni e interventi formativi, quanto perché non sempre si riesce a dare risposta adeguata alle *domande* ora dirette ora silenziose, alle *denunce* ora latenti ora esplicite, che provengono dal mondo giovanile.

Tutto questo provoca un senso di diffusa insoddisfazione, alimenta una sorta di disillusione, di disincanto che certamente non aiuta la crescita armonica della persona e lo sviluppo integrale della personalità.

D'altra parte, la stessa società in cui viviamo è in continua evoluzione, in fase di *transizionalità*, termine che non indica solo una realtà in trasformazione, ma richiama la complessità dei rapporti e dei condizionamenti nella stessa trasformazione ed evidenzia la contraddizioni che essa comporta.

La transizione è *contraddittoria* perché risponde a logiche non precodificabili e non si presenta in modo organico ed equilibrato, è *complessa* perché richiama un insieme di rapporti tra loro interdipendenti, e genera una crisi che investe aspetti strutturali, culturali, socio-ambientali, valoriali.

La crisi, che ha investito la nostra società negli ultimi decenni, è dovuta, tra l'altro, alla caduta di valori come verità, onestà, impegno, a un affievolirsi dell'affettività, a un perdersi di motivazioni.

All'attuale **decadimento dei valori** hanno contribuito tre idee guida: **il razionalismo**, inteso come sopravalutazione esasperata della ragione, **l'individualismo**, inteso come accentuazione degli interessi del singolo, **l'edonismo**, inteso come sovrastima del piacere, del divertimento e del godimento che vengono assunti come beni supremi.

Ognuna di queste idee-guida della cultura esterna ha influito sugli atteggiamenti interiori, e ciascuna ha influito anche sulle teorie dell'educazione e sulle pratiche educative.

In un quadro siffatto, **saper educare ai valori diventa sempre più urgente e pressante** proprio per la risonanza che può avere in campo educativo. Ciò che bisogna ricercare è un'idea comune, unitaria, di uomo e di persona che superi la concezione di un uomo *in frammenti* non più in grado di comporre in unità i *molteplici pezzi* della sua vita, di dare ad essi senso e significato.

Molti giovani, infatti, sono sempre più attratti dal *miraggio di una vita facile*, sogno irrealizzabile ma continuamente rincorso in una società edonistica quale la nostra e, poiché, non sempre sono pronti ad accettare la vita com'è veramente, si preparano, nella migliore delle ipotesi, a subirla.

Così ci troviamo spesso di fronte a giovani demotivati la cui vita oscilla tra l'ozio e la noia e ciò favorisce in molti il senso di inadeguatezza e l'atteggiamento di rinuncia, di passività e di marginalità.

Da qui l'esigenza tutta pedagogica di fornire agli allievi nuovi riferimenti assiologici, nuove coordinate etico-valoriali.

2.1 Educare ai valori

Valore è ciò che dà senso alla vita e per questo educare ai valori può essere determinante per risvegliare l'amore verso se stessi e il prossimo.

Valore per eccellenza è quello dell'**accettazione del diverso** sia esso povero, disagiato, handicappato, immigrato, dislessico etc. attraverso la *mediazione tra le diversità* in un clima di accoglienza, convivenza e di accettazione reciproca.

Per questo il docente non può esimersi dall'impostare gran parte della sua azione educativa su questo tema, per dar vita a una identità comune più ricca rispetto a quella che ciascuno possiede, lontana da ogni forma di prevaricazione o di omologazione[5].

---

[5] Per un approfondimento dei temi trattati si rimanda a L. Gallo Moles, *ScuolaProgetto,* Spaggiari, Parma, 2007.

La scuola deve caratterizzarsi sempre più come il luogo dove si intessono relazioni positive, dove si impara a superare i conflitti costruendo la propria identità in un clima sereno e tollerante. Una scuola, insomma, comunità accogliente, in grado di aprirsi al territorio, di creare sinergie e di trovare nel riconoscimento della dignità dell'altro e nella disponibilità al dialogo il suo minimo comune denominatore.

In questa azione il docente e la scuola, nel suo complesso, non possono essere lasciati soli.

Occorre che l'educazione ai valori si configuri sempre più come agorà, **spazio aperto** che accoglie una pluralità di sollecitazioni e di voci, che possano aiutare in questo difficile compito educativo.

C'è bisogno di un'azione di grande respiro, un *sistema formativo veramente integrato* in cui tutti i soggetti preposti alla formazione delle nuove generazioni progettino e realizzino itinerari formativi che sinergicamente, in *una rete fittissima di relazioni*, ruotino tutti intorno a un unico centro: la persona.

Per questo è importante che:
— **gli allievi** considerino la scuola il luogo dove:
  — si apprende insieme agli altri sperimentando forme di relazione di aiuto;
  — si scoprono attitudini e peculiarità;
  — si sviluppa un'identità positiva e una disponibilità cognitiva;
— **gli insegnanti** il luogo dove:
  — si favorisce la graduale costruzione di un quadro condiviso di riferimenti pedagogici e didattici;
— **le famiglie** il luogo dove:
  — si sviluppa una mentalità aperta alla collaborazione e all'ascolto nel pieno rispetto dei valori e del ruolo di ognuno;
— **il territorio** il luogo dove:
  — si sviluppa una mentalità aperta alla collaborazione e all'ascolto nel pieno rispetto dei valori e del ruolo di ognuno.

Un territorio «competitivo» è oggi caratterizzato da inclusione, solidarietà, partecipazione responsabile, costruzione di una qualità sociale della vita. La scuola come *spazio pubblico* si pone all'interno di questa nuova funzione. Non è un caso che i grandi maestri dell'educazione richiamino l'esigenza di curare la formazione di menti rispettose ed etiche, oltre che disciplinate (dai saperi), sintetiche e creative.

I fattori valoriali sembrano, dunque, nuovamente prevalere sulla funzione di trasmissione culturale[6].

---

[6] G. Cerini, *La «questione insegnante»: identità, formazione, sviluppo professionale dei docenti*, in Educazione &Scuola, 7 novembre 2017.

3 La competenza disciplinare

La **competenza disciplinare** è costituita dal bagaglio culturale e di conoscenza che ogni docente deve possedere relativamente alle discipline che insegna. Tali conoscenze devono essere solide, ben strutturate, da aggiornare continuamente.

Secondo la definizione data dall'OCSE, **la disciplina è un campo di conoscenza avente concetti dati e termini propri**. Quindi non solo e non tanto un insieme di contenuti, ma **un insieme di metodi di indagine, di tecniche di lavoro** che si possono esercitare non unicamente per studiare un argomento piuttosto che un altro, ma anche per apprendere cose nuove, applicando metodi e tecniche a contesti e contenuti diversi. La disciplina viene così riportata alla sua giusta dimensione: «non è più vissuta come fine in sé, ma come strumento che permette con i suoi contenuti, i suoi metodi di indagare la realtà e di dare significato alle esperienze»[7].

È questo il problema che tocca più immediatamente da vicino gli oggetti della conoscenza. **Il modulo scolastico è stato, spesso, costituito dall'aula, dal libro di testo, da materiali didattici preconfezionati**, da saperi scolastici codificati, da sentieri di apprendimento definiti.

Si direbbe che la scuola, invece di essere il luogo dove la conoscenza si trasmette e riceve una sua prima elaborazione, sia il rifugio nel quale ci si rinchiude per essere protetti dalla conoscenza, dal suo fluire, dal suo accrescersi. Non è il luogo della movimentazione della conoscenza, ma il luogo in cui le conoscenze si sedimentano, stagionano, diventano statiche[8].

Oggi, invece, sappiamo che tutto *il mondo circostante è virtualmente un luogo di studio che va elevato a dignità pedagogica e sfruttato come aula didattica decentrata*[9].

Ciò che si impone allora al *docente è conoscere la realtà*, i desideri, i sogni, l'ambiente dei suoi alunni, non «per assumerli demagogicamente, ma per avviare un confronto rispettoso della differenza irriducibile del ragazzo»[10].

È l'antico e sempre nuovo discorso, insomma, di **far emergere il curricolo implicito o sommerso**, quel curricolo educativo percorso nel tempo-spazio «*prima di venire a scuola*», quel curricolo *discontinuo, frammentario, incerto, contraddittorio* senza dubbio, ma determinante per fornire ad alcuni allievi i prerequisiti del successo, ad altri no. È quello spazio misterioso e nascosto nel quale si annidano spesso le ragioni delle promozioni, delle bocciature, della dispersione.

---

[7] G. De Vecchi, *Aiutare ad apprendere*, La Nuova Italia, Firenze, 2000.
[8] R. Simone, *La terza fase, forme di sapere che stiamo perdendo*, Laterza, Bari-Roma, 2000.
[9] F. Frabboni, *Ambiente e educazione*, Laterza, Bari, 1990.
[10] L. Tuffanelli, (a cura di), *Intelligenze, emozioni e apprendimenti*, Erickson, Trento, 1999.

Visti in questa ottica, i diversi **saperi disciplinari** possono diventare **strumenti** preziosi per fare emergere esperienze, storie soggettive, caratteristiche individuali, bisogni, aspirazioni, utopie.

Possono veramente trasformarsi in «quell'insieme di alfabeti formativi, raccolti e personalizzati dentro al «cesto» dei vissuti emotivo-affettivi, dei modelli etico-sociali e valoriali che danno senso e significato alle esperienze che qualificano la scuola»[11].

Questo non significa puntare unicamente su un sapere *particulare*, avulso dal contesto della ricerca scientifica e dallo sviluppo culturale. Tutt'altro.

Il sapere codificato nei libri di testo dovrà sapersi integrare con le esperienze individuali, ma anche arricchirsi di un nuovo *corredo culturale* costituito dai concetti, dai metodi, dai linguaggi, dalle esperienze del nostro tempo per ridurre la distanza che intercorre tra i contenuti scolastici e gli orizzonti attuali della cultura. Non, dunque, saperi fine a se stessi, ma saperi che diventano modelli interpretativi di una realtà complessa che si trasforma celermente e continuamente. All'interno di essi vanno selezionati quei nodi significativi e determinanti per la crescita dell'allievo.

3.1 Insegnare vuol dire scegliere

«*Insegnare vuol dire scegliere*», diceva Dottrens, «*rudera tollere*» abbandonando le informazioni inflazionate e puntando all'essenziale di ogni disciplina. Tuttavia, non si tratta di fare un'esaltazione acritica dell'attualità.

Hegel ricordava che la filosofia era, a suo avviso, il proprio tempo espresso nel pensiero: un tempo attivo, quindi, che dialoga con le elaborazioni del pensiero che trova, le vaglia, le soppesa («*pensare è pesare*»), così da potere affermare il proprio punto di vista[12].

T. Kuhn direbbe che è questione di *paradigmi*. Esistono concetti, strumenti che in un determinato periodo non sono solo impiegati da tutta una comunità di studiosi per fare scienza, ma sono condizione fondamentale per comprendere le linee guida della cultura e del mondo. Se ci si attarda su «un paradigma culturale» non più adeguato, si rischia di scambiare il sapere che si è ricevuto per «il sapere», con il rischio di una estraneità della «cultura scolastica» alla cultura[13].

Un docente competente, allora, dovrà saper mediare, secondo una reminiscenza di leopardiana memoria, tra «la realtà presente e viva» e quella concettualizzata nei vari saperi attraverso i libri di testo.

---

[11] F. Frabboni, *La sfida pedagogica, ovvero quando relazione, conoscenza e valori si danno la mano*, in L. Tuffanelli *(a cura di)* Intelligenze, emozioni e apprendimenti, Erickson, Trento, 1999.
[12] A. Pajno – G. Chiosso – G. Bertagna, *L'autonomia delle scuole*, Editrice La Scuola, Brescia, 1999.
[13] T. Kuhn, *La struttura delle rivoluzioni scientifiche*, trad. it., Einaudi, Torino, 1969.

Per questo *nessun contenuto può essere ritenuto, in astratto, migliore di altri*; il criterio è invece quello di saper scegliere, come sostiene Nicholls, in base a:
— **campo d'azione**: è trasferibile orizzontalmente da una disciplina all'altra? E verticalmente tra contenuti e contenuti?
— **accessibilità**: quanto richiede in costo di tempo, di risorse umane per l'alunno e l'insegnante?
— **valore**: quali vantaggi immediati e a lungo termine? È compatibile con gli interessi dell'individuo e della società?
— **ripercussioni affettive**: avrà un effetto favorevole sulla crescita dell'allievo?
— **interazione**: è di utilità? Si integra con l'esperienza dell'allievo?

Si tratta, insomma, di puntare su ciò che è veramente fondante per una disciplina non solo dal punto di vista epistemologico e storico, ma anche, e soprattutto, dal punto di vista didattico e del valore formativo che assume per l'uomo e per il cittadino del futuro. L'allievo, infatti, può immaganizzare una serie di informazioni proposte dal docente senza per questo apprendere. Qualunque sia il suo percorso, invece, deve sapere perché agisce: perché entra in una attività che è *portatrice* e *creatrice* di senso.

I punti cardine su cui deve poggiare la competenza disciplinare del docente diventano allora:
— conformare i percorsi formativi su quelli impliciti degli allievi dove si nascondono spesso tensioni e disagi;
— rileggere i contenuti secondo lo spirito del nostro tempo per far diventare anch'essi attuali;
— superare il diaframma che si frappone tra un sapere scolastico a volte eccessivamente «*stagionato*» e le stimolazioni del mondo esterno.

4 La competenza comunicativo-relazionale

Gran parte dell'attività del docente si basa sulla comunicazione e sulle sue capacità relazionali con gli allievi, con gli altri docenti, con le famiglie, con gli altri enti nel territorio etc. (→ anche Parte IV, Cap. 3).

4.1 Comunicare con gli allievi: il clima della classe

Accanto alla dimensione educativa e disciplinare, un docente competente dovrebbe rivalutare anche la **dimensione relazionale**, «la piattaforma comunicativa» da stabilire all'interno della classe[14]. Varie ricerche hanno dimostrato

---

[14] Per un approfondimento del tema, si rimanda a L. Gallo Moles, *Indicazioni Nazionali per il curricolo*, Spaggiari, Parma, 2013.

chiaramente *il nesso che esiste tra apprendimento e relazione comunicativa insegnante/alunno*. Vivere in un ambiente relazionale sereno può, infatti, non solo favorire l'apprendimento, ma incrementare il senso di autostima rendendo più sopportabili, soprattutto per alcuni allievi, i pesi e il disagio della vita scolastica.

Il docente, infatti, è punto di riferimento importante per ogni componente della classe. Notevoli sono le sue possibilità di intervento per organizzare una rete di comunicazione all'interno della quale ogni alunno sia considerato «unico», «insostituibile», «capace di dare e ricevere, acquisire fiducia e sicurezza».

Ciò determina una ricaduta positiva anche sul piano più squisitamente didattico: «Dove circola bene la comunicazione, intesa nel senso di "inviare, trasmettere, trasferire, far conoscere, partecipare, mettere in comune con gli altri ciò che è nostro" circolano bene anche le informazioni, si strutturano meglio le conoscenze»[15].

Infatti, se il contesto relazionale della classe è vissuto in modo positivo, aumentano le possibilità che le energie individuali si sprigionino meglio e che l'apprendimento diventi naturale per ogni allievo.

L'insegnante competente e capace, allora, non è più quello che sa tenere la disciplina, che «mette sotto» i ragazzi, che si sa far rispettare con l'autorità, ma colui che è «caldo, amichevole, disponibile ad aiutare, comunicativo, ma al tempo stesso capace di motivare e di controllare il comportamento in classe»[16].

Emerge, insomma, da parte degli adolescenti «la richiesta di **insegnanti** che siano **leader socio-emozionali**, ma anche centrati sul compito ed in grado di svolgere una funzione di strutturazione nei confronti degli allievi che si trovano in una fase delicata dello sviluppo. Emerge anche il bisogno di un riconoscimento della propria identità, di un rapporto più individualizzato, meno formale ed istituzionale con i propri insegnanti»[17].

Eppure, nonostante questa innegabile verità, gran parte del disagio può essere causato proprio da un **eccesso di autoritarismo** che può determinare all'interno della classe un clima ansiogeno ed una eccessiva tensione emotiva che finisce col compromettere l'efficacia di molte prestazioni cognitive. «Scindere il lato cognitivo della nostra coscienza da quello affettivo, costituisce una delle principali carenze

---

[15] L. Tuffanelli, op. cit., pag.
[16] C. Cornoldi – R. De Beni, Gruppo M.T., *Imparare a studiare*, Erickson, Trento, 1994.
[17] Sono questi i risultati di una interessante ricerca condotta da alcuni studenti universitari che hanno intervistato diversi loro compagni protagonisti, durante l'adolescenza, di episodi di insuccesso scolastico o anche di abbandono. Queste testimonianze hanno permesso di elaborare varie riflessioni sul più che mai attuale *tema della dispersione* causata dall'esperienza relazionale vissuta all'interno dell'ambiente scolastico (P. Russi, *Ambiente scolastico e dispersione,* in Scuola e Didattica, n° 17, 2001, pagg. 19-20). Per un approfondimento si rimanda anche a L. Regoliosi, *La prevenzione nella scuola del disagio e dell'abbandono*, in O. Liverta Sempio, E. Gonfalonieri, G. Scaratti, *L'abbandono scolastico — aspetti culturali, cognitivi, affettivi*, Giorgio Cortina Editore, Milano, 1999.

M. Manini, *Per un linguaggio e per una terminologia univoci*, in E. Morgagni (a cura di), *Adolescenti e dispersione scolastica*, Carocci, Roma, 1998.

della psicologia tradizionale. Dietro il pensiero c'è tutto l'insieme delle inclinazioni affettive e cognitive»[18].

A una pedagogia fondata sull'intransigenza e sull'autoritarismo vecchia maniera — *«Non capisci niente; Guarda il tuo amico come è bravo; Ti rendi conto delle sciocchezze che stai dicendo?; Non imparerai mai niente; ...»* —, dovrebbe, al contrario, corrispondere **una pedagogia dell'incoraggiamento**[19] — *«Bravo, stai facendo progressi; Continua così; Non ti preoccupare se sbagli; ...»* — condizione indispensabile per creare in classe un clima che stimoli la partecipazione attiva dell'alunno al processo di apprendimento.

Questa capacità del docente di entrare in relazione comunicativa con l'allievo è altra cosa rispetto alla capacità di saper fare una bella lezione parlando molto e bene. Il modello della bella lezione (aver parlato tanto e bene, aver sentito che i ragazzi erano rapiti e tutt'orecchi e c'era silenzio...), ponendo in primo piano i contenuti del sapere e considerando in margine gli allievi, parte dal presupposto che l'apprendimento sia la conseguenza dell'insegnamento[20]. Ma come visto fin qui, non è sempre così.

4.2 Comunicare con il gruppo docente

La gestione dell'organizzazione scolastica presenta caratteri di notevole complessità. In particolare ogni istituto deve poter controllare una fitta rete di relazioni sia esterne che interne.

L'area dei **rapporti interpersonali tra docenti** assume, quindi, una grande rilevanza in un sistema non più impostato su regole rigide ed individuali, ma su scelte responsabili e condivise.

Il **gruppo docente** si pone pertanto *come importante soggetto di responsabilità educativo-didattica*. Spesso, però, esso viene considerato soltanto come un aggregato di persone che poco condividono tra loro.

Questa difficoltà a lavorare in team produce, spesso, nei docenti disaffezione nei confronti del proprio ruolo e senso di frustrazione e di inadeguatezza e la ricaduta sul piano didattico non può tradursi che in un'atomizzazione e parcellizzazione degli interventi.

L'educazione è sempre un lavoro di squadra in cui tutte le competenze disciplinari e professionali arricchiscono l'esperienza dell'alunno in un contesto democratico, in cui ciascuno può collocarsi consapevolmente e contribuire al cambiamento cosciente del proprio apporto costruttivo.

---

[18] L.S Vygotskij, *Pensiero e linguaggio*, Giunti-Barbera, Firenze, 1954.

[19] H. Franta – A.R.Colasanti, *Verso un'istruzione formativa: Contributi per una prassi scolastica incoraggiante*, in «Orientamenti Pedagogici», 1993. Degli stessi autori si veda: *L'arte dell'incoraggiamento. Insegnamento e personalità degli allievi*, NIS, Roma, 1994.

[20] M. Mazzotta, *Come organizzare la lezione*, Giunti Lisciani, Teramo, 1985.

Essere **capace di lavorare insieme ai colleghi** significa mettere in atto un processo di conoscenza, di incontro, di scambio, di messa in comune di ipotesi e di idee rappresentative di individualità e personalità anche molto differenti. Il gruppo docente, infatti, è chiamato a realizzare, pur nella diversità e nella specificità della sua disciplina, un progetto educativo-didattico fortemente unitario, che lo coinvolge a vari livelli:
— come membro di un Collegio docenti;
— come membro di un Consiglio di classe;
— come responsabile di una disciplina.

Questo spiega **perché tutti i progetti di riforma della scuola**, che si sono succeduti negli ultimi anni, hanno ribadito la necessità di dare all'azione di insegnamento/apprendimento **un carattere unitario**.

Le ragioni su cui si fonda tale **esigenza** sono da ricercarsi in motivazioni **di ordine scientifico** e di **ordine pedagogico**.

Per quanto riguarda il riferimento agli **aspetti scientifici**, possiamo affermare che **le discipline** di studio **rappresentano una modalità di lettura della realtà** sempre più specifica, specializzata e analitica e, in tal senso, tendono a restringere progressivamente il loro campo di indagine e a utilizzare codici sempre più settoriali[21]. Perché la realtà sia conosciuta e interpretata ha bisogno, però, di punti di vista diversi e di ricorrere alla collaborazione tra i vari saperi. «La credenza che ci siano cose come la fisica, la biologia, l'archeologia e che questi campi di studio siano distinguibili, mi sembra il residuo di un tempo in cui si credeva che una teoria dovesse procedere dalla definizione del suo oggetto. (…) Le discipline sono distinte in parte per motivi di ordine pratico e in parte perché le teorie si definiscono all'interno di sistemi unificati. Noi non siamo studiosi di certe materie bensì di problemi: e i problemi possono passare attraverso i confini di tutte le discipline»[22].

La citazione di Popper ci permette di fare alcune considerazioni di ordine didattico. Mentre sul piano teorico sono chiare le ragioni di vicinanza e di collegamento tra le diverse discipline, sul piano pedagogico/didattico ci sono notevoli difficoltà a **far dialogare tra loro i saperi**.

Ci si muove spesso in un'ottica prevalentemente disciplinare senza considerare gli agganci e le relazioni della propria disciplina all'interno del più generale processo di conoscenza. Ciascuna disciplina assume un valore assoluto e il carattere formativo si gioca tutto al suo interno senza contaminazioni con gli altri saperi[23]. Si preferisce un modello a *integrazione zero* che risulta più comodo sia perché ci esonera dalla fatica di progettare insieme, senza avventurarci in pasticci interdisciplinari, sia perché i programmi sono disciplinari e i risultati migliori si ottengono se ciascuno fa bene la sua parte.

---

[21] C. Scurati, *La scuola del gruppo docente,* Editrice La Scuola, Brescia, 1998.
[22] K. Popper, *La conoscenza scientifica,* Armando, Roma, 1969.
[23] M. Maviglia, *Il mito della trasversalità,* Scuola e Didattica, n. 2, 2008. Editrice la Scuola, Brescia.

IL CONSIGLIO DI CLASSE E IL COLLEGIO DEI DOCENTI

Il **Consiglio di classe**, proprio della **scuola secondaria**, è un organo collegiale della scuola composto dai docenti di ogni singola classe (ivi compresi i docenti di sostegno) che *si occupa dell'andamento generale della classe*. È presieduto dal Dirigente scolastico. Siedono nel Consiglio di *classe* anche gli *insegnanti teorico-pratici*, pur se il loro insegnamento si svolga in compresenza. Essi ne fanno parte a pieno titolo e con pienezza di voto deliberativo.

Invece fanno parte del Consiglio di classe *solo a titolo consultivo* gli assistenti addetti alle esercitazioni di laboratorio. Fanno inoltre parte del Consiglio: per la scuola secondaria di primo grado, quattro rappresentanti dei genitori; per la scuola secondaria superiore e artistica, due rappresentanti dei genitori e due rappresentanti degli studenti.

Il Consiglio di classe ha il **compito** di *formulare al Collegio dei docenti proposte in ordine all'azione educativa e didattica e ad iniziative di sperimentazione, e di agevolare ed estendere i rapporti reciproci tra docenti, genitori e alunni*.

Le competenze riguardanti il coordinamento didattico, i rapporti interdisciplinari e, nella scuola secondaria e artistica, la valutazione periodica e finale degli alunni spetta al Consiglio con la sola presenza dei docenti (per alcune competenze di carattere strettamente didattico viene dunque esclusa la partecipazione dei genitori e degli alunni). Spettano al Consiglio di classe anche **altre competenze** tra cui nella scuola secondaria quella di disporre le **sanzioni disciplinari** agli studenti (fino alla sospensione non superiore ai 15 giorni).

Il **Collegio dei docenti** (art. 7 D.P.R. n. 297/1994) è, invece, un **organo collegiale** composto esclusivamente dal personale insegnante, con esclusione di soggetti estranei. La sua formazione è automatica, poiché per rivestirne la qualità di membro non è necessario alcun provvedimento di nomina, ma è sufficiente la *qualifica di insegnante di ruolo e non di ruolo in servizio nell'istituto*. Fanno parte del Collegio anche gli assistenti dei licei e degli istituti tecnici, gli insegnanti di arte applicata e gli assistenti dei licei artistici che svolgono attività d'insegnamento nelle classi funzionanti nell'istituto, nonché i docenti di sostegno che *assumono la contitolarità delle classi del circolo o istituto*. È presieduto dal DS.

Il Collegio esercita:

— **poteri deliberanti**, nel senso che *delibera su tutto quello che riguarda il funzionamento didattico del circolo o dell'istituto*. In particolare, per quanto concerne la programmazione dell'azione educativa, la sua funzione più importante è l'**elaborazione del PTOF** (che viene poi deliberato dal Consiglio di Istituto). Il Collegio dei docenti cura l'adeguamento dei programmi di insegnamento alle specifiche esigenze ambientali, l'*adozione dei libri di testo* e la scelta dei sussidi didattici tenendo conto del parere espresso dal Consiglio di classe, come pure delibera ai fini della valutazione degli alunni e, unitamente per tutte le classi, la suddivisione dell'anno scolastico in due o tre periodi;

- **poteri di proposta** nei confronti del DS per la formazione e la composizione delle classi e l'assegnazione ad esse dei docenti, per la formulazione dell'orario delle lezioni e per lo svolgimento delle altre attività scolastiche, tenuto conto dei criteri generali indicati dal Consiglio d'istituto;
- **poteri propulsivi**, in forza dei quali promuove iniziative di innovazione e di aggiornamento dei docenti. Il Collegio *programma e attua le iniziative per il sostegno* degli alunni disabili e, nelle scuole dell'obbligo che accolgono alunni figli di lavoratori stranieri residenti in Italia e di lavoratori italiani emigrati, adotta le misure idonee a garantire una valida formazione scolastica;
- **poteri di valutazione**, per mezzo dei quali valuta periodicamente l'andamento complessivo dell'azione didattica, proponendo, ove necessario, opportune misure per il miglioramento dell'attività scolastica;
- **poteri di indagine**, in virtù dei quali esamina gli eventuali casi di scarso profitto o di comportamento irregolare degli alunni segnalati dai docenti di classe, sulla base del parere espresso dagli specialisti che operano nella scuola con compiti medico-socio-psicopedagogici e di orientamento;
- **poteri consultivi**, nel senso che formula pareri al DS in ordine alla sospensione dal servizio e alla sospensione cautelare del personale docente quando ricorrono ragioni di particolare urgenza e si esprime in ordine alle iniziative dirette all'educazione, alla salute e alla prevenzione delle tossicodipendenze.

Al Collegio dei docenti, che rimane comunque sottordinato al Consiglio di istituto, spettano, dunque, **poteri in ambito esclusivamente tecnico-didattico**.

Primo passo per favorire una impostazione unitaria è partire da una discussione e da una riflessione sul significato che oggi assumono le diverse discipline, sulle strutture profonde che le costituiscono, sulla preliminare individuazione dei nuclei fondanti, vale a dire «dei concetti, nodi epistemologici e metodologici che strutturano una disciplina», facilitando così la selezione dei contenuti in termini di essenzialità e significatività. Selezionare le tematiche da affrontare significa effettuare una vera e propria navigazione tra i diversi saperi per individuare quegli argomenti a grande omogeneità interna che possano essere funzionali al percorso seguito.

Se è importante ricercare un'impostazione unitaria stabilendo punti di connessione tra i diversi saperi, questa esigenza è ancora più giustificata da ragioni pedagogiche.

L'unità del sapere, infatti, è *strettamente connessa all'unità della persona che tale sapere apprende*. «Se speriamo di vivere non semplicemente di momento in momento, ma realmente coscienti della nostra esistenza, la necessità più forte e l'impresa più difficile per noi consistono nel **trovare un significato** alla nostra vita»[24]. La scoperta di significato non è soltanto frutto di un'età matura, ma è possibile a ogni età, in relazione ai diversi momenti dello sviluppo personale. **L'educazione è l'itinerario privilegiato per aiutare gli allievi alla scoperta di significato**.

La scuola oggi arranca anche perché la ricerca di senso è complessa. Il senso, anche se a volte è difficile scoprirlo, è depositato negli «oggetti» della nostra cultura, italiana ed europea, civile o religiosa, letteraria o scientifica.

In questa ricerca, il docente è direttamente chiamato in causa a diversi livelli: il livello delle relazioni interpersonali, non solo quelle che si vivono all'interno della classe, ma anche quelle che essi stessi vivono nel gruppo docente, che gli alunni devono percepire come positive; quello della didattica che deve essere in grado di unificare e non parcellizzare le diverse esperienze di apprendimento[25].

4.3 Comunicare con le famiglie

La comunicazione tra scuola e famiglia non sempre è semplice e la qualità dell'interazione, della partecipazione e del dialogo è talvolta ridotta a rito artificiale ed inutile. Ciò è sicuramente da attribuire alla mancanza di preparazione sui temi pedagogici ed educativi in genere, che ha ridotto la partecipazione ad aspetti marginali che non incidono perciò sulla qualità del processo formativo. Altro motivo della carenza partecipativa della famiglia è costituito dal fatto che essa non sempre riesce a star dietro ai cambiamenti che sempre più frequentemente investono il mondo della scuola, né riesce ad avere piena consapevolezza dei nuovi compiti, delle nuove finalità da conseguire sul piano degli apprendimenti e su quello più generale dell'educazione.

---

[24] B. Bettelheim, *Il mondo incantato: uso, importanza e significati psicoanalitici delle fiabe* (tr. it. Andrea D'Anna) Feltrinelli, Milano 1977.
[25] C. Scurati, op. cit. pag.70.

Le grandi trasformazioni sociali, economiche, culturali che hanno caratterizzato il ventesimo secolo hanno determinato, infatti, anche un cambiamento delle forme di vita, dei rapporti relazionali, degli orizzonti culturali, nonché dei valori della famiglia. I nuovi modelli di comportamento dei giovani entrano spesso in conflitto con quelli tradizionali degli adulti.

La difficoltà a stabilire all'interno della famiglia relazioni interpersonali basate sul rispetto reciproco tra genitori e figli senza interferenze e confusioni di ruolo, sfocia in una *pluralità di stili educativi* che influenzano fortemente la crescita e lo sviluppo della personalità dei giovani.

Ciò comporta per il docente la necessità di mettere in atto una serie di iniziative che favoriscano una collaborazione reale, al fine di rendere la famiglia, insieme alla scuola, protagonista della crescita culturale ed umana dei giovani.

Sarebbe opportuno, perciò, **coinvolgere i genitori in incontri formativi** che abbiano l'obiettivo di:

— sviluppare una affettività positiva verso la funzione della scuola;
— omogeneizzare stili e modelli educativi;
— percepirsi utili nella gestione del processo formativo;
— collaborare con la scuola alla crescita culturale ed umana.

Importante, in tal senso, potrebbe essere una riflessione sui diversi **stili educativi** elaborati, intorno agli anni Settanta, dalla psicologa statunitense Diana Baumrind (1927-2018).

Ella definisce lo stile educativo come «quel complesso di atteggiamenti che un genitore ha e che mette in atto nei confronti dei propri figli che determinano il clima emotivo della famiglia; è l'insieme di gesti, obiettivi, valori, convinzioni che ciascuna mamma e ciascun papà portano con sé quando si relazionano al proprio figlio. In altre parole lo stile educativo di un genitore dice «cosa trasmette» e «come lo trasmette» ovvero quali strategie utilizza prevalentemente.

Le dimensioni rappresentative del comportamento relazionale sono fondamentalmente due: la dimensione del controllo e la dimensione emozionale ovvero quando educhiamo siamo portati a «miscelare» affetto e regole».

Vengono individuati e descritti **quattro fondamentali stili educativi**:

- **Stile autoritario**

È lo stile educativo assunto da quei genitori che per cause socio-ambientali, per divario culturale o, più frequentemente, per difficoltà a interpretare il loro vero ruolo di educatori, impongono scelte di vita e modalità di comportamenti fondati sull'autoritarismo, soffocando ogni forma di autonomia e di indipendenza, di costruzione di una propria sana identità.

Le conseguenze sono l'affermarsi di una:

— *identità prematura*: si accettano ruoli e valori imposti dai genitori;
— *identità confusa*: si mostrano atteggiamenti di indolenza, non si ha nessuno scopo;
— *identità negativa*: si manifestano atteggiamenti di ribellione verso la concezione della vita e della società imposta dalla famiglia.

Ciò determina spesso malessere, senso di disorientamento, aggressività, debolezza.

GENITORI-FIGLI: 10 REGOLE PER NON SBAGLIARE

In alcuni casi è utile dare ai genitori consigli su come aiutare la crescita umana dei loro figli.
Nel libro *L'educazione (im)possibile**, Vittorino Andreoli lancia l'allarme sull'educazione augurandosi che quell'*im*, posto tra parentesi, possa essere cancellato. Contemporaneamente l'autore fornisce quelle che chiama le 10 regole d'oro per aiutare gli adolescenti a crescere.

- **I regola: «ditevi ti voglio bene»**

In genere, i genitori sono molto attenti all'educazione dei propri figli: l'educazione del corpo: (palestra, piscina, sport, …), l'educazione della mente (viaggi di istruzione, studio delle lingue straniere, …). La stessa cura non sempre viene riservata all'educazione emotiva, che consente di mettere in contatto e di conoscere i loro sentimenti, le loro passioni, la qualità della loro sessualità e i moti della loro aggressività.

- **II regola: siate genitori coerenti**

I genitori non devono essere perfetti ma coerenti, mantenere, cioè, una linea di condotta costante nel tempo, facendo comprendere che le regole non possono essere interpretate a proprio piacimento. La vera coerenza è l'accordo tra quello in cui si crede e quello che si fa. Essere coerenti significa sostanzialmente vivere i principi che diciamo di seguire.

- **III regola: fate qualcosa insieme**

In un articolo apparso su *Wise People*, Galimberti dichiara che la nostra società è inadatta a fare figli. I genitori, per sopravvivere, devono lavorare in due e quindi il tempo per la cura dei figli non c'è. Si difendono cercando di dare loro un *tempo-qualità*, ma essi hanno bisogno di *tempo-quantità*. Hanno bisogno di essere riconosciuti passo dopo passo, domanda dopo domanda.

- **IV regola: parlate in modo positivo del futuro**

La società occidentale considera il tempo solo come lo scorrere dei giorni.
I giovani sono spesso le vittime di questa nostra società concentrata sull'*hic et nunc*, sullo *yes or not*, sul futuro tecnologico che guarda unicamente all'oggi. A questi giovani bisogna dare una prospettiva di vita, bisogna educarli a sperare, in qualche modo, a sognare un futuro ricco di possibilità. A essi bisogna dare un obiettivo da raggiungere, ma anche la consapevolezza che, perché i sogni si avverino, occorre *impegno e costanza*.

- **V regola: autorità, ma con affetto**

I genitori che si propongono con uno stile educativo autorevole riescono bene a coniugare affetto e controllo. Essi «definiscono degli standard per il comportamento del figlio e formano aspettative coerenti con i bisogni e le capacità in corso di acquisizione». Nelle famiglie in cui vige un clima autorevole, esistono delle regole ma queste sono flessibili, aperte alla discussione; esse vengono motivate e fatte rispettare in un clima di coesione.

- **VI regola: insegnate le buone maniere**
Insegnare le buone maniere non significa certamente impartire le regole del galateo o del bon ton. Occorre invece riscoprire il senso di tre semplici vocaboli di cui si è perso il significato più vero e profondo.
Il primo è: *permesso?* Bisogna riscoprire la possibilità di entrare nella vita degli altri con rispetto.
Il secondo è: *grazie*. Non ci si ricorda più di dire grazie non tanto per le cose quanto per le gentilezze, i pensieri, i segni d'amore che si ricevono.
Il terzo è: *scusa*: È difficile chiedere scusa in un mondo in cui si crede di non sbagliare mai. *Scusa* non è una parola ma uno stile di vita, orientato a riconoscere i propri errori senza cercare giustificazioni o alibi.

- **VII regola: non abbiate timore di mostrare la vostra fragilità**
Svelare la propria fragilità, mostrarla agli altri è un atto di forza che aiuta a vivere. Una volta si insegnava a nascondere le proprie debolezze, a mascherarle perché l'idea principale da trasmettere agli altri era quella della forza. Si sente spesso dire che l'educazione deve edificare un bambino forte, un uomo di coraggio che affronta le lotte e le vince. La paura va dimenticata e sostituita con la potenza. Non è così. Se si mettono insieme due poteri questi si sommano, ne nasce un potere più grande. Se invece si uniscono due fragilità, esse sinergizzano e fanno un tessuto.

- **VIII regola: non date importanza ai soldi**
Il denaro è diventato uno strumento che usiamo per affermare la nostra autorità nel mondo, un mezzo per dire chi siamo e per affermarci. Veicoliamo tutto attraverso i soldi, a volte anche l'affetto. Soprattutto con gli adolescenti è, invece, importante mettere dei paletti, invitandoli a un cauto utilizzo ed educandoli al rispetto delle cose, all'uso responsabile, al valore del denaro fin da piccoli.

- **IX: accettate il tempo che passa**
Il nostro mondo è concentrato sulla forma, sull'aspetto esteriore, sui ruoli sociali; la vecchiaia è vista come una perdita rispetto a queste caratteristiche e quindi una svalutazione. Per questo, il giovanilismo è diventato un paradigma, gli adulti sembrano condannati a un'adolescenza infinita.

- **X regola: Scuola: Non incoraggiate la competizione individuale**
«La scuola dovrebbe aiutare i ragazzi a crescere armoniosamente, rivolgendosi a tutte le facoltà dell'anima, e non indirizzarli alla competizione e alla prevaricazione».

* V. Andreoli, *L'educazione (im)possibile. Orientarsi in una società senza padri*, BUR Rizzoli, Milano, 2015.

- **Stile permissivo**

   La famiglia abdica al suo ruolo di agenzia educativa, assume atteggiamenti deboli, improntati all'accondiscendenza, alla mitezza, a comportamenti deresponsabilizzanti determinati dal convincimento che chiedere, imporre, ordinare possa compromettere la libertà individuale o, peggio, essere troppo faticoso.

   Questa rinuncia all'educazione è estremamente grave perché determina nei ragazzi:
   — lassismo;
   — poca fiducia nel ruolo e nella funzione della famiglia;
   — incomunicabilità;
   — deresponsabilizzazione: tutto è permesso e si può ottenere senza fatica.

- **Stile alterno**

   È lo stile educativo caratterizzato da instabilità di comportamenti che ora sono improntati a eccessivo permissivismo, ora ad autoritarismo esasperato. Ciò crea disorientamento, confusione, insicurezza e soprattutto non educa alla coerenza e non aiuta una formazione armonica. Le conseguenze sono:
   — mancanza di un sistema educativo regolare, capace di orientare i giovani a sentirsi liberi e a scegliere modelli coerenti di vita e di condotta;
   — non si è mai sicuri del comportamento dei genitori, di ciò che pensano, credono, sentono. Ciò determina a sua volta atteggiamenti di continua mutabilità.

- **Stile autorevole**

   I genitori si pongono come guida: stabiliscono *regole e linee di comportamento* che il figlio è tenuto a seguire, ma che si adattano per mezzo del confronto e dell'ascolto. Essi:
   — rispettano i desideri del figlio;
   — hanno aspettative realistiche e in linea con l'età;
   — sono affettuosi e sollecitano l'espressione di opinioni e di sentimenti;
   — forniscono spiegazioni per le decisioni che prendono e le regole che fissano;
   — favoriscono l'autonomia, la responsabilità, l'indipendenza.

   Superfluo dire che questo dovrebbe essere lo stile educativo preferibile perché favorisce nel ragazzo l'autocontrollo e l'autostima, il senso di iniziativa personale e di responsabilità, come pure la curiosità e la sicurezza in se stessi.

   Utile, inoltre, sarebbe la riflessione su due errori che ricorrono spesso nell'educazione dei figli: il **giovanilismo** e il **paternalismo**.

   Il primo si verifica quando il genitore si pone sullo stesso piano del figlio, considerandosi suo amico e annullando così le distanze generazionali. Questo atteggiamento può diventare abbastanza pericoloso perché alimenta la convinzione che l'adulto, in questo caso il genitore, non abbia niente da offrire sul piano dell'esperienza, della trasmissione dei valori e non può, pertanto, aiutarlo nella faticosa ricerca del sé.

   Il secondo consiste nel porsi in una posizione di benevolenza, nell'accettazione di modelli e stili di vita che, magari, non si condividono ma che vengono comunque giustificati e compresi.

4.4 Comunicare con il territorio e gli enti locali

La scuola è un sistema sociale aperto, legato alle attese e ai bisogni del territorio, pertanto, il docente non può non tener conto della cultura che l'ambiente sociale esprime e nella quale l'alunno è immerso.

Tutti i documenti programmatici pongono come obiettivo prioritario **la promozione, il coordinamento, lo scambio con tutte le istituzioni presenti sul territorio**, sottolineando l'importanza di operare all'interno delle strutture produttive, culturali del proprio ambiente di vita, puntando sull'idea di una scuola che non si chiude in se stessa ma che esce continuamente nel sociale, lasciandosi contemporaneamente orientare da esso.

È sicuramente importante per un docente capire quanto la **conoscenza del territorio** può dare all'allievo in termini di apprendimento e di partecipazione sociale: di che cosa è ricco? Di cosa è povero? Quali i beni ambientali, storici, artistici? Quali le bellezze o gli scempi al paesaggio?

Tutto ciò rappresenta non solo una fonte di informazione importante, ma anche l'occasione per riflettere sulla « problematicità» dell'ambiente di vita dell'allievo, attraverso percorsi formativi altamente motivanti.

Questa nuova prospettiva rende necessaria **una attività progettuale più ampia**, che superi le pareti della scuola e coinvolga responsabilmente tutte le agenzie preposte all'educazione in una sorta di policentrismo educativo: famiglia, enti locali, istituzioni e anche quelle realtà associative e produttive che possono diventare risorse importanti per il miglioramento e la qualità dell'offerta culturale e formativa della scuola.

L'intento, chiaramente espresso nelle *Indicazioni nazionali per il curricolo del primo ciclo di istruzione* del 2012, è quello di affrontare i processi di cambiamento attraverso la costruzione di un'alleanza educativa e il coinvolgimento dei diversi attori in campo, in modo da «**costruire un noi**» come condizione perché il cambiamento si produca davvero e diventi presupposto per realizzare una partecipazione piena e completa. Ciò a cui si fa riferimento è una scuola-comunità accogliente, capace di aprirsi al territorio, di creare sinergie e di trovare nel riconoscimento della dignità dell'altro e nella disponibilità al dialogo il suo minimo comune denominatore.

Tre sono i «**punti-qualità**» che la scuola può accumulare quando si apre al territorio. Sono «punti» di grande innovazione del proprio modello didattico, perché:

— **l'ambiente stimola la motivazione e la partecipazione attiva** degli allievi nella scoperta dei problemi e nella proposta di ipotesi di soluzione;
— **permette agli allievi di verificare direttamente le conoscenze acquisite**, di non scindere mai il momento dell'istruzione da quello dell'educazione;
— **coinvolge «integralmente»** (emotivamente, socialmente, affettivamente) **nell'avventura cognitiva**.

Tutto questo per dire che occorre dare via libera a una sorta di *territorio copernicano* nelle cui strade naturali e sociali pedalino, insieme, la scuola e le offerte culturali e formative che il territorio offre.

5 La competenza metodologico-didattica

Il gustoso dialogo tra una madre, Metrotima, un maestro, Lamprisco, ed uno scolaro, Cottalo, riportato in un mimo del papiro di Heroda, poeta greco del III secolo a. C., rappresenta ancora oggi, un esempio molto efficace di come un errato metodo di studio possa allontanare l'allievo dall'apprendimento.

Cottalo, infatti, invece di scrivere sulla tavoletta che la madre si «*arrabatta ad incerare tutti i mesi*», preferisce trascorrere il suo tempo al gioco del soldo presso «*il ridotto dello sciopero, dove si dan convegno i facchini e i monelli... quello sì che lo sa insegnare anche agli altri*».

Sia Metrotima che Lamprisco nascondono la loro carenza educativa riversando tutte le colpe su Cottalo. È lui che non è il bravo scolaro. Lei, Metrotima, come madre, tenta inutilmente di fargli apprendere *ripetendo* tutto ciò che Lamprisco gli insegna; lui, Lamprisco, come maestro, ha in mano una sola arma per recuperarlo: la sferza. È la verga il suo metodo didattico![26] «*Dov'è quel nerbo che pizzica di più? Dov'è la coda di bue che adopro per le birbe e i discoli matricolati? Dammela, presto!*»

Orazio ha reso famosa un'altra figura di maestro, quella del «*plagosus Orbilius*», che, a suon di frustate, convinceva i propri allievi a ripetere a memoria le opere dei maestri dell'epoca.

Da allora ha avuto vita molto lunga e felice la **convinzione che imparare significhi ripetere**. Pertanto, le conoscenze si trasmettono agli allievi che non devono fare altro che riceverle quasi come vasi nei quali l'informazione è «la sostanza» che va a riempire una «testa contenitore».

Oggi, tutta la ricerca ci dimostra come questi metodi di trasmissione del sapere siano poco efficaci e che a un docente competente non basta avere un *corpus* di conoscenze disciplinari approfondito per insegnare bene.

Se l'istruzione, come sostiene Bruner, non è un prodotto, ma un processo, alla scuola della teorizzazione e della trasmissione del sapere deve sostituirsi, allora, la scuola dei processi[27].

Il processo fondamentale da attivare è quello del «saper imparare».

---

[26] Per un approfondimento dellla figura di Cottalo, metafora della *Dispersione scolastica*, si rimanda a F. Priore, *Cottalo*, Grafiche Panico, Lecce, 1998. L'autore traccia, attraverso un sottile gioco di metafore, che ha come protagonista il «monello» Cottalo, un profilo di un sistema educativo e formativo che ancora oggi sopravvive nella realtà sia pure con sfumature diverse: la scuola severa ed autoritaria di Lamprisco, dove l'alunno ideale è convergente, ubbidiente e ricettivo. La scuola, a cui l'autore fa riferimento, è quella della problematicità, della criticità, dell'affettività, del metodo divergente, del coinvolgimento, della ricerca-azione, della pedagogia dell'errore, del policentrismo didattico.

[27] J. Bruner, *Verso una teoria dell'istruzione*, Armando Editore, Roma, 1967.

5.1 Imparare ad imparare: la metacognizione

Lo studente deve **imparare a imparare**, deve **possedere**, insomma, **un metodo di studio** che possa aiutarlo a sviluppare le proprie capacità di apprendimento per tutto l'arco della sua vita e, quindi, oltre i confini scolastici.

Spesso si sente parlare del **metodo** come qualcosa di rigido, di ingabbiato.

C'è metodo, invece, dove c'è naturalezza, inventiva, capacità di sintonizzarsi sull'imprevisto. Non c'è metodo dove c'è rigidità, pregiudizio, inerzia. «L'essenza del metodo non è la sistematicità, ma la creatività; la prima appartiene all'ordine dei sistemi, dei pensieri dipendenti l'uno dall'altro, la seconda è ricerca, apertura[28].

Costruire, manipolare conoscenze, cogliere le idee chiave, capirle, collegarle, creare mappe etc., è l'aspetto più creativo dello studio.

Ecco perché l'insegnamento/apprendimento di un metodo di studio non è questione di addestramento o di conoscenza di qualche tecnica in più da trasmettere agli allievi, ma è soprattutto un fatto culturale.

Ciò che si chiede, quindi, al docente è di modificare il proprio punto di vista e di **orientare** il proprio atteggiamento educativo-didattico **non soltanto verso l'acquisizione di conoscenze** e di competenze, **ma** anche, e soprattutto, **verso il saper apprendere**.

Per costruire, però, un percorso ottimale di apprendimento del metodo di studio da parte degli allievi, occorre procedere parallelamente alla costruzione di un percorso ottimale di interventi da parte dei docenti.

Un docente esperto, come un appassionato di ciclismo, deve sapere che non è possibile percorrere tutte le strade utilizzando sempre il medesimo rapporto, ma deve poter avere a disposizione un *set* di strategie formative e didattiche che possano agevolare l'apprendimento ed offrire agli allievi la possibilità di:

— *essere consapevole non solo della materia che sta studiando, ma anche del suo stesso modo di procedere nell'apprendere e nel pensare;*
— *affinare la capacità di riflettere sulle operazioni mentali che si compiono;*
— *sviluppare le funzioni di autocontrollo, autoregolazione, automonitoraggio*[29], insomma, «imparare a servirsi intelligentemente della propria intelligenza. Il tutto, ovviamente, nell'avvertita consapevolezza di non dimenticare di consentire al ragazzo la libertà di lasciarsi andare, di essere meno riflessivo e di seguire la sua bizzarria cognitiva»[30].

---

[28] R. Mazzeo, *Insegnare un metodo di studio*, Ed. Il Capitello, Torino, 2000.

[29] *Autocontrollo, Autoregolazione, Automonitoraggio* sono, secondo il Cornoldi (cfr. *Metacognizione e apprendimento*, Il Mulino, Bologna, 1995), «termini che in parte si riferiscono alle stesse operazioni psicologiche, ma in parte hanno sfumature differenti». Per quanto riguarda le sfumature: *autocontrollo* si riferisce alle capacità del soggetto di controllare che tutto il processo vada verso l'obiettivo. *Autoregolazione* si riferisce «sia a comportamenti, sia a sottili risposte cognitive o fisiologiche». *Automonitoraggio* confina con autovalutazione del comportamento.

[30] C. Laneve, *Insegnare a servirsi intelligentemente della propria intelligenza,* in Scuola e Didattica, n. 15, 1999.

LE DIECI COMPETENZE DELL'INSEGNANTE MODERNO*

1. **Organizzare ad animare situazioni d'apprendimento**
   Conoscere, per una data disciplina, i contenuti da insegnare e la loro traduzione in obiettivi
   Lavorare a partire dalle rappresentazioni degli alunni
   Lavorare a partire dagli errori e dagli ostacoli all'apprendimento
   Costruire e pianificare dispositivi e sequenze didattiche
   Impegnare gli alunni in attività di ricerca, in progetti di conoscenza
2. **Gestire la progressione degli apprendimenti**
   Ideare e gestire situazioni-problema adeguati al livello e alle possibilità degli alunni
   Acquisire una visione longitudinale degli obiettivi dell'insegnamento
   Stabilire legami con le teorie che sottendono alle attività d'apprendimento
   Osservare e valutare gli alunni in situazioni d'apprendimento, secondo un approccio formativo
   Stabilire bilanci periodici di competenze e prendere decisioni di progressione
3. **Ideare e fare evolvere dispositivi di differenziazione**
   Gestire l'eterogeneità in seno ad un gruppo-classe
   Aprire, allargare la gestione della classe ad uno spazio più vasto
   Praticare il sostegno integrato, lavorare con alunni in grande difficoltà
   Sviluppare la cooperazione fra alunni e alcune forme semplici di mutuo insegnamento
4. **Coinvolgere gli alunni nei loro apprendimenti e nel loro lavoro**
   Suscitare il desiderio d'imparare, esplicitare il rapporto con il sapere, il senso del lavoro scolastico e sviluppare la capacità di autovalutazione nel bambino
   Istituire un consiglio degli alunni e negoziare con loro diversi tipi di regole e contratti
   Offrire attività di formazione opzionali
   Favorire la definizione di un progetto personale dell'alunno
5. **Lavorare in gruppo**
   Elaborare un progetto di gruppo, delle rappresentazioni comuni
   Animare un gruppo di lavoro, gestire riunioni
   Formare e rinnovare un gruppo pedagogico
   Affrontare e analizzare insieme situazioni complesse, pratica e problemi professionali
   Gestire crisi o conflitti fra persone
6. **Partecipare alla gestione della scuola**
   Elaborare, negoziare un progetto d'istituto
   Gestire le risorse della scuola
   Coordinare, animare una scuola con tutti i suoi interlocutori
   Organizzare e fare evolvere, in seno alla scuola, la partecipazione degli alunni
7. **Informare e coinvolgere i genitori**
   Animare riunioni d'informazione e di dibattito
   Avere colloqui
   Coinvolgere i genitori nella costruzione dei saperi

8. **Servirsi delle nuove tecnologie**
   L'informatica a scuola: disciplina a pieno titolo, saper-fare o semplice mezzo d'insegnamento?
   Utilizzare software per la scrittura di documenti
   Sfruttare le potenzialità didattiche dei software in relazione agli obiettivi dell'insegnamento
   Comunicare a distanza per via telematica
   Utilizzare gli strumenti multimediali nel proprio insegnamento
9. **Affrontare i doveri e i dilemmi etici della professione**
   Prevenire la violenza a scuola e in città
   Lottare contro i pregiudizi e le discriminazioni sessuali, etniche e sociali
   Partecipare alla realizzazione di regole di vita comune. Curare la relazione pedagogica
   Sviluppare il senso di responsabilità, la solidarietà, il senso di giustizia
10. **Gestire la propria formazione continua**
    Saper esplicitare la propria pratica
    Stabilire il proprio bilancio di competenze e il proprio programma personale di formazione continua, negoziare un progetto di formazione comune con colleghi (gruppo, scuola, rete)

---

* P. Perrenoud, *Dieci competenze per insegnare*, Anicia, Roma, 2014.

Lo sviluppo delle abilità di studio, naturalmente, non va conseguito come fine a se stesso, avulso dal cosa studiare e dal suo valore. In educazione il «*cosa*» e il «*come*» sono contestuali, anche se siamo convinti che, per promuovere l'aspetto più creativo dello studio e dell'apprendimento, molto dipende dal tipo di insegnamento.

Attività per le quali gli allievi non provano interesse, infatti, possono diventare appassionanti se si riesce a cambiare il modo in cui le percepiscono e ad incanalare nel senso giusto le loro energie.

Tutto ciò spiega l'esigenza di ricercare percorsi contenutistici che, sul piano metodologico/progettuale, possono diventare alternativi a quelli tradizionali. Ci riferiamo alla necessità di introdurre **attività modulari di laboratorio** quali il teatro, la fotografia, la musica, che permettano ai ragazzi di «*liberare le loro energie*» e di giungere all'acquisizione di abilità operative, competenze e strumenti concettuali ed operativi:

— **il teatro**: come occasione per comunicare con una pluralità di linguaggi;
— **la poesia**: come occasione per comunicare emozioni, sensazioni, stati d'animo;
— **l'arte:** come occasione per valorizzare il patrimonio artistico, storico, culturale del proprio territorio.

Sono competenze che si costruiscono soprattutto con l'esercizio, il fare, all'interno di un percorso metodologico di ricerca-azione in cui l'allievo deve affrontare le situazioni esercitando tutte le capacità di invenzione, progettazione, problem solving.

Questo implica che non è l'attività in sé che crea esperienza, quanto il riflettere su di essa, interpretarla, confrontarla, valutarla. È in questo impegno riflessivo che il »fare» diventa esperienza e che può venir colto il senso, il significato del lavoro che si compie insieme.

È in questo impegno riflessivo che la cognizione diventa **metacognizione**, cioè quell'imparare ad imparare che costituisce uno degli aspetti più qualificanti della scuola e dell'essere docente in questo momento[31] (→ anche Cap. 2, par. 5).

Una didattica centrata sull'apprendimento piuttosto che sull'insegnamento esige una cultura profonda dei contesti di apprendimento[32].

Guardare all'apprendimento significa mettersi dalla parte dell'alunno, tener conto della sua storia personale, capire, insomma, che la scuola di tutti e di ciascuno, non si realizza nel riconoscimento dell'uguaglianza, ma nella valorizzazione della diversità.

---

[31] *Conoscenza Metacognitiva*: Insieme di «idee che un individuo ha sviluppato sul funzionamento mentale». Oggetto della conoscenza metacognitiva è l'attività mentale. La conoscenza metacognitiva «si acquisisce, si sviluppa e si esplica in interrelazione con il comportamento cognitivo». C. Cornoldi, *Metacognizione e apprendimento*, Il Mulino, Bologna, 1995.

[32] *Autonomia Scolastica* @ 2000, IRRSAE Toscana, Le Monnier, EDS Italia.

Rispondere a questi nuovi e più complessi compiti richiede al **docente conoscenza disciplinare, ma anche capacità di armonizzare questa conoscenza con una serie di altre competenze: progettazione delle attività, organizzazione delle unità di apprendimento, verifica, valutazione**. Esige, soprattutto, non una acritica adesione a nuovi schemi di riferimento ricominciando sempre daccapo, quasi come Sisifo (condannato a trasportare grandi massi sulla montagna che rotolavano di nuovo a valle in prossimità della cima), cancellando la memoria storica di ciò che di buono si è fatto nella scuola, ma una disponibilità a non rimanere attaccati a quelli consolidati resistendo a qualsiasi novità con un atteggiamento di chiusura e di miopia.

Le innovazioni, infatti, passano e si consolidano solo se si incrociano con l'esperienza dei singoli mobilitando i protagonisti all'azione, alla luce della considerazione che sono innovatori «tutti coloro che decidono intenzionalmente di cambiare piuttosto che farsi cambiare, organizzano anziché subire il cambiamento»[33].

---

[33] B. Manus, *Anatomia della leadership. Le 4 chiavi della leadership effettiva*, Franco Angeli, Milano, 1992.

In sintesi

- **Ruolo fondamentale dei docenti**: a loro è affidata la responsabilità di elaborare una proposta educativa in grado di rispondere e sostenere i bisogni formativi delle nuove generazioni.
- **Ridefinizione critica della professione docente e individuazione delle competenze necessarie**. Le competenze richieste all'insegnante sono oggi molto più numerose che in passato e sono finalizzate a fronteggiare compiti sempre più difficili e problematici imposti dalla complessità del reale.
- **Competenza educativa**: «prendersi cura» della persona nella sua globalità, farsi carico dei suoi «bisogni» e delle esigenze connesse alla sua dignità. In una società sempre più priva di valori, diventa essenziale per il docente saper fornire agli allievi nuovi riferimenti etico-valoriali.
- **Competenza disciplinare**: bagaglio culturale e di conoscenza che ogni docente deve possedere relativamente alle discipline che insegna. Un docente competente deve saper mediare tra la realtà concettualizzata nei saperi e nei libri di testo e la realtà presente e viva, per ridurre la distanza che intercorre tra i contenuti scolastici e gli orizzonti attuali della cultura.
- **Competenza comunicativo-relazionale**: saper mettere in atto comportamenti comunicativi ed operativi funzionali a un processo di insegnamento/apprendimento improntato all'apertura e al dialogo con gli allievi, il gruppo docente, le famiglie, il territorio.
- **Competenza metodologico-didattica**: saper orientare l'azione educativo-didattica non soltanto verso l'acquisizione di conoscenze e di competenze, ma anche, e soprattutto, verso il saper apprendere.
- **Metacognizione**: lo studente deve *imparare ad imparare*, deve possedere un metodo di studio che possa aiutarlo a sviluppare le proprie capacità di apprendimento per tutto l'arco della vita, anche oltre i confini scolastici. L'aspetto metacognitivo costituisce oggi uno degli aspetti più qualificanti della scuola e dell'essere docente.

2
Metodi e metodologie di insegnamento/apprendimento

1 I metodi di insegnamento/apprendimento

«La **didattica** è *la scienza che definisce i metodi e le tecniche per insegnare. Nell'uomo l'apprendimento, pur essendo un processo spontaneo, avviene soprattutto mediante attività di insegnamento, cioè percorsi di apprendimento volti a precise finalità (imparare a leggere e scrivere, prepararsi a esercitare una professione, apprendere una nuova lingua e così via). Per ciascuna finalità si devono individuare metodi appropriati e questo è il compito proprio della didattica* (in Enciclopedia Treccani)».

Con il termine **metodo didattico** s'intendono i concetti e i principi che stanno alla base di un'azione formativa; il metodo didattico è, dunque, **l'insieme delle scelte operative che un docente adotta per facilitare la trasmissione delle conoscenze**.

Per **metodo** intendiamo il percorso che conduce al risultato; esso riguarda il **come insegnare** ma ha origine dall'intreccio di due fattori: il che **cosa** e **a chi si vuole insegnare**.

Nel suo significato generale, il termine metodo indica l'insieme delle norme e dei principi procedurali, secondo i quali si svolge una determinata attività.

Storicamente, il concetto di metodo ha trovato il suo campo di maggiore applicazione nella sfera dell'attività conoscitiva ed educativa: si parla, infatti, di metodo di conoscenza scientifico, sperimentale, induttivo, deduttivo, intuitivo, socratico o maieutico, dialettico etc. e di metodo di educazione, di insegnamento, di apprendimento etc.

Insegnare *significa letteralmente «fare un segno (signum) dentro qualcuno»*, produrre delle soggettività. Perché questo segno impresso non equivalga a una semplice imposizione, nel senso di dare una forma voluta, insegnare dovrebbe divenire sinonimo di insegnare a pensare, insegnare a vivere e occupare il proprio posto in una società improntata a ideali di libertà e di democrazia[1].

Apprendere *vuol dire, invece, cambiamento (relativamente) permanente del comportamento derivante dall'esperienza*. Quindi apprendere significa in qualche modo cambiare. È pertanto un processo complesso che investe la persona nella sua interezza, nel senso che **coinvolge elementi diversi**: *non solo cognitivi ma anche affettivi, socioculturali, esperienziali, didattici, organizzativi*, che possono influenzarsi reciprocamente.

---
[1] E. De Conciliis, *Che cosa significa insegnare?*, Cronopio, Napoli, 2014.

Insegnare e apprendere sono, pertanto, in stretta correlazione e per questo molto più correttamente si utilizza la formula: **metodi di insegnamento/ apprendimento**. L'apprendimento, infatti, è strettamente legato al metodo di insegnamento anche se non sempre è sufficiente insegnare perché l'alunno apprenda.

I metodi di insegnamento/apprendimento si possono raggruppare in **quattro grandi categorie**:
— insegnare e apprendere attraverso la **trasmissione del sapere**;
— insegnare e apprendere per **imitazione**;
— insegnare e apprendere attraverso **approcci costruttivisti**;
— insegnare e apprendere attraverso la **ricerca di gruppo**.

1.1 Insegnare e apprendere attraverso la trasmissione del sapere

Uno dei metodi di insegnamento/apprendimento più diffusi è quello che della **trasmissione del sapere**.

Viene definito **lineare classico** o *del tubo* in quanto presuppone che **l'informazione scorra dall'emittente al destinatario** come dentro una tubatura senza che il destinatario possa in qualche modo modificarlo. È l'emittente, in questo caso l'insegnante, che compie scelte di contenuti e di linguaggio, mentre il ricevente, l'alunno, riveste solo un ruolo passivo[2] (→ anche Parte IV, Cap. 3).

L'alunno spesso si limita a memorizzare le informazioni senza assimilarle per cui, nella maggior parte dei casi, le conoscenze svaniscono dopo breve tempo. Questo approccio frena lo sviluppo della persona che finisce col subire il sapere senza avere la possibilità di intervenire su di esso.

1.2 Insegnare e apprendere per imitazione

L'apprendimento può essere definito come «un processo con cui un soggetto impara dagli altri e rapidamente acquisisce comportamenti nuovi»[3]. **Albert Bandura** è il più importante studioso dell'apprendimento imitativo o basato sull'osservazione del modello. Egli, come abbiamo visto, afferma che l'apprendimento avviene anche attraverso esperienze indirette, **mediante l'osservazione del comportamento di altre persone**. Il termine *modellamento* (*modeling*) viene utilizzato per identificare un processo di apprendimento che si attiva quando il comportamento di un individuo che osserva si modifica in funzione del comportamento di un altro individuo che ha la funzione di modello.

Tale teoria, incentrata sui processi di modellamento tra un modello osservato e un discente osservatore, è denominata, come detto, *apprendimento sociale* perché si basa sul meccanismo di identificazione che lega osservatore ad osservato.

---

[2] L. Tuffanelli, op.cit. pag. 29.
[3] N.E. Miller, J. Dollard, *Imitazione e apprendimento sociale*, Franco Angeli, Milano, 1981.

1.3 Insegnare e apprendere attraverso approcci costruttivisti: l'apprendimento significativo

Il costruttivismo, in alternativa all'approccio metodologico basato sulla centralità dell'insegnante, è un metodo di insegnamento/apprendimento che **pone l'allievo che apprende al centro del processo formativo**.

Molto spesso le informazioni vengono presentate in modo preconfezionato senza che gli allievi possano discuterle, analizzarle, interpretarle. Secondo l'approccio costruttivista, invece, **l'apprendimento è il prodotto di una costruzione attiva da parte del soggetto**, è strettamente collegato alla situazione concreta in cui avviene, deriva dalla collaborazione sociale e dalla comunicazione interpersonale.

Non esistono quindi conoscenze «giuste» e conoscenze «sbagliate». **La conoscenza è un «fare il significato»**, vale a dire è un'operazione d'interpretazione creativa che un alunno attiva tutte le volte che vuole comprendere la realtà che lo circonda, trasformando **l'apprendimento da meccanico in apprendimento significativo**[4].

Nell'ambito delle teorie sull'apprendimento si distingue tra **apprendimento meccanico** di ispirazione comportamentista e **apprendimento significativo** che si ispira al costruttivismo.

Nell'**apprendimento meccanico** il centro dell'azione didattica è l'insegnante che ha il compito di trasmettere, secondo un modello tradizionale, una *conoscenza oggettiva*, ossia dei contenuti predefiniti e uguali per tutti gli allievi. È un tipo di apprendimento che utilizza la memorizzazione per produrre una conoscenza poco "attiva".

L'**apprendimento significativo** che si basa su una didattica costruttivista, è incentrato, invece, sull'allievo e ha come scopo la creazione di una "nuova conoscenza soggettiva" che si costruisce attingendo al proprio bagaglio culturale, alle proprie pregresse conoscenze.

"L'apprendimento significativo si verifica quando chi apprende decide di mettere in relazione delle nuove informazioni con le conoscenze che già possiede [...].

L'apprendimento meccanico avviene, invece, quando chi apprende memorizza le nuove informazioni senza collegarle alle conoscenze precedenti, o quando il materiale da studiare non ha alcuna relazione con tali conoscenze"[5].

L'apprendimento meccanico ha un importante vantaggio rispetto all'apprendimento significativo: esso è, infatti, molto utile in certi casi per poter richiamare le conoscenze apprese nell'esatta forma in cui sono state immagazzinate. I numeri di telefono, ad esempio, non possono essere ricordati in modo approssimativo. Purtroppo le prove scolastiche richiedono troppo spesso questo tipo di apprendimento. Infatti, se il compito è quello di ricordare parola per parola le definizioni di concetti o principi, l'apprendimento significativo può risultare addirittura svantaggioso.

È definito, dunque, **significativo** quel tipo di *apprendimento che consente di dare un senso alle conoscenze, permettendo l'integrazione delle nuove informazioni con*

---

[4] J. Bruner, *La ricerca del significato. Per una psicologia culturale*, Bollati Boringhieri, Torino, 1992.
[5] J. Novak, *Costruire mappe concettuali. L'apprendimento significativo*, Erickson, Trento, 2012.

quelle già possedute e il loro utilizzo in contesti e situazioni differenti. Esso richiede una partecipazione totale del soggetto che apprende, in quanto mira a coinvolgerlo sia sul piano cognitivo che su quello affettivo ed emozionale. L'ambiente di apprendimento deve, dunque, essere *attivo* (richiedendo spazi per costruire le conoscenze attraverso la manipolazione, l'osservazione e l'interpretazione), *costruttivo* e *cooperativo*.

L'apprendimento significativo si basa su **tre principi fondamentali**:
— **la conoscenza non è trasmessa, ma viene costruita dall'alunno**;
— l'apprendimento è **strettamente collegato a situazioni concrete**;
— l'apprendimento **dipende anche dalla collaborazione e dalla comunicazione interpersonale**.

Le metodologie didattiche che più favoriscono un apprendimento significativo sono tutte quelle che favoriscono una ricerca e produzione attiva del sapere come il *mastery learning*, il *problem solving*, il *cooperative learning* e la didattica di laboratorio. Tra gli strumenti Novak esalta le mappe concettuali per formare e creare sapere.

1.4 Insegnare e apprendere attraverso la ricerca di gruppo

Y. Sharan – S. Sharan in un loro studio hanno illustrato come gli allievi possono **migliorare l'apprendimento attraverso la ricerca di gruppo** (→ anche Cap. 6, par. 5.1). Gli autori affermano che nella ricerca di gruppo gli alunni assumono un ruolo attivo, in quanto stabiliscono i propri obiettivi di apprendimento, sviluppano abilità sociali e contribuiscono alla costruzione delle conoscenze.

Essi si ispirano ad alcuni principi fondamentali, formulati da John Dewey nell'opera *La scuola e società*, pubblicata per la prima volta nel lontano 1899.

«(…) Laddove il lavoro scolastico consiste nel semplice apprendimento di nozioni, l'assistenza reciproca, invece di essere la forma più naturale di cooperazione e associazione, si trasforma in uno sforzo clandestino per sollevare il proprio vicino di banco dai propri oneri. Laddove si conduce un lavoro attivo tutto ciò viene cambiato. Aiutare gli altri, invece di essere una forma di carità che impoverisce colui che la riceve, è semplicemente un modo per liberare le capacità e incentivare l'impulso di chi viene aiutato. Uno spirito di libera comunicazione, di scambio di idee, suggerimenti, risultati, successi (…). La scuola ha così possibilità di collegarsi alla vita, di divenire per il bambino un habitat in cui apprendere attraverso l'esperienza diretta, invece di essere un luogo in cui si apprendono nozioni con riferimenti remoti ed astratti»[6].

Scopo della ricerca di gruppo è far assumere agli studenti un ruolo attivo nello studio e sviluppare l'interazione sociale tra pari.

---

[6] Y. Sharan – S. Sharan, *Gli alunni fanno ricerca,* Erickson, Trento, 2002.

1.5 Aspetti positivi e negativi dei diversi metodi

Nessuno dei metodi sopradescritti è migliore in assoluto. Tutti presentano aspetti positivi e negativi che possono essere così sintetizzati[7].

METODO	ASPETTI NEGATIVI	ASPETTI POSITIVI
Apprendimenti per trasmissione	Riproducono e non costruiscono il sapere Confondono l'apprendere con il memorizzare Favoriscono la dipendenza e la docilità Limitano lo sviluppo del pensiero critico e la creatività	Sono utili per fornire materiali per la costruzione di conoscenze Fanno guadagnare tempo
Apprendimenti per imitazione	Assimilano la riproduzione alla produzione Frenano la creatività e l'invenzione	Copiare è già fare Sono rassicuranti Possono indurre alla riflessione e alla analisi
Apprendimenti costruttivisti	Richiedono processi molto lunghi e complessi Non sono coerenti con «programmi» e quadri orari	Apprendimento come modifica Integrano gli allievi nei processi di apprendimento
Apprendimenti attraverso la ricerca	Richiedono molto tempo Determinano disparità nell'acquisizione degli argomenti	Producono motivazione ed interesse Aiutano la costruzione dei concetti Aumentano la capacità di problem solving

Per questo è auspicabile attingere al loro interno alcuni elementi che associati tra loro possono dare risultati soddisfacenti.

---

[7] Per un approfondimento si rimanda a G. De Vecchi, *Aiutare ad apprendere*, La Nuova Italia, Firenze, 1998, pagg. 216-222.

METODI DI INSEGNAMENTO/APPRENDIMENTO: ALTRE CLASSIFICAZIONI

Le classificazioni dei metodi di insegnamento/apprendimento sono numerose in quanto spesso sono il frutto delle impostazioni teoriche dei singoli studiosi. Non vi è, dunque, un'univoca classificazione dei metodi di insegnamento. Fra quelle più conosciute, ricordiamo quella che distingue tra:

— **metodo trasmissivo-espositivo** (o cattedratico), fondato sulla lezione frontale e unidirezionale;
— **metodo attivo-operativo** (di matrice attivistica), fondato sull'azione e la partecipazione attiva dell'alunno all'acquisizione della conoscenza;
— **metodo sistematico-programmatico** (di ispirazione comportamentista), fondato su programmi strutturati, presentati agli alunni attraverso le «macchine per insegnare» della cosiddetta istruzione programmata;
— **metodo euristico o della ricerca** (di ispirazione pedagogico-scientifica), fondati sull'indagine conoscitiva (problema, ipotesi, verifica).

Come detto, non esiste un metodo valido per tutte le situazioni e per tutte le discipline, ed è sempre necessario ricorrere a metodi diversi quando si tratta di:

— sviluppare processi di apprendimento alternativi e più autonomi (non solo quello per ricezione, ma anche per scoperta, per azione, per problemi etc.);
— garantire un'offerta formativa personalizzabile (l'allievo che non impara con un metodo, può imparare con un altro);
— promuovere e/o consolidare l'interesse e la motivazione degli studenti (alla lunga ogni metodo annoia, soprattutto un adolescente).

I metodi pedagogici classici

Un'altra ripartizione dei metodi che spesso caratterizzano le scelte della scuola si rifà a particolari principi pedagogici:

- **Metodo analitico**

Il tradizionale metodo analitico aveva lo scopo di aumentare la competenza specifica dell'allievo e di accrescere le capacità cognitive. Essi consistevano soprattutto nel presentare l'argomento di studio non in modo unitario e integrato ma per settori, così che l'allievo potesse affrontare per gradi una determinata tematica, pervenendo solo successivamente ad una visione globale e di insieme.

- **Metodo globale**

Il metodo globale si presenta come il metodo opposto all'analisi. Esso risponde realmente all'esigenza di unitarietà dell'individuo che, soprattutto in età evolutiva, deve essere aiutato a formarsi un'immagine coerente e non frammentaria della realtà.

- **Metodo naturale**

Il metodo spontaneo o naturale, che si può sintetizzare nell'espressione «lasciar fare alla natura», è il metodo non direttivo per eccellenza: consiste nel fornire una indicazione sul lavoro da svolgere e nel lasciare l'allievo libero di organizzarlo come crede.

2 Le metodologie

Ogni metodologia didattica viene messa a punto sulla base degli sviluppi della ricerca pedagogica, integrata dall'esperienza delle modalità dei processi di insegnamento-apprendimento. In sintesi si tratta di *azioni strategiche di insegnamento*, che devono essere flessibili per consentire al docente di adattarle alle concrete situazioni formative e alle caratteristiche degli alunni.

Nel campo delle scienze dell'educazione, la ricerca ha dato negli ultimi decenni un contributo fondamentale sia nell'ambito della teoria che in quello della prassi educativa, applicando metodi e tecniche propri della ricerca scientifica.

La ricerca educativa si propone di indagare fatti, situazioni o istituzioni che concorrono, in misura maggiore o minore, alla risoluzione di qualsiasi problema educativo e può coinvolgere non solo pedagogisti e insegnanti, ma operatori sociali e culturali di ogni genere: biologi, antropologi, storici, psicologi, sociologi e via dicendo. Gli esempi di possibili oggetti di questo tipo di ricerca possono essere moltissimi: il linguaggio, la motivazione, il curricolo, le comunicazioni di massa, l'educazione permanente, la formazione, il gender etc.

Il termine **metodologia** indica, in senso lato, la ricerca e l'elaborazione dei principi regolativi e dei criteri generali di svolgimento di un'attività e rappresenta il fondamento teorico su cui si basa qualsiasi metodo e, più in generale, la riflessione critica sui metodi usati in diversi settori disciplinari.

In senso più generale, riguarda le **modalità operative vere e proprie** che si impiegano in un'azione formativa.

Di seguito descriveremo alcune **metodologie didattiche in uso nella scuola** di ogni ordine e grado, che meritano una particolare attenzione.

In generale, però, tutti i documenti, che hanno accompagnato le riforme della scuola negli ultimi anni (*Indicazioni Nazionali* 2004, 2007, *Indicazioni per il curricolo per il primo ciclo di istruzione* 2012, *Indicazioni nazionali per il sistema dei licei*, 2010, *Linee guida per gli istituti tecnici e gli istituti professionali* 2010/2012), si concentrano su un'idea forte, largamente condivisa: l'idea cioè che occorra sostenere ogni allievo sulla via del raggiungimento del successo formativo garantendogli la possibilità di **apprendere per tutto l'arco della vita**.

Viene ribadita l'importanza di utilizzare *metodologie didattiche attive*, che mettano l'alunno in condizione di costruirsi un proprio percorso di conoscenze, stigmatizzando un'impostazione trasmissiva dei contenuti «*invarianti e pensati per individui medi*», ed è auspicata la realizzazione di «*percorsi formativi sempre più rispondenti alle inclinazioni personali degli studenti, nella prospettiva di valorizzare gli aspetti peculiari della personalità di ciascuno*».

Ciò richiede **una didattica centrata sull'apprendimento piuttosto che sull'insegnamento** ed esige una cultura profonda dei contesti di apprendimento.

Pur nel rispetto della libertà di insegnamento, vengono così individuate, alcune coordinate metodologiche di fondo:
- *valorizzare l'esperienza e le conoscenze degli alunni*, per ancorarvi nuovi contenuti;
- *attuare interventi adeguati nei riguardi delle diversità*, per fare in modo che le diversità non diventino disuguaglianze;
- *favorire l'esplorazione e la scoperta*, al fine di incoraggiare la passione per la ricerca di nuove conoscenze;
- *incoraggiare l'apprendimento collaborativo*, favorire la dimensione comunitaria dell'apprendimento;
- *promuovere la consapevolezza sul proprio modo di apprendere*, al fine di «imparare ad apprendere». Riconoscere le difficoltà incontrate e le strategie adottate per superarle, prendere atto degli errori commessi, ma anche comprendere le ragioni di un insuccesso, conoscere i propri punti di forza, sono tutte competenze necessarie a rendere l'alunno consapevole del proprio *stile di apprendimento* e capace di sviluppare autonomia nello studio;
- *realizzare percorsi in forma di laboratorio*, per favorire l'operatività e allo stesso tempo il dialogo e la riflessione su quello che si fa.

3 La didattica laboratoriale

Come precedentemente affermato, la necessità di adottare una **didattica di tipo laboratoriale** è particolarmente rimarcata proprio per l'importanza che essa assume per lo *sviluppo e il consolidamento delle competenze* utili al cittadino di domani. Le **competenze**, infatti, non sono un obiettivo puramente cognitivo che possa essere raggiunto con didattiche trasmissive, ma implicano didattiche partecipative che rendano il sapere concreto e spendibile anche nella realtà esterna.

Lavorare per competenze significa, in qualche modo, capovolgere il paradigma dell'insegnamento come trasmissione, in quanto l'azione educativa è centrata soprattutto sull'apprendimento, per cui la didattica laboratoriale diventa l'occasione per ridisegnare stili di insegnamento e di apprendimento e per confrontarsi con la problematicità e la complessità dei saperi.

Nonostante la metodologia dei laboratori abbia radici lontane, spesso **il termine *laboratorio* è stato utilizzato per indicare attività non incluse nella normale attività didattica, come qualcosa ad esse aggiunto**.

Si parla di laboratori quando si vuole avvicinare gli alunni a una determinata tematica: *laboratorio di educazione ambientale, di teatro, di informatica*, oppure quando si pensa di far produrre o costruire loro qualcosa.

Le *attività di classe*, pertanto, sono considerate nettamente *distinte da quelle di laboratorio*. Le prime rimandano a immagini stereotipate di lezioni frontali, di apprendimenti mnemonici, mentre le seconde avrebbero il compito di rendere più «interessante» e significativo il lavoro scolastico[8]. È raro, invece, che si pensi al

---

[8] G. Sandrone Boscarino, *La didattica laboratoriale nella scuola della Riforma*, in www.pestalozzi.it.

laboratorio come a una modalità di lavoro utile a sviluppare la capacità di risolvere un problema o di padroneggiare una tecnica, come «*spazio mentale attrezzato, forma mentis*», modo di interagire con la realtà per comprenderla e modificarla.

Parlando di «laboratorio» viene spontanea l'associazione con la bottega artigiana, in cui artigiani e artisti creano i loro prodotti, spinti da una forza creativa interiore, seguendo un progetto o un'idea e servendosi di attrezzature adeguate.

Il laboratorio didattico può essere considerato qualcosa di simile. Esso prevede **un lavoro personale, attivo su un determinato tema o problema**, la creazione di percorsi cognitivi, la produzione di idee rispetto a un determinato compito, la soluzione di un problema. Se nell'officina meccanica si lavora a una macchina e nella bottega di uno scultore si lavora creativamente con il legno o con il metallo, nel laboratorio didattico è l'apprendimento stesso che diventa oggetto di lavoro. Lavorare all'apprendimento vuol dire fare esperienza di sé, confrontarsi con un tema, un avvenimento o un problema, mettendo in azione la fantasia, l'atteggiamento di esplorazione e la curiosità[9].

In senso lato, allora, si può definire **laboratorio** qualsiasi situazione didattica che presenta il carattere dell'**apprendimento attivo,** dell'**imparare facendo.** In questo caso, la parola «laboratorio» ha una valenza pedagogico/programmatica, rimanda alle caratteristiche proprie delle attività indipendentemente dallo spazio in cui esse si svolgono. Si tratta, insomma, di *una spazialità di situazione*[10].

Per questo, *anche percorsi didattici di tipo disciplinare possono diventare laboratoriali*, nel senso che inducono l'alunno a «dare senso» a quello che sta facendo e a sperimentare la possibilità di applicare conoscenze e abilità specifiche in contesti reali.

La metodologia laboratoriale implica un modo diverso di pensare alla scuola. Una scuola non più finalizzata alla trasmissione e alla riproduzione del sapere, caratterizzata da rigidità oraria, ristretta nello spazio della classe, ma una scuola che considera gli allievi protagonisti, co-costruttori delle loro conoscenze, secondo percorsi e tempi personalizzati in un'organizzazione aperta e flessibile.

Parleremo ancora del laboratorio (come ambiente di apprendimento) e della didattica laboratoriale nella Parte IV, Cap. 2, par. 6, cui si rinvia.

4 La didattica per scoperta

La didattica per scoperta è quella metodologia che guida l'apprendimento dell'alunno attraverso la scoperta del mondo[11]. Ispirato all'attivismo di Dewey, si tratta di un metodo incentrato sull'alunno e sui suoi bisogni, che si realizza

---

[9] F. Frabboni, G. Wallnöfer, N. Belardi, W. Wiate, *Le parole della pedagogia, Teorie italiane e tedesche a confronto*, Bollati Boringieri, Torino, 2007.

[10] M. Baldacci, *Laboratorio come strategia*, in Infantiae.org, n. 271/2006.

[11] Secondo Bruner (*The act of discovery*, 1961) per *scoperta* si intende qualsiasi modalità di ottenere conoscenza per se stessi con l'uso della propria mente.

mediante l'esplorazione di territori fisici, di comportamenti e campi disciplinari, destinati ad attivare processi deduttivi. Inoltre la scoperta autonoma, attraverso la personalizzazione concreta dell'esperienza, stimola l'apprendimento significativo.

La caratteristica essenziale dell'apprendimento mediante scoperta è che il contenuto da apprendere non è dato ma è scoperto dallo studente prima che egli lo faccia proprio.

Questo tipo di apprendimento comporta, infatti, un processo completamente diverso da quello della ricezione passiva delle conoscenze. L'allievo deve riordinare le informazioni, integrarle con il bagaglio cognitivo preesistente e riorganizzare o trasformare questo insieme di conoscenze "scoperte" in modo da raggiungere il risultato finale. Dopo che il processo di scoperta personale si è concluso, il contenuto scoperto assume un significato identico a quello raggiunto con un'acquisizione passiva.

Se ne deduce che se la didattica per scoperta è particolarmente efficace nelle prime fasi dell'apprendimento, lo è molto meno quando applicata a campi disciplinari complessi, richiedendo tempi di apprendimento lunghissimi e quindi è sostanzialmente impossibile da perseguire.

I sostenitori più ortodossi dell'apprendimento per scoperta sono poi arrivati a sostenere che la verbalizzazione delle conoscenze non solo non sia necessaria per l'apprendimento, ma che sia addirittura nociva e che serva solo nel momento in cui sia necessario dare un'etichetta a quanto appreso. Il limite di tale affermazione è che non si tiene conto del fatto che l'uso delle parole per rappresentare delle idee rende possibile il processo di trasformazione di queste idee in nuove conoscenze.

5 La didattica metacognitiva

«**Imparare a imparare**» è una delle otto competenze chiave individuate nelle Raccomandazioni UE del 2006 e 2018 (vedi anche Cap. 5, par. 1):

«Imparare a imparare è l'abilità di perseverare nell'apprendimento, di organizzare il proprio apprendimento anche mediante una gestione efficace del tempo e delle informazioni, sia a livello individuale che in gruppo. Questa competenza comprende la consapevolezza del proprio processo di apprendimento e dei propri bisogni, l'identificazione delle opportunità disponibili e la capacità di sormontare gli ostacoli per apprendere in modo efficace. Questa competenza comporta l'acquisizione, l'elaborazione e l'assimilazione di nuove conoscenze e abilità come anche la ricerca e l'uso delle opportunità di orientamento. Il fatto di imparare a imparare fa sì che i discenti prendano le mosse da quanto hanno appreso in precedenza e dalle loro esperienze di vita per usare e applicare conoscenze e abilità in tutta una serie di contesti: a casa, sul lavoro, nell'istruzione e nella formazione. La *motivazione* e la *fiducia* sono elementi essenziali perché una persona possa acquisire tale competenza».

La didattica più adeguata all'acquisizione di questa competenza è quella metacognitiva. Il termine fu coniato da Flavell, nell'ambito delle sue ricerche sulle abilità cognitive e poi la tematica fu approfondita da altri studiosi[12].

Metacognizione significa letteralmente «oltre la cognizione» e indica, come abbiamo già visto, la **capacità di riflettere sulle proprie capacità cognitive**.

Da alcune ricerche in ambito psicologico è emerso che, trovandosi di fronte a un problema, ciò che crea difficoltà non è tanto non avere le risorse per risolverlo, ma non sapere dove cercarle. La metacognizione si riferisce a quelle attività della mente che hanno per oggetto la mente stessa, sia nel momento della riflessione, sia nel momento del controllo. Questa capacità funziona come «acceleratore cognitivo», cioè migliora l'efficacia dei processi cognitivi attraverso il monitoraggio dell'andamento del pensiero.

L'approccio metacognitivo rappresenta una modalità privilegiata per trasmettere contenuti e strategie, a qualsiasi età, poiché mira alla **costruzione di una mente aperta**. Esso privilegia **non *cosa* l'alunno apprende**, ma *come* **l'alunno apprende** e attiva la propensione a **far riflettere gli studenti** su aspetti riguardanti la propria personale capacità di apprendere, di stare attenti, di concentrarsi, di ricordare.

In questo senso, la didattica metacognitiva non è specifica di una disciplina ma assume una *dimensione trasversale* in quanto richiede allo studente di acquisire un atteggiamento attivo e responsabile rispetto all'apprendimento e lo aiuta ad arricchire il proprio bagaglio intellettuale attraverso domande, investigazioni e problemi da risolvere.

Le principali **strategie didattiche metacognitive** sono:

1. **Selezione**

    Comporta la scelta delle informazioni ritenute rilevanti, sulle quali è importante soffermarsi. Ciò determina attività come:

    a) rivedere il testo e scegliere le idee centrali;
    b) annotare i paragrafi dei capitoli, sottolineando i concetti più importanti;
    c) leggere i sommari;
    d) usare le guide per lo studente che, in genere, hanno importanti argomenti già sottolineati.

---

[12] C. Cornoldi, *Metacognizione e apprendimento,* Il Mulino, Bologna, 1995.
R. De Beni. – F. Pazzaglia – A. Molin – C. Zamperlin, *Psicologia cognitiva dell'apprendimento. Aspetti teorici e applicazioni,* Gardolo (TN), Erickson, Trento, 2003.
J. H Flavell – P. H. Miller – S. A. Miller, *Psicologia dello sviluppo cognitivo*, Hemel Hempstead (England) – Bologna (Italia), Prentice Hall International – Il Mulino, 1996.
A. La Marca, *Didattica e sviluppo della competenza metacognitiva. Voler apprendere per imparare a pensare*, Palombo & C., Palermo, 1999.

2. **Organizzazione**
   Comporta la connessione fra vari pezzi di informazione. Perciò si organizza l'informazione in ordine logico (per esempio con un riassunto orale e/o scritto) supportandola con dettagli ed esempi. Una strategia organizzativa importante molto usata per la fase conclusiva di un percorso di apprendimento è la *mappa concettuale*.
3. **Elaborazione**
   Comporta il legame della nuova informazione con quanto già si conosce ed è la modalità più efficace di apprendimento. Per esempio, studiando una reazione chimica, la mente richiama e collega la struttura della molecola alle nuove conoscenze in via di acquisizione.
4. **Ripetizione**
   Si basa sulla ripetizione dell'informazione sino a una completa padronanza. La memorizzazione è, dunque, l'evento conclusivo di ripetute evocazioni mentali dell'informazione o della percezione. Perché ci sia memorizzazione duratura, il processo di andata e ritorno fra quanto letto o ascoltato a lezione, deve avvenire più volte e subito. La *memorizzazione si fa nel momento stesso della spiegazione* e non si può rimandare a un secondo momento. L'insegnante, in classe, deve, quindi, concedere spazi temporali adeguati, perché gli allievi possano memorizzare all'istante i concetti. La memorizzazione, dopo la lettura dei capitoli del libro, avviene con analoghe strategie personalizzate.

6 La didattica per progetti

Il termine **progettare** deriva dal latino *proicere* = gettare avanti, prefigurare un cammino che si propone il raggiungimento di una o più mete che porteranno alla realizzazione di un prodotto che sarà *prevedibile, verificabile, spendibile con caratteristiche di accettabilità definibili a priori* [13].

L'azione «posta innanzi» è, quindi, aspettativa, immaginazione, quasi costruzione di un mondo virtuale che si definisce pian piano fino a diventare il luogo dell'azione concreta. In altre parole, «progettare vuol dire negoziare, discutere, battersi con l'incognito che si ricostruisce senza sosta, giacché ogni soluzione di un problema produce una nuova questione»[14].

La *didattica per progetti* è stata introdotta da **William Heard Kilpatrick** (1871-1965) nel 1918 quando, sulla base dell'attivismo di Dewey, propose di impostare tutto il lavoro scolastico come percorso progettuale.

---

[13] M. Tiriticco, *La progettazione modulare nella scuola dell'autonomia*, Tecnodid, Napoli, 2001.
[14] E. Morin, *La testa ben fatta, Riforma dell'insegnamento e riforma del pensiero nel tempo della globalizzazione*, Raffaello Cortina Editore, Milano, 2000.

Il **lavoro per progetti** è incentrato sullo studente e l'insegnante assume il ruolo di chi:
— incoraggia;
— facilita;
— coordina senza ordinare;
— crea le condizioni perché gli studenti operino al meglio;
— aiuta a dare significato al lavoro svolto.

Nel lavoro per progetti, infatti, l'allievo viene coinvolto e chiamato a **realizzare un prodotto finale** in cui sono in gioco le sue competenze, il suo saper fare, il suo saper essere soggetto attivo in un lavoro di gruppo. È un approccio didattico in cui si mettono in gioco competenze sociali e capacità di orientarsi nel mondo della scuola e dell'extrascuola.

La progettazione porta con sé la caratteristica di costruirsi mentre si fa e di modificarsi mentre viene realizzato e vissuto accettandone *le perturbazioni e le incertezze*.

Proprio per questo, sul piano più strettamente operativo, la *stesura iniziale di un progetto deve essere a bassa definizione, leggera, flessibile*, una sorta di bussola che guidi la rotta durante il lavoro quotidiano in modo da creare un'interazione circolare: la progettazione orienta l'azione, l'azione arricchisce e precisa la progettazione. Il che non significa praticare una pianificazione frettolosa e sbrigativa o di aprire le porte allo spontaneismo, perché una stesura flessibile ha bisogno, comunque, di due cose: il timone e la consapevolezza del tragitto[15].

Per **timone** si intende l'organizzazione vera e propria di un progetto, per **consapevolezza del tragitto** la documentazione del percorso in itinere e finale per cogliere i punti di forza e di debolezza.

Secondo l'associazione statunitense «*Project Management Institute*», il progetto può essere definito come»*una combinazione di uomini, risorse e fattori organizzativi, riuniti temporaneamente, per raggiungere obiettivi unici, definiti e con vincoli di tempo, costo, qualità e risorse*». **Lavorare per progetti significa**, quindi, **pianificare, organizzare e coordinare** tali risorse nello svolgimento di attività tra loro correlate e finalizzate al **raggiungimento di un obiettivo** predefinito, in presenza di condizioni di rischio e di vincoli.

6.1 Le fasi per la stesura di un progetto

La stesura di un progetto è preceduta da una:
— **fase preliminare**
  Ogni progetto si configura come un percorso trasversale che, utilizzando i diversi apporti disciplinari, parte da un bisogno, affronta un problema reale,

---

[15] W. Fornasa, *Curricolo, programmazione, progettazione*, in *La scuola del bambino*, a cura d S. Mantovani, Bergamo, Juvenilia, Milano, 1990.

pone ipotesi, realizza azioni ed interventi che possano essere utili alla sua soluzione.

Condizione preliminare alla stesura di un progetto è, quindi, **l'individuazione del problema** o del bisogno su cui si decide di intervenire. È indispensabile, per questo, che i soggetti chiamati a realizzarlo ne facciano parte integrante. Può sembrare superflua questa affermazione. Ma l'esperienza ci dice che spesso esistono progetti caratterizzati da contenuti interessantissimi, da prodotti finali di alta precisione che certamente soddisfano l'orgoglio dei docenti, ma restano spesso estranei agli allievi. Un *bel progetto* non serve a nulla se i protagonisti non sono gli alunni, se essi non sono chiamati a mettersi alla prova e a risolvere il problema che hanno percepito come tale. È necessario, perciò, che partecipino alla sua elaborazione, alla gestione, regolamentazione e valutazione. Dopo di che la scuola elabora un piano di interventi che, in tempi dati e con modalità condivise e trasparenti, cerca di rispondere ai bisogni rilevati[16].

— **fase della negoziazione**

Come abbiamo avuto occasione di affermare, è opportuno che la proposta iniziale di un progetto sia poco strutturata in modo che possa, poi, accogliere tutte le integrazioni che si riterranno necessarie in corso d'opera. Una sorta di cornice all'interno della quale sia i docenti che gli allievi possano muoversi con grande libertà. Un primo segnale, infatti, della validità operativa della progettazione iniziale è relativo all'uso che se ne fa. Se, dopo la stesura, quelle pagine non vengono più ricercate per trovarvi spunti, riferimenti, indicazioni per il lavoro da svolgere successivamente nelle classi, esse diventano inutili, rispondono, forse, più all'esigenza di ottemperare ad un adempimento burocratico piuttosto che ad una funzione di orientamento del lavoro quotidiano. Una **progettazione iniziale, correttamente intesa**, dovrebbe assumere, perciò, le caratteristiche della *sinteticità*, per un rapido accesso alle informazioni, della *chiarezza* per evitare ambiguità, dell'*orientatività*, per regolare le azioni[17].

---

[16] G. Sandrone Moscarino, *La didattica progettuale,* in Scuola e Didattica, n. 1, 2001.
[17] C. Scurati (a cura di) *Valutare gli alunni, gli insegnanti, la scuola,* Editrice La Scuola, Brescia, 1993.

MODALITÀ OPERATIVE PER LA STESURA DI UN PROGETTO

Sul piano più squisitamente tecnico, è opportuno che il progetto sia leggibile, completo di tutti gli elementi e suddiviso in alcune **sezioni fondamentali**. La prima contiene i **dati identificativi**: una sorta di **carta di identità** che permette di avere una visione di insieme di cosa si vuole realizzare, dei soggetti coinvolti, dei risultati attesi etc. La seconda sezione comprende **la descrizione in dettaglio del progetto** vero e proprio, vale a dire:

- **Motivazione dell'intervento**
È la descrizione ordinata e coerente degli **aspetti fondamentali** che caratterizzano la situazione o il **problema** da cui si è deciso di partire. Da essa deve risultare la rilevanza del contesto, la condivisione da parte di tutti i soggetti coinvolti, la legittimazione pedagogico-didattica dell'intervento. Tecnicamente è definita la fase della convergenza perché si mettono in connessione le nozioni disgiunte e segmentate emerse durante il momento della negoziazione detto anche **fase della divergenza**.

- **Individuazione degli obiettivi disciplinari e/o trasversali. Risultati attesi**
Rappresentano il fine, **la meta del percorso progettuale**, in qualche modo si configurano come indicatori di soluzione del problema. È opportuno, per questo, che siano esplicitati in maniera chiara e precisa al fine di offrire agli allievi la possibilità di riconoscere se sono stati conseguiti o meno e di attivare processi di co-valutazione ed auto-valutazione. Diventa necessario, perciò, **fissare evidenze osservabili** che possano aiutarli a confrontarsi con gli standard stabiliti e individuare gli ostacoli non ancora superati. L'attenzione deve essere rivolta, inoltre, soprattutto all'individuazione di obiettivi comuni e trasversali in modo da valorizzare l'interdisciplinarità ed avvicinare i linguaggi delle diverse discipline.

- **Articolazione dei contenuti ed attività**
Come per gli obiettivi, è opportuno definire un insieme di **nuclei tematici pluridisciplinari** da trattare nei diversi ambiti utilizzando gli strumenti e le tecniche specifiche di ognuno. È importante, infatti, che gli alunni prendano consapevolezza che **la realtà non è mai settoriale** e che le **discipline** altro non sono che **modelli interpretativi di un mondo** che diventa sempre più **complesso**.

- **Linee metodologiche, strategie didattiche**
È la parte in cui si indicano le linee e le **strategie metodologico-didattiche** ritenute più **idonee** e coerenti alla realizzazione delle attività connesse al progetto. In qualche modo, è il segmento più impegnativo per le implicazioni didattiche che sottende. Se, infatti, il cuore di un progetto è il problema, ne deriva che la **metodologia** più idonea a risolverlo è senza dubbio quella **della ricerca**: «la ricerca come pratica scolastica al servizio delle potenzialità creative dell'alunno. La parola ricerca è uno dei termini che hanno un alto grado di evocazione presentandosi circondati da un alone che può essere di consenso o di rigetto, ma mai neutro. Per molti, l'alone che circonda tale termine è positivo, evoca immagini di un alunno attivo che impara facendo. Per altri, lo stesso termine è molto meno affascinante, addirittura rattristante, perché legato a ricordi di una scuola inutile, banalmente enciclopedica, che, sotto l'etichetta della ricerca, copre pratiche didattiche del tipo «taglio e cucito» su qualche libro dell'enciclopedia domestica»*. O peggio ora un'operazione di «copia e incolla» da Wikipedia.

- **Criteri e strumenti di verifica e di valutazione**
La progettazione è un'attività complessa che si articola su più livelli, cognitivo, affettivo, sociale ma, soprattutto, è un'attività *in progress* e ciò rende particolarmente difficoltosa anche la valutazione che richiede tutta una serie di attività e di strumenti di registrazione che non è possibile improvvisare quali **l'osservazione dell'alunno**, del suo atteggiamento nei confronti delle attività e del processo e la raccolta della **documentazione** necessaria.

- **Materiali didattici e risorse tecnologiche**
Indicare quali materiali, strumentazioni e supporti didattici si ritengono indispensabili alla realizzazione del progetto.

- **Modalità di monitoraggio e di valutazione del processo**
Anche durante la fase iniziale di progettazione occorre avere come punto di riferimento costante la realizzazione pratica. Predisporre **strumenti di osservazione**, di **raccolta di dati**, di **documentazione del percorso**, discuterli con alunni e colleghi può rappresentare un momento di forte valenza educativa.

- **Soluzioni organizzative**
Indicare come si intendono organizzare gli **allievi** durante lo svolgimento delle attività connesse alla realizzazione del progetto: **gruppi omogenei, eterogenei, di compito, classi aperte**. Le direttive sull'autonomia organizzativa e gestionale spingono a cercare nuove modalità di suddivisione della classe offrendo così ad alunni e docenti la possibilità di compiere percorsi diversificati, motivanti, improntanti alla collaborazione ed allo scambio.

- **Prodotto/i finale/i, modalità e strumenti di informazione e pubblicizzazione**
Ogni progetto è legato alla **realizzazione di un prodotto**. Per questo è bene che le sue caratteristiche siano ben precisate già nella fase iniziale della progettazione. È importante, inoltre, definire **le modalità e gli strumenti di pubblicizzazione** dell'iniziativa sia nel momento di avvio (*ex ante*), in modo da informare e coinvolgere famiglie, territorio, istituzioni sia alla fine (*ex post* ad esempio: mostra, tavola rotonda con rappresentanti delle istituzioni locali per presentare i risultati, …). Le varie agenzie educative famiglia, scuola, istituzioni devono operare in modo sinergico se si vuole infondere negli alunni slancio, motivazioni e speranze.

- **Piano finanziario**
Inserire un preventivo dei costi per una valutazione delle risorse disponibili, di quelle mancanti, dei supporti didattici e tecnologici.

- **Risorse umane**
Indicare il gruppo di progetto, docenti, esperti, personale non docente e tutte le altre figure che si intendono coinvolgere nell'azione. In ultima analisi, la **didattica per progetti** ha **senso** se: intende **realizzare un'idea o rispondere a un bisogno**; o se **orienta l'azione a un risultato** e ne esplicita condizioni e modalità di attuazione. Infine: progettazione e progetto non sono solo strumenti di **descrizione** ma anche di **gestione** e di **controllo**; progettare è considerato una competenza che richiede **padronanza di tecniche funzionali**; progettare non è solo una competenza, ma un **modo di pensare il proprio lavoro** e in genere *di pensare e di pensarsi***.

* C. Scurati, op. cit., pag. 77.
** A. Valentino, *Il Piano dell'offerta formativa,* La Nuova Italia, Firenze, 2000.

Lavorare ad un progetto con queste caratteristiche non è certamente cosa facile, perché ci si scontra con tutta una serie di difficoltà. Una per tutte: la difficoltà di coinvolgere nell'azione tutto il Consiglio di classe, di sedersi intorno ad un tavolo, di dichiarare la propria disponibilità. È questo, secondo una considerazione diffusa, il grande tarlo della scuola di oggi. L'area dei rapporti interpersonali tra docenti assume, perciò, una grande rilevanza in un sistema di organizzazione delle attività non più impostato su regole rigide ed individuali, ma su scelte responsabili e condivise.

Questa difficoltà a lavorare in *team* produce, spesso, nei docenti disaffezione nei confronti del proprio ruolo, senso di frustrazione e di inadeguatezza. La ricaduta sul piano didattico non può che tradursi in una confusione ed in una atomizzazione degli interventi[18]. Così, anche progetti innovativi, di grande respiro hanno avuto, talvolta, un fondamentale difetto pedagogico: sono stati alla discrezionalità del singolo docente, usati e messi in atto entro i limiti del suo giudizio di opportunità e, come tali, non sempre hanno offerto agli alunni garanzia di apprendimento significativo perché non pensati in maniera sistematica e collegiale.

È il **Consiglio di classe** il vero destinatario della proposta progettuale. L'educazione è sempre un lavoro di squadra in cui tutte le competenze disciplinari e professionali arricchiscono l'esperienza dell'alunno. Proprio per questo è bene che la proposta sia conosciuta e condivisa e che tutti i docenti possano integrarla[19]. Analogamente per gli alunni occorrerebbe presentare il progetto non come qualcosa di definito e concluso in sé, ma come un *quadro* che essi contribuiranno a riempire. Bisogna far sentir loro che saranno ascoltati e che le osservazioni e le proposte che fanno verranno prese in considerazione[20].

Questa fase, che tecnicamente viene denominata **fase della *negoziazione* o del *contratto***, accompagna tutti i momenti della progettazione e lo svolgimento dell'azione e richiede ai soggetti coinvolti di:

— *mettere in comune pensieri, idee, proposte*;
— *agire insieme formulando ipotesi*;
— *individuare strategie ed interventi per la co-gestione dell'itinerario*.

Essa si configura, perciò, come un processo di conoscenza, di incontro, di scambio, di messa in comune di ipotesi, di idee rappresentative di individualità e personalità anche molto differenti. È un approccio pedagogico che rinvia a:

— un'*idea di alunno* considerato protagonista del proprio percorso di crescita, un interlocutore attivo a cui è riconosciuta la possibilità di autoregolarsi, di incidere sulla realtà attraverso un dialogo continuo;
— un'*idea di docente* inteso come «regista», che struttura contesti capaci di stimolare e sostenere l'autoorganizzazione degli allievi e lo sviluppo della loro identità.

Un esempio di progetto è riportato in Appendice.

---

[18] F. Priore, *Menagement scolastico*, Grafiche Panico, Galatina (Lecce), 2001.
[19] W. Fornasa, *La costruzione del percorso didattico,* in Percorsi Educativi, A. Mondatori, Verona, 1997.
[20] G. De Vecchi, *Aiutare ad apprendere,* La Nuova Italia, Firenze, 1998.

I progetti possono essere classificati secondo una grande varietà di fattori: tipologia di intervento dell'insegnante, tecniche usate dagli studenti per la raccolta di dati, modalità di presentazione etc.

TIPOLOGIA DI INTERVENTO DELL'INSEGNANTE	
progetti strutturati	completamente sviluppati dall'insegnante
progetti non strutturati	la parte organizzativa viene svolta completamente dagli studenti
progetti semistrutturati	idea iniziale e sviluppo organizzativo negoziati e condivisi sia dall'insegnante che dagli studenti
TECNICHE USATE PER LA RACCOLTA DEI DATI	
progetti di ricerca	informazioni raccolte nelle biblioteche o nei centri informativi
progetti di interazione	informazioni raccolte tramite interviste
progetti di corrispondenza	informazioni raccolte tramite scambio epistolare
progetti di indagine	il progetto si snoda sulla metodologia seguita e sullo sviluppo di strumenti di indagine più che sui contenuti
MODALITÀ E TECNICHE DI PRESENTAZIONE	
progetti di produzione	gli studenti lavorano per un prodotto finale (film, guida turistica, ipertesto etc.)
progetti di performance	i progetti sono finalizzati a uno spettacolo o a un dibattito finale
progetti organizzativi	gli studenti lavorano per l'organizzazione di un evento o di un programma

7 La didattica collaborativa o *cooperative learning*

La **didattica collaborativa** (*cooperative learning*) si rifà alla **teoria del sociocostruttivismo**, secondo la quale **la conoscenza è il prodotto di una costruzione attiva del soggetto** ed è ancorata al contesto in cui si svolge attraverso particolari forme di collaborazione e negoziazione sociale.

Può essere definita «un metodo di apprendimento-insegnamento in cui la variabile significativa è la cooperazione tra gli studenti[21] o «un insieme di tecniche di classe nelle quali gli studenti lavorano in piccoli gruppi per attività di apprendimento e ricevono valutazioni in base ai risultati conseguiti»[22].

La didattica cooperativa punta al miglioramento dei processi di apprendimento e socializzazione attraverso la **mediazione del gruppo** (in genere si utilizzano piccoli gruppi in cui gli studenti lavorano insieme), i cui membri devono agire sentendosi positivamente interdipendenti tra di loro, in maniera tale che il successo di uno sia il successo di tutti. Si tratta di una metodologia didattica fondata sulla

---

[21] M. Comoglio – M. A. Cardoso, *Insegnare e apprendere in gruppo*, LAS, Roma, 1996, pp. 536.
[22] Johnson, Slavin, Kagan, Cohen, *Learning To Cooperate Cooperate To Learn*, Plenum, New York, 1985. pp. 437-462.

convinzione dell'importanza dell'interazione e della cooperazione nella scuola come mezzo di promozione umana e sociale.

Vivere nella società della conoscenza significa anche sviluppare la capacità di apprendere nella e dalla relazione con gli altri. Come osserva Vygotskij, «*diventiamo noi stessi attraverso gli altri*».

Per Vygotskij ogni individuo possiede potenzialità cognitive latenti che si possono esprimere solo attraverso l'interazione con gli altri. È questo quello che l'autore chiama **zona di sviluppo prossimale**: Vygotskij considera ogni individuo, e soprattutto il bambino, dotato di un *potenziale* che gli permette di acquisire nuove conoscenze nel momento in cui entra in contatto con altri individui con una maturazione cognitiva e una cultura maggiori.

Nel cooperative learning il contatto con coetanei più capaci all'interno del gruppo consente di operare reciprocamente all'interno delle zone di sviluppo prossimale di ciascuno, ottenendo risultati migliori di quelli conseguibili con le normali attività individuali.

Come comunità educante, la scuola deve sviluppare una capacità relazionale, intessuta di linguaggi affettivi ed emotivi, e promuovere la condivisione di quei valori che fanno sentire i membri della società parte di una comunità. L'obiettivo è quello di valorizzare l'unicità e la singolarità dell'identità culturale di ogni studente e contemporaneamente l'apertura all'incontro con la diversità.

Nella didattica collaborativa, il docente assume il ruolo di **tutor**: favorisce **l'interazione tra gli studenti**, stimola la **discussione**, facilita l'apprendimento ricorrendo a continue sollecitazioni (domande, verifiche etc.), utilizza il gruppo in cui gli alunni lavorano insieme per migliorare reciprocamente il loro apprendimento, puntando su una *mediazione sociale*, contrapposta alla *mediazione dell'insegnante.*

In genere nell'insegnamento l'apprendimento avviene con la mediazione dell'insegnante.

Nelle metodologie di insegnamento/apprendimento a **mediazione sociale**, come appunto l'apprendimento cooperativo, le risorse e l'origine dell'apprendimento sono soprattutto gli allievi, che si aiutano reciprocamente, fissano i ritmi di lavoro, si correggono e si autovalutano, sono corresponsabili del loro apprendimento. Qui la figura dell'insegnante si riduce al ruolo di semplice facilitatore e organizzatore delle attività.

Caratteristiche positive del lavoro cooperativo sono:
— sviluppo di un **legame concreto tra studenti**: la percezione di lavorare insieme per un progetto comune agevola il successo dell'impresa. Gli studenti sanno che il loro successo dipende dallo sforzo congiunto di tutti i membri del gruppo; ogni membro si assume la responsabilità dell'apprendimento proprio e di quello dei compagni;
— **interazione faccia a faccia**: si tratta di una modalità che garantisce processi di reciproco apprendimento e di incoraggiamento (gli studenti, lavorando insieme, si scambiano aiuto, informazioni, assistenza);
— stimolo alla **responsabilizzazione** sia verso se stessi che verso gli altri. L'insegnante in questo caso deve valutare e comunicare il suo giudizio sulla qualità

e la quantità dei contributi di ciascuno, per facilitare la creazione del senso di responsabilità e di autostima;
— importanza dello sviluppo delle cosiddette «**abilità sociali**»: il gruppo non lavora efficacemente se i suoi membri non possiedono certe capacità come saper *ascoltare*, essere disponibili a *condividere le decisioni*, riuscire a *creare fiducia* tra i membri, comunicare le proprie opinioni, gestire i conflitti.

«Il cooperative learning, come le numerose ricerche hanno dimostrato, sembra poter risolvere molti dei grandi problemi dei nostri sistemi scolastici:
— recupero allievi problematici, poco motivati allo studio e con problemi affettivi, motivazionali, sociali e cognitivi di apprendimento;
— integrazione allievi disadattati, diversi (disabili, di diversi gruppi etnici etc.);
— valorizzazione allievi bravi (*gifted student*);
— sviluppo competenze socali, del senso civico, del ripetto dell'altro, della partecipazione della responsabilità, dell'interdipendenza;
— sviluppo di un cittadino democratico»[23].

7.1 Modello CSCL (*Computer-Supported Collaborative Learning*)

Il modello CSCL nasce come un'evoluzione del modello del cooperative learning. L'elemento centrale dei modelli di **apprendimento cooperativo supportato dal computer** resta senz'altro quello dell'**interazione** introdotta in un contesto *avanzato*. In tali modelli didattici anche il **tutor di rete** riveste un ruolo decisivo in quanto chiamato a collaborare con gli studenti e ad allestire e predisporre gli ambienti virtuali in cui questi ultimi andranno ad operare. La figura del tutor di rete, che potrebbe coincidere o meno con il tutor in presenza, si connota non soltanto per le elevate competenze professionali richieste nel ramo informatico e telematico, ma anche per l'approccio empatico che deve osservare nei confronti del gruppo al quale si indirizza l'insegnamento. Accanto ai classici compiti cui è chiamato, il tutor di rete potrebbe dover gestire diverse situazioni particolari come ad esempio facilitare la comprensione circa l'utilizzo delle apparecchiature e dei dispositivi, risolvere casi di "silenzio" interattivo legato a discussioni poco partecipate oppure ridurre il numero dei disinteressati ai progetti di gruppo.

Tra le diverse tecnologie utilizzabili nel modello CSCL si rinvengono:
— i sistemi di **comunicazione** (come ad esempio la posta elettronica, l'audio, il video, testo, etc.);
— i sistemi di **condivisione di risorse** che consentono, ad esempio, la condivisione di uno schermo, di una lavagna, di una banca-dati o di un file;
— i sistemi di supporto **a processi di gruppo** (come l'ideazione di un blog comune, di un forum o chat, di una piattaforma di condivisione e interscambio di idee e proposte).

---

[23] I. Olla, *Bullismo, mediazione e apprendimento cooperativo, Manuale di strumenti pratici per insegnanti e genitori*, Lulu.com, 2008.

LE VARIANTI DEL COOPERATIVE LEARNING

La flessibilità con cui la metodologia del cooperative learning può essere applicata ha determinato un gran numero di varianti fra cui:

— **Learning together** (imparare insieme), in seguito perfezionato nel modello **Circles of Learning** (cerchi di apprendimento): è la modalità più diffusa. Consiste nel far lavorare gli studenti in gruppi da 2 a 6, che condividono le risorse e si aiutano reciprocamente. La forma dell'interazione del gruppo è decisa dall'insegnante (cooperazione, competizione etc.).
— **Group Investigation** (G.T.), **Small Group Teaching**: il ruolo principale dell'insegnante è quello di suscitare interesse per un problema, di organizzare i gruppi e di promuovere la collaborazione tra i membri. Sarà la classe ad organizzarsi in gruppi destinati a realizzare le presentazioni etc.
— **Jigsaw** (Puzzle): si basa sulla specializzazione del compito:
    1. ogni studente ha un compito che contribuisce a un obiettivo complessivo di gruppo;
    2. ogni studente lavora in maniera indipendente per diventare un esperto di una porzione della lezione ed è responsabile dell'insegnamento di tali informazioni agli altri componenti del gruppo, ma deve anche curare l'approfondimento delle informazioni che gli altri membri del gruppo gli forniscono;
    3. l'insegnante accerta la competenza del gruppo sull'argomento complessivo.
— **Student Team Learning**: è basato su un sistema di incentivazione e valutazione fondato su tre principi: 1. la premiazione di gruppo; 2. la responsabilità sia individuale che collettiva; 3. pari opportunità di successo; i membri del gruppo, quindi, ricevono un riconoscimento basato sul risultato medio di tutti i membri e quindi stimola il gruppo all'impegno di tutti e all'aiuto reciproco.
— **Groups of Four**: implica semplicemente che quattro studenti lavorino assieme in un gruppo su qualche compito che può essere, per esempio, la correzione dei compiti per casa; non si assegnano obiettivi di gruppo né gli individui sono responsabili del profitto del gruppo. Tale modello serve solo a rafforzare i risultati dell'apprendimento e rafforza le abilità sociali; il modello «gruppi di quattro» è appropriato per tutti i livelli scolastici e in molte aree curriculari.
— **CO-OP CO-OP**: si basa su 6 fasi:
    1. selezione di un argomento principale di studio;
    2. suddivisione di tale argomento in mini-argomenti;
    3. ogni studente seleziona un mini-argomento a scelta;
    4. ogni singolo studente compie una mini-ricerca sul mini-argomento scelto e condivide poi le informazioni con il gruppo;
    5. dopo una discussione, l'informazione viene stilata in una presentazione di gruppo e fornita alla classe intera;
    6. la valutazione riguarda il lavoro dello studente nel gruppo più un elaborato individuale*.

* S. di Pietro, *Compendio di didattica*, Edizioni Simone, Napoli, 2014.

8 La didattica per concetti

La didattica per concetti nasce da una **matrice di tipo costruttivo-cognitivista** e pone al centro dell'attenzione formativa il **concetto** quale insieme ordinato di più informazioni che acquisiscono un senso più generale e logico rispetto a quello della semplice nozione elementare. Si tratta di una valida metodologia didattica che consente non soltanto lo **sviluppo cognitivo** dell'allievo per mezzo dell'individuazione dei *concetti*, ma anche la **ricostruzione delle discipline** e degli argomenti collegati tra loro con relazioni e gerarchie.

Diversamente da altre tipologie didattiche che potrebbero essere adoperate soprattutto in contesti specifici, la didattica per concetti si caratterizza per essere un **modello educativo universale** (Rosch, Nelson) adattandosi a tutti i tipi di studenti ed a qualsiasi fattispecie scolastica. Alla base della didattica per concetti vi è una costante attività di **memorizzazione semantica** che, tramite la *classificazione dei concetti in categorie*, permette di analizzare ed approfondire le diverse relazioni che intercorrono fra le tassonomie. Nel modello concettuale, inoltre, si tende a **favorire l'apprendimento teorico rispetto a quello pratico** (o del "*saper fare*") guidato da un insegnante che orienta l'attività di apprendimento dello studente, protagonista dello stesso processo cognitivo.

La didattica concettuale nasce anche per cercare di porre fine all'annoso problema della *dimenticanza* degli alunni. Il sapere trasmesso in *nozioni disordinate e meccaniche* potrebbe non rimanere impresso nella memoria degli studenti, soprattutto a causa di una carenza di interesse, e anche per tale ragione si sviluppa la **matrice concettuale**.

La didattica per concetti presuppone una **suddivisione gerarchica** delle conoscenze che andranno poi ad essere rappresentate graficamente e/o simbolicamente in una **mappa concettuale** di base. Le **conoscenze** risultano, infatti, essere diversificate tra loro e **non hanno lo stesso grado di importanza**. Ciò si riflette anche nelle modalità di rappresentazione che dovranno essere individuate dal docente per la trattazione di un determinato argomento. Le precedenti conoscenze dell'allievo, anche non necessariamente scolastiche, si intrecciano con i nuovi concetti che vengono estrapolati dal materiale didattico e dal confronto continuo con il docente e ciò rende più stabile il processo di apprendimento.

Lo **studente** introdotto in un contesto educativo concettuale svilupperà delle competenze mirate all'individuazione dei collegamenti tra i diversi contesti disciplinari, alla suddivisione degli argomenti, alla produzione di concetti e alla sintesi. Dal canto suo, il **docente** dovrà essere abile nel *predisporre il materiale didattico* e nell'*ascoltare gli studenti per estrapolare i concetti basilari su cui partire* (conversazione clinica → *infra*). Non solo: si rende necessaria anche una conoscenza epistemologica delle discipline e dei contesti tale da rendere agevole la sintesi e la schematizzazione dei concetti da sottoporre all'attenzione degli alunni. Infine, è bene sottolineare che alcuni modelli educativi di recente ideazione presuppongono anche l'utilizzo di strumenti informatici e digitali per l'apprendimento concettuale tramite supporti specifici come ad esempio la **LIM**, il **computer**, **cartelle condivise in rete** con schemi e mappe ordinate lezione per lezione e così via.

8.1 Le mappe concettuali

Lo strumento principale attraverso cui agisce la didattica per concetti è la **mappa concettuale** che costituisce il punto di partenza di questo tipo di modalità educativa.

La mappa concettuale è una *rappresentazione grafica della conoscenza*, utile per far emergere i significati insiti nei materiali da apprendere. Essa rende possibile il trasferimento sul piano grafico e iconico di un insieme di elementi concettuali. Scegliere la logica grafica significa abbandonare la logica lineare del linguaggio verbale e scritto e adottare la *logica reticolare e ipertestuale* che si presenta sotto forma di ramificazione di elementi. Tale struttura grafica, che rende possibile l'esame della diverse componenti del medesimo concetto, è di certo più vicina alla struttura mentale del soggetto che apprende.

Il primo a incentivare l'uso delle mappe concettuali fu **J. Novak** (1932) che elaborando la *teoria degli schemi* derivata da Ausubel e Rumelhart, evidenziò l'importanza di formalizzare in una mappa le preconoscenze possedute dagli allievi, indispensabili per l'apprendimento significativo di nuovi concetti. Le mappe evidenziano, infatti, graficamente il modo in cui i vari concetti sono interconnessi.

Le mappe di Novak non sono *costruite* solo dai docenti (o dai libri), ma direttamente *dagli studenti in chiave metacognitiva*. La creazione di mappe è utile per lo studente, in quanto permette di rappresentare graficamente i concetti associati ad uno specifico ambito di studio, favorendo una maggiore dimestichezza e quindi un miglior apprendimento. E al contempo la mappa è funzionale anche in chiave di verifica degli apprendimenti e delle conoscenze pregresse del soggetto.

Le mappe concettuali dovrebbero rispecchiare un **ordine gerarchico** che da un livello superiore generale scende verso il basso verso concetti via via più specifici. La mappa può essere arricchita da *collegamenti associativi* che evidenziano la presenza di legami trasversali. Se un concetto è legato a molti altri concetti, diventa un "concetto chiave".

Una mappa può inoltre assumere varie *strutture: a ciclo, ad albero, a rete*. La struttura ad albero è quella che mette in maggior evidenza la gerarchizzazione voluta da Novak, al contrario della struttura a cicli[24].

---

[24] E. Niccoli, *Novak, le mappe concettuali e l'insegnamento scientifico*, in educa.univpm.it

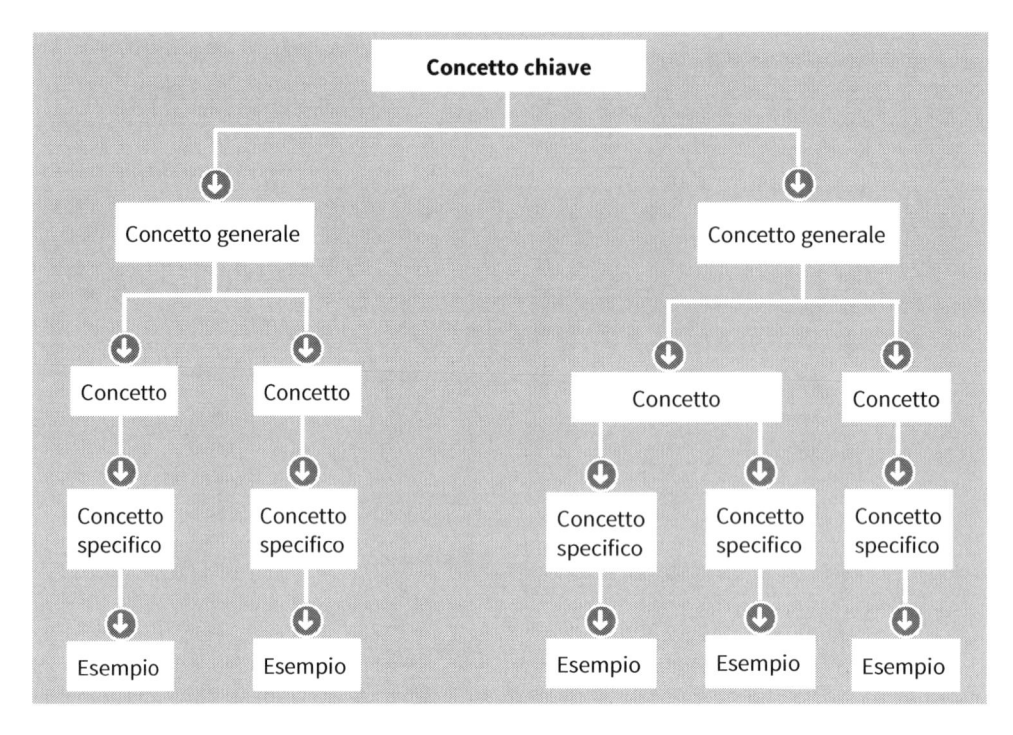

```
                    Concetto chiave
           ┌──────────────┴──────────────┐
           ▼                             ▼
    Concetto generale             Concetto generale
      ┌────┴────┐                   ┌────┴────┐
      ▼         ▼                   ▼         ▼
   Concetto  Concetto            Concetto   Concetto
      ▼         ▼                   ▼         ▼
   Concetto  Concetto            Concetto  Concetto   Concetto
   specifico specifico           specifico specifico  specifico
      ▼         ▼                   ▼         ▼         ▼
   Esempio   Esempio             Esempio   Esempio   Esempio
```

Le mappe concettuali sono utili all'alunno in quanto consentono di:
— mettere a fuoco le idee chiave;
— pianificare le operazioni da compiere;
— sintetizzare ciò che è stato imparato;
— stimolare la creatività;
— favorire l'apprendimento metacognitivo;
sfruttare la memoria visiva;
  favorire la discussione.

Ma le mappe concettuali sono utili anche per l'insegnante in quanto:
— rappresentano il percorso sa seguire, concordare e organizzare con gli studenti;
— identificano le conoscenze corrette, sbagliate, incomplete.

Diversi dalle mappe concettuali sono i **diagrammi di flusso** che fissano solo la sequenza temporale delle operazioni, senza però evidenziare il il significato logico e scientifico dei passaggi come invece avviene nelle mappe concettuali.

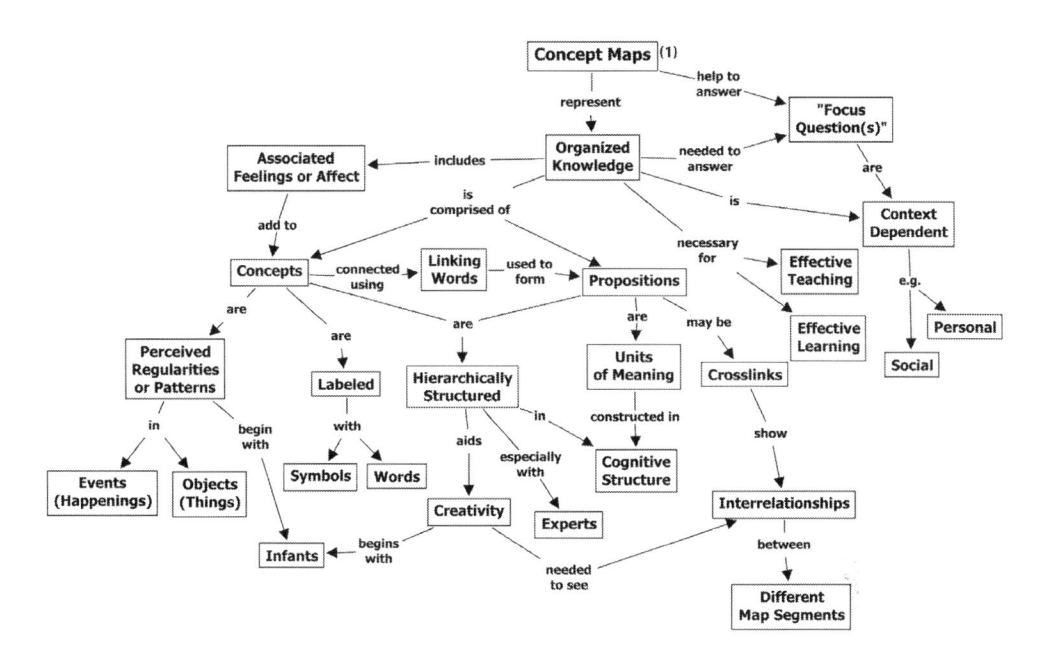

Capitolo 2 Metodi e metodologie di insegnamento/apprendimento

(1) Una mappa concettuale sullo sviluppo delle mappe concettuali (Fonte: cmap.ihmc.us, il sito in cui Novak ha operato personalmente). Le mappe concettuali sono tendenzialmente lette dall'alto verso il basso. Da evidenziare che le mappe, crescendo in complessità, diventano sempre più o meno funzionali dal punto di vista didattico.

Per la formazione e l'apprendimento di un'unità didattica attraverso la metodologia concettuale si possono seguire una serie definita di step:

— la **conversazione clinica** (*intervista*) permette al docente di venire a conoscenza delle idee elementari dello studente così da poterle interpretare e renderle interne al processo di apprendimento. Si tratta di uno strumento costruttivo che presuppone un'attenta attività di **ascolto** e che permette lo sviluppo graduale dei concetti sulla cd. **matrice cognitiva** prodotta come base per la rete concettuale;
— la già accennata **matrice cognitiva** costituisce il risultato delle conoscenze degli studenti e funge da parametro con cui confrontare la mappa concettuale. Laddove dovessero essere rilevate delle **criticità** potranno essere progettati diversi interventi didattici (cd. **rete di interventi**);
— la **rete concettuale** consente di concludere la fase di progettazione dell'unità didattica e costituisce l'elemento precedente alla sua esecuzione;
— i **blocchi**, ossia delle tappe di avvicinamento con cui si organizza la rete concettuale. Tradizionalmente sono riconosciuti tre blocchi: il **primo blocco**, definito anche blocco o **senso antropologico**, riguarda una visione generale e d'insieme del tema da trattare. In particolare, l'esperienza comune, l'ambiente ed il contesto, la percezione di una certa dinamica o fenomeno; il **secondo blocco del senso critico** ha un'impostazione più oggettiva e consente di sviluppare appunto uno sguardo critico dettato da regole empiriche e affidabili; infine il **terzo blocco** riguarda il **senso sistematico** sulla condivisione dei concetti e sull'attività di *contestualizzazione* che deve essere effettuata congiuntamente sia dal docente che dal gruppo classe;
— la **verifica di apprendimento**.

8.2 Le mappe mentali

Una valida alternativa alle tradizionali mappe concettuali è offerta dalle cd. mappe mentali teorizzate dallo psicologo cognitivista **T. Buzan** (1942-2019) negli anni Settanta. A differenza della classica mappa concettuale che – ricordiamo – si basa sulla rappresentazione grafica e schematica di macro-concetti e concetti di base, la mappa mentale permette di associare alle parole anche un più forte **elemento visivo** (come ad esempio *un'immagine* oppure un *modo particolare di scrittura*) in grado di innalzare l'**interesse** e l'intensità del **ricordo** nello studente.

Dal punto di vista strutturale nella mappa mentale si segue un andamento **gerarchico** ma **radiale** (e non *verticale* come nelle comuni mappe concettuali) che permette di porre un elemento centrale e di sviluppare poi, attorno a quell'elemento, una serie di concetti e contenuti con una **forte valenza associativa**. Le mappe mentali si caratterizzano per l'essere degli strumenti fortemente inclusivi, soprattutto considerando la **possibilità creativa** e d'immaginazione lasciata dal docente agli studenti durante il lavoro di stesura.

9 La didattica per problemi: il problem solving

Molti pedagogisti hanno fortemente criticato i modelli educativi basati sulla trasmissione e sull'accumulo di informazioni, sulla ripetizione meccanica degli esercizi e sulla correzione degli errori, mentre hanno ribadito l'importanza di quelle pratiche didattiche rivolte a promuovere la *motivazione all'apprendimento*, a potenziare le capacità critiche degli alunni, a utilizzare anche in campi diversi da quello scolastico le conoscenze e le competenze acquisite dagli studenti[25]. Una di queste pratiche è proprio la **didattica per problemi**.

Possiamo definire questo tipo di didattica come la possibilità di **dare risposte a situazioni problematiche**. Con il termine inglese *problem solving* si intende, infatti, il processo cognitivo messo in atto per analizzare una situazione data e trovare una soluzione.

A differenza del processo di apprendimento classico che prevede l'utilizzo di procedure schematiche ed automatiche, la didattica per problemi si basa su **operazioni cognitive** in grado di offrire una soluzione inaspettata.

Nel **problem solving** si individuano **cinque momenti**:
— **comprensione**: lo studente si approccia al problema, ne comprende le componenti e si chiede se ha mai incontrato qualcosa di simile;

---

[25] Per un approfondimento si rimanda a: M. Minsky, *La società della mente*, Adelphi, Milano, 1989; A. Maslow, *Motivazione e personalità*, Armando, Roma, 1995; A. Bandura (a cura di), *Il senso di autoefficacia*, Erickson, Trento, 1996; M. Comoglio, *Insegnare e apprendere con il portfolio*, Fabbri Editore, Milano, 2006.

- **previsione**: inizia il ragionamento e ci si chiede di cosa si ha bisogno, si stima il tempo necessario per la risoluzione, si scelgono gli strumenti utili;
- **pianificazione**: questo è il vero e proprio inizio della fase di risoluzione, in cui si stabiliscono i dati in possesso, le conoscenze, in cui si fa ricerca;
- **monitoraggio**: durante lo svolgimento del compito il ragazzo si chiede se sta raggiungendo la soluzione o deve cambiare approccio, se ha bisogno di aiuto o ha già qualche conclusione importante;
- **valutazione**: alla risoluzione del problema ci si chiede se i tempi calcolati erano giusti, se è stata scelta la giusta prospettiva, dove sono stati fatti errori e come si può migliorare.

Una delle discipline in cui è più facile ed utile applicare il problem solving è la matematica ma lo stesso procedimento può essere utilizzato non solo nelle *materie scientifiche* ma anche in *quelle umanistiche*, in modo da comprendere eventi e processi in modo completo e approfondito.

Ad esempio **può essere applicata a molteplici situazioni** come anche **la narrazione di una storia, di una fiaba**, che da un certo momento in avanti può assumere carattere vero e proprio di situazione problematica.

La possibilità che gli alunni facciano propri i problemi incontrati dai protagonisti di un racconto è molto importante, in quanto allarga moltissimo il campo della spendibilità di questa metodologia estendendola a innumerevoli situazioni che essi non potrebbero sperimentare direttamente, ma che possono vivere in modo coinvolgente grazie all'identificazione con alcuni personaggi della storia.

Ad esempio, l'insegnante può interrompere la lettura di un racconto e chiedere di prevedere lo sviluppo che prenderà la storia: cosa succederà, adesso?

Le passeggiate inferenziali, questa abitudine alla previsione e alla ricerca di soluzioni, sono una prova per lo sviluppo delle capacità immaginative che può creare una serie vastissima di mondi possibili in cui far muovere i personaggi per tornare, poi, nuovamente alla storia e confrontarsi con le opzioni dell'autore. Ancora, il docente nella lettura di una storia può fare dei *blanks,* un'interruzione, e chiedere ai bambini di inventare la continuazione e verificare, poi, quanto si siano avvicinati allo snodarsi vero della vicenda.

Altre volte possono essere gli stessi alunni a cercare ipotesi di soluzione a situazioni problematiche che si presentano quotidianamente; ad esempio, «come possiamo fare per non distrarci durante la lezione? Studiamo un piano d'azione».

Il procedimento del problem solving viene schematizzato in vari modi. Uno dei più noti è il **F.A.R.E.**, acronimo che indica i quattro momenti di questa procedura.

Focalizzare	Creare un elenco di problemi Selezionare il problema Verificare e definire il problema	Descrizione scritta del problema
Analizzare	Decidere cosa è necessario sapere Raccogliere i dati di riferimento Determinare i fattori rilevanti	Valori di riferimento Elenco dei fattori critici
Risolvere	Generare soluzioni alternative Selezionare una soluzione Sviluppare un piano di attuazione	Scelta della soluzione del problema Piano di attuazione
Eseguire	Impegnarsi al risultato aspettato Eseguire il piano Monitorare l'impatto durante l'implementazione	Impegno organizzativo Piano eseguito Valutazione

La seconda schematizzazione altrettanto famosa risale a Lasswell ed era usata fin dagli anni '30 nel giornalismo. Si basa su **cinque W e due H** che schematizzano i passi necessari per affrontare la soluzione di un problema:

— **Who**, chi è il referente o il committente, a chi ci si rivolge;
— **What**, che cosa si deve fare (progetto);
— **Where**, dove si deve intervenire;
— **When**, quando va fatto;
— **Why**, perché si fa (obiettivo);
— **How**, come si deve fare — questo è lo sviluppo stesso del progetto;
— **How much**, quanto si può spendere?

Le risposte, la ricerca di soluzioni a un dato problema alimentano il **pensiero produttivo**, la **creatività** intellettuale, danno al sapere carattere di organicità, un sapere che cresce e vive dentro l'allievo, che lo sollecita a pensare, che gli suscita curiosità, un sapere che diventa parte della sua persona come può esserlo una bella fiaba, un racconto d'avventura, una poesia, una filastrocca, una bella gita fatta tutti insieme.

10 L'insegnamento capovolto: flip teaching

L'**insegnamento capovolto** o **flip teaching** è una metodologia didattica, un modello pedagogico oltre che un nuovo scenario di apprendimento diffuso soprattutto all'estero[26].

Nelle flipped classroom si attua **un'inversione delle modalità di insegnamento tradizionale**: normalmente il docente insegna e l'alunno ascolta per poi studiare e ripetere a casa. Il termine *flip* (capovolgere) sta a indicare la modalità in cui vengono proposti i contenuti e i tempi utili per l'apprendimento. La flipped classroom, infatti, **ribalta la logica dello studiare in classe** con l'insegnante e del ripetere passivamente a casa quanto sentito/letto in classe.

---

[26] Per un approfondimento del tema si rimanda a M. Maglioni, F. Biscaro, *La classe capovolta - Innovare la didattica con la flipped classroom,* Erickson, Trento, 2014.

La lezione è flipped perché inverte l'ordine tradizionale che è strutturato nel flusso: attività di informazione → attività di appropriazione dell'informazione.

LEZIONE TRADIZIONALE	LEZIONE FLIPPED
A scuola lo studente ottiene l'informazione ↓ A casa c'è l'appropriazione, il momento in cui lo studente sviluppa apprendimento a partire dalla spiegazione dell'insegnante	A casa lo studente attinge l'informazione ↓ A scuola c'è l'appropriazione, il momento in cui lo studente sviluppa l'apprendimento. Nel momento in cui apprende lo studente non è da solo e l'insegnante è maggiormente significativo nel momento in cui lo studente ne ha più bisogno, ossia nel momento della riflessione sull'informazione

Questa metodologia didattica ha origine nel mondo anglosassone — da sempre più attento alla didattica laboratoriale e «per esperienza» — e si è diffuso in particolare negli Stati Uniti, dove già da anni le classi sono infrastrutturate digitalmente e utilizzano sistemi di e-learning basati su classi virtuali.

In una flipped classroom **la responsabilità del processo di insegnamento** viene in un certo senso «trasferita» **agli studenti**, i quali possono controllare l'accesso ai contenuti in modo diretto, avere a disposizione i tempi necessari per l'apprendimento e la valutazione. L'insegnante ha un ruolo di «guida» che incoraggia gli studenti alla ricerca personale e alla collaborazione e condivisione dei saperi appresi.

Le attività avvengono in modalità simili a quelle usate nei corsi di formazione professionale, quindi con ampio **utilizzo delle nuove tecnologie** per fornire le adeguate risorse agli allievi al di fuori del contesto classe. Infatti, gli allievi hanno a disposizione una ingente quantità di materiali didattici online, che possono condividere, annotare, modificare o addirittura creare in maniera collaborativa.

Il primo step per un'attività di *flip teaching* consiste nell'identificare una *piattaforma di e-learning*, quale ambiente dove raccogliere, organizzare e condividere risorse e percorsi formativi che, strutturati e implementati dai docenti stessi, possano soddisfare stili e ritmi di apprendimento verificati in aula. Questo permette di ampliare il tempo didattico oltre gli spazi della classe e i limiti temporali della campanella di fine lezione.

Il processo segue diverse **fasi**:

— **l'insegnante seleziona** o prepara molto attentamente risorse video, risorse multimediali, libri o e-book che devono essere catalogati all'interno di una apposita piattaforma online creata per gli studenti;
— l'insegnante **assegna per casa agli studenti i video o le risorse** su un argomento che successivamente sarà trattato in classe;
— **gli studenti a casa si collegano allo spazio virtuale** nel quale hanno a disposizione i materiali didattici che il docente ha selezionato e/o creato proprio per

loro e possono utilizzarli in qualsiasi momento della giornata, adoperandoli più volte fino a quando i concetti non sono sufficientemente chiari;
— successivamente l'insegnante a scuola fornisce chiarimenti, effettua esercitazioni e qualsiasi altra attività funzionale ad una migliore comprensione (compiti, risoluzione di problemi, studio di casi, attività di approfondimento etc.);
— **gli alunni in classe riferiscono le conoscenze acquisite**, **rispondono alle domande** poste dal docente, producono testi dimostrando così di aver compreso l'argomento;
— **l'insegnante testa il livello raggiunto** attraverso *quiz online*, che permettono anche agli studenti di imparare dai propri errori.

In un quadro siffatto, gli **studenti** diventano **responsabili** e **organizzatori del proprio apprendimento**. Fuori dalla classe, sono impegnati con materiali disponibili online (da usare secondo il proprio ritmo di apprendimento), mentre in classe lavorano con i compagni e approfondiscono la comprensione. I docenti prima della lezione selezionano e preparano il materiale, mentre in classe semplificano concetti complessi, organizzano esercitazioni, diventando così autori di nuovi contenuti, tutor, iniziatori, manager dell'apprendimento fuori della scuola, consiglieri, comunicatori, animatori, coach e osservatori.

La tecnologia assume qui un **ruolo importante**:
— **aiuta gli studenti** ad accedere ai materiali da casa (video, tutorial, pagine web, documenti), a prendere appunti, a scambiare informazioni (nella classe virtuale);
— **aiuta i docenti** ad ottenere feedback dagli studenti, tracciare il loro progresso e supportare la collaborazione.

In questo modo vengono valorizzati i nuovi stili di apprendimento degli studenti che sono ormai «nativi digitali» e diviene molto più semplice personalizzare gli apprendimenti, disegnando all'interno dell'ambiente virtuale di apprendimento percorsi didattici specifici per singoli o gruppi con bisogni o esigenze particolari. Il tempo in classe è dedicato alla discussione, alla condivisione e all'approfondimento della conoscenza maturata a casa; gli studenti possono imparare meglio ascoltando o facendo e possono testare in qualsiasi momento le proprie conoscenze[27].

INSEGNAMENTO TRADIZIONALE	FLIPPED TEACHING
Il docente fornisce informazioni in classe.	L'uso dei video permette agli studenti di ascoltare e riascoltare in qualsiasi momento le parole del docente.
Gli studenti provano a trattenere il maggior numero possibile di informazioni, magari prendendo appunti. Ciò non permette loro di soffermarsi sui concetti.	Le discussioni avviate in classe permetteranno agli studenti di socializzare e collaborare nella risoluzione di un problema comune.

---

[27] P. Ferri, *Come sarà la scuola dei nativi digitali? Il futuro nella flipped classroom*, in www.agendadigitale.eu

Non mancano, tuttavia, i **punti di debolezza** che ogni nuova sperimentazione inevitabilmente comporta. Nella flipped classroom:
— vengono certamente **penalizzati i rapporti interpersonali**, in quanto l'allievo avrà un contatto molto stretto con il computer sia a scuola che a casa;
— è richiesta una particolare **attenzione** nella fase di **programmazione** delle attività e di selezione dei materiali didattici da sottoporre ai discenti;
— la **registrazione delle lezioni richiede molto tempo** e la capacità di utilizzare gli strumenti adeguati per la realizzazione di podcast;
— gli **studenti** possono sentirsi **smarriti** quando utilizzano i materiali online, non riuscendo a rintracciare quelli veramente importanti;
— è **necessario rivedere il curricolo scolastico**.

11 Educazione tra pari o peer education

Una delle modalità alla base della didattica relazionale è la **peer education** (educazione tra pari, tra coetanei), una metodologia volta ad attivare un naturale **passaggio di conoscenze, emozioni ed esperienze da parte di alcuni membri di un gruppo ad altri individui dello stesso gruppo**, mettendo così in moto un processo di comunicazione globale che diviene una vera e propria occasione di arricchimento e di scambio per il singolo adolescente.

Nell'ambito della classe, gli alunni più maturi e preparati (*peer educator*) insegnano a quelli che hanno bisogno di supporto e di tempi più lunghi per l'apprendimento.

Questo metodo di lavoro rappresenta, quindi, una «**rottura» con i modelli tradizionali** centrati sulla figura dell'adulto esperto e competente, totalmente responsabile del sistema educativo; a tale adulto non è più riconosciuta la capacità di comprensione degli altri e delle loro motivazioni, cosa che è invece considerata «naturalmente» presente in un *gruppo di pari* che condivide il medesimo ambiente e sistema di vita. Al docente spetta, invece, il compito di supervisione.

La *peer education* è un sistema che:
— **rende più maturo il peer educator** che ripete anche lui i concetti (spiegare agli altri facilita moltissimo la memorizzazione e l'apprendimento);
— insegna a tutti che il **rapporto tra coetanei**, pur sempre piacevole, può avere anche scopi più alti del semplice gioco;
— **facilita l'apprendimento**, in quanto il peer educator naturalmente utilizza il linguaggio più consono e adegua il lavoro alle necessità del gruppo;
— **aiuta il docente a conoscere meglio le reali dinamiche e le esigenze del gruppo**. I tempi di insegnamento e apprendimento sono fortemente individualizzati e adeguati ai bisogni degli alunni.

L'*educazione tra pari* inoltre può essere un valido modello di lavoro con e per gli adolescenti; essa riconosce **gli adolescenti** quali **primari attori** nella promozione del loro benessere e nella realizzazione di azioni di prevenzione di comportamenti a rischio.

12 Tutoring o mentoring

Tutoring è ogni *intervento che sostiene o aiuta un individuo in condizioni di disagio o difficoltà di apprendimento*. In ambito scolastico il **tutor è un docente che si pone a disposizione del singolo alunno** per venire incontro alle sue esigenze psichiche e cognitive. La figura del tutor (detto anche *mentor*) in alcune realtà scolastiche è istituzionalizzata e si identifica con il docente che si occupa del disagio giovanile. In alcuni casi il tutor (come nella *peer education*) è un alunno.

Oggi piuttosto che di tutoring si preferisce parlare di **mentoring**[28].

L'etimologia della parola *mentoring* risale all'Odissea omerica: prima di partire per Troia, Ulisse chiese a Mentore, amico fidato e consigliere, di prendersi cura di suo figlio Telemaco, e di prepararlo a succedergli al trono. Nel corso del poema, è la dea Atena ad assumere la forma di Mentore per guidare Telemaco durante i suoi viaggi. In questo ruolo, Mentore (e Atena), in virtù della loro saggezza, svolgono una funzione di guida, di custode e protettore, e con i loro consigli aiutano il giovane a compiere le proprie scelte.

È facile che per un giovane una figura adulta esterna all'ambito familiare (un educatore, un insegnante, un amico, un allenatore) rappresenti un **punto di riferimento, un modello di comportamento** e uno stimolo forte per la crescita personale. Parliamo in questo caso di «*natural mentoring*». È proprio da queste relazioni spontanee che in modo non volontario mettono in rapporto le generazioni, che deriva il *mentoring*.

Il mentoring è, quindi, un **tipo di relazione formale**, che non nasce casualmente ma si sviluppa con uno scopo di crescita e miglioramento personale. L'aspetto principale di questo processo è la relazione «mentore-mentee».

Si tratta in sostanza di **una metodologia** di formazione **basata sulla relazione** (formale o informale) tra un soggetto con più esperienza, chiamato *senior* o *mentor*, e uno con meno esperienza (*junior* o *mentee*) con lo scopo di promuovere in quest'ultimo lo sviluppo di competenze che riguardano la sfera personale, professionale e sociale.

Si attua attraverso la costruzione di un rapporto di medio-lungo termine, che si costituisce come un *percorso di apprendimento guidato*, in cui il *mentor* offre volontariamente saperi e competenze acquisite e le condivide sotto forma di

---

[28] Per un approfondimento della tematica, si rimanda a: M. D'Alessio, F. Laghi, V. Giacalone, *Mentoring e scuola. Teorie, modelli e metodologie di intervento a contrasto della dispersione scolastica*, Hoepli, Milano, 2010.

insegnamento e trasmissione di esperienza, per favorire la crescita personale e professionale del *mentee*.

Il **mentor** è una persona che presenta una forte *motivazione a fare da guida* e da consigliere al *mentee*; in ambito scolastico è ovviamente un docente.

Il *mentee*, o allievo, è colui che si fa guidare e consigliare nell'apprendimento; insieme creano il rapporto di *mentorship*, segnato soprattutto da grande fiducia e da un sincero dialogo.

La scoperta dell'efficacia di queste relazioni, e gli effetti benefici riscontrati, hanno portato, a partire dagli anni Ottanta del secolo scorso, a impostare *programmi di mentoring finalizzati soprattutto a ridurre l'abbandono scolastico*. I risultati interessanti delle prime esperienze e i costi relativamente bassi dell'intervento, che si strutturava solitamente per mezzo di volontari, hanno prodotto la sua rapida espansione.

Oggi nell'ambito dei programmi di prevenzione, il termine mentoring viene usato per indicare:
— un tipo particolare di **relazione uno a uno**, all'interno della quale una persona con specifiche abilità e competenze (il *mentor*) mette un giovane (il *mentee*) nelle condizioni di sviluppare le proprie;
— una **relazione personale stretta** (*close relationship*) in un processo di lavoro comune per raggiungere obiettivi concordati;
— una **relazione reciproca**, un'alleanza dalla quale sia *mentor* che *mentee* traggono beneficio.

Il mentoring rivolgendosi a bambini e preadolescenti che presentano delle difficoltà, cerca di evitare che queste si stabilizzino nel tempo e diventino fonte di problemi e disagio in adolescenza e in età adulta.

La scuola è il contesto dove vengono realizzati la maggior parte dei programmi di mentoring in Italia e all'estero. Nelle scuole, il mentoring offre una risposta concreta e diventa modello di azione creativa, rispetto alle tradizionali modalità di intervento.

Le principali **funzioni del mentoring** possono essere così sintetizzate:
— **sostegno al processo di apprendimento**: il *mentor* aiuta il *mentee* a formalizzare i suoi bisogni, a riconoscere il proprio stile di apprendimento, la propria situazione di carriera, i propri limiti e punti di forza delle sue capacità e dei suoi risultati;
— **trasmissione e diffusione della cultura** organizzativa volta ad aiutare il *mentee* a capire, condividere, far propri i valori, i comportamenti, le regole espresse dalla propria organizzazione;
— facilitazione di processi di iniziazione alla cultura organizzativa.

In sintesi

▶ **Metodo didattico**: concetti e i principi che sono alla base di un'azione formativa; insieme delle scelte operative che un docente adotta per facilitare la trasmissione delle conoscenze.

▶ **Metodi di insegnamento/apprendimento**: si possono raggruppare in quattro grandi categorie:
  — attraverso *la trasmissione del sapere*;
  — *per imitazione*;
  — *attraverso approcci costruttivisti*;
  — *attraverso la ricerca di gruppo*.

▶ **Apprendimento significativo**: si basa su una didattica costruttivista ed è incentrato sull'allievo. È quel tipo di apprendimento che consente di dare un senso alle conoscenze pregresse, permettendo l'integrazione delle nuove informazioni con quelle già possedute e il loro utilizzo in contesti e situazioni differenti.

▶ **Metodologia**: ricerca ed elaborazione dei principi regolativi e dei criteri generali di svolgimento di un'attività. Fondamento teorico su cui si basa qualsiasi metodo e, più in generale, la riflessione critica sui metodi usati in diversi settori disciplinari.

▶ **Principali metodologie didattiche in uso nella scuola**:
  — la **didattica laboratoriale**: laboratorio inteso come modalità di lavoro utile a sviluppare la capacità di risolvere un problema, padroneggiare una tecnica, «*spazio mentale attrezzato, forma mentis*»;
  — la **didattica per scoperta**: molto efficace nelle prime fasi dell'apprendimento e nella scuola dell'infanzia, è quella metodologia che guida l'apprendimento dell'alunno attraverso la *scoperta del mondo*, attivando «processi deduttivi»;
  — la **didattica metacognitiva**: metacognizione letteralmente sigìgifica «oltre la cognizione», indica la capacità di riflettere sulle proprie capacità cognitive;
  — la **didattica per progetti**: progettare dal latino «*proicere*» gettare avanti, prefigurare un percorso che si propone il raggiungimento di uno o più obiettivi che porteranno alla realizzazione di un prodotto;
  — la **didattica collaborativa o cooperative learning**: metodologia di apprendimento-insegnamento in cui la variabile significativa è la cooperazione tra gli studenti.

▶ **Didattica per problemi o *problem solving***: tipo di didattica che si propone di dare risposte a situazioni problematiche non relative solo alle discipline scientifiche.

▶ **Didattica per concetti**: di matrice costruttivista-cognitivista, è una metodologia didattica che consente non solo lo sviluppo cognitivo dell'allievo per mezzo dell'individuazione dei *concetti*, ma anche la ricostruzione delle discipline e degli argomenti mediante le loro relazioni e gerarchie. Presuppone una suddivisione gerarchica delle conoscenze che vanno poi rappresentate graficamente in una *mappa concettuale*.

▶ **Insegnamento capovolto o *flip teaching***: modello pedagogico che attua un'inversione delle modalità di insegnamento tradizionale: la responsabilità del processo di insegnamento viene «trasferita» dal docente agli studenti.

- **Educazione tra pari o *peer education***: metodologia volta ad attivare un naturale passaggio di conoscenze, emozioni ed esperienze da parte di alcuni membri di un gruppo ad altri individui dello stesso gruppo.
- **Tutoring o mentoring**: metodologia di formazione basata sulla relazione (formale o informale) tra un soggetto con più esperienza (*mentor*) e uno con meno esperienza (*mentee*) con lo scopo di promuovere in quest'ultimo lo sviluppo di competenze che riguardano la sfera personale, professionale e sociale.

3
I modelli didattici

1 I modelli didattici

Nati come sintesi di valori, strumenti educativi e finalità da perseguire, i **modelli didattici** costituiscono importanti criteri di connessione fra le metodologie e le tecniche didattiche con una finalità educativa ben specifica.

Per **modello didattico** (o *educativo*) si intende una struttura complessa in grado di mettere in collegamento un **elemento teleologico**, ossia una finalità da perseguire, e un **elemento pratico**, costituito dall'insieme delle tecniche e delle metodologie dell'insegnamento in relazione alla vita educativa. Ciò che viene posto in risalto è la fitta trama di **relazioni tra gli elementi della didattica**: con un certo modello è possibile descrivere, spiegare e comprendere le modalità di interazione di ciò che partecipa alla realtà educativa.

I modelli didattici *agevolano l'intermediazione fra teoria pedagogica e prassi educativa* e consistono in schemi teorici che rappresentano i componenti dell'agire didattico e permettono anche di ideare, progettare e valutare i processi di insegnamento e di apprendimento. Le fondamenta dei modelli didattici poggiano sull'*antropologia*, sulla *pedagogia* e su una serie di elementi che inevitabilmente influiscono su un certo *atteggiamento didattico*, quali capacità, conoscenze e competenze del docente, esperienze di vita, linee di pensiero sviluppate nel corso degli anni, così come pure il dettato normativo delle istituzioni.

Se, come si è detto, il modello didattico consente un collegamento fra l'agire didattico e una certa finalità, è necessario precisare che le **finalità cui l'insegnamento deve tendere** sono specificate anche nelle norme di legge e negli atti di indirizzo, non soltanto nazionali ma anche comunitari (basti pensare alle **otto competenze chiave della cittadinanza europea** → Cap. 5).

L'analisi e la scelta di un modello didattico sono oggi attività quantomai complesse, soprattutto considerando l'evoluzione dell'intero sistema educativo, l'introduzione di strumenti didattici prima impensabili, la scoperta di nuove tecnologie e l'espansione del sapere umano in aree d'interesse prima precluse. La corretta ideazione di un modello educativo consente la suddivisione dell'attività didattica in più **obiettivi** (o traguardi) **intermedi** e, tramite il raggiungimento di tali traguardi è possibile raggiungere una finalità educativa complessa.

Un modello didattico non costituisce una teoria, ma una sua **approssimazione**. In altri termini, si tratterebbe di una rappresentazione di alcuni elementi fondamentali nel processo di apprendimento che faciliterebbero l'orientamento dell'azione curricolare e, quindi, dell'agire didattico. La teoria, al contrario, come esperienza formalizzata si riferisce esclusivamente a delle osservazioni *ex post* di dati reali come frutto di un processo induttivo.

In letteratura didattica si sono avute **diverse definizioni di modelli educativi**, differenti a seconda dei punti di vista degli autori.

Secondo alcuni autori (G.M. Bertin, M. Baldacci), i modelli didattici costituiscono degli **schemi concettuali** che pongono in collegamento i vari aspetti della vita educativa, secondo fondamentali canoni di **coerenza** e **organicità**. È necessario infatti che le azioni e gli strumenti che compongono il modello didattico siano tra loro coerenti ed uniformi, essendo essi indirizzati alla finalità formativa. Secondo lo stesso Baldacci, il modello dovrebbe costituire un vero e proprio **schema-guida** verso la prassi, in grado di indirizzare l'operato del docente nello svolgimento della sua attività di insegnamento[1].

L. Perla descrive il modello didattico come una **struttura di mediazione fra teoria e pratica**, in grado di produrre una semplificata e parziale rappresentazione dell'agire didattico e di porre in risalto degli aspetti soggettivamente rilevanti. Secondo altra parte degli autori (E. Damiano), i modelli didattici costituirebbero delle proposte per determinate pratiche didattiche e costituirebbero, pertanto, una «*rappresentazione semplificata di schemi operativi per realizzare azioni educative istituzionalizzate nella scuola*». Ancora, per C. Laneve i modelli didattici rappresentano la «*concettualizzazione essenziale di un complesso di proposte teoriche, organiche e coerenti*»[2].

Nella realtà didattica odierna è difficile immaginare l'adozione integrale di un modello, ossia la traduzione in metodi didattici di tutti gli elementi che lo compongono ma, anzi, risulta più semplice adottare *parzialmente* un modello didattico che sembra adeguato ad un certo contesto, integrato con una serie di **elementi** ripresi da altri modelli didattici (ritenuti dall'insegnante *meritevoli di interesse*). Per tale ragione l'adozione di ciascuno dei modelli che saranno esaminati nei paragrafi successivi, presuppone una preliminare ed attenta **attività di interpretazione** piuttosto che di mera esecuzione, atteso che – come già accennato – ciascun insegnante modella e personalizza il proprio **stile di insegnamento** sulla base di una serie di fattori pertinenti alla realtà scolastica in cui opera.

2 Fenomenologia dei modelli didattici

Come facilmente intuibile non esiste un unico modello didattico ma ve ne sono diversi, tutti identificati da determinati aspetti e peculiarità. Ad esempio, a seconda del **focus dell'azione didattica**, si classificano in:
— modelli orientati ai **processi** di apprendimento (***process-oriented***);
— modelli orientati ai **prodotti** dell'apprendimento (***product-oriented***);
— modelli orientati al **contesto** (***context-oriented***).

---

[1] M. Baldacci (a cura di), *I modelli della didattica*, Carocci, Roma 2004.
[2] Tutti in *L'agire didattico. Manuale dell'insegnante* (a cura di P.C. Rivoltella e P.G. Romi) e nelle sue espansioni in *lascuolaconvoi.it/nuova-didattica*, Editrice La Scuola, Brescia, 2017.

Tale classificazione, oggetto di approfondimento nei paragrafi successivi, ricalca la fenomenologia dei modelli didattici differenziati a seconda dell'elemento centrale su cui ricade l'attenzione didattica. In particolare, essendo i modelli didattici suddivisibili a seconda dell'elemento sul quale agiscono, sarà possibile avere:
a) **modelli che insegnano ad "apprendere a pensare"**;
b) **modelli che insegnano ad "apprendere a fare"**;
c) **modelli che insegnano ad "apprendere a stare"**.

Nei modelli che tendono all'apprendimento del pensiero ci si sofferma sul dato metacognitivo (cd. **didattica metacognitiva**) e su ciò che viene definito il **polo soggettivo** consistente nell'allievo[3]. L'attività didattica è orientata all'esaltazione dell'autonomia del singolo studente che sarà in grado – mediante una serie di stimoli da parte del docente – di sviluppare determinate capacità critiche e riflessive.

Nei modelli destinati ad "apprendere a fare", l'apprendimento si focalizza sul **polo oggettivo** evidenziabile ed osservabile. L'attenzione ricadrà sull'esito del processo di apprendimento che sarà di tipo cognitivo.

Infine, nei modelli che insegnano ad "apprendere a stare" si sottolinea l'importanza del contesto che avvolge sia il docente che i destinatari dell'azione didattica e ci si focalizza su un **polo intersoggettivo** quale risultato di una serie di relazioni continue e reciproche fra insegnante e studenti. Con questa tipologia di modelli didattici l'apprendimento diventa **collaborativo**.

Altra classificazione è quella fra i modelli didattici **puerocentrici** o **culturacentrici**[4]. Nei primi ci si sofferma sul **soggetto** quale centro dell'azione educativa e didattica, considerando quindi le esigenze personali dei discenti; nei secondi si mette in risalto l'**oggetto** dell'apprendimento, come il sapere, da trasmettere indifferentemente dalle condizioni personali o cognitive dei discenti.

2.1 I modelli process-oriented

Nei modelli didattici orientati al processo (cd. *process-oriented*) l'attenzione viene rivolta *sulla formazione degli studenti e sui processi di apprendimento*. Anziché analizzare nel dettaglio il vero e proprio prodotto dell'apprendimento, in questi modelli didattici ci si sofferma sull'antecedente logico costituito dal *processo di apprendimento*, ossia ciò che porterà poi al prodotto.

Il metodo educativo preponderante posto alla base dei modelli *process-oriented* è l'**attivismo pedagogico** di J. Dewey che idealizza un contesto *puerocentrico* fortemente incentrato sulla ricerca psicologica e sul ruolo del docente-guida alla *scoperta* dello studente mediante una serie di diverse attività, tra le quali rientra quella laboratoriale (cd. *intelligenza operativa*). Nella cd. *scuola attiva* il **procedimento di scoperta** costituisce uno degli elementi caratterizzanti, permettendo di stimolare l'apprendimento degli allievi anche tramite il pensiero riflessivo

---
[3] F. Bochicchio, in *L'agire didattico. Manuale dell'insegnante*, op. cit.
[4] F. Frabboni, *La sfida della didattica*, Sellerio, Palermo, 2011.

posto alla base dell'esperienza didattica. Le diverse esperienze maturate dagli studenti consentono di **imparare "facendo"** (*learning by doing*) e di affrontare più coerentemente i problemi sottoposti alla loro attenzione: non a caso, infatti, il *problem solving* ed il *problem posing* sono i due pilastri fondanti di un approccio psicologico, comportamentale ed operativo che agevola una risposta critica da parte dell'alunno. Con una tale struttura didattica si pongono in relazione l'azione dello studente ed il pensiero, inteso come strumento per ponderare ed acquisire consapevolezza delle stesse azioni intraprese. Il docente si fa promotore di un **benessere relazionale** (Damiano) e non perde mai di vista l'interesse effettivo degli allievi che risultano stimolati dal continuo riferimento alle tematiche attuali della vita quotidiana.

Nel modello process-oriented la **modalità didattica non è di stampo autoritativo** ma, anzi, risulta essere propositiva e condivisa, favorendo essa uno scambio bidirezionale dall'insegnante agli alunni e viceversa. Se, come anticipato, la finalità ultima del modello orientato ai processi è quella di stimolare la comprensione, le capacità critiche e le competenze nella risoluzione dei problemi della realtà, è necessario che vi sia un flusso informativo costante fra il docente e i singoli allievi. Ciò si riflette inevitabilmente anche sulla scelta degli **strumenti didattici** preferiti dall'insegnante tra i quali spiccano:

— le attività laboratoriali;
— le attività di gruppo;
— la ricerca e la scoperta, sia autonoma che di gruppo;
— i progetti educativi;
— la scrittura collettiva;
— il *role playing*;
— il *peer-tutoring*;
— l'apprendimento cooperativo (cd. *cooperative learning*);

Risulta chiara la **didattica su misura** quale strumento di personalizzazione delle scelte educative nei confronti del gruppo classe. Il metodo si incentra sulla ricerca e sulla **sperimentazione** della realtà che, tramite anche l'attività-guida di stimolo costante del docente, permettono di ideare un modello scolastico vicino al mondo sociale. L'**ambiente** scolastico in cui si svolge l'attività didattica viene considerato come una "*palestra di vita*" che dovrebbe essere in grado di introdurre gli allievi alla vita comunitaria. A mutare non è soltanto la scuola in sé considerata, ma anche il fine dell'**istruzione** generalmente intesa che, anche secondo il pensiero di Dewey, dovrebbe essere tesa a fornire metodologie di risoluzione di problemi della vita reale e ad immettersi nelle tematiche attuali. Alle finalità educative in senso stretto, pertanto, si affiancano anche delle **finalità sociali**.

Come conseguenza dell'adozione di tale modello didattico, si assiste ad un superamento della distinzione fra **attività manuali**, improntate anche all'aspetto *relazionale* e *psicomotorio,* ed **attività intellettuali** al fine di agevolare e favorire l'interscambio culturale e l'integrazione dell'allievo, rimanendo ferme sia l'esperienza scolastica che l'esperienza sociale. La socializzazione costituisce lo sfondo in cui opera tale modello didattico: lo stimolo di collaborazione diventa così un presupposto indispensabile per sviluppare la **libertà** dei singoli alunni di esprimersi in completa autonomia.

Anche la **valutazione** è formativa ed è il frutto di un'attenta analisi dei processi di apprendimento. Proprio al fine di ideare un'attività didattica dinamica e incentrata sull'allievo, i processi di apprendimento sono costantemente monitorati e saranno considerati il *coinvolgimento* dell'allievo, l'*interesse* e anche la *condivisione*.

2.2 I modelli product-oriented

Ciò che viene posto in risalto nei modelli didattici orientati al prodotto (cd. *product-oriented*) è l'**esito dei processi di apprendimento**. A differenza dei modelli esaminati in precedenza, in tali contesti l'*insegnante ritorna ad assumere un'importanza strategica* e un ruolo centrale – prima affidato all'allievo – in qualità di unico responsabile dell'apprendimento. Proposte e soluzioni condivise lasciano spazio a un'impostazione più nozionistica in grado di *formalizzare* l'istruzione fondata sulle **direttive del docente** il quale si ritiene coinvolto per l'efficienza e l'efficacia della cd. *trasposizione didattica*. Risulta fondamentale la definizione degli obiettivi didattici tramite l'attività della programmazione che, adeguando i contenuti alle finalità da raggiungere, consente di prevedere il raggiungimento di un certo risultato.

Un ruolo fondamentale in tale modello didattico è giocato dall'**esercizio costante** con cui devono confrontarsi gli allievi, essendo l'apprendimento interamente programmato dal docente ed illustrato obiettivo per obiettivo. L'apprendimento, pertanto, risulta configurarsi non più come un qualcosa di dinamico e suscettibile alle intromissioni della vita reale (come nei modelli *process-oriented*), ma come un **fenomeno prevedibile e direttamente controllabile dal docente**. A differenza nel modello orientato al processo, nel modello didattico orientato al prodotto l'attività didattica risulta poco flessibile e non pienamente confacente alle caratteristiche personali ed alle peculiarità dei singoli studenti ai quali vengono impartite nozioni teoriche e disciplinari rigide e formali.

Proprio sulla base del risultato prefissato sarà possibile effettuare un'attività comparativa fra il risultato conseguito e l'obiettivo atteso. In altri termini, l'agire didattico dovrebbe essere il risultato di un **confronto fra i processi e i prodotti**, essendo i primi organizzati e diretti dal docente ed i secondi invece attribuibili agli allievi. Lo studio delle relazioni che intercorrono fra processi e prodotti presuppone l'operazione logica della **causazione**, necessaria per raffrontare il comportamento degli insegnanti e la misura dell'apprendimento ottenuto da parte della classe.

Diversa è anche la tipologia di **valutazione** operata dall'insegnante che, a differenza di quanto già esaminato per i modelli didattici *process-oriented*, sarà una risultante fra il "prima" e il "dopo" in cui si metteranno in correlazione i processi dell'apprendimento e gli **esiti** cui l'alunno è pervenuto: si parla in tali casi di valutazione **sommativa**.

Tra le metodologie didattiche adoperate nel modello educativo product-oriented si rinvengono soprattutto:
— il *mastery learning*;
— la didattica per competenze;
— il **modello ID** (*Instructional Design*), fortemente teorizzato da R. Gagnè tra gli anni Settanta e Novanta, che si sofferma più che sulla quantità di apprendimento sulla sua qualità, in modo da renderlo più adeguato ed efficace (ad esempio predisponendo prima l'apprendimento di capacità più elementari per poi progredire nel corso del piano formativo);
— il **modello CAI** (*Computer Aided Instruction*), metodologia che richiede il supporto di un **elaboratore** quale ausilio e mezzo di apprendimento. Tenendo in debita considerazione le **capacità di apprendimento** dello studente, tramite le attività assistite dal computer è possibile vagliare una serie più o meno vasta di argomenti e contenuti di studio.

Tra le teorie didattiche ispiratrici dei modelli educativi orientati al prodotto se ne rinvengono alcune di fondamentale importanza:
— **teoria dello stimolo e della risposta**, afferente al comportamentismo e avanzata da B. Skinner, presuppone un collegamento fra un certo stimolo ed una risposta. I comportamenti devono essere osservabili così come pure le prestazioni devono essere percettibili;
— la **teoria curriculare**, molto diffusa durante gli anni Settanta, che prende in considerazione la scelta e la suddivisione dei **contenuti** in obiettivi da raggiungere, inquadrabili come *skills*, abilità e competenze che gli allievi devono perseguire. Viene ricompresa anche la **didattica per competenze** (Pellerey) non decontestualizzate ma riposte in uno specifico contesto di riferimento;
— **teoria dell'istruzione**, collegata al cognitivismo e con J. Bruner come fautore, che individua l'apprendimento come motore per la realtà sociale. Essendo l'uomo considerato come un elemento della società, la scuola ha il compito di fargli **imparare ad imparare** tramite una sintesi di linguaggi, immagini ed azioni. Si ritiene che i percorsi di apprendimento debbano essere adeguati a seconda delle diverse finalità che devono essere perseguite.

2.3 I modelli *context-oriented*

Nei modelli didattici *context-oriented* (denominati anche dell'**oggetto mediatore**) l'azione didattica viene rivolta agli **spazi** dedicati all'apprendimento, in particolare alla loro organizzazione, e allo sviluppo del *potenziale formativo* tramite la cd. **trasposizione didattica**.

Si supera, dunque, la contrapposizione fra l'oggettivo e il soggettivo e si teorizza un'attività di intermediazione esercitata da una serie di elementi che – se ben organizzati tra di loro – consentono di condizionare in positivo il processo di apprendimento da parte dello studente. Ciò agevola la consapevolezza dell'individuo di far parte di un gruppo in cui deve "*situarsi*", collocarsi, responsabilizzarsi e diventare componente attiva nella costruzione del suo stesso apprendimento. Il rapporto uno a uno fra l'insegnamento e l'apprendimento viene pertanto intermediato da nuovi elementi, non teorizzati nei precedenti modelli, che consentono di inserire dei fattori determinanti sull'apprendimento degli studenti.

In tali modelli didattici giocano un ruolo preponderante i contenuti disciplinari fondamentali, cd. "**oggetti culturali**", che vengono considerati (soprattutto dai fautori della matrice costruttivista) come delle **amplificazioni** delle strutture cognitive dei destinatari dell'azione didattica (Piaget, Bruner). Gli oggetti culturali consentono una personalizzazione e un'attività di "*modellazione*" del soggetto coinvolto ed è proprio a tal fine che i modelli didattici context-oriented prendono anche la denominazione di modelli "*dell'oggetto mediatore*"[5]. In altri termini si consente una mediazione fra l'attività di insegnamento e quella di apprendimento tramite gli oggetti culturali (nuclei di contenuti disciplinari) sui quali sia gli insegnanti che gli alunni convergono.

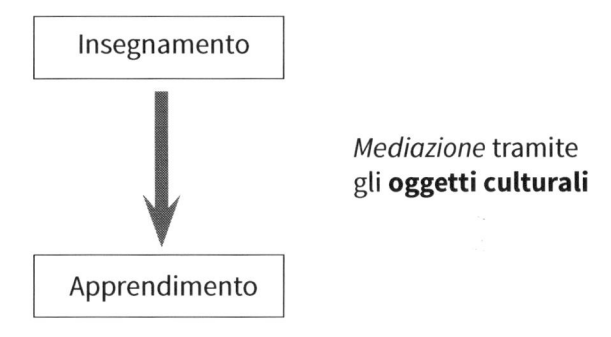

Insegnamento

↓

Mediazione tramite gli **oggetti culturali**

Apprendimento

Nei modelli didattici orientati al contesto la creazione della **conoscenza** avviene tramite la partecipazione attiva dei destinatari dell'apprendimento e un'**azione costruttiva** costante nel tempo che permette di aggiungere, tassello dopo tassello, i contenuti alla propria formazione. Non si tratta, dunque, di formalizzazioni già attribuite in realtà ma di un continuo divenire formativo. L'attività di costruzione del sapere viene orientata e guidata dal **docente** al quale viene richiesto un elevato grado di professionalità dovendo essere in grado di dimostrarsi versatile e adeguato alle situazioni da gestire nel gruppo classe. Come già accennato, la trasposizione didattica risulta essere fondamentale in tale modello didattico soprattutto atteso il cambiamento di ruolo dell'insegnante che non è più visto come uno "*stimolatore*"

---

[5] E. Demanio, *L'azione didattica. Per una teoria dell'insegnamento*, Armando Editore, Roma, 1999.

di soluzioni proposte e condivise come nei modelli didattici *process-oriented*, né come il solo *responsabile dell'azione didattica*, così come inquadrato nei modelli educativi *product-oriented*.

La **funzione principale dell'insegnante** in un modello orientato al contesto e all'ambiente didattico di tal portata è da ricercarsi nel **supporto durante l'attività di costruzione della conoscenza** e del sapere, tramite la **trasmissione del suo stesso sapere** agli allievi.

Per fare in modo che l'attività didattica sia idonea a sollecitare l'azione costruttiva degli studenti, nei modelli *context-oriented* vengono adoperati degli strumenti e delle metodologie in grado di rendere più complessa l'azione educativa. Tra le metodologie didattiche aderenti al modello orientato al contesto si richiamano:

— **l'educazione ai media** (*Media Education*, **ME**) fortemente incentrata sull'utilizzo dei media e dei mezzi di comunicazione di massa per agevolare l'ideazione di messaggi, linguaggi e contenuti. I media rivestono un ruolo fondamentale nella predisposizione dei processi educativi e consentono allo studente di migliorare una visione *media-friendly*;
— i modelli ispirati al **S.O.F.E.** (**Sistema Obiettivi Fondamentali Educazione**), teorizzato da V.G. Hoz verso la fine degli anni Ottanta e adoperato per garantire una maggiore flessibilità dell'azione didattica. In tale modello la programmazione didattica viene suddivisa in obiettivi educativi generali valutabili, che vengono direttamente ricollegati al sapere superando la cd. **divisione interna del sapere** e consentendo di passare dagli obiettivi generalmente valutabili ad obiettivi via via più specifici;
— il modello del **paradigma narrativo** (J. Bruner) che concettualmente "traduce" la conoscenza e la memoria in una **narrazione**, vista da Bruner come lo strumento ideale su cui organizzare e gestire la conoscenza;
— il modello dello **sfondo integratore** (G. Bateson).

Teorizzato negli Stati Uniti da G. Bateson e ripreso in Italia da A. Canevaro e P. Zanelli, il **modello dello sfondo integratore** (→ anche Cap. 4, par. 2.2) permette di focalizzare l'attenzione sul continuo processo di verifica, valutazione ed autovalutazione da parte dell'allievo che è in una posizione di continua mediazione rispetto all'insegnante. La mediazione avviene anche, ma non solo, sulla base di una serie di elementi di "sfondo" che sono pensati allo scopo di favorire l'integrazione didattica. In tali modelli la programmazione didattica si evolve man mano con il progresso educativo degli alunni e ciò fa intuire come la caratteristica principale della programmazione stessa debba essere quella della **flessibilità**. Il docente diventa un "**regista**" [6] del processo di apprendimento ed assiste continuamente all'interazione degli allievi nei contesti di azione da lui stesso allestiti. Lo "sfondo" viene inteso come un insieme di elementi riuniti, quali il *tempo*, lo *spazio*,

---

[6] Bonazza V., *Programmare e valutare l'intervento didattico. Fondamenti epistemologici*, Guida Editori, Napoli, 2012, p. 95.

le *regole*, i *contenuti* e secondo la letteratura pedagogista verrebbe inteso secondo una duplice accezione:
- **istituzionale**, in quanto ambiente inserito in un contesto scolastico;
- **narrativa**, in quanto si può sostanziare di un progetto, di un laboratorio, di una ricerca, dal racconto di un fenomeno oppure di un episodio.

A tal fine il modello dello sfondo integratore si rende particolarmente adatto alla **scuola dell'infanzia**, sebbene non manchino applicazioni pratiche anche in altri gradi dell'istruzione scolastica.

Tra i diversi strumenti maggiormente adoperati in tali modelli si rinvengono le **mappe concettuali** (componenti essenziali della cd. *didattica per concetti*) e soprattutto l'*e-learning*. Proprio sulla base dell'uso della telematica si sono sviluppati dei modelli didattici ad hoc che incentivano l'utilizzo del computer e di internet e fanno di tali elementi degli importanti strumenti per "sostenere" l'attività didattica.

Anche nei modelli didattici orientati al contesto si rinvengono diverse **teorie didattiche** fondanti la struttura su cui poggia l'azione didattica del "processo mediatore". Tra le correnti ispiratrici delle metodologie didattiche qui richiamate ritroviamo:
- il **costruttivismo**, già esaminato in precedenza, che richiama il concetto di conoscenza intesa in senso soggettivo variabile in base alle proprie sensazioni, credenze ed emozioni;
- l'**ecopedagogia**, sviluppatasi dopo la seconda metà del XX secolo a seguito della grave crisi ecologica planetaria anche mediante le teorizzazioni di G. Bateson, che focalizza l'attenzione sull'interazione del destinatario dell'apprendimento con gli ambienti sia naturali che artificiali consentendo, in tal modo, lo sviluppo della dimensione umana;
- l'**interazionalismo simbolico**, ossia la concezione che la chiave per la cultura possa essere ricavata dalle interazioni umane e dalle influenze reciproche cui è esposto l'individuo umano.

3 Metodi didattici di apprendimento attivo

Nell'ambito dei metodi didattici merita un approfondimento a parte l'insieme delle metodologie e delle tecniche relative all'**apprendimento attivo**, necessarie per stimolare l'attività partecipativa degli studenti e un loro coinvolgimento nell'attività educativa.

Il **metodo espositivo** — rappresentato dal tradizionale strumento della *lezione frontale* — potrebbe non rivelarsi propriamente efficace in relazione a specifici contesti educativi in cui, ad esempio, si avverte il bisogno di differenziare l'attività didattica anche in funzione delle finalità da perseguire, degli argomenti da trattare e delle peculiarità dei singoli allievi da osservare. È per tali motivi che nel corso degli anni si sono sviluppati, anche grazie all'approccio teorico di studiosi e pedagogisti, diverse **tecniche di apprendimento *partecipato***. Storicamente nato a partire da Comenio in poi, l'apprendimento attivo si sviluppa sull'esigenza — sempre più avvertita — di progettare attività in cui si possa rendere l'allievo un "protagonista" secondo modalità didattiche diverse rispetto alla classica comprensione uditiva.

TAVOLA DI SINTESI DEI MODELLI DIDATTICI CONTEMPORANEI

Modelli didattici *process-oriented*

— Focus sull'azione e sull'attività dello studente;
— Insegnante propositivo, collaborativo, amichevole e con ruolo guida;
— Importanza dei processi di scoperta ed esperienza diretta degli allievi, soprattutto mediante attività di ricerca e laboratoriale;
— Si esalta la valutazione dei processi di apprendimento;
— Si sviluppa la concezione del pensiero, della riflessione e dell'analisi critica tramite i modelli del *problem solving* e del *problem posing*;
— Didattica non autoritativa;
— Si supera la tradizionale separazione fra attività manuali ed intellettuali;
— Si affiancano le finalità sociali alle finalità educative.

Modelli didattici *product-oriented*

— Focus sul prodotto dell'insegnamento;
— Insegnante autoritario che impartisce nozioni formali e senza elevati margini di flessibilità didattica;
— Sviluppo della concezione tecnico-razionale;
— Si conseguono i prodotti attesi tramite la programmazione per obiettivi che suddivide l'azione didattica;
— L'apprendimento diventa un fenomeno controllabile, prevedibile e influenzabile;
— Continua attività di verifica e controllo per constatare il conseguimento degli obiettivi prefissati.

Modelli didattici *context-oriented*

— Focus sull'ambiente in cui si sviluppa l'attività didattica e sui potenziali oggetti formativi;
— Intermediazione fra processo di insegnamento e apprendimento tramite gli oggetti mediatori (contenuti formativi e nozioni);
— Si supera il rapporto unidirezionale fra causa/effetto dell'apprendimento e si inseriscono elementi ulteriori;
— Concezione del sapere come elemento in continua costruzione da parte dell'allievo;
— Nozioni come amplificazioni cognitive del soggetto in apprendimento.

Tradizionalmente[7] si distinguono diversi tipi di metodi:
— **metodi operativi**, caratterizzati da un'importante attività di laboratorio;
— **metodi euristico-partecipativi**, basati sulla ricerca azione;
— **metodi investigativi** che si basano sulla ricerca sperimentale;
— **metodi individualizzati**, basati sulle singole peculiarità individuali.

3.1 Metodi operativi (rinvio)

I metodi operativi pongono in risalto la figura dell'allievo che diventa compartecipe dell'azione didattica. In tali metodologie si fa in modo di inserire l'alunno in un contesto pratico e si agevola il processo del *learning by doing* permettendogli di partecipare praticamente all'azione. Il metodo operativo per eccellenza è costituito dal **laboratorio** (→ Parte IV, Cap. 2, par. 6), quale attività di rielaborazione e reinvenzione delle conoscenze, già approfondito in diversi aspetti (**attività di laboratorio**; **didattica laboratoriale** → Cap. 2, par. 3).

3.2 Metodi euristico-partecipativi: la ricerca-azione

Nel quadro dei metodi euristico-partecipativi non vi è una netta distinzione fra il soggetto e l'oggetto del processo formativo. Alla base di tale metodologia didattica si realizza invece una **condivisione** di risorse intellettive ed una **cooperazione** tale da creare un **ambiente di lavoro comune** per la risoluzione di un determinato *problema* o per l'analisi di un *fenomeno*. L'espressione principale di tali metodologie è costituita dalla **ricerca-azione** seguita dalla **ricerca di gruppo** cui si rinvia (Parte II, Cap. 2, par. 1.4).

La **ricerca-azione** è un metodo per costruire la conoscenza partendo da un problema: non si parte da un sapere già codificato, ma si agisce (sia i docenti che i discenti), si riflette sull'azione e poi la si formalizza. Lo scopo della ricerca-azione è il cambiamento delle persone, delle relazioni, del contesto. Metodologicamente il ciclo della ricerca-azione comprende le seguenti fasi:

— Identificazione dei **problemi da risolvere**, delle cause di quei problemi, dei contesti e degli ambienti in cui i problemi si collocano, delle risorse a disposizione e dei vincoli che costringono a fare determinate scelte;
— Raccolta dei dati e formulazione delle ipotesi di cambiamento e dei piani di implementazione;
— Applicazione delle ipotesi nei contesti-obiettivo dei piani formulati (non si parla più, ma si agisce);
— Valutazione dei cambiamenti intervenuti e revisione dei progetti e dei piani adottati;

---

[7] F. Tessaro, *Metodologia e didattica dell'insegnamento secondario*, Armando Editore, Roma, 2002.

— Approfondimento, istituzionalizzazione e diffusione capillare delle applicazioni con valutazione positiva o identificazione di nuovi aspetti problematici che danno inizio a un nuovo ciclo[8].

Il ciclo della ricerca azione

- Identificazione del problema
- Raccolta dati (documento audio, foto, video, interviste, questionari ecc.)
- Raccolta e interpretazione dei dati
- Azione
- Valutazione

La ricerca-azione è una particolare modalità operativa di condurre l'attività educativa, fondandola sulla **verifica continua**, nella prassi didattica, delle teorie professionali o personali; il docente è così anche attivo ricercatore e diretto produttore di strategie e/o di materiali didattici.

La ricerca-azione, per essere significativa e incisiva, richiede un'ottima capacità di collaborazione tra gli operatori, costanti e puntuali rilevazioni volte a verificare l'ipotesi iniziale, anche se ogni esito non può che essere ritenuto provvisorio e perfettibile. Fulcro della ricerca azione è il concetto di **partecipazione** che implica una fitta circolazione di informazioni e idee, coniugata con l'attività pratica sul campo. L'apprendimento assume un valore significativo perché nasce dall'esperienza. Tra i **partecipanti** c'è assoluta parità e la posizione di ricercatore è assunta da ciascuno dei soggetti: ognuno elabora un sapere proprio e partecipa alla elaborazione del sapere degli altri.

Lo schema della ricerca-azione partecipativa è stato messo a punto nella fase esplorativa di un progetto di intervento sul disagio educativo (Ide), ispirato al modello procedurale di B. Cunningham (1976). Il modello si articola in **tre sequenze** interconnesse, ognuna delle quali si conclude con un momento di riflessione/valutazione degli interventi del gruppo. La **prima** sequenza si riferisce alla **formazione** del gruppo di lavoro e al suo addestramento; la **seconda** ingloba l'analisi e la **definizione del problema** da parte del gruppo, la costruzione di strumenti e la formulazione di un'ipotesi di azione. L'**ultima**

---

[8] F. Tessaro, op. cit., e altri materiali su *www.univirtual.it*. Si veda anche A. Parola, *Ricerca-Azione e competenze mediali* in Ricerca-Azione, vol. 6 n. 2, dicembre 2014, Erickson, Trento.

sequenza comprende la definizione degli **obiettivi**, lo sviluppo di un piano di intervento e la diffusione dei risultati.

SEQUENZA 1 FORMAZIONE DEL GRUPPO	SEQUENZA 2 RICERCA	SEQUENZA 3 AZIONE
1. Formare il gruppo con accertamento iniziale, tramite interviste, della disponibilità e degli interessi dei partecipanti e scegliere la metodologia. 2. Sviluppare le mete del gruppo. 3. Addestrare il guppo.	1. Definire il problema. 2. Mettere a punto gli strumenti. 3. Fare ipotesi di azione.	1. Definire obiettivi specifici. 2. Sviluppare un piano di intervento. 3. Diffusione dei risultati. La diffusione della metodologia e dei risultati nel contesto in cui il gruppo opera. Momento di trasformazione del gruppo da semplice insieme di partecipanti in organizzazione funzionale.

3.3 Metodi investigativi: la ricerca sperimentale

Oltre alla ricerca azione che si avvale del metodo euristico partecipativo, l'apprendimento per ricerca può attivarsi attraverso la **ricerca sperimentale** classica. È opportuno che gli studenti dell'istruzione secondaria approfondiscano entrambe le tipologie (anche contaminandole), benché la prima sia tendenzialmente indirizzata alle scienze della natura e la seconda alle scienze dell'uomo.

Il metodo investigativo segue il percorso della ricerca sperimentale comune a molte scienze:

— Descrizione del problema;
— Analisi e selezione delle ipotesi;
— Delimitazione del campo della ricerca (fattori che interagiscono con il problema);
— Selezione degli elementi rappresentativi;
— Selezione delle fonti da cui rilevare le informazioni;
— Registrazione ed elaborazione dei dati raccolti;
— Confronto e verifica delle ipotesi;
— Definizione del principio generale.

Un esempio di ricerca (fatto rientrare anche nella didattica laboratoriale) è il **webquest**, un progetto di ricerca guidata di risorse Internet con le quali svolgere autonomamente una serie di attività finalizzate alla risoluzione di un problema posto a monte.

3.4 Metodi individualizzati

Nei metodi di apprendimento individualizzati ci si sofferma sulle peculiarità dei singoli soggetti dell'apprendimento, dei tempi e dei ritmi necessari ad apprendere e sull'evoluzione dei processi metacognitivi.

Tali metodi didattici presuppongono una preliminare operazione di **individualizzazione**, intesa come attività necessaria per fare in modo che i discenti siano in grado di raggiungere uno stesso obiettivo di apprendimento con **modalità e tempi diversi** tra loro, tenendo in considerazione le caratteristiche individuali dei componenti del gruppo classe.

Le risorse, non solo fisiche ma anche intellettuali, vengono **efficientate** dal momento che tra i compiti del docente vi è la determinazione della migliore soluzione di apprendimento per un certo individuo. Anche l'attività di **personalizzazione** risulta essere di rilievo cruciale, atteso che il fine ultimo del docente è anche quello di sottolineare e porre in risalto le qualità intellettive, i talenti e le attitudini degli allievi, valorizzandone le competenze e intraprendendo un tipo di apprendimento che non risulta predeterminabile. Le metodologie individualizzate, pertanto, fanno rilievo sulle **singole abilità** dei soggetti chiamati ad apprendere.

Tra le principali metodologie didattiche individualizzate si rinvengono l'apprendimento per padronanza (cd. ***mastery learning***) e l'**insegnamento capovolto** (cd. *flipped classroom*) (→ *amplius* Cap. 2, par. 10).

4 Modelli didattici e nuove tecnologie

Come vedremo anche più avanti, la diffusione delle **Tecnologie dell'Informazione e Comunicazione (TIC)** agevola e meglio definisce i processi di apprendimento ed il mercato del lavoro. L'utilizzo della tecnologia e, soprattutto, delle tecniche sempre più avanzate per la trasmissione, la condivisione e la diffusione del sapere hanno permesso un adeguamento anche dei classici modelli didattici che sono diventati sempre più dinamici ed evoluti. Ancor prima di esaminare le principali implicazioni delle tecnologie nella sperimentazione e ideazione dei modelli didattici è opportuno riportare la classificazione che avanza P. Ferri sui **nativi digitali** ossia su coloro che fin dal momento della nascita hanno avuto un'esistenza condizionata dalle tecnologie e dai mezzi di comunicazione digitali[9].

Nell'esperienza dei nativi digitali l'apprendimento risulta non essere più centralizzato ma, anzi, frammentato e sempre più esternalizzato e improntato ad altre attività che potrebbero non essere contemplate in un modello didattico di stampo classico-tradizionale. In particolare, l'uso dello strumento di comunicazione o anche di un semplice computer consente di aumentare le proprie capacità di **gioco**, di **ricerca**, **esplorazione** e **scoperta**. Si assiste anche ad una progressiva **svalutazione** dello strumento didattico principale qual è il **libro di testo** che perde la propria autorità assoluta e lascia il passo ad altri strumenti più complessi, evoluti ed avanzati, come connessioni internet, tablet, computer, smartphone, LIM ecc.

---

[9] P. Ferri, *Nativi digitali*, Bruno Mondadori, Milano, 2011.

APPRENDIMENTO PER PADRONANZA: IL MASTERY LEARNING

Il *mastery learning* (letteralmente "apprendimento per la padronanza") è una metodologia didattica di ispirazione comportamentista, perlopiù afferente ai modelli didattici *product-oriented*, elaborata dallo psicologo e pedagogista statunitense **B. Bloom** (1913-1999) negli anni Settanta del XX secolo. Essa si basa sul principio che la maggior parte degli studenti possa raggiungere un elevato livello di apprendimento se vengono create le condizioni corrispondenti alle caratteristiche individuali.

Per Bloom tutti gli studenti possono apprendere qualsiasi tipo di conoscenza e competenza qualora venga garantito loro il tempo necessario e un'adeguata motivazione: le differenze nell'apprendimento sono, infatti, un fenomeno fisiologico che è possibile prevedere e modificare, se ricondotto alle condizioni "ambientali".

In sostanza si tengono in considerazione le **caratteristiche** proprie dei singoli alunni e si adattano alle loro esigenze le proposte formative, nell'ottica di una **didattica personalizzata**: ad ogni allievo deve essere dato un tempo specifico modellato sui suoi ritmi di apprendimento.

Nel corso degli anni questa metodologia si è caricata di un significato utopico (tutti possono raggiungere gli stessi risultati) contribuendo così ad abbassare i livelli mentre si cercava di perseguire l'equità. Recentemente la diffusione della pratica della *flipped classroom* ha, invece, portato a riscoprirne il valore.

Nel *mastery learning* i risultati non sono perseguiti secondo una linea temporale: tutti gli studenti devono arrivare insieme a superare o recuperare la stessa unità didattica ma la didattica, impostata per obiettivi, consente a ciascuno studente di raggiungerli in momenti diversi dell'anno scolastico. Il contenuto da apprendere è così articolato in **microunità didattiche** (corrispondenti a micro-obiettivi) in cui a uno stimolo corrisponde una risposta precisa. Ad ogni alunno viene concesso il tempo per lui necessario per apprendere questi piccoli segmenti di conoscenza, segue poi per ciascuno la fase di verifica e valutazione.

Il metodo del *mastery learning* presuppone una serie di **fasi** che cercheremo di sintetizzare senza però avere pretesa di completezza:

— orientare gli alunni sulle tecniche che l'insegnante userà;
— progettare una serie di unità didattiche;
— individuare per ogni unità i prerequisiti, i contenuti e gli obiettivi che gli alunni devono raggiungere;
— pianificare il lavoro per ogni singola unità prevedendo per ognuna di esse:
  a) un piano di istruzione collettiva;
  b) una verifica del progresso degli alunni;
  c) i correttivi da utilizzare con quegli alunni che nella prima fase non raggiungono gli obiettivi minimi (ad esempio libri di testo alternativi, eserciziari, sussidi audiovisivi, tutoring affidato a compagni, ricerche di gruppo). I correttivi nel *mastery learning* possono essere scelti dagli stessi alunni, al fine di assimilare meglio i contenuti che non hanno appreso;
  d) una stretta correlazione fra i correttivi e gli obiettivi eventualmente non raggiunti;
— controllare al termine del lavoro che tutti gli allievi possano affrontare l'unità successiva avendo acquisito piena "padronanza" delle conoscenze e competenze previste dalle unità precedenti.

Un sempre crescente utilizzo di strumenti didattici informatici consente non soltanto di agevolare l'innovazione didattica, che risulta sempre più condizionata dalla tecnologia, ma anche di **personalizzare** e di **specificare l'offerta didattica** al fine di renderla difforme a seconda del caso concreto. Non a caso i modelli didattici pensati appositamente per favorire l'inclusione di alunni con **BES** oppure con **disabilità** presuppongono un cospicuo utilizzo di dispositivi e strumenti tecnologici per meglio rispondere alle sempre più mutevoli esigenze educative. L'implementazione delle nuove tecnologie in una particolare metodologia didattica consente anche di rivisitare complessivamente il ruolo dello studente e del docente.

NUOVO RUOLO DELLO STUDENTE	NUOVO RUOLO DEL DOCENTE
Fa dei suoi **interessi** e della sua **curiosità** un importante elemento per accelerare il processo di apprendimento al punto di rendersi parte attiva della propria formazione. In alcuni casi le **risorse** vengono non soltanto fruite, ma addirittura da lui ideate (ad es. mediante la **creazione di un contenuto**, di un video, di un file multimediale o di una presentazione). Rispetto allo studente tradizionale, inoltre, sviluppa maggiormente l'attitudine a condividere il proprio lavoro e le proprie idee con project work, lavori in gruppo o in coppia e potenzia le **competenze informatiche** e digitali che vengono sostenute anche da personale qualificato e specifico (assistente di laboratorio, figure esterne, lo stesso docente). Infine, si rende disponibile allo svolgimento delle attività legate all'utilizzo delle tecnologie anche in **orario extracurricolare**, ciò permettendo una migliore integrazione con il gruppo classe (ad es. per lavori di gruppo) e una **migliore comunicazione** interpersonale.	La programmazione didattica effettuata dal nuovo docente nei modelli didattici che adoperano **strumenti tecnologici** è resa notevolmente più efficace ed indirizzata, potendo essa contare su contenuti ed elementi diversi dal tipico libro di testo. Agevola la **condivisione** tra gli studenti del materiale e delle opinioni in **spazi virtuali** allestiti e predisposti, come blog, siti internet o canali su social network. Inoltre, il docente ha la possibilità di agevolare la propria attività didattica sfruttando appieno le caratteristiche e le potenzialità degli strumenti comunicativi e dei dispositivi telematici e tecnologici, in quanto può indicarli come stimolo di apprendimento ulteriore rispetto al programma educativo tradizionale. Sviluppa competenze pedagogiche ulteriori attesa la sua partecipazione attiva in un gruppo virtuale da gestire e coordinare, intervenendo anche in scenari critici.

L'impiego delle nuove tecnologie nell'ambiente didattico è stato più volte teorizzato da autori e pedagogisti: **M.D. Merril** sostiene che le tecnologie didattiche siano fondamentali nel processo di apprendimento di uno studente e ciò se vengono rispettate le **quattro fasi** seguenti:

— **attivazione** della precedente esperienza da parte dell'allievo, in quanto le esperienze passate consentono di orientare e indirizzare il processo di apprendimento;
— **dimostrazione** di ciò che deve essere appreso, in luogo della semplice spiegazione nozionistica;
— **applicazione** delle capacità dello studente per risolvere problemi;
— **integrazione** delle capacità acquisite per rapportarle alla vita reale ed alle esperienze quotidiane.

Anche **A. Calvani** promuove le tecnologie didattiche facendo leva su tre perni principali: il **team**, il **contenuto** ed il **supporto dei docenti**.

4.1 L'e-learning

L'adozione di tecniche e metodologie basate sull'**e-learning** è fortemente influenzata dai **costi** di gestione relativi alla predisposizione ed alla manutenzione delle piattaforme didattiche ed a tal fine si rendono rilevanti i *free software* e *open source* che possono essere adottati anche gratuitamente. Anche l'Unesco ha auspicato il **Free Software Movement** per ridurre il **digital divide** e rendere l'impatto tecnologico multi-contesto sempre più fruibile dall'utenza, anche amministrativa.

Per ciò che riguarda il modello didattico basato sull'*e-learning* occorre sottolineare che il nucleo fondamentale dell'azione didattica è costituito dalla **piattaforma** che consente lo sviluppo cognitivo sulla base di strumenti e risorse comuni. In particolare, le funzionalità di archiviazione e gestione dei dati devono consentire un utilizzo pluridirezionale prevedendo la comunicazione:
— **uno a uno** (fra allievo e tutor di rete);
— **uno a molti** (comunicazioni di gruppo, avvisi, scadenze, scambio di messaggi al gruppo classe da parte del docente);
— **molti a molti** (per svolgere lavoro cooperativo, ad esempio un progetto di gruppo).

Moodle (acronimo di **Modular Object-Oriented Dynamic Learning Environment**, ambiente per l'apprendimento modulare, dinamico, orientato ad oggetti) costituisce una piattaforma didattica interattiva completamente in e-learning che consente di agevolare la predisposizione di modelli educativi basati sul digitale e la telematica. Si tratta di un ambiente informatico derivato dalla **teorica costruttivista** in quanto *oggetto* tangibile su cui poter "costruire" il proprio apprendimento e il proprio sapere.

La piattaforma, ideata da M. Dougiamas, sostiene la tradizionale attività didattica con funzionalità integrative come ad esempio il **lavoro cooperativo** ed il **monitoraggio costante** degli allievi (anche tramite la visualizzazione degli accessi alla piattaforma). Non solo: possono essere somministrati test di verifica, pubblicati materiali didattici, diffuse informazioni e avvisi riguardanti l'attività didattica o le attività scolastiche e caricati materiali da parte degli stessi studenti.

L'*e-learning* costituisce una componente fondamentale anche di un altro modello didattico fortemente utilizzato soprattutto nelle scuole secondarie: si parla del **blended learning**. Il *blended learning* (apprendimento misto o ibrido) costituisce un modello didattico che affianca alla tradizionale modalità di insegnamento in classe una **modalità in *e-learning*** e/o una modalità in **modalità mobile** (ad es. con smartphone o tablet). L'approccio integrato consente di porre in risalto il ruolo delle nuove tecnologie e di modulare l'apprendimento sulla base delle esigenze dei singoli componenti della classe. La formazione in presenza risulta non esclusiva ma, anzi, avviene in concomitanza con la formazione online.

5 Modelli didattici e strategie per l'inclusione

L'agire didattico deve considerarsi come un insieme di attività orientate da una serie di fattori quali la molteplicità degli **stili di apprendimento**, la presenza di **disabilità** e/o **disturbi specifici dell'apprendimento**, la presenza di **binari paralleli** su cui si sviluppa l'intelligenza degli individui destinatari dell'azione di apprendimento e delle **diversità culturali** e di vita. Ciò si riflette anche nell'adozione di un determinato modello didattico che non può non considerare alunni con disabilità e con bisogni educativi speciali (BES). Offrire una **didattica** quanto più **inclusiva** possibile costituisce la finalità cui tendono i modelli didattici teorizzati per regolare le situazioni legate ai bisogni educativi speciali (*amplius* → Parte III, Cap. 1, par. 1.1).

Sebbene l'attenzione sia rivolta principalmente alle disabilità ed ai bisogni educativi speciali, occorre sottolineare che i modelli didattici orientati all'inclusione tendono a garantire un'integrazione completa anche di altri componenti del gruppo classe che potrebbero essere a rischio esclusione per **differenze culturali**, **etniche**, **socioeconomiche** e di **genere**. Nei modelli didattici pensati appositamente per l'inclusione giocano un ruolo fondamentale le diverse tipologie di risorse impiegate per indirizzare i processi di insegnamento. In particolare, si suddividono:

— le **risorse interne**, costituite dai tempi, gli spazi, le risorse didattiche, strumentali ed organizzative che guidano l'attività didattica;
— le **risorse esterne** (come la famiglia, gli enti locali ed i servizi sociosanitari) che sono di fondamentale importanza per favorire una più ampia inclusione e comprensione delle problematiche da affrontare;
— le **risorse nella rete**, sempre più utilizzate e considerate come uno sfondo necessario nella formazione di alunni da includere.

I pedagogisti (Andrich, Miato) hanno teorizzato in letteratura **cinque diverse coordinate** che dovrebbero ispirare e guidare un'azione didattica inclusiva:

1. È necessario che l'alunno con disabilità permanga in classe per quanto più **tempo** possibile.
2. L'alunno con disabilità deve impegnarsi nel suo **operato** ad uniformarsi quanto più possibile agli altri compagni di classe.
3. Le **condizioni formative** in cui versa l'alunno bisognoso devono essere quanto più possibile simili alle condizioni formative offerte al resto degli studenti.
4. Ancor prima dell'insegnante di sostegno, l'azione inclusiva dovrebbe derivare dai **compagni** di classe.
5. Lo **spazio** in cui andrà ad essere adottato un modello didattico inclusivo deve essere ampio e capiente.

Come esamineremo anche più avanti, la didattica inclusiva presuppone una serie di azioni che devono essere orientate a favorire un'integrazione sempre crescente e a tal fine i modelli didattici inclusivi devono contemplare:
— un'attenta **differenziazione dei percorsi formativi**;
— la **valorizzazione delle diversità**;
— un ruolo centrale del **gruppo** quale elemento imprescindibile per una corretta inclusione;
— la **combinazione strategica di competenze e risorse** per costruire un'impalcatura solida su cui poggiare il processo di apprendimento.

I modelli didatti teorizzati nell'ambito dell'inclusione scolastica prendono le mosse dalla didattica metacognitiva e dalla didattica cooperativa. Tuttavia, negli ultimi anni si stanno diffondendo dei modelli didattici ibridi di tipo **cooperativo metacognitivo** fondati su alcune variabili decisive: *riflessione*, *cooperazione* e *condivisione*. Come autorevolmente sostenuto[10], tale approccio didattico esalta la componente metacognitiva ponendola in relazione con gli allievi organizzati in piccoli gruppi che si scambiano obiettivi, correzioni, valutazioni e attività costanti di monitoraggio reciproco. Tale interscambio pone in risalto uno sviluppo cognitivo, relazionale ed emozionale.

5.1 Un ambiente inclusivo

Nella predisposizione dei modelli didattici inclusivi risulta rilevante l'**ambiente** in cui l'insegnante andrà materialmente ad operare. La creazione di un **buon clima di classe** agevola sensibilmente la comprensione e l'apprendimento dei contenuti e assottiglia le condizioni di svantaggio da parte degli studenti in difficoltà. Un sano ambiente scolastico consente all'allievo con bisogni educativi speciali di portare avanti dei processi di **valorizzazione**, **accettazione** ed **appartenenza** ad un gruppo sociale che si organizza e si determina proprio al fine educativo. Il clima positivo entro cui svolgere l'attività didattica dipende da una gran numero di fattori (*istituzione* scolastica, generale *condotta* degli alunni, livello di *interesse* relativo alle questioni trattate) ma, senz'altro, ciò che maggiormente influisce sull'ambiente scolastico è il ruolo del docente.

Il **modello didattico montessoriano**, ad esempio, basandosi sulla destrutturazione delle aule e dei contesti educativi e su una serie di altri elementi innovativi (presenza di angoli di lavoro, enfasi dei colori e delle suppellettili, abolizione del banco), favorisce senz'altro l'inclusione stimolando la curiosità, la scoperta e la sperimentazione (→ *amplius* Parte IV, Cap. 2, par. 3.2).

Nell'ambito dell'ambiente scolastico deve essere curato non soltanto l'affiatamento del gruppo classe (che se ben stimolato potrebbe facilitare sensibilmente i

---

[10] S. Andrich Miato, L. Miato, *La didattica inclusiva. Organizzare l'apprendimento cooperativo metacognitivo*, Erickson, Trento, 2003.

processi di apprendimento), ma anche il contesto generale formato anche e soprattutto dalle **relazioni familiari**. Una corretta accoglienza ed un ascolto consapevole costituiscono dei perni centrali di qualunque modello didattico improntato all'inclusione delle diversità e, pertanto, si rendono auspicabili interventi che possano aumentare il **livello comunicativo** su determinate tematiche che potrebbero sembrare "**scomode**" ma che, al contrario, non dovrebbero essere evitate: basti pensare al dialogo sul tipo di deficit dello studente con disabilità, sul tipo di DSA dell'alunno, alla sua gravità ed altro ancora.

5.2 Il ruolo del docente

Nei modelli didattici dedicati all'inclusione la figura dell'insegnante autoritario e direttivo deve lasciare il compito a un **docente collaborativo**, **propositivo** e **comunicativo**. Rimanendo fermo il ruolo d'impulso assegnato al docente "inclusivo", anche in tali modelli educativi risulta notevolmente importante la **didattica per problemi** quale elemento di stimolo e sviluppo delle capacità metacognitive. Diventa cruciale anche l'attività di interpretazione dei bisogni dell'alunno destinatario dell'azione didattica specifica in quanto, proprio sulla base delle sue esigenze e delle sue disabilità (ad es. gravità del deficit), si renderà necessaria un'attenta attività di **modulazione degli obiettivi formativi**. La capacità di gestire il gruppo classe deve essere affiancata anche da altre competenze ed attitudini quali **l'assenza di pregiudizi**, la **creatività** e **l'empatia**.

L'insegnante diventa un vero e proprio **facilitatore** di apprendimento autonomo e giocherà un ruolo attivo anche nella scelta del tipo di intervento da attuare. Non sempre l'intervento individuale potrebbe essere una risposta concreta all'esigenza dello studente che necessita di un supporto specifico. Anche per il tramite del docente di sostegno è necessario scegliere la strategia didattica maggiormente confacente alle esigenze formative ed educative dell'allievo cui si indirizza l'attività formativa. A tal fine potrebbe ipotizzarsi un **intervento a piccoli gruppi**, in cui lo studente disabile viene affiancato da **alcuni compagni di classe** con cui svolgere delle attività condivise. Potrebbero inoltre rivelarsi particolarmente adeguate anche le metodologie didattiche incentrate su *peer teaching*, *cooperative learning*, *tutoring*.

5.3 Adeguamento dell'offerta formativa per BES e disabili

Un modello didattico inclusivo non può non prevedere l'adeguamento dell'offerta formativa nei confronti dello studente con BES o disabilità. L'insegnamento potrebbe essere sviluppato attorno ad alcune attività molto importanti che non possono essere chiaramente elencate tassativamente. Si rinvengono:
— il **ripasso frequente** degli argomenti affrontati e studiati, così da conciliare una duplice esigenza: sia di agevolare la comprensione dei concetti da parte dello

studente bisognoso, sia per chiarire i concetti anche alla parte rimanente del gruppo classe;
- la **lezione interattiva** resa tale da una serie di iniziative che possono essere intraprese come la stesura di materiali creativi, simulazioni, esperimenti ed esempi animati;
- la **semplificazione del materiale didattico**;
- l'utilizzo di **software specifici** e **contenuti multimediali**;
- il lavoro sulle **parole-chiave** e sui **concetti** fondamentali in via schematica tramite *mappe concettuali* e *cartelloni*;
- l'utilizzo della didattica laboratoriale;
- favorire l'interazione sia in **lavori di gruppo** che in lavori di **coppia**;
- la **suddivisione del tempo in** *tempi*;
- l'adozione di **testi specializzati**;
- lo **stimolo del canale visivo** con LIM, immagini, grafici e schede;
- lo **stimolo del canale uditivo** con file audio, audiolibri o sintesi vocale;
- le **tecniche di insegnamento innovative** basate sugli elementi visivi, uditivi e di **gioco**.

L'attività di **semplificazione** del materiale didattico deve necessariamente essere graduata a seconda del livello deficitario dello studente. È possibile semplificare secondo tre distinti livelli di intensità:
- con il **primo livello** di semplificazione non vengono apportate particolari modifiche al materiale didattico che viene affiancato da concetti chiave e piccole rappresentazioni grafiche d'ausilio alla comprensione;
- con il **secondo livello** di semplificazione, particolarmente indicato per deficit medio-gravi, vengono eliminate dal materiale didattico le componenti non essenziali e ci si sofferma solo sui concetti chiave;
- con il **terzo livello** di semplificazione, infine, si tende a lasciare spazio alla rappresentazione visiva e grafica più che testuale e ci si indirizza verso deficit di grave entità.

Per garantire la corretta adozione di un modello didattico inclusivo è imprescindibile il ricorso ai **mediatori didattici** di cui tratteremo più avanti (→ Cap. 4, par. 2.2).

5.4 Modelli didattici inclusivi e nuove tecnologie

Come già anticipato l'adozione dei modelli didattici inclusivi può prevedere l'utilizzo di particolari tecnologie e strumenti informatici in grado di meglio indirizzare l'azione del docente verso gli studenti più bisognosi. Alcuni studi autorevoli hanno individuato una macro-classificazione di modelli didattici inclusivi che si avvalgono delle TIC [11].

---

[11] L. Ferrari, *Modelli didattici per l'inclusione: alcuni risultati dal progetto "Learning for all"*, TD Tecnologie Didattiche, 20 (3), pp. 185-190, 2012.

a) Modello tecno-didattico inclusivo individuale

Si tratta di un modello che mira ad un'inclusione *individuale* del singolo studente bisognoso o con disabilità. L'attività sinergica dell'insegnante e del **docente di sostegno** consente di perseguire comunque degli obiettivi comuni a tutto il gruppo classe ma anche di ideare soluzioni pratiche e individualizzate anche mediante l'impiego di software didattici e riabilitativi e *authoring tools* creativi di narrazioni didattiche.

b) Modello tecno-didattico inclusivo cooperativo

La caratteristica principale di tale modello tecno-didattico è la condivisione dei progetti formativi con altri **docenti** (afferenti ad altre discipline) oppure con l'intero **corpo docenti**. In tal modo è incentivata la cooperazione interdisciplinare anche tramite le strumentazioni informatiche come una piattaforma e-learning *Moodle*, un blog oppure altro social network.

c) Modello tecno-didattico inclusivo trans-cooperativo

Nel modello trans-cooperativo fa da sfondo l'interazione non soltanto tra docenti ma anche fra scuole. Particolarmente utili sono gli strumenti del web 2.0 quali la redazione di testi collaborativi (wiki), blog, social network, forum e progetti condivisi. In tale contesto si valorizza la diversità e si realizza anche uno scambio di conoscenza che permette una rielaborazione del sapere individuale.

d) Modello tecno-didattico inclusivo "esteso"

Nel modello didattico inclusivo esteso la scuola viene affiancata da altri protagonisti attivi, anche extrascolastici, nel ruolo dell'istruzione e dell'educazione. Potrebbero essere attivati progetti polivalenti con strutture sanitarie (ad esempio per promuovere la conoscenza su determinate tematiche), biblioteche, teatri, musei, luoghi di interesse artistico e culturale. La tecnologia mobile costituisce una componente di spicco di tale modello.

In sintesi

- **Metodo didattico**: è un criterio di connessione fra le metodologie e le tecniche didattiche (*elemento pratico*) con una finalità educativa ben specifica (*elemento teleologico*). Le finalità educative sono definite da norme di legge e atti di indirizzo sia nazionali che comunitari. Si distinguono *modelli orientati ai processi, ai prodotti e al contenuto*.
- **Modelli process-oriented**: l'attenzione è rivolta alla formazione degli studenti e ai processi di apprendimento. Il modello educativo prevalente in questi modelli è l'attivismo pedagogico con i suoi *procedimenti per scoperta* (*imparare facendo*). Le modalità educativa non è di stampo autoritativo ma propositva e condivisa. Strumenti didattici da preferire sono: attività laboratoriali, attività di gruppo, role playing, peer tutoring, cooperative learning.
- **Modelli product-oriented**: l'attenzione è rivolta al prodotto, ossia all'esito dei processi di apprendimento. L'insegnante, in quanto unico responsabile dell'apprendimento, assume un ruolo centrale nella programmazione anche degli obiettivi didattici. L'apprendimento, basato sull'esercizio costante, diventa un fenomeno prevedibile e direttamente controllabile dal docente. L'attività didattica è poco flessibile e mal si adatta alle peculiarità dei singoli studenti. Le metodologie didattiche più efficaci sono: mastery learning, didattica per competenze etc.
- **Modelli context-oriented**: l'attenzione è rivolta agli spazi dedicati all'apprendimento. In questi modelli la creazione della conoscenza avviene con la partecipazione attiva degli studenti e un'azione costruttiva costante nel tempo che permette di aggiungere, tassello dopo tassello, i contenuti alla propria formazione. L'attività di costruzione del sapere viene orientata e guidata dal docente. Strumenti didattici più utilizzati sono: mappe concettuali, e-learning, tutti gli strumenti didattici digitali e tutti i dispositivi di intermediazione più innovativi.
- **Metodi didattici di apprendimento attivo**: possono distinguersi in:
  — *metodi operativi* (attività di laboratorio);
  — *metodi euristico-partecipativi* (ricerca-azione);
  — *metodi investigativi* (ricerca sperimentale);
  — *metodi individualizzati* (mastery learning, flipped-classroom).
- **Mastery learning**: apprendimento per padronanza, teorizzato da B. Bloom e di ispirazione comportamentista, si basa sul principio che tutti possono apprendere qualsiasi tipo di conoscenza e competenza se vengono create le condizioni corrispondenti alle caratteristiche individuali. Il contenuto da apprendere è articolato in microunità didattiche nell'ottica di una *didattica personalizzata*.

4
Modelli di scuola e tecniche di progettazione

1 La scuola del programma

L'istituzione della **scuola media unica nel 1962** sancisce ufficialmente il diritto-dovere di fruire di una **formazione scolastica** della durata di otto anni.

Molti studiosi concordano sul fatto che proprio da questo momento cominci uno scadimento qualitativo della scuola[1]. Alla scuola viene associato il concetto di unica istituzione in grado di trasformare la realtà e di assicurare benessere per tutti senza distinzione di classe e di contesti socio-culturali. Le condizioni, che avrebbero potuto favorire il conseguimento di questo obiettivo, potevano essere solo quelle di una *scuola governata dal centro*, secondo regole imprescindibili, prescrittive e valide per tutto il territorio nazionale.

L'espressione più marcata di questo sistema scolastico fortemente centralizzato è il **programma**. Esso designa **contenuti da svolgere in maniera uniforme** su tutto il territorio nazionale, contiene elenchi di cose da insegnare e itinerari di lavoro già predefiniti. Agli insegnanti e alle scuole non resta che adeguarsi alle indicazioni date. I ragazzi e le famiglie devono adattarsi all'insegnamento dei docenti che, a loro volta, devono uniformarsi alle disposizioni ministeriali. Sul piano professionale **si richiede agli insegnanti un atteggiamento impiegatizio**: i programmi danno istruzioni, i docenti sono chiamati ad applicarle ed eseguirle. Anzi l'applicazione e lo svolgimento del programma diventano gli elementi più significativi per designare il bravo docente. Egli agisce all'interno di una cultura prestabilita, i cui contenuti frazionati in materie poco raccordate tra loro, sono ritenuti sufficienti per la formazione dell'uomo. I contenuti, fini e non mezzi di apprendimento, prevalgono sulle esigenze degli allievi che sono chiamati ad adeguarsi ad essi perdendo ogni forma di centralità[2].

La scuola del programma è statica, definitiva, valida per tutti.

Nonostante ciò, i **programmi** hanno avuto **meriti** storici che non si possono disconoscere:
— **consolidare l'unità nazionale** sul piano storico, politico, sociale;
— **favorire la formazione e l'aggiornamento dei docenti**;
— combattere l'analfabetismo.

---

[1] B. Vertecchi, *Tempo di riforme*, editoriale in rivista CADMO n. 12, 1996, Boella – Colombo – Panaro, *Autonomia scolastica*, Euro Edizioni, Torino, 1998 pagg. 20-21.

[2] *Raccomandazioni per l'attuazione delle Indicazioni Nazionali per i Piani di studio Personalizzati nella Scuola Primaria*, 2002.

1.1 La lezione frontale

Espressione tipica della scuola del programma è la **lezione**. Le tipologie di lezione più frequentemente utilizzate nel tempo sono state la *lezione frontale* e la *lezione dialogica*.

La **lezione frontale** appartiene ai ***metodi denominati espositivi***, ed è un tipico esempio di «comunicazione unidirezionale», la cui principale caratteristica è un'esposizione *prevalentemente verbale*.

Essa si basa su una **concezione** sostanzialmente **ricettiva dell'apprendimento**. *L'insegnante spiega e gli studenti ascoltano*. Benché presupponga l'ascolto attivo da parte dell'allievo, si riduce alla trasmissione unidirezionale dell'informazione che può essere così visualizzata:

contenuti
↓
spiegazione
↓
interrogazione

Il ruolo dello **studente** consiste prevalentemente nell'**apprendere un sapere codificato** di tipo disciplinare.

Lo svantaggio principale della lezione frontale è l'impossibilità di verificare il *feedback* dell'apprendimento da parte della classe, in quanto agli allievi non sempre è permesso di interagire.

Essa è caratterizzata da **uniformità della comunicazione didattica** oltre che dalla *verticalità della comunicazione* (che è evidentemente *asimmetrica*: da un emittente a più destinatari); gli allievi/riceventi svolgono un ruolo prevalentemente passivo, secondo uno schema tradizionale in cui l'insegnamento era il semplice trasferimento di conoscenze da docente a studenti.

La lezione frontale, che ha come focus la spiegazione del docente, è considerata, in qualche modo, la strategia didattica pressoché esclusiva per tutte le discipline, per tutte le classi e per tutti gli ordini di scuola.

Essa si muove in senso orario: dall'insegnante verso lo studente, attraverso la spiegazione del contenuto, e dallo studente verso l'insegnante, mediante l'interrogazione.

«*Avete capito? Studiate la lezione per la prossima volta*», sono le richieste più ricorrenti.

In effetti, la cosa non è così semplice come appare. *Studiare una lezione* è una formula che può assumere significati molteplici e richiede una vera e propria procedura da seguire.

Nel tempo, molte sono state le **critiche** rivolte a questo metodo di insegnamento che:

— **insegna solo a riprodurre e non a costruire il sapere**;
— **limita la strada al pensiero critico**;

— **confonde il comprendere con il memorizzare**;
— **crea dipendenza e docilità** nel senso che spesso si ritiene che sia meglio dire ciò che il docente vuole che si dica, piuttosto che avanzare critiche e riflessioni sulle informazioni apprese;
— **determina scarsa partecipazione**.

Gli stili cognitivi privilegiati sono sempre gli stessi. Mentre le intelligenze convergenti si trovano a loro agio, quelle più divergenti e critiche incontrano difficoltà e disperdono gran parte delle loro risorse creative[3].

Molto spesso nella lezione frontale manca un reale ed efficace feedback e molti studi hanno evidenziato come ciò che è stato «ascoltato» non è poi automaticamente anche «appreso». A questo si aggiunge il fatto che la fase della verifica degli apprendimenti è spesso posticipata rispetto alla spiegazione e ciò rende difficile l'azione di recupero immediato.

La lezione frontale, dunque, soffre il limite dell'eccessiva dipendenza della lezione dalle competenze e dalla capacità comunicativa e didattica del singolo docente.

Nonostante ciò, la **lezione frontale** presenta anche alcuni innegabili **vantaggi**:
— permette di **trasferire i contenuti in maniera logica e consequenziale**, in un tempo variabile ma calibrato sulle esigenze della classe;
— permette di **mantenere un maggiore controllo degli allievi** che tendenzialmente sono costretti al silenzio;
— **l'organizzazione della lezione** è sicuramente più **facile**, in quanto lo sforzo è limitato a «spiegare» determinati contenuti e a individuare le strategie utili per tenere viva la tensione d'apprendimento e catturare l'attenzione.

1.2 La lezione dialogica

La lezione dialogica, condotta con il metodo interrogativo, si potrebbe definire un'applicazione dell'antichissima *maieutica* socratica che **usa il *dialogo*, come strumento per la trasmissione del sapere**. È centrata sullo studente il quale, riflettendo sulle domande e formulando le risposte, a poco a poco si appropria delle conoscenze. Elemento di riferimento principale non è la disciplina, bensì il soggetto che apprende, alla luce dei suoi bisogni e dei suoi interessi.

Fondamento di questo tipo di lezione è la possibilità fornita agli studenti di confrontarsi con un nuovo sapere partendo dalle conoscenze pregresse, analizzandole e sintetizzandole.

Al contrario della lezione frontale, il suo **obiettivo principale** non è la trasmissione di determinati contenuti, ma soprattutto lo *sviluppo delle capacità di ragionamento e di analisi dei concetti, nonché lo sviluppo delle capacità espositive e relazionali*.

---

[3] R. Scaglioni, *Metodologie e modelli di insegnamento per il diritto privato*, in cird.unive.it.

Il ruolo e le capacità dell'insegnante sono determinanti per la buona riuscita del processo di apprendimento: il docente deve non solo stimolare le domande e le risposte degli studenti nonché l'interazione della classe, ma deve saper «improvvisare» e riprogettare in corsa il suo percorso didattico.

Egli deve, in particolare, preoccuparsi di **garantire un costante coinvolgimento del gruppo** (attraverso discussioni, esercitazioni applicative) e **l'interazione costante con gli allievi** seguendo più o meno una schema di questo tipo[4]:

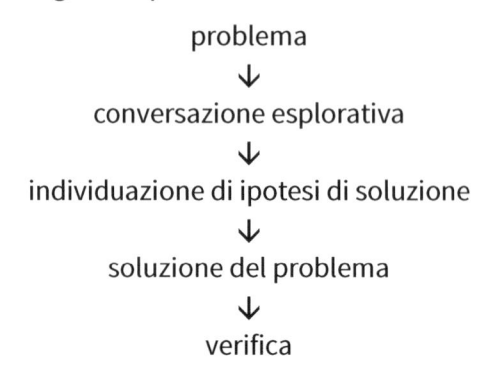

problema
↓
conversazione esplorativa
↓
individuazione di ipotesi di soluzione
↓
soluzione del problema
↓
verifica

È innegabile che la lezione socratica sia un modello didattico affascinante e molto stimolante per gli studenti: essi sono incoraggiati a pensare e a esprimere il loro pensiero, mentre consapevolmente acquisiscono nuove conoscenze.

Di fatto questo modello di lezione presenta però anche alcuni **svantaggi**:
— in primo luogo esso è concretamente applicabile *solo* per **argomenti analizzabili in via logico-deduttiva** (ne è un tipico esempio la filosofia);
— il docente deve avere inoltre ben **chiari gli aspetti** su cui i ragazzi dovranno focalizzarsi;
— la discussione porta con sé il **rischio di divagazioni** e di generare confusione;
— richiede **tempi lunghi** per l'apprendimento.

2 La scuola della programmazione

La legge 4 agosto 1977, n. 517 introduce ufficialmente nella scuola italiana la **programmazione didattica**, più dettagliatamente ratificata dal D.M. 9 febbraio 1979. Con essa i programmi perdono il loro significato di strumenti di ingabbiatura della cultura e del sapere.

Con le nuove disposizioni legislative vengono introdotti nella cultura scolastica due **voci nuove**, ossia **programmazione** e **curricolo**. Anzi, il disposto legislativo unifica i due termini qualificando la programmazione attraverso il concetto di curricolo: **programmazione curricolare**.

Il termine **curricolo** ha assunto nel corso del tempo significati diversi. In un primo momento considerato sinonimo di *piano di studi* e quindi incentrato soprattutto

---
[4] L. Tuffanelli, op. cit. pag. 30.

su obiettivi e contenuti di insegnamento, via via che l'attenzione si spostava dai contenuti all'allievo, ha assunto il significato quasi di *piano di apprendimento*.

Nelle *Raccomandazioni per l'attuazione delle Indicazioni Nazionali per i Piani di studio Personalizzati per la Scuola Primaria* viene definita l'origine e l'evoluzione del concetto di curriculo: «La parola *curriculum* (sottinteso *studiorum)* è di origine latina. Gli inglesi se ne sono appropriati da tempo per indicare il piano degli studi proposto, nelle diverse scuole, per la maturazione degli allievi. La tradizione anglossassone dell'autonomia delle scuole e la mancanza in questa cultura, almeno fino al 1988, della nozione di *curriculum nazionale*, ha fatto sì che, nel nostro paese, la parola curriculum abbia cominciato, anzitutto, a circolare come un termine inglese (da qui la traduzione italianizzata in *curricolo*, al posto di mantenere l'originaria grafia latina); in secondo luogo, ad assumere un significato antagonista alla parola *Programma* e, infine, a indicare le scelte educative e didattiche concretamente adottate dai docenti nelle diverse realtà scolastiche per corrispondere in maniera più pertinente alle differenze territoriali, sociali e culturali degli allievi.

Stenhouse sostiene che «abbiamo a che fare con **due concezioni diverse del curricolo**: da una parte esso si configura come *intenzione, programma o indicazione*, cioè come idea di ciò che si aspira possa ottenersi a scuola, dall'altra rappresenta invece *un quadro reale della situazione scolastica*, di ciò che in effetti avviene. Il curricolo, pertanto, è sostanzialmente incentrato sulla relazione tra questi due aspetti: *enunciazione di intenzioni e realtà di fatto*. Suo scopo è di far progredire la scuola mediante il miglioramento delle condizioni di insegnamento e di apprendimento, insistendo soprattutto sul fatto che le idee devono incontrarsi con la pratica e che la pratica è sottoposta al controllo delle idee»[5].

S. Mosca, riassumendo le diverse posizioni del dibattito pedagogico sviluppatosi intorno al tema della programmazione curricolare, definisce il curricolo come «un insieme di indicazioni, stimolazioni articolate, di passaggi obbligatori e di tracce da percorrere liberamente: un canovaccio sistematico e, allo stesso tempo, un terreno fertile all'iniziativa individuale e di gruppo: esso mira a misurarsi costantemente con la realtà della scuola in cui viene applicato e mira a creare le condizioni per intervenire fattivamente nella situazione socio-ambientale»[6]. L'intento, insomma, è creare tra le norme e la scuola attiva un dialogo fecondo che possa permettere di superare l'atteggiamento meramente esecutivo, applicativo, statico del programma per una visione dinamica che tenda ad evitare la ripetitività e a sviluppare un rapporto di interdipendenza tra formazione, sviluppo, contenuti disciplinari.

La **scuola della programmazione curricolare** è, insomma, una **scuola che «si fa in situazione**, anche se esiste un programma nazionale: il programma nazionale, infatti, è come un *asse paradigmatico*, che dunque non si può adoperare come sta: se io voglio fare il mio discorso, devo trasferire gli elementi dell'asse paradigmatico sul mio *asse sintagmatico* particolare. *Scuola della programmazione* o del curricolo

---

[5] L. Stenhouse, *Dalla scuola del Programma alla scuola del Curricolo,* Armando, Roma, 1977.
[6] S. Mosca, *Psicopedagogia per il curricolo* in D. Tinelli, *La programmazione curricolare,* Fabbri Editori, Milano, 1979.

in situazione vuol dire **scuola in cui ci si serve del programma nazionale per fare un discorso che è voluto dalla situazione**: di ciascun alunno, di ciascuna classe, di ciascuna scuola, il che porta dentro inevitabilmente l'ambiente. *Ciò comporta una professionalità docente capace di reinterpretare il programma in funzione della situazione.*

La programmazione è questo: è dare consapevolezza, metodo e possibilità di verificare la nostra azione. Ma la programmazione è anche coordinamento intenzionale degli apprendimenti nel curricolo: in questo senso è finalizzata a rendere capaci gli alunni di usare una pluralità coordinata di strumenti conoscitivi e operativi, che vengono dati loro non uno accanto all'altro, ma in maniera globale, reticolare, problematica. Solo così nella scuola possiamo parlare di ricerca e di creatività»[7].

2.1 La programmazione per obiettivi

La legge precisa anche a quale tipo di **programmazione** si debba fare riferimento indicando le **fasi** che devono essere seguite:
— individuazione delle esigenze del contesto socio-culturale e delle situazioni di partenza degli alunni;
— definizione degli obiettivi finali, intermedi, immediati che riguardano l'area cognitiva, l'area non cognitiva e le loro interazioni;
— organizzazione delle attività e dei contenuti in relazione agli obiettivi stabiliti;
— sistematica osservazione dei processi di apprendimento;
— continue verifiche del processo didattico ed adeguamento degli interventi;
— ritorno agli obiettivi per riassumere le risultanze e programmare i nuovi interventi formativi.

Il modello di **programmazione** proposto è, dunque, quello **per obiettivi**. Una programmazione, cioè, che assume gli obiettivi come elementi di regolazione di tutte le fasi del curricolo: i contenuti, i metodi, gli strumenti di verifica e di valutazione hanno senso solo se correlati con gli obiettivi che si intendono perseguire.

Alla scuola del programma si contrappone la scuola della programmazione, vale a dire dell'organizzazione del piano delle azioni che si intendono attuare in vista del raggiungimento di uno scopo.

La programmazione tende a rendere l'azione razionale e scientifica contrapponendosi all'agire casuale ed improvvisato[8].

In verità l'antitesi programma-programmazione è andata via via attenuandosi nel senso che si è ritenuto importante sia il programma che assicura l'unità e la stabilità del progetto educativo sul piano nazionale sia la programmazione attraverso la quale si definiscono i diversi itinerari che, in rapporto alla varietà delle situazioni specifiche di ogni scuola, devono garantire una sostanziale equivalenza di risultati.

---

[7] R. Calzecchi Onesti, articolo pubblicato, dopo l'intervento al Convegno CIDI, Milano, 1990, su *La Chimica nella Scuola*, 1990, che presenta, ancora oggi, caratteri di stringente attualità.

[8] D. Cristanini, *Programmare e valutare nella scuola materna,* Fabbri Editori, Milano, pag. 36.

LA TASSONOMIA DEGLI OBIETTIVI

In campo educativo e didattico, per tassonomia s'intende la classificazione sistematica secondo una gerarchia ascendente, che va dalle abilità elementari a quelle più complesse, basata sulla descrizione accurata di comportamenti pedagogici d'insegnamento-apprendimento: in tal senso si parla di **tassonomia degli obiettivi educativi e didattici**.

La tassonomia degli obiettivi educativi più nota è quella elaborata nella metà del secolo scorso dallo psicologo americano **Benjamin S. Bloom** (1913-1999), secondo il quale gli apprendimenti cognitivi vanno dai più semplici a quelli più complessi, articolati in **sei categorie fondamentali**:

1. **conoscenza**: concerne l'apprendimento delle competenze più elementari e riguarda in primo luogo la memoria, ovvero la capacità di ricordare le informazioni;
2. **comprensione**: si manifesta nella capacità, da parte dell'alunno, di rielaborare le informazioni acquisite. Ciò avviene quando si espone a parole proprie un argomento letto o ascoltato, quando si *traduce* un testo o si estrapola un'informazione dal contesto originario per utilizzarla in un ambito diverso;
3. **applicazione**. Lo studente mostra di essere in possesso di questa abilità quando riesce ad applicare le nozioni teoriche ai casi pratici;
4. **analisi**. Attiene alla capacità di individuare i rapporti e le gerarchie tra gli elementi che formano un insieme;
5. **sintesi**. È la capacità di riuscire a far convergere dati e informazioni in maniera mirata, estrapolando ciò che serve dall'insieme e ristrutturandolo in una nuova configurazione;
6. **valutazione**. È la capacità di esprimere giudizi e formarsi delle opinioni sulla base delle informazioni apprese.

Quanto alla dimensione affettiva, Bloom e i suoi colleghi individuano, come obiettivi collegati all'apprendimento, **tre macroaree** relative a:

1. **interesse** (quando l'alunno è ricettivo rispetto agli stimoli, presta attenzione a ciò che accade intorno a sé);
2. **impegno** (quando l'alunno è reattivo, interviene nel corso del processo formativo ed esprime opinioni, dissenso o condivisione);
3. **partecipazione** (capacità di interagire attivamente fornendo il proprio contributo all'attività didattica).

Si realizza, cioè, quanto auspicato da Frabboni: «occorre dare via libera al tandem programma-programmazione in modo da evitare la progettazione di curricoli o troppo prescrittivi, sbilanciati sul versante del programma o troppo discrezionali, sbilanciati sul versante della programmazione»[9].

Nel tempo, molte sono state le **critiche** mosse a questo tipo di pianificazione del processo formativo: eccessivo **schematismo, astrattezza degli obiettivi**, considerati spesso lontani dalla pratica di insegnamento e/o eccessivamente generici.

Si è ravvisato, inoltre, il rischio che la programmazione possa essere *miope:* rimanere schiacciata sulle esigenze degli allievi e accendere i riflettori su obiettivi vicini, limitati all'apprendimento di questo o quel contenuto senza alcuna prospettiva di senso; oppure diventare *presbite*: puntare il cannocchiale molto lontano smarrendo così i bisogni reali dell'allievo; o, ancora, essere *strabica*: per un verso puntare verso obiettivi ambiziosi, per l'altro essere appiattita su obiettivi immediati e contingenti senza riuscire ad assumere uno sguardo armoniosamente *bifocale*[10]. Pertanto una programmazione *autentica o umanizzatrice*, come la definisce G. Mollo, è tale nella misura in cui pone» al centro la conquista del senso dell'umanità, mira alla comprensione profonda dell'esistenza e della realtà, tende a farsi rinnovabile, attraverso la modalità privilegiata del confronto critico»[11].

Le **differenze fondamentali** tra la scuola del programma e la scuola della programmazione possono essere così sintetizzate:

La scuola del programma	La scuola della programmazione
• Dà grande importanza ai contenuti • È centrata prevalentemente sul docente che è un semplice trasmettitore di saperi • È assente la circolazione delle esperienze • L'alunno non è considerato nelle sue reali potenzialità e attitudini • L'ambiente socio-culturale di provenienza non è considerato una variabile • Manca la collaborazione tra docenti	• Presta attenzione più ai processi che ai contenuti • È centrata sull'alunno • Si condividono idee ed esperienze • Grande importanza assumono l'ambiente di provenienza, le potenzialità e le attitudini dell'alunno • Bisogna lavorare collegialmente

---

[9] L. Tuffanelli (a cura di), *Intelligenze, emozioni, apprendimento*, Erickson, Trento, 1999.
[10] F. Priore – L. Gallo, *Insegnare,* Grafiche Panico, Galatina (Lecce), 2002.
[11] G. Mollo, *La via del senso*, Editrice La Scuola, Brescia, 1996.

UNITÀ DIDATTICA, MODULO, UNITÀ DI APPRENDIMENTO

L'**unità didattica** costituisce l'**unità minima di programmazione** ed è finalizzata al perseguimento di un obiettivo formativo specifico.

Essa presenta una struttura progettuale di tipo analitico che scompone il percorso didattico nelle sue componenti elementari e articola la materia progettuale nelle sue unità minime.

In linea di massima è costituita da:
— analisi della situazione iniziale e determinazione dei prerequisiti;
— formulazione degli obiettivi;
— contenuti;
— mezzi e metodi;
— verifica formativa;
— tempi;
— eventuale recupero.

Il **modulo** è una *parte significativa, altamente omogenea ed unitaria di un più esteso percorso formativo disciplinare o pluri-multi-inter-trasversale*, una parte del tutto in grado non solo di assolvere ben specifiche funzioni ma anche di far perseguire ben precisi obiettivi, non solo cognitivi, verificabili, documentabili e capitalizzabili (G. Domenici). Esso, in genere, è costituito da **un insieme di unità didattiche componibili fra loro**.

L'**unità di apprendimento** presenta una *struttura modulare, di tipo globale*, che assume il percorso didattico nella sua complessità (Baldacci). Si configura come parte di un percorso altamente omogenea e unitaria che tiene presente la complessità ma è autonoma rispetto alla complessità stessa. Si articola in varie **fasi**:

— **I Fase: creatività-divergenza-motivazione**
  È la **fase in cui emergono le idee, gli spunti** nati sul campo in continua riflessione e confronto. La parola *progettazione* porta con sé la caratteristica di costruirsi mentre si fa e di modificarsi mentre viene pensata e vissuta. Il docente costruisce aspettative, suscita curiosità, crea prospettive, illustra il percorso, gli obiettivi da conseguire, i contenuti su cui lavorare, inglobando così l'alunno nel processo di apprendimento.

— **II Fase: mediazione didattica**
  È la **fase in cui si mettono in essere con gli alunni le azioni progettate**, creando un'interazione circolare: la progettazione orienta l'azione, l'azione arricchisce e precisa la progettazione. È questa, in qualche modo, la parte più importante perché bisogna dimostrare non solo di conoscere i contenuti ma anche di saperli porgere in modo che i ragazzi siano catturati dall'argomento. Perciò è utile richiamare, laddove possibile, esempi concreti o esperienze di vita reale.

— **III Fase: Controllo: verifica/valutazione**
  Accertamento e documentazione degli esiti.
  Riflessione sui risultati e rimodulazioni degli interventi.

2.2 La programmazione per sfondo integratore o per contesto

Lo **sfondo integratore** è una particolare metodologia di programmazione, che prende le mosse dalle riflessioni di Gregory Bateson (1904-1980) e di tutta la scuola di Palo Alto[12].

In Italia, è stata introdotta negli anni '80 da Andrea Canevaro e Paolo Zanelli ed **applicata soprattutto nella scuola dell'infanzia e nella scuola primaria**.

I due studiosi partono dalla considerazione che la crescita del bambino può essere concepita "come capacità di sapersi rappresentare in un contesto. Se, però, il contesto è eccessivamente determinato o limitato ogni piccolo cambiamento può provocare disorientamento".

La **programmazione per sfondo integratore** cambia radicalmente il modo di intendere la programmazione come insieme di procedure e strumenti standardizzati per realizzare programmi prestabiliti in cui l'insegnante ha prevalentemente il compito di individuare gli obiettivi, i contenuti, le modalità di verifica e di valutazione. L'apprendimento è di tipo lineare, i percorsi sono definiti a priori. In un'organizzazione di questo tipo, il ruolo del bambino è del tutto passivo, l'apprendimento viene costruito mattone per mattone secondo la metafora dell'edificio. Al docente spetta il compito di introdurre il mattone giusto al momento giusto, privilegiando così il prodotto rispetto al processo[13]. A questo modello, si contrappone la **programmazione per sfondo integratore o per contesto** che considera il bambino, secondo quanto afferma Bateson, non un soggetto chiuso in sé ma un "futuro da scoprire". Una metodologia didattica che parte dalla consapevolezza che *lo sviluppo del bambino non è lineare, ma aritmico e asincrono*, fatto di progressioni e regressioni, che prefigura una scuola che non punti ai risultati ma privilegi i processi, che favorisca più metodi che contenuti, perché non è tanto importante che i bambini acquisiscano determinate conoscenze e saperi, quanto piuttosto che abbiano fiducia nella loro curiosità e che imparino a cercare"[14].

Tutto questo non implica il rifiuto *tout court* della programmazione tradizionalmente intesa, ma un' evoluzione verso un progetto più ampio di coeducazione che vede coinvolti bambini, docenti, contesto scolastico. Una programmazione, dunque, non fissa, ma flessibile che si sviluppa in itinere e si costruisce sui bisogni dei bambini. Un bambino che diventi soggetto attivo e sia in grado di riorganizzare le proprie strategie di costruzione del reale. Ciò è possibile solo nella misura in cui l'insegnante rinunci al suo ruolo di trasmettitore di conoscenze per assumere

---

[12] La scuola di Palo Alto è una scuola di psicoterapia statunitense che trae il suo nome dalla località californiana dove sorge il Mental Research Institute, centro di ricerca e terapia psicologica. A seguito della persecuzione dei nazisti, molti studiosi europei di psicologia si trasferirono negli Stati Uniti, dando origine ad una fiorente scuola di psicoterapia.

[13] D. Fabbri Montesano - A. Munari, *Strategie del sapere, verso una psicologia culturale*, Edizioni Dedalo, Bari, 1984.

[14] D. Cristanini, *Programmare e valutare nella scuola materna*, Fabbri Editori, Milano, 2000.

quello di regista con il compito di sostenere gli autonomi processi di organizzazione cognitiva dei bambini attraverso la disposizione di elementi di «sfondo».

"Lo sfondo integratore è nato per concepire il contesto educativo come coevoluzione di storie, quindi di identità diverse: come danza delle differenze"[15].

Per sfondo integratore si intende:
— un contenitore di percorsi didattici finalizzati alla costruzione di un contesto condiviso da tutti;
— un sollecitatore di situazioni problematiche, che richiedono formulazioni di ipotesi e ricerche di soluzioni;
— un facilitatore dell'apprendimento attraverso la strutturazione di situazioni motivanti[16].

Lo sfondo prevede l'**individuazione di una tematica di fondo da approfondire**, anche attraverso collegamenti tra le varie discipline, mediante l'utilizzo di una didattica attiva. Primo passo, perciò, è partire da una discussione e da una riflessione collegiale sul significato e la ricaduta che la scelta di uno sfondo può avere sullo sviluppo della personalità del bambino, mettendo in evidenza i legami e le interconnessioni tra le parti.

Secondo Zanelli l'organizzazione dello sfondo da parte dei docenti può favorire un'autonoma organizzazione da parte dei bambini. Egli parte dal presupposto che ogni nostra azione, in rapporto alla sua significanza, può essere intesa come *figura* che emerge da *uno sfondo*.

A dimostrazione, l'autore utilizza l'esempio delle avventure di Gulliver.

Questi passando dallo sfondo, per lui naturale, dell'Inghilterra del tempo ad altri radicalmente diversi, come, ad esempio, il paese degli Houynm (dove esistono cavalli sapienti e uomini simili ad esseri bestiali), vede entrare in crisi le modalità di anticipazione degli eventi che l'avevano fino allora sostenuto.

È il rapporto figura/sfondo che viene sconvolto. Per sopravvivere, Gulliver dovrà riorganizzare le proprie strategie per affrontare la realtà. È ciò che capita a ciascuno di noi in qualsiasi momento della propria esistenza. Di fronte a situazioni problematiche siamo costretti ad operare una compensazione.

Quando muta lo sfondo si rende necessaria una riorganizzazione compensatrice. In ciò consiste l'apprendimento[17].

Utilizzare in educazione la dialettica figura/sfondo significa, quindi, riconoscere che il senso delle nostre azioni è legato a un contesto e che bisogna lavorare per la costruzione di quell'organizzazione contestuale, che renda possibile una connessione fra i vari momenti della nostra esperienza.

Particolare rilievo assume l'**utilizzo di uno o più mediatori**, vale a dire quell'insieme di elementi diversi che fanno da tramite tra il processo di insegnamento e

---
[15] P. Zanelli, *Educazione, complessità e autonomia dei bambini*, La Nuova Italia, Firenze, 1990
[16] P. Zanelli, op. cit.
[17] P. Zanelli, *Uno sfondo per integrare*, Cappelli, Bologna, 1986.

quello di apprendimento. Essi possono essere di vario tipo: attivi, iconici, analogici, simbolici.

«Per rappresentare la figura dei mediatori possiamo utilizzare la metafora di chi vuole attraversare un corso di acqua che separa due sponde e non vuole bagnarsi: mette dunque i piedi sulle pietre che affiorano. Forse butta una pietra per costruirsi un punto di appoggio dove manca. Questi appoggi sono i mediatori, coloro che forniscono sostegno e che si collegano uno all'altro. Un mediatore è come un semplice sasso sui cui appoggiare il piede per andare all'altra riva»[18].

Essi si rifanno a uno stimolo che parte sempre dal concreto e che può essere costituito da un personaggio fantastico, un oggetto, un libro, un disegno,...elementi che potranno entrare in azione nei momenti di difficoltà.

La scelta di **mediatori fantastici**, ad esempio, di personaggi animati, consente, all'interno di un contesto motivante e di un'attenta regia, di dare voce all'io e all'immaginario dei bambini, rilevare le tracce, i segni da essi posseduti e imparare a leggerli e a decodificarli. Il mondo fantastico, infatti, rassicura il bambino, gli permette di formarsi un'idea della vita più o meno vicina alla realtà, gli garantisce sicurezza e tranquillità, diventa una sorta di mappa per orientarsi nel suo mondo.

È importante però ricorrere a un uso integrato di tutti i mediatori, seguendo un *percorso non lineare ma reticolare*. Una caratteristica di tutti i mediatori, infatti, è la **relatività**: ciascuno di essi ha una sua modalità di richiamare la realtà ma nessuno di per sé è sufficiente per comprenderla appieno[19].

Programmare per sfondo integratore significa mettere in atto una serie di azioni che possono essere così sintetizzate:

— **osservazione del contesto educativo** per individuare le tracce, i segnali espressivi dai bambini;
— individuazione di una serie di **obiettivi assolutamente flessibili e aperti** alla possibilità di modifica in itinere;
— **costruzione dello sfondo, istituzionale o narrativo**, che possa favorire la strutturazione di esperienze di apprendimento;
— **realizzazione di unità di apprendimento** con ampia possibilità di essere modificate a seguito dell'attività di monitoraggio;
— **nuovo ciclo di osservazioni** per valutare la qualità dei processi di apprendimento e sviluppo raggiunti attraverso esperienze proposte.

Lo sfondo integratore acquisisce un ulterior valenza se si integra con quello che viene definito **sfondo istituzionale** ovvero un'organizzazione di spazi, tempi, modalità di organizzazione entro i quali si svolgono le attività educativa e si stabiliscono le relazioni con quanti ne fanno parte.

Programmare per sfondo integratore diventa particolarmente efficace per gli **alunni con disabilità**. Esso infatti privilegia soprattutto gli scambi relazionali rendendo i bambini i veri protagonisti.

---

[18] A. Canevaro, *Pietre che affiorano*, Erickson, Trento, 2008.
[19] E. Damiano, *L'azione didattica. Per una teoria dell'insegnamento*, Armando Editore, Roma, 1999.

I MEDIATORI DIDATTICI

Elio Damiano[1] definisce **mediatore** «ciò che agisce da tramite tra soggetto e oggetto nella produzione di conoscenza». Per cui, si può definire **mediazione didattica** tutto ciò che intenzionalmente l'insegnante mette in atto per favorire l'apprendimento degli alunni.

Tale processo si realizza attraverso la messa in campo di quattro mediatori: *attivi*, *iconici*, *analogici*, *simbolici*. Si definiscono:
- **mediatori attivi**, i mediatori più prossimi alla realtà esterna e che consentono un coinvolgimento in attività che richiedono una partecipazione attiva, come ad esempio un esperimento, un'esercitazione pratica, una pratica sportiva oppure un'uscita di gruppo (una visita, una gita o un'escursione). L'elemento che accomuna i mediatori attivi è l'**esperienza diretta**;
- **mediatori iconici**, i mediatori che si caratterizzano per l'**esperienza visiva** rinvenibile, ad esempio, in foto, video, disegni, grafici, carte geografiche, modelli, plastici, mappamondi, film etc. Il mediatore iconico ha la capacità intrinseca di «oggettivizzare» il reale (Damiano) ossia di rappresentare un'esperienza come elemento esterno al soggetto;
- **mediatori analogici**, i mediatori che si incentrano sul gioco di ruolo, la finzione, la drammatizzazione, il role playing, la rappresentazione fisica e la simulazione.
- **mediatori simbolici**, lettere, simboli e numeri che permettono di raggiungere la massima generalizzazione possibile (come i linguaggi e la matematica).

Nessuno di essi è esente da problemi di applicazione.
I *mediatori attivi* che poggiano sull'esperienza, ad esempio, secondo Damiano, non possono essere considerati veri e propri mediatori, in quanto non c'è mediazione tra la realtà esterna e il soggetto in apprendimento: essi sono il frutto di scelte personali e perciò non oggettivabili.
I *mediatori iconici*, pur favorendo lo sviluppo di capacità visivo-spaziali, sono scarsamente generalizzabili e non riescono a riprodurre adeguatamente un concetto o un valore universale.
I *mediatori analogici* non sono sufficienti da soli per fissare l'apprendimento; richiedono tempo lunghi di applicazione e comportano il rischio che gli alunni confondano la simulazione con la realtà.
I *mediatori simbolici*, a cui appartiene anche la **lezione frontale**, richiedono continui feedback da parte dell'insegnante e possono facilmente scadere nel nozionismo e in un apprendimento di tipo nozionistico.

I mediatori sono considerati un supporto importante anche per gli alunni con bisogni educativi speciali perché, secondo quanto afferma Andrea Canevaro nel suo libro *Pietre che affiorano*, essi:
- offrono la possibilità di aprire e rinviare alla pluralità di mediatori;
- costituiscono un punto di convergenza di sguardi diversi, permettendo di far convivere diversità e unità;
- permettono di saggiare un terreno insicuro, esplorare un ambiente, anche relazionale, senza che eventuali insuccessi deprimano o feriscano il soggetto;
- sono flessibili, possono aiutare a sviluppare aspetti creativi ma anche a metterli in discussione;
- aiutano a sperimentare e a sperimentarsi senza che l'allievo si senta giudicato in maniera tale da compromettere altre esperienze.

[1] E. Damiano, *La mediazione didattica. Per una didattica dell'insegnamento*, Franco Angeli, Milano, 2016.

3 La scuola della progettazione

Negli anni Ottanta e Novanta il termine **progetto** viene utilizzato per indicare **attività non incluse nella programmazione** anche se ad esse collegate.

Il **metodo dei progetti** (→ anche Cap. 2, par. 6) viene introdotto nella scuola americana da **William Head Kilpatrick** intorno agli anni '20. Egli riprendendo le idee di W. James e J. Dewey, afferma che il tempo in cui vive, caratterizzato da profondi mutamenti sociali e culturali, richiede una profonda revisione dei metodi di istruzione che parta dalle esigenze dell'allievo per allargarsi, gradualmente, alla comprensione di quelle della società in continua trasformazione. Kilpatrick sostiene che la nuova scuola necessita di due importanti capisaldi: il primo è quello di favorire il declino dell'autoritarismo, mal tollerato dai giovani, il secondo è quello di contribuire al cambiamento radicale della società.

Da tali considerazioni deriva il suo *project method, il metodo dei progetti* che, rifiutando un programma di studio, aprioristicamente definito, orienti tutta l'attività scolastica verso un piano di lavoro intrapreso volontariamente e in comune dagli alunni.

Il **progetto** diventa così una vera e propria impresa di lavoro durante la quale gli alunni, assistiti dal docente, affrontano problemi concreti cercando di risolverli senza seguire una logica astratta. Ciò renderebbe il sapere *individualizzato,* in quanto ogni alunno tenderebbe a studiare solo ciò per cui nutre vivo interesse, *coerente* perché tutte le nozioni riceverebbero un'intima coordinazione dall'unità del progetto, *pratico*, perché tutte le cognizioni deriverebbero dall'attività pratica e si svilupperebbero in funzione di essa, *formativo*, perché educherebbe l'allievo a trarre il suo sapere dal suo fare, *sociale* perché la realizzazione del progetto richiederebbe la collaborazione di più individui.

Riferimento chiave dell'impegno professionale dei docenti continua ad essere la *programmazione*: il progetto è semplicemente un valore ad essa aggiunto. Si elaborano progetti quando si vuole avvicinare gli alunni ad una tematica di rilevanza sociale: progetto alla salute, all'ambiente ... oppure quando si pensa di far produrre o costruire loro qualcosa; è raro, invece, che si pensi al progetto quando si intende sviluppare la capacità di risolvere un problema o di padroneggiare una tecnica.

Nel 1995 il decreto che introduce nella scuola la *Carta dei Servizi* (D.P.C.M. 7 giugno 1995) rilancia, insieme al progetto educativo di istituto, anche la **progettazione educativa e didattica**.

Con l'introduzione dell'autonomia, poi, si ha una vera e propria esplosione di progetti anche perché il Regolamento, D.P.R. n. 275/1999, all'art. 1 comma 2, assegna alla funzione di progettazione un rilievo di primo piano «*L'autonomia delle istituzioni scolastiche è garanzia di libertà di insegnamento e di pluralismo culturale e si sostanzia nella progettazione e nella realizzazione di interventi di educazione, formazione e istruzione mirati allo sviluppo della persona umana, adeguati ai diversi contesti, alla domanda delle famiglie ed alle caratteristiche dei soggetti coinvolti, al fine di garantire il successo formativo coerentemente con le finalità e gli obiettivi generali del sistema di istruzione e con l'esigenza di migliorare l'efficacia del processo di insegnamento e di apprendimento*».

Nella **scuola dell'autonomia** la **progettazione investe tutti gli aspetti della vita della scuola** compresa l'organizzazione complessiva che ogni istituto intende darsi.

Nonostante ciò, i due termini **programmare e progettare** continuano ad essere usati pressoché come sinonimi. Le fasi della programmazione, infatti, coincidono per grandi linee con quelle della progettazione (rilevazione della situazione iniziale, individuazione degli obiettivi, selezione dei contenuti, dei metodi, dei mezzi, degli strumenti di verifica e di valutazione) e questo ha portato a ritenere che programmare e progettare siano la stessa cosa.

Le analogie sono solo apparenti perché le **differenze** tra le due strategie di organizzazione dell'azione formativo-didattica sono, invece, sostanziali.

La **programmazione**, nella sua rappresentazione più diffusa, viene considerata come attività che traduce i programmi ministeriali in percorsi operativi e formativi. La sua cornice di riferimento continua ad essere il programma da cui spesso derivano gli obiettivi di insegnamento[20]. Essa viene considerata **espressione del modello di apprendimento lineare** o di controllo, mentre la **progettazione** si connota come espressione dell'**apprendimento reticolare** in una visione più allargata, più autonoma nella quale i saperi si configurano come spazi aperti, strumenti piuttosto che fini. La programmazione, inoltre, tende a chiudere i problemi, a restringere la molteplicità delle variabili in gioco, a prevedere linearmente i percorsi per raggiungere gli obiettivi prefissati, a utilizzare la verifica e la valutazione come elementi di aggiustamento del percorso[21].

La **progettazione**, invece, tende a porsi **ipotesi** né giuste né sbagliate ma **da verificare**, non obiettivi preliminarmente definiti. La caratteristica peculiare della progettazione è quella di non essere statica e definita una volta per tutte ma di modificarsi continuamente in rapporto alle esigenze e ai problemi che emergono.

Anche la didattica passa da una metodologia finalizzata alla trasmissione e alla riproduzione del sapere, caratterizzata da rigidità oraria, ristretta nello spazio monolito della classe, ad una che vede gli **allievi protagonisti, co-costruttori delle loro conoscenze** secondo percorsi e tempi originali e imprevedibili in un'organizzazione aperta e flessibile nel tempo e negli spazi.

Di fronte, a questi nuovi e più complessi compiti, occorre muoversi con estrema cautela. La progettazione è una strategia che, per essere riempita di azioni pedagogico/formative, richiede un *rilevante e gravoso impegno*, soprattutto, in termini organizzativi e didattici.

Non si tratta, infatti, semplicemente di elaborare o di applicare un nuovo itinerario formativo ma di ricostruire un sistema scuola che veda nella progettualità uno dei suoi assi portanti.

È il *rinnovamento metodologico*, insomma, il vero *cuore della progettazione*.

Una didattica centrata sulla persona, fatta di percorsi consapevoli che mirano a far emergere interessi, potenzialità, risorse individuali.

Una didattica che tende a superare gli steccati dell'aula spesso isolata ed autoisolan-

---

[20] A. Valentino, *Progettare nella scuola dell'autonomia,* Valore Scuola, Roma, 2001.
[21] D. Cristanini, op. cit. pag. 105.

tesi (*la mia classe, i miei alunni*), per investire *l'insegnante e gli insegnanti, la disciplina e le discipline, il tempo e i tempi, la classe e le classi, l'alunno e gli alunni, il metodo e i metodi, lo spazio e gli spazi*. Una didattica che diventa **laboratorio,** attività nella quale si traduce in termini di prassi la teoria piagetiana dell'apprendimento come costruzione di idee e di concetti generali, sulla base dell'esperienza personale, che abitui l'alunno a riflettere, a porsi domande sul proprio operato, sul proprio modo di procedere. Una didattica che sappia considerare l'alunno, ogni alunno come un sistema autonomo, in cui le funzioni cognitive, affettive e sociali siano strettamente integrate, che sappia creare situazioni entro cui sia possibile per ognuno formulare un proprio orizzonte di problemi e socializzarlo, una didattica che sappia creare situazioni in cui alunni e docenti si mettano in gioco e si ridefiniscano costantemente attraverso un sistema di relazioni[22]. Considerata da questo punto di vista, l'attività di progettazione diventa attività di ricerca, di esplorazione, di creatività, perché no, di fantasia. Laddove si progetta, infatti, sicuramente si fa ricerca in quanto la maggior parte dei bisogni che si tenta di soddisfare sono bisogni spesso indotti dal clima culturale e dagli stili di vita oppure sono bisogni primari consolidati nel tempo e mai soddisfatti in maniera diffusa, bisogni che generano problemi sempre nuovi e che richiedono quindi soluzioni innovative.

LA SCUOLA DEL PROGRAMMA	
Aspetti negativi	**Aspetti positivi**
• I contenuti sono dettati centralisticamente • Sono uniformi in ogni classe del paese • Richiedono al docente un atteggiamento impiegatizio • L'allievo non è al centro del processo educativo	• Consolida l'unità politica e culturale del paese • Favorisce la formazione e l'aggiornamento dei docenti • Combatte l'analfabetismo
LA SCUOLA DELLA PROGRAMMAZIONE	
Aspetti negativi	**Aspetti positivi**
• Gli obiettivi sono fissati in maniera troppo rigida e sequenziale • I problemi/fenomeni sono affrontati in modo separato e questo pregiudica la loro comprensione globale • Non sempre gli obiettivi sono pertinenti alle situazioni reali	• Permette di adeguare gli obiettivi alla situazione dell'alunno e della classe • Rende il lavoro più organizzato e coerente • L'allievo è al centro del processo educativo
LA SCUOLA DELLA PROGETTAZIONE	
Aspetti negativi	**Aspetti positivi**
• Si fa ricorso a processi lunghi e complessi che richiedono tempi di attuazione abbastanza lunghi • Richiede una riconsiderazione e una selezione degli argomenti	• Apprendere non significa solo memorizzare • La progettazione favorisce la personalizzazione degli apprendimenti • L'allievo partecipa attivamente alla costruzione del proprio sapere

[22] D. Cristanini, op. cit. pag. 105.

In sintesi

- **Scuola del programma**: nel 1962 nasce la scuola media unica che sancisce ufficialmente il diritto-dovere di fruire di una formazione scolastica della durata di otto anni. Il programma è l'espressione più marcata di questo sistema scolastico fortemente centralizzato. Tipica della scuola del programma è la lezione frontale.
- **Lezione frontale:** appartiene ai *metodi denominati espositivi*. Rappresenta un tipico esempio di «comunicazione unidirezionale». Si basa su una concezione ricettiva dell'apprendimento: l'insegnante spiega e gli studenti ascoltano. *Aspetti negativi*: insegna solo a riprodurre e non a costruire il sapere; limita la strada al pensiero critico; confonde il comprendere con il memorizzare; crea dipendenza e docilità; determina scarsa partecipazione. *Aspetti positivi*: permette di trasferire i contenuti in maniera logica e consequenziale; mantiene un maggiore controllo degli allievi; facilita l'organizzazione dei contenuti.
- **Scuola della programmazione**: la legge 4 agosto 1977, n. 517 introduce ufficialmente nella scuola italiana la programmazione didattica. Il programma nazionale si adatta alle esigenze degli allievi, della classe e del territorio. Il modello di **programmazione** proposto è quello **per obiettivi**. *Aspetti negativi*: schematismo, astrattezza degli obiettivi, considerati spesso lontani dalla pratica di insegnamento e/o eccessivamente generici. *Aspetti positivi*: rende l'azione educativo-didattica razionale e scientifica, contrapponendosi all'agire casuale ed improvvisato.
- **Programmazione per sfondo integratore**: lo sfondo integratore è una metodologia di programmazione didattica che ha lo scopo di orientare il percorso formativo (sulla base di un tema scelto dai docenti) procedendo in un continuo processo di verifica, valutazione e autovalutazione. Essa è particolarmente efficace nella scuola dell'infanzia e primaria e nel caso di alunni con disabilità.
- **Scuola della progettazione**: il Regolamento dell'autonomia scolastica (D.P.R. n. 275/1999), all'art. 1 comma 2, assegna alla funzione di progettazione un rilievo di primo piano.
- **Differenze programmazione e progettazione**: la programmazione è espressione del modello di apprendimento lineare o di controllo. La progettazione è espressione dell'apprendimento reticolare. La programmazione tende a restringere la molteplicità delle variabili in gioco, la progettazione, invece, tende a porsi ipotesi da verificare.

5
Le competenze: dalla teoria all'applicazione pratica

1 Le competenze in Europa

Nel contesto europeo, il tema dell'**apprendimento per competenze** ha assunto una **grande rilevanza**, perché ritenuto fondamentale per permettere ai giovani di affrontare con maggiore consapevolezza la sfida di un mercato che diventa sempre più globale, e per fare dell'Unione europea la «*società della conoscenza più competitiva e dinamica del mondo*».

Il percorso di approfondimento del tema delle competenze comincia fin dal 1989. Il rapporto «*Educazione e competenze in Europa*» (elaborato dall'ERT), infatti, segna la svolta verso un sistema di istruzione non più legato unicamente alla crescita scientifica e culturale, ma orientato essenzialmente all'acquisizione di *competenze lavorative*. Il Rapporto afferma che l'istruzione e la formazione sono investimenti strategici per il successo delle imprese e che è necessario adattare il sistema scolastico alle esigenze del mondo imprenditoriale.

Viene, inoltre, affermata l'importanza di una mobilità delle risorse umane europee, che vengono considerate come il capitale distintivo dell'UE nel quadro del paradigma «*dell'Europa delle conoscenze*».

Anche l'UNESCO, con il Rapporto Delors (1996), insiste sull'importanza dell'educazione come investimento sociale e identifica «quattro pilastri dell'educazione»:

1. *apprendere a conoscere*;
2. *imparare a vivere insieme*;
3. *imparare a fare*;
4. *imparare ad essere*.

Nella risoluzione del **Consiglio d'Europa di Lisbona del 2000**, poi, venivano indicati come **obiettivi strategici**:

— l'**incremento del livello d'istruzione dei giovani**;
— l'**apprendimento lungo tutto l'arco della vita**;
— l'**attenzione alle nuove tecnologie dell'informazione**;
— l'**integrazione** sempre più salda **tra istruzione/formazione**

e si raccomandava agli Stati membri una ridefinizione dei curricoli scolastici nel senso dell'**apprendimento per competenze**, introducendo anche una riflessione sul tipo di competenze da sviluppare.

Nel contesto delle strategie enunciate a Lisbona venne, inoltre, definito il quadro di riferimento comune degli obiettivi da raggiungere entro il 2010, con il coinvolgimento delle istituzioni europee e di tutti i paesi membri.

Nel ***Memorandum sull'istruzione e la formazione permanente*** (Bruxelles, 30 ottobre 2000) si approfondivano ancora alcuni aspetti particolarmente rilevanti quali: il diritto di tutti ad accedere all'istruzione e alla formazione permanente, la necessità di maggiori investimenti finanziari, lo sviluppo di metodi efficaci di insegnamento e apprendimento, mediante l'utilizzo delle nuove tecnologie.

1.1 La Raccomandazione UE 2006 sulle competenze chiave per l'apprendimento permanente

Negli anni 2006-10, l'Unione europea ha emanato alcune direttive che si possono considerare le vere ispiratrici del rinnovamento del sistema di istruzione: in particolare, *la* **Raccomandazione del Parlamento e del Consiglio dell'Unione europea del 18 dicembre 2006** *sulle competenze chiave per l'apprendimento permanente* rappresenta una tappa fondamentale del processo di coordinamento e di integrazione. Per la prima volta, infatti, a livello sovranazionale, veniva **definito** in modo univoco il **concetto di competenza** ed elencate le competenze basilari per le società moderne.

Per facilitarne la comprensione alla Raccomandazione erano allegate le definizioni dei principali concetti di riferimento: **conoscenze, abilità, competenze**.

Le **conoscenze** indicano «*il risultato dell'assimilazione di informazioni attraverso l'apprendimento. Sono un insieme di fatti, principi, teorie e pratiche relative a un settore di lavoro o di studio*».

Le **abilità** sono «*le capacità di applicare conoscenze e di utilizzare know-how per portare a termine compiti e risolvere problemi. Nel contesto del Quadro europeo delle qualifiche le abilità sono descritte come cognitive (comprendenti l'uso del pensiero logico, intuitivo e creativo) o pratiche (comprendenti l'abilità manuale e l'uso dei metodi, materiali e strumenti)*».

La **competenza** è «*la comprovata capacità di utilizzare conoscenze, abilità e capacità personali, sociali e/o metodologiche, in situazioni di lavoro o di studio e nello sviluppo professionale e personale. Nel contesto del Quadro europeo delle qualifiche le competenze sono descritte in termini di responsabilità e autonomia*».

La **Raccomandazione 2006** introduceva **otto competenze chiave per l'apprendimento permanente**, che permettevano a tutti i cittadini il pieno sviluppo e realizzazione personale, la cittadinanza attiva, l'inclusione sociale e l'occupazione.

Nella Raccomandazione si affermava che le otto competenze chiave sono considerate **ugualmente importanti**, poiché ciascuna di esse può contribuire a migliorare la vita nella società della conoscenza. Molte di esse sono correlate tra loro, per cui aspetti essenziali di un ambito specifico favoriscono l'acquisizione della competenza in un altro.

Queste competenze devono essere acquisite durante il percorso dell'istruzione e fare da base al proseguimento dell'apprendimento nel quadro dell'educazione e della formazione permanente.

1.2 La nuova Raccomandazione UE sulle competenze chiave per l'apprendimento permanente del 2018

Il 22 maggio 2018 il Consiglio dell'Unione europea ha adottato una nuova **Raccomandazione sulle competenze chiave per l'apprendimento permanente**: essa rinnova e **sostituisce** la precedente Raccomandazione del 2006.

Anche questa Raccomandazione, in quanto atto non vincolante, fornisce agli Stati membri *solo orientamenti*. Gli Stati restano i soli responsabili dell'organizzazione del loro sistema di istruzione e dei contenuti dell'insegnamento.

Tenendo conto delle profonde trasformazioni economiche, sociali e culturali degli ultimi anni nonché delle gravi difficoltà nello sviluppo delle competenze di base dei più giovani, il documento fa emergere una crescente necessità di **maggiori competenze imprenditoriali, sociali e civiche**. Parallelamente viene sottolineata l'importanza del sostegno al lavoro degli insegnanti, da realizzare attraverso diversi canali.

Le nuove competenze sono definite, nella Raccomandazione 2018, come una combinazione di **conoscenze, abilità e atteggiamenti**, in cui:
— la **conoscenza** si compone di fatti e cifre, concetti, idee e teorie che sono già stabiliti e che forniscono le basi per comprendere un certo settore o argomento;
— per **abilità** si intende sapere ed essere capaci di eseguire processi ed applicare le conoscenze esistenti al fine di ottenere risultati;
— gli **atteggiamenti** descrivono la disposizione e la mentalità per agire o reagire a idee, persone o situazioni.

Le competenze chiave sono quelle di cui tutti hanno bisogno per la realizzazione e lo sviluppo personali, l'occupabilità, l'inclusione sociale, uno stile di vita sostenibile, una vita fruttuosa in società pacifiche, una gestione della vita attenta alla salute e la cittadinanza attiva. Esse si sviluppano in una **prospettiva di apprendimento permanente**, dalla prima infanzia a tutta la vita adulta (le competenze chiave non riguardano, infatti, solo gli studenti ma tutte le persone di qualsiasi età), mediante l'apprendimento formale, non formale e informale in tutti i contesti, compresi la famiglia, la scuola, il luogo di lavoro, il vicinato e altre comunità.

Come già quelle del 2006, le competenze chiave sono considerate **tutte ugualmente importanti**, poiché ciascuna di esse può contribuire a una vita positiva nella società della conoscenza. Molte delle competenze si sovrappongono e sono correlate tra loro: aspetti essenziali a un ambito favoriscono la competenza in un altro. La competenza nelle abilità fondamentali del linguaggio, della lettura, della scrittura e del calcolo e nelle *tecnologie dell'informazione e della comunicazione*

(TIC) sono una pietra angolare per l'apprendimento, e il fatto di *imparare a imparare* è utile per tutte le attività di apprendimento. Vi sono poi diverse tematiche che si applicano nel quadro di riferimento: pensiero critico, creatività, iniziativa, capacità di risolvere i problemi, valutazione del rischio, assunzione di decisioni e capacità di gestione costruttiva dei sentimenti svolgono un ruolo importante per tutte e otto le competenze chiave.

Il quadro di riferimento delinea anche stavolta **otto competenze chiave**:
— competenza alfabetica funzionale,
— competenza multilinguistica,
— competenza matematica e competenza in scienze, tecnologie e ingegneria,
— competenza digitale,
— competenza personale, sociale e capacità di imparare a imparare,
— competenza in materia di cittadinanza,
— competenza imprenditoriale,
— competenza in materia di consapevolezza ed espressione culturali.

Agli Stati membri vengono poi raccomandate diverse azioni:
— sostenere il diritto ad un'istruzione, formazione e apprendimento permanente di qualità;
— assicurare a tutti le opportunità di sviluppare le competenze chiave, ed in particolare innalzare le competenze digitali, in materia di cittadinanza e quella imprenditoriale per incoraggiare la creatività e lo spirito di iniziativa dei giovani.

Nella tabella che segue riportiamo le **nuove competenze in raffronto con quelle del 2006**. Dalla lettura comparativa emergono evidenti le differenze di approccio (che si evincono già solo dalla ridenominazione di alcune di loro) oltre che di contenuto.

LE 8 COMPETENZE CHIAVE PER L'APPRENDIMENTO PERMANENTE A CONFRONTO

QUADRO DI RIFERIMENTO UE 2006	QUADRO DI RIFERIMENTO UE 2018
Comunicazione nella madrelingua	**Competenza alfabetica funzionale**
Definizione: La comunicazione nella madrelingua è la capacità di esprimere e interpretare concetti, pensieri, sentimenti, fatti e opinioni in forma sia orale sia scritta (comprensione orale, espressione orale, comprensione scritta ed espressione scritta) e di interagire adeguatamente e in modo creativo sul piano linguistico in un'intera gamma di contesti culturali e sociali, quali istruzione e formazione, lavoro, vita domestica e tempo libero. *Conoscenze, abilità e attitudini essenziali legate a tale competenza:* La competenza comunicativa risulta dall'acquisizione della **madrelingua**, che è intrinsecamente connessa con lo sviluppo della capacità cognitiva dell'individuo di interpretare il mondo e relazionarsi con gli altri. La comunicazione nella madrelingua presuppone che una persona sia a conoscenza del vocabolario, della grammatica funzionale e delle funzioni del linguaggio. Ciò comporta una conoscenza dei principali tipi di interazione verbale, di una serie di testi letterari e non letterari, delle principali caratteristiche dei diversi stili e registri del linguaggio nonché della variabilità del linguaggio e della comunicazione in contesti diversi. Le persone dovrebbero possedere le abilità per comunicare sia oralmente sia per iscritto in tutta una serie di situazioni comunicative e per sorvegliare e adattare la propria comunicazione a seconda di come lo richieda la situazione. Questa competenza comprende anche l'abilità di distinguere e di utilizzare diversi tipi di testi, di cercare, raccogliere ed elaborare informazioni, di usare sussidi e di formulare ed esprimere le argomentazioni in modo convincente e appropriato al contesto, sia oralmente sia per iscritto. Un atteggiamento positivo nei confronti della comunicazione nella madrelingua comporta la disponibilità a un dialogo critico e costruttivo, la consapevolezza delle qualità estetiche e la volontà di perseguirle nonché un interesse a interagire con gli altri. Ciò comporta la consapevolezza dell'impatto della lingua sugli altri e la necessità di capire e usare la lingua in modo positivo e socialmente responsabile.	La **competenza alfabetica funzionale** indica la capacità di individuare, comprendere, esprimere, creare e interpretare concetti, sentimenti, fatti e opinioni, in forma sia orale sia scritta, **utilizzando materiali visivi, sonori e digitali** attingendo a varie discipline e contesti. Essa implica l'abilità di comunicare e relazionarsi efficacemente con gli altri in modo opportuno e creativo. Il suo sviluppo costituisce la base per l'apprendimento successivo e l'ulteriore interazione linguistica. A seconda del contesto, la competenza alfabetica funzionale **può essere sviluppata nella lingua madre, nella lingua dell'istruzione scolastica e/o nella lingua ufficiale di un paese o di una regione**. *Conoscenze, abilità e atteggiamenti essenziali legati a tale competenza* Tale competenza comprende la conoscenza della lettura e della scrittura e una buona comprensione delle informazioni scritte e quindi presuppone la conoscenza del vocabolario, della grammatica funzionale e delle funzioni del linguaggio. Ciò comporta la conoscenza dei principali tipi di interazione verbale, di una serie di testi letterari e non letterari, delle caratteristiche principali di diversi stili e registri della lingua. Le persone dovrebbero possedere l'abilità di comunicare in forma orale e scritta in tutta una serie di situazioni e di sorvegliare e adattare la propria comunicazione in funzione della situazione. Questa competenza comprende anche la capacità di distinguere e utilizzare fonti di diverso tipo, di cercare, raccogliere ed elaborare informazioni, di usare ausili, di formulare ed esprimere argomentazioni in modo convincente e appropriato al contesto, sia oralmente sia per iscritto. Essa comprende il **pensiero critico** e la **capacità di valutare informazioni** e di servirsene. Un atteggiamento positivo nei confronti di tale competenza comporta la disponibilità al dialogo critico e costruttivo, l'apprezzamento delle qualità estetiche e l'interesse a interagire con gli altri. Implica la consapevolezza dell'impatto della lingua sugli altri e la necessità di capire e usare la lingua in modo positivo e socialmente responsabile.

Considerazioni: Si noti che la competenza alfabetica funzionale può essere sviluppata "nella lingua madre, nella lingua dell'istruzione scolastica e/o nella lingua ufficiale di un paese o di una regione". Ciò vuol dire che gli studenti, arrivati da altre culture o zone del mondo, potranno veder certificate le loro competenze nella lingua di provenienza (Di Donato).

Comunicazione nelle lingue straniere	Competenza multilinguistica
Definizione: La comunicazione nelle lingue straniere condivide essenzialmente le principali abilità richieste per la comunicazione nella madrelingua: essa si basa sulla capacità di comprendere, esprimere e interpretare concetti, pensieri, sentimenti, fatti e opinioni in forma sia orale sia scritta — comprensione orale, espressione orale, comprensione scritta ed espressione scritta — in una gamma appropriata di contesti sociali e culturali — istruzione e formazione, lavoro, casa, tempo libero — a seconda dei desideri o delle esigenze individuali. La comunicazione nelle lingue straniere richiede anche abilità quali la mediazione e la comprensione interculturale. Il livello di padronanza di un individuo varia inevitabilmente tra le quattro dimensioni (comprensione orale, espressione orale, comprensione scritta ed espressione scritta) e tra le diverse lingue e a seconda del suo background sociale e culturale, del suo ambiente e delle sue esigenze e/o dei suoi interessi. *Conoscenze, abilità e attitudini essenziali legate a tale competenza:* La competenza in lingue straniere richiede la conoscenza del vocabolario e della grammatica funzionale e una consapevolezza dei principali tipi di interazione verbale e dei registri del linguaggio. È importante anche la conoscenza delle convenzioni sociali, dell'aspetto culturale e della variabilità dei linguaggi. Le abilità essenziali per la comunicazione in lingue straniere consistono nella capacità di comprendere messaggi di iniziare, sostenere e concludere conversazioni e di leggere, comprendere e produrre testi appropriati alle esigenze individuali. Le persone dovrebbero essere anche in grado di usare adeguatamente i sussidi e di imparare le lingue anche in modo informale nel contesto dell'apprendimento permanente. Un atteggiamento positivo comporta l'apprezzamento della diversità culturale nonché l'interesse e la curiosità per le lingue e la comunicazione interculturale.	Tale competenza definisce la capacità di utilizzare diverse lingue in modo appropriato ed efficace allo scopo di comunicare. In linea di massima essa **condivide le abilità principali con la competenza alfabetica**: si basa sulla capacità di comprendere, esprimere e interpretare concetti, pensieri, sentimenti, fatti e opinioni in forma sia orale sia scritta (comprensione orale, espressione orale, comprensione scritta ed espressione scritta) in una gamma appropriata di contesti sociali e culturali a seconda dei desideri o delle esigenze individuali. Le competenze linguistiche comprendono una **dimensione storica e competenze interculturali**. Tale competenza si basa sulla capacità di mediare tra diverse lingue e mezzi di comunicazione, come indicato nel quadro comune europeo di riferimento. Secondo le circostanze, essa può comprendere il mantenimento e l'ulteriore sviluppo delle competenze relative alla lingua madre, nonché l'acquisizione della lingua ufficiale o delle lingue ufficiali di un paese. *Conoscenze, abilità e atteggiamenti essenziali legati a tale competenza* Questa competenza richiede la conoscenza del vocabolario e della grammatica funzionale di lingue diverse e la consapevolezza dei principali tipi di interazione verbale e di registri linguistici. È importante la conoscenza delle convenzioni sociali, dell'aspetto culturale e della variabilità dei linguaggi. Le abilità essenziali per questa competenza consistono nella capacità di comprendere messaggi orali, di iniziare, sostenere e concludere conversazioni e di leggere, comprendere e redigere testi, a livelli diversi di padronanza in diverse lingue, a seconda delle esigenze individuali. Le persone dovrebbero saper usare gli strumenti in modo opportuno e **imparare le lingue in modo formale, non formale e informale tutta la vita**. Un atteggiamento positivo comporta l'apprezzamento della diversità culturale nonché l'interesse e la curiosità per lingue diverse e per la comunicazione interculturale. Essa presuppone anche rispetto per il profilo linguistico individuale di ogni persona, compresi sia il **rispetto per la lingua materna** di chi appartiene a minoranze e/o proviene da un contesto migratorio che la **valorizzazione della lingua ufficiale** o delle lingue ufficiali di un paese come quadro comune di interazione.

Considerazioni: Le competenze linguistiche diventano competenza multilinguistica.
Si noti che la competenza multilinguistica comprende ora anche le **lingue classiche** (greco antico, latino) poiché esse sono considerate all'origine di molte lingue moderne europee, e pertanto sono indispensabili per l'apprendimento delle lingue in generale.
Anche nella competenza multilinguistica permane la visione aperta e inclusiva cui abbiamo accennato sopra, quando si trova scritto che "Secondo le circostanze, essa può comprendere il mantenimento e l'ulteriore sviluppo delle competenze relative alla lingua madre, nonché l'acquisizione della lingua ufficiale o delle lingue ufficiali di un paese" (Di Donato).

Competenza matematica e competenze di base in scienza e tecnologia	Competenza matematica e competenza in scienze, tecnologie e ingegneria
Definizione: A. La competenza matematica è l'abilità di sviluppare e applicare il pensiero matematico per risolvere una serie di problemi in situazioni quotidiane. Partendo da una solida padronanza delle competenze aritmetico-matematiche, l'accento è posto sugli aspetti del processo e dell'attività oltre che su quelli della conoscenza. La competenza matematica comporta, in misura variabile, la capacità e la disponibilità a usare modelli matematici di pensiero (pensiero logico e spaziale) e di presentazione (formule, modelli, costrutti, grafici, carte). B. La competenza in campo scientifico si riferisce alla capacità e alla disponibilità a usare l'insieme delle conoscenze e delle metodologie possedute per spiegare il mondo che ci circonda sapendo identificare le problematiche e traendo le conclusioni che siano basate su fatti comprovati. La competenza in campo tecnologico è considerata l'applicazione di tale conoscenza e metodologia per dare risposta ai desideri o bisogni avvertiti dagli esseri umani. La competenza in campo scientifico e tecnologico comporta la comprensione dei cambiamenti determinati dall'attività umana e la consapevolezza della responsabilità di ciascun cittadino. *Conoscenze, abilità e attitudini essenziali legate a tale competenza:* A. La conoscenza necessaria nel campo della matematica comprende una solida conoscenza del calcolo, delle misure e delle strutture, delle operazioni di base e delle presentazioni matematiche di base, una comprensione dei termini e dei concetti matematici e una consapevolezza dei quesiti cui la matematica può fornire una risposta. Una persona dovrebbe disporre delle abilità per applicare i principi e processi matematici di base nel contesto quotidiano nella sfera domestica e sul lavoro nonché per seguire e vagliare concatenazioni di argomenti. Una persona dovrebbe essere in grado di svolgere un ragionamento matematico, di cogliere le prove matematiche e di comunicare in linguaggio matematico oltre a saper usare i sussidi appropriati. Un'attitudine positiva in relazione alla matematica si basa sul rispetto della verità e sulla disponibilità a cercare motivazioni e a determinarne la validità.	A. La **competenza matematica** è la capacità di sviluppare e applicare il pensiero e la comprensione matematici per risolvere una serie di problemi in situazioni quotidiane. Partendo da una solida padronanza della competenza aritmetico-matematica, l'accento è posto sugli aspetti del processo e dell'attività oltre che sulla conoscenza. La competenza matematica comporta, a differenti livelli, la capacità di usare modelli matematici di pensiero e di presentazione (formule, modelli, costrutti, grafici, diagrammi) e la disponibilità a farlo. B. La **competenza in scienze** si riferisce alla capacità di spiegare il mondo che ci circonda usando l'insieme delle conoscenze e delle metodologie, comprese l'osservazione e la sperimentazione, per identificare le problematiche e trarre conclusioni che siano basate su fatti empirici, e alla disponibilità a farlo. Le **competenze in tecnologie e ingegneria** sono applicazioni di tali conoscenze e metodologie per dare risposta ai desideri o ai bisogni avvertiti dagli esseri umani. La competenza in scienze, tecnologie e ingegneria implica la comprensione dei cambiamenti determinati dall'attività umana e della responsabilità individuale del cittadino. *Conoscenze, abilità e atteggiamenti essenziali legati a tale competenza* A. La conoscenza necessaria in campo matematico comprende una solida conoscenza dei numeri, delle misure e delle strutture, delle operazioni fondamentali e delle presentazioni matematiche di base, la comprensione dei termini e dei concetti matematici e la consapevolezza dei quesiti cui la matematica può fornire una risposta. Le persone dovrebbero saper applicare i principi e i processi matematici di base nel contesto quotidiano nella sfera domestica e lavorativa (ad esempio in ambito finanziario) nonché seguire e vagliare concatenazioni di argomenti. Le persone dovrebbero essere in grado di svolgere un **ragionamento matematico**, di comprendere le prove matematiche e di comunicare in linguaggio matematico, oltre a saper usare i sussidi appropriati, tra i quali i dati statistici e i grafici, nonché di comprendere gli aspetti matematici della digitalizzazione. Un atteggiamento positivo in relazione alla matematica si basa sul rispetto della verità e sulla disponibilità a cercare le cause e a valutarne la validità.

segue:

B. Per quanto concerne la scienza e tecnologia, la conoscenza essenziale comprende i principi di base del mondo naturale, i concetti, principi e metodi scientifici fondamentali, la tecnologia e i prodotti e processi tecnologici, nonché la comprensione dell'impatto della scienza e della tecnologia sull'ambiente naturale. Queste competenze dovrebbero consentire alle persone di comprendere meglio i progressi, i limiti e i rischi delle teorie e delle applicazioni scientifiche e della tecnologia nella società in senso lato (in relazione alla presa di decisioni, ai valori, alle questioni morali, alla cultura, ecc.).	B. Per quanto concerne scienze, tecnologie e ingegneria, la conoscenza essenziale comprende i principi di base del mondo naturale, i concetti, le teorie, i principi e i metodi scientifici fondamentali, le tecnologie e i prodotti e processi tecnologici, nonché la comprensione dell'impatto delle scienze, delle tecnologie e dell'ingegneria, così come dell'attività umana in genere, sull'ambiente naturale. Queste competenze dovrebbero consentire alle persone di comprendere meglio i progressi, i limiti e i rischi delle teorie, applicazioni e tecnologie scientifiche nella società in senso lato (in relazione alla presa di decisione, ai valori, alle questioni morali, alla cultura ecc.).
Le abilità comprendono la capacità di utilizzare e maneggiare strumenti e macchinari tecnologici nonché dati scientifici per raggiungere un obiettivo o per formulare una decisione o conclusione sulla base di dati probanti. Le persone dovrebbero essere anche in grado di riconoscere gli aspetti essenziali dell'indagine scientifica ed essere capaci di comunicare le conclusioni e i ragionamenti afferenti.	Tra le abilità rientra la comprensione della scienza in quanto processo di investigazione mediante metodologie specifiche, tra cui osservazioni ed esperimenti controllati, la capacità di **utilizzare il pensiero logico e razionale** per verificare un'ipotesi, nonché la disponibilità a rinunciare alle proprie convinzioni se esse sono smentite da nuovi risultati empirici. Le abilità comprendono inoltre la capacità di utilizzare e maneggiare strumenti e macchinari tecnologici nonché dati scientifici per raggiungere un obiettivo o per formulare una decisione o conclusione sulla base di dati probanti. Le persone dovrebbero essere anche in grado di riconoscere gli aspetti essenziali dell'indagine scientifica ed essere capaci di comunicare le conclusioni e i ragionamenti afferenti.
Questa competenza comprende un'attitudine di valutazione critica e curiosità, un interesse per questioni etiche e il rispetto sia per la sicurezza sia per la sostenibilità, in particolare per quanto concerne il progresso scientifico e tecnologico in relazione all'individuo, alla famiglia, alla comunità e alle questioni di dimensione globale.	Questa competenza comprende un atteggiamento di valutazione critica e curiosità, l'interesse per le questioni etiche e l'attenzione sia alla sicurezza sia alla sostenibilità ambientale, in particolare per quanto concerne il progresso scientifico e tecnologico in relazione all'individuo, alla famiglia, alla comunità e alle questioni di dimensione globale.

Considerazioni: Nelle nuove competenze si fa riferimento alle cd. **STEM** (acronimo inglese di *Science, Technology, Engineering and Mathematics*, ossia scienza, tecnologia, ingegneria e matematica).
La Raccomandazione 2018 si sofferma sulla necessità di rafforzare le competenze negli ambiti delle STEM, promuovendo uno stretto rapporto tra apprendimento formale, creatività ed esperienze di laboratorio.

Competenza digitale	Competenza digitale
Definizione: la competenza digitale consiste nel saper utilizzare con dimestichezza e spirito critico le tecnologie della società dell'informazione (TSI) per il lavoro, il tempo libero e la comunicazione. Essa è supportata da **abilità di base nelle TIC**: l'uso del computer per reperire, valutare, conservare, produrre, presentare e scambiare informazioni nonché per comunicare e partecipare a reti collaborative tramite Internet. *Conoscenze, abilità e attitudini essenziali legate a tale competenza* La competenza digitale presuppone una solida consapevolezza e conoscenza della natura, del ruolo e delle opportunità delle TSI nel quotidiano: nella vita privata e sociale come anche al lavoro. In ciò rientrano le principali applicazioni informatiche come trattamento di testi, fogli elettronici, banche dati, memorizzazione e gestione delle informazioni oltre a una consapevolezza delle opportunità e dei potenziali rischi di Internet e della comunicazione tramite i supporti elettronici (e-mail, strumenti della rete) per il lavoro, il tempo libero, la condivisione di informazioni e le reti collaborative, l'apprendimento e la ricerca. Le persone dovrebbero anche essere consapevoli di come le TSI possono coadiuvare la creatività e l'innovazione e rendersi conto delle problematiche legate alla validità e all'affidabilità delle informazioni disponibili e dei principi giuridici ed etici che si pongono nell'uso interattivo delle TSI. Le abilità necessarie comprendono: la capacità di cercare, raccogliere e trattare le informazioni e di usarle in modo critico e sistematico, accertandone la pertinenza e distinguendo il reale dal virtuale pur riconoscendone le correlazioni. Le persone dovrebbero anche essere capaci di usare strumenti per produrre, presentare e comprendere informazioni complesse ed essere in grado di accedere ai servizi basati su Internet, farvi ricerche e usarli. Le persone dovrebbero anche essere capaci di usare le TSI a sostegno del pensiero critico, della creatività e dell'innovazione. L'uso delle TSI comporta un'attitudine critica e riflessiva nei confronti delle informazioni disponibili e un uso responsabile dei mezzi di comunicazione interattivi. Anche un interesse a impegnarsi in comunità e reti a fini culturali, sociali e/o professionali serve a rafforzare tale competenza.	La competenza digitale presuppone l'interesse per le tecnologie digitali e il loro utilizzo con dimestichezza e spirito critico e responsabile per apprendere, lavorare e partecipare alla società. Essa comprende l'**alfabetizzazione informatica e digitale**, la comunicazione e la collaborazione, l'**alfabetizzazione mediatica**, la creazione di contenuti digitali (inclusa la **programmazione**), la sicurezza (compreso l'essere a proprio agio nel mondo digitale e possedere competenze relative alla cibersicurezza), le questioni legate alla proprietà intellettuale, la risoluzione di problemi e il pensiero critico. *Conoscenze, abilità e atteggiamenti essenziali legati a tale competenza* Le persone dovrebbero comprendere in che modo le tecnologie digitali possono essere di aiuto alla comunicazione, alla creatività e all'innovazione, pur nella consapevolezza di quanto ne consegue in termini di opportunità, limiti, effetti e rischi. Dovrebbero comprendere i principi generali, i meccanismi e la logica che sottendono alle tecnologie digitali in evoluzione, oltre a conoscere il funzionamento e l'utilizzo di base di diversi dispositivi, software e reti. Le persone dovrebbero assumere un approccio critico nei confronti della validità, dell'affidabilità e dell'impatto delle informazioni e dei dati resi disponibili con strumenti digitali ed essere consapevoli dei principi etici e legali chiamati in causa con l'utilizzo delle tecnologie digitali. Le persone dovrebbero essere in grado di utilizzare le tecnologie digitali come ausilio per la cittadinanza attiva e l'inclusione sociale, la collaborazione con gli altri e la creatività nel raggiungimento di obiettivi personali, sociali e commerciali. Le abilità comprendono la capacità di utilizzare, accedere a, filtrare, valutare, creare, programmare e condividere contenuti digitali. Le persone dovrebbero essere in grado di gestire e proteggere informazioni, contenuti, dati e identità digitali, oltre a riconoscere software, dispositivi, intelligenza artificiale o robot e interagire efficacemente con essi. Interagire con tecnologie e contenuti digitali presuppone un atteggiamento riflessivo e critico, ma anche improntato alla curiosità, aperto e interessato al futuro della loro evoluzione. Impone anche un approccio etico, sicuro e responsabile all'utilizzo di tali strumenti.
Considerazioni: La **competenza digitale** diventa a tutti gli effetti "**competenza di base**", accanto a leggere, scrivere e far di conto. Ciò è consacrato sin dall'introduzione al documento: "*È necessario innalzare il livello di padronanza delle competenze di base (alfabetiche, matematiche e digitali)* e sostenere lo sviluppo della capacità di imparare a imparare quale presupposto costantemente migliore per apprendere e partecipare alla società in una prospettiva di apprendimento permanente". Nella competenza digitale non si fa più solo riferimento al Web, come ambiente di ricerca, ma diventa indispensabile sviluppare abilità di riconoscimento di software, dispositivi, intelligenza artificiale o robot e la capacità di interagire efficacemente con essi. Si pone quindi l'accento sull'*alfabetizzazione informatica e digitale, la comunicazione e la collaborazione, l'alfabetizzazione mediatica*, la creazione di contenuti digitali e la sicurezza, la *capacità di programmare e condividere contenuti digitali*. *La* successiva *Raccomandazione 2018 sulla promozione dei valori comuni europei* promuove poi il potenziamento del pensiero critico e dell'**alfabetizzazione mediatica**, in particolare nell'uso di Internet e dei media sociali, in modo da sensibilizzare sui rischi legati all'affidabilità delle fonti di informazione e poter esercitare buone capacità di giudizio.	

Imparare e imparare	Competenza personale, sociale e capacità di imparare ad imparare
Definizione: Imparare a imparare è l'abilità di perseverare nell'apprendimento, di organizzare il proprio apprendimento anche mediante una gestione efficace del tempo e delle informazioni, sia a livello individuale che in gruppo. Questa competenza comprende la consapevolezza del proprio processo di apprendimento e dei propri bisogni, l'identificazione delle opportunità disponibili e la capacità di sormontare gli ostacoli per apprendere in modo efficace. Questa competenza comporta l'acquisizione, l'elaborazione e l'assimilazione di nuove conoscenze e abilità come anche la ricerca e l'uso delle opportunità di orientamento. Il fatto di imparare a imparare fa sì che i discenti prendano le mosse da quanto hanno appreso in precedenza e dalle loro esperienze di vita per usare e applicare conoscenze e abilità in tutta una serie di contesti: a casa, sul lavoro, nell'istruzione e nella formazione. La motivazione e la fiducia sono elementi essenziali perché una persona possa acquisire tale competenza. *Conoscenze, abilità e attitudini essenziali legate a tale competenza:* Laddove l'apprendimento è finalizzato a particolari obiettivi lavorativi o di carriera, una persona dovrebbe essere a conoscenza delle competenze, conoscenze, abilità e qualifiche richieste. In tutti i casi imparare a imparare comporta che una persona conosca e comprenda le proprie strategie di apprendimento preferite, i punti di forza e i punti deboli delle proprie abilità e qualifiche e sia in grado di cercare le opportunità di istruzione e formazione e gli strumenti di orientamento e/o sostegno disponibili. Le abilità per imparare a imparare richiedono anzitutto l'acquisizione delle abilità di base come la lettura, la scrittura e il calcolo e l'uso delle competenze TIC necessarie per un apprendimento ulteriore. A partire da tali competenze una persona dovrebbe essere in grado di acquisire, procurarsi, elaborare e assimilare nuove conoscenze e abilità. Ciò comporta una gestione efficace del proprio apprendimento, della propria carriera e dei propri schemi lavorativi e, in particolare, la capacità di perseverare nell'apprendimento, di concentrarsi per periodi prolungati e di riflettere in modo critico sugli obiettivi e le finalità dell'apprendimento. Una persona dovrebbe essere in grado di consacrare del tempo per apprendere autonomamente e con autodisciplina, ma anche di lavorare in modo collaborativo quale parte del processo di apprendimento, di cogliere i vantaggi che possono derivare da un gruppo eterogeneo e di condividere ciò che ha appreso. Le persone dovrebbero inoltre essere in grado di organizzare il proprio apprendimento, di valutare il proprio lavoro e di cercare consigli, informazioni e sostegno, ove necessario.	La competenza personale, sociale e la capacità di imparare a imparare consiste nella capacità di riflettere su sé stessi, di gestire efficacemente il tempo e le informazioni, di lavorare con gli altri in maniera costruttiva, di **mantenersi resilienti** e di gestire il proprio apprendimento e la propria carriera. Comprende la capacità di far fronte all'incertezza e alla complessità, di imparare a imparare, di favorire il proprio benessere fisico ed emotivo, di mantenere la salute fisica e mentale, nonché di essere in grado di condurre una vita attenta alla salute e orientata al futuro, di empatizzare e di gestire il conflitto in un contesto favorevole e inclusivo. *Conoscenze, abilità e atteggiamenti essenziali legati a tale competenza* Per il successo delle relazioni interpersonali e della partecipazione alla società è essenziale comprendere i codici di comportamento e le norme di comunicazione generalmente accettati in ambienti e società diversi. La competenza personale, sociale e la capacità di imparare a imparare richiede inoltre la conoscenza degli elementi che compongono una mente, un corpo e uno stile di vita salutari. Presuppone la conoscenza delle proprie strategie di apprendimento preferite, delle proprie necessità di sviluppo delle competenze e di diversi modi per sviluppare le competenze e per cercare le occasioni di istruzione, formazione e carriera, o per individuare le forme di orientamento e sostegno disponibili. Vi rientrano la capacità di individuare le proprie capacità, di concentrarsi, di gestire la complessità, di riflettere criticamente e di prendere decisioni. Ne fa parte la capacità di imparare e di lavorare sia in modalità collaborativa sia in maniera autonoma, di organizzare il proprio apprendimento e di perseverare, di saperlo valutare e condividere, di cercare sostegno quando opportuno e di gestire in modo efficace la propria carriera e le proprie interazioni sociali. Le persone dovrebbero essere resilienti e capaci di gestire l'incertezza e lo stress. Dovrebbero saper comunicare costruttivamente in ambienti diversi, collaborare nel lavoro in gruppo e negoziare. Ciò comprende: manifestare tolleranza, esprimere e comprendere punti di vista diversi, oltre alla capacità di creare fiducia e provare empatia. Tale competenza si basa su un **atteggiamento positivo** verso il proprio benessere personale, sociale e fisico e verso l'apprendimento per tutta la vita. Si basa su un atteggiamento improntato a collaborazione, assertività e integrità, che comprende il rispetto della diversità degli altri e delle loro esigenze, e la disponibilità sia a superare i pregiudizi, sia a raggiungere compromessi.

Un'attitudine positiva comprende la motivazione e la fiducia per perseverare e riuscire nell'apprendimento lungo tutto l'arco della vita. Un'attitudine ad affrontare i problemi per risolverli serve sia per il processo di apprendimento stesso sia per poter gestire gli ostacoli e il cambiamento. Il desiderio di applicare quanto si è appreso in precedenza e le proprie esperienze di vita nonché la curiosità di cercare nuove opportunità di apprendere e di applicare l'apprendimento in una gamma di contesti della vita sono elementi essenziali di un'attitudine positiva.	Le persone dovrebbero essere in grado di individuare e fissare obiettivi, di **automotivarsi** e di **sviluppare resilienza e fiducia** per perseguire e conseguire l'obiettivo di apprendere lungo tutto il corso della loro vita. Un atteggiamento improntato ad affrontare i problemi per risolverli è utile sia per il processo di apprendimento sia per la capacità di gestire gli ostacoli e i cambiamenti. Comprende il desiderio di applicare quanto si è appreso in precedenza e le proprie esperienze di vita nonché la curiosità di cercare nuove opportunità di apprendimento e sviluppo nei diversi contesti della vita.
Competenze sociali e civiche	**Competenze in materia di cittadinanza**
Definizione: Queste includono competenze personali, interpersonali e interculturali e riguardano tutte le forme di comportamento che consentono alle persone di partecipare in modo efficace e costruttivo alla vita sociale e lavorativa, in particolare alla vita in società sempre più diversificate, come anche a risolvere i conflitti ove ciò sia necessario. La competenza civica dota le persone degli strumenti per partecipare appieno alla vita civile grazie alla conoscenza dei concetti e delle strutture sociopolitici e all'impegno a una partecipazione attiva e democratica. *Conoscenze, abilità e attitudini essenziali legate a tale competenza:* A. La competenza sociale è collegata al benessere personale e sociale che richiede la consapevolezza di ciò che gli individui devono fare per conseguire una salute fisica e mentale ottimali, intese anche quali risorse per se stessi, per la propria famiglia e per l'ambiente sociale immediato di appartenenza e la conoscenza del modo in cui uno stile di vita sano vi può contribuire. Per un'efficace partecipazione sociale e interpersonale è essenziale comprendere i codici di comportamento e le maniere generalmente accettati in diversi ambienti e società (ad esempio sul lavoro). È altresì importante conoscere i concetti di base riguardanti gli individui, i gruppi, le organizzazioni del lavoro, la parità e la non discriminazione tra i sessi, la società e la cultura. È essenziale inoltre comprendere le dimensioni multiculturali e socioeconomiche delle società europee e il modo in cui l'identità culturale nazionale interagisce con l'identità europea. La base comune di questa competenza comprende la capacità di comunicare in modo costruttivo in ambienti diversi, di mostrare tolleranza, di esprimere e di comprendere diversi punti di vista, di negoziare con la capacità di creare fiducia e di essere in consonanza con gli altri. Le persone dovrebbero essere in grado di venire a capo di stress e frustrazioni e di esprimere questi ultimi in modo costruttivo e dovrebbero anche distinguere tra la sfera personale e quella professionale. La competenza si basa sull'attitudine alla collaborazione, l'assertività e l'integrità. Le persone dovrebbero provare interesse per lo sviluppo socioeconomico e la comunicazione interculturale, e dovrebbero apprezzare la diversità e rispettare gli altri ed essere pronte a superare i pregiudizi e a cercare compromessi.	La competenza in materia di cittadinanza si riferisce alla capacità di agire da cittadini responsabili e di partecipare pienamente alla vita civica e sociale, in base alla **comprensione delle strutture e dei concetti sociali, economici, giuridici e politici** oltre che dell'evoluzione a livello globale e della sostenibilità. *Conoscenze, abilità e atteggiamenti essenziali legati a tale competenza* La competenza in materia di cittadinanza si fonda sulla conoscenza dei concetti e dei fenomeni di base riguardanti gli individui, i gruppi, le organizzazioni lavorative, la società, l'economia e la cultura. Essa presuppone la **comprensione dei valori comuni dell'Europa**, espressi nell'articolo 2 del trattato sull'Unione europea e nella Carta dei diritti fondamentali dell'Unione europea. Comprende la conoscenza delle vicende contemporanee nonché l'interpretazione critica dei principali eventi della storia nazionale, europea e mondiale. Abbraccia inoltre la conoscenza degli obiettivi, dei valori e delle politiche dei movimenti sociali e politici oltre che dei sistemi sostenibili, in particolare dei cambiamenti climatici e demografici a livello globale e delle relative cause. È essenziale la conoscenza dell'integrazione europea, unitamente alla consapevolezza della diversità e delle identità culturali in Europa e nel mondo. Vi rientra la comprensione delle dimensioni multiculturali e socioeconomiche delle società europee e del modo in cui l'identità culturale nazionale contribuisce all'identità europea. Per la competenza in materia di cittadinanza è indispensabile la capacità di impegnarsi efficacemente con gli altri per conseguire un interesse comune o pubblico, come lo sviluppo sostenibile della società. Ciò presuppone la capacità di pensiero critico e abilità integrate di risoluzione dei problemi, nonché la capacità di sviluppare argomenti e di partecipare in modo costruttivo alle attività della comunità, oltre che al processo decisionale a tutti i livelli, da quello locale e nazionale al livello europeo e internazionale. Presuppone anche la capacità di accedere ai mezzi di comunicazione sia tradizionali sia nuovi, di **interpretarli criticamente** e di interagire con essi, nonché di comprendere il ruolo e le funzioni dei media nelle società democratiche.

B. La competenza civica si basa sulla conoscenza dei concetti di democrazia, giustizia, uguaglianza, cittadinanza e diritti civili, anche nella forma in cui essi sono formulati nella Carta dei diritti fondamentali dell'Unione europea e nelle dichiarazioni internazionali e nella forma in cui sono applicati da diverse istituzioni a livello locale, regionale, nazionale, europeo e internazionale. Essa comprende la conoscenza delle vicende contemporanee nonché dei principali eventi e tendenze nella storia nazionale, europea e mondiale. Si dovrebbe inoltre sviluppare la consapevolezza degli obiettivi, dei valori e delle politiche dei movimenti sociali e politici. È altresì essenziale la conoscenza dell'integrazione europea, nonché delle strutture, dei principali obiettivi e dei valori dell'UE, come pure una consapevolezza delle diversità e delle identità culturali in Europa.

Le abilità in materia di competenza civica riguardano la capacità di impegnarsi in modo efficace con gli altri nella sfera pubblica nonché di mostrare solidarietà e interesse per risolvere i problemi che riguardano la collettività locale e la comunità allargata. Ciò comporta una riflessione critica e creativa e la partecipazione costruttiva alle attività della collettività o del vicinato, come anche la presa di decisioni a tutti i livelli, da quello locale a quello nazionale ed europeo, in particolare mediante il voto.

Il pieno rispetto dei diritti umani, tra cui anche quello dell'uguaglianza quale base per la democrazia, la consapevolezza e la comprensione delle differenze tra sistemi di valori di diversi gruppi religiosi o etnici pongono le basi per un atteggiamento positivo. Ciò significa manifestare sia un senso di appartenenza al luogo in cui si vive, al proprio paese, all'UE e all'Europa in generale e al mondo, sia la disponibilità a partecipare al processo decisionale democratico a tutti i livelli. Vi rientra anche il fatto di dimostrare senso di responsabilità, nonché comprensione e rispetto per i valori condivisi, necessari ad assicurare la coesione della comunità, come il rispetto dei principi democratici. La partecipazione costruttiva comporta anche attività civili, il sostegno alla diversità sociale, alla coesione e allo sviluppo sostenibile e una disponibilità a rispettare i valori e la sfera privata degli altri.

Il rispetto dei diritti umani, base della democrazia, è il presupposto di un atteggiamento responsabile e costruttivo. La partecipazione costruttiva presuppone la disponibilità a partecipare a un processo decisionale democratico a tutti i livelli e alle attività civiche. Comprende il sostegno della diversità sociale e culturale, della parità di genere e della coesione sociale, di stili di vita sostenibili, della promozione di una cultura di pace e non violenza, nonché della disponibilità a rispettare la privacy degli altri e a essere responsabili in campo ambientale. L'interesse per gli sviluppi politici e socioeconomici, per le discipline umanistiche e per la comunicazione interculturale è indispensabile per la disponibilità sia a superare i pregiudizi sia a raggiungere compromessi ove necessario e a garantire giustizia ed equità sociali.

Considerazioni: Si noti come le competenze civiche e sociali siano diventate **competenze in materia di cittadinanza**, allargandone moltissimo gli orizzonti. Inoltre nelle competenze in materia di cittadinanza, rientrano per la prima volta la *comprensione dei concetti giuridici*, in perfetta controtendenza con l'impostazione italiana che ha visto in questi anni diminuire la portata degli insegnamenti giuridici anche in quelle scuole dove in passato questi erano previsti (si pensi ad esempio agli Istituti per geometra) e in cui l'educazione civica o educazione alla cittadinanza o Cittadinanza e Costituzione che dir si voglia, hanno da sempre un ruolo marginale, nonostante le dichiarazioni di intenti contenute nelle Indicazioni nazionali e i numerosi progetti legislativi di riforma in tal senso.

Ricordiamo che la *Raccomandazione 2018 sulla promozione dei valori comuni europei* invita tutti gli Stati membri ad "aumentare la condivisione dei valori comuni di cui all'art. 2 del Trattato sull'Unione europea fin dalla prima infanzia e a tutti i livelli e per tutti i tipi di istruzione e formazione in una prospettiva di apprendimento permanente, al fine di rafforzare la coesione sociale e un senso comune positivo ed inclusivo di appartenenza a livello locale, regionale, nazionale e dell'Unione".

Spirito di iniziativa e imprenditorialità	Competenza imprenditoriale
Definizione: Il senso di iniziativa e l'imprenditorialità concernono la capacità di una persona di tradurre le idee in azione. In ciò rientrano la creatività, l'innovazione e l'assunzione di rischi, come anche la capacità di pianificare e di gestire progetti per raggiungere obiettivi. È una competenza che aiuta gli individui, non solo nella loro vita quotidiana, nella sfera domestica e nella società, ma anche nel posto di lavoro, ad avere consapevolezza del contesto in cui operano e a poter cogliere le opportunità che si offrono ed è un punto di partenza per le abilità e le conoscenze più specifiche di cui hanno bisogno coloro che avviano o contribuiscono ad un'attività sociale o commerciale. Essa dovrebbe includere la consapevolezza dei valori etici e promuovere il buon governo.	La competenza imprenditoriale si riferisce alla capacità di agire sulla base di idee e opportunità e di trasformarle in valori per gli altri. Si fonda sulla **creatività**, sul pensiero critico e sulla risoluzione di problemi, sull'iniziativa e sulla perseveranza, nonché sulla capacità di lavorare in modalità collaborativa al fine di programmare e gestire progetti che hanno un valore culturale, sociale o finanziario.
Conoscenze, abilità e attitudini essenziali legate a tale competenza: La conoscenza necessaria a tal fine comprende l'abilità di identificare le opportunità disponibili per attività personali, professionali e/o economiche, comprese questioni più ampie che fanno da contesto al modo in cui le persone vivono e lavorano, come ad esempio una conoscenza generale del funzionamento dell'economia, delle opportunità e sfide che si trovano ad affrontare i datori di lavoro o un'organizzazione. Le persone dovrebbero essere anche consapevoli della posizione etica delle imprese e del modo in cui esse possono avere un effetto benefico, ad esempio mediante il commercio equo e solidale o costituendo un'impresa sociale. Le abilità concernono una gestione progettuale proattiva (che comprende ad esempio la capacità di pianificazione, di organizzazione, di gestione, di leadership e di delega, di analisi, di comunicazione, di rendicontazione, di valutazione e di registrazione), la capacità di rappresentanza e negoziazione efficaci e la capacità di lavorare sia individualmente sia in collaborazione all'interno di gruppi. Occorre anche la capacità di discernimento e di identificare i propri punti di forza e i propri punti deboli e di soppesare e assumersi rischi all'occorrenza. Un'attitudine imprenditoriale è caratterizzata da spirito di iniziativa, capacità di anticipare gli eventi, indipendenza e innovazione nella vita privata e sociale come anche sul lavoro. In ciò rientrano la motivazione e la determinazione a raggiungere obiettivi, siano essi personali, o comuni con altri, anche sul lavoro.	*Conoscenze, abilità e atteggiamenti essenziali legati a tale competenza* La competenza imprenditoriale presuppone la consapevolezza che esistono opportunità e contesti diversi nei quali è possibile trasformare le idee in azioni nell'ambito di attività personali, sociali e professionali, e la comprensione di come tali opportunità si presentano. Le persone dovrebbero conoscere e capire gli approcci di programmazione e gestione dei progetti, in relazione sia ai processi sia alle risorse. Dovrebbero **comprendere l'economia**, nonché le opportunità e le sfide sociali ed economiche cui vanno incontro i datori di lavoro, le organizzazioni o la società. Dovrebbero inoltre conoscere i principi etici e le sfide dello **sviluppo sostenibile** ed essere consapevoli delle proprie forze e debolezze. Le capacità imprenditoriali si fondano sulla **creatività**, che comprende immaginazione, pensiero strategico e risoluzione dei problemi, nonché riflessione critica e costruttiva in un contesto di innovazione e di processi creativi in evoluzione. Comprendono la capacità di lavorare sia individualmente sia in modalità collaborativa in gruppo, di mobilitare risorse (umane e materiali) e di mantenere il ritmo dell'attività. Vi rientra la capacità di assumere decisioni finanziarie relative a costi e valori. È essenziale la capacità di comunicare e negoziare efficacemente con gli altri e di saper gestire l'incertezza, l'ambiguità e il rischio in quanto fattori rientranti nell'assunzione di decisioni informate. Un atteggiamento imprenditoriale è caratterizzato da spirito d'iniziativa e autoconsapevolezza, proattività, lungimiranza, coraggio e perseveranza nel raggiungimento degli obiettivi. Comprende il desiderio di motivare gli altri e la capacità di valorizzare le loro idee, di provare empatia e di prendersi cura delle persone e del mondo, e di saper accettare la responsabilità applicando approcci etici in ogni momento.

Consapevolezza ed espressione culturale	Competenza in materia di consapevolezza ed espressione culturali
Definizione: Consapevolezza dell'importanza dell'espressione creativa di idee, esperienze ed emozioni in un'ampia varietà di mezzi di comunicazione, compresi la *musica, le arti dello spettacolo, la letteratura e le arti visive*.	La competenza in materia di consapevolezza ed espressione culturali implica la comprensione e il rispetto di come le idee e i significati vengono espressi creativamente e comunicati in **diverse culture** e tramite tutta una serie di arti e altre forme culturali. Presuppone l'impegno di capire, sviluppare ed esprimere le proprie idee e il senso della propria funzione o del proprio ruolo nella società in una serie di modi e contesti.
Conoscenze, abilità e attitudini essenziali legate a tale competenza: La conoscenza culturale presuppone una consapevolezza del retaggio culturale locale, nazionale ed europeo e della sua collocazione nel mondo. Essa riguarda una conoscenza di base delle principali opere culturali, comprese quelle della cultura popolare contemporanea. È essenziale cogliere la diversità culturale e linguistica in Europa e in altre parti del mondo, la necessità di preservarla e l'importanza dei fattori estetici nella vita quotidiana. Le abilità hanno a che fare sia con la valutazione sia con l'espressione: la valutazione e l'apprezzamento delle opere d'arte e delle esibizioni artistiche nonché l'autoespressione mediante un'ampia gamma di mezzi di comunicazione facendo uso delle capacità innate degli individui. Tra le abilità vi è anche la capacità di correlare i propri punti di vista creativi ed espressivi ai pareri degli altri e di identificare e realizzare opportunità sociali ed economiche nel contesto dell'attività culturale. L'espressione culturale è essenziale nello sviluppo delle abilità creative, che possono essere trasferite in molti contesti professionali. Una solida comprensione della propria cultura e un senso di identità possono costituire la base di un atteggiamento aperto verso la diversità dell'espressione culturale e del rispetto della stessa. Un atteggiamento positivo è legato anche alla creatività e alla disponibilità a coltivare la capacità estetica tramite l'autoespressione artistica e la partecipazione alla vita culturale.	*Conoscenze, abilità e atteggiamenti essenziali legati a tale competenza* Questa competenza richiede la **conoscenza delle culture e delle espressioni locali, nazionali, regionali, europee e mondiali**, comprese le loro lingue, il loro patrimonio espressivo e le loro tradizioni, e dei prodotti culturali, oltre alla comprensione di come tali espressioni possono influenzarsi a vicenda e avere effetti sulle idee dei singoli individui. Essa include la comprensione dei diversi modi della comunicazione di idee tra l'autore, il partecipante e il pubblico nei testi scritti, stampati e digitali, nel teatro, nel cinema, nella danza, nei giochi, nell'arte e nel design, nella musica, nei riti, nell'architettura oltre che nelle forme ibride. Presuppone la consapevolezza dell'identità personale e del patrimonio culturale all'interno di un mondo caratterizzato da diversità culturale e la comprensione del fatto che le arti e le altre forme culturali possono essere strumenti per interpretare e plasmare il mondo. Le relative abilità comprendono la capacità di esprimere e interpretare idee figurative e astratte, esperienze ed emozioni con empatia, e la capacità di farlo in diverse arti e in altre forme culturali. Comprendono anche la capacità di riconoscere e realizzare le opportunità di valorizzazione personale, sociale o commerciale mediante le arti e altre forme culturali e la capacità di impegnarsi in processi creativi, sia individualmente sia collettivamente. È importante avere un atteggiamento aperto e rispettoso nei confronti delle diverse manifestazioni dell'espressione culturale, unitamente a un approccio etico e responsabile alla titolarità intellettuale e culturale. Un atteggiamento positivo comprende anche curiosità nei confronti del mondo, apertura per immaginare nuove possibilità e disponibilità a parteci pare a esperienze culturali.
Considerazioni: Qui viene sancito il **principio di consapevolezza culturale** che presuppone una familiarità con il patrimonio culturale non solo locale, nonché un animus di appartenenza a un popolo o a una nazione.	

2 Le competenze nel contesto scolastico italiano

L'introduzione del concetto di competenza in Italia risale al 1998 con il **Regolamento relativo al nuovo esame di stato**. All'art. 1, «Finalità dell'esame di stato», si afferma che: «*L'analisi e la verifica della preparazione di ciascun candidato tendono ad accertare le conoscenze generali e specifiche, le competenze in quanto possesso di abilità, anche di carattere applicativo, e le capacità elaborative, logiche e critiche acquisite*».

Nella legge di **riforma Berlinguer/De Mauro del 2000**, le competenze diventano elementi fondanti tanto che all'art.1 «Sistema educativo di Istruzione e di formazione» si legge: «(…) *La Repubblica assicura a tutti pari opportunità di raggiungere elevati livelli culturali e di sviluppare le conoscenze, le capacità e le competenze, generali e di settore, coerenti con le attitudini e le scelte personali, adeguate all'inserimento nella vita sociale e nel mondo del lavoro anche con riguardo alle specifiche realtà territoriali*».

La legge **di riforma n. 53 del 2003**, all'art. 2 «*Sistema educativo di istruzione e di formazione*» ribadisce che: «*È promosso l'apprendimento in tutto l'arco della vita e sono assicurate a tutti pari opportunità di raggiungere elevati livelli culturali e di sviluppare le capacità e le competenze, attraverso conoscenze e abilità, generali e specifiche, coerenti con le attitudini e le scelte personali, adeguate all'inserimento nella vita sociale e nel mondo del lavoro, anche con riguardo alle dimensioni locali, nazionale ed europea*».

Nel **Profilo educativo, culturale e professionale dello studente** (allegato D al D.Lgs. 19 febbraio 2004, n. 59, attuativo del 1° ciclo) vengono precisate le competenze che dovrebbe possedere uno studente alla fine del primo ciclo di istruzione.

Un **ragazzo** è riconosciuto **competente** quando, facendo ricorso a tutte le capacità di cui dispone, utilizza le conoscenze e le abilità apprese per:

— esprimere un personale modo di essere e proporlo agli altri;
— risolvere i problemi che di volta in volta incontra;
— riflettere su se stesso e gestire il proprio processo di crescita, anche chiedendo aiuto, quando occorre;
— comprendere, per il loro valore, la complessità dei sistemi simbolici e culturali;
— maturare il senso del bello;
— conferire senso alla vita.

2.1 Le otto competenze chiave di cittadinanza

Il tema delle competenze viene ripreso nel **D.M. n. 139 del 22 agosto 2007**, *Regolamento recante norme in materia di adempimento dell'obbligo di istruzione*. Con il decreto n. 139 vengono introdotte le **otto competenze chiave di cittadinanza**, che ogni cittadino dovrebbe possedere dopo aver assolto il dovere all'istruzione,

necessarie per la costruzione e il pieno sviluppo della persona, l'instaurazione di significative relazioni e l'interazione con la realtà naturale e sociale. Esse sono:
— *imparare ad imparare*;
— *progettare*;
— *comunicare*;
— *collaborare e partecipare*;
— *agire in modo autonomo e responsabile*;
— *risolvere problemi*;
— *individuare collegamenti e relazioni*;
— *acquisire ed interpretare l'informazione*.

L'acquisizione delle competenze chiave di cittadinanza avviene attraverso le conoscenze e le abilità ricondotte a **quattro assi culturali**:
— **asse dei linguaggi**: prevede come primo obiettivo la padronanza della lingua italiana, intesa come capacità di gestire la comunicazione orale, leggere, comprendere e interpretare testi di vario tipo e produrre lavori scritti con molteplici finalità;
— **asse matematico**: riguarda la capacità di utilizzare le tecniche e le procedure del calcolo aritmetico ed algebrico, di confrontare e analizzare figure geometriche, di individuare e risolvere problemi e di analizzare dati e interpretarli, sviluppando deduzioni e ragionamenti;
— **asse scientifico-tecnologico**: riguarda metodi, concetti e atteggiamenti indispensabili per porsi domande, osservare e comprendere il mondo naturale e quello delle attività umane e contribuire al loro sviluppo nel rispetto dell'ambiente e della persona;
— **asse storico-sociale**: riguarda la capacità di percepire gli eventi storici a livello locale, nazionale, europeo e mondiale, cogliendone le connessioni con i fenomeni sociali ed economici; l'esercizio della partecipazione responsabile alla vita sociale nel rispetto dei valori dell'inclusione e dell'integrazione.

2.2 Le competenze nelle Indicazioni nazionali dell'infanzia e del primo ciclo di istruzione del 2012

Al termine della scuola dell'Infanzia, della scuola primaria e della scuola secondaria di primo grado vengono fissati i **traguardi per lo sviluppo delle competenze** relativi ai campi di esperienza ed alle discipline. Gli obiettivi di apprendimento individuano poi i campi del sapere, le conoscenze e le abilità ritenuti indispensabili al fine di raggiungere i traguardi per lo sviluppo delle competenze.

Espansione Web
Indicazioni nazionali per il curricolo 2012

Nelle **Indicazioni Nazionali per il curricolo del 2012** si afferma in modo chiaro che «il sistema scolastico italiano **assume** come orizzonte di riferimento verso cui tendere **il quadro delle competenze chiave**

dell'apprendimento permanente definite dal Parlamento europeo. Queste sono il punto di arrivo odierno di un vasto confronto scientifico e culturale sulle competenze utili per la vita al quale l'Italia ha attivamente partecipato. L'impegno a far conseguire tali competenze a tutti i cittadini europei di qualsiasi età, indipendentemente dalle caratteristiche proprie di ogni sistema scolastico nazionale, non implica da parte degli Stati aderenti all'Unione europea l'adozione di ordinamenti e curricoli scolastici conformi a uno stesso modello.

Al contrario, la diversità di obiettivi specifici, di contenuti e di metodi di insegnamento, così come le differenze storiche e culturali di ogni paese, pur orientati verso le stesse competenze generali, favoriscono l'espressione di una pluralità di modi di sviluppare e realizzare tali competenze.

Tale processo non si esaurisce poi al termine del primo ciclo di istruzione, ma prosegue con l'estensione dell'obbligo di istruzione nel ciclo secondario e oltre, in una prospettiva di **educazione permanente**, per tutto l'arco della vita. Nell'ambito del costante processo di elaborazione e verifica dei propri obiettivi e nell'attento confronto con gli altri sistemi scolastici europei, le Indicazioni Nazionali intendono promuovere e consolidare le competenze culturali basilari e irrinunciabili tese a sviluppare progressivamente, nel corso della vita, le competenze-chiave europee».

In merito alla **certificazione delle competenze** → *infra* Cap. 7, par. 4.

3 Le teorie sulle competenze

Il **concetto di competenza** è stato soggetto nel tempo a **molteplici interpretazioni**.

Esso ha origine nel mondo del lavoro e risponde all'esigenza di dare visibilità alle risorse professionali di ogni lavoratore.

Il dibattito sulle competenze comincia alla fine degli anni '60, nel momento in cui, per effetto dei cambiamenti del mercato, le organizzazioni iniziano a coinvolgere sempre più il personale nelle strategie aziendali, affermando, così, un diverso modo di considerare il ruolo delle risorse umane.

Dagli anni '80 fino ai nostri giorni, l'approccio alle competenze si sviluppa rapidamente e diventa parte integrante dei programmi di trasformazione delle organizzazioni. Si assiste così a un cambiamento radicale nella gestione delle risorse umane che, in un mercato divenuto sempre più competitivo, non vengono considerate come un costo dell'impresa, ma come valore aggiunto[1].

---

[1] F. Navarra, *Il sistema delle competenze*, Rapporto Istat, Formez, gennaio 2004.

IL *LIFELONG LEARNING* E LA FORMAZIONE DEI DOCENTI

L'**apprendimento permanente** (o *lifelong learning*) è diventato una condizione imprescindibile per tutti gli uomini e le donne di questo millennio. Per apprendimento permanente si intende qualsiasi attività di apprendimento intrapresa nelle varie fasi della vita (quindi *anche oltre l'obbligo scolastico*) al fine di migliorare le conoscenze, le capacità e le competenze in una prospettiva personale, civica, sociale ma soprattutto occupazionale.

Fortemente promosso dall'Unione Europea, l'apprendimento permanente è alla base dei continui *programmi di formazione del personale*, soprattutto della scuola.
In quest'ottica, anche per i docenti è previsto l'obbligo della *formazione continua*, ossia il dovere dell'insegnante di sviluppare e migliorare la propria professionalità. Soprattutto la L. 107/2015 ha reso questo tipo di *formazione, obbligatoria, permanente e strutturale*, in quanto strettamente legata alla qualità dell'insegnamento e di conseguenza al merito del docente.
A tal fine ogni scuola deve dotarsi di un *piano di aggiornamento*, e ad ogni docente è riservata una *carta elettronica per l'aggiornamento e la formazione* (500 euro l'anno), che può essere utilizzata per l'acquisto di libri, corsi di aggiornamento e supporti informatici.

Oggi più che mai risultano, quindi, attuali le parole di Umberto Eco che nel 2009 scriveva: «Un tempo ci preparavamo ad un esame finale che segnava una lunga fase di apprendimento: in Italia l'esame di maturità, in Germania l'Abitur, in Francia il baccalaureat. Dopodiché nessuno era più tenuto a imparare, salvo l'élite che andava all'Università. Il mondo non cambiava. Quello che sapevi, lo potevi utilizzare fino alla morte, la gente andava in pensione epistemologica.
L'impiegato di una società, invece, ai giorni nostri, deve costantemente aggiornare le sue conoscenze, pena la perdita del lavoro.
Il rito di passaggio che quei grandi esami di fine ciclo scolastico rappresentavano non ha più alcun significato»[*].

---

[*] U. Eco, J.C. Carrière, *Non sperate di liberarvi dei libri*, Bompiani, Milano, 2009.

Il concetto di competenza presenta inizialmente una **matrice di tipo comportamentista** e si traduce in una serie di **comportamenti osservabili e misurabili**. È competente, cioè, chi sa fare qualcosa eseguendo in modo preciso e dettagliato le operazioni prescritte e applicando puntualmente le istruzioni. Le competenze corrispondono, pertanto, a *comportamenti standard*, che possono essere migliorati o appresi attraverso l'esercizio ripetitivo.

Tale definizione implica una **frammentazione del compito cognitivo nelle sue componenti elementari** e una sostanziale assimilazione del concetto di competenza a quello di comportamento osservabile come risposta a uno stimolo dato.

Il superamento della teoria comportamentista è determinato dalla consapevolezza che molti aspetti legati alla psiche umana non possono essere desunti dalla semplice osservazione del comportamento.

Si afferma così un concetto di **competenza di tipo analitico-cognitivista**, che riprende la descrizione formulata da Boyatzis secondo cui «*la competenza è una caratteristica intrinseca di un individuo e causalmente collegata a una prestazione efficace o superiore nella mansione*»[2]. Secondo questa prospettiva, le **competenze** sarebbero un **insieme predeterminato di proprietà razionali, operative, motivazionali, emotive, relazionali ed espressive interne**, che un soggetto mostra di possedere indipendentemente dalla natura del compito specifico e dalle caratteristiche della situazione in cui viene a trovarsi.

Più che di competenze si preferisce parlare, in questo caso, di **metacompetenze** o competenze generali, valide in tutte le circostanze e applicabili a qualsiasi nuova situazione problematica, in cui il soggetto dovesse venirsi a trovare, dando così origine alle **competenze specifiche**[3].

Cosa diversa dalla competenza è la **performance** che è costituita dall'insieme di comportamenti, esterni al soggetto e perciò osservabili e misurabili.

La competenza sarebbe costituita perciò da due caratteristiche: la prima relativa a un insieme di elementi legati alla natura delle persone, la seconda relativa all'attivazione di un comportamento che determina prestazioni efficaci.

Il limite della visione analitico-cognitivista sta nella netta separazione tra i due piani, la competenza e la prestazione o performance, con conseguente sottovalutazione della dimensione concreta nella quale la prestazione si manifesta.

Partendo dalle affermazioni di Boyatzis, L.M. Spencer e S.M. Spencer paragonano la **competenza** a un **iceberg** composto da una **parte emersa**, visibile, e da una **parte sommersa**, invisibile[4].

Nella parte emersa sono *visibili le abilità e le conoscenze*, mentre in quella *sommersa le motivazioni, i tratti, l'immagine di sé*, vale a dire quelle più profondamente radicate nella personalità di un individuo e, quindi, anche le meno visibili.

---

[2] R.E. Boyatzis, *The Competent Manager: a model for effective performance*, John Wiley & Sons, New York, 1982.
[3] G. Bertagna, *Competenze* in Scuola e Didattica n. 1, 1999, Editrice La Scuola, Brescia.
[4] L.M. Spencer e S.M. Spencer, *Competenza nel lavoro,* Franco Angeli, Milano, 1995.

Sintetizzando le diverse posizioni, Pellerey sostiene che in una competenza «si possono distinguere **tre dimensioni fondamentali**: la **prima** è di natura **cognitiva** e riguarda la comprensione e l'organizzazione dei concetti che sono direttamente coinvolti; la **seconda** è di natura **operativa** e concerne le abilità che la caratterizzano; la **terza** è di natura **affettiva** e coinvolge convinzioni, atteggiamenti, motivazioni ed emozioni, che permettono di darle senso e valore personale»[5].

Viene evidenziato l'intreccio delle diverse dimensioni e la natura dinamica della competenza, riconoscibile proprio nella interazione dialettica tra il proprio **patrimonio conoscitivo e il compito di realtà su cui applicarlo**. Essa, pertanto, essendo una qualità che si mostra in azione non la si può decontestualizzare dalla persona e dalla situazione reale in cui questa la manifesta. E, soprattutto, non la si può considerare al pari di qualsiasi conoscenza o abilità, perché implica già la trasformazione di queste in un patrimonio personale che va oltre gli aspetti cognitivi, coinvolgendo tutti gli aspetti della persona. In altre parole, se le conoscenze e le abilità possono essere correlate all'asse del sapere e del saper fare, le competenze si correlano all'asse della persona nella sua interezza.

La competenza assume così un carattere «olistico» che integra e lega in un rapporto di reciprocità le caratteristiche interne e le evidenze osservabili che attestano la prestazione del soggetto e i suoi risultati.

4 Cosa si intende per competenza

Secondo **M. Pellerey** (1935), gli **elementi fondamentali** che compongono una **competenza** sono almeno **tre**:

— le **conoscenze**, cioè l'organizzazione dei concetti direttamente o indirettamente coinvolti nel compito o nei compiti da affrontare (**sapere cosa**);
— le **abilità**, cioè la capacità di **utilizzare strumenti operativi** (**sapere come**);
— gli **atteggiamenti o disposizioni interne** che coinvolgono convinzioni, atteggiamenti, motivazioni, che permettono non solo di dare senso e valore all'attività da svolgere, ma anche di sostenere la volontà nello svolgerla (**sapere verso dove**)[6].

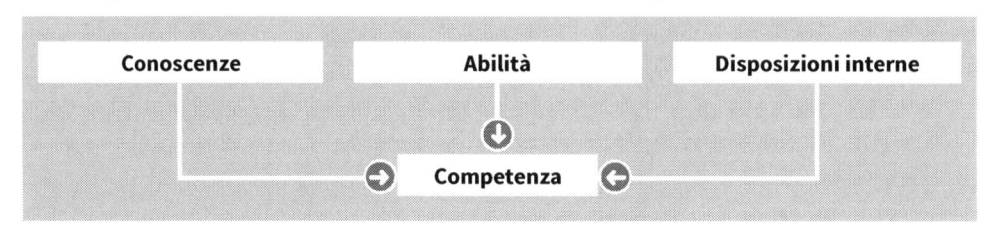

```
    Conoscenze          Abilità          Disposizioni interne
                           ↓
                  →   Competenza   ←
```

---

[5] M. Pellerey, *Il portfolio formativo progressivo per la valutazione delle competenze*, in Orientamenti pedagogici, anno XLVII, 2000, n. 5, pp. 853-75.

[6] M. Pellerey, *Competenze. Ruolo delle competenze nei processi educativi scolastici e formativi*, Tecnodid, Napoli, 2010.

4.1 Le conoscenze

Le **conoscenze** possono essere:

— *dichiarative* (fatti, eventi, teorie, …): riguardano sostanzialmente il cosa apprendere;
— *procedurali*: riguardano il «come» fare qualcosa;
— *contestuali*: l'insieme di regole, abitudini, forme comunicative e organizzative.

La prima caratteristica di una conoscenza sta nella sua **significatività**. Gli elementi conoscitivi devono essere compresi e collegabili anche a situazioni diverse da quelle nelle quali sono state acquisite.

La seconda caratteristica è la **stabilità**. Le conoscenze devono entrare stabilmente a far parte della memoria a lungo termine dello studente.

La terza è la **fruibilità**. Un concetto deve poter essere utilizzato per interpretare situazioni e compiti diversi da quelli nei quali è stato presentato.

4.2 Le abilità

Le **caratteristiche dell'abilità** possono essere collegate per grandi linee a quelle delle conoscenze.

Bisogna innanzitutto far leva sulla sua *significatività*, perché essa è importante nell'esperienza dell'allievo.

La seconda caratteristica implica che essa sia appresa in modo da diventare immediatamente disponibile, utile e necessaria alla risoluzione di determinate situazioni o problemi.

La terza consiste nell'individuare quale abilità attivare in casi particolari e procedere correttamente nella sua applicazione.

4.3 Gli atteggiamenti e le disposizioni interne

Gli **atteggiamenti e le disposizioni interne** si sviluppano a lungo termine, sulla base di tre modalità di azione.

La prima si basa sulla *persuasione verbale*. Con essa si vuole influire sul mondo interiore dello studente formando in lui convinzioni positive e modificando quelle negative.

La seconda si basa sulla *testimonianza*: si creano situazioni nelle quali lo studente abbia la possibilità di osservare situazioni e condotte ispirate ai valori e agli atteggiamenti che si intendono promuovere.

La terza consiste nel *favorire l'esperienza* coinvolgendo l'alunno direttamente in azioni o situazioni ricche di significato[7].

---

[7] M. Pellerey, op. cit. pag. 124.

4.4 I caratteri delle competenze

Molte altre sono le **caratteristiche che connotano una competenza**. Essa è:
— **plurale** nel senso che esistono varie tipologie di competenze[8]:
  — *di base*: competenze di tipo generale, trasferibili a differenti compiti, che fanno riferimento alla dimensione culturale generale di un individuo;
  — *tecnico-professionali*: sono competenze altamente specifiche, acquisite in ambiti specialistici, connesse a determinati mestieri e ambiti professionali;
  — *trasversali*: consistono nell'abilità di mettere in atto strategie efficienti per collegare le proprie capacità alle richieste dell'ambiente, integrando le diverse risorse possedute e per questo sono flessibili e modificabili;
  — *risorse personali*: inclinazioni cognitive e affettive acquisite ed elaborate da un soggetto nell'ambito di qualsiasi esperienza personale o lavorativa nel corso della sua vita. Riflettono qualità di natura personale e psico-sociale, utili ai fini di un comportamento lavorativo e organizzativo efficace;
— **complessa**: richiede il ricorso ad ambiti diversi del sapere per individuare le connessioni e le relazioni tra le conoscenze, selezionare le informazioni e le abilità necessarie per eseguire un compito;
— **dinamica**. La competenza è in continua evoluzione. Non è possibile essere competenti una volta per sempre, dato che le conoscenze continuano ad arricchirsi e a variare in termini di qualità e quantità.

Altri aspetti legati alla competenza sono:
— il *riconoscimento*: procedimento attraverso cui un soggetto riconosce a una persona il possesso di competenze specifiche;
— la *certificazione*: documento ufficiale con cui un'autorità riconosciuta attesta ad un soggetto il possesso di determinate competenze sulla base di determinati standard di riferimento;
— gli *standard*: riferimento essenziale per raggiungere livelli qualitativi omogenei in seguito a un percorso formativo. Standardizzare significa «normalizzare» la varietà e renderla comunemente riconosciuta e valida.

5 La didattica centrata sulle competenze

Come precedentemente affermato, le molteplici riforme che si sono susseguite nel sistema scolastico italiano, hanno sottolineato l'**importanza di un apprendimento rivolto all'acquisizione delle competenze**.

Il motivo per cui si è cominciato ad affermare che le conoscenze acquisite a scuola devono trasformarsi in «competenze» è collegato alla critica rivolta ai tradizionali modi di apprendere, considerati di tipo prevalentemente mnemoni-

---
[8] R. Drago, *La Nuova Maturità*, Erickson, Trento, 1999.

co, tendenti al verbalismo, alla semplice capacità di *parlare* di certi argomenti, senza averne consapevolezza e senza sapersene servire al di fuori del contesto scolastico[9].

L'applicazione del concetto di competenza nella scuola ha incontrato notevoli **resistenze** e si è tradotto, spesso, solo in un cambiamento terminologico o di facciata, senza incidere sull'organizzazione complessiva della didattica, sulle modalità di organizzazione del curricolo e senza modificare sostanzialmente il percorso da mettere in campo per svilupparle.

L'idea di una formazione scolastica per competenze è stata sicuramente condizionata dal fatto che il termine sia nato e si sia **sviluppato soprattutto nell'ambito della formazione professionale**.

In Italia, una delle elaborazioni più articolate delle competenze è stata fornita dall'ISFOL[10], specificamente pensata per il mondo del lavoro. Nella proposta ISFOL, infatti, le competenze fondamentali, sebbene non siano soltanto di natura tecnico-professionale, ma anche di base e trasversali, sono fortemente orientate alle esigenze del sistema produttivo[11].

L'impressione generale che se ne è ricavata è stata **il voler applicare alla scuola logiche tipicamente aziendali**. La scuola, si è obiettato da più parti, non può essere considerata come un'azienda, non può rinunciare alla sua azione educativa, volta a formare persone e non prodotti di un'organizzazione.

Altro rischio, ravvisato in un approccio didattico teso all'acquisizione di competenze, è quello di **privilegiare il *saper fare* rispetto al *sapere***, con il pericolo di un impoverimento dei contenuti culturali e di uno svilimento del valore formativo delle conoscenze.

Il problema, sottolinea Philippe Perrenoud, deriva dal fatto che la **scuola continua a concepire gli apprendimenti in termini di saperi, perché è ciò che padroneggia meglio**. Inoltre, **è più facile valutare le conoscenze che le competenze**, perché queste ultime non riguardano solo prestazioni riproduttive, ma richiedono anche la capacità di soluzione di problemi e l'applicazione in contesti reali di quanto appreso in classe. Egli ritiene, invece, che l'approccio per competenze sia strumento di democrazia cognitiva e risponda a un nuovo bisogno di formazione: *«A che pro andare a scuola se non vi si acquisiscono affatto strumenti per agire nel e sul mondo? […] Sarebbe riduttivo ritenere l'interesse del mondo della scuola per le competenze il semplice segnale della sua dipendenza dal mondo della politica economica. Si assiste piuttosto ad un'alleanza tra un movimento proveniente dall'interno*

---

[9] M. Baldacci, *Ripensare il curricolo*, Carocci, Roma 2006.
[10] L'ISFOL, Istituto per lo sviluppo della formazione professionale dei lavoratori, è un ente di ricerca pubblico istituito nel 1973. Dal 2015 è confluito nell'ANPAL, l'Agenzia Nazionale delle Politiche Attive del Lavoro.
[11] P. Biancardi – E. Rosso – M. Sarti, *La didattica per competenze. Il Piano di lavoro in storia. Dalle competenze generali alle competenze disciplinari,* in Puntoedu, Indire.it.

e una richiesta proveniente dall'esterno. L'uno e l'altra sono accomunati dallo stesso dubbio circa la capacità del sistema educativo di mettere le nuove generazioni nelle condizioni di affrontare il mondo di oggi e quello di domani»[12].

Secondo l'autore, l'approccio per competenze può costituire anche una risposta decisiva all'**insuccesso scolastico**. «*Gli alunni più dotati di capitale culturale e i meglio sostenuti dalle loro famiglie seguiranno in ogni caso il loro cammino, quale che sia il sistema educativo. Gli alunni «medi» riusciranno a cavarsela, al prezzo di eventuali ripetenze o cambiamenti di percorso. Ma è sul destino degli alunni in reale difficoltà che si può misurare l'efficacia delle riforme. Hanno qualcosa da guadagnare da una definizione dei programmi in termini di competenza?*»[13].

A riguardo, Perrenoud non ha dubbi. Gli alunni in difficoltà hanno molto da guadagnare da una didattica centrata sulle competenze, in quanto sono stimolati ad acquisire condotte cognitive flessibili che permettono loro un'agevole acquisizione di contenuti.

La competenza, infatti, in quanto **sapere in azione**, rappresenta un modo globale di concepire la formazione e i suoi obiettivi, secondo un **modello dinamico**, dove i saperi non sono più statici elenchi di nozioni, ma strumenti da utilizzare e fare agire nella vita, nella convinzione che apprendere significa anche saper vivere nel proprio tempo[14].

Le Indicazioni per il curricolo del 2007 e quelle del 2012, con l'introduzione delle *otto competenze chiave*, hanno incrementato il dibattito pedagogico-didattico sulle competenze, adeguandosi alle esigenze formative espresse nei documenti europei.

Al di là della disputa intorno alla questione conoscenze-competenze, sapere-saper fare, è innegabile che la progettazione per competenze richiede un approccio metodologico molto più complesso di quello tradizionale, rivolto solo all'acquisizione di conoscenze. Possiamo semplificare dicendo che **insegnare competenze significa trasformare la scuola in un centro di ricerca** e considerare l'innovazione un'occasione di crescita professionale.

Ci si trova, insomma, davanti a nuovo cambiamento che richiede ai docenti e a tutti i soggetti preposti alla formazione delle nuove generazioni una capacità di rimodularsi e di orientare le proprie azioni verso una diversa dimensione didattica e organizzativa.

6 Progettare le competenze

Secondo i moderni orientamenti metodologico/didattici, la forma di progettazione ritenuta più idonea a sviluppare competenze e a produrre apprendimento significativo è la **progettazione a ritroso**.

---

[12] PH. Perrenoud, *Costruire competenze a partire dalla scuola*, Anicia, Roma, 2000, p. 17.
[13] PH. Perrenoud,, op. cit. p. 99.
[14] P. Biancardi – E. Rosso – M. Sarti, op. cit.

I pedagogisti G. Wiggins e J. McTighe partono dalla considerazione che la rigorosità del processo è determinata dalla prestazione finale, per cui per *la costruzione di un curricolo bisogna partire dai risultati attesi e non dai contenuti*: non dalla definizione di *che cosa facciamo*, bensì dalla precisazione del *dove vogliamo arrivare*, del *come facciamo per arrivarci* e del *come facciamo a verificare che ci siamo*[15].

Per gli autori, conoscere la competenza da raggiungere predispone gli alunni alla prefigurazione e alla scelta di percorsi efficaci, favorendo così la ricerca di nuove strategie di risoluzione dei problemi incontrati in itinere.

In sintesi, essi sostengono che **progettare a ritroso significa organizzare il processo di apprendimento relativo a una determinata unità attraverso varie fasi**:

— **I fase: pianificazione**:
  — presentare l'unità di apprendimento;
  — identificare la competenza finale;
  — descrivere i compiti di prestazione;
  — descrivere le prove utili a verificarne e a valutarne l'acquisizione;
— **II fase: organizzazione**:
  — declinare le conoscenze e le abilità ritenute fondamentali allo sviluppo della competenza;
  — indicare le linee metodologiche e le attività didattiche;
  — indicare mezzi e strumenti necessari alla realizzazione del compito;
— **III fase: valutazione e autovalutazione**.

6.1 I fase: pianificazione

— *Presentare l'unità di apprendimento (titolazione, breve descrizione etc.)*

È opportuno **assegnare un titolo all'unità**, evidenziando **non tanto il contenuto** che si intende trattare, ma mettendo al **centro l'alunno che apprende** o meglio la comunità che apprende. L'apprendimento, infatti, si connota anche, e soprattutto, come pratica sociale ed è importante mettere in risalto questa azione fin dal *titolo*.

Proprio per esprimere il processo di co-costruzione è consigliabile utilizzare il verbo alla prima persona plurale dell'indicativo presente[16].

Ad esempio: *Facciamo come gli storici; Scopriamo la matematica: dal mondo intorno a noi al linguaggio simbolico; Storiellando: raccontiamoci le favole; Confrontiamo valori: di ieri, di oggi, di sempre.*

È utile, inoltre, presentare agli allievi una breve descrizione del contenuto e del senso dell'unità.

---

[15] Grant Wiggins, Jay McTighe, *Fare progettazione: La «teoria» di un percorso didattico per la comprensione significativa*, LAS, Roma, 2004.
[16] C. Petracca, *Guida alla nuova scuola*, ELMEDI, Milano, 2004.

Ad esempio: *Scopriremo la poesia epica, una delle più antiche forme di narrazione in versi, che celebra le imprese eccezionali di popoli ed eroi. Eroi senza tempo, che ancora oggi riescono ad affascinare proiettandoci in un mondo lontano fatto di guerre, duelli e vendette, ma anche permeato di valori e sentimenti universali quali l'amore, l'amicizia, la lealtà.*

Con questo modello procedurale o con altri simili, il docente costruisce aspettative, crea prospettive attraverso la costruzione di un percorso metodologico che tiene strettamente correlate le dimensioni: antropologica (le esperienze dell'alunno); epistemologica (la disciplina); socioculturale (la realtà nella quale l'alunno vive)[17].

— *Identificare la competenza finale*

Competenza disciplinare o trasversale? Sono interrogativi che ogni insegnante si pone prima della progettazione di un percorso formativo. In realtà, la dicotomia è più formale che sostanziale.

Le **competenze disciplinari** rappresentano la meta di un percorso formativo relativo a un preciso ambito del sapere. È opportuno, per questo, che siano *esplicitate in maniera chiara e precisa*. Alcuni tipi di competenze si costruiscono proprio sulla base di *conoscenze* per cui la loro acquisizione è indispensabile per sviluppare quelle risorse in grado di gestire le competenze stesse.

L'attenzione deve essere rivolta, però, nel contempo, anche all'individuazione di **competenze trasversali comuni a tutte le discipline**. È importante, infatti, **superare l'aspetto puramente specifico dei saperi disciplinari** e tendere al conseguimento di abilità cognitive spendibili in tutti i campi.

Certamente la trasversalità delle competenze non va intesa in termini rigidi, quasi che la specificità di ciascuna disciplina possa essere sostituita da approcci uniformi e standardizzati, ma come occasione per ricomporre unitariamente il sapere e aiutare l'allievo a trovare un senso complessivo alla sua esperienza scolastica.

Si tratta, insomma, di ritenere che *le competenze sono trasversali anche quando sono di natura disciplinare*, nel senso che richiamano, interferiscono con altre conoscenze e abilità secondo il principio della sintesi e dell'ologramma: «*non in quanto astraggono dalle discipline ma perché appartengono a più discipline o a tutte, declinandosi diversamente in ciascuna di esse nelle competenze specifiche o settoriali*»[18].

Alcune competenze pur essendo specifiche di una disciplina (ad esempio: scienze «*trova da varie fonti — libri, internet, discorsi degli adulti — informazioni e spiegazioni sui problemi*»), in realtà sono da considerarsi trasversali in quanto possono essere applicate anche ad altri campi disciplinari (storia, geografia, italiano, ...).

Per facilitarne la progettazione, si può tenere presente una **mappa di verbi** che costituiscono l'ossatura per la formulazione delle competenze trasversali.

---

[17] F. Priore, M. Catanzariti, L. Gallo Moles, *Strategie,* Grafiche Panico, Galatina (LE), 1999.
[18] Associazione Progetto per la scuola, Forum delle Associazioni disciplinari della scuola, *Per la definizione di un glossario minimo,* in «Progettare la scuola», n. 4, 2000, pp. 40-43.

Si tratta di competenze di carattere generale, a largo spettro, relative a processi di pensiero e a operazioni fondamentali, proprie di qualunque persona posta di fronte ad un compito.

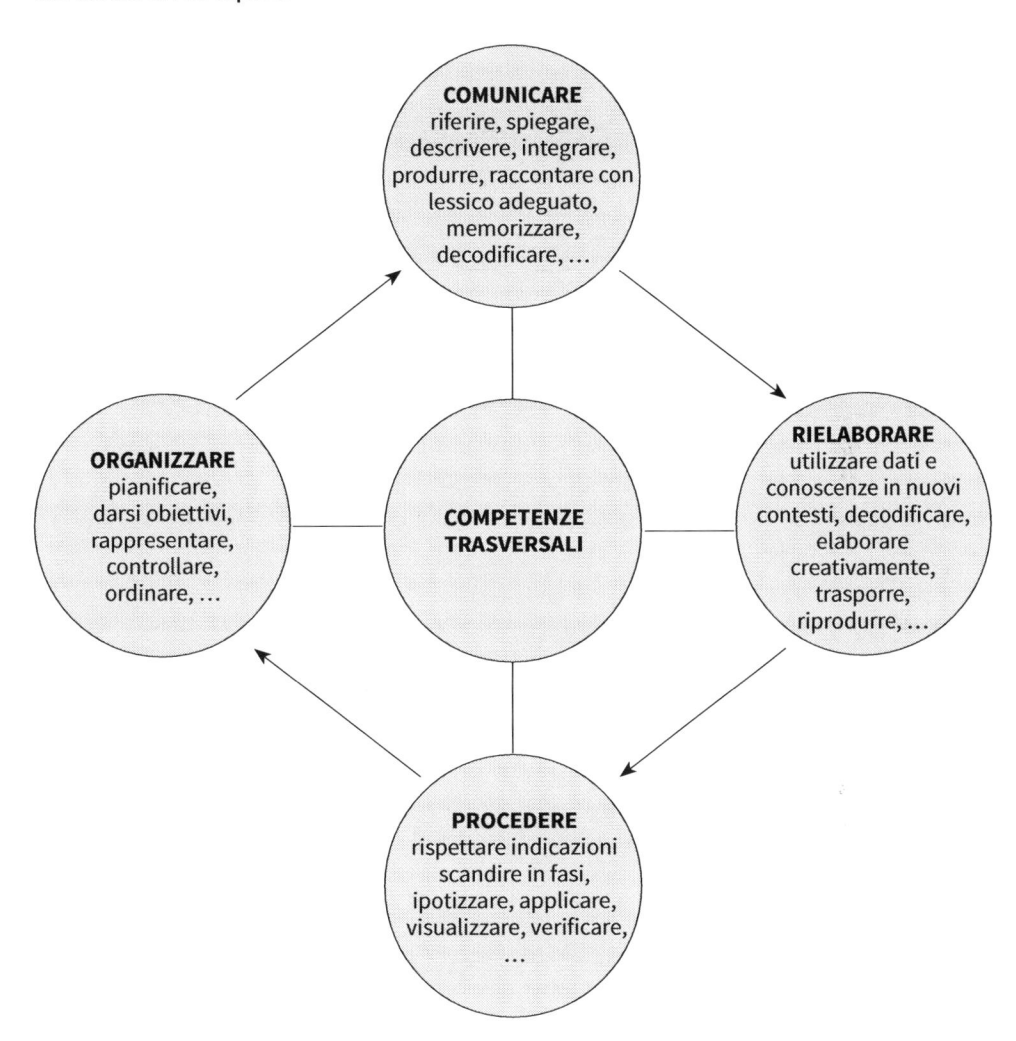

COMUNICARE
riferire, spiegare, descrivere, integrare, produrre, raccontare con lessico adeguato, memorizzare, decodificare, …

ORGANIZZARE
pianificare, darsi obiettivi, rappresentare, controllare, ordinare, …

COMPETENZE TRASVERSALI

RIELABORARE
utilizzare dati e conoscenze in nuovi contesti, decodificare, elaborare creativamente, trasporre, riprodurre, …

PROCEDERE
rispettare indicazioni scandire in fasi, ipotizzare, applicare, visualizzare, verificare, …

È opportuno, inoltre, nel descrivere le competenze, **fare riferimento anche alle competenze chiave** richiamandole di volta in volta. Questo accorgimento serve a tenere sempre presente la meta da raggiungere e a stabilire un legame continuo tra **competenze disciplinari**, **trasversali**, **competenze chiave**, nel senso che l'una rimanda all'altra secondo un rapporto di reciprocità e di interdipendenza.

Competenze disciplinari	Competenze trasversali	Competenze chiave

— *Descrivere i compiti di prestazione o di realtà*

I **compiti di prestazione o di realtà** possono essere definiti come *situazioni di apprendimento che presentano una connessione diretta con il mondo reale e richiedono agli studenti di replicare i modi con cui le conoscenze e le abilità sono applicate in situazioni concrete*.

Essi rimandano a problemi complessi, a situazioni significative per l'alunno e gli richiedono di mobilitare le proprie risorse per trovare delle soluzioni. Per questo, vanno presentati alla classe come problema, in modo da favorire la formulazione di domande significative che orienteranno lo svolgimento del lavoro. Visti in questa ottica, i diversi saperi disciplinari possono diventare strumenti preziosi per fare emergere esperienze, storie soggettive, caratteristiche individuali, bisogni, aspirazioni, utopie etc. Possono veramente trasformarsi in «quell'insieme di alfabeti formativi, raccolti e personalizzati dentro al *cesto* dei vissuti emotivo-affettivi, dei modelli etico-sociali e valoriali che danno senso e significato alle esperienze che qualificano la scuola»[19].

Il sapere codificato dovrà sapersi integrare con le esperienze individuali, per ridurre la distanza che intercorre tra i contenuti scolastici e la realtà. I compiti di prestazione mirano proprio a questo: superare la dicotomia tra l'uso del sapere nei contesti scolastici e quello utilizzato nei contesti reali, attraverso la predisposizione di situazioni valutative vicine alla realtà.

Elementi di **distinzione tra sapere scolastico e sapere reale** sono:
— la scuola richiede prestazioni individuali, mentre il lavoro mentale all'esterno è condiviso socialmente;
— la scuola richiede un pensiero puro, privo di supporti, mentre fuori ci si avvale di strumenti che assistono il processo cognitivo;
— la scuola privilegia il pensiero simbolico, fondato su simboli astratti e generali, mentre fuori dalla scuola si privilegiano situazioni concrete e specifiche;
— a scuola si insegnano conoscenze e abilità generali, mentre nelle attività esterne dominano competenze specifiche, legate alla situazione.

— *Descrivere le prove utili a verificarne e a valutarne l'acquisizione*

È la questione più dibattuta in quanto si tratta non solo di predisporre già in fase di progettazione le prove attraverso le quali un allievo mostrerà di aver raggiunto i risultati desiderati, ma anche di utilizzare un sistema di valutazione diverso da quello tradizionale, basato sull'accertamento delle conoscenze e delle abilità, mediante la somministrazione di test e di prove di vario tipo. In altre parole, bisogna mettere in atto quella che Comoglio definisce **valutazione autentica** perché si propone di valutare non tanto o non solo quello che l'alunno sa (il sapere) ma soprattutto quello che sa fare con quello che sa (competenza)[20].

---

[19] F. Frabboni, *La sfida pedagogica, ovvero quando relazione, conoscenza e valori si danno la mano,* in L. Tuffanelli *(a cura di) Intelligenze, emozioni e apprendimenti,* Erickson, Trento, 1999.

[20] M. Comoglio, *Insegnare e apprendere con il Portfolio,* Fabbri Editore, Milano, 2006.

ESEMPI DI COMPITI DI REALTÀ

Disciplina: Geografia

Titolo dell'unità: *Elaboriamo una guida turistica*

Compito di prestazione

Come trasformare la conoscenza del territorio, nei suoi diversi aspetti, in strumento di promozione e di accoglienza turistica?
Dopo aver studiato il territorio della tua regione nei suoi aspetti fisici, economici e culturali, realizza una guida turistica rispettando i seguenti punti:
— assegna un titolo alla guida;
— seleziona le informazioni per temi (flora, fauna, …);
— stendi un indice degli argomenti;
— sviluppa gli argomenti seguendo l'indice;
— elabora un progetto grafico;
— cerca immagini che illustrino l'argomento di cui parli;
— riproduci il tuo lavoro servendoti del computer;
— mostra la tua guida a un'agenzia di promozione turistica per una valutazione.

Disciplina: Scienze

Titolo dell'unità: *Ti spieghiamo come funziona il corpo umano*

Compito di prestazione

Il corpo umano. Perché è importante conoscerlo? Come funziona? Quali relazioni tra i diversi organi?
Scegli un organo del corpo umano e, sull'esempio del documentario di Piero Angela visto in classe, illustrane il funzionamento.
— Immagina che chi legge non conosce l'argomento.
— Utilizza un linguaggio semplice.
— Ricorri ad esempi.
— Utilizza immagini per chiarire meglio le informazioni.
— Illustra il lavoro ai tuoi amici che esprimeranno un giudizio sulla sua chiarezza.

Disciplina: Italiano

Titolo dell'unità: *Anche noi scrittori: inventiamo favole per un libro da destinare ai bambini della scuola dell'Infanzia*

Compito di prestazione

Perché le fiabe esercitano un fascino irresistibile su grandi e piccoli? Sono veramente di aiuto per esorcizzare le paure e dare sicurezza e conforto?
Devi scrivere una fiaba da inserire in un libro per i bambini della scuola dell'infanzia del tuo istituto:
— scegli il tema;
— assegna un titolo;
— inserisci le seguenti funzioni: protagonista, antagonista aiutante magico
— cerca immagini che illustrino il contenuto e scrivi per ognuna una breve didascalia;
— riscrivi e illustra la favola al computer;
— leggila ai bambini cercando di suscitare il loro interesse.

Wiggins e McTighe suggeriscono un canovaccio per la formulazione di un **compito di prestazione** e l'individuazione degli aspetti che costituiranno gli ambiti di valutazione[21].

È opportuno definire con la classe **rubriche di valutazione del compito** di prestazione, vale a dire **un elenco di elementi specifici che ne contraddistinguono la qualità** (→ anche Cap. 7, par. 3.2) facendo in modo che ogni singola dimensione abbia un suo criterio di valutazione coinvolgendo direttamente gli alunni. Creare rubriche di valutazione con gli alunni significa renderli partecipi del loro percorso di apprendimento, sviluppare la capacità di auto ed eterovalutazione, aiutarli a misurarsi continuamente con gli obiettivi da raggiungere, con gli standard prefissati e a individuare gli ostacoli non ancora superati.

Anche durante la fase iniziale di progettazione, insomma, occorre avere come punto di riferimento costante la realizzazione pratica. Predisporre strumenti di osservazione, di raccolta di dati, di documentazione del percorso, discuterli con alunni e colleghi può rappresentare un momento di forte valenza educativa.

Parlare di documentazione nella scuola potrebbe apparire un ulteriore indulgere a rituali di natura prevalentemente burocratica. La nostra scuola ha avuto, spesso, poca memoria della sua attività anche perché il lavoro scolastico cominciava e finiva, in genere, nelle mani del docente.

La cultura della documentazione rappresenta un traguardo dei nuovi orientamenti della ricerca educativo/didattica degli ultimi decenni e rispecchia il senso di una concezione dell'insegnamento visto come attività collaborativa, progettuale, allargata all'alunno, alla famiglia, al territorio[22].

6.2 II fase: organizzazione

— *Declinare le conoscenze e le abilità ritenute fondamentali allo sviluppo della competenza*

Le conoscenze e le abilità sono elementi fondamentali per l'acquisizione di competenze e, in qualche modo, si configurano come indicatori di soluzione del problema proposto. Bisogna per questo, esplicitarle in maniera chiara e precisa al fine di offrire anche agli allievi la possibilità di riconoscere se sono state conseguite, attivando anche in itinere processi di co-valutazione ed auto-valutazione.

Operare nella logica della progettazione a ritroso significa senz'altro partire dalla definizione delle competenze, ma anche correlare queste ultime ai contenuti da svolgere, passando da una visione analitica e sequenziale delle informazioni a una più globale e reticolare. Ecco perché la **ricerca di nuclei fondanti**, «dei concetti, nodi epistemologici e metodologici che strutturano una disciplina», può facilitare la selezione dei contenuti in termini di essenzialità e significatività.

---

[21] Wiggins, J. Mc Tighe, *Fare progettazione*, tr. it., Las, Roma 2004, pp. 31.
[22] M. Melino, *Continuità educativa e Formazione di base,* Ethel Editoriale, Giorgio Mondadori, Milano, 2001.

MODELLO DI COMPITO DI PRESTAZIONE O DI REALTÀ

CANOVACCIO PER COSTRUIRE UN COMPITO DI PRESTAZIONE	
Obiettivo (goal)	Il tuo compito è ....
Ruolo (role)	Tu sei ....
Destinatari (audience)	Il destinatario/i è/sono ....
Situazione (situation)	La sfida implica ....
Prodotto o prestazione	Creerai un ....
Standard di successo o evidenze osservabili	Il tuo lavoro sarà giudicato da .... sarà efficace se: ....

UN ESEMPIO DI FORMULAZIONE
UNITÀ DI APPRENDIMENTO: Sosteniamo le nostre idee (testo argomentativo)

Obiettivo (goal)	**Leggi e scrivi un testo argomentativo** sulla base di elementi datii utilizzando in modo efficace l'accostamento di linguaggi verbali, iconici, multimediali.
Ruolo (role)	**Tu sei relatore** in un convegno sui problemi degli adolescenti oggi, con particolare riferimento alla diffusione del fumo tra i giovani.
Destinatari (audience)	**I tuoi compagni** delle classi terze.
Situazione (situation)	La sfida è: **convincere i tuoi amici** del pericolo del fumo.
Compito di prestazione o di realtà	Partendo da alcune domande chiave: cosa spinge i giovani a fumare? Fumare fa veramente male? Quale ruolo possono avere i genitori? Quale la scuola? Scriverai un testo argomentativo in cui siano rispettati i seguenti punti: — *una premessa* in cui presenterai il tema attraverso dati e informazioni cercando di coinvolgere l'ascoltatore e catturarne l'attenzione; — *un'introduzione* riassuntiva in cui enunci la tesi ed elenchi gli argomenti nell'ordine in cui saranno esposti; — *un'argomentazione* in cui giustificherai attraverso dati la pericolosità del fumo; — *una conclusione* in cui dai una valutazione complessiva del problema.
Standard di successo o evidenze osservabili	Il tuo lavoro sarà giudicato dall'insegnante di lettere di un'altra classe terza. Sarà efficace se mostrerà: — conoscenza dell'argomento in rapporto anche alle tue esperienze di vita; — rispetto delle fasi stabilite (premessa, introduzione, …); — originalità e creatività; — chiarezza espositiva; — atteggiamento costruttivo verso il lavoro.

RUBRICA DI VALUTAZIONE

Testo argomentativo

STANDARD DI SUCCESSO O EVIDENZE OSSERVABILI	LIVELLO AVANZATO ❏	LIVELLO INTERMEDIO ❏	LIVELLO DI BASE ❏
Conoscenza dell'argomento	Conosce in modo approfondito, organico e personale l'argomento proposto e sa rapportarlo a se stesso e alle sue esperienze di vita	Conosce in modo piuttosto articolato e completo l'argomento proposto e sa confrontarlo con le sue esperienze	Conosce l'argomento proposto in modo poco approfondito e organico, solo guidato stabilisce semplici collegamenti con le sue esperienze
Rispetto delle fasi stabilite	La relazione è sviluppata in modo equilibrato in tutte le sue parti	La relazione è sviluppata in modo più o meno equilibrato in tutte le sue parti	La relazione è sviluppata in modo non sempre equilibrato nelle parti
Originalità e creatività	Le idee sono molto personali e originali	Le idee sono abbastanza personali e originali	Le idee sono convenzionali e stereotipate
Chiarezza espositiva	Si esprime in modo coerente, organico e personale. Il lessico è proprio, efficace, ben strutturato	Si esprime in modo corretto coerente. Il lessico è abbastanza articolato	Si esprime in modo abbastanza corretto, ma con un lessico semplice e poco strutturato

Atteggiamento verso il lavoro: partecipazione

LIVELLO AVANZATO ❏	Presta attenzione continua per tutte le attività programmate
	Nelle discussioni interviene e propone il suo punto di vista
	Rispetta le opinioni degli altri e non interviene squalificandole
	Esegue qualsiasi attività e non solo quelle per cui prova interesse
LIVELLO INTERMEDIO ❏	Mostra attenzione per le attività programmate
	Risponde alle domande dell'insegnante su quanto viene detto
	Lavora con tutti i compagni in un rapporto di reciproco rispetto
	Porta a termine tutte le attività prima di passare ad altro
LIVELLO DI BASE ❏	È in genere attento agli aspetti delle attività
	Interviene nel dialogo se sollecitato
	Ha buona interazione con i compagni

Il che non significa praticare una didattica frettolosa e sbrigativa, ma *giocare* sulla pulizia dei ragionamenti e sulla loro essenzialità, dando largo spazio a metodologie innovative che permettano a tutti gli allievi di trovare un proprio spazio di apprendimento.

La disciplina viene così riportata alla sua giusta dimensione: non è più vissuta come fine in sé, ma come strumento che permette con i suoi contenuti, i suoi metodi, di indagare la realtà e di dare significato alle esperienze[23].

Nel modello della progettazione a ritroso gli argomenti sono organizzati secondo una disposizione concentrica che colloca nell'area più esterna quelli che rivestono un'importanza minore e nelle aree più interne quelli che hanno una più stretta correlazione con la competenza da acquisire. Più precisamente, Wiggins e McTighe suddividono gli argomenti in:

— *argomenti di contorno* che rappresentano semplici conoscenze, rispetto ai quali è sufficiente che gli allievi dimostrino un certo livello di *familiarità*;
— **argomenti di carattere strumentale** nel senso che facilitano l'accesso alle conoscenze fondamentali;
— **argomenti che forniscono conoscenze durevoli e fondamentali**. Essi sono fortemente correlati alla competenza e decisivi al suo raggiungimento e il loro valore trascende il semplice contesto scolastico[24].

— *Indicare le linee metodologiche e le attività didattiche*

È la parte in cui si indicano le linee e le strategie metodologiche ritenute più idonee e coerenti alla realizzazione delle attività. In qualche modo, è il segmento più impegnativo per le implicazioni didattiche che sottende. Come abbiamo già visto, sviluppare competenze significa utilizzare strategie didattiche che superino l'approccio tradizionale e agevolino l'apprendimento.

Nelle *Indicazioni per il curricolo* viene stigmatizzata un'impostazione trasmissiva dei contenuti «*invarianti e pensati per individui medi*» e auspicata la realizzazione di «*percorsi formativi sempre più rispondenti alle inclinazioni personali degli studenti, nella prospettiva di valorizzare gli aspetti peculiari della personalità di ciascuno*».

Ciò richiede una **didattica centrata sull'apprendimento piuttosto che sull'insegnamento** ed esige una cultura profonda dei contesti di apprendimento.

Guardare all'apprendimento significa mettersi dalla parte dell'alunno, tener conto della sua storia personale, capire, insomma, che la scuola di tutti e di ciascuno non si realizza nel riconoscimento dell'uguaglianza, ma nella valorizzazione della diversità.

Significa pensare ad una didattica centrata sulla persona, fatta di percorsi consapevoli che mirano a far emergere interessi, potenzialità e risorse individuali.

---

[23] G. De Vecchi, *Aiutare ad apprendere,* La Nuova Italia, Firenze, 2000.
[24] G. Wiggins, J. McTighe, op. cit.

— *Indicare mezzi e strumenti necessari alla realizzazione del compito*

Selezionare **materiali, strumentazioni e supporti didattici** che si ritengono indispensabili alla realizzazione del compito.

6.3 III fase: valutazione e autovalutazione

— *Strumenti di verifica e di valutazione in itinere*

Se le rubriche di valutazione rappresentano gli strumenti privilegiati per la valutazione finale delle competenze, per l'acquisizione delle conoscenze e delle abilità, che sono gli elementi di cui si sostanzia una competenza, possono essere usati anche altri tipi di prove quali test del tipo vero/falso, a risposta multipla etc.

— *Strumenti di autovalutazione da parte dell'alunno*

È l'allievo che impara, per questo motivo deve essere in grado di conoscere a fondo la procedura di apprendimento in cui è inserito ed essere coinvolto in maniera diretta nelle operazioni valutative. **La valutazione si configura, così, come processo di co-valutazione ed auto-valutazione diventando una vera e propria strategia di apprendimento**. «… adottare procedure di co-valutazione, (…) la valutazione da parte di gruppi di alunni di lavori realizzati da altri allievi, consente di evidenziare meglio, da parte di chi è meno direttamente implicato, le operazioni che andavano fatte attivando in tal modo anche processi di auto-valutazione»[25].

Per questo è importante rendere l'alunno sempre più attivo, responsabile e capace di autovalutarsi, nella convinzione che, a volte, come sosteneva Mager «se comunichiamo ai nostri alunni gli obiettivi rendendoli partecipi e attenti valutatori dei loro progressi, può capitarci di non avere più niente da fare. Obiettivo di ogni insegnante è diventare inutile come valutatore».

Strumenti privilegiati in tal senso possono essere i diari di bordo, le schede di riflessione e analisi, questionari aperti, osservazioni, conversazioni, compiti di prestazione.

---

[25] L. Santelli Beccegato, *Dalla valutazione formativa e continua alla valutazione polidimensionale,* in Annali P.I. n. 64, 1993, Le Monnier, Firenze, pag. 187.

In sintesi

▶ **Competenze chiave in Europa**: *la Raccomandazione del Parlamento e del Consiglio dell'Unione europea* del 18 dicembre 2006 introduce otto competenze basilari per le società moderne. Successivamente queste sono state sostituite da quelle esplicitate nella Raccomandazione UE del 2018:
— comunicazione alfabetico-funzionale;
— comunicazione multilinguistica;
— competenza matematica e competenza in scienze, tecnologie e ingegneria;
— competenza digitale;
— competenza personale, sociale e capacità di imparare a imparare;
— competenze in materia di cittadinanza;
— competenza imprenditoriale;
— competenza in materia di consapevolezza ed espressione culturali.

▶ **Competenze chiave nella scuola**: nelle *Indicazioni Nazionali per il curricolo del 2012* si afferma che «il sistema scolastico italiano assume come orizzonte di riferimento verso cui tendere il quadro delle competenze chiave dell'apprendimento permanente definite dal Parlamento europeo».

▶ Vengono fissati i traguardi per lo sviluppo delle competenze relativi ai campi di esperienza e alle discipline da conseguire alla fine della scuola primaria e della scuola secondaria di primo grado.

▶ **Teorie delle competenze**
— *Teoria di matrice di tipo comportamentista*: competenza come una serie di comportamenti osservabili e misurabili. Frammentazione del compito cognitivo nelle sue componenti elementari.
— *Teoria di matrice di tipo analitico-cognitivista*: insieme predeterminato di proprietà razionali, operative, motivazionali, emotive, relazionali ed espressive interne.
— *Teoria di matrice olistica*: gli elementi fondamentali che compongono una competenza sono almeno tre:
— le conoscenze, cioè l'organizzazione dei concetti, *il sapere cosa*;
— le abilità, la capacità di utilizzare strumenti operativi, *il sapere come*;
— gli atteggiamenti o disposizioni interne che coinvolgono convinzioni, atteggiamenti, motivazioni, *il sapere verso dove*.

▶ **Progettazione delle competenze**: la forma di progettazione ritenuta più idonea a sviluppare competenze e a produrre apprendimento significativo è la *progettazione a ritroso*: partire dai risultati attesi e non dai contenuti, non dalla definizione di *che cosa facciamo*, bensì dalla precisazione del *dove vogliamo arrivare*, del *come facciamo per arrivarci* e del *come facciamo a verificare che ci siamo*.

6
Strategie e tecniche educativo-didattiche

1 Le strategie

«*Sapere cosa fare quando non si sa cosa fare*» può essere un buon punto di partenza per definire che cosa siano le strategie di apprendimento[1]. Anche nel linguaggio comune, quando si parla di **strategie** si fa subito riferimento a **situazioni problematiche** che non possono essere gestite con soluzioni predeterminate e con procedure «automatiche» ma che, al contrario, **richiedono flessibilità, creatività, innovazione**. Non si ha bisogno di una strategia quando si sa già cosa fare, quando cioè i compiti richiedono soluzioni di *routine*. È proprio quando le *routine* non bastano che si manifesta la differenza tra chi rinuncia, si blocca o entra in crisi e chi possiede una bussola per orientarsi nel nuovo e nel problematico, elaborando piani di azione originali[2].

Sul piano scolastico, **le strategie di apprendimento sono operazioni e comportamenti che vengono messi in atto per facilitare, ottimizzare e velocizzare i processi di apprendimento**.

Il dibattito sulla definizione di *strategia* è cominciato intorno agli anni '90 e oscilla tra due concezioni, *innatismo* e *intenzionalità*, ma entrambe le posizioni concordano sul fatto che l'attività mentale tende a far uso di strategie. Alcuni ricercatori distinguono le strategie in *esterne*, comportamenti visibili, *interne*, comportamenti intrasoggettivi e *miste*, e le classificano in *strategie generali, di scopo, di specificità*.

La letteratura pedagogica è ricca di definizioni e procedure di applicazione delle diverse strategie, anche se esse vengono utilizzate spesso in maniera del tutto personale e non sempre corrispondente al modello di riferimento.

Il problema non è l'applicazione rigorosa delle strategie quanto l'uso che se ne fa, vale a dire: «*conoscere lo scopo che deve essere conseguito, sapere come vanno eseguite le operazioni che conducono allo scopo, sapere se tali operazioni, nella circostanza in cui ci si trova, sono possibili e utili*»[3].

Le strategie non sono ricette pronte per l'uso, anche se possono essere insegnate e apprese, ma tentativi di ricercare percorsi nuovi che aiutino la risoluzione di

---

[1] Per un approfondimento del tema si rimanda a L. Gallo, *Indicazioni nazionali per il curricolo*, Casa Editrice Spaggiari, Parma, 2013.
[2] L. Mariani, *Dalla parte di chi impara: le strategie di apprendimento*, in www.learningpaths.org.
[3] M. Comoglio - M. Gentile, *Metacognizione e motivazione. Modelli e strategie educative*, Istituto di didattica, UPS, Roma, 1994, pag. 22.

problemi. Spetta all'insegnante, pertanto, scegliere, pianificare, gestire e valutare *compiti di apprendimento* che:
— *pongano problemi* su contenuti nodali della disciplina;
— *presentino richieste a cui non si possa rispondere con comportamenti «di routine»*, ma che sollecitino gli studenti a provare comportamenti nuovi, correndo rischi ragionevoli;
— *suggeriscano procedure di lavoro trasparenti*;
— *includano criteri di valutazione* non solo dei prodotti, ma anche dei processi;
— *creino spazi per la riflessione critica sull'esperienza*[4].

L'utilizzo di strategie ha un **ruolo importante sia sul piano cognitivo** in quanto:
— facilitano i processi di apprendimento;
— sono particolarmente indicate per compiti che richiedono attenzione e precisione, soprattutto in presenza di problemi;

sia sul **piano affettivo-relazionale** in quanto:
— danno un senso di auto-efficacia;
— determinano aspettative di successo e fiducia nei risultati;
— conferiscono senso all'azione[5].

È importante che questa *educazione strategica* trovi la sua applicazione più costruttiva nel confronto, nella verbalizzazione, nella socializzazione, nella riflessione. L'allievo, infatti, si appropria pienamente di un sapere solo se è integrato in un contesto sociale che attribuisce un senso alle sue conoscenze, spingendolo a correggersi e a migliorarsi.

Le strategie da poter applicare sono molteplici, alcune più semplici, altre più complesse e non sempre è possibile scindere l'una dall'altra.

Solo per chiarezza di impostazione le abbiamo **suddivise in**:
— **strategie creative** che mettono in moto fantasia, creatività, immaginazione;
— **strategie comunicative** (group reading activity, sostenere un'idea);
— **strategie imitative o modeling**, attraverso le quali l'allievo impara dagli altri e rapidamente acquisisce comportamenti nuovi;
— **strategie euristiche**, di osservazione e scoperta, in grado di far sperimentare un rapporto sempre più stretto tra il pensare e il fare, l'ipotizzare e l'inventare.

2 Strategie creative

«*La creatività e la capacità di innovare sono qualità umane fondamentali*», afferma Jan Figel, Commissario europeo all'Istruzione, «*Esse albergano in ognuno di noi e ad esse ricorriamo in numerose situazioni ed occasioni, consapevolmente e non*».

---
[4] L. Mariani, op. cit.
[5] L. Mariani, *Portfolio,* Zanichelli, Bologna, 2004.

Per questo i saperi e gli apprendimenti dovrebbero essere finalizzati non già a rendere prevedibile il mondo ma, al contrario, ad assumere che la sorpresa, l'imprevisto, la discontinuità, le soglie, le emergenze sono condizioni costitutive del nostro tempo e del nostro essere nel mondo, e che l'individuo dovrà e potrà, nella sua vita di formazione, professionale e civile, produrre continuamente nuove mappe, nuove competenze, nuovi significati in un gioco sempre aperto di interazioni e ricostruzioni.

Le **strategie creative**, pertanto, sono molto importanti perché **stimolano l'intuizione dell'allievo** e lo pongono in condizioni di ricercare il modo di impostazione del problema, di individuare gli strumenti necessari a risolverlo correttamente e di cercare una soluzione originale che gli permetta di esprimere adeguatamente la sua personalità.

2.1 Il brainstorming: una tempesta di idee

Il **brainstorming**, letteralmente **tempesta di cervelli**, è una tecnica utilizzata a partire dagli anni '50 nell'industria, come mezzo per superare difficoltà, risolvere problemi, sciogliere il pensiero, allenare all'ascolto e all'accettazione delle idee altrui.

Osborne, teorico della creatività, parte dal presupposto che potenzialmente siamo tutti creativi e che l'inibizione impedisce la fluidità. Pertanto, occorre concentrarsi su poche parole e differire ogni giudizio.

Questa strategia può essere utilizzata in tutte le classi, a partire dalla scuola dell'infanzia, ed è spendibile in tutte le discipline.

I **principi base della strategia** sono molto semplici e possono essere sintetizzati in **tre momenti o fasi**:

— Fase I: **Produzione**

Al gruppo di alunni si sottopone un problema e si chiede loro di esprimere, con poche parole, le idee così come queste affluiscono nella mente senza preoccuparsi né di sintassi né di stile né di contenuto. Un conduttore (in genere il docente) facilita il processo, invita tutti a partecipare, registra su un *cartellone* tutte le idee così come esse vengono formulate senza alcun commento. Tutti possono dire tutto ed **attivare il pensiero divergente**. Anche l'idea più strampalata ha pari dignità rispetto alle altre.

È importante che il cartellone in cui sono registrate le idee sia bene in vista per permettere:

— la conservazione di ciò che è stato detto;
— la stimolazione di nuove idee attraverso l'osservazione visiva di quanto viene trascritto;
— il senso di produttività e di appartenenza del gruppo.

— Fase II: **Pulitura**

È la fase dell'analisi e della **ristrutturazione delle idee** perché esse possano essere utilizzate dal gruppo. Il conduttore predispone un *nuovo cartellone*. Invita ogni partecipante a chiarire meglio la propria idea, a decidere di trascriverla e/o di farla confluire in un'altra idea già presente sul secondo cartellone. Questa fase, in situazione didattica, è molto stimolante perché abitua la classe al rispetto delle idee di tutti e alla cessione delle proprie.

— Fase III: **Sistemazione definitiva** ed eventuale ricerca ed approfondimento

Le idee del secondo cartellone vengono **organizzate in temi** e/o categorie ed utilizzate per ricerche ed approfondimenti. È importante, inoltre, far esprimere agli allievi le loro opinioni sulla strategia e trascriverle su un cartellone.

Una sessione di brainstorming è in genere molto produttiva: il risultato può consistere in una nuova e completa soluzione del problema, in una lista di idee per un approccio a una soluzione successiva, o in una serie di spunti che si trasformeranno nella stesura di un programma di lavoro per trovare in seguito una soluzione.

2.2 Impara a dire bugie[6]

— *False storie, false spiegazioni*

Ci sono molti giochi che si basano su fatti assolutamente falsi ma presentati come se fossero veri. Uno dei più comuni è la descrizione di come è stato inventato un oggetto: la ruota, per esempio, il tavolo oppure l'ombrello.

Si invitano gli allievi a raccontare, in modo realistico, l'origine di un oggetto che preferiscono:
Esempio: *Archeologia della bicicletta*

Falsa è l'idea che la bicicletta sia stata inventata nel secolo scorso. E altrettanto falsa è l'ipotesi che fu Leonardo da Vinci a concepirla per primo. Bisogna risalire alle pitture rupestri, prima ancora dell'apparizione della ruota, per trovare i segni anticipatori di un'invenzione così geniale. Perché, paradossalmente, la bici è stata concepita prima della ruota: anzi possiamo dimostrare che la ruota singola è ciò che originariamente era duplice, una bicicletta. Platone aveva intuito qualcosa di simile quando disse che in fondo una volta eravamo due in uno o uno in due: il mito platonico dell'amore per cui ogni donna e ogni uomo in fondo ricercano la metà di se stessi, prende origine dall'idea archetipica originaria della bicicletta. Ma abbandoniamo le divagazioni e torniamo alle prove e ai reperti: la prima testimonianza si ritrova in una pittura rupestre, appunto nelle grotte di Lascaux.

Mai si era fatta attenzione a due insoliti cerchi che appaiono sullo sfondo dei cavalli. Sono poco più che ombre. Eppure ingrandite e elaborate le immagini con i più avanzati strumenti elettronici, ecco che il primo esemplare appare con evidenza: due ruote collegate da un elementare bastone, le corna d'alce che paiono forcelle e un inequivocabile

---

[6] Le attività sono tratte da: V. Jacomuzzi, R. Millani, F.R. Sauro, *La scrittura del testo. Ricette per vari tipi di scrittura,* SEI, Torino, 2010.

manubrio d'osso. Doveva trattarsi di un'invenzione segreta, religiosamente custodita e in qualche modo criptata e confusa, appunto, dietro una normale scena di caccia. Ma non ci sono dubbi: è una bicicletta. Come si sia persa la memoria di questa grande invenzione, come si sia dovuti ripartire dalle ruote singole è ancora da spiegare. Ma un grande passo è già stato compiuto (F. Cordelli).

— *Il libro che non c'è*

Si possono fare riassunti di romanzi mai scritti, biografie di scrittori o artisti inesistenti. Borges ha scritto un libro, *Finzioni*, in cui si dilunga a parlare di pseudo libri, ovverosia di libri inventati. Tutto diventa finto: la recensione di un libro che non è mai stato scritto e che quindi non esiste, è una piccola burla ma anche un esercizio creativo interessante.

Si invitano gli allievi a scrivere la recensione di un romanzo mai scritto: parlare dell'autore, della trama, dei personaggi. Lo stesso si può fare con un film o un quadro. L'importante è che tutto sia rigorosamente falso.

— *Se fossi*

Gli allievi scrivono un testo in cui immaginano di essere un oggetto, un animale, una pianta, un fiore, un minerale o un elemento naturale (acqua, fuoco, vento) che abbia a che vedere con uno stato d'animo particolare (allegria, nostalgia, …).

3 Strategie comunicative

3.1 Group reading activity (gruppo di lettura attiva)

Il *Group reading activity* o *GRA* è un modello di insegnamento[7] che **ha l'obiettivo di sviluppare negli studenti la capacità di lavorare insieme** oltre che «*fornire un sistema più efficace di linguaggio come parlare, scrivere, leggere a gruppi e lavorare armoniosamente insieme*».

La strategia si sviluppa in **nove fasi**:

1. *L'insegnante sceglie e prepara il testo.*
   L'insegnante sceglie e prepara la lettura di un testo sulla base delle unità precedentemente sviluppate. Focalizza l'attenzione sui concetti chiave, pone una domanda generale per guidare la lettura. Ad esempio «vediamo attraverso la lettura del testo quali problemi hanno dovuto affrontare gli uomini intorno all'anno 1000».
2. *L'insegnante divide la classe in gruppi.*
   I gruppi devono essere formati in modo da ottenere la maggiore eterogeneità possibile. Il numero ideale è di 4 o 5 elementi per gruppo. L'insegnante assegna ad ogni gruppo la parte predefinita del testo da leggere.

---

[7] A. Manzo, *The Group Reading Activity – A class reads a book*, ERIC, Institute of Education Sciences, 1974.

3. *Lettura in gruppo.*
   Ogni alunno legge in silenzio il passo assegnato. L'insegnante, per argomenti particolarmente complessi, può fornire una scheda con delle domande per guidare la lettura.
4. *Condivisione delle riflessioni.*
   Quando i diversi membri del gruppo hanno finito di leggere, non prima di un tempo prestabilito, si può iniziare a condividere la riflessione personale con quella degli altri. Si trascrivono, a questo punto, su un foglio le idee che emergono e le connessioni. Ogni alunno deve essere incoraggiato a partecipare e deve essere sostenuto.
5. *Scambio critico delle riflessioni tra i gruppi.*
   Quando ogni gruppo è pronto, l'insegnante o il gruppo stesso sceglie un alunno (*student critic*) e lo invia a un altro gruppo per ascoltare ciò che è stato elaborato. Lo studente critico ha il compito di suscitare la riflessione e il confronto (come avete interpretato questo passo? Come avete risolto questo problema? ...).
6. *Ritorno dei «critici» al gruppo di partenza.*
   Quando i critici ritornano al gruppo iniziale, ogni gruppo rivede il suo lavoro tenendo conto del feedback dello studente critico.
7. *Attività dell'insegnante.*
   L'insegnante circola tra i banchi, consulta i gruppi intervenendo per risolvere le difficoltà. Terminato il lavoro invita i gruppi a presentare il proprio lavoro attraverso una mappa o un grafico.
8. *Presentazione alla classe.*
   Ogni gruppo presenta alla classe il suo lavoro.
9. *Verifica e memorizzazione finali.*
   Gli altri studenti possono fare domande e commenti.

3.2 Argomentazione

L'**argomentazione** è una particolare strategia il cui obiettivo è quello di **convincere qualcuno di una determinata tesi**, portando a conferma argomenti o prove (dal latino *argumentum*, cioè prova).
Alla base dell'argomentazione c'è:
— un problema;
— una o più tesi che rappresentano la risposta al problema;
— la presentazione di una tesi contraria detta *antitesi* che viene confutata;
— alcuni elementi di prova o argomenti mediante i quali si sostiene la tesi o le tesi;
— la conclusione in cui si giustifica la fondatezza della tesi.

IMPARARE A SOSTENERE LE PROPRIE IDEE

Esercizi utili a sviluppare la capacità di sostenere le proprie idee possono essere:

- **Un quarto d'ora con…**

Un buon esercizio per allenarsi a sostenere una opinione personale su un argomento o per affermare un'idea è *saper ascoltare*.
Di comune accordo, perciò, si stabilisce che ogni alunno parli per almeno un quarto d'ora (o per un altro lasso di tempo) su un argomento che lo interessa particolarmente. Gli altri compagni potranno porre domande, ma non esprimere giudizi su quanto detto.

- **Il gioco del perché e delle ipotesi**

Un buon esercizio per individuare cause, scopi, conseguenze di fatti e fenomeni è chiedersi il perché: perché è successo, perché l'ha fatto etc.?
Si suddivide la classe in gruppi e si stila un elenco di perché a cui insieme si darà una risposta (es. Perché c'è violenza negli stadi? Perché è così diffuso tra i giovani l'uso dell'alcool?).
Alla fine del lavoro ogni gruppo presenta alla classe i suoi *perché* e le relative risposte.

- **Mi metto nei panni di…**

Si invitano gli allievi a mettersi nei panni di un ragazzo che, ad esempio, si dice stanco e annoiato della sua vita scolastica. Si cerca di capirne la ragioni e si analizza la situazione dal suo punto di vista. Si pone il problema:

Quali potrebbero essere le ragioni del suo disagio?

— Scarso interesse per lo studio.
— Rapporto conflittuale con gli insegnanti.
— Rapporto conflittuale con alcuni compagni.
— etc.

Quali argomentazioni si potrebbero apportare per convincerlo?

— Importanza della conoscenza nella nostra società.
— Necessità di avere un gruppo di amici con cui condividere esperienze.
— etc.

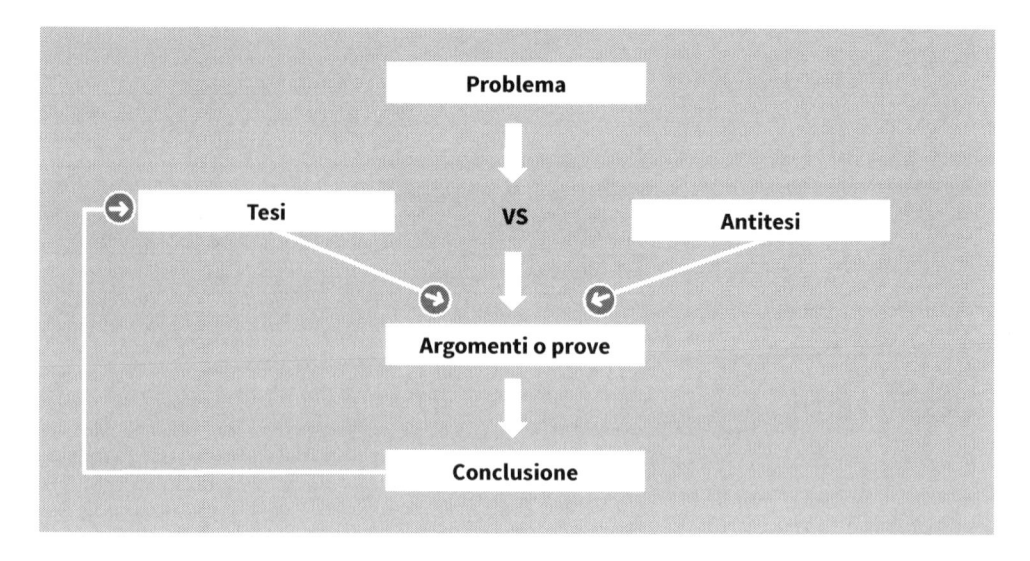

```
         Problema
            ↓
Tesi  ←→  VS  ←→  Antitesi
            ↓
     Argomenti o prove
            ↓
        Conclusione
```

Espedienti linguistici per convincere il destinatario possono essere:
— adeguare gli argomenti, il lessico alle caratteristiche del destinatario;
— utilizzare parole *positive* per sostenere la propria tesi, e *negative* per confutare le opinioni contrarie;
— utilizzare i verbi al presente o in maniera impersonale;
— ricorrere all'uso di parole spia e connettivi per introdurre le varie forme di ragionamento (ma, di conseguenza, dunque, perciò,...) e per riconoscere le relazioni;
— curare la punteggiatura per facilitare la comprensione.

3.3 Il debate

L'orizzonte informativo ed esperienziale dei ragazzi oggi è notevolmente accresciuto, non altrettanto, però, può dirsi relativamente alle loro capacità espositive e comunicative.

"Parlare serve a pensare" sosteneva Socrate e il pensiero nasce dal dialogo, dalla contrapposizione, dall'argomentare per sostenere le proprie tesi e opinioni, e dunque saper dibattere diventa uno strumento essenziale per favorire non solo capacità espositive ma anche di ragionamento[8].

Ma cosa significa dibattere? Imporre con forza le proprie opinioni? Aggredire verbalmente l'interlocutore senza permettergli di controbattere? Parlare senza apportare elementi e prove a sostegno delle proprie tesi?

Basta assistere a un qualsiasi dibattito televisivo o a uno dei tanti *talk show* per affermare che il modello di discussione prevalente oggi sia proprio questo.

---

[8] Per un approfondimento di cosa significhi dibattere e sostenere una testi si rimanda a: L. Gallo *L'Argomentazione*, in *Lezioni di Italiano, storia e geografia per la prova orale del concorso a cattedra,* Edizioni Simone, Napoli, 2016

Certamente tutti amiamo discutere e cerchiamo di persuadere gli altri della validità del nostro punto di vista, difendendolo con forza.

La vera discussione, però, è qualcosa di più impegnativo, che ha bisogno di **regole certe** perché possa funzionare davvero **mettendo a confronto opinioni diverse**.

Saper discutere significa essenzialmente *con- vincere*, vale a dire *vincere insieme* e *con-vivere,* essere disponibili all'ascolto e all'accettazione di altri punti di vista ed è soprattutto un attività sociale e democratica che per funzionare richiede il rispetto delle idee e delle opinioni altrui.

Alcuni degli obiettivi connessi all'utilizzo del **debate**[9] sono dunque:
— sviluppare capacità relazionali e di comunicazione;
— ricercare e selezionare informazioni;
— organizzare le informazioni in modo coerente;
— gestire le emozioni;
— incrementare il senso critico;
— accettare e rispettare idee diverse dalle proprie.

Il *debate* nasce nel mondo anglosassone dove viene utilizzato come disciplina curricolare.

Esso affonda le sue origini nell'oratoria classica, che rappresentava l'arte del parlare ed era strettamente collegata alla retorica, ovvero l'arte del dire. Nella Roma antica, dove era conosciuta con il nome di *ars dicendi*, l'oratoria veniva studiata come una componente della retorica ed era un'abilità importante nella vita pubblica e privata.

Il *debate* consiste in un **confronto dialettico e formale** nel quale due squadre (composte ciascuna di due o tre studenti) sostengono e controbattono un'affermazione o un argomento proposto dall'insegnante o liberamente scelto dagli alunni, **apportando tesi a favore o contro**.

L'utilizzo della strategia può essere preceduto da una serie di attività che allenino gli allievi a sostenere una discussione.

L'applicazione vera e propria si articola in alcune fasi che possono essere così sintetizzate:

Fase I: Individuazione del problema/tema sul quale si intende dibattere
— **ricerca e selezione delle informazioni** relative al tema;
— **elenco degli argomenti che giustificano la tesi**;
— **elenco delle possibili obiezioni o antitesi**;

---

[9] Si veda anche *Linee guida per l'implementazione dell'idea: DEBATE (Argomentare e dibattere)*, INDIRE, 2016.

— **ordine dell'esposizione** che può essere: *crescente* (gli argomenti deboli sono presentati per primi mentre i più forti concludono il ragionamento); *decrescente* (si comincia con gli argomenti più forti e si termina con quelli meno convincenti) oppure gli argomenti più convincenti si collocano all'inizio e alla fine.

Fase II: Organizzazione dell'ordine di esposizione

I materiali raccolti vengono poi organizzati per l'esposizione. Si possono imitare le regole della retorica classica e cioè:
— premessa (*exordium*): si presenta il tema/problema;
— introduzione riassuntiva (*propositio*): si elencano i temi nell'ordine in cui saranno esposti;
— sviluppo dei temi (*narratio*): si espongono gli argomenti, si citano le fonti;
— prove e conferme (*argumentatio*): si dimostra attraverso prove la tesi che si intende dimostrare e si confuta l'antitesi;
— conclusione (*conclusio*): si dà una valutazione complessiva.

Fase III: Sintesi

Si fissano in una mappa di sintesi i concetti principali del tema oggetto di dibattito.

Fase IV: Valutazione

L'insegnante o la classe valutano attraverso rubriche di valutazione la prestazione sotto vari aspetti (padronanza del linguaggio verbale e non verbale, capacità di ragionamento logico, rispetto delle regole, interazione costruttiva con la squadra antagonista ecc.).

3.4 Il circle time

Ideato negli anni Settanta nell'ambito della psicologia umanistica, **il circle time è un gruppo di discussione su argomenti diversi**, con lo scopo principale di **migliorare la comunicazione** e di far acquisire ai partecipanti le principali abilità comunicative. Il *circle time* è rivolto a tutti i gruppi che abbiano uno scopo comune e si rivela particolarmente efficace per aumentare la vicinanza emotiva e per risolvere i conflitti.

Adatta a stimolare gli alunni verso l'acquisizione della conoscenza e della consapevolezza delle proprie emozioni e di quelle altrui, questa metodologia aiuta, inoltre, a gestire al meglio le relazioni sociali sia con i coetanei che con gli adulti.

Gli **obiettivi** del *circle time* si possono così sintetizzare:
— riconoscere e gestire le proprie emozioni e quelle degli altri (empatia);
— creare un clima di serenità e di reciproco rispetto;
— imparare a discutere insieme, a esprimere le proprie opinioni ad alta voce, a riassumere.

4 Strategie imitative

Le **strategie imitative** si riferiscono all'apprendimento pratico-sperimentale e consistono nel proporre all'allievo un modello concreto da imitare, eseguendo direttamente il lavoro in sua presenza e facendolo successivamente ripetere sia interamente sia scomponendo il lavoro nei suoi elementi costitutivi.

4.1 Il modeling

Come già evidenziato relativamente all'apprendimento per imitazione (→ Cap. 2, par. 1.2), il **modeling è incentrato sui processi di modellamento tra un modello osservato e un discente osservatore**: è denominato *apprendimento sociale* perché si basa sul meccanismo di identificazione che lega osservatore ad osservato.

Nella didattica si possono individuare **due tipi di modeling**: *cognitivo o didattico, educativo o affettivo*.

4.2 Il modeling cognitivo o didattico

Si suddivide in varie fasi[10]:

FASI	DOCENTE	ALUNNO
I fase	Dirige e simula (verbalizza ad alta voce tutti i passaggi di un percorso cognitivo mentre esegue)	Ascolta l'insegnante e osserva in silenzio
II fase	Cede all'alunno l'esecuzione del compito e dirige verbalmente	Esegue operativamente tutti i passaggi, seguendo la voce dell'insegnante che dirige
III fase	Cede all'alunno tutta l'esecuzione. Ascolta in silenzio e osserva	Dirige verbalmente l'esecuzione. Esegue il compito
IV fase	Si tiene completamente fuori dallo spazio di apprendimento	Esegue il compito senza verbalizzare

Questa strategia può essere utilizzata in tutte le classi ed è spendibile in tutte le discipline, anche se trova un campo di applicazione privilegiato in quelle *scientifiche e tecnico-operative* per illustrare procedimenti, spiegare regole etc. Essa può venire usata in particolari situazioni didattiche, ad esempio: costruire un oggetto, illustrarne il funzionamento, comportarsi adeguatamente in una situazione di emergenza (come un piano di evacuazione). Inoltre, è particolarmente efficace per gli alunni S.D.A. (sindrome deficit attentivi).

La pedagogia dell'apprendimento attraverso un modello è però tenuta in scarsa considerazione, perché si ritiene che si assimili la mera riproduzione del processo e che si freni la creatività e l'inventiva.

---

[10] E. Priore, M. Catanzariti, L. Gallo, *Strategie,* pag. 75.

Rifarsi a un modello «mettendosi nelle condizioni di ...» può significare invece risolvere una serie di problemi attuando una vera e propria situazione di ricerca. Inoltre, gli apprendimenti per imitazione sono molto sviluppati tra i ragazzi, sono rassicuranti e possono diventare occasione per un'analisi critica dell'oggetto imitato e del metodo utilizzato per produrlo[11].

4.3 Il modeling educativo o affettivo

Si fa risalire a **Jerome Bruner** che, nel suo libro *La ricerca del significato*, sottolinea l'importanza della *narrazione* come strumento educativo.

I due termini del titolo del libro chiariscono il senso del contenuto: **la ricerca, cioè lo studio, non può essere isolata dal suo significato**. Queste due forme di pensiero sono note come pensiero logico scientifico e pensiero narrativo. Ne consegue che la memoria autobiografica, la narrazione, il recupero del sé come noi condiziona e alimenta il pensiero logico/scientifico. Da questo sapersi raccontare nasce la consapevolezza di sé, l'autostima. Quindi il parlare, il raccontarsi non è solo testimonianza ma, soprattutto, costruzione di sé.

Proprio il **metodo della narrazione è alla base del modeling educativo o affettivo**.

In senso letterale, come abbiamo affermato, il termine *modeling* indica una strategia con la quale viene fornito un esempio reale di come una procedura deve essere eseguita. In senso più lato, esso rimanda a un processo di identificazione con qualcosa o con qualcuno. Strumenti di modellamento possono diventare, dunque, anche contenuti specifici e, in particolar modo, le biografie, le fiabe, i racconti attraverso i quali gli alunni possono operare un processo di identificazione individuando analogie o dissonanze tra le esperienze della loro vita e quelle del modello presentato.

Ciascuno può riscoprire nei diversi personaggi le sue ansie, le sue stesse paure aumentando così la fiducia, l'autostima, l'accettazione di sé.

Il **modeling educativo o affettivo** si suddivide in varie **fasi** che possono essere così sintetizzate.

— I fase: L'insegnante in classe racconta una fiaba, una storia, una biografia (fondamentale è la strategia del racconto) enfatizzando gli aspetti che reputa più importanti, sottolineando quelli più vicini alle esperienze degli alunni, riportando aneddoti.
— II fase: L'insegnante invita gli alunni a compilare una tabella in cui annotare su una colonna gli aspetti significativi del testo presentato, sull'altra episodi della loro vita analoghi o discrepanti con quelli presentati.
— III fase: L'insegnante invita gli alunni a leggere le osservazioni per socializzarle e discuterle.

---

[11] G. De Vecchi, op.cit. pag. 213.

Questa strategia permette alla classe non solo di conoscersi, di capire che in fondo molti problemi sono comuni, ma è utile anche al docente per esplorare la vita interiore dell'alunno e capire le motivazioni di determinati atteggiamenti.

Essa, inoltre, è particolarmente efficace per lo studio delle biografie. La **biografia**, infatti, non è concepita come un susseguirsi di date e di eventi da mandare a memoria (il che la rende agli occhi degli alunni un argomento di studio a cui non possono sottrarsi), ma come una vera e propria **storia di vita**. L'autore diventa un essere umano che esce dal tempo e dallo spazio da lui realmente occupati, scende dal piedistallo della sua fama, coinvolgendo gli alunni, prima ancora che per la grandezza delle sue idee, per il suo comportamento nel quotidiano come figlio, padre, marito. Egli diventa un modello di orientamento, un mezzo per attribuire significato alle esperienze vissute. Narrare le proprie storie di vita, confrontarle con altre storie maturate su tornanti diversi dell'umanità significa arricchire la presentazione degli argomenti, costruire una cornice che collega le parti e le arricchisce di senso, rendere più accessibile il contenuto, conferirgli unitarietà, permettendo una visione d'insieme e favorendo un apprendimento significativo, in quanto come sosteneva Bloom: «*Se un ragazzo non vede nel compito un aggancio con le mete future che ha in mente, difficilmente nasce una disposizione affettiva verso tale argomento*».

Sul piano operativo, tutto il materiale può costituire una consuetudine del Consiglio di classe e confluire in una sorta di *Banca Modeling* «spendibile ogni anno e suscettibile di ampliamento quantitativo (nuovi autori) e qualitativo (aggiunta aneddoti agli autori già trattati[12]).

La strategia è applicabile nelle classi di ogni ordine di scuola e **spendibile in tutte le discipline**. Scoprire che dietro un problema matematico, un fenomeno fisico, un quadro, uno spartito musicale, c'è una persona che ha vissuto, sofferto, gioito, proprio come tutti, può aiutare a superare le ansie che si provano di fronte alle difficoltà, a capire che tutti siamo fragili e a non dimenticare mai più un autore studiato.

4.4 Spazio comunicativo e role playing

Il **role playing** (gioco di ruolo o interpretazione dei ruoli) consiste nella *simulazione di comportamenti e atteggiamenti della vita reale*. L'insegnante affida un ruolo a ciascuno studente, il quale deve comportarsi come ritiene che si comporterebbe realmente nella situazione data.

Questa tecnica ha l'obiettivo di far acquisire la capacità di impersonare un ruolo e di comprendere ciò che il ruolo richiede.

Come ogni tecnica di sensibilizzazione utilizzata a scopi formativi, deve avere delle sequenze strutturate e deve concludersi con una verifica degli apprendimenti.

L'attività di *role playing* si articola generalmente in quattro fasi:

— **warming up**: attraverso tecniche specifiche si crea un clima adatto all'attività;
— **azione**: ci si immedesima in ruoli diversi e si cerca di ipotizzare soluzioni;

---

[12] N. Mastropietro in E. Priore, M. Catanzariti, L. Gallo, *Strategie,* pag. 173.

- **cooling off**: si esce dai ruoli e dal gioco;
- **analisi**: si commenta quanto è avvenuto e si traggono le conclusioni.

La gestione dello spazio in una classe «comunicativa» riveste un ruolo fondamentale, perché anche attraverso la disposizione dell'arredo scolastico si può capire se l'allievo viene messo al centro del processo di apprendimento. Un primo suggerimento importante è quello di **fare a meno della cattedra**, simbolo per eccellenza della lezione frontale e più tradizionale.

L'insegnante, dopo aver impartito delle istruzioni e aver diviso la classe in gruppi, si chiama fuori dall'azione, intervenendo solo se viene richiesto il suo aiuto.

Gli elementi fondamentali del role playing sono:
- si predispone una scena in cui partecipanti devono agire;
- i partecipanti sono al centro dell'azione e devono recitare spontaneamente secondo l'ispirazione del momento;
- il gruppo non funge da semplice osservatore, ma cerca di esaminare e di capire quanto avviene sulla scena; il docente deve mantenere l'azione dei partecipanti e la situazione scenica, anche sollecitando, suggerendo, facilitando l'azione fino al momento in cui gli studenti protagonisti non agiscono autonomamente;
- il docente può avvalersi di collaboratori incaricati di favorire la recita, anche con la loro recitazione: potranno utilizzare *tecniche* come quella *dello specchio* (in cui rinviano gli atteggiamenti del soggetto al soggetto stesso) o la tecnica *del doppio* (in cui si sforzano di cogliere gli atteggiamenti tipici del soggetto prolungandone l'espressione e rendendo esplicito ciò che rimarrebbe latente).

Oltre alla tecnica dello specchio e a quella del doppio, il role playing si avvale di altre tecniche quali, ad esempio, l'*autopresentazione*, in cui l'allievo dovrà presentare solo ciò che riguarda la scuola o ciò che della sua vita personale «può» essere portato a scuola.

I vantaggi del role playing sono:
- aiuta a vincere la «curva della monotonia» in modo efficace; perché ci si deve alzare, andare verso qualcuno, decidere chi fa questo e chi fa quello. Stimola l'autocritica dello studente;
- si crea, durante il role play, un clima giocoso e concreto che compensa gli aspetti teorici precedentemente trattati e spesso li conferma;
- l'indice di apprendimento aumenta in quanto l'ascolto unito all'agire migliorano l'efficacia di quanto appreso e la sua ritenzione.

In questi casi, quindi, l'insegnante dovrebbe lasciare il suo posto agli alunni-attori e mettersi fra il «pubblico», costituito dagli studenti non recitanti.

Anche attraverso la posizione nello spazio, il docente ha dunque la possibilità di rimarcare il suo ruolo di guida e facilitatore, stabilendo un rapporto inter partes con i propri alunni.

4.5 L'azione nel labirinto (*action maze*)

La **tecnica dell'action maze** è stata ampiamente rivisitata con l'avvento di Internet. In questo caso l'allievo fa ricerca in Rete e deve prendere continue decisioni sulle strade da intraprendere o da scartare. Lo scopo è sviluppare strategie di problem solving e decisionali. Accanto alle competenze decisionali, la tecnica del labirinto in rete richiede anche approfondite competenze autovalutative e orientative.

Gli *action maze*, giochi interattivi che si presentano come studi di casi e simulano situazioni di vita reale, sono un tipo di attività ancora poco conosciuta e poco usata, ma molto versatile. Nell'aula di informatica, per completare il gioco, i ragazzi devono discutere insieme su ciascuna delle opzioni prima di decidere come procedere.

L'attività può essere svolta interamente in lingua straniera e sviluppare così la comprensione scritta e le abilità orali. L'*action maze* si rivela utile anche per il conseguimento di obiettivi cognitivi quali la capacità di *problem solving*, la capacità di scegliere tra più alternative, lo sviluppo di competenze di interazione per raggiungere uno scopo comune.

Per esempio, nelle scuole la tecnica dell'*action maze* è stata usata dagli allievi di un Istituto per il Turismo per preparare la simulazione di una famiglia in vacanza, includendo varie opzioni per soddisfare i bisogni e le richieste dei clienti.

5 Strategie euristiche

5.1 Ricerca di gruppo

Y. Sharan – S. Sharan, come già visto, hanno illustrato come gli allievi possono migliorare l'apprendimento attraverso la **ricerca di gruppo**»[13] (→ Cap. 2, par. 1.4).

Le **componenti** che connotano una ricerca di gruppo, strettamente connesse l'una all'altra, sono:
— *la ricerca*: vale a dire l'organizzazione e le procedure per gestire la conduzione dell'apprendimento come processo di indagine;
— *l'interazione*: ossia la dimensione, la comunicazione interpersonale che si stabilisce tra i vari membri del gruppo;
— *l'interpretazione*: ossia lo sforzo per attribuire senso e significato alle informazioni acquisite;
— *la motivazione intrinseca*: ossia il coinvolgimento emotivo degli allievi nei confronti di ciò che stanno studiando.

---

[13] Y. Sharan - S. Sharan op. cit. pag.33.

Obiettivi fondamentali di una ricerca di gruppo sono:
— *permettere agli studenti di assumere un ruolo attivo* rispetto al contenuto e alle modalità del proprio studio;
— *mettere insieme i mondi personali degli studenti* e la loro curiosità intellettuale con l'interazione sociale tra pari.

L'itinerario operativo si suddivide in varie fasi che riguardano l'insegnante e gli alunni e che schematizziamo nella tabella che segue.

L'INSEGNANTE	GLI ALUNNI
• Sceglie un argomento generale di ampia portata e lo problematizza • Pianifica la ricerca, determina la cornice temporale, fornisce stimoli per l'indagine • Porta in classe materiale vario in modo da alimentare l'interesse degli studenti per l'argomento e invita gli alunni a ricercare altre informazioni • Pone ed elenca le domande che emergono man mano che si esaminano le fonti e stabilisce collegamenti pluri/interdisciplinari	• *La classe stabilisce i sottoargomenti e si organizza in gruppi di ricerca* Gli studenti esaminano le fonti, pongono le domande e le suddividono in categorie. Le categorie diventano sottoargomenti. Gli studenti formano il gruppo studiando il sottoargomento da loro scelto. • *I gruppi pianificano le loro ricerche* I membri dei gruppi progettano cooperativamente le proprie ricerche; decidono cosa ricercare, come condurre la ricerca e come suddividere il lavoro. • *I gruppi conducono le loro ricerche* I membri dei gruppi raccolgono, organizzano e analizzano le informazioni desunte da varie fonti: riportano ciò che hanno scoperto e giungono a delle conclusioni. Discutono in itinere il loro lavoro al fine di scambiarsi opinioni, ampliare informazioni etc. • *I gruppi pianificano le loro presentazioni* I membri dei gruppi individuano le idee principali emerse dalla loro ricerca. Pianificano come presentare gli esiti. I rappresentanti dei gruppi si incontrano come comitato organizzatore per la presentazione finale alla classe. • *I gruppi effettuano le presentazioni* I gruppi presentano alla classe gli esiti della loro ricerca. Predispongono la scaletta degli interventi decisa dall'insegnante e dal comitato organizzatore.

5.2 Impara a farti domande

Molti studi condotti sulla frequenza con cui gli alunni pongono domande durante le lezioni hanno rivelato che gli studenti di una data classe formulano approssimativamente due domande per lezione (di un'ora) a fronte delle quaranta e più rivolte dall'insegnante nello stesso arco di tempo. L'insegnamento è condotto più secondo quanto il docente vuole conoscere piuttosto che basato sulla curiosità degli allievi.

Per un insegnamento/apprendimento significativo bisognerebbe **educare gli studenti ad apprendere**:
— **ponendo domande**;
— **ottenendo informazioni da queste domande**;
— **interpretando queste informazioni alla luce della loro esperienza**.

Ciò permetterebbe loro di:

— superare la vergogna di fare domande e di porre problemi;
— rendersi conto che alla radice dello studio c'è il desiderio e la curiosità;
— abituarsi a studiare interrogando i testi di studio.

Esempi di attività da svolgere in classe per abituare gli alunni a porsi domande possono essere:
— *Immagina di interrogare un tuo compagno su un argomento, un racconto, una fiaba ... Quali domande gli porresti?*
— *Per una settimana (?) riporta sul tuo quaderno le domande che gli insegnanti fanno ai tuoi amici durante le interrogazioni.*
— *Immagina di essere il presentatore di una trasmissione di quiz televisivi, mentre due dei tuoi amici sono concorrenti in gara. L'argomento delle domande è ... Quali domande porresti loro? Formulane ... (dieci, quattro etc.) ... per ciascuno.*
— *Stai per essere interrogato nella materia che ti piace di meno su ... Per un'improvvisa magia, tu diventi insegnante. Quali domande proporresti a un tuo alunno? Trascrivile.*

5.3 Cosa significa imparare una lezione[14]

Studiare una lezione, imparare una lezione: e se questa attività non fosse così evidente come generalmente si crede? Quando un insegnante si rivolge ai suoi allievi dicendo «imparate la lezione per la prossima volta» usa una formula che ha significati molteplici e diversi tra loro, a seconda delle materie e del ciclo di studi. Per questa ragione è indispensabile che ogni allievo si appropri del significato di queste parole che indicano vere e proprie procedure da seguire.

La strategia si articola in varie fasi che possono essere così sintetizzate:

Fase I:
— Si sceglie un testo relativamente breve. Si inizia la lezione con un lavoro individuale assegnando agli alunni la seguente consegna: «*Avete quindici minuti per imparare questa lezione. Non ponete domande, non fate osservazioni... perché dopo ci sarà tutto il tempo per discutere dei problemi che avete incontrato*». Dopo un tempo stabilito (15'-20') si chiama un alunno e gli si chiede cosa ha imparato; in genere ci si limita a ripetere il testo quasi a memoria. Il docente

[14] G. De Vecchi, *Aiutare ad apprendere*, op.cit.

pone la discussione: perché avete memorizzato? Imparare significa, allora, ripetere?
— Si procede ad una definizione precisa del termine imparare che sottende una molteplicità di significati e di procedure da seguire.
— Si invitano gli alunni a darsi una consegna precisa sullo stesso brano e ad eseguirla.

Fase II:
Si trascrivono alla lavagna le diverse consegne e si discute sulla loro precisione Si compila un elenco di cosa significa imparare tenendo conto delle consegne degli alunni. Esempio: Imparare può significare:

Fare il riassunto di un brano, sottolineare i concetti chiave, cercare il significato delle parole che non si conoscono.

5.4 Lo studio dei casi

Con lo **studio di un caso** si analizza una situazione reale, per sviluppare negli studenti le capacità analitiche necessarie per affrontare sistematicamente una situazione complessa di cui sono fornite tutte le indicazioni fondamentali.

Con lo studio di caso si presenta agli studenti una **situazione reale** frequente o esemplare. Il caso viene consegnato agli studenti che lo studiano prima individualmente e poi lo discutono in gruppo. Il metodo dello studio di caso presenta anche altri importanti **aspetti formativi**:
— sviluppa le capacità analitiche;
— favorisce l'interazione tra studenti;
— permette di capire come le stesse situazioni o problemi possano essere valutati in modo diverso da persone diverse;
— sensibilizza alla interazione e alla discussione creando condizioni che facilitano una migliore comprensione reciproca.

L'**incident** può essere considerato una *variante dello studio di caso*: si differenzia da quest'ultimo perché l'oggetto non solo è una situazione reale ma è anche una *situazione di emergenza*. Anche con l'incident, quindi, gli studenti devono dimostrare competenze analitiche, e non soltanto per individuare le strategie di approccio, ma soprattutto per sviluppare le *abilità decisionali* atte a superare favorevolmente l'emergenza.

In sintesi

- **Strategie di apprendimento**: sono operazioni, comportamenti che vengono messi in atto per facilitare, ottimizzare, velocizzare i processi di apprendimento. Non sono ricette pronte per l'uso, ma tentativi di ricercare percorsi nuovi che aiutino la risoluzione di problemi.
  Il docente sceglie, pianifica, gestisce, valuta compiti di apprendimento che:
  — pongano problemi su contenuti nodali della disciplina;
  — presentino richieste a cui non si possa rispondere con comportamenti «di *routine*», ma che sollecitino gli studenti a provare comportamenti nuovi;
  — suggeriscano procedure di lavoro trasparenti;
  — includano criteri di valutazione non solo dei prodotti, ma anche dei processi;
  — creino spazi per la *riflessione critica sull'esperienza*.
- **Importanza delle strategie**: sul piano cognitivo facilitano i processi di apprendimento e sono particolarmente indicate per compiti che richiedono attenzione e precisione, soprattutto in presenza di problemi sul piano affettivo-relazionale:
  — danno un senso di auto-efficacia;
  — determinano aspettative di successo e fiducia nei risultati;
  — conferiscono senso all'azione.
- **Suddivisione delle strategie**: le strategie possono distinguersi in:
  — *creative*: mettono in moto fantasia, creatività, immaginazione (brainstorming, presentazione di libri, fatti inesistenti etc.);
  — *comunicative*: aiutano a esprimersi e facilitano la fluidità del pensiero (group reading group, argomentazione, debate, circle time etc.);
  — *imitative o modeling*, attraverso le quali l'allievo impara dagli altri e rapidamente acquisisce comportamenti nuovi (modeling cognitivo, modeling educativo, role playing, action maze etc.);
  — *euristiche*, di osservazione e scoperta, in grado di far sperimentare un rapporto sempre più stretto tra il pensare e il fare, l'ipotizzare e l'inventare (ricerche di gruppo, domande, studio di un caso etc.).

7
La valutazione

1 La valutazione formativa

L'evoluzione della ricerca educativa ha notevolmente modificato, nel corso degli anni, il **concetto di valutazione**.

Prima degli anni '60, essa era considerata azione indispensabile per consentire agli alunni migliori di continuare, agli altri di fermarsi o di ripetere. Rappresentava, pertanto, uno strumento di discriminazione e di selezione che trovava la sua massima espressione nei **voti**, nelle **pagelle**, negli esami di ammissione alla scuola media, di licenza in terza media, di quinta ginnasiale.

La valutazione era **atto esclusivo del docente**, esterna al processo di insegnamento/apprendimento e assumeva spesso le caratteristiche di semplice **giudizio sanzionatorio** o di «sentenza» fine a se stessa.

A partire dagli anni '60, con l'introduzione della scuola dell'obbligo, la valutazione da selettiva e finale diventa processuale e dinamica, connotandosi come **valutazione formativa**. Accanto al controllo sul profitto, si introduce quello sull'efficacia dell'impianto didattico dei docenti.

La valutazione diventa così **strumento di riflessione, analisi, ripensamento, oltre che mezzo per regolare e modificare l'attività di insegnamento e di apprendimento**. Essa è *interna al processo* in quanto aiuta l'alunno a riconoscere i suoi errori e il docente a regolare la sua programmazione[1].

La valutazione si arricchisce, dunque, di nuovi significati pedagogici che ne integrano e ne espandono il senso, diventando **valutazione formatrice**.

La nuova definizione sottolinea ulteriormente il rapporto di **stretta interdipendenza tra valutazione e programmazione** e incorpora direttamente l'allievo nel processo valutativo. La valutazione formatrice responsabilizza l'alunno che, guidato dall'insegnante, apprende ad autovalutarsi e a monitorare il proprio apprendimento. Il processo valutativo diventa, perciò, processo di co-valutazione e di co-progettazione[2].

Nel corso dei decenni si è assistito, insomma, ad un graduale cambio di prospettiva e di ampliamento di visione in tema di valutazione. Ciò ha significato un'attenzione particolare non più solo ai risultati e ai prodotti esterni dell'azione insegnamento/apprendimento, in termini di prestazioni e di performance degli

---

[1] C. Guido (a cura di) *La valutazione nella scuola della continuità,* Franco Milella Editore, Bari, 1996.
[2] F. Priore, *Edumetria e processo decisorio nella scuola dell'autonomia,* Grafiche Panico, Galatina (LE), 1997, pag. 26.

allievi, ma anche ai processi interni, alla capacità di usare, regolare, monitorare le proprie strategie di apprendimento[3].

Questo cambio di prospettiva fa riferimento al quadro teorico che attiene alla pedagogia della metacognizione o dell'intervento efficace, che pone tre condizioni perché l'alunno apprenda:
— considerare *i saperi* e i *saper fare* come costruiti ed elaborati dagli stessi allievi;
— creare un contesto che stimoli le interazioni tra allievi, docente, gruppo classe;
— stimolare la riflessione degli alunni sul proprio comportamento cognitivo e sulle strategie.

Nonostante i ripetuti cambiamenti di rotta, la valutazione ha maturato nel tempo una sorta di **sistema assiomatico**, che non è possibile perdere di vista qualunque siano le modifiche introdotte. In altre parole, anche le disposizioni di legge relative all'introduzione della valutazione in decimi (legge 169/2008) hanno modificato il codice comunicativo, i voti al posto dei giudizi nella scuola del primo ciclo, ma non i **punti cardine dell'assioma** che continuano a essere:
— la **funzione prevalentemente formativa della valutazione**: offrire agli alunni la possibilità non solo di riflettere sul percorso compiuto, ma anche di promuovere una maggiore consapevolezza delle proprie capacità;
— il **valore del processo rispetto al prodotto**: oggetto della valutazione non possono essere solo le singole prestazioni o la somma di esse, ma tutto il percorso, le difficoltà incontrate, i passi ancora da compiere per arrivare ai traguardi prefissati;
— il **carattere trasparente della valutazione**, che implica la chiarezza e l'informazione sui criteri di riferimento;
— il **carattere partecipativo** in quanto coinvolge alunni, docenti, genitori in un'azione condivisa attraverso la quale la valutazione si configura come ricerca di senso e assunzione di responsabilità[4].

2 La valutazione autentica o alternativa

Tra le diverse forme di valutazione, quella che ha avuto maggiore diffusione e ha inglobato le varie definizioni, perché considerata più idonea a una scuola orientata allo sviluppo delle competenze, è la **valutazione autentica o alternativa**.

Il movimento della valutazione autentica o alternativa nasce negli Stati Uniti, agli inizi degli anni '90, come contrapposizione alle modalità valutative utilizzate nei contesti scolastici di matrice comportamentista che prediligevano una valutazione standardizzata, spesso basata su quiz a risposta multipla.

---

[3] C. Cornoldi, R. De Beni, Gruppo MT, *Imparare a studiare. Strategie, stili cognitivi, metacognizione e atteggiamenti di studio,* Erickson, Trento, 1996.

[4] L. Gallo, *La valutazione in decimi,* casa Editrice Spaggiari, Parma, 2009.

Le riserve avanzate nei confronti degli **strumenti di valutazione tradizionali** possono essere così sintetizzate[5]:

- si limitano ad *accertare processi semplici ed elementari, mentre non sono utili per apprezzare abilità più complesse* quali i processi di analisi, sintesi, riflessione critica, creatività, inventiva;
- *il sapere scolastico tende a rimanere inerte*, incapsulato nel sistema scuola e sganciato dalla realtà;
- vengono impiegate prevalentemente *prove individuali*;
- contribuiscono alla deresponsabilizzazione e alla *perdita di significato dell'atto educativo* che viene avvertito come estraneo e minaccioso, prerogativa esclusiva del docente.

Il limite maggiore della valutazione tradizionale consiste nel fatto che essa controlla e verifica la «riproduzione» ma non la «costruzione» e lo «sviluppo» della conoscenza e neppure la «capacità di applicazione reale» della conoscenza posseduta[6].

Possiamo definire la valutazione autentica come: «la valutazione che ricorre continuamente nel contesto di un ambiente di apprendimento significativo e riflette le esperienze di apprendimento reale… L'enfasi è sulla riflessione, sulla comprensione e sulla crescita piuttosto che sulle risposte fondate solo sul ricordo di fatti isolati. L'**intento della "valutazione autentica"** è quello di **coinvolgere gli studenti in compiti che richiedono di applicare le conoscenze nelle esperienze del mondo reale**. La "valutazione autentica" scoraggia le prove "carta-e-penna" sconnesse dalle attività di insegnamento e di apprendimento che al momento avvengono. Nella "valutazione autentica", c'è un intento personale, una ragione a impegnarsi, e un ascolto vero al di là delle capacità/doti dell'insegnante»[7].

La **valutazione autentica** o alternativa si fonda, pertanto, sulla convinzione che l'apprendimento scolastico non si dimostra con l'accumulo di nozioni, ma con la capacità di generalizzare, di trasferire e di utilizzare la conoscenza acquisita a contesti reali.

Essa presenta le seguenti **caratteristiche**[8]:

1. **è realistica**;
2. **richiede giudizio e innovazione**: le conoscenze devono essere usate per risolvere problemi;
3. **richiede agli studenti di ricostruire la disciplina**, invece di ripetere o replicare ciò che gli è stato insegnato;
4. **riproduce o simula i contesti** nei quali gli adulti sono controllati sul luogo di lavoro, nella vita civile e personale. I test scolastici sono senza contesto, gli studenti hanno bisogno, invece, di sperimentare che cosa vuol dire fare un compito in situazione di vita reale;

---

[5] M. Castoldi, *Valutare le competenze*, Carocci Editore, Roma, 2012.
[6] M. Comoglio, *La valutazione autentica*, in Orientamenti pedagogici, vol. 49, n. 2, 2002.
[7] P. Winograd, F.D. Perkins, *Autentic assessment in the classroom: Principles and practices*, 1996, in M. Comoglio cit.
[8] G. Wiggins, *Educative assessment. Designing assessments to inform and improve student performance*. San Francisco, CA: Jossey Bass, pagg. 22-24.

5. **accerta l'abilità dello studente** a **usare** efficientemente e realmente **un repertorio di conoscenze e di abilità** per negoziare un compito complesso. La prestazione deve essere il frutto di abilità integrate e non risolvibile in una serie di *items* isolati e staccati;
6. permette appropriate opportunità di ripetere, praticare, consultare risorse, avere feedback e perfezionare prestazioni e prodotti.

Per essere educativa, la valutazione deve tendere a migliorare le performance. I test tradizionali mancano di questa prerogativa perché mantengono le domande segrete e i materiali per la consultazione sono inaccessibili durante lo svolgimento della prova.

La valutazione autentica, che in generale indica quella valutazione che intende verificare non solo ciò che uno studente sa, ma anche «ciò che sa fare con ciò che sa», è, pertanto, quella che meglio risponde alle diverse dimensioni correlate alla **valutazione delle competenze**.

La natura complessa della competenza, infatti, richiede l'osservazione da molteplici punti di vista e la combinazione di più prospettive di analisi, al fine di coglierne le diverse sfumature e ricomporle in un quadro integrato e coerente.

3 Strumenti di verifica e valutazione delle competenze

Verificare significa controllare se un'ipotesi è vera o meno, confrontando l'ipotesi stessa, ossia gli obiettivi prefissati e le condizioni per raggiungerli, con i risultati ottenuti. Non si può, quindi, verificare qualcosa se prima non si è definito precisamente che cosa si intende raggiungere.

L'atteggiamento richiesto in fase di verifica è quello del ricercatore: se si predispone questa situazione, se si utilizzano questi strumenti, se si agisce in questo modo, ... si dovrebbe sviluppare questo apprendimento, e quindi ottenere questi risultati. Il condizionale è d'obbligo perché il nesso tra insegnamento e apprendimento è un nesso probabilistico e non deterministico, e non è detto che basti insegnare per apprendere.

Con la **verifica** non si conclude l'azione valutativa. I risultati di una prova di verifica sono punteggi grezzi da interpretare e comprendere. Essi rappresentano la base concreta, i dati di fatto, analitici e prevalentemente quantitativi, non ancora letti in chiave formativa.

Cosa diversa è la **valutazione**, che non è un semplice aggregato o somma delle misure emerse e neppure della loro media per l'attribuzione di un voto.

Se con la verifica si punta a separare il vero dal falso, ciò che conferma da ciò che smentisce le ipotesi formulate, con la valutazione si cambia il registro di lettura-interpretazione e si allarga il contesto di riferimento. Il nuovo registro non è determinato dalla conferma o dalla falsificabilità delle ipotesi, ma dalla loro efficacia nell'innestare significativi processi di trasformazione, di cambiamento[9].

---

[9] F. Tessaro, *Metodologia e didattica dell'insegnamento secondario*, in U. Margiotta (a cura di), *Riforma del curricolo e formazione dei talenti*, Armando Editore, Roma 2002.

LA VALUTAZIONE AUTENTICA DELLE COMPETENZE

M. Castoldi, riprendendo una proposta di M. Pellerey, individua per la valutazione delle competenze il **principio metodologico della triangolazione**, secondo il quale le tre prospettive di analisi di una competenza sono la **soggettività, l'intersoggettività e l'oggettività**.
Al centro delle tre prospettive si colloca la competenza su cui si fonda la valutazione*.

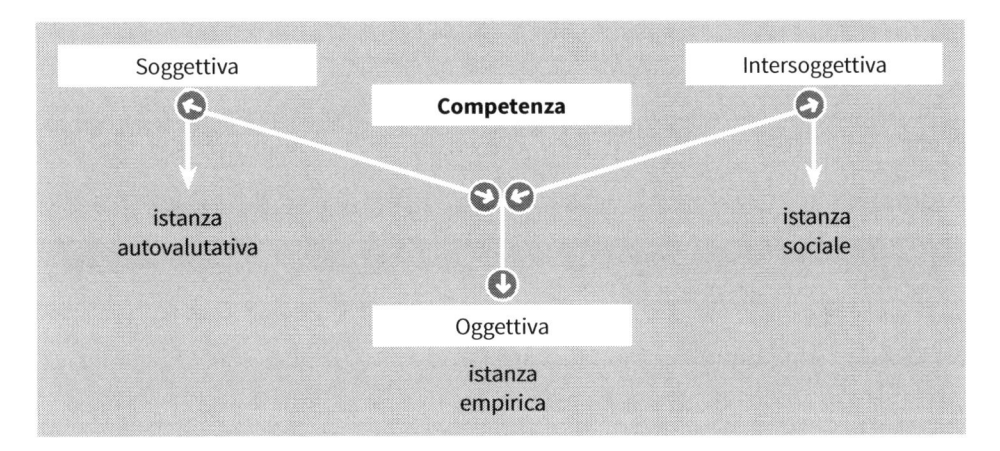

```
        Soggettiva                                      Intersoggettiva
            ←           Competenza           →

         istanza                                          istanza
       autovalutativa                                     sociale

                            ↓
                        Oggettiva

                         istanza
                         empirica
```

«La dimensione soggettiva richiama i significati personali attribuiti dal soggetto alla sua esperienza di apprendimento: il senso assegnato al compito operativo su cui manifestare la propria competenza e la percezione della propria adeguatezza nell'affrontarlo, delle risorse da mettere in campo, degli schemi di pensiero da attivare.
Essa implica un'istanza autovalutativa connessa al modo con cui l'individuo osserva e giudica la sua esperienza di apprendimento e la sua capacità di rispondere ai compiti richiesti dal contesto di realtà in cui agisce. Le domande intorno a cui si struttura la dimensione soggettiva possono essere così formulate: *Come mi vedo in rapporto alla competenza che mi viene richiesta? Mi ritengo adeguato ad affrontare i compiti proposti? Riesco a impiegare al meglio le mie risorse interne e quelle esterne?*».
La dimensione intersoggettiva richiama il sistema di attese, implicito o esplicito, che il contesto sociale esprime in rapporto alla capacità del soggetto di rispondere adeguatamente al compito richiesto; riguarda quindi le persone a vario titolo coinvolte nella situazione in cui si manifesta la competenza e l'insieme delle loro aspettative e delle valutazioni espresse. (…) La dimensione intersoggettiva implica quindi un'istanza sociale connessa al modo in cui i soggetti appartenenti alla comunità sociale, entro cui avviene la manifestazione della competenza, percepiscono e giudicano il comportamento messo in atto.
Le domande intorno a cui si struttura la dimensione intersoggettiva possono essere così formulate: *Quali aspettative sociali vi sono in rapporto alla competenza richiesta? In che misura tali aspettative vengono soddisfatte dalle prestazioni e dai comportamenti messi in atto? Le percezioni dei diversi soggetti sono congruenti tra loro?*

La dimensione oggettiva richiama le evidenze osservabili che attestano la prestazione del soggetto e i suoi risultati, in rapporto al compito affidato e, in particolare, alle conoscenze e alle abilità che la manifestazione della competenza richiede. Essa implica un'istanza empirica connessa alla rilevazione in termini osservabili e misurabili del comportamento del soggetto, in relazione al compito assegnato e al contesto operativo entro cui si trova ad agire. Le domande intorno a cui si struttura la dimensione oggettiva possono essere così formulate: *Quali prestazioni vengono fornite in rapporto ai compiti assegnati? Di quali evidenze osservabili si dispone per documentare l'esperienza di apprendimento e i suoi risultati? In quale misura le evidenze raccolte segnalano una padronanza nel rispondere alle esigenze individuali e sociali poste dal contesto sociale?»***.
Per valutare adeguatamente una competenza occorre osservare, utilizzando vari strumenti, simultaneamente le tre dimensioni per ricomporle, poi, in un quadro di insieme.

---

* M. Castoldi, op.cit. pag. 71.
** M. Castoldi, op. cit. pag. 70.

Con una prova di verifica, ciò che viene sottoposto a valutazione non è l'apprendimento, ma alcuni risultati possibili dell'apprendimento, non è lo studio, ma l'effetto dello studio. Per valutare l'apprendimento bisognerà valutare in modo integrato i risultati con i processi cognitivi attivati dall'allievo per apprendere; il risultato, da solo, è aleatorio e contingente, determinato da uno stimolo artificioso ed esterno; il processo messo in atto dall'allievo, soprattutto se confortato dai risultati, invece, si consolida in competenza, sviluppa la padronanza, affina il talento.

3.1 Prove oggettive e soggettive

Spesso i due aspetti della *verifica e della valutazione vengono confusi* con un'accentuata enfasi più sui risultati conseguiti che sui processi attivati. Intorno agli strumenti di verifica e di controllo degli apprendimenti, la contrapposizione è da sempre molto netta tra chi sostiene che essi debbano essere costituiti prevalentemente da **prove oggettive** e chi afferma, invece, che debbano basarsi su **prove soggettive**. Il propendere per una o per l'altra delle convinzioni ha avuto spesso ricadute anche sul processo stesso di insegnamento/ apprendimento.

Le motivazioni addotte dai sostenitori dell'uno o dell'altro sistema di controllo sono molto varie e articolate.

I sostenitori di *strumenti di verifica oggettivi* si rifanno all'insieme di ricerche e studi relativi alla valutazione scolastica, conosciuti con il termine **docimologia** «scienza che ha per oggetto lo studio sistematico degli esami, in particolare dei sistemi di votazione, del comportamento degli esaminatori e degli esaminati»[10].

Essi vedono nell'utilizzo delle **prove soggettive tradizionali** un eccessivo **prevalere dell'intuizione e della soggettività dell'insegnante**. Basta considerare come esempio l'**interrogazione orale**. Si mescolano a caso domande di natura e difficoltà diverse ad alunni diversi, inventandole spesso sul momento, procedendo con grande elasticità, fondando il giudizio sulle impressioni senza alcun criterio oggettivo. Gli stimoli, non uniformi e spesso ambigui, si fondono poi con aspetti della personalità dell'insegnante che possono facilmente interferire al momento della domanda con suggerimenti e commenti, al momento della valutazione in quanto manca il riferimento a una scala di misurazione comune per tutti gli alunni. Oltre a queste interferenze soggettive, che intervengono nelle prove orali, anche nelle prove scritte si evidenziano spesso disparità di giudizio, quando una medesima prova viene valutata da valutatori diversi.

Alla luce di queste considerazioni, si è ritenuto necessario *applicare il concetto di misura anche al controllo degli apprendimenti* scolastici partendo dal presupposto che «(…) tutto ciò che esiste in natura esiste proprio come quantità. E se esiste come quantità può essere misurato. E la misura in educazione è antica come fatto, medioevale come procedimento, moderna come scienza» (Thorndike, 1970).

---

[10] G. Landsheere, *Elementi di docimologia,* La Nuova Italia, Firenze, 1973.

La **misura**, in quanto descrizione quantitativa dei fenomeni educativi, fa riferimento a modelli matematico-statistici e presuppone l'esistenza di una quantità empirica per cui è necessario stabilire, per la **costruzione di prove oggettive**, delle regole ben precise.

In particolare, **una prova è scientificamente corretta se è universale, oggettiva, necessaria e feconda**:
— **universale** quando ha il medesimo valore per tutti gli insegnanti;
— **oggettiva** quando il risultato non dipende solamente dall'insegnante che corregge;
— **necessaria** per costruire nuovi interventi;
— **feconda** perché aggiunge alla valutazione intuitiva dell'insegnante elementi nuovi.

Elementi costitutivi di una prova oggettiva sono:
— la definizione degli obiettivi;
— la costruzione di una tavola di specificazione della prova (lunghezza della prova, numero e forma degli item: vero/falso, di completamento, a scelta multipla, …);
— l'individuazione della scala di misurazione (norme per calcolare il punteggio);
— l'individuazione di una soglia di accettabilità[11].

Nel tempo, molte sono state le **critiche** rivolte a questo tipo di prove, costruite con l'intento di contenere gli errori e le distorsioni di giudizio connessi al carattere soggettivo della valutazione. Si afferma che esse «(…) **consentono di riconoscere la correttezza della risposta**, **non la sua comprensione profonda**. Conoscere davvero un argomento è molto più che fornire risposte su di esso o su parti di esso. (…) Buona parte della **conoscenza rimane** *inerte o rituale* e difficilmente diventa mezzo, espressione del processo di assimilazione della cultura o del contesto che le ha prodotte. Si può aver compreso, ma non appreso in profondità. Per poter parlare di apprendimento è necessario usare e far pratica di una conoscenza in contesti e situazioni reali diversi. Molto spesso la conoscenza appresa a scuola rimane incapsulata nella scuola stessa, ma non diventa affatto attiva fuori di essa»[12]. È difficile per lo studente scoprire se stesso solo attraverso verifiche oggettive in quanto i test, particolarmente quelli a scelta multipla, sono strutturati per determinare se gli studenti conoscono informazioni relative a un particolare corpo di conoscenza. Il focus è esterno, sui materiali, non interno e non una costruzione personale[13].

Gli **strumenti di verifica e di valutazione tradizionali**, rivolti prevalentemente al controllo dell'acquisizione di conoscenze e di abilità, **non bastano**, perciò, da soli **a valutare una competenza**.

L'azione valutativa è più complessa in quanto si tratta di verificare la capacità dello studente nell'organizzare le diverse conoscenze, nell'applicarle in contesti nuovi, nell'integrare, in un insieme organico, abilità apprese singolarmente in situazioni differenti.

---

[11] F. Priore, *Edumetria e processo decisorio nella scuola dell'autonomia,* Grafiche Panico, Galatina (LE), 1997.
[12] M. Comoglio, op. cit. pagg. 13.14.
[13] P. Ellerani, D. Pavan, *Cooperative learning: una proposta per l'orientamento formativo,* Tecnodid, Napoli, 2003.

LA DOCIMOLOGIA, SCIENZA DELLA VALUTAZIONE

Sul piano etimologico, **«valutare» vuol dire assegnare un valore a fatti, cose e comportamenti**, ai fini di un giudizio e di una classifica. Gli studi compiuti da B.R. Worthen e J.R. Sanders (Educational Evaluation, 1987) ci permettono di andare oltre la genericità della definizione e di penetrare nel *significato pedagogico del valutare*. La valutazione, così, si configura come l'atto con cui si *definisce il valore di un progetto, di un processo, di un curriculum*.

La valutazione amplia i suoi orizzonti quando, a decorrere dai primi decenni del Novecento, si arricchisce del concetto di **profitto**.

Il profitto, forma sostantivata del participio passato del latino *proficiscere* (= avanzare), indica il progressivo miglioramento cui può giungere il discente quando sono «efficaci» ed «efficienti» le metodologie adottate dal docente. Efficaci nel senso di «adeguate» e «sicure»; efficienti in quanto «valide» e «utili».

Tra gli anni '30 e '50 del Novecento, negli USA, l'istituto di valutazione della Boston School appronta e introduce i primi *test di profitto*, tracciando un solco nel quale si inseriscono gli studiosi al di là e al di qua dell'Oceano per procedere sulla strada degli esami standard e della valutazione di profitto su larga scala. Si inaugura così la stagione degli studi sulla validità e l'attendibilità degli esami e dei voti.

I suoi tempi sono essenzialmente due:

— in una prima fase, **la valutazione assume connotati quantitativi** poiché tende a misurare senz'altro il volume di conoscenze acquisite da quel «contenitore» di notizie che si pensa sia la mente dell'allievo;
— quando le ricerche di Dewey danno vigore all'«educazione progressiva», **la valutazione evolve, acquistando i lineamenti della professionalità educativa**.

In ambito scolastico, gli studi docimologici hanno contribuito alla determinazione di un concetto di valutazione che presenta, al suo interno, delle distinzioni.

Una classificazione, consolidata e accettata dalla più accreditata letteratura, propone quattro forme diverse e integrate di valutazione:

— **valutazione interna**: è quella che viene posta in essere da persone direttamente interessate e coinvolte nel programma educativo;
— **valutazione esterna**: è costruita da valutatori che non hanno preso parte in prima istanza al lavoro pedagogico curricolare;
— **valutazione sommativa**: si compie a conclusione di un programma e il suo nucleo centrale è dato da un *giudizio globale* che riflette il rendimento del discente alla fine di un lavoro scolastico scandito secondo la sequenza di verifiche temporali. La valutazione sommativa costituisce il bilancio di un modulo, di un trimestre o di un quadrimestre per scopi diversi (es.: scrutini, rilascio di una certificazione o altro);

— **valutazione formativa**: è un procedimento diagnostico con le caratteristiche di *feedback*, che legge le difficoltà originarie in cui si trova l'alunno e poi somministra un compito, una tematica, un corso, dividendoli in unità didattiche. Lo scopo è la verifica del modo in cui l'allievo padroneggia via via gli argomenti di studio, superando le difficoltà d'origine. Preoccupazione costante della valutazione formativa è di registrare se e in che misura sono stati raggiunti gli obiettivi e, constatato ciò, partire per ulteriori e più impegnativi piani di insegnamento.

Un discorso docimologico che abbia l'ambizione della compiutezza tiene conto della necessità che le **varie tipologie di valutazione si integrino tra di loro** come le facce di un unico poliedro. Testimonianza di questa doverosa integrazione sono, ad esempio, gli **esami di Stato**. È diffusa la persuasione che la presenza di esaminatori esterni assicuri un'imparzialità di valutazione. Questo convincimento, tuttavia, non può escludere in via astratta il rischio che quei docenti possano formulare «*giudizi infedeli*», atteso che la loro conoscenza del contesto curriculare in cui si situano gli esaminandi non si è costruita nel tempo, ma si presenta *estemporanea*.

Di qui la necessità che la valutazione esterna sia resa attendibile dal rapporto di tutti gli elementi della valutazione interna, costruita e offerta dai docenti che hanno seguito il processo evolutivo del quadro culturale e della personalità di ciascuno degli allievi che deve confrontarsi con le prove di esame. Tale è la *ratio* che governa le decisioni del legislatore italiano, che ha affidato alla commissione interna la responsabilità della valutazione dei maturandi.

Se si considera la **competenza** come la risultante della **dimensione soggettiva, intersoggettiva e oggettiva**, ne consegue che per la sua valutazione occorre riferirsi a un sistema di strumenti che possa consentire di osservare ciascuna dimensione per integrarla, poi, con le altre in una sintesi unitaria.

Per la dimensione soggettiva si possono attivare modalità di autovalutazione, strumenti privilegiati come l'autobiografia, i diari di bordo, giudizi sulle proprie prestazioni, etc.

Per la dimensione intersoggettiva si possono utilizzare osservazioni in itinere realizzate da parte di altri soggetti coinvolti nel processo formativo: insegnanti, genitori, altri alunni etc.

Per la dimensione oggettiva ci si può riferire a compiti autentici, prove di verifica, realizzazione di manufatti o prodotti, che possono essere considerati come espressione di competenza.

Al centro delle tre dimensioni, si pone la **rubrica di valutazione**, che rappresenta il dispositivo attraverso il quale viene esplicitato il significato attribuito alla competenza oggetto di osservazione[14].

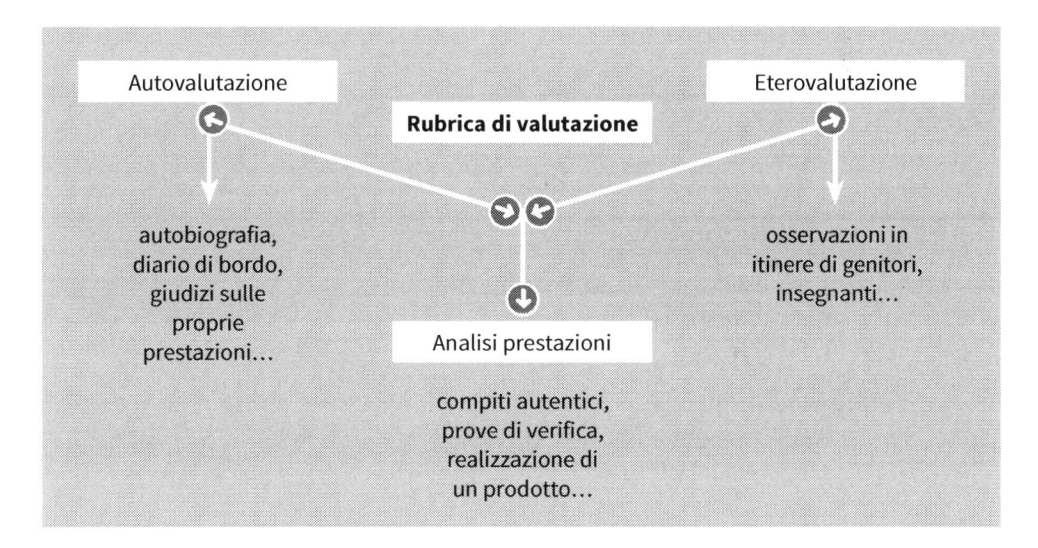

```
   Autovalutazione                                    Eterovalutazione
          ↓                Rubrica di valutazione            ↓
          ↓                                                  ↓
   autobiografia,                                     osservazioni in
   diario di bordo,                                   itinere di genitori,
   giudizi sulle                                      insegnanti...
   proprie                          ↓
   prestazioni...            Analisi prestazioni

                              compiti autentici,
                              prove di verifica,
                              realizzazione di
                              un prodotto...
```

3.2 Le rubriche di valutazione

Le **rubriche di valutazio**ne sono strumenti utilizzati per valutare prestazioni complesse. Esse sono costituite da una serie di **elementi specifici** che contraddistinguono la qualità di una prestazione e di scale per misurarla (ad esempio una scala di punteggi prefissati o una lista di criteri relativi ai singoli punteggi). Spesso le rubriche di valutazione sono accompagnate da esempi di prestazioni o prodotti per illustrare i criteri dei punteggi: questi esempi sono detti «ancore».

---

[14] M. Castoldi, op. cit. pagg. 72-73.

Vale a dire:

— **le dimensioni o tratti**: indicano le caratteristiche peculiari di una prestazione;
— **i criteri**: gli strumenti di misurazione della qualità di una prestazione;
— **i descrittori e gli indicatori**: i descrittori indicano che cosa si deve osservare di una prestazione, gli indicatori designano misure specifiche;
— **le ancore**: gli esempi concreti riferiti agli indicatori considerati;
— **i livelli**: il grado di raggiungimento dei criteri considerati, sulla base di una scala graduata dal livello più alto a quello più basso.

Le **rubriche** più comunemente usate sono quelle **analitiche** (sono le più comuni) e **olistiche**.

La **rubrica analitica osserva e valuta tutti i tratti di una prestazione**. Ogni singola dimensione del compito ha un suo criterio di valutazione e un suo punteggio parziale che sommato agli altri dà il punteggio totale del compito.

La rubrica olistica viene utilizzata per compiti in cui non sempre è possibile distinguere gli aspetti specifici e assegna alla prestazione un punteggio complessivo.

Va precisato che nella realtà, fermo restando il senso e i principi che sottendono la rubrica, molto spesso resta difficile differenziare gli indicatori dai descrittori, a volte anche dagli stessi criteri. In base a come viene formulato, un indicatore può avvicinarsi al «criterio» o diventare, a volte, esso stesso punto di ancoraggio[15].

La rubrica rappresenta uno strumento che l'insegnante può utilizzare per fare una riflessione sulla sua modalità di insegnamento e allo studente offrire l'occasione di partecipare attivamente alla sua costruzione.

Un procedimento utile per la **costruzione di una rubrica** può essere il seguente:

— *Raccogliere e mostrare esempi di lavori.*
  L'insegnante raccoglie e mostra agli studenti degli esempi di lavori ben eseguiti e di quelli più scadenti. Identifica con loro le caratteristiche che distinguono un lavoro buono da uno scadente.
— *Elencare le caratteristiche.*
  Attraverso la discussione sui modelli raccolti si stila un elenco delle caratteristiche di un lavoro di qualità.
— *Articolare sfumature della qualità.*
  Descrivere con precisione cosa permette a un lavoro di essere inserito a un livello alto, medio o basso.
— *Provare ad applicare.*
  Gli alunni valutano alcuni lavori sulla base delle rubriche apportando correzioni e integrazioni.
— *Usare l'autovalutazione e quella con i pari.*
  Gli alunni valutano quello che stanno facendo attraverso la rubrica e ascoltano anche i suggerimenti dei compagni.

---

[15] M. Spinosi (a cura di), *Speciale valutazione-Studenti, Scuola, Professionalità*, Notizie della Scuola, Tecnodid, Napoli; G. Cerini-M. Spinosi, *Un'ancora per la valutazione*, Tecnodid, Napoli, 2017.

TIPOLOGIE DI PROVE DI VERIFICA

Prove scritte e orali «tradizionali»

La prova scritta più diffusa e più tradizionale è il **tema**, particolarmente in Italiano, ma utilizzabile in tutte le discipline. Ha il *vantaggio di richiedere poco tempo per la sua preparazione da parte del docente*, e contribuisce a stimolare *gli alunni a riflettere e a organizzare il loro sapere*. Serve inoltre a verificare le abilità espressive. *Non può considerarsi una prova oggettiva*, in quanto è fortemente condizionata dallo stato dell'alunno al momento della prova e dalla situazione soggettiva del docente al momento della valutazione. Per evitare questi condizionamenti, il docente potrebbe:

— comunicare agli allievi l'obiettivo della prova e il tipo di svolgimento richiesto (lunghezza, stile etc.);
— preparare una lista di controllo che contenga gli elementi che si vogliono prendere in considerazione (qualità e quantità delle idee, ricchezza del vocabolario, organizzazione del contenuto, originalità, aspetto formale sia dal punto di vista dell'ordine e della grafia, sia sotto l'aspetto grammaticale, punteggiatura, uso dei tempi etc.);
— correggere i temi e ricontrollarli a distanza di qualche giorno;
— limitarsi a valutare ciò che è stato scritto solo dal punto di vista letterale e di coerenza del ragionamento, senza entrare nel merito delle ideologie esposte;
— cercare infine di leggere il nome del ragazzo solo dopo aver espresso un giudizio sull'elaborato.

Il **dettato**, anche se sempre meno usato, è utile per abituare gli alunni a tradurre i suoni in segni; quindi è utile ovviamente nelle prime classi ma anche nell'insegnamento delle lingue straniere.

Le **traduzioni**, o **versioni**, sono sempre invece molto utilizzate nell'insegnamento delle lingue straniere e classiche. È sempre bene che, prima della prova, l'insegnante comunichi agli alunni quali sono gli aspetti della versione che egli prenderà in considerazione al momento della correzione e come verranno giudicati.

I **problemi** e le **esercitazioni di matematica** potrebbero sembrare delle prove oggettive ma in realtà non lo sono, in quanto diversi sono i criteri di valutazione. Si pensi al caso in cui uno studente segua un procedimento diverso da quello spiegato dall'insegnante: quest'ultimo potrebbe valutare positivamente la prova per la sua originalità, o al contrario valutarla negativamente perché difforme da quanto spiegato in classe.

Le **tradizionali prove orali** (le **interrogazioni**) sono finalizzate ad accertare il raggiungimento di alcuni obiettivi, come la padronanza espressiva e linguistica, la velocità nell'individuazione corretta delle soluzioni, la capacità relazionale etc. La prova orale presenta alcuni difetti in quanto non lascia traccia né documento, penalizza gli alunni più emotivi e ha bisogno di tempi più lunghi.

Prove oggettive

Possono essere **strutturate** o **semistrutturate**.

- *Prove strutturate*

Le prove strutturate sono considerate *oggettive*. Esse però non possono essere utilizzate come unica modalità di accertamento delle conoscenze e delle abilità: se possono andare bene per le verifiche iniziali e intermedie, *nelle verifiche complessive devono essere affiancate agli altri tipi di prove*. Richiedono molto tempo all'insegnante in fase di preparazione ma velocizzano le fasi di correzione e misurazione.

Le tipologie di prove strutturate sono molte (a scelta alternativa come *vero/falso, corretto/sbagliato, sì/no*; a scelta multipla; di riordinamento; di completamento etc.).

Le prove strutturate presentano, però, il *difetto di essere poco attendibili per la verifica degli obiettivi cognitivi* perché l'alunno potrebbe superare il test anche rispondendo in maniera del tutto casuale ad alcuni quesiti.

- *Prove semistrutturate*

Sono le prove «a risposta breve o aperta» in cui cioè l'alunno deve rispondere per iscritto a delle domande formulate dal docente (un po' come in un'interrogazione). Bisogna porre molta attenzione nel formulare la domanda, che non deve essere ambigua e deve rendere accettabile una sola risposta.

Nella classificazione tradizionale si individuano due modalità di somministrazione delle prove di verifica:

— la **modalità normativa**, in cui la valutazione della prestazione del singolo è posta in relazione con quella di altri soggetti di riferimento;
— la **modalità criteriale**, in cui la valutazione delle prestazioni del singolo viene effettuata in rapporto a un livello oggettivo di abilità o competenza precedentemente stabilito.

— *Revisionare*.
Ad ogni studente, individualmente, viene concesso del tempo per rivedere il proprio lavoro, anche basandosi sulle osservazioni dei compagni[16].

Le rubriche di valutazione presentano numerosi **vantaggi** sia per gli insegnanti che per gli studenti e i genitori. Esse, infatti, *rendono trasparenti le attese degli insegnanti*, relativamente al compito da svolgere e alle abilità da possedere, e migliorano la qualità dell'apprendimento.

Aiutano gli studenti a sviluppare capacità di auto ed etero valutazione, rendendoli più capaci di individuare e risolvere i problemi che si presentano nel lavoro proprio e in quello degli altri.

Sono, infine, molto *utili per stabilire una proficua relazione tra la scuola e la famiglia*, che conosce in modo preciso cosa deve fare un alunno per avere successo e rendono trasparente e partecipato tutto il processo di valutazione.

ESEMPI DI RUBRICHE DI VALUTAZIONE

	PRODUZIONE NELLA LINGUA ORALE			
Criteri	Indicatori di livello			
	A Avanzato	**B Intermedio**	**C Base**	**D Iniziale**
Conoscenza dei contenuti	Conosce gli argomenti proposti in modo approfondito, organico e personale	Conosce gli argomenti proposti e sa organizzarli in modo logico e coerente	Conosce gli argomenti proposti in modo poco approfondito e organico	Denota una conoscenza degli argomenti proposti superficiale e frammentaria
Riflessioni personali e critiche	Esprime sui contenuti appresi valutazioni personali, critiche e pertinenti	Esprime sui contenuti appresi valutazioni personali e riesce a fare buone riflessioni critiche	Esprime sui contenuti appresi semplici valutazioni personali e riflessioni critiche	Non sempre riesce a esprimere valutazioni personali e critiche. Ha bisogno di guida
Esposizione	Si esprime in modo coerente, organico e personale. Il lessico è proprio, efficace e ben strutturato	Si esprime in modo coerente, organico e personale e denota ricchezza e proprietà lessicale	Si esprime in modo corretto e coerente. Utilizza un lessico corretto e articolato	Si esprime in modo abbastanza chiaro ma con un lessico semplice e poco strutturato

---

[16] P. Ellerani, D Pavan, op. cit. pag. 6.

COMPRENSIONE DELLA LINGUA ORALE				
Criteri	**Indicatori di livello**			
	A Avanzato	**B Intermedio**	**C Base**	**D Iniziale**
Attenzione	Segue con spiccato senso di responsabilità e interesse costante	È interessato e partecipe alle diverse attività	Segue con una certa responsabilità e interesse	Va talvolta richiamato nell'attenzione. Il suo interesse è discontinuo
Interazione	Nelle discussioni interviene e propone il suo punto di vista	Nelle discussioni interviene con domande pertinenti	Interviene nella discussione se sollecitato e messo a suo agio	Si isola e ha difficoltà a esporre il suo punto di vista
Individuazione dello scopo di una comunicazione	Individua pienamente lo scopo e messaggio di una comunicazione	Individua in modo corretto lo scopo e messaggio di una comunicazione	Individua in modo sostanzialmente corretto lo scopo di una comunicazione	Non sempre riesce a comprendere lo scopo e il messaggio di una comunicazione

METODO DI STUDIO				
Criteri	**Indicatori di livello**			
	A Avanzato	**B Intermedio**	**C Base**	**D Iniziale**
Impegno	Esegue il lavoro in modo puntuale e ordinato mostrando motivazione e interesse	Lavora di solito in modo ordinato e completo. È perseverante nell'applicazione	Lavora di solito in modo abbastanza ordinato. È regolare nell'applicazione	È alterno nell'esecuzione dei compiti e non sempre riesce a procedere in maniera ordinata
Autonomia/ organizzazione	Sa organizzare in modo autonomo e consapevole la propria attività di studio, seguendo le indicazioni date	Sa organizzare il lavoro e procedere autonomamente rispettando le indicazioni	È abbastanza autonomo nel lavoro e procede rispettando le indicazioni	È talvolta incerto nell'organizzazione del lavoro e necessita spesso di guida da parte dell'insegnante
Rispetto dei tempi e dei materiali	Sa organizzare il suo lavoro in rapporto al tempo e ai materiali a disposizione	Rispetta tempi di esecuzione e utilizza in modo corretto il materiale	Rispetta quasi sempre i tempi di esecuzione e utilizza in modo più o meno corretto il materiale	Non sempre rispetta i tempi assegnati per lo svolgimento e utilizza correttamente il materiale a disposizione

4 La certificazione delle competenze

Nonostante i continui richiami nei diversi documenti nazionali (*Indicazioni nazionali per il curricolo, Raccomandazione europea*, etc.) alla necessità di adeguarsi alle direttive europee, **il tema delle competenze e della loro certificazione ha ancora una immagine «*debole*»** e i dubbi a riguardo sono molteplici, anche se certificare le competenze acquisite da un allievo rappresenta un compito essenziale per ogni struttura scolastica e formativa.

Uno dei principali **fattori di criticità è stato sicuramente l'aver dovuto coniugare una valutazione di tipo quantitativo**, relativa agli apprendimenti delle singole discipline, **con una valutazione descrittiva**, attinente alle competenze, rivolta a valorizzare aspetti legati oltre che al *sapere* anche al *saper fare* e al *saper essere*, rilevabili principalmente in situazioni di contesto.

La Circolare Ministeriale 3/2015 propone in via sperimentale **un modello di certificazione** delle competenze. Dall'anno scolastico **2015-2016** l'**adozione** del modello **veniva estesa a tutte le scuole**, così come validato e integrato dopo la sperimentazione. In esso:

— la certificazione viene ancorata al *Profilo delle competenze* definito nelle *Indicazioni Nazionali per il curricolo*;
— c'è un riferimento esplicito alle competenze chiave individuate dall'Unione Europea;
— gli indicatori di competenza vengono presentati in ottica trasversale;
— c'è un collegamento con tutte le discipline del curricolo e viene evidenziato, nel contempo, l'apporto che ogni disciplina può dare alla costruzione di quella specifica competenza;
— vengono definiti 4 livelli di competenza e gli indicatori esplicativi di ognuno.

Con il decreto n. 742 del 3 ottobre 2017 il MIUR ha finalmente emanato i **due modelli nazionali di certificazione delle competenze** per la scuola primaria e per il primo ciclo di istruzione.

In base alla Nota MIUR n. 5772/2019 le scuole utilizzeranno i modelli allegati al DM. 742/2017 anche per l'anno 2018/2019, in attesa della ridefiniione del profilo dello studente coerentemente alle nuove competenze chiave europee del 2018.

	MODELLO NAZIONALE DI CERTIFICAZIONE DELLE COMPETENZE AL TERMINE DELLO SCUOLA PRIMARIA (ex D.M. n. 742/2017)		
	Competenze chiave europee	**Competenze dal Profilo dello studente al termine del primo ciclo di istruzione**	**Livello** [1]
1	Comunicazione nella madrelingua o lingua di istruzione	Ha una padronanza della lingua italiana che gli consente di comprendere enunciati, di raccontare le proprie esperienze e di adottare un registro linguistico appropriato alle diverse situazioni.	
2	Comunicazione nella lingua straniera	È in grado di sostenere in lingua inglese una comunicazione essenziale in semplici situazioni di vita quotidiana.	
3	Competenza matematica e competenze di base in scienza e tecnologia	Utilizza le sue conoscenze matematiche e scientifico-tecnologiche per trovare e giustificare soluzioni a problemi reali.	
4	Competenze digitali	Usa con responsabilità le tecnologie in contesti comunicativi concreti per ricercare informazioni e per interagire con altre persone, come supporto alla creatività e alla soluzione di problemi semplici.	
5	Imparare ad imparare	Possiede un patrimonio di conoscenze e nozioni di base ed è in grado di ricercare nuove informazioni. Si impegna in nuovi apprendimenti anche in modo autonomo.	
6	Competenze sociali e civiche	Ha cura e rispetto di sé, degli altri e dell'ambiente. Rispetta le regole condivise e collabora con gli altri. Si impegna per portare a compimento il lavoro iniziato, da solo o insieme agli altri.	
7	Spirito di iniziativa *	Dimostra originalità e spirito di iniziativa. È in grado di realizzare semplici progetti. Si assume le proprie responsabilità, chiede aiuto quando si trova in difficoltà e sa fornire aiuto a chi lo chiede.	
8	Consapevolezza ed espressione culturale	Si orienta nello spazio e nel tempo, osservando e descrivendo ambienti, fatti, fenomeni e produzioni artistiche.	
		Riconosce le diverse identità, le tradizioni culturali e religiose in un'ottica di dialogo e di rispetto reciproco.	
		In relazione alle proprie potenzialità e al proprio talento si esprime negli ambiti che gli sono più congeniali: motori, artistici e musicali.	
9	L'alunno/a ha inoltre mostrato significative competenze nello svolgimento di attività scolastiche e/o extrascolastiche, relativamente a:		

[1] Per gli indicatori dei livelli vedi più avanti.
* *Sense of initiative and entrepreneurship* nella Raccomandazione europea e del Consiglio del 18 dicembre 2006

	MODELLO NAZIONALE DI CERTIFICAZIONE DELLE COMPETENZE AL TERMINE DEL PRIMO CICLO DI ISTRUZIONE (D.M. n. 742/2017)		
	Competenze chiave europee	**Competenze dal Profilo dello studente al termine del primo ciclo di istruzione**	**Livello***
1	Comunicazione nella madrelingua o lingua di istruzione	Ha una padronanza della lingua italiana che gli consente di comprendere e produrre enunciati e testi di una certa complessità, di esprimere le proprie idee, di adottare un registro linguistico appropriato alle diverse situazioni.	
2	Comunicazione nelle lingue straniere	È in grado di esprimersi in lingua inglese a livello elementare (A2 del Quadro Comune Europeo di Riferimento) e, in una seconda lingua europea, di affrontare una comunicazione essenziale in semplici situazioni di vita quotidiana. Utilizza la lingua inglese anche con le tecnologie dell'informazione e della comunicazione.	
3	Competenza matematica e competenze di base in scienza e tecnologia	Utilizza le sue conoscenze matematiche e scientifico-tecnologiche per analizzare dati e fatti della realtà e per verificare l'attendibilità di analisi quantitative proposte da altri. Utilizza il pensiero logico-scientifico per affrontare problemi e situazioni sulla base di elementi certi. Ha consapevolezza dei limiti delle affermazioni che riguardano questioni complesse.	
4	Competenze digitali	Utilizza con consapevolezza e responsabilità le tecnologie per ricercare, produrre ed elaborare dati e informazioni, per interagire con altre persone, come supporto alla creatività e alla soluzione di problemi.	
5	Imparare ad imparare	Possiede un patrimonio organico di conoscenze e nozioni di base ed è allo stesso tempo capace di ricercare e di organizzare nuove informazioni. Si impegna in nuovi apprendimenti in modo autonomo.	
6	Competenze sociali e civiche	Ha cura e rispetto di sé e degli altri come presupposto di uno stile di vita sano e corretto. È consapevole della necessità del rispetto di una convivenza civile, pacifica e solidale. Si impegna per portare a compimento il lavoro iniziato, da solo o insieme ad altri.	
7	Spirito di iniziativa*	Ha spirito di iniziativa ed è capace di produrre idee e progetti creativi. Si assume le proprie responsabilità, chiede aiuto quando si trova in difficoltà e sa fornire aiuto a chi lo chiede. È disposto ad analizzare se stesso e a misurarsi con le novità e gli imprevisti.	

8	Consapevolezza ed espressione culturale	Riconosce ed apprezza le diverse identità, le tradizioni culturali e religiose, in un'ottica di dialogo e di rispetto reciproco.	
		Si orienta nello spazio e nel tempo e interpreta i sistemi simbolici e culturali della società.	
		In relazione alle proprie potenzialità e al proprio talento si esprime negli ambiti che gli sono più congeniali: motori, artistici e musicali.	
9	L'alunno/a ha inoltre mostrato significative competenze nello svolgimento di attività scolastiche e/o extrascolastiche, relativamente a:		

* *Sense of initiative and entrepreneurship* nella Raccomandazione europea e del Consiglio del 18 dicembre 2006
Gli indicatori esplicativi dei livelli sono identici per la primaria sia ????

Gli indicatori esplicativi dei livelli sono identici per il modello della primaria e del primo ciclo di istruzione:

Livello	Indicatori esplicativi
A–Avanzato	L'alunno/a svolge compiti e risolve problemi complessi, mostrando padronanza nell'uso delle conoscenze e delle abilità; propone e sostiene le proprie opinioni e assume in modo responsabile decisioni consapevoli.
B–Intermedio	L'alunno/a svolge compiti e risolve problemi in situazioni nuove, compie scelte consapevoli, mostrando di saper utilizzare le conoscenze e le abilità acquisite.
C–Base	L'alunno/a svolge compiti semplici anche in situazioni nuove, mostrando di possedere conoscenze e abilità fondamentali e di saper applicare basilari regole e procedure apprese.
D–Iniziale	L'alunno/a, se opportunamente guidato/a, svolge compiti semplici in situazioni note.

Al di là dei vari modelli di certificazione, una scuola che abbia come orizzonte lo sviluppo delle competenze deve essere sostenuta da una cultura della valutazione che metta al centro, soprattutto nella scuola del primo ciclo:

— **la funzione prevalentemente formativa della valutazione**: offrire agli alunni la possibilità non solo di riflettere sul percorso compiuto, ma anche di promuovere una maggiore consapevolezza delle proprie capacità;
— **il valore del processo rispetto al prodotto**: oggetto della valutazione non possono essere solo le singole prestazioni o la somma di esse, ma tutto il percorso, le difficoltà incontrate, i passi ancora da compiere per arrivare ai traguardi prefissati;

— **il carattere trasparente della valutazione** che implica la chiarezza e l'informazione sui criteri di riferimento;
— **il carattere partecipativo** in quanto coinvolge alunni, docenti, genitori in un'azione condivisa attraverso la quale la valutazione si configura come ricerca di senso e assunzione di responsabilità.

La valutazione non può essere considerata come qualcosa di inerte e di chiuso, ma come problema aperto, in continuo movimento e trasformazione.

Essa è parte integrante del nostro fare e agire quotidiano, qualunque scelta, qualunque azione comporta una responsabilità valutativa, per questo non è indifferente, ma agisce come aspettativa, come elemento fondante per la crescita non solo cognitiva ma anche, e soprattutto, affettiva degli allievi e, forse, è per questo che l'educare e il valutare diventano sempre più difficili e problematici.

5 La valutazione nel primo e nel secondo ciclo di istruzione (rinvio)

Per la disciplina della valutazione nel primo e nel secondo ciclo di istruzione si rinvia alla Parte V.

In sintesi

- **Concetto di valutazione**: valutare significa attribuire un valore. Prima degli anni '60 era strumento di discriminazione e di selezione che trovava la sua massima espressione nei voti e nelle pagelle. Era un atto esclusivo del docente, esterna al processo di insegnamento/apprendimento. Dopo gli anni '60 diventa strumento di riflessione, analisi, ripensamento, mezzo per regolare e modificare l'attività di insegnamento e di apprendimento. Vi è una stretta interdipendenza tra valutazione e programmazione.
- **Punti cardine della valutazione**:
  - funzione prevalentemente formativa;
  - valore del processo rispetto al prodotto;
  - carattere trasparente della valutazione, che implica la chiarezza e l'informazione sui criteri di riferimento;
  - carattere partecipativo in quanto coinvolge alunni, docenti, genitori in un'azione condivisa.
- **Valutazione autentica o alternativa**: critica la valutazione tradizionale, che controlla e verifica la «riproduzione» ma non la «costruzione» e lo «sviluppo» della conoscenza. La valutazione autentica o alternativa si fonda, invece, sulla convinzione che l'apprendimento scolastico non si dimostra con l'accumulo di nozioni, ma con la capacità di generalizzare, di trasferire e di utilizzare la conoscenza acquisita a contesti reali.
- **Strumenti di verifica**: possono essere prove oggettive o soggettive. Le prove oggettive (strutturate o semistrutturate) hanno il vantaggio di non lasciare alla soggettività dell'insegnante la valutazione dell'apprendimento. Presentano però il limite di lasciar riconoscere la correttezza della risposta, ma non la sua comprensione profonda. Le prove soggettive (tema, interrogazioni, compiti di realtà) dipendono molto dalla soggettività del valutatore ma possono essere più efficaci per valutare una competenza, soprattutto se accompagnate da rubriche di valutazione.
- **Rubriche di valutazione**: sono strumenti (es. una scala di punteggi) utilizzati per valutare prestazioni complesse. Si distinguono in analitiche e olistiche.
- **Certificazione delle competenze**: la C.M. 3/2015 ha introdotto un modello di certificazione sperimentale, adottato dal D.M. 742/2017 come modello nazionale per la scuola del primo ciclo. In esso:
  - la certificazione viene ancorata al *Profilo delle competenze* definito nelle *Indicazioni Nazionali per il curricolo*;
  - c'è un riferimento esplicito alle competenze chiave individuate dall'Unione Europea;
  - gli indicatori di competenza vengono presentati in ottica trasversale;
  - c'è un collegamento con tutte le discipline del curricolo e viene evidenziato, nel contempo, l'apporto che ogni disciplina può dare alla costruzione di quella specifica competenza;
  - vengono definiti 4 livelli di competenza e gli indicatori esplicativi di ognuno.

III
Inclusione a scuola

Sommario Parte III

1 | La scuola dell'integrazione e dell'inclusione: gli alunni disabili

2 | Inclusione di alunni con DSA e BES

3 | Inclusione e multiculturalità

4 | Bullismo, devianza e dispersione scolastica

5 | Continuità educativo-didattica e orientamento

6 | Orientamento e didattica orientativa

1
La scuola dell'integrazione e dell'inclusione: gli alunni disabili

1 L'inclusione

Nel linguaggio comune spesso si tende ad usare i termini *integrazione* e *inclusione*, in riferimento al mondo della scuola, come **sinonimi**.

In realtà, possiamo dire che l'**integrazione** è un **concetto superato**, anche se innovatore rispetto all'impostazione originaria che riteneva che i disabili dovessero seguire percorsi di istruzione separati da quelli ordinari. Esso fa riferimento, infatti, a un modello risalente agli anni '70 in cui si incentivava l'inserimento del disabile in una classe comune, in una classe però pensata per alunni normodotati.

Dal 2009, in seguito ad alcuni interventi normativi, **si è passati al concetto di inclusione**: *non è l'alunno con problemi che deve «integrarsi»* all'interno di una classe di normodotati, *ma è la scuola, la classe che deve includerlo, accoglierlo*, rimodellando il suo stesso approccio didattico e valorizzando la diversità che diventa risorsa anche per il gruppo.

Le sole norme però non bastano a risolvere il problema dell'inclusione che investe la sfera della didattica ma anche quella psicopedagogica, antropologica e culturale. Essa richiede un impegno faticoso, in cui la posta in gioco non è solo la convivenza di soggetti diversi l'uno all'altro, ma la progressiva capacità di intendersi, condividere progetti, coltivare speranze comuni.

Per parlare di inclusione è necessario il riconoscimento e il rispetto di attitudini personali, di storie e tradizioni.

L'*inclusione degli allievi stranieri*, ad esempio, potrebbe essere per la scuola un una preziosa occasione per mettere a confronto storie diverse, recuperare il senso della nostra memoria e di quella altrui. Ad una società segnata da una molteplicità di significati e dall'indebolimento dei valori tradizionali, dovrebbe far riscontro una scuola che faccia riscoprire alle nuove generazioni innanzitutto **il senso della memoria**, vale a dire quel patrimonio simbolico, ricco di significati, elaborato dalle generazioni precedenti, che, pur non essendo più presente, costituisce, tuttavia, un elemento fondante ed integrante del tessuto delle relazioni sociali. Sappiamo, infatti, che una persona, una comunità cresce e si sviluppa se sa raccontare la sua storia. Storia in senso proprio. Storia che non serve per conoscere soltanto il passato, ma per **indirizzare il presente verso un futuro** caratterizzato da evoluzione ed apertura[1].

---

[1] A. Pajno, G.Chiosso, G. Bertagna, *L'autonomia delle scuole*, Editrice La Scuola, Brescia, 1997.

Partire dalla **propria storia** non significa solo dire chi siamo stati e capire chi siamo adesso, definire il proprio sé, ma anche ricavare dall'intreccio biografico di esperienze passate e presenti i segni che ci indichino quali sono le nostre attitudini e quali direzioni intraprendere.

Solo se siamo consapevoli della nostra storia, potremo confrontarci ed accogliere altre storie collettive, altre esperienze culturali, nella prospettiva della comprensione del diverso e della valorizzazione di ciò che c'è di nuovo e di specifico.

Ciò richiede per i **docenti un profondo cambiamento di stile e di comportamento** e una precisa **capacità di progettare percorsi formativi** in stretta collaborazione con tutti coloro che sono responsabili dell'educazione dei giovani, **famiglie**, **territorio**, **enti locali**, sviluppando una **struttura formativa sistemica** in cui tutti i soggetti preposti alla formazione dei giovani si configurino come decentrati, proiettati cioè verso un altro diverso da sé.

La scuola diventa così il luogo in cui si fa riflessione critica su tutti gli stimoli provenienti dalle diverse agenzie formative presenti sul territorio, il luogo in cui si creano le basi motivazionali e strumentali per costruire un processo evolutivo continuo, in modo che la conoscenza dia un vero significato al vivere e all'agire umano.

1.1 La didattica inclusiva

Non è possibile, in questa sede, illustrare dettagliatamente le diverse **metodologie educativo-didattiche** che possono favorire una vera inclusione perché bisognerebbe prevedere una gamma di interventi da adattarsi a una molteplicità di casi. L'area dei soggetti da includere è, infatti, molto più ampia di quella riferibile esplicitamente alla presenza di un deficit specifico.

In ogni classe ci sono alunni che presentano una richiesta di speciale attenzione per una varietà di ragioni: svantaggio sociale e culturale, disturbi specifici di apprendimento e/o disturbi evolutivi specifici, difficoltà derivanti dalla non conoscenza della cultura e della lingua italiana perché appartenenti a culture diverse etc.

Nelle pagine che seguono, ci limiteremo, pertanto, a **proporre alcune linee di azione** in grado di dare risposte ai bisogni educativi speciali che alcuni alunni esprimono. Per essere efficaci, è importante che queste strategie *diventino una costante del fare scuola quotidiano* e che attraversino tutti i tempi, i modi, le discipline di insegnamento. Una scuola può dirsi veramente inclusiva quando **normalità e specialità** si influenzano modificandosi e arricchendosi vicendevolmente, quando **coinvolge tutti i docenti** e non solo quello di sostegno, quando **si rivolge a tutto il gruppo classe**.

Tutti i docenti devono essere in grado di programmare e declinare la propria disciplina in modo inclusivo, adottando una didattica creativa, adattiva, flessibile e il più possibile vicina alla realtà. Il lavoro progettato dovrebbe poggiare, pertanto, su un riferimento metodologico comune e utilizzare una pluralità di strategie che permettano anche agli allievi BES di applicare quelle che meglio si adattano ai loro bisogni e al loro stile di apprendimento.

Nel documento «**Profilo dei docenti inclusivi**», elaborato nel 2012, dalla *European Agency for Development in Special Needs Education*, vengono delineati quattro valori di riferimento che delineano il *profilo del docente inclusivo*:

— **valutare la diversità degli alunni**: la differenza tra gli alunni è una risorsa e una ricchezza;
— **sostenere gli alunni**: i docenti devono coltivare aspettative alte sul successo scolastico degli studenti;
— **lavorare con gli altri**: la collaborazione e il lavoro di gruppo sono approcci essenziali per tutti i docenti;
— **garantire l'aggiornamento professionale continuo**: l'insegnamento è una attività di apprendimento e i docenti hanno la responsabilità del proprio apprendimento permanente per tutto l'arco della vita.

Sul piano più spiccatamente operativo una didattica inclusiva dovrebbe poi far leva su alcuni punti, vale a dire:

— **favorire la cultura dell'accoglienza**.

 I bisogni permanenti dell'«io» (bisogno di accettazione dei propri limiti, di comprensione di se stessi e degli altri, di ricerca ed affermazione della propria identità) rappresentano aspetti fondanti di tutto il sistema educativo. Pertanto, **orientare il percorso didattico** verso la realizzazione di attività che hanno come oggetto **la propria storia**, **la riflessione sui propri comportamenti** e sui propri **valori e sentimenti** può offrire una prima preziosa opportunità per riconoscersi, crescere consapevolmente, maturare affettività e coscienza di sé.
 È importante, perciò, che si lasci largo spazio agli allievi di **potersi raccontare**, in modo che ciascuno abbia la possibilità di proporre se stesso, i propri desideri senza forzature o obblighi. In questo modo si sottolinea che tutti hanno cittadinanza all'interno della classe.
 Ciò può diventare strumento di conoscenza reciproca e mettere le basi per quella **dimensione relazionale dell'apprendimento**, definita «*piattaforma comunicativa*», che è elemento fondamentale per essere riconosciuti dagli altri, affermare la nostra identità e accrescere l'autostima. Un contesto scolastico che stimoli la conoscenza di sé e l'autostima fa accrescere notevolmente la possibilità che le potenzialità individuali possano sprigionarsi e liberarsi al meglio e che la scuola venga accettata in maniera positiva;

— **favorire la didattica personalizzata/ individualizzata**.

 Personalizzare gli apprendimenti è cosa diversa dall'attuare una didattica *a tu per tu, singolarmente assistita,* così come si procede, a volte, nei confronti degli allievi portatori di disabilità (→ anche *infra*).
 Personalizzare significa attuare un lavoro corale e soggettivamente interconnesso in modo che ciascuno possa crescere culturalmente in maniera originale e diversa stabilendo un contatto *sociale* con tutti gli altri membri della classe.
 Purtroppo, in questo sta uno dei più problemi che rendono più difficile l'integrazione di tutti gli alunni nella realtà scolastica.

È concetto, ormai universalmente accettato, che la Scuola debba essere una Scuola per tutti. I dubbi sono molto più diffusi quando essa è chiamata a fare **un progetto per «ciascuno»**.

Gli allievi, come visto, sono delle «personalità singolari», degli «individui» diversi tra loro per capacità, attitudini, ambienti di provenienza, stili di apprendimento che richiedono, pertanto, approcci metodologici e didattici fortemente differenziati. Malgrado ciò, l'organizzazione scolastica è andata sempre alla ricerca di un alunno medio, di un alunno tipo entro cui comprendere, secondo un criterio di omogeneità e di uniformità, le molteplici differenze individuali.

Non è facile per un docente «governare» la diversità, dare risposta concreta ai bisogni di ciascun alunno che, proprio perché individuo, rappresenta se stesso con le proprie esigenze e le proprie richieste. Non è facile realizzare una didattica tanto efficace da offrire a ciascun alunno uno spazio educativo in cui egli abbia un ruolo attivo e sia capace di esercitare il proprio controllo sullo sviluppo e sugli esiti dell'apprendimento[2].

Personalizzare significa, infatti, **agire contestualmente su più piani**: il primo è quello *didattico*, che si traduce in rompere il modello tradizionale di insegnamento costituito da una uniformità di contenuti e metodologie con modello più innovativo che renda fattibile la diversificazione dei processi di apprendimento.

Il secondo piano è quello *metodologico* finalizzato ad utilizzare strategie di tipo metacognitivo che possano permettere a **ciascun allievo** di diventare *strategicamente intelligente,* vale a dire di riflettere sul proprio apprendimento, di fare un monitoraggio di quanto gli accade; imparare dagli errori e con forme socializzate di apprendimento; e che possano permettere a **ciascun docente** di comprendere che non è possibile percorrere tutte le strade utilizzando sempre il medesimo rapporto, ma che è necessario avere a disposizione **un *set* di strategie formative e didattiche** che agevolino l'apprendimento permettendo agli alunni più capaci di procedere con un passo spedito senza abbandonare chi, più fondista, procede lentamente;

— **realizzare attività che favoriscano la socializzazione e la relazione di aiuto**.

È il singolo allievo che impara, ma non impara da solo; egli si appropria pienamente di un sapere solo se è integrato in un contesto che dà senso a ciò che apprende. A tal fine è importante che gli allievi possano conoscersi attraverso una **dimensione interattiva dell'apprendimento**, sviluppando, nel contempo, le loro potenzialità naturali, la loro curiosità, la loro creatività. Senza questa dimensione sociale non c'è vero apprendimento.

Per questo è opportuno proporre **attività che coinvolgano l'intera classe** per veicolare il messaggio che, in quanto persone inserite in un gruppo, ogni emozione, sentimento o difficoltà di un compagno ci appartiene e costituisce una risorsa per noi e per l'altro. Chi si sente al **sicuro all'interno di un gruppo** è più propenso a chiedere e a fornire aiuto, a mettersi dal punto di vista dell'altro, a riconoscerne bisogni e stati d'animo. Si attiva così anche la predisposizione a uno sviluppo cognitivo più elevato. Costruire delle interazioni di gruppo nel processo di apprendimento impedisce ai ragazzi, soprattutto a quelli in difficoltà, di sentirsi isolati e, talvolta, ai margini della classe. Lavorando insieme

---

[2] V. Stanzial, *Unitarietà ed individualizzazione,* Fabbri Editori, Milano, 1996.

essi sprigionano energie, producono idee, condividono la responsabilità dell'apprendimento, acquistano fiducia in se stessi;

— **utilizzare tecnologie informatiche**.

Per favorire l'inclusione degli allievi in difficoltà un valido aiuto può venire dall'utilizzo delle **tecnologie informatiche** (→ anche Parte IV, Cap. 1, par. 11). L'utilizzo delle tecnologie multimediali nella scuola diventa occasione per **sperimentare nuove strategie didattiche** e formative per agevolare l'acquisizione e lo sviluppo di abilità cognitive e metacognitive, aiutando l'alunno nell'organizzazione e sistematizzazione del proprio sapere, fondato prevalentemente sullo scambio comunicativo.

Esse offrono l'occasione affinché la scuola possa ridefinire il suo impianto culturale, la sua forma di insegnamento, le sue modalità di interazione. La multimedialità non è semplicemente un nuovo supporto entro il quale far veicolare i vecchi contenuti di conoscenza. È qualche cosa di più, è qualche cosa di radicalmente diverso: è la revisione di questi contenuti, la revisione di questi impianti; è la mobilitazione di energie e di creatività in direzioni assolutamente nuove per la scuola che ha il dovere di fornire questi linguaggi se non vuole creare nuove forme di marginalità o di analfabetismo.

Il termine *alfabetizzare* si carica così di una connotazione più ampia: aprirsi ad altre vie di incontro, diventare lo strumento di una nuova forma di comunicazione, arricchirsi di nuovi significati e valori, quello dell'apertura al mondo e alle culture diverse.

2 Gli alunni disabili

Negli anni '70, con la L. 517/1977 il principio costituzionale dell'**eguaglianza sostanziale** di cui all'art. 3 Cost. trovò riscontro concreto anche nell'ambito scolastico: in una scuola realmente democratica e, per volontà del Costituente, *aperta a tutti*, avevano trovato posto anche **alunni handicappati**, accanto ad **alunni normodotati**, e la progettazione di attività scolastiche ed iniziative di sostegno a favore degli alunni portatori di *handicap* doveva essere realizzata con appositi docenti in possesso di particolari titoli di specializzazione (*insegnanti di sostegno*).

Si ruppe così l'impostazione didattica tradizionale per consentire *l'apertura delle classi* e la *collegialità dell'insegnamento*.

La L. 104/1992 (*Legge quadro per l'assistenza, l'integrazione sociale e i diritti delle persone handicappate*), tuttora vigente (seppur con le modifiche introdotte dal **D.Lgs. 66/2017**, di attuazione della Buona scuola) ha affrontato la problematica dell'handicap anche a livello scolastico: in particolare, l'art. 13 della legge quadro garantisce il *diritto all'educazione e all'istruzione della persona handicappata nelle scuole di ogni ordine e grado*.

La formazione educativa del disabile è diventata, da allora e tutt'oggi, oggetto di un piano educativo individualizzato (PEI), alla cui definizione provvedono congiuntamente, con la collaborazione dei genitori della persona disabile, gli operatori delle aziende sanitarie locali e, per ciascun grado di istruzione, il personale specializzato della scuola (ciò vale **fino al 1°-9-2019**, → *infra*).

DIDATTICA INDIVIDUALIZZATA E PERSONALIZZATA

I termini di **individualizzazione** e **personalizzazione** della didattica (spesso erroneamente usati come sinonimi) sono ben esplicitati nella *Linee Guida sui disturbi specifici di apprendimento* allegate al D.M. 12 luglio 2011, n. 5669, di cui riportiamo uno stralcio.

«La Legge 170/2010 dispone che le istituzioni scolastiche garantiscano "l'uso di una didattica individualizzata e personalizzata, con forme efficaci e flessibili di lavoro scolastico che tengano conto anche di caratteristiche peculiari del soggetto, quali il bilinguismo, adottando una metodologia e una strategia educativa adeguate".
I termini "individualizzata" e "personalizzata" non sono, come detto, da considerarsi sinonimi. In letteratura, la discussione in merito è molto ampia e articolata. Ai fini di questo documento, è possibile individuare alcune definizioni che, senza essere definitive, possono consentire di ragionare con un vocabolario comune. È comunque preliminarmente opportuno osservare che la legge 170/2010 insiste più volte sul tema della didattica individualizzata e personalizzata come strumento di garanzia del diritto allo studio, con ciò lasciando intendere la centralità delle metodologie didattiche, e non solo degli strumenti compensativi e delle misure dispensative, per il raggiungimento del successo formativo degli alunni con DSA.

"**Individualizzato**" è l'intervento calibrato sul singolo, anziché sull'intera classe o sul piccolo gruppo, che diviene "**personalizzato**" quando è rivolto ad un particolare discente. Più in generale - contestualizzandola nella situazione didattica dell'insegnamento in classe - **l'azione formativa individualizzata pone obiettivi comuni** per tutti i componenti del gruppo-classe, ma è concepita *adattando le metodologie in funzione delle caratteristiche individuali dei discenti*, con l'obiettivo di assicurare a tutti il conseguimento delle competenze fondamentali del curricolo, comportando quindi attenzione alle differenze individuali in rapporto ad una pluralità di dimensioni.
L'azione formativa personalizzata ha, in più, l'obiettivo di dare a ciascun alunno l'opportunità di sviluppare al meglio le proprie potenzialità e, quindi, può porsi **obiettivi diversi per ciascun discente**, essendo strettamente legata a quella specifica ed unica persona dello studente a cui ci rivolgiamo.
Si possono quindi proporre le seguenti **definizioni**.
La **didattica individualizzata** consiste nelle attività di recupero individuale che può svolgere l'alunno per potenziare determinate abilità o per acquisire specifiche competenze, anche nell'ambito delle strategie compensative e del metodo di studio; tali attività individualizzate possono essere realizzate nelle fasi di lavoro individuale in classe o in momenti ad esse dedicati, secondo tutte le forme di flessibilità del lavoro scolastico consentite dalla normativa vigente.
La **didattica personalizzata**, invece, anche sulla base di quanto indicato nella legge 53/2003 e nel decreto legislativo 59/2004, calibra l'offerta didattica, e le modalità relazionali, sulla specificità ed unicità a livello personale dei bisogni educativi che caratterizzano gli alunni della classe, considerando le differenze individuali soprattutto sotto il profilo qualitativo; si può favorire, così, l'accrescimento dei punti di forza di ciascun alunno, lo sviluppo consapevole delle sue 'preferenze' e del suo talento. Nel rispetto

degli obiettivi generali e specifici di apprendimento, la didattica personalizzata si sostanzia attraverso l'impiego di una **varietà di metodologie e strategie didattiche**, tali da promuovere le potenzialità e il successo formativo in ogni alunno: l'*uso dei mediatori didattici* (schemi, mappe concettuali, etc.), l'*attenzione agli stili di apprendimento*, la *calibrazione degli interventi sulla base dei livelli raggiunti*, nell'ottica di promuovere un *apprendimento significativo*.

La **sinergia fra didattica individualizzata e personalizzata** determina dunque, per l'alunno e lo studente con DSA, le condizioni più favorevoli per il raggiungimento degli obiettivi di apprendimento.

La legge 170/2010 richiama inoltre le istituzioni scolastiche all'obbligo di garantire "l'introduzione di strumenti compensativi, compresi i mezzi di apprendimento alternativi e le tecnologie informatiche, nonché misure dispensative da alcune prestazioni non essenziali ai fini della qualità dei concetti da apprendere".

Gli **strumenti compensativi** sono strumenti didattici e tecnologici che sostituiscono o facilitano la prestazione richiesta nell'abilità deficitaria. [...] Tali strumenti sollevano l'alunno o lo studente con DSA da una prestazione resa difficoltosa dal disturbo, senza peraltro facilitargli il compito dal punto di vista cognitivo. L'utilizzo di tali strumenti non è immediato e i docenti - anche sulla base delle indicazioni del referente di istituto - avranno cura di sostenerne l'uso da parte di alunni e studenti con DSA.

Le **misure dispensative** sono invece interventi che consentono all'alunno o allo studente di non svolgere alcune prestazioni che, a causa del disturbo, risultano particolarmente difficoltose e che non migliorano l'apprendimento. [...] L'adozione delle misure dispensative, al fine di non creare percorsi immotivatamente facilitati, che non mirano al successo formativo degli alunni e degli studenti con DSA, dovrà essere sempre valutata sulla base dell'effettiva incidenza del disturbo sulle prestazioni richieste, in modo tale, comunque, da non differenziare, in ordine agli obiettivi, il percorso di apprendimento dell'alunno o dello studente in questione» (→ *amplius* Cap. 2, par. 2.1).

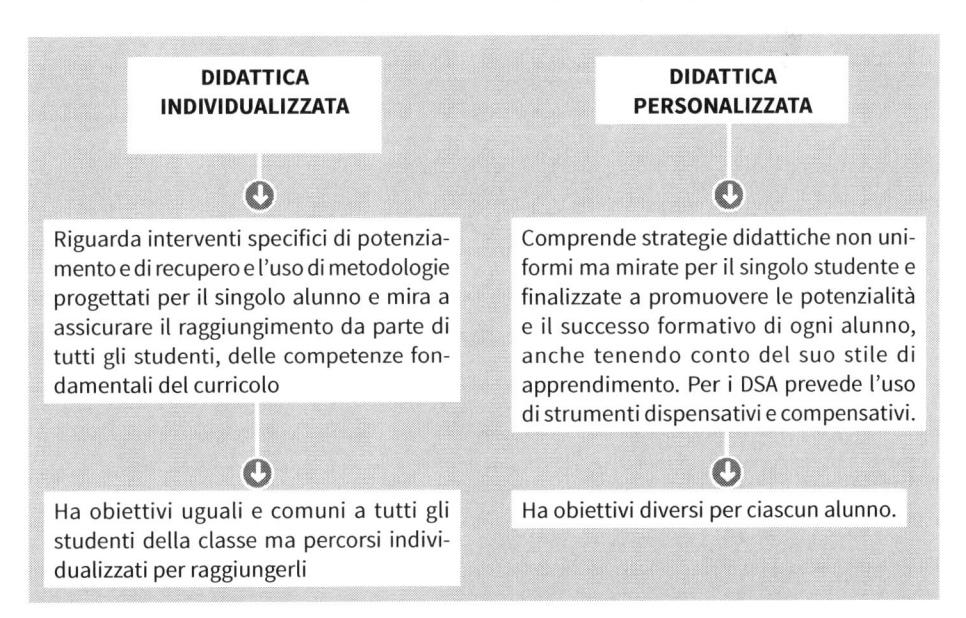

DIDATTICA INDIVIDUALIZZATA	DIDATTICA PERSONALIZZATA
Riguarda interventi specifici di potenziamento e di recupero e l'uso di metodologie progettati per il singolo alunno e mira a assicurare il raggiungimento da parte di tutti gli studenti, delle competenze fondamentali del curricolo	Comprende strategie didattiche non uniformi ma mirate per il singolo studente e finalizzate a promuovere le potenzialità e il successo formativo di ogni alunno, anche tenendo conto del suo stile di apprendimento. Per i DSA prevede l'uso di strumenti dispensativi e compensativi.
Ha obiettivi uguali e comuni a tutti gli studenti della classe ma percorsi individualizzati per raggiungerli	Ha obiettivi diversi per ciascun alunno.

La confusione in cui spesso si incorre quando si parla di individualizzazione e personalizzazione nasce anche da un uso indiscriminato che di tali concetti fanno le stesse fonti normative[3].

Fin qui i concetti d'individualizzazione e personalizzazione come vengono esplicitati *nelle Linee guida sui disturbi specifici di apprendimento* allegate al D.M. 12 luglio 2011, n. 5669. In effetti, come già detto, la distinzione tra i due termini è più formale che sostanziale. Sinteticamente potremmo affermare che la differenza consiste prevalentemente nella natura laica del primo e nella matrice cattolica del secondo[4].

Come riporta H.C.A Chang nel *Dizionario delle scienze dell'educazione* l'individualizzazione: "è un principio che afferma la necessità di rispettare, nel contesto dell'azione educativo-didattica le differenze sia individuali che intra-individuali in rapporto a interessi, capacità, ritmi, attitudini…"

Essa pertanto oltre che riferirsi ai soggetti deboli o agli allievi DSA, deve riguardare tutti gli allievi nel loro complesso, bravi e meno bravi, dotati e meno dotati, favorendo l'incontro tra personalità diverse e soprattutto la socializzazione.

La personalizzazione, afferma G. Allport, teorico della personalità, parte dal presupposto che *nessun uomo è un sosia*. Ciascuno pur avendo tratti di similarità con quelli degli altri se ne differenzia per caratteristiche individuali, psicologiche, sociali.

Per questo individualizzare o personalizzare non possono significare concentrarsi sull'allievo, praticare un insegnamento *a tu per tu*, ma facilitare anche l'incontro con gli altri. "Vivere in società significa sviluppare insieme l'appartenenza e la distanza critica, sapersi porre e opporre, saper partecipare dall'interno ma anche, occorrendo dall'esterno alle sedi significative della cultura, della politica e del lavoro[5]". In altre parole armonizzare la socializzazione con i bisogni di ciascuno.

---

[3] «… se *didattica individualizzata* significa differenziare la metodologia didattica e non gli obiettivi, perché per gli **alunni con disabilità**, con i quali si adatta praticamente tutto, si predispone un **PEI** (Piano Educativo Individualizzato)? Viceversa, è proprio per gli alunni con DSA che si dovrebbe intervenire sull'individualizzazione, considerando che — sempre secondo quelle Linee Guida —, per loro la progettazione educativa deve intervenire ma "non differenziare, in ordine agli obiettivi, il percorso di apprendimento dell'alunno o dello studente in questione". Se è così, quindi, **perché** il documento di programmazione dei DSA **si chiama PDP**, Piano Didattico Personalizzato, e non Individualizzato come sarebbe logico in base alla definizione? Tra parentesi, consiglio sempre la "regola dei contrari" a quei "poveretti" di prima, quelli cioè che devono preparare un concorso o un esame e sono obbligati a distinguere tra due termini del tutto arbitrari e scollegati rispetto al linguaggio comune e che quindi tendono a confonderli: hai presente il PEI? Si chiama individualizzato, ma si fa personalizzazione. E il PDP si chiama personalizzato, ma riguarda l'individualizzazione. Basta capovolgere tutto, facile. O no?".
F. Fogarolo, "*Personalizzare, individualizzare e altri bizantinismi*", in *Superando.it*, 2014.

[4] C. Petracca, op. cit.

[5] L. Corradini, *Diritto all'educazione e allo studio e uguaglianza delle opportunità* in M. Laeng, *Atlante pedagogico*, Tecnodid, Napoli, 1980.

Nell'originaria formulazione della L. 104/1992 è considerata **persona con handicap** colui che presenta «una minorazione fisica, psichica o sensoriale, stabilizzata o progressiva, che è causa di difficoltà di apprendimento, di relazione o di integrazione lavorativa e tale da determinare un processo di svantaggio sociale o di emarginazione». In seguito alla classificazione ICF (*International Classification of Functioning, Disability and Health*) dell'Organizzazione mondiale della sanità, è scomparso il termine handicap, sostituito ora dal termine **disabilità**.

Nel sistema scolastico italiano il diritto allo studio degli alunni disabili prevede, in primis, il loro diretto inserimento nella vita scolastica, stabilendo misure di accompagnamento alle quali concorrono a livello territoriale, nel riparto di competenze, oltre allo *Stato*, anche gli *enti locali e il Servizio sanitario nazionale*.

La scuola rappresenta, così, oggi uno dei principali contesti nei quali il diritto di cittadinanza dei disabili si realizza mediante l'inclusione all'interno del sistema educativo, senza forme di esclusione.

Il Ministero dell'Istruzione prevede varie misure di accompagnamento per favorire la piena integrazione scolastica degli alunni disabili: *docenti di sostegno, finanziamenti di progetti e attività per l'integrazione* e così via. A livello *nazionale* è istituito l'**Osservatorio permanente per l'inclusione scolastica** (art. 15 D.Lgs. 66/2017) presieduto dal Ministro e composto da tutti gli attori istituzionali coinvolti nei processi di inclusione, comprese le associazioni e gli studenti.

Rientrano nell'ambito della **disabilità certificata** tutte le problematiche patologiche che derivano da deficit psicomotori, sensoriali (vista, udito etc.) o psichici (es. autismo).

Si tenga presente che la classificazione delle problematiche psicopatologiche è stata oggetto di revisione nel *Manuale diagnostico e statistico dei disturbi mentali* (DSM V) pubblicato in edizione italiana nell'aprile 2014.

La legge n. 104 del 1992 individuava alcuni strumenti di istruzione e formazione necessari alla effettiva integrazione degli alunni con disabilità:
— la Diagnosi Funzionale (DF);
— il Profilo Dinamico Funzionale (PDF);
— il Piano Educativo Individualizzato (PEI).

Tali documenti, redatti in collaborazione con il Servizio Sanitario Nazionale con lo scopo di riscontrare le potenzialità funzionali dell'alunno con disabilità per costruire adeguati percorsi di autonomia, di socializzazione e di apprendimento, sono applicabili ancora **fino al 1°-9-2019**, data a partire dalla quale entrerà in vigore il nuovo regime previsto dal **D.Lgs. 66/2017** (l'originario termine di entrata in vigore della nuova disciplina — 1° gennaio 2019 — è stato posticipato al 1° settembre 2019 dalla **L. 145/2018**, *Legge di bilancio 2019*).

2.1 Il percorso per l'inserimento scolastico dell'alunno disabile secondo la vecchia disciplina

Nella **fase transitoria**, cioè **fino al 1°-9-2019**, vige ancora la disciplina secondo la quale, prima di procedere all'iscrizione nella scuola dell'obbligo, i genitori devono recarsi all'ASL di appartenenza e richiedere:
— la **certificazione medica o diagnosi clinica** (art. 2 D.P.R. 24 febbraio 1994)[6], rilasciata da uno specialista, che accerta il tipo e la gravità del deficit;
— la **diagnosi funzionale** (art. 3 D.P.R. 24 febbraio 1994)[1], un documento fondamentale che non si limita ad accertare tipo e gravità del deficit, ma si propone anche come descrizione analitica della compromissione funzionale dello stato psico-fisico dell'alunno disabile, nel momento in cui accede alla struttura sanitaria. Essa presuppone l'acquisizione di elementi clinici e psico-sociali del ragazzo, compresa l'anamnesi familiare, fisiologica e patologica del soggetto. Dal momento che tale documento è finalizzato al recupero della persona, deve esplicitare in un'apposita *scheda riepilogativa* le sue potenzialità cognitive, affettivo-relazionali, linguistiche, sensoriali, motorio-prassiche, neurologiche, nonché il livello di autostima personale e sociale.

All'atto dell'**iscrizione del minore in una scuola**, la famiglia deve presentare i suddetti documenti e segnalare particolari necessità del minore sia di tipo alimentare o terapeutico, sia in riferimento al bisogno di **assistenza educativa** (trasporto, assistente all'autonomia, assistente igienico-sanitario, assistente alla comunicazione), dopodiché la scuola inoltrerà le richieste agli enti locali incaricati del servizio. Per quanto concerne invece il **sostegno didattico** la richiesta dell'insegnante di sostegno deve essere formulata dal DS all'USR all'esito di un iter articolato che vede coinvolti anche la famiglia, l'ASL e il Consiglio di classe.

Dopo una fase di valutazione e di osservazione, il Consiglio di classe, l'insegnante di sostegno, gli operatori dell'ASL e i genitori (**GLH operativo**) elaborano il **profilo dinamico funzionale (PDF)**, che viene redatto *successivamente alla diagnosi funzionale* e *prima di formulare il PEI*. Si tratta di un documento che descrive i possibili livelli di risposta dell'alunno (riferiti alle relazioni in atto e a quelle programmabili) e comprende sia la descrizione funzionale del discente in relazione alle difficoltà che egli incontra nei vari settori di attività, sia l'analisi dello sviluppo potenziale dell'allievo a breve e medio termine (con riferimento a stile cognitivo, competenze trasversali, capacità relazionale, linguistica e di comunicazione non verbale, capacità sensoriali, motorio-prassiche e neurologiche, autostima, livello di apprendimento).

2.2 La nuova disciplina del D.Lgs. n. 66/2017

Il decreto n. 66 del 13-4-2017, di attuazione della delega contenuta nella L. 107/2015, è incentrato sull'**inclusione scolastica degli alunni e degli studenti con disabilità certificata** ai sensi della L. 104/1992, che modifica direttamente in alcuni punti fondamentali, con decorrenze diverse.

---

[6] Tra le abrogazioni contenute nel D.Lgs. 66/2017, è prevista quella del D.P.R. 24-2-1994, con decorrenza 1°-9-2019 (art. 19), fatta salva l'Unità di valutazione disciplinare richiamata all'art. 5, comma 3, D.Lgs. 66/2017.

Vi si ribadisce che l'inclusione scolastica, perché sia effettiva, interessa tutte le componenti scolastiche, e non solo il docente di sostegno, ovvero dirigenti scolastici, docenti, personale ATA, studenti e famiglie nonché tutti gli operatori istituzionali.

In particolare, il decreto:

— rafforza la **partecipazione e la collaborazione delle famiglie** e delle associazioni nei processi di inclusione scolastica;
— definisce puntualmente i **compiti spettanti a ciascun attore** istituzionale coinvolto nei processi di inclusione (Stato, Regioni ed Enti locali);
— incrementa la qualificazione professionale specifica delle Commissioni mediche per gli accertamenti;
— introduce **il modello bio-psico-sociale della Classificazione** Internazionale del Funzionamento, della Disabilità e della Salute **(ICF)** adottata dall'Organizzazione Mondiale della Sanità (OMS) nell'ambito del nuovo profilo di funzionamento (è questa una delle novità più importanti della Riforma), elaborato dall'Unità di Valutazione Multidisciplinare, con la partecipazione della famiglia;
— introduce una **nuova procedura per il sostegno** didattico che sia maggiormente qualificata e tenga conto del profilo di funzionamento;
— **riordina** e rafforza i **Gruppi di lavoro per l'inclusione scolastica**;
— il **Piano Educativo Individualizzato (PEI) diventa parte integrante del Progetto Individuale**;
— prevede la misurazione della qualità dell'inclusione scolastica nei processi di valutazione delle scuole;
— prevede una **formazione specifica** per il personale docente, dirigente ed ATA;
— introduce un nuovo percorso di **formazione iniziale per i docenti di sostegno** nella scuola dell'infanzia e nella scuola primaria; per la scuola secondaria, invece, la nuova disciplina è contenuta nel decreto legislativo sulla «formazione iniziale» (decreto n. 59/2017).

Alla luce di tali modifiche, la nuova **procedura per l'inclusione** dell'alunno disabile nella scuola che, in buona sostanza, *solleva la famiglia da numerosi adempimenti burocratici* rimessi al medico di base e alla scuola, può essere suddivisa nelle seguenti fasi:

— la presentazione da parte del medico, in via telematica e su richiesta dei genitori, della **domanda di accertamento della condizione di disabilità**, corredata dalla certificazione e/o dalla documentazione del medico specialista;
— l'accertamento della condizione di disabilità e la redazione del **profilo di funzionamento**, l'individuazione e quantificazione della dimensione dell'apprendimento da parte della commissione e trasmissione ai genitori della documentazione;
— la trasmissione dei documenti dei genitori alla scuola e all'ente locale competente ai fini della elaborazione del Piano Educativo individualizzato e del Progetto individuale, ove richiesto dai genitori;
— l'elaborazione del **Progetto individuale** da parte dell'ente locale e trasmissione all'istituzione scolastica;

— la trasmissione, a cura del Dirigente scolastico al gruppo territoriale per l'inclusione (GIT) (→ *infra*) per la proposta delle risorse per il sostegno, dei seguenti documenti:
  1) certificazione, profilo di funzionamento e documenti della Commissione;
  2) Progetto individuale;
  3) Piano per l'inclusione;
— l'elaborazione del **Piano Educativo individualizzato (PEI)** da parte dell'istituzione scolastica.

2.3 Il Profilo di funzionamento

Tornando all'alunno disabile, è previsto che, successivamente all'individuazione della sua condizione di disabilità, venga redatto un **profilo di funzionamento** secondo, come anticipato, i criteri del *modello bio-psico-sociale* della Classificazione internazionale ICF adottata dall'Organizzazione Mondiale della Sanità (OMS).

Il suddetto **Profilo di funzionamento**, e qui sta la novità, **sostituisce** a partire **dal 1°-9-2019**, *la diagnosi funzionale* e *il profilo dinamico-funzionale,* e definisce la tipologia delle *misure di sostegno* e delle *risorse strutturali* necessarie per l'inclusione scolastica di cui il bambino, l'alunno o lo studente ha bisogno per una piena inclusione scolastica (cioè in esso vengono determinate le ore di sostegno).

Il Profilo di funzionamento è redatto da parte dell'*unità di valutazione multidisciplinare* presso l'ASL composta da medici, specialisti e assistenti sociali.

In più, conformemente all'idea di coinvolgere la famiglia come soggetto attivo dell'inclusione, il Profilo è redatto con la **collaborazione dei genitori** ed è documento propedeutico e necessario per l'elaborazione del Piano educativo individualizzato e del Progetto individuale.

2.4 I documenti di progettazione dell'inclusione scolastica: il PEI

Tre sono i documenti dell'inclusione scolastica degli allievi con disabilità: il *Progetto individuale*, il *Piano educativo individualizzato* e il *Piano per l'inclusione*.

Il **Progetto individuale** (regolato dall'art. 14, co. 2, L. n. 328/2000) è predisposto dal Comune, d'intesa con la ASL, e deve indicare i vari interventi sanitari, socio-sanitari e socio-assistenziali di cui possa aver bisogno il ragazzo disabile, ciò al fine di garantire una piena integrazione scolastica, lavorativa, sociale e familiare della persona con disabilità e soprattutto di coordinare tra loro i vari interventi. Il Progetto è redatto con la collaborazione della famiglia, ossia dei genitori.

Dal 1°-9-2019, il Progetto individuale comprenderà il *Profilo di funzionamento*, il PEI realizzato dalla scuola, le prestazioni sanitarie cui il disabile ha diritto, gli eventuali sussidi economici.

Il **Piano educativo individualizzato** (PEI), nell'ambito della progettazione integrata, è, invece, elaborato e approvato dai *docenti contitolari* o dal Consiglio di classe che, tenendo conto della certificazione di disabilità e del Profilo di funzionamento, programma unitamente al *docente di sostegno*, con il supporto dell'unità di *valutazione multidisciplinare* e la collaborazione dei *genitori* e delle *figure specifiche interne*, le strategie didattico-educative per il successo formativo del bambino, dell'alunno e dello studente.

Il PEI è redatto all'inizio di ogni anno scolastico, sin dalla scuola dell'infanzia ed è soggetto a verifiche periodiche, durante l'anno scolastico, per accertare il raggiungimento degli obiettivi.

Nelle scuole superiori di secondo grado, nel caso di gravi disabilità di tipo cognitivo, è possibile definire anche un **PEI differenziato** (art. 15 L. 104/1992) in cui gli obiettivi del PEI sono difformi da quelli dell'ordinamento di studi tradizionali per la classe. In questo caso l'allievo non può conseguire il titolo di studi al termine del ciclo di studi.

Il decreto prevede, come detto, anche il **Piano per l'inclusione (PI)**, il principale documento programmatico della scuola in materia, che viene predisposto da ciascuna scuola all'interno del PTOF, di cui è parte integrante, per definire le modalità per l'utilizzo coordinato delle risorse, compresi il superamento delle barriere e l'individuazione dei facilitatori del contesto di riferimento, e per progettare e programmare gli interventi di miglioramento della qualità dell'inclusione scolastica.

Infatti, si deve tener presente anche che la qualità dell'inclusione scolastica viene riconosciuta quale elemento portante dei processi di **valutazione e di autovalutazione delle scuole** (D.P.R. 80/2013) in base ad elementi quali il *Piano per l'inclusione*, il coinvolgimento e la condivisione dei progetti, processi di personalizzazione e livello di fruibilità degli strumenti.

2.5 L'insegnante di sostegno

L'**insegnante di sostegno** è un docente in possesso di specializzazione per le attività di sostegno, che viene **assegnato** alla classe in cui è stato inserito *almeno un alunno con disabilità*, per promuovere l'integrazione al suo interno (L. 104/1992). Pertanto, deve disporre del titolo conseguito mediante un percorso formativo aggiuntivo (ad oggi disciplinato dal D.M. 249/2010).

Per la funzione che assume il docente di sostegno nei confronti dell'alunno disabile è essenziale il suo coinvolgimento nella stesura del Profilo dinamico funzionale (PDF) e soprattutto del PEI.

Il **decreto** di riforma **n. 66 del 2017** introduce una **nuova disciplina** (non ancora entrata in vigore in quanto si attendono i decreti ministeriali di attuazione) anche per **l'accesso** alla carriera di docente per il sostegno didattico nella scuola dell'**infanzia** e nella scuola **primaria**.

In particolare, a decorrere dall'anno 2019, si prevede che, per l'accesso al *corso di specializzazione in pedagogia e didattica speciale* per le attività di sostegno didattico e l'inclusione, si conseguano preventivamente 60 crediti formativi universitari relativi alle didattiche dell'inclusione oltre a quelli già previsti nel corso di laurea (laddove oggi l'accesso al corso di specializzazione per il sostegno didattico è consentito con il solo conseguimento della laurea magistrale in scienze della formazione primaria).

In concreto, è richiesta una preparazione più solida sui temi dell'inclusione, fermo restando il requisito di base della *laurea abilitante in scienze della formazione primaria*. L'accesso al corso annuale di specializzazione per le attività di sostegno è subordinato al superamento di una prova predisposta dalle università (oggi il cd. TFA sostegno).

La modalità di accesso per il sostegno nella **scuola secondaria** è invece disciplinata dal decreto n. 59/2017 sulla formazione iniziale, che prevede per il docente il superamento di uno specifico concorso nazionale per il sostegno.

In merito alla formazione in servizio, sono definite, per ciascuna tipologia di personale della scuola, le **attività formative** che dovranno essere svolte in materia di inclusione scolastica. La formazione deve essere rivolta infatti **obbligatoriamente**, oltre che al docente di sostegno, anche al personale ATA e al personale dirigenziale, sia all'atto dell'immissione in ruolo che durante lo svolgimento dell'intera carriera.

2.6 Il Piano per l'inclusione

Il **Piano per l'inclusione**, come già visto, è un documento molto dettagliato predisposto da ciascuna istituzione scolastica all'interno del Piano triennale dell'offerta formativa (PTOF); esso definisce le modalità per l'utilizzo coordinato delle risorse umane, strumentali, finanziarie disponibili (art. 8 D.Lgs. 66/2017), per il superamento delle barriere architettoniche, per progettare e programmare gli interventi per la qualità dell'inclusione scolastica degli *alunni disabili*.

Anche questa disposizione non è una novità, ma una conferma che si pone in linea con quanto previsto dalla **C.M. 8/2013** che inserisce tra le funzioni del GLI anche *l'elaborazione di una proposta di* **Piano Annuale per l'Inclusività** *(PAI) riferito a tutti gli alunni con BES*. Nel PAI, ricordiamo, ogni scuola illustra tutti i progetti di inclusività (riferiti a tutti i BES) che si accinge a fare. Elaborato dal GLI, deve essere approvato dal Collegio dei docenti e inviato all'USR nonché ai GLI provinciale e regionale per la richiesta dei docenti di sostegno. In base al PAI, che è parte integrante del PTOF, gli USR assegnano alle scuole le risorse per il sostegno.

Il Piano per l'inclusione deve essere redatto entro il mese di giugno e si compone di due parti:

— nella prima si individuano i punti di forza e criticità degli interventi di inclusione posti in essere nel corso dell'anno;
— nella seconda si formulano ipotesi di utilizzo delle risorse specifiche, istituzionali e non, al fine di incrementare il livello di inclusione generale della scuola nell'anno successivo.

I Piani per l'Inclusione delle scuole vengono approvati dal Gruppo di lavoro per l'inclusione (GLI) e deliberati dal Collegio dei docenti.

Nel nuovo quadro delineato dal decreto attuativo della promozione dell'inclusione scolastica n. 66, troviamo specificato che al Gruppo per l'inclusione (GLI) spetta il compito di *supportare* il Collegio dei docenti nella definizione e realizzazione del Piano per l'inclusione e che in sede di definizione e attuazione del Piano di inclusione, il GLI si avvale della consulenza e del supporto degli studenti, dei genitori e delle associazioni delle persone con disabilità maggiormente rappresentative del territorio nel campo dell'inclusione scolastica.

I GRUPPI PER L'INCLUSIONE (GLIR-GIT-GLI)

Con l'approvazione del D.Lgs. 66/2017, è stato modificato l'art. 15 L. 104/1992 e sono istituiti **nuovi Gruppi per l'inclusione scolastica**.

Nel nuovo art. 15, così come modificato dall'art. 9 del decreto n. 66, sono disciplinati il:

— **Gruppo di lavoro interistituzionale regionale (GLIR)**, istituito (con decorrenza dal **1° settembre 2017**) presso ogni USR; esso ha compiti di consulenza e proposta all'Ufficio scolastico regionale per la definizione, l'attuazione e la verifica degli accordi di programma;
— **Gruppo per l'inclusione territoriale (GIT)** (con decorrenza dal **1° settembre 2019**), istituito *per ogni ambito territoriale*; tale organo ha il compito di procedere ad effettuare la proposta di risorse per il sostegno didattico all'USR competente per territorio;
— **Gruppo di lavoro per l'inclusione (GLI)** (con decorrenza dal **1° settembre 2017**), istituito presso ciascuna istituzione scolastica, è composto da docenti curriculari, docenti di sostegno ed eventualmente *personale ATA*, nonché specialisti dell'Azienda sanitaria locale; è nominato e presieduto dal Dirigente scolastico; ha il compito di supportare il Collegio dei docenti nella definizione e realizzazione del **Piano per l'inclusione**, e i docenti contitolari e i Consigli di classe nell'attuazione dei Piani educativi individualizzati (PEI).

In sede di definizione e attuazione del Piano di inclusione, il GLI si avvale della consulenza e del supporto degli studenti, dei genitori e delle associazioni delle persone con disabilità maggiormente rappresentative del territorio nel campo dell'inclusione scolastica.

Al fine di realizzare il Piano di inclusione e il PEI, il GLI collabora con le istituzioni pubbliche e private presenti sul territorio.

Il decreto n. 66, invece, non fa più alcun riferimento ai gruppi per l'inclusione previsti dall'art. 15 L. 104/1992 prima degli interventi di modifica, che hanno sempre operato negli istituti scolastici in questo settore:

— i GLH di istituto (**GLHI**), ormai sostituiti dai GLI (D.Lgs. 66/2017);
— i GLH operativi (**GLHO**) che restano operativi come conosciuti oggi, in mancanza di un'esplicita sostituzione, all'interno di ogni Consiglio di classe dove sono alunni che necessitano di sostegno.

Al fine di realizzare il Piano di inclusione, il GLI collabora con le istituzioni pubbliche e private presenti sul territorio, tutto ciò a sottolineare la trasversalità dell'inclusione scolastica che coinvolge diversi soggetti istituzionali.

3 La valutazione degli alunni disabili

Il decreto n. 62 del 2017 che disciplina la materia della valutazione ha modificato in alcuni punti importanti la normativa esistente riguardo agli alunni con disabilità, pur confermandone la sostanza.

Per il **primo ciclo di istruzione**, le disposizioni generali sono dettate all'art. 11, secondo il quale la valutazione degli alunni con disabilità certificata, espressa in decimi, è riferita:

— al comportamento;
— alle discipline;
— alle attività svolte sulla base del **piano educativo individualizzato**.

L'**ammissione** alla classe successiva e all'esame di Stato conclusivo del primo ciclo di istruzione avviene *tenendo a riferimento il piano educativo individualizzato* (artt. 3 e 6, per la scuola primaria e secondaria di primo grado).

Si applicano ai disabili gli artt. da 1 a 10 del decreto n. 62/2017 relativi alla valutazione in generale agli alunni del primo ciclo di istruzione (→ Parte V, Cap. 2, par. 3).

Come previsto per tutti gli alunni, anche gli alunni disabili partecipano alle **prove INVALSI**, previste come requisito di ammissione agli esami di Stato, ma la novità consiste nel fatto che per loro il Consiglio di classe può prevedere adeguate **misure compensative o dispensative** per lo svolgimento delle prove e, ove non fossero sufficienti, predisporre **specifici adattamenti** della prova ovvero l'**esonero** dalla prova (comma 4, art. 11).

La possibilità di utilizzare «misure compensative o dispensative» sino ad oggi era prevista dalla normativa solo per gli alunni con DSA; ora viene estesa, per le sole prove INVALSI, anche agli alunni con disabilità.

Per lo svolgimento dell'**esame di Stato** conclusivo del primo ciclo di istruzione, la sottocommissione, sempre sulla base del PEI predispone, se necessario ed utilizzando le risorse finanziarie disponibili, delle **prove differenziate** idonee a valutare il progresso dell'alunno in riferimento ai livelli di apprendimento iniziali. Esse hanno **valore equivalente** ai fini del superamento dell'esame e del conseguimento del diploma finale.

L'esito finale dell'esame viene determinato esattamente con gli stessi criteri previsti in generale per l'esame di Stato conclusivo.

Il D.Lgs. n. 62 introduce anche un'altra importante novità: all'alunno disabile **assente agli esami di Stato**, si rilascia un **attestato di credito formativo**, valido come titolo idoneo per l'iscrizione al secondo ciclo (scuole secondarie di secondo grado o percorsi di istruzione e formazione professionale) al solo fine di conseguire altro attestato.

Un'ulteriore novità riguarda la **certificazione delle competenze dell'alunno disabile**. Si prevede, infatti, che tale certificazione sia **coerente con il suo piano educativo individualizzato**.

Per la **scuola secondaria di secondo grado**, il decreto n. 62 in sostanza ribadisce le norme precedenti.

La valutazione degli alunni con disabilità è regolata dall'art. 16 L. 104/1992 e dall'art. 9 D.P.R. n. 122/2009, così come modificato dal D.Lgs. 62/2017.

Ai sensi dell'**art. 16 L. 104/1992**, la valutazione degli alunni con disabilità deve essere effettuata *da tutti i docenti (oltre che dal docente di sostegno)* e che deve avvenire sulla base del Piano educativo individualizzato (PEI), nel quale deve essere indicato per quali discipline siano stati adottati particolari criteri didattici e quali attività integrative e di sostegno siano state svolte, anche in sostituzione parziale dei contenuti programmatici di alcune discipline.

Per gli alunni disabili sono consentite **prove equipollenti** e tempi più lunghi per la realizzazione delle prove scritte e grafiche, la presenza di assistenti per l'autonomia e la comunicazione, nonché l'uso degli ausili loro necessari. Tali prove sono diverse nei modi di accertamento ma non nei risultati.

Se il Consiglio di classe ritiene che l'apprendimento sia globalmente riconducibile agli apprendimenti ritenuti idonei per una valutazione positiva, promuove l'alunno alla classe successiva come avviene per tutti gli alunni.

Nel caso però di disabilità gravi conseguenti soprattutto a ritardi mentali significativi, gli apprendimenti spesso non possono essere ritenuti adeguati a quelli della classe di riferimento (si ricorre a tal fine a un **PEI differenziato**): in questo caso è consentita una valutazione commisurata allo svolgimento di un percorso didattico differenziato rispetto alle Linee guida ministeriali. La valutazione è così finalizzata allo svolgimento del PEI differenziato e all'esercizio del diritto allo studio, ma non consente il rilascio di un titolo di studio. La decisione del Consiglio di classe di adottare una **valutazione differenziata** deve essere approvata dalla famiglia.

La disciplina dell'**esame di Stato conclusivo del secondo ciclo di istruzione** è, invece, contenuta nell'art. 20 D.Lgs. 62/2017. Per l'ammissione all'esame si applicano le norme generali (art. 13 D.Lgs. 62/2017) previste per tutti gli alunni.

Il Consiglio di classe stabilisce, però, la tipologia delle *prove d'esame e se le stesse hanno valore equipollente* all'interno del Piano educativo individualizzato (PEI). La Commissione d'esame, sulla base della documentazione fornita dal Consiglio di classe, relativa alle attività svolte, predispone una o più **prove differenziate** (da non menzionare nel diploma finale) in linea con il PEI e con le modalità di valutazione, che *se hanno valore equipollente*, determinano il rilascio del titolo di studio conclusivo del secondo ciclo di istruzione.

La Commissione può avvalersi dei docenti di sostegno o degli assistenti che hanno seguito l'alunno durante l'anno, per la predisposizione, lo svolgimento e la correzione delle prove d'esame.

Agli studenti con disabilità per i quali sono state predisposte dalla Commissione *prove non equipollenti* a quelle ordinarie sulla base del Piano educativo individualizzato o che non partecipino agli esami o che non sostengano una o più prove, viene rilasciato un **attestato di credito formativo**.

Come nell'esame conclusivo del primo ciclo, viene, dunque, introdotta la norma secondo la quale **agli alunni con disabilità assenti agli esami** viene comunque rilasciato l'**attestato** dei crediti formativi maturati (art. 20, comma 5).

Anche gli alunni con disabilità devono partecipare alle **prove INVALSI** come **requisito di ammissione agli esami**, anche con specifici adattamenti delle stesse, ove necessario, ma non è previsto invece l'esonero da tali prove.

Capitolo 1 La scuola dell'integrazione e dell'inclusione: gli alunni disabili ■ 287

In sintesi

▶ **Integrazione e inclusione**: *integrazione*: inserimento dell'alunno in una classe comune pensata per alunni normodotati; *inclusione*: la scuola deve accogliere l'allievo in difficoltà rimodellando il suo approccio didattico e valorizzando la diversità.
▶ **Approccio educativo-didattico**: richiede per i docenti un profondo cambiamento di stile e di comportamento e una precisa capacità di progettare percorsi formativi in stretta collaborazione con tutti coloro che sono responsabili dell'educazione dei giovani: famiglie, territorio, enti locali.
▶ **Linee di azione**:
 — *per i docenti*: valutare la diversità degli alunni; sostenere gli alunni; lavorare con gli altri; garantire l'aggiornamento professionale continuo;
 — *per gli alunni*: favorire una cultura dell'accoglienza; favorire una didattica personalizzata; utilizzare le tecnologie informatiche.
▶ **Didattica individualizzata**: riguarda interventi specifici progettati per il singolo alunno al fine di assicurare il raggiungimento degli *obiettivi comuni* a tutti gli studenti della classe.
▶ **Didattica personalizzata**: comprende strategie didattiche mirate per il singolo studente. Ha obiettivi diversi per ciascun alunno.
▶ **Handicap e disabilità**: la L. 104/1992 considera un individuo in condizione di handicap come colui che presenta una «minorazione fisica, psichica o sensoriale, stabilizzata o progressiva, che è causa di difficoltà di apprendimento [...] e tale da determinare un processo di svantaggio sociale o di emarginazione». La **classificazione ICF** (OMS, 2001) ha sostituito il temine handicap con quello di **disabilità**, puntando l'attenzione sul funzionamento complessivo dell'individuo piuttosto che sul suo deficit.
▶ **Inclusione dei disabili**: il MIUR ha istituito (art. 15 D.Lgs. 66/2017) l'Osservatorio permanente per l'inclusione scolastica, presieduto dal Ministro e composto dai vari attori coinvolti nel processo di inclusione, dagli organi istituzionali alle associazioni di studenti. Con lo stesso decreto vengono ridefinite le modalità relative all'inclusione scolastica degli alunni e degli studenti con disabilità certificata ai sensi della L. 104/1992 in direzione di un maggior coinvolgimento delle famiglie e dei soggetti istituzionali. In accordo con il modello bio-psico-sociale proposto dall'ICF, per l'alunno disabile è prevista la redazione di un **profilo di funzionamento** (che, a partire dal 1-9-2019, sostituirà la diagnosi funzionale e il profilo dinamico funzionale) atto a definire le tipologie di strumenti e di risorse necessarie al suo sostegno e all'inclusione scolastica.
▶ **Documenti per l'inclusione scolastica dell'alunno con disabilità**: sono tre: il **progetto individuale** (che dal 1-9-2019 comprenderà il Profilo di funzionamento); il **piano educativo individualizzato** (PEI) e il **piano per l'inclusione** (PI) che rientra nel Piano triennale dell'offerta formativa (PTOF) elaborato da ciascuna istituzione scolastica.

2
L'inclusione di alunni con DSA e BES

1 | Disturbi Specifici dell'Apprendimento (DSA)

Con l'espressione **disturbi dell'apprendimento** (**DSA**) si usano indicare tutte quelle condizioni in cui l'individuo, in particolari situazioni, come ad esempio la scuola, *non apprende in misura adeguata alla propria età*.

Sul piano legislativo, la **L. 170/2010** (*Nuove norme in materia di disturbi specifici di apprendimento in ambito scolastico*) ha riconosciuto la **dislessia**, la **disortografia**, la **disgrafia** e la **discalculia** come disturbi specifici di apprendimento, che pur in presenza di capacità cognitive adeguate e in assenza di patologie neurologiche e di deficit sensoriali, possono costituire una limitazione importante per alcune attività della vita quotidiana, soprattutto relative all'area dell'apprendimento scolastico.

DEFINIZIONI DEI DSA (L. 170/2010)	
Dislessia	Si manifesta con una difficoltà nell'imparare a leggere, in particolare nella *decifrazione dei segni linguistici*, ovvero nella correttezza e nella rapidità della lettura
Disgrafia	Disturbo specifico di scrittura che si manifesta in *difficoltà nella realizzazione grafica*
Disortografia	Disturbo specifico di scrittura che si manifesta in *difficoltà nei processi linguistici di transcodifica*
Discalculia	Si manifesta con una *difficoltà negli automatismi del calcolo* e dell'elaborazione dei numeri

La legge n. 170 tutela il diritto allo studio in maniera diversa dalla legge 104/1992, concentrando l'attenzione su **interventi didattici personalizzati** e su **strumenti compensativi**, su **misure dispensative** e su adeguate forme di verifica e valutazione.

Con il D.M. 12-7-2011, n. 5669 viene poi rafforzato l'invito ad adottare proposte di insegnamento che tengano conto delle **abilità possedute** e potenzino anche le funzioni non coinvolte nel disturbo.

Vediamo nel dettaglio le principali caratteristiche dei DSA.

1.1 La dislessia

La **dislessia** si manifesta attraverso una **minore correttezza e velocità di lettura**, in relazione all'età anagrafica.

Elementi che consentono di individuare la *dislessia* sono:
- lettura lenta e stentata;
- difficoltà a riconoscere i grafemi diversamente orientati nello spazio (*p/q*; *b/d*; *u/n*; *a/e*);
- difficoltà nel riconoscimento di suoni simili (*m/n*; *s/z*; *f/v*; *b/d*...), inversione di lettere o numeri (lo studente legge *li* al posto di *il*, 15 al posto di 51);
- omissione di grafemi e sillabe (legge *pota* al posto di *porta*, *mele* al posto di *miele*);
- omissione di parole e salti da una riga all'altra;
- ripetizioni di sillabe o grafemi;
- omissione delle consonanti doppie;
- difficoltà di riconoscimento dei gruppi consonantici (*gn*; *ghi*; *ghe*; *chi*; *che*; *gli*; *sci*; *sche*);
- difficoltà accentuate nella decodifica di parole a bassa frequenza d'uso;
- difficoltà nella memorizzazione di sequenze (alfabeto, giorni della settimana, mesi dell'anno);
- espressione orale molto incerta o confusa;
- difficoltà a consultare il dizionario;
- difficoltà nell'apprendimento di parole straniere;
- difficoltà a copiare dalla lavagna;
- difficoltà a svolgere due azioni contemporaneamente (ad esempio, ascoltare e scrivere).

Nei suoi esordi, la dislessia può esser confusa con un semplice rallentamento del regolare processo di apprendimento della lettura. È utile, per l'individuazione di eventuali segnali anticipatori, tenere alta l'attenzione fin dalla scuola dell'infanzia. La dislessia è una difficoltà che riguarda la capacità di leggere e scrivere in modo corretto e fluente e non è causata da un deficit di intelligenza né da problemi ambientali o psicologici, né da deficit sensoriali o neurologici.

Il ragazzo dislessico può leggere e scrivere, ma riesce a farlo solo impegnando al massimo le sue capacita e le sue energie, poiché non riesce in maniera automatica e perciò si stanca rapidamente, commette errori e ha difficoltà ad apprendere.

1.2 La disgrafia e la disortografia

La **disgrafia** è un **disturbo specifico della scrittura** legato agli aspetti grafico-formali ed è collegata al *momento motorio* della prestazione.

Elementi caratteristici dei soggetti disgrafici sono:
- scrittura irregolare;
- impugnatura scorretta;
- posizione del corpo non corretta;
- disimpegno della mano non scrivente dalla sua funzione vicariante;
- difficoltà a gestire lo spazio grafico (mancato rispetto delle righe, dei margini e degli spazi irregolari tra le parole);
- inadeguata pressione sul foglio;
- inversioni della direzionalità del gesto nell'atto dello scrivere;
- dimensioni delle lettere molto irregolare;
- difficoltà nella riproduzione grafica di figure geometriche;
- alterazione del ritmo di scrittura (eccessivamente veloce o eccessivamente lento), con movimenti a scatto.

La **disortografia** si può definire come un **disordine di transcodifica del testo scritto** che viene attribuito a un deficit di funzionamento delle componenti centrali del processo di scrittura, responsabili della transcodifica del linguaggio orale nel linguaggio scritto.

1.3 La discalculia

La **discalculia** riguarda l'**abilità di calcolo**, sia nell'area dell'intelligenza numerica basale (il *subitizing*, cioè il riconoscimento immediato di piccole quantità), sia nei meccanismi di quantificazione, seriazione, comparazione, strategie di composizione e scomposizione di quantità, strategie di calcolo a mente.

Sono sintomi tipici della discalculia:

— errori di conteggio;
— incapacità di riconoscere il valore dello zero (ad esempio questo numero 10010 è letto centodieci);
— errori nel recupero dei fatti aritmetici;
— errori nel recupero delle procedure e nelle loro applicazioni.

Si parla, infine, di **comorbilità** quando in un soggetto con DSA sono presenti più disturbi del neurosviluppo, che interessano l'area del linguaggio, la coordinazione motoria, l'attenzione, la sfera emotiva e il comportamento.

In questo caso, il disturbo presenta una **maggiore gravità**, perché è dato dalla somma delle singole difficoltà, che influenza negativamente lo sviluppo delle abilità complessive.

1.4 La diagnosi dei DSA

Per ciò che concerne la **diagnosi di DSA**, essa può essere formulata con certezza soltanto alla fine della **seconda classe della scuola primaria**.

I **soggetti** attori del percorso di individuazione dei DSA sono:

— la famiglia che fa valutare il disturbo (su segnalazione propria o del pediatra), ne consegna la diagnosi alla scuola e ne verifica la gestione;
— il docente;
— il dirigente scolastico che, nel rispetto dell'autonomia delle istituzioni scolastiche, copre il ruolo di garante del dialogo tra i soggetti nel rispetto delle iniziative;
— il referente di istituto, un docente la cui nomina è rimessa all'autonomia delle singole scuole, che assume funzioni nei confronti del Collegio dei docenti;
— gli Uffici Scolastici Regionali che attivano iniziative specifiche dirette a garantire il diritto allo studio degli alunni affetti da DSA, inquadrandole in un'ottica di stabilità.

La **certificazione della diagnosi** da parte del Servizio sanitario nazionale (art. 3) consente di intraprendere l'iter riabilitativo, in modo da mettere a disposizione di chi è affetto da DSA adeguate misure didattiche ed educative, fra cui:

— appositi provvedimenti dispensativi e compensativi di flessibilità didattica nel corso dei cicli di istruzione e formazione e negli studi universitari (art. 5, comma 1);

— didattica individualizzata e personalizzata;
— strumenti compensativi e misure dispensative;
— adeguate forme di verifica e di valutazione.

La L. 170/2010 prevede altresì la possibilità, per i familiari di primo grado degli studenti affetti da DSA che frequentano il primo ciclo di istruzione, di fruire di *orari flessibili di lavoro* (art. 6, comma 1). In effetti la legge in questione intende contribuire a sensibilizzare non solo le scuole ma la società intera riguardo al problema DSA, affinché tutti, solidali con gli studenti in difficoltà, limitino il più possibile disagi relazionali ed emozionali per chi è colpito da tali disturbi dell'apprendimento. Alla scuola, intesa come istituzione, viene dunque affidato il compito più impegnativo: quello di supportare le famiglie nel difficile incarico di promuovere lo sviluppo delle potenzialità dei figli e ottenerne il successo scolastico.

L'attività di **identificazione** del DSA si deve esplicare comunque in tutti gli ordini e gradi di scuola: infatti, attraverso l'individuazione tempestiva è possibile mettere in atto provvedimenti didattici abilitativi che possono modificare il percorso scolastico di alunni e studenti con DSA che manifestano, in molti casi, i disturbi solo molto più avanti, durante la scuola secondaria e all'università.

Per tale motivo, il maggior interesse è rivolto alla scuola dell'infanzia e alla scuola primaria, nelle quali è necessaria una maggiore e più diffusa conoscenza degli indicatori di rischio e una impostazione del lavoro didattico orientata alla prevenzione.

Specificamente, durante le prime fasi degli apprendimenti scolastici, il **ruolo del docente** prevede che egli:

— curi con attenzione l'acquisizione dei prerequisiti fondamentali e la stabilizzazione delle prime abilità relative alla scrittura, alla lettura e al calcolo, ponendo contestualmente attenzione ai segnali di rischio in un'ottica di prevenzione ed ai fini di una segnalazione;
— metta in atto strategie di recupero;
— segnali alla famiglia la persistenza delle difficoltà nonostante gli interventi di recupero posti in essere;
— prenda visione della certificazione diagnostica rilasciata dagli organismi preposti;
— proceda, in collaborazione dei colleghi della classe, alla documentazione dei percorsi didattici individualizzati e personalizzati previsti;
— attui strategie educativo-didattiche di potenziamento e di aiuto compensativo;
— adotti misure dispensative;
— attui modalità di verifica e valutazione adeguate e coerenti;
— realizzi incontri di continuità con i colleghi del precedente e successivo ordine o grado di scuola al fine di condividere i percorsi educativi e didattici effettuati dagli alunni, in particolare quelli con DSA, e per non disperdere il lavoro svolto.

Con l'obiettivo di assicurare il diritto allo studio degli alunni e degli studenti con DSA (e BES), le istituzioni scolastiche possono avvalersi del supporto tecnico-scientifico fornito dai **Centri Territoriali di Supporto** (CTS) attivati dal MIUR, che informano e coadiuvano docenti, genitori e alunni nelle modalità didattiche da utilizzare per il singolo DSA o BES, sulle risorse tecnologiche disponibili e in generale, sulle tematiche relative alle disabilità e ai disturbi evolutivi specifici.

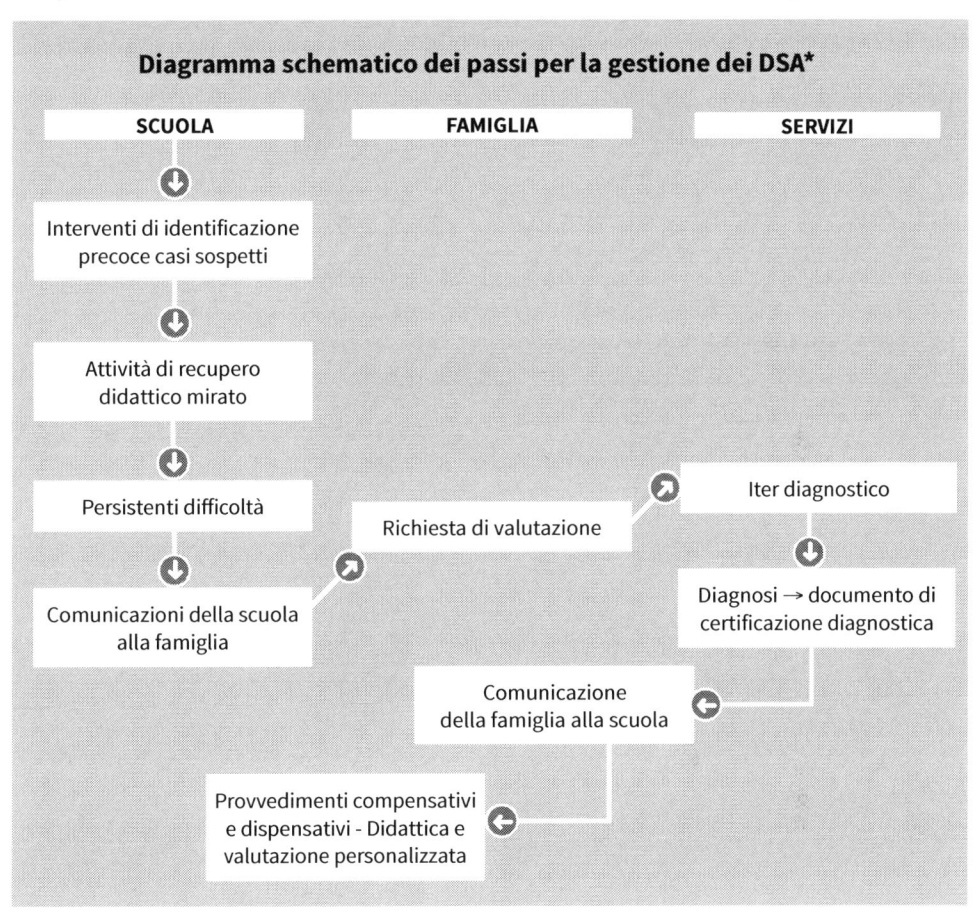

Diagramma schematico dei passi per la gestione dei DSA*

SCUOLA
- Interventi di identificazione precoce casi sospetti
- Attività di recupero didattico mirato
- Persistenti difficoltà
- Comunicazioni della scuola alla famiglia

FAMIGLIA
- Richiesta di valutazione
- Comunicazione della famiglia alla scuola
- Provvedimenti compensativi e dispensativi - Didattica e valutazione personalizzata

SERVIZI
- Iter diagnostico
- Diagnosi → documento di certificazione diagnostica

*Fonte: *Linee guida per il diritto allo studio degli alunni e degli studenti con DSA*, D.M. 12-7-2011.

2 Il diritto allo studio degli alunni con DSA e gli strumenti compensativi

Il **D.M. n. 5669/2011** contiene *Linee Guida per il diritto allo studio di alunni e studenti con DSA*.

Si tratta di un documento che chiarisce le indicazioni espresse nella legge 170/2010 riguardo alle modalità di **formazione dei dirigenti scolastici e dei docenti**, alle **misure didattiche di supporto**,

> Espansione Web
> *Linee guida per il diritto allo studio di alunni e studenti con DSA*

all'uso degli **strumenti compensativi e dispensativi** e alle forme di **verifica e di valutazione** previste per assicurare il diritto allo studio degli alunni e degli studenti con diagnosi di DSA, delle scuole di ogni ordine e grado del sistema nazionale di istruzione.

Sul piano operativo, gli strumenti di intervento per DSA previsti dall'art. 5 della L. 170/2010 comprendono:

a) l'uso di una **didattica individualizzata e personalizzata**, con modalità flessibili di lavoro scolastico che tengano conto anche di caratteristiche peculiari dei soggetti, quali il bilinguismo (→ anche Parte II, Cap. 3, par. 5.3). Le istituzioni scolastiche possono esplicare le attività didattiche anche attraverso un *piano didattico personalizzato*;
b) l'**introduzione**, per ciascuna materia, **di strumenti compensativi**, compresi i mezzi di apprendimento alternativi e le tecnologie informatiche, nonché **misure dispensative** da alcune prestazioni non essenziali ai fini della qualità dei concetti da apprendere (art. 5 L. n. 170/2010).

L'*art. 5, comma 2, lett. c)* prescrive «per l'**insegnamento delle lingue straniere**, l'uso di strumenti compensativi che favoriscano la comunicazione verbale e che assicurino ritmi graduali di apprendimento, prevedendo anche, ove risulti utile, la possibilità dell'esonero».

L'*art. 5, comma 4,* stabilisce che «agli studenti con DSA sono garantite, durante il percorso di istruzione e di formazione scolastica e universitaria, adeguate forme di verifica e di valutazione, anche per quanto concerne gli esami di Stato e di ammissione all'Università nonché gli esami universitari».

2.1 Strumenti compensativi e misure dispensative

Gli **strumenti compensativi** per gli alunni con DSA sono strumenti didattici e tecnologici che sostituiscono o facilitano la prestazione richiesta nell'abilità deficitaria. Servono a compensare la debolezza funzionale derivante dallo specifico disturbo. Tali strumenti servono a dispensare o facilitare l'esecuzione di compiti senza però costituire un *vantaggio* cognitivo che agevolerebbe lo studente rispetto ai compagni di classe (→ anche Parte IV, Cap. 1, par. 11). Ad esempio per un alunno DSA sarà più facile memorizzare l'alfabeto se gli si fanno visionare su dei cartelli le lettere che non ricorda, anche quando gli altri compagni non fanno più uso di questo supporto. Tra gli strumenti compensativi figurano:

— software con **sintesi vocale**, che consente di «tradurre» un compito di lettura in un compito di ascolto;
— la **registrazione**, che evita allo studente l'onere di scrivere appunti;
— computer con videoscrittura, fogli di calcolo e stampante;

- i **programmi di videoscrittura** con correttore ortografico che agevolano la rilettura e il lavoro di correzione degli errori;
- la **calcolatrice**, che facilita le operazioni di calcolo;
- risorse audio associate ai testi scolastici;
- libri digitali o audiolibi;
- letture ad alta voce delle consegne delle verifiche in classe;
- software didattici specifici;
- altri strumenti tecnologicamente meno evoluti quali **tabelle**, **formulari**, **mappe concettuali**, etc.

Per **misure dispensative** si intendono, invece, quegli interventi che consentono allo studente di non svolgere alcune prestazioni che, a causa del disturbo, risultano particolarmente difficoltose e che non migliorano l'apprendimento. Per esempio, non è utile far leggere a un alunno con dislessia un lungo brano, in quanto l'esercizio, per via del disturbo, non migliora la sua prestazione nella lettura. Piuttosto, si può concedere allo studente un tempo più lungo per lo svolgimento di una prova (in genere il 30% di tempo in più è sufficiente), o fornire testi più sintetici che presentino, in misura ridotta, gli stessi elementi didattici offerti al gruppo classe.

Si può così dispensare l'alunno DSA dal:
- copiare lunghi testi dalla lavagna;
- leggere ad alta voce;
- prendere appunti o ricopiare;
- eseguire compiti e verifiche in tempi rigidi prestabiliti e standardizzati;
- disegno tecnico (che può essere sostituito da un software tipo CAD);
- suonare uno strumento musicale;
- studiare mnemonicamente poesie o formule.

Tra le metodologie didattiche più efficaci per i DSA ricordiamo:
- uso di mediatori didattici (immagini, schemi e mappe concettuali);
- anticipazione dello studio degli argomenti che verranno trattati in classe;
- didattica laboratoriale;
- apprendimento cooperativo;
- peer tutoring.

ESEMPI DI STRUMENTI COMPENSATIVI PER ALCUNE MATERIE	
ITALIANO	— Schede per le forme verbali, per l'analisi grammaticale, logica, del periodo, aiuti per i tempi verbali, etc.; — Uso sintetizzatore vocale per i testi; — Uso registrazioni; — Computer con correttore automatico e vari programmi e Internet; — Uso di materiali differenti per appuntare o per fissare graficamente informazioni specifiche; — Elaborati, materiali vari, conoscenze, documenti o fotografie preparati in ambito domestico; — Sintesi, schemi elaborati dai docenti, mappe concettuali.
LINGUE STRANIERE	— Privilegiare la comunicazione orale con valorizzazione di eventuali esperienze pregresse; — Negli elaborati scritti, limitare le correzioni ai soli errori percepibili e modificabili, nonché prevedere un aiuto esterno per le trascrizioni (compagni o docenti medesirni); — Lettura da parte del docente del compito in classe scritto; — Computer con correttore automatico e vari programmi e Internet; — Uso di materiali differenti per appuntare o per fissare graficamente informazioni specifiche; — Elaborati, materiali vari, conoscenze, documenti o fotografie preparati in ambito domestico; — Sintesi, schemi elaborati dai docenti, mappe concettuali.
MATEMATICA, SCIENZE	— Tabelle della memoria, tavola pitagorica, tavola delle formule, delle misure o dei linguaggi specifici, etc.; — Strutturazione dei problemi per fasi; — Uso della calcolatrice; — Computer con correttore automatico e vari programmi e Internet; — Uso di materiali differenti per appuntare o per fissare graficamente informazioni specifiche; — Elaborati, materiali vari, conoscenze, documenti o fotografie preparati in ambito domestico; — Sintesi, schemi elaborati dai docenti, mappe concettuali.
STORIA, GEOGRAFIA	— Cartine geografiche e storiche; — Computer con correttore automatico e vari programmi e Internet; — Uso di materiali differenti per appuntare o per fissare graficamente informazioni specifiche; — Elaborati, materiali vari, conoscenze, documenti o fotografie preparati in ambito domestico; — Sintesi, schemi elaborati dai docenti, mappe concettuali.

Fonte: I. Becchio e M. Zucca, *Strumenti compensativi e dispensativi*, in *https://sostegnobes.com*

2.2 Il Piano didattico personalizzato (PDP)

La diagnosi di DSA (art. 3 L. 170/2010) può essere formulata con certezza, come già detto, solo alla fine del secondo anno della scuola primaria. Ricevuta la diagnosi di DSA da parte dei genitori, e dopo averli ascoltati, si può procedere alla stesura del **Piano didattico personalizzato da parte del Consiglio di classe**. Ricordiamo che per i DSA non è previsto il supporto di un docente di sostegno), mentre è previsto un *docente referente* (funzione strumentale DSA) che favorisce la relazione con la famiglia e il medico e collabora alla stesura del PDP.

I tempi per la stesura finale del PDP sono solitamente fissati a *novembre* e tale scadenza conclude un periodo temporale abbastanza ampio che permette di portare a termine una corretta analisi della situazione di partenza.

Il *Piano didattico* deve essere *personalizzato* per metodologie, tempi, strategie didattiche e strumenti compensativi e misure dispensative, ma non *per obiettivi* che devono essere gli stessi del gruppo classe (a differenza di quanto invece avviene con il PEI per i disabili).

Il PDP va infine sottoscritto da parte dei docenti e dei genitori dello studente (è un vero e proprio contratto), e va verificato almeno due volte l'anno in sede di scrutini. Il PDP va poi consegnato alla famiglia che dovrà soprattutto seguire le modalità di prescrizione ed esecuzione dei compiti assegnati allo studente con DSA.

Qualsiasi approccio didattico non può prescindere da una corretta **analisi della situazione di partenza** che si può iniziare ad attuare anche a settembre, nei giorni precedenti all'apertura della scuola attraverso:
— analisi dei documenti clinici riguardanti i disturbi dell'allievo, e visione di eventuali programmazioni individualizzate per lui previste negli anni precedenti;
— conoscenza della famiglia e dei terapisti, laddove presenti, che seguono l'alunno nell'extrascuola;
— raccolta di informazioni da docenti, dirigenti scolastici ed operatori scolastici che hanno interagito con il bambino/ragazzo;
— raccolta di materiale scolastico eventualmente prodotto negli anni precedenti.

La costruzione dell'analisi della situazione di partenza ovviamente continua ed assume pregnanza quando si conosce l'alunno nel contesto classe. Tale processo può avvenire percorrendo fasi specifiche:
— Conoscenza dell'alunno attraverso «osservazione partecipata e non partecipata» nel gruppo classe (in attività didattiche e libere).
— Creazioni di attività didattiche opportunamente strutturate magari in forma ludica, atte a favorire l'emergere delle dinamiche di gruppo in cui l'alunno è inserito.
— Studio delle competenze acquisite dall'allievo da un punto di vista disciplinare attraverso le **prove di ingresso**. È buona prassi iniziare a proporre prove comuni alle classe sia per confrontare il livello di apprendimento dell'alunno rispetto al gruppo dei pari, sia per evidenziare eventuali difficoltà. È bene somministrare tali prove spiegando

con cura all'allievo che verranno utilizzate dai docenti solo come strumento per poter calibrare l'azione didattica al meglio e che **non prevedono votazioni o giudizi**. Laddove l'alunno non sia in grado di svolgere la prova della classe si predisporranno *prove di ingresso personalizzate* per tempi differenti di svolgimento ma anche per contenuti.

Acquisiti tutti i dati di cui si necessita si può procedere con la stesura del Piano didattico personalizzato. I tempi per la stesura finale del PDP sono solitamente fissati a *novembre*, e tale scadenza conclude, non a caso, un periodo temporale ampio che permette di portare a termine una corretta analisi della situazione di partenza.

Il piano didattico deve essere **personalizzato** per metodologie, tempi, strategie didattiche e strumenti compensativi e misure dispensative, ma **non per obiettivi** che devono essere gli stessi del gruppo classe; a tal fine, al piano andrà allegata la programmazione disciplinare e il quadro con gli obiettivi educativi stabilito durante i Consigli di classe di inizio anno. Il PDP è redatto dal team dei docenti di classe: **per i DSA non è previsto il supporto di un docente di sostegno**.

Le proposte didattiche necessitano di **personalizzazione e individualizzazione di metodologie e contenuti**. Le esigenze di ciascun individuo, soprattutto se portatore di un bisogno educativo speciale, non possono essere risolte con una «ricetta educativa preordinata», ma si costruiscono giorno per giorno sulla conoscenza dell'alunno e del gruppo classe in cui è inserito, non dimenticando le connessioni con il suo ambiente familiare e territoriale.

3 Bisogni Educativi Speciali (BES)

L'attenzione verso i **bisogni educativi speciali (BES)** si è sviluppata nel nostro Paese all'indomani della **Direttiva ministeriale del 27 dicembre 2012** «*Strumenti di intervento per alunni con Bisogni Educativi Speciali e organizzazione territoriale per l'inclusione scolastica*» ed è proseguita con l'importante **C.M. 8/2013**. Attraverso questo documento, la scuola italiana ha recepito l'apporto fornito dal modello diagnostico ICF (*International Classification of Functioning*) dell'OMS, che ha permesso di individuare i cosiddetti BES a carico dell'alunno.

Nel testo della Direttiva si legge: «In ogni classe ci sono alunni che presentano una richiesta di *speciale attenzione* per una varietà di ragioni: svantaggio sociale e culturale, disturbi specifici di apprendimento e/o disturbi evolutivi specifici, difficoltà derivanti dalla non conoscenza della cultura e della lingua italiana perché appartenenti a culture diverse. Nel variegato panorama delle nostre scuole la complessità delle classi diviene sempre più evidente.

Quest'*ampia area dello svantaggio scolastico*, che ricomprende problematiche diverse, viene indicata come *area dei bisogni educativi speciali*. Vi sono comprese tre grandi sotto-categorie:
— quella della **disabilità** (L. 104/1992 e D.Lgs. 66/2017) cui abbiamo già accennato;
— quella dei **disturbi evolutivi specifici** (DSA, deficit del linguaggio, delle abilità non verbali, della coordinazione motoria, deficit dell'attenzione e deficit dell'iperattività);
— quella dello **svantaggio socio-economico, linguistico, culturale**».

I bisogni educativi speciali (che in altri paesi europei vengono definiti come *Special Educational Needs*) non sono, dunque, necessariamente relativi a condizioni permanenti più o meno invalidanti, ma spesso sono conseguenza di stati che un alunno attraversa, con continuità o per determinati periodi, per ragioni fisiche, fisiologiche o anche di natura psico-sociale, e che richiedono adeguata e personalizzata risposta.

Si tratta spesso di problematiche che, non certificabili dalla L. 104/1992, *non determinano per l'alunno il diritto all'insegnante di sostegno*.

Ciononostante la normativa prevede che le scuole — con determinazioni assunte dai **Consigli di classe**, dopo l'esame della documentazione clinica presentata dalle famiglie e sulla base di considerazioni di carattere psicopedagogico e didattico — possano avvalersi per tutti gli alunni con bisogni educativi speciali degli **strumenti compensativi** e delle **misure dispensative** previsti dalle disposizioni attuative della L. 170/2010. Ciò significa che tali strumenti e misure possono e devono essere messi in campo *anche in assenza di una certificazione medica rilasciata dal servizio sanitario*.

In assenza di diagnosi o certificazione clinica, la normativa prevede che il Consiglio di classe o il team docenti motivino, verbalizzandole, le decisioni prese, condividendole con la famiglia. Tra i passaggi necessari al conseguimento del successo formativo, infatti, figura quello di accompagnare l'alunno e i suoi familiari nel processo di presa d'atto delle difficoltà rilevate a scuola.

L'attenzione verso i bisogni educativi speciali è quanto mai viva da parte delle istituzioni, che orientano il proprio intervento verso la *formazione dei docenti e degli operatori del settore* affinché le competenze in materia di inclusività divengano a tutti gli effetti componenti imprescindibili della professione educativa.

Di fronte ad alunni con bisogni speciali, l'orientamento ministeriale è quello di elaborare **percorsi specifici** (la **C.M. 8/2013** estende a tutti gli studenti in difficoltà il diritto alla **personalizzazione dell'apprendimento**, richiamandosi alle norme di principio della L. 53/2003) con la possibilità per la scuola, qualora lo ritenga necessario, di stilare un **piano didattico personalizzato (PDP)** allo scopo di definire, monitorare e documentare le strategie di intervento più adatte e, allo stesso tempo, fissare i criteri di valutazione degli apprendimenti.

Mediante il Piano Didattico Personalizzato, la scuola definisce gli interventi che si propone di attuare nei confronti degli alunni con esigenze didattiche particolari ma non riconducibili alla disabilità. Per i *disabili con certificazione* basata sui criteri della legge 104/1992, infatti, come abbiamo visto, la programmazione avviene, invece, mediante l'elaborazione del *Piano Educativo Individualizzato (PEI)*.

3.1 Il disturbo da deficit dell'attenzione/iperattività (DDAI o ADHD)

Caratteristica fondamentale di questo disturbo è una persistente disattenzione, associata o meno a *iperattività* e a *impulsività*, più frequente e più grave (secondo un criterio sia qualitativo che quantitativo) di quanto si osserva normalmente in soggetti con un livello di sviluppo equivalente, e che di conseguenza interferisce con il funzionamento o lo sviluppo in vari ambiti (sociale, scolastico).

Per **disattenzione** s'intende l'incapacità di soddisfare le richieste o seguire suggerimenti e regole. I bambini che presentano tale disturbo si distraggono facilmente e sono *soggetti a frequenti dimenticanze*; in essi vi è come un impulso a passare da un'attività all'altra, senza completarne alcuna. Il soggetto più grandicello può riferire di avere difficoltà a mantenere la mente concentrata su quel che sta leggendo e sulla conversazione con gli altri.

I pazienti con questa patologia non riescono a prestare attenzione ai particolari e compiono *frequenti errori di distrazione* nello svolgimento dei compiti che, per altro, hanno difficoltà a portare a termine. Il loro lavoro è spesso disordinato e svolto senza attenzione; il materiale che utilizzano viene disperso o maneggiato senza cura, oppure viene addirittura danneggiato.

L'**iperattività** si manifesta attraverso l'agitarsi e il dimenarsi del bambino, che non resta seduto quando dovrebbe, corre in maniera sfrenata, s'arrampica in situazioni in cui ciò appare fuori luogo. Il bambino può avere difficoltà nel giocare o nel dedicarsi ad attività da tempo libero, apparendo sotto pressione o con l'«argento vivo»; spesso parla troppo. Può osservarsi irrequietezza, incapacità di modulare le proprie attività in conformità alle regole, di mantenere le posture richieste, di riposarsi o rilassarsi e, ancora, una marcata reattività in caso di inattività forzata.

L'iperattività motoria può non essere evidente quando il bambino gioca all'aperto o con un gruppo di coetanei, ma diventa eclatante nell'aula scolastica ove, essendo necessario mantenere la posizione seduta e un certo contegno, frequentemente s'osservano movimenti dei piedi, dondolamenti e altre manifestazioni dal carattere più o meno esplosivo. Frequentemente tali soggetti appaiono maldestri e incapaci nei vari sport. La loro grafia tende a rimanere infantile nel tempo. Il disturbo varia con l'età e con il livello di sviluppo.

L'**impulsività** si manifesta essenzialmente con impazienza e difficoltà a tenere a freno le proprie reazioni. I bambini che presentano questo sintomo, tendono, ad esempio, a formulare le risposte prima che le domande siano state completate; non riescono ad attendere il proprio turno; interrompono continuamente gli altri e si intromettono nei loro discorsi in maniera anche molto fastidiosa, per cui gli astanti possono lamentarsi di non riuscire a dire una parola durante una conversazione. Fanno commenti quando non è il momento, non ascoltano le direttive, sono invadenti, arraffano gli oggetti, toccano cose che non dovrebbero toccare. *Mutano frequentemente l'umore nel corso della stessa giornata.*

È raro che un soggetto mostri lo stesso livello di malfunzionamento in ogni circostanza. I sintomi peggiorano, in genere, quando viene richiesta attenzione o uno sforzo mentale protratto e quando il soggetto si trova in situazioni che mancano di attrattiva o di novità (seguire le spiegazioni degli insegnanti o svolgere i compiti in classe, ascoltare o leggere brani lunghi, lavorare a compiti monotoni e ripetitivi).

I segni del disturbo possono essere minimi o assenti quando è impegnato in attività particolarmente interessanti; quando si trova in una situazione a due, per esempio l'ambulatorio del medico; quando riceve una ricompensa in risposta a un suo comportamento adeguato, specialmente se l'educatore segue strategie basate sull'elargizione e/o sulla sottrazione del rinforzo (*token economy*).

È più probabile che i sintomi si manifestino in situazioni di gruppo, per cui è necessario indagare sul comportamento del bambino in diversi contesti, essenzialmente a scuola e a casa, attraverso una sorta di «osservazione sistematica».

3.2 Didattica inclusiva per gli alunni plusdotati (cd. gifted)

Con la nota MIUR del 3 aprile 2019, n. 562 **tra i BES** vengono annoverati anche gli **alunni ad alto potenziale intellettivo** (già la Direttiva del 27-12-2012 era orientata in tal senso). Tale indicazione attua la prospettiva della personalizzazione degli insegnamenti, la valorizzazione degli stili di apprendimento individuali e il principio di responsabilità educativa.

Sebbene parte della dottrina pedagogica non sia d'accordo nel definire tale tipo di studenti come "ad alto potenziale cognitivo", "plusdotati", "**gifted**" oppure "iperdotati", non è infrequente per un docente imbattersi nella formazione di alunni dalle **spiccate doti e/o talenti in particolari settori** e connotati da **processi di apprendimento accelerati**. Le abilità intellettive e la curiosità risultano essere particolarmente coltivate ed è per questo motivo che si tende ad ideare dei modelli didattici specifici ed inclusivi al fine di tenere in considerazione la diversità nell'apprendimento.

I modelli didattici inclusivi indirizzati agli alunni *gifted* si caratterizzano per il ruolo fondamentale del docente che dovrà predisporre l'offerta formativa attorno a una serie di **proposte stimolanti** e dimostrando un'elevata **padronanza delle materie trattate**. Sono particolarmente indicati anche i collegamenti interdisciplinari, la scoperta e il pensiero critico e riflessivo, così da mantenere sempre attivo un approccio *problem-solving*. Anche le **estensioni formative** si rivelano particolarmente efficaci, consentendo di andare al di là dei classici obiettivi didattici e di rendere più complesso il bagaglio formativo dell'alunno.

"La strategia da assumere è rimessa alla decisione dei Consigli di classe o del team docenti della primaria che, in presenza di eventuali situazioni di criticità con conseguenti manifestazioni di disagio, possono adottare metodologie didattiche specifiche in un'ottica inclusiva, sia a livello individuale sia di classe, valutando l'eventuale convenienza di un percorso di personalizzazione formalizzato in un PDP".

4 La valutazione degli alunni con DSA e altri BES

Come abbiamo visto, in base alle norme vigenti, per gli *alunni con bisogni educativi speciali* non riconducibili a disabilità ai sensi della L. n. 104/92, si può rendere necessaria la stesura di un **piano didattico personalizzato (PDP)**. Esso è obbligatorio in presenza di diagnosi di disturbi specifici dell'apprendimento (DSA); invece, per quelle situazioni eterogenee individuabili come *altri* bisogni educativi speciali (come ad esempio alunni stranieri), la sua stesura è rimessa alla decisione del Consiglio di classe. In questo secondo caso, quindi, la compilazione del PDP da parte dei docenti non è obbligatoria. Questi ultimi, infatti, possono attivare i *percorsi di individualizzazione e personalizzazione* già previsti, senza ricorrere alla stesura di un PDP. Qualora i BES dell'alunno siano però particolarmente importanti sarà opportuno farvi ricorso, in modo da prospettare un piano di lavoro composto e pienamente condiviso.

4.1 Gli alunni con DSA

Per la valutazione e la verifica degli apprendimenti degli alunni con DSA compresa quella effettuata in sede di esame conclusivo dei cicli, **occorre tener conto delle specifiche situazioni soggettive**; a tal fine nello svolgimento delle attività didattiche e delle prove di esame, sono adottati gli **strumenti** metodologico-didattici **compensativi** e le **misure dispensative** ritenute più idonee. In questi casi è inoltre specificato che nel diploma rilasciato al termine degli esami non si faccia menzione delle modalità di svolgimento e della differenziazione delle prove.

Il D.M. n. 5669/11, e ora l'art. 11, co. 9, e 20, co. 10, D.Lgs. 62/2017 stabilisce che la valutazione scolastica, periodica e finale, degli alunni con DSA deve essere coerente con gli interventi pedagogico-didattici programmati nel PDP; le modalità valutative devono dimostrare il livello di apprendimento raggiunto, verificando la padronanza dei contenuti disciplinari e prescindendo dagli aspetti legati all'abilità deficitaria.

Le commissioni degli esami di Stato, al termine del primo e del secondo ciclo di istruzione, tengono in debita considerazione le specifiche situazioni soggettive, le modalità didattiche e le forme di valutazione individuate nell'ambito del PDP. Le prove di esame possono essere svolte con **tempi più lunghi** di quelli ordinari e con idonei **strumenti compensativi**.

La **decodifica delle consegne delle prove scritte** può avvenire attraverso testi trasformati in formato MP3 audio, lettura effettuata da un docente, trascrizione del testo su supporto informatico da parte della commissione e suo utilizzo attraverso un software di sintesi vocale. Nella valutazione delle prove di esame, sia per gli scritti che per il colloquio orale, si adottano criteri volti a verificare **i contenuti piuttosto che la forma**.

Per le verifiche scritte di **lingua straniera** si possono progettare e valutare prove compatibili con le difficoltà connesse al DSA. Inoltre, è prevista la possibilità che gli alunni con DSA possano essere esonerati dallo studio della lingua straniera o dispensati dalle prove scritte, con conseguenze diverse ai fini del titolo conseguito al termine del percorso di istruzione.

Gli studenti con DSA devono partecipare alle prove standardizzate (**INVALSI**) come requisito di ammissione agli esami, se necessario, disponendo di strumenti compensativi (art. 11, comma 14 e art. 20, comma 14).

In conformità a quanto indicato nelle diverse parti del PDP, andranno specificate le modalità attraverso cui si intende valutare i livelli di apprendimento nelle diverse discipline. Sottolineamo che **gli obiettivi fondamentali che gli alunni con DSA devono raggiungere in ogni materia sono identici a quelli dei compagni**, e anche nella fase conclusiva del percorso scolastico, in occasione degli esami di maturità, non è prevista dispensa da alcuna materia.

Le indicazioni sono relative all'adozione di strumenti compensativi e dispensativi, di modalità differenti di verifica e valutazione, che afferiscono ai modi, ma non alla sostanza: le prove scritte e orali devono essere uguali a quelle dei compagni e non differenziate. E nel diploma finale e nelle tabelle affisse all'albo di istituto non deve essere fatta menzione delle modalità di svolgimento e della differenziazione delle prove.

4.2 Gli alunni con altri BES

Per gli alunni con **altre situazioni BES**, come anticipato, la scuola può intervenire in diversi modi, informali o strutturati. Tuttavia, la **direttiva del 27-12-2012** ha la finalità di tutelare le situazioni in cui sia presente un disturbo clinicamente diagnosticabile, ma non ricadente nell'ambito della L. 104/1992 o della L. 170/2010. Quindi il Consiglio di classe può prevedere l'uso di *strumenti compensativi* e di *particolari metodologie didattiche*, al fine di aiutare l'alunno nel percorso scolastico e ad affrontare gli esami conclusivi dei diversi cicli di istruzione. Nel PDP dovrà essere previsto l'utilizzo di particolari metodologie didattiche individualizzate e personalizzate, nonché di eventuali compensazioni o dispense.

Ai fini della **valutazione degli alunni** con *altri BES* occorre tener presente i livelli di partenza degli alunni, i risultati raggiunti nei percorsi personali di apprendimento ed i livelli essenziali di apprendimento previsti per la classe. Il Consiglio di classe deve definire i criteri e i contenuti della valutazione, curando principalmente il processo di apprendimento piuttosto che il prodotto elaborato.

Ai fini dell'**esame di Stato** non sono previste differenziazioni nella verifica degli apprendimenti.

In sintesi

- **DSA**: la L. n. 170 del 2010 ha individuato come disturbi specifici di apprendimento (DSA): la **dislessia**, la **disortografia**, la **disgrafia** e la **discalculia**. Il successivo D.M. 12-7-2011, n. 5669 ha dettato le norme attuative della legge 170/2010.
- **Dislessia**: è un disturbo della lettura che si manifesta attraverso una minore correttezza e velocità di lettura, in relazione all'età anagrafica. Il ragazzo dislessico può leggere e scrivere ma riesce a farlo solo impegnando al massimo le sue capacità e le sue energie, e perciò si stanca rapidamente, commette errori e ha difficoltà ad apprendere.
- **Disgrafia**: disturbo specifico della scrittura, collegata la momento motorio della prestazione.
- **Disortografia**: disordine di transcodifica del testo scritto
- **Discalculia**: riguarda l'abilità di calcolo che coinvolge sia l'area dell'intelligenza numerica basale, sia nei meccanismi di quantificazione, seriazione, comparazione, di calcolo a mente ecc.
- **Diagnosi DSA**: può essere formulata con certezza solo alla fine della seconda classe della scuola primaria, ma l'attività di identificazione del DSA si deve esplicare in tutti gli ordini e gradi di scuola.
- **Strumenti di intervento per DSA**: uso di una didattica individualizzata e personalizzata (le scuole possono esplicare le attività didattiche anche attraverso un piano didattico personalizzato); introduzione di strumenti compensativi e misure dispensative per ciascuna materia.
- **Strumenti compensativi**: sono strumenti didattici e tecnologici che sostituiscono o facilitano la prestazione richiesta nell'abilità deficitaria (sintesi vocali, registrazioni, calcolatrice, mappe concettuali ecc.).
- **Misure dispensative**: interventi che consentono allo studente di non svolgere alcune prestazioni che a causa del disturbo, risultano particolarmente difficoltose e che non migliorano l'apprendimento (come copiare lunghi testi alla lavagna, leggere ad alta voce, suonare uno strumento ecc.).
- **Piano didattico personalizzato (PDP)**: elaborato dal Consiglio di classe, è il documento che definisce gli interventi necessari (come strumenti compensativi e misure dispensative) per l'apprendimento e il successo scolastico dello studente con DSA, che ha sempre gli stessi obiettivi di apprendimento dei suoi compagni. Va sottoscritto da parte dei docenti e dei genitori (è un vero contratto) e va verificato almeno due volte l'anno in sede di scrutini.
- **BES**: allo scopo di potenziare la cultura dell'inclusione e approfondire le relative competenze degli insegnanti curricolari il MIUR ha emanato la Direttiva del 27 Dicembre 2012. Sono BES gli alunni che presentano una particolare attenzione per una varietà di ragioni: svantaggio sociale e culturale, disturbi specifici di apprendimento e/o disturbi evolutivi specifici, appartenenza a culture o nazioni diverse da quella italiana.

3
Inclusione e multiculturalità

1 Gli alunni stranieri

Come abbiamo visto, la normativa sui BES include nell'area dei bisogni speciali gli alunni con **svantaggio socio-economico, linguistico o culturale**.

Si tratta di difficoltà che, non essendo legate né a stati patologici né a disabilità, possono insorgere in qualsiasi fase dell'anno scolastico e che, nella maggior parte dei casi, *hanno carattere transitorio*. Ciononostante tale stato di svantaggio richiede un'attenzione particolare da parte del team docente.

Quanto all'inserimento di **alunni stranieri in classe**, spesso in difficoltà sia sul piano linguistico sia culturale, già per la scuola dell'infanzia e per il primo ciclo di istruzione le *Indicazioni nazionali* del 2012 prevedono che: «Particolare attenzione va rivolta agli alunni con cittadinanza non italiana, i quali, ai fini di una piena integrazione, devono acquisire sia un adeguato livello di uso e controllo della lingua italiana per comunicare e avviare i processi di apprendimento, sia una sempre più sicura padronanza linguistica e culturale per proseguire nel proprio itinerario di istruzione. Tra loro vi sono alunni giunti da poco in Italia (immigrati «*di prima generazione*») e alunni nati in Italia (immigrati «*di seconda generazione*»). Questi alunni richiedono interventi differenziati che non devono investire il solo insegnamento della lingua italiana ma la progettazione didattica complessiva della scuola e quindi dei docenti di tutte le discipline».

Da questo documento, così come dalla *Carta Costituzionale* e dal testo di documenti internazionali, quali la *Convenzione internazionale sui diritti dell'infanzia* dell'ONU (1989), scaturiscono gli impegni educativi a cui la scuola è chiamata per promuovere l'**integrazione culturale** e la **valorizzazione della cultura di appartenenza**, allo scopo di favorire lo scambio produttivo delle diversità come valori e occasioni formative.

Ricordiamo che bambini e ragazzi con cittadinanza non italiana, anche se in posizione non regolare, hanno **diritto all'istruzione alle stesse condizioni degli alunni italiani**; pertanto, al pari di questi ultimi hanno l'obbligo di iscriversi e frequentare le scuole statali o paritarie e il dovere di conformarsi alle disposizioni nazionali in materia di istruzione.

Di recente la L. 47/2017 (art. 14) riconosce il diritto all'istruzione anche ai **minori stranieri non accompagnati**, ossia a quei minori che l'emergenza umanitaria di questi ultimi anni ha reso sempre più numerosi, che arrivano in Italia senza l'assistenza dei genitori o di un altro familiare adulto. Nel momento in cui questi minori vengono inseriti nelle strutture di accoglienza a ciò deputate, devono essere integrati nelle scuole che devono attivare misure e progetti per permettere loro di assolvere all'obbligo scolastico (anche mediante l'utilizzo di mediatori culturali). I titoli conclusivi dei corsi di studio sono rilasciati ai minori con i dati identificativi acquisiti al momento dell'iscrizione (quasi sempre questi minori giungono, infatti, in Italia privi di un documento di riconoscimento).

La loro **iscrizione a scuola può avvenire in qualsiasi momento** dell'anno scolastico.

L'art. 45 D.P.R. 394/1999 (Regolamento sull'immigrazione) fornisce criteri e indicazioni per l'iscrizione e l'inserimento degli alunni con cittadinanza non italiana, rimettendo al *Consiglio di circolo/istituto* e al *Collegio dei docenti* la responsabilità per un corretto inserimento che tenga conto dell'età, dei livelli di competenze e della scolarizzazione pregressa dell'alunno straniero.

La Direttiva ministeriale del 2012 individua, come abbiamo detto, come **BES** anche disagi relativi all'area linguistica, socioeconomica e culturale che non sempre è facile evidenziare. A tal proposito, «per questi alunni, e in particolare per coloro che sperimentano difficoltà derivanti dalla non conoscenza della lingua italiana — per esempio alunni di origine straniera di recente immigrazione e, in specie, coloro che sono entrati nel nostro sistema scolastico nell'ultimo anno — è parimenti possibile **attivare percorsi individualizzati e personalizzati**, oltre che adottare **strumenti compensativi** e **misure dispensative** (ad esempio la dispensa dalla lettura ad alta voce e le attività ove la lettura è valutata, la scrittura veloce sotto dettatura etc.) […] In tal caso si avrà cura di monitorare l'efficacia degli interventi affinché siano messi in atto per il tempo strettamente necessario.

Pertanto, a differenza delle situazioni di disturbo documentate da diagnosi, le misure dispensative, nei casi sopra richiamati, avranno *carattere transitorio* e attinente gli aspetti didattici, privilegiando dunque le strategie educative e didattiche attraverso percorsi personalizzati, più che strumenti compensativi e misure dispensative» (*Nota n. 2563 del 22 novembre 2013*).

La Circolare Ministeriale 8/2013 ha chiarito che gli alunni con cittadinanza non italiana necessitano di interventi didattici relativi all'apprendimento della lingua ma **solo in via eccezionale di un piano didattico personalizzato**, poiché la personalizzazione va coordinata con le tematiche dell'inclusione e del riconoscimento delle diversità. A tal fine, la L. n. 107/2015 ha previsto che nelle aree con una forte componente di alunni stranieri siano realizzati dei piani di integrazione, oltre a **laboratori linguistici** per perfezionare l'italiano come seconda lingua e laboratori di lingue non comunitarie.

Una disciplina specifica è prevista per la loro valutazione (→ *infra* par. 4).

1.1 Le Linee guida 2014 per l'accoglienza degli alunni stranieri

Le **Linee guida per l'accoglienza e l'integrazione degli alunni stranieri** emanate nel 2014 (con nota MIUR n. 4233 del 19-2-2014), regolamentano le attività di accoglienza e integrazione. Vediamone di seguito gli aspetti più rilevanti.

Il presupposto di partenza è che l'esperienza scolastica di uno studente che è stato scolarizzato esclusivamente nelle scuole italiane è senza dubbio diversa da quella di un alunno appena arrivato in Italia, soprattutto se adolescente, senza conoscenza della lingua italiana, delle regole di funzionamento delle scuole e degli stili d'insegnamento, a volte molto diversi da quelli del Paese di provenienza.

> **Espansione Web**
> *Linee guida per l'accoglienza e l'integrazione degli alunni stranieri*

Le Linee Guida del febbraio 2014 prevedono nel dettaglio le situazioni che possono verificarsi:
- *Alunni con cittadinanza non italiana*. Sono gli alunni che, anche se *nati in Italia*, hanno entrambi i genitori di nazionalità non italiana.
- *Alunni con ambiente familiare non italofono*. Alunni che vivono in un ambiente familiare nel quale i genitori, a prescindere dal fatto che usino o no l'italiano per parlare con i figli, generalmente possiedono in questa lingua competenze limitate, che non garantiscono un sostegno adeguato nel percorso di acquisizione delle abilità di scrittura e di lettura (importantissime nello sviluppo dell'italiano per lo studio) e che alimentano un sentimento quasi latente di «insicurezza linguistica».
- *Minori non accompagnati*. Alunni provenienti da altri Paesi che si trovano per qualsiasi ragione nel territorio dello Stato privi di assistenza e rappresentanza da parte dei genitori o di altri adulti legalmente responsabili. Per il loro inserimento si dovrà tenere conto che, a causa delle pregresse esperienze di deprivazione e di abbandono, anche le competenze nella lingua d'origine — oltre a quelle in italiano — potranno essere fortemente limitate rispetto all'età anagrafica dell'alunno, rendendo necessaria l'adozione di strategie compensative personalizzate.
- *Alunni figli di coppie miste*. Le coppie miste sono in aumento, segno di un processo d'integrazione che si sta consolidando. Dunque sono in aumento gli alunni con uno dei genitori di origine straniera. Differiscono dai gruppi precedenti per due aspetti rilevanti: hanno cittadinanza italiana (perché la acquisiscono dal genitore italiano) e le loro competenze nella lingua italiana sono efficacemente sostenute dalla vicinanza di un genitore che, di solito, è stato scolarizzato in Italia.
- *Alunni arrivati per adozione internazionale*. I bisogni educativi e didattici degli alunni adottati di origine straniera sono diversi da quelli che sono in Italia con le loro famiglie. D'altra parte, accade spesso che questi alunni risultino al contrario «invisibili» all'interno delle classi perché sono cittadini italiani a tutti gli effetti, spesso sono giunti in Italia nella prima infanzia e sono cresciuti in un ambiente familiare totalmente italofono. Per l'inserimento scolastico di questi alunni sono da prevedere interventi specifici, che prevedano percorsi personalizzati, sia in considerazione di eventuali pregresse esperienze di deprivazione e abbandono, sia per consolidare l'autostima e la fiducia nelle proprie capacità di apprendimento.
- *Alunni rom, sinti e caminanti*. Sono i tre principali *gruppi di origine nomade* — ma spesso oggi non più nomadi — presenti in Italia, al cui interno si riscontrano molteplici differenze di lingua, religione, costumi. Una parte di essi proviene dai paesi dell'Est Europa, anche da paesi membri dell'UE, è spesso di recente immigrazione e non possiede la cittadinanza italiana. Un'altra parte appartiene invece a famiglie residenti in Italia da molto tempo ed ha cittadinanza italiana, spesso da molte generazioni. La partecipazione di questi alunni alla vita della scuola non è un fatto scontato. Si riscontra ancora un eleva-

tissimo *tasso di evasione scolastica e di frequenza irregolare*. Non bisogna però ritenere che questi comportamenti derivino esclusivamente da un rifiuto a integrarsi: accanto a fattori di oggettiva deprivazione socio-economica, vi è, infatti, una fondamentale resistenza psicologica verso un processo — quello della scolarizzazione — percepito come un'imposizione e una minaccia alla propria identità culturale, cui si associano, d'altra parte, consuetudini sociali e linguistiche profondamente diverse dalle nostre. Lavorare con alunni e famiglie rom, sinti e caminanti richiede molta flessibilità e disponibilità ad impostare percorsi di apprendimento specifici e personalizzati, che tengano conto del retroterra culturale di queste popolazioni.

In molte Regioni italiane, soprattutto settentrionali, la percentuale di alunni stranieri nelle scuole è molto alta. Nelle scuole, in genere, l'orientamento più diffuso è quello di favorire l'**eterogeneità delle cittadinanze nella composizione delle classi**, piuttosto che formare classi omogenee per provenienza territoriale o religiosa degli stranieri. Sono comunque previsti dei limiti massimi di presenza di studenti stranieri nelle singole classi, soprattutto se con ridotta conoscenza della lingua italiana.

La Circolare MIUR 2/2010 prevede che il **numero degli alunni** con cittadinanza non italiana presenti in ciascuna classe non possa superare, di norma, il 30% del totale degli iscritti, al fine di realizzare un'equilibrata distribuzione degli allievi stranieri tra istituti dello stesso territorio. Il limite del 30% può comunque essere innalzato, con determinazione del direttore generale dell'Ufficio scolastico regionale, qualora gli alunni stranieri siano già in possesso di adeguate competenze linguistiche (è questo il caso degli alunni stranieri nati in Italia che hanno compiuto in scuole italiane il loro percorso scolastico).

1.2 Accoglienza, inserimento e orientamento

Il momento dell'**accoglienza** e del **primo inserimento** è fondamentale per un corretto processo d'integrazione, e in questa fase assume notevole importanza la relazione con le famiglie degli alunni. È, infatti, necessario da parte della scuola instaurare un rapporto di ascolto con la famiglia per comprenderne le specifiche condizioni ed esigenze e per renderla partecipe delle iniziative e delle attività della scuola, condividendo un progetto pedagogico che valorizzi le specificità dell'alunno. In questo percorso la scuola può avvalersi di mediatori culturali o interpreti, per superare le difficoltà linguistiche e anche per facilitare la comprensione delle scelte educative della scuola.

Ma ancor prima dell'inserimento, c'è il momento dell'**orientamento**. Per le famiglie di origine immigrata, il problema dell'orientamento nasce già con la scuola dell'infanzia in quanto per molte famiglie di immigrati la frequenza della scuola dell'infanzia non è considerata importante.

Per quanto riguarda il passaggio alla scuola secondaria di secondo grado, per tutti gli alunni, l'orientamento deve iniziare almeno dall'inizio dell'ultimo anno della secondaria di primo grado.

IL PROTOCOLLO DI ACCOGLIENZA E INTEGRAZIONE DEGLI ALUNNI STRANIERI

Il **Protocollo d'accoglienza e integrazione degli alunni stranieri** è un documento che viene deliberato dal Collegio dei Docenti e **inserito nel PTOF**. Predispone e organizza le procedure che l'istituto scolastico intende mettere in atto per facilitare l'inserimento degli alunni stranieri attraverso tre attenzioni pedagogiche specifiche:
— l'accoglienza del singolo alunno e della sua famiglia;
— lo sviluppo linguistico in italiano L2;
— la valorizzazione della dimensione interculturale.

Il Protocollo contiene criteri e principi riguardanti l'iscrizione e l'inserimento degli alunni stranieri, definisce i compiti e i ruoli degli insegnanti, del personale amministrativo e dei mediatori culturali, e disciplina le fasi di accoglienza e le attività di facilitazione per l'apprendimento della lingua italiana.

Il protocollo d'accoglienza e integrazione delinea:
— *attività amministrative e informative* che riguardano l'iscrizione e l'inserimento a scuola degli alunni stranieri (ad es. predisposizione di materiali informativi bilingue per l'iscrizione, per la scelta sull'insegnamento della religione cattolica, sull'organizzazione della scuola e dell'ordinamento di studi dell'istituto; la predisposizione di modulistica bilingue etc.);
— *attività comunicativo-relazionali* riguardanti i compiti e i ruoli degli operatori scolastici e le fasi dell'accoglienza a scuola. Può essere istituito un gruppo di accoglienza (Commissione) composto da docenti della scuola ed eventualmente dal dirigente scolastico, dal personale di segreteria, dai mediatori e/o operatori interculturali. La Commissione si riunisce ogni qualvolta si presenti il caso d'iscrizione di alunni stranieri neoarrivati.
Compiti della Commissione sono: predisporre schede di rilevazione della competenza linguistica; promuovere l'attuazione di laboratori linguistici; favorire e facilitare il rapporto con la famiglia; predisporre una segnaletica multilingue in ambito scolastico;
— *attività educativo-didattiche* relative a: assegnazione della classe, insegnamento dell'italiano come seconda lingua, accoglienza;
— *attività sociale* che individua i rapporti e le collaborazioni con il territorio in particolare con i Servizi sociali del Comune.

Il protocollo costituisce uno strumento di lavoro che viene integrato e rivisto sulla base delle esperienze realizzate.

Ricordiamo che molte scuole inseriscono nel PTOF anche un **Protocollo di accoglienza per gli alunni con Bisogni Educativi Speciali** (o **per alunni con DSA**) come strumento di inclusione all'interno dell'istituzione scolastica.

Il Protocollo di accoglienza contiene principi, criteri ed indicazioni riguardanti le procedure e le pratiche per un inserimento ottimale degli alunni con BES e definisce le azioni intraprese dalla scuola, nonché le funzioni e i ruoli delle figure coinvolte all'interno e all'esterno dell'istituzione scolastica, dal dirigente scolastico alla famiglia, dagli uffici di segreteria ad ogni singolo docente, ai Referenti di Circolo per la disabilità ed i DSA e gli altri disturbi evolutivi specifici.

È della massima importanza che nelle **attività di orientamento** le scuole e gli insegnanti curino con grande attenzione l'informazione delle famiglie straniere sulle diverse opzioni e opportunità formative, dedicando al rapporto con i genitori stranieri modi e tempi specifici, incoraggiando sempre scelte coerenti con le capacità e le vocazioni effettive dei ragazzi.

2 L'insegnamento dell'italiano come lingua seconda (L2)

Negli ultimi decenni di pratiche ed esperienze d'inserimento scolastico degli alunni stranieri, inizialmente inseriti quasi sempre in classe subito dopo il loro arrivo, le scuole e gli insegnanti hanno cercato di mettere a punto modalità organizzative d'intervento, materiali didattici, tracce di programmazione per rispondere in maniera sempre più efficace soprattutto ai bisogni linguistici più immediati propri di chi si trova a dover imparare l'italiano come una seconda lingua. In tale prospettiva appare decisiva soprattutto nelle classi della scuola secondaria, l'apprendimento dell'**italiano come L2**, diventato cruciale ai fini dell'inserimento positivo e di una storia di buona integrazione.

Per rispondere ai bisogni linguistici degli alunni stranieri non italofoni l'esperienza consolidata ci dice che sono necessari tempi, strumenti, risorse di qualità, docenti specializzati (non a caso la *Riforma delle classi di concorso approvata a febbraio 2016*, prevede una classe specifica per l'insegnamento dell'italiano come seconda lingua). In particolare, nella prima fase, un intervento efficace dovrebbe prevedere circa 8-10 ore settimanali dedicate all'italiano L2 (circa due ore al giorno) per una durata di 3-4 mesi.

I **moduli intensivi iniziali** possono raggruppare gli alunni non italofoni di classi diverse e possono essere organizzati grazie alla collaborazione con gli enti locali.

Per il **D.M. n. 95/2016** «l'insegnamento della Lingua italiana per discenti di lingua straniera si fonda su un principio: la lingua di comunicazione favorisce l'apprendimento, la costruzione dell'identità, la formazione del pensiero, un migliore adattamento sociale» (Biagioli, 2005, p. 109). Emerge quindi anche l'importanza del legame tra la costruzione dell'identità e la lingua d'origine. «Le parole del codice materno, della lingua degli affetti strutturano il sé del bambino e costituiscono una sorta di "pelle" degli individui. Non quindi un vestito da togliere e abbandonare in un canto per indossarne uno più adatto, ma un involucro protettivo ed essenziale che ci definisce e ci plasma» (Favaro, 2002, p. 264).

Dunque il docente di L2 deve acquisire competenze finalizzate a realizzare una efficace mediazione metodologico-didattica, a impostare una coerente progettazione curriculare, a valutare la didattica e a definire idonee strategie e per il miglioramento continuo dell'insegnamento e dell'apprendimento.

In particolare l'insegnante dovrà formulare proposte didattiche su tematiche quali: cultura italiana, con particolare riferimento agli ambiti storico, sociale, letterario, artistico ed economico, nonché alle varietà socio-linguistiche dell'italiano; analisi di testi letterari con riferimento ai vari generi letterari relativi ad autori della tradizione letteraria italiana; analisi di testi di attualità e testi tecnico-scientifici con riferimento ai vari linguaggi specifici relativi ai settori tecnici e professionali; le teorie più rilevanti relative all'acquisizione di una lingua seconda e/o straniera. È importante, in questi contesti multiculturali, valorizzare la ricchezza del confronto e promuovere la consapevolezza linguistica e culturale in italiano e nella madrelingua degli studenti.

3 Gli alunni stranieri adottati

Una particolare categoria di alunni stranieri, a cui il legislatore presta particolare attenzione, è rappresentata dai *bambini adottati*.

Il fenomeno dell'**adozione internazionale** — cioè l'adozione di un minore di nazionalità straniera da parte di una famiglia italiana — è crescente nel nostro Paese, al punto che il tema del loro inserimento nel tessuto scolastico nazionale è stato oggetto di un apposito documento ministeriale con la **nota MIUR n. 7443 del 18 dicembre 2014**.

Tale documento, pur partendo dal presupposto che non necessariamente gli alunni stranieri adottati presentano delle difficoltà di inserimento, evidenzia alcune **aree critiche** peculiari di questa categoria di minori, su cui si deve concentrare l'intervento della scuola.

Occorre partire dal presupposto che **questi minori possono presentare difficoltà maggiori rispetto agli alunni stranieri** che arrivano in Italia con la loro famiglia di origine, e ciò sostanzialmente per due ordini di motivi:
— essi spesso arrivano da *esperienze particolarmente sfavorevoli* nel periodo antecedente all'adozione: abbandono in età precoce, inserimenti in orfanotrofi nel paese di origine, mancanza di figure affettive di riferimento, situazioni che possono portare il bambino a costruire una rappresentazione di sé come soggetto indesiderabile;
— essi subiscono un distacco dal paese d'origine, dalle loro abitudini linguistiche, culturali, alimentari, molto più traumatico: a differenza dei minori immigrati con la famiglia, che mantengono un rapporto vitale con la cultura e la lingua d'origine, il bambino adottato è inserito in un ambiente familiare in cui si perdono velocemente la lingua d'origine, le abitudini, gli stili di vita originari e può manifestare un'accentuata ambivalenza verso la cultura di provenienza, con alternanza di momenti di nostalgia/orgoglio a momenti di rimozione/rifiuto.

Sempre secondo la Nota MIUR del 2014, è auspicabile inserire l'alunno adottato internazionalmente nella scuola dell'infanzia e primaria, **non prima di dodici settimane** dal suo arrivo in Italia, mentre nella **scuola secondaria** non prima di **quattro/sei settimane**.

Ciò detto, le **aree critiche d'intervento** individuate dalla Nota MIUR del 2014, sono le seguenti:

— *Bambini con difficoltà di apprendimento*: deficit nella concentrazione, nell'attenzione, nella memorizzazione, nella produzione verbale e scritta, in alcune funzioni logiche.
— *Bambini con difficoltà psico-emotive*: incapacità di controllare ed esprimere le proprie emozioni, assenza di adeguate relazioni di attaccamento, senso d'insicurezza rispetto al proprio valore e di vulnerabilità nel rapporto con gli altri, timore di essere rifiutati e nuovamente abbandonati, rabbia e dolore per quanto subìto.
— *Scolarizzazione nei Paesi d'origine*. I bambini adottati possono provenire da Paesi prevalentemente rurali, con strutture sociali fragili, con alto tasso di analfabetismo e/o di abbandono scolastico. Va inoltre considerato che in molti dei Paesi di provenienza (ad esempio in Brasile, Bulgaria, Etiopia, Federazione Russa, Lituania, Polonia, Ucraina, Ungheria) il percorso scolastico, differentemente da quello italiano, inizia a *sette anni*. Per i bambini in arrivo in Italia in seguito ad adozione internazionale, quindi, quella dei sei anni è sovente ancora l'età della scuola dell'infanzia.
— *Bambini con bisogni speciali o particolari* (*special needs adoption*): rientrano in questa categoria le adozioni di due o più minori nello stesso contesto familiare; l'adozione di bambini di sette o più anni di età, di bambini con significative problematiche di salute o di disabilità.
— *Età presunta*: in diversi Paesi di provenienza i bambini non sono iscritti all'anagrafe al momento della nascita. Di conseguenza può capitare che a molti bambini, che saranno poi adottati, sia attribuita una data di nascita e quindi un'età, presunte ai soli fini della registrazione anagrafica, e solo al momento dell'ingresso in istituto, o quando è formalizzato l'abbinamento con la famiglia adottiva.
— *Preadolescenza e adolescenza*: molti bambini e ragazzi arrivano in Italia dopo i 10 anni, in un'età complessa di per sé, in cui la formazione dei legami affettivi e familiari si scontra con la naturale necessità di crescita e di indipendenza.
— *Italiano come L2*: a differenza degli altri alunni stranieri la modalità di apprendimento della lingua non è «additiva» (la nuova lingua si aggiunge alla precedente), bensì «sottrattiva» (l'italiano quindi dovrebbe sostituire la lingua madre), e implica pertanto maggiori difficoltà; i bambini in alcuni momenti possono sentirsi «privi di vocaboli per esprimersi».
— *Identità etnica*: vi è la necessità di integrare l'originaria appartenenza etnico-culturale con quella della famiglia adottiva e del nuovo contesto di vita. Si tratta di un compito impegnativo che può assorbire molte energie cognitive ed emotive.

Infine, alcuni degli argomenti e delle attività che si svolgono usualmente a scuola richiedono di essere affrontati con particolare cautela e sensibilità quando si hanno in classe alunni adottati: come l'approccio alla storia personale specie riguardo tutti quei momenti che hanno a che fare direttamente con un pensiero storico su di sé (progetti sulla nascita, sulla storia personale e familiare, sulla raccolta dei dati che permettono una storicizzazione); o come il riferimento alle famiglie di oggi impostato sullo stereotipo di una coppia con uno o più figli biologici: i progetti di educazione interculturale devono evitare di innescare, proprio negli alunni adottati, percezioni di estraneità rispetto al contesto in cui sono inseriti.

4 La valutazione degli alunni stranieri

La valutazione iniziale coincide per gli alunni stranieri neo-arrivati con la **prima fase dell'accoglienza** e vede i docenti impegnati nella *rilevazione delle competenze in ingresso* per mezzo di diverse azioni: colloqui con familiari e alunno, esame della documentazione scolastica del paese di origine, somministrazione di prove di ingresso, prevedendo, qualora lo si ritenga necessario, l'intervento di **mediatori linguistico-culturali**.

La scuola provvede poi a rilevare le competenze per valutare **il livello scolastico e formativo di partenza**, al fine di definire un percorso educativo personalizzato. L'alunno potrebbe non avere bisogno di un **piano didattico personalizzato (PDP)**: esso si rivelerà necessario solo a seguito di una approfondita valutazione psico-pedagogica, dalla quale emerga la necessità di rimuovere determinati ostacoli all'apprendimento nel percorso proposto alla classe. Nel caso si ritenesse opportuno avviare un PDP, il Collegio dei docenti deve individuare specifici bisogni educativi sui quali intervenire.

La famiglia stessa poi va informata sulla necessità di programmare un piano didattico personalizzato, atto a favorire l'inserimento nel nuovo contesto scolastico, l'acquisizione della lingua italiana e il successo formativo dell'allievo.

Attraverso lo strumento del PDP, il team dei docenti di classe indirizza il percorso di studi mediante scelte quali l'attribuzione di priorità all'apprendimento della lingua italiana, la sospensione temporanea di alcuni insegnamenti ritenuti al momento inaccessibili, la selezione dei nuclei essenziali di contenuto e l'individuazione di strategie didattiche coerenti con l'effettiva situazione di partenza dell'allievo. È fondamentale privilegiare la valutazione formativa, che considera e misura i progressi tenendo conto della situazione di partenza, della motivazione, dell'impegno e, soprattutto, delle potenzialità di apprendimento dimostrate.

Per quanto riguarda gli **esami**, nelle Linee guida del 2014 (nota MIUR n. 4233/2014) si legge: «La normativa d'esame non permette di differenziare formalmente le prove per gli studenti stranieri ma *solo per gli studenti con bisogni educativi speciali certificati* o comunque *forniti di un piano didattico personalizzato*. È importante che anche nella relazione di presentazione della classe all'esame di Stato, sia al termine del primo che del secondo ciclo, vi sia un'adeguata presentazione degli studenti stranieri e delle modalità con cui si sono svolti i rispettivi percorsi di inserimento scolastico e di apprendimento.

La valutazione in sede d'esame assume una particolare importanza. Sancisce la conclusione di un percorso e la preparazione dello studente con un titolo di studio che ha valore legale.

Per l'**esame al termine del primo ciclo**, nel caso di notevoli difficoltà comunicative, è possibile prevedere la presenza di docenti o mediatori linguistici competenti nella lingua d'origine degli studenti per facilitare la comprensione. Nel caso sia stato possibile assicurare allo studente l'uso della lingua d'origine per alcune discipline scolastiche, potrà essere effettuato l'accertamento delle competenze maturate.

Per l'**esame di Stato al termine del secondo ciclo** sono da considerarsi crediti formativi eventuali percorsi di mantenimento e sviluppo della lingua d'origine.

Nel colloquio orale possono essere valorizzati contenuti relativi alla cultura e alla lingua del Paese d'origine».

In sintesi

- **Multiculturalità e svantaggio**: le casistiche rientranti nei BES sono svariate; in base a quanto specificato dalla Direttiva Ministeriale del 27 dicembre 2012 vi fanno parte anche gli *svantaggi di natura economica, socio-culturale e linguistica* (in cui si trovano spesso gli studenti di recente immigrazione).
- **Alunni stranieri**: lo svantaggio culturale e linguistico è spesso a carico degli studenti stranieri, i quali richiedono particolare attenzione da parte dell'istituzione scolastica, soprattutto in fase di inserimento. A tal proposito, il MIUR ha emanato le *Linee guida per l'accoglienza e l'integrazione degli alunni stranieri* (Nota n. 4233 del 19-2-2014). La L. 47/2017, inoltre, riconosce il diritto all'istruzione anche ai minori stranieri non accompagnati e l'iscrizione a scuola in qualsiasi momento dell'anno scolastico. Da parte sua, il Collegio Docenti è tenuto ad inserire all'interno del PTOF il *Protocollo d'accoglienza e integrazione degli alunni stranieri*.
- **Diritto all'istruzione**: gli alunni stranieri, anche se irregolari, hanno diritto all'istruzione alle stesse condizioni degli alunni italiani; pertanto hanno l'obbligo di iscriversi e frequentare le scuole statali o paritarie, e il dovere di conformarsi alle disposizioni nazionali in materia di istruzione.
- **Accoglienza e orientamento**: l'accoglienza e l'orientamento sono momenti fondamentali per un corretto processo di integrazione; in queste fasi assumono notevole importanza la relazione con le famiglie degli alunni.

4
Bullismo, devianza e dispersione scolastica

1 Devianza e delinquenza minorile

La scuola è in prima linea nell'individuazione e nel contrasto di quegli episodi di devianza che, in molti casi, sfociano in vera e propria delinquenza minorile.

Gli indicatori più vistosi della condizione di crisi in cui versa il mondo giovanile sono costituiti dal numero di atti di violenza attuati o subiti, dall'abbandono scolastico, dal reclutamento sempre più precoce in gruppi criminali o dall'aumento di comportamenti generalmente antisociali e a rischio.

Alla base della **devianza giovanile** troviamo certamente una **molteplicità di fattori**, la cui interazione produce una situazione per cui l'*iter* di disagio esistenziale e disadattamento non è il risultato di una somma di condizionamenti endogeni ed esogeni, ma assume il significato di una **struttura profonda e generalizzata**.

Il passaggio alla **devianza**, con **comportamenti di violazione sistematica e consapevole di norme e aspettative sociali**, non avviene necessariamente in relazione a fatti molto gravi, ma presuppone una «preparazione» ampiamente collegata con l'ambiente di sviluppo[1].

Un contributo negativo in questo senso può anche essere dato da ambienti educativi come la famiglia e la scuola, quando non si dimostrano flessibili e sensibili verso i comportamenti giovanili. Il rischio è quello di trattare come «**caratteri devianti**», atteggiamenti occasionali e sporadici compiuti da ragazzi che possono aver agito in un contesto che favoriva tali azioni per vari motivi. Entra così in gioco il fenomeno sociologico dell'**etichettamento (labelling)** mediante il quale l'attribuzione di un ruolo negativo (con definizioni come «delinquente», «pervertito», «cattivo» e così via) produce emarginazione e bassa autostima che rendono sempre più consolidata ed estesa la condotta deviante.

Secondo la **teoria dell'etichettamento** (*labelling theory*), proveniente dall'area della psicologia sociale americana (Scuola di Chicago, anni '50), quando la reputazione di cui un individuo gode ha una connotazione negativa, questa diventa una forma di «etichettamento» morale che produce una *sorta di circolo vizioso*. Ad esempio, un ragazzo può comportarsi in modo trasgressivo per un periodo e poi tornare ad una condotta conforme alle norme sociali, senza riportarne gravi conseguenze; ma se, per esempio, viene arrestato, il suo momentaneo comportamento deviante

---

[1] G. Manca, *Disagio, emarginazione e devianza nel mondo giovanile. Note per una riflessione educativa*, Bulzoni, Roma, 1999; O. Di Loreto, *Il bullismo. Devianza o moda giovanile?*, Aracne Editrice, Ariccia (Roma), 2012.

diverrà pubblico e condurrà alla costruzione della sua reputazione. In seguito, la difficoltà a disfarsi di tale etichetta potrà portarlo a soddisfare le aspettative che gli altri nutrono nei suoi confronti e a fargli assumere così l'identità deviante.

L'espressione in **forme di aggressività** e **violenza fisica** della devianza è veicolata, talvolta, anche da una serie di modelli propagati dai mass-media senza alcun alone di biasimo, ma anzi proposti come vincenti e come valida alternativa al dialogo. Accade così che condizioni di povertà di dialogo e di isolamento portino molti giovani a individuare nella violenza la compensazione del proprio disagio e una via di affermazione della propria personalità.

Nella maggior parte dei casi, **alla base della delinquenza minorile vi è una storia di disagio**.

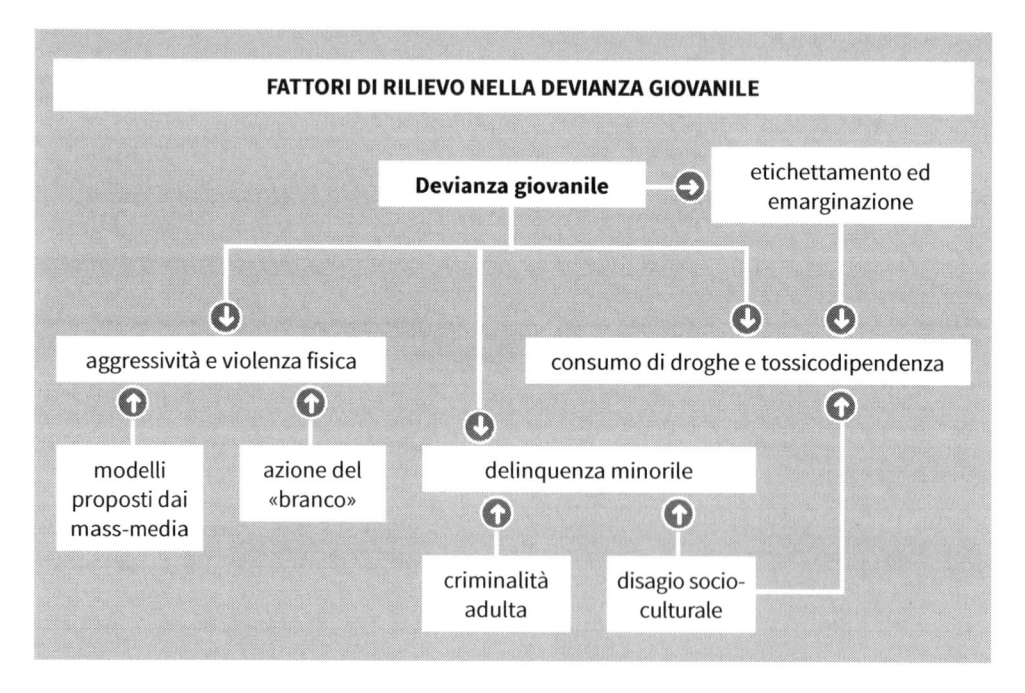

FATTORI DI RILIEVO NELLA DEVIANZA GIOVANILE

- Devianza giovanile
  - etichettamento ed emarginazione
  - aggressività e violenza fisica
    - modelli proposti dai mass-media
    - azione del «branco»
  - consumo di droghe e tossicodipendenza
  - delinquenza minorile
    - criminalità adulta
    - disagio socio-culturale

Tra le cause di disadattamento più diffuse vi sono certamente le **condizioni ambientali**: la povertà può agire in senso deviante, così come l'emigrazione, che genera talvolta un corto circuito culturale e linguistico. Anche i **fattori familiari** possono essere causa di atteggiamenti devianti: carenze affettive, fattori ereditari, maltrattamenti in famiglia e un'atmosfera casalinga priva di serenità possono tramutarsi in una mancata costruzione di interrelazioni sociali equilibrate. Qualsiasi esperienza umana, infatti, è fondata su un sistema di comunicazioni e relazioni.

Tuttavia più che di cause vere e proprie di disadattamento è più corretto parlare di *condizioni* che possono influenzare o determinare uno sviluppo in senso deviante della personalità. Tale fenomeno, infatti, non è quasi mai riconducibile ad un solo fattore, ma piuttosto è determinato da molteplici variabili.

Una sintetica elencazione delle più comuni reazioni a situazioni frustranti può aiutare a schematizzare gli atteggiamenti devianti maggiormente riscontrati nei giovani:
— **aggressione**. Il soggetto attacca, fisicamente e/o verbalmente, le persone legate alla situazione frustrante o anche se stesso;
— **disturbi psicosomatici**. Manfestando alcuni disturbi fisici (diarrea, enuresi etc.) il soggetto si sottrae dalla situazione frustrante;
— **compensazione**. Il soggetto «compensa» le proprie frustrazioni con fantasticherie, forme di esibizionismo e varie altre manifestazioni;
— **razionalizzazione**. L'insuccesso viene giustificato addossandone la colpa a qualcuno, o manifestando disinteresse verso lo scopo perseguito invano;
— **ritirata**. La situazione frustrante viene abbandonata cercando rifugio in atteggiamenti apatici o fantasticherie;
— **regressione**. Il soggetto torna a forme di comportamento infantile.

Alcune di queste manifestazioni possono riscontrarsi anche contemporaneamente. Di solito, sono sintomi di disadattamento:
— la sensazione di «essere diverso»;
— la menzogna e l'inganno;
— l'eccessiva tendenza all'isolamento;
— le prestazioni inferiori rispetto all'età cronologica;
— gli eccessivi malumori;
— i tic facciali;
— la facile irritazione.

Anche il gruppo può incentivare comportamenti devianti, agendo come un **branco** che legittima, con il proprio sostegno, atti che un individuo da solo non compirebbe. In determinati casi la devianza assume le forme del **bullismo**, in altri si arriva a vera e propria **delinquenza minorile**, un fenomeno purtroppo in espansione.

2 Dall'insuccesso all'abbandono scolastico

L'**insuccesso scolastico** e la **devianza** sono spesso fenomeni strettamente collegati. Se «andar male» a scuola non significa necessariamente assumere comportamenti problematici, è molto frequente, invece, che soggetti con difficoltà vadano incontro a cali di rendimento durante il proprio percorso formativo. Un alunno portatore di disagio — sia esso di natura socio-economica, culturale o emotiva — quando non opportunamente seguito e supportato dalla famiglia e dalla scuola, rischia, infatti, più facilmente di reagire male di fronte all'insuccesso, rispetto ad un suo coetaneo proveniente da un contesto di vita sereno ed equilibrato. Prendere brutti voti, avere difficoltà di relazione col gruppo classe o con i docenti, rappresentano, per l'alunno in condizione di svantaggio, un'aggravante di quello stato di disagio già di per sé doloroso e pesante. Tale situazione, se non affrontata in tempo, può portare all'**abbandono scolastico**, una condizione che non fa altro che acutizzare la posizione di marginalità assunta dall'individuo nel gruppo sociale di riferimento. Interrompere questo percorso è compito della famiglia e delle istituzioni, prima fra tutte la scuola, all'interno della quale esistono delle professionalità in grado di cogliere i primi segni di disagio e intervenire con tempestività ed efficacia.

2.1 Intercettare il disagio a scuola

I docenti hanno numerosi strumenti da mettere in campo per individuare le situazioni di disagio vissute dai propri alunni e rafforzare la loro **motivazione** allo studio. Promuovere attività basate sulla **narrazione** e sul **lavoro di gruppo**, ad esempio, aiuta il singolo ad esprimersi e confrontarsi con gli altri e consente all'insegnante di ricevere un feedback molto utile sul modo di raccontarsi e di relazionarsi dei suoi studenti.

Altre strategie da applicare in classe allo scopo di far emergere e superare situazioni che ostacolano il benessere dello studente e che incidono negativamente sul suo rendimento sono:
— ricorrere a **premi e incentivi**: lodare lo sforzo a prescindere dal risultato è già un buon punto di partenza per motivare l'allievo;
— attribuire **incarichi di tutoraggio** tesi a rafforzare l'autostima;
— promuovere la **cooperazione tra studenti** attraverso progetti in classe e compiti di gruppo da svolgere a casa;
— ricorrere ad **attività laboratoriali** che valorizzino l'esperienza e la sua condivisione;
— incentivare le **uscite didattiche** e il confronto tra i pari;
— strutturare attività di **problem solving**, così da rafforzare la percezione di autoefficacia del singolo e del gruppo;
— promuovere l'**autoconsapevolezza**: la capacità di riconoscere le proprie capacità e le proprie emozioni è determinante ai fini del successo scolastico e, più in generale, nella vita.

Compito del docente è fare in modo che il singolo studente si senta compreso nella sua **individualità**, e non un semplice elemento del gruppo. A tale scopo, spiegare le ragioni di una determinata valutazione anziché limitarsi alla comunicazione di un voto può essere una valida strategia per rendere l'alunno protagonista attivo del suo percorso formativo e promuovere in lui **capacità critiche** e **abilità metacognitive**.

3 Bullismo a scuola

Per **bullismo** si intende «un comportamento aggressivo ripetuto nel tempo contro un individuo, con l'intenzione di ferirlo fisicamente o moralmente. È caratterizzato da certe forme di abuso con le quali una persona tenta di esercitare un potere su un'altra persona. Può manifestarsi con l'uso di soprannomi offensivi, di insulti verbali o scritti, escludendo la vittima da certe attività, da certe forme di vita sociale, con aggressioni fisiche o angherie. I cosiddetti bulli possono talvolta agire in questo modo per rendersi popolari o per essere considerati dei «duri» o per attirare l'attenzione. Possono anche essere spinti dalla gelosia o agire in questo modo perché sono a loro volta vittime di bullismo». Questa la definizione di bullismo contenuta nelle Linee Guida del Consiglio d'Europa per la definizione delle strategie nazionali di protezione dei bambini dalla violenza del 18 novembre 2009.

Il termine è di derivazione anglosassone (da *to bully* che significa «essere prepotente, prevaricare») e sta ad indicare un fenomeno sociale alquanto diffuso, che spesso si sviluppa proprio in ambito scolastico e che quindi necessita di interventi diretti da parte delle scuole.

Il problema del bullismo si configura come un fenomeno estremamente complesso, non riducibile alla sola condotta di singoli (bambini, ragazzi preadolescenti e adolescenti; maschi o femmine) ma che riguarda il **gruppo dei pari** (→ par. 6) nel suo insieme. Tra i coetanei, infatti, il fenomeno spesso si diffonde grazie a dinamiche di gruppo, soprattutto in presenza di atteggiamenti di tacita accettazione delle prepotenze ai danni dei più deboli. Va distinto da altri comportamenti aggressivi e che configurano dei veri e propri reati (ad esempio vandalismo, percosse, violenza fisica, furti, etc.): si ha bullismo solo quando l'azione aggressiva del bullo è *continua e sistematica* e *deliberatamente volta a danneggiare sempre la stessa vittima* (o le stesse vittime). Il singolo atto di violenza isolata, quindi, se può avere ripercussioni di carattere sociale o addirittura penale, non può considerarsi atto di bullismo.

Esistono due forme di bullismo:

— **bullismo diretto** in cui sono evidenti le prepotenze fisiche (scherzi di cattivo gusto, spintoni, calci, schiaffi etc.) e/o verbali (offese, attribuzioni di soprannomi ridicoli o volgari, turpiloquio) e che è più facilmente individuabile;
— **bullismo indiretto**, in cui il bullo (e il suo gruppo di seguaci) non affronta direttamente la vittima ma agisce diffondendo dicerie sul conto della stessa, escludendola dal gruppo dei pari (dalle feste, dai luoghi di ritrovo e aggregazione), diffondendo calunnie e pettegolezzi, isolandolo quindi socialmente (si parla a questo proposito anche di *bullismo relazionale*).

Nel bullismo vi è una **relazione diretta tra bullo e vittima**, addirittura una *interdipendenza*.

Il bullo è, di solito, un soggetto apparentemente sicuro di sé ma non necessariamente aggressivo; è invece un soggetto che tende a ostentare la sua supremazia di fronte al gruppo dei coetanei (ma sovente anche nei confronti dell'insegnante) prevaricando su un soggetto più debole. Spesso vittime predestinate dei bulli sono ragazzi deboli, disabili o affetti da autismo.

La vittima al contrario è sempre un soggetto di per sé con un basso livello di autostima e che di fronte al bullo risulta impotente. La vittima può isolarsi dal gruppo evitando di rispondere alle provocazioni del bullo (**vittima passiva**) ovvero in alcuni casi provocare essa stessa le azioni aggressive nei suoi confronti (**vittima provocatrice**). In alcuni casi la vittima, per non rimanere isolata dal gruppo dei pari, sottostà volontariamente agli atteggiamenti provocatori e deridenti del bullo (**vittima collusa**). Spesso un ragazzo vittima di bullismo in un contesto, può essere fuori da quel contesto a sua volta bullo.

Gli **atti di bullismo** possono essere di varia natura: *fisica*, *verbale* (ingiurie, minacce, pettegolezzi pesanti) o *psicologica* e in generale hanno tutti lo stesso obiettivo: isolare la vittima, escluderla dal gruppo, indebolirla dal punto di vista psicologico. In alcuni casi più gravi si possono configurare vere e proprie fattispecie di reato: *violenza privata, lesioni personali, minaccia, stalking* o altri atti persecutori.

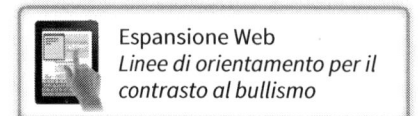

> Espansione Web
> Linee di orientamento per il contrasto al bullismo

La scuola è chiamata in prima linea a contrastare ogni forma di bullismo: le **Linee di orientamento per il contrasto al bullismo** (nota MIUR n. 2519, aprile 2015) impongono alla scuola di adottare misure atte a prevenire e combattere tali fenomeni, in collaborazione con le famiglie (che devono non solo educare i propri figli ma soprattutto vigilare sui loro comportamenti), rafforzando e valorizzando il *Patto di corrispondabilità educativa* previsto dallo Statuto delle studentesse e degli studenti della scuola secondaria.

4 Il cyberbullismo

Il **cyberbullismo** è una forma di bullismo indiretto, in costante aumento, la cui diffusione va di pari passo con la diffusione delle nuove tecnologie. È un particolare tipo di aggressività intenzionale che si manifesta attraverso i **social** (Facebook, Instagram, Youtube etc.), forum o chat (Whatsapp etc.). È una forma di prevaricazione particolarmente insidiosa perché non solo non consente a chi la subisce di sfuggire o nascondersi, ma perché ha un'immediatezza e una capacità di diffusione di cui spesso lo stesso bullo non ha contezza (si pensi alle foto o ai video hard che fatti da un telefonino in privato possono essere messi in rete e diffusi in poco tempo tra migliaia, a volte milioni, di persone).

«La tecnologia consente infatti ai bulli di infiltrarsi nelle case e nella vita delle vittime, di materializzarsi in ogni momento, perseguitandole con messaggi, immagini, video offensivi o pubblicati sui siti web» (nota MIUR n. 2519). La garanzia dell'anonimato poi, in molti casi, fa cadere nel bullo i pochi freni inibitori che gli rimangono, favorendo atteggiamenti ancora più aggressivi e violenti.

Peraltro con il diffondersi dei cellulari tra i bambini della primaria, fenomeni di cyberbullismo incominciano a registrarsi anche in tenerissima età.

4.1 La normativa di contrasto e le Linee di orientamento del 27 ottobre 2017

Come detto, quello del bullismo è un fenomeno che può trovare le più efficaci azioni di contrasto proprio nella scuola. Non è un caso quindi che nel tempo il percorso della prevenzione e del contrasto al fenomeno abbia normativamente coinvolto in primis le istituzioni scolastiche. A tal proposito possiamo menzionare:

— le citate *Linee di orientamento per azioni di prevenzione e di contrasto al bullismo e cyberbullismo del 2015*;
— il *Piano nazionale* per la prevenzione del bullismo e del cyberbullismo a scuola del 2016 per creare una *rete nazionale* tra scuole, istituzioni pubbliche, ONG, associazioni del terzo settore e aziende private dell'ITC;
— da ultimo la L. 71/2017, in ottemperanza della quale sono state emanate le nuove *Linee di orientamento*, e dovrà essere redatto un nuovo *Piano di azione integrato per il contrasto e la prevenzione del cyberbullismo*;
— le nuove *Linee di orientamento del MIUR* (del 27 ottobre 2017) per la prevenzione e il contrasto del cyberbullismo che si pongono in continuità con le precedenti del 2015.

Il 18 giugno 2017 è entrata in vigore la nuova **legge sul cyberbullismo L. 29 maggio 2017, n. 71**, *Disposizioni a tutela dei minori per la prevenzione ed il contrasto del fenomeno del cyberbullismo*.

La nuova normativa impone a tutte le scuole il compito di promuovere l'educazione all'uso consapevole della rete Internet. Essa è diretta:

— ai docenti e al personale scolastico, in quanto principalmente attraverso l'osservazione quotidiana dei comportamenti degli alunni e degli studenti si possono individuare e prevenire gli atti di bullismo e cyberbullismo;
— ai dirigenti scolastici, che devono agire in caso di incidenti ed episodi violenti che possono verificarsi nelle scuole.

In particolare la **legge n.71/2017** prevede che:

— ciascun minore ultraquattordicenne (o i suoi genitori o il tutore) che sia stato vittima di cyberbullismo può **inoltrare al gestore del sito internet o del social, un'istanza** per *l'oscuramento, la rimozione o il blocco dei contenuti diffusi* nella rete. Se entro 24 ore il gestore del sito non provvede, l'interessato può rivolgere analoga richiesta al *Garante per la protezione dei dati personali*, che rimuoverà i contenuti entro 48 ore;
— ogni istituto scolastico deve individuare fra i docenti **un referente per il coordinamento a scuola delle iniziative di prevenzione e di contrasto del cyberbullismo**, anche avvalendosi della collaborazione delle Forze di polizia e delle associazioni e dei centri di aggregazione giovanile presenti sul territorio.
A tal fine sono previsti programmi di formazione del personale scolastico sul tema. Il **docente referente di istituto** ha il compito di coordinare le iniziative di prevenzione e di contrasto del cyberbullismo e svolge un importante compito di supporto al DS

per la revisione/stesura del Regolamento di istituto, nonché di atti e documenti come PTOF, PdM e RAV;
— il dirigente scolastico che venga a conoscenza di atti di cyberbullismo **deve informare tempestivamente i genitori dei minori coinvolti**. I regolamenti scolastici e il Patto educativo di corresponsabilità dovranno prevedere **esplicite sanzioni disciplinari** (di carattere educativo e non punitivo), commisurate alla gravità degli atti compiuti;
— i servizi territoriali, con l'ausilio delle associazioni e degli altri enti che perseguono le finalità della legge, sono incaricati di promuovere **progetti personalizzati per sostenere le vittime** di cyberbullismo e di **rieducare**, anche attraverso l'esercizio di attività riparatorie o di utilità sociale, i minori autori di cyberbullismo.

5 Le azioni della scuola e del docente

I primi a poter accorgersi del perpetrarsi di atti di bullismo sono proprio gli insegnanti (raramente la famiglia, sia del bullo che della vittima, può accorgersene tempestivamente). Ai primi segnali di comportamenti sospetti, il docente, in concerto con la scuola e il dirigente scolastico, può e deve intraprendere alcune attività:

— **sensibilizzare il gruppo o la classe** sul tema, approfondendo anche temi quali l'uso consapevole dei social network, netiquette, educazione alla privacy soprattutto digitale etc.;
— **somministrare un questionario** (in forma anonima) per individuare l'esistenza di bulli e/o vittime (tenendo presente che i fenomeni di bullismo sono spesso connotati dal timore delle vittime e dei compagni di denunciare i soprusi subiti e dalla difficoltà di acquisire informazioni precise e attendibili in ordine all'effettivo svolgimento dei fatti);
— **vigilare** efficacemente sul comportamento degli studenti sia in classe, sia nelle pause, nelle gite scolastiche etc.;
— **organizzare incontri** della classe con esperti di devianza giovanile;
— organizzare incontri personali con i genitori e i familiari di bulli e vittime;
— ricordare alla classe quali sono le **regole di convivenza sociale** generali nonché quelle di istituto (come il Regolamento di istituto) e pretenderne il rispetto;
— prevedere progetti extra curriculari su temi concernenti la legalità e la convivenza civile, nonché sull'uso dei media, dei social network e delle chat;
— comminare le sanzioni previste per i vari comportamenti (che devono essere ispirate a un principio di proporzionalità tra sanzione irrogabile e infrazione disciplinare commessa).

GENERAZIONI CONNESSE - SAFER INTERNET CENTRE ITALIANO (SIC)

Quello del bullismo è purtroppo un fenomeno mondiale e in crescita. Il MIUR, a partire dal 2012 ha aderito al programma comunitario «*Safer Internet*», istituito dal Parlamento Europeo e dal Consiglio dell'Unione Europea nel 2008. Il programma prevede:
— la definizione di una serie di azioni strategiche per la promozione di un uso consapevole, sicuro e responsabile di Internet tra i più giovani;
— il finanziamento di interventi a livello europeo e nazionale attraverso la creazione di poli di riferimento nazionali sul tema: «***Safer Internet Center* - Centri nazionali per la sicurezza in Rete**».

In Italia è stato realizzato il progetto «**Generazioni Connesse - Safer Internet Centre Italiano**» (**SIC**) co-finanziato dalla Commissione Europea, coordinato dal MIUR con il partenariato di alcune delle principali realtà italiane che si occupano di sicurezza in Rete (come Ministero dell'Interno-Polizia Postale e delle Comunicazioni, Save the Children Italia, Telefono Azzurro etc.).

«Generazioni Connesse» (*www.generazioniconnesse.it*) agisce su **tre ambiti** specifici:
— la realizzazione di programmi di educazione e sensibilizzazione sull'utilizzo sicuro di Internet (rivolti a bambini e adolescenti, genitori, insegnanti, educatori);
— la *Helpline*, per supportare gli utenti su problematiche legate alla Rete;
— due *Hotlines* per segnalare la presenza online di materiale pedopornografico.

Nei due anni trascorsi, attraverso le attività del SIC, migliaia di bambini, bambine, ragazzi e ragazze hanno avuto la possibilità di riflettere sull'utilizzo positivo e sicuro dei nuovi media e partecipare a laboratori e percorsi di *peer education* consentendo loro di essere i veri protagonisti del progetto.

Gli interventi del SIC hanno, inoltre, coinvolto gli insegnanti e le famiglie, formandoli e stimolandoli a rapportarsi con la quotidianità «virtuale» dei propri studenti e/o figli.

Riportiamo qui uno stralcio delle *Linee di orientamento 2015* circa le azioni che devono essere poste in essere dalle scuole:

«Nell'ambito dell'azione propositiva delle reti, va sottolineata l'importanza delle iniziative e dei progetti che le singole istituzioni scolastiche metteranno in atto. Alle scuole, infatti, quali istituzioni preposte al conseguimento delle finalità educative, è affidato il compito di individuare e contrastare i fenomeni del bullismo e del cyberbullismo, qualora siano già presenti, e di realizzare interventi mirati di prevenzione del disagio, ponendo in essere specifiche azioni culturali ed educative rivolte a tutta la comunità scolastica, ivi comprese le famiglie, in risposta alle necessità individuate.

Le singole istituzioni scolastiche avranno cura di **integrare l'offerta formativa con attività finalizzate alla prevenzione e al contrasto del bullismo e del cyberbullismo**, nell'ambito delle tematiche afferenti **Cittadinanza e Costituzione** per tradurre i «saperi» in comportamenti consapevoli e corretti, indispensabili a consentire alle giovani generazioni di esercitare la democrazia nel rispetto della diversità e delle regole della convivenza civile. Le indicazioni relative ad un utilizzo sicuro della Rete da parte degli studenti potranno essere oggetto di specifici moduli didattici, **da inserire nel Piano dell'Offerta Formativa**. Tutti i componenti della comunità educante, infatti, sono chiamati a dare comunicazione immediata di comportamenti legati al cyberbullismo, anche non verbali, a tutti i soggetti coinvolti (Collegio dei docenti, Consiglio d'istituto, famiglie) e collaboreranno alla predisposizione di misure finalizzate ad un utilizzo corretto della Rete e degli strumenti informatici nel Regolamento di Istituto. Infine, in presenza di adeguate risorse umane e strumentali, ciascuna istituzione scolastica o rete di scuole metterà a disposizione strumenti di supporto alle attività didattiche dei docenti (forum di discussione, blog e lezioni online).

La strategia di contrasto dei fenomeni del bullismo dovrebbe essere costituita, quindi, già a partire dalle scuole primarie, da un insieme di misure di prevenzione rivolte agli studenti di varia tipologia. Ogni istituzione scolastica, anche in rete con altre scuole, sulla base delle risorse umane e finanziarie disponibili e in collaborazione con enti e associazioni territoriali in un'ottica di sinergia interistituzionale, è chiamata a mettere in campo le necessarie azioni preventive e gli accorgimenti tecnici e organizzativi per far sì che l'accesso alle Rete dai device della scuola sia controllato e venga dagli studenti percepito come tale.

È auspicabile che le singole istituzioni scolastiche, tra le specifiche **azioni da programmare** possano prevedere le seguenti:

— coinvolgimento di tutte le componenti della comunità scolastica nella prevenzione e nel contrasto del bullismo e del cyberbullismo, favorendo la **collaborazione attiva dei genitori**;
— **aggiornamento del Regolamento di Istituto** con una sezione dedicata all'utilizzo a scuola di computer, smartphone e di altri dispositivi elettronici;
— comunicazione agli studenti e alle loro famiglie sulle sanzioni previste dal Regolamento di istituto nei casi di bullismo, cyberbullismo e navigazione online a rischio;
— somministrazione di questionari agli studenti e ai genitori finalizzati al monitoraggio, anche attraverso piattaforme online con pubblicazione dei risultati sul sito web della

scuola, che possano fornire una fotografia della situazione e consentire una valutazione oggettiva dell'efficacia degli interventi attuati;
— **percorsi di formazione tenuti da esperti rivolti ai genitori** sulle problematiche del bullismo e del cyberbullismo impostati anche sulla base dell'analisi dei bisogni;
— ideazione e realizzazione di campagne pubblicitarie attraverso messaggi video e locandine informative;
— creazione sul sito web della scuola di una sezione dedicata ai temi del bullismo e/o cyberbullismo in cui inserire uno spazio riservato alle comunicazioni scuola-famiglia e una chat dedicata gestita dagli studenti eventualmente attraverso i loro rappresentanti;
— apertura di uno **Sportello di ascolto online** presso ciascuna scuola sede di CTS;
— utilizzo di procedure codificate per segnalare alle famiglie, enti e/o organismi competenti i comportamenti a rischio;
— valorizzazione del ruolo del personale scolastico e, in particolare, degli assistenti tecnici al fine di un utilizzo sicuro di Internet a scuola».

Per mettere in pratica tutto questo le Linee di orientamento sollecitano altresì la **formazione degli insegnanti** che dovrà essere portata avanti dalle istituzioni scolastiche.

6 Il gruppo dei pari

Abbiamo visto come alcune forme di disagio e devianza siano spesso condizionate dal contesto in cui il ragazzo vive, e soprattutto dal «gruppo» di amici che frequenta.

A partire dall'infanzia, l'**appartenenza al gruppo** fa sì che accanto alle attività di gioco si costruiscano progressivamente forme di condivisione di sentimenti, segreti, interessi e problemi. Il gruppo fornisce uno *status*, un'identità, una sicurezza di fronte alle molteplici trasformazioni che si devono affrontare. Esso rappresenta una **difesa contro la marginalità sociale** e può giungere anche ad involvere in forme di devianza, come quella del bullismo o della banda delinquente, dove la solidarietà interna nei confronti dei «nemici» esterni può condurre anche ad accettare comportamenti di estrema gravità.

Gli studi di psicologia sociale individuano così nel gruppo una forma di aggregazione che assume progressivamente più importanza a partire dalla preadolescenza. Le «**bande di preadolescenti**» (non intendendo con questo termine gruppi con fini asociali o delinquenziali) si costituiscono inizialmente fra **individui appartenenti allo stesso genere sessuale**, che tendono a escludere membri dell'altro sesso e a compiere assieme attività di tipo esplorativo, costruttivo o competitivo. Queste attività hanno l'importante funzione di permettere esperienze personali al di fuori del sostegno familiare ma allo stesso tempo non in condizioni di isolamento.

Durante l'adolescenza la «banda» si trasforma nella «compagnia» (per la maggioranza degli adolescenti l'istituzione sociale più significativa) in cui sono presenti membri di entrambi i sessi e in cui le appartenenze sociali di provenienza sono generalmente più omogenee. Nella *compagnia* si esplora la relazione con l'altro sesso e si costruisce la **propria immagine di sé** confrontandosi con gli altri e sperimentando i diversi ruoli possibili nell'interazione sociale col gruppo. Il gruppo «educa» in modo informale gli individui che ne fanno parte, alle sue regole, alla sua visione del mondo, anche se queste possono essere, dal punto di vista degli adulti, distorte o pericolose.

Ciò porta tuttavia a scontrarsi con l'assenza di luoghi adeguati come punto d'incontro e di attività comuni. In questo senso l'offerta educativa del territorio deve accentrarsi su «**punti d'incontro**», strutture aperte e informali, frequentabili con orari liberi e senza particolari forme d'impegno, ma allo stesso tempo caratterizzate dalla presenza di attrezzature e materiali (per giocare, per fare sport, per attività culturali) e di programmi da condividere (peraltro senza controlli pressanti) con animatori e operatori specializzati. Si cerca così di favorire la **socializzazione positiva** intorno ad attività arricchenti e coinvolgenti, il superamento dell'emarginazione, l'incontro con adulti di riferimento in grado di offrire un supporto educativo. L'alternativa più formale e più tradizionale a questo riguardo è costituita dall'**associazionismo educativo**.

Secondo un fenomeno in costante aumento nel nostro paese, i giovani entrano a far parte di **diverse forme di associazionismo**, come formazioni scoutistiche e gruppi di volontariato. L'adesione a queste forme di aggregazione può essere favorita o indotta dalla famiglia, che riconosce in esse un **luogo formativo** adeguato per il tempo libero dei propri figli, oppure essere scelta spontaneamente dai giovani stessi come contesto di socializzazione in cui è possibile anche sfuggire alla «**marginalità**» della propria condizione attraverso la partecipazione ad attività e responsabilità di tipo adulto. A prevalere è, in linea generale, un associazionismo orientato verso una gestione complessivamente disimpegnata del tempo libero, per quanto in molti casi l'impegno giovanile viene convogliato in forme di volontariato. A fronte delle molteplici immagini sociali di giovani deviati, privi di valori, «ribelli senza una causa» il cui tempo libero è un tempo vuoto, si è affermata in questi anni, la partecipazione di molti giovani ad attività di volontariato in campo sociale e culturale, a testimonianza, ancora una volta, della **frammentazione dell'universo giovanile** che ne rende impossibile una definizione univoca. I riflessi educativi dell'inserimento in un gruppo di volontariato sono evidenti: i giovani vengono coinvolti in un **progetto di vita** ricco di valori e di esperienze significative, hanno la possibilità di agire ed essere considerati adulti e pienamente responsabili in un rapporto «alla pari» con altre figure adulte di riferimento, sono messi nelle condizioni di seguire altri percorsi formativi che in un certo numero di casi si traduce in un orientamento verso scelte professionali parallele.

7 Consumo di droghe e dipendenze

Fra le forme di devianza socialmente più diffuse e ampiamente presenti a livello giovanile troviamo i comportamenti legati al **consumo di droghe e alcol**. È ormai decisamente accertato che, anche se il problema della dipendenza è largamente presente nella popolazione adulta, **il primo contatto con le droghe e con l'alcool avviene nell'adolescenza**. A questo proposito è centrale la distinzione fra il *consumo* di determinate sostanze e *le forme di dipendenza fisica e psichica*, che fanno sì che gradualmente questi prodotti diventino il «centro» stesso dell'esistenza, lo scopo e la preoccupazione principale di un individuo. Solo in questo caso, infatti, si può parlare di **dipendenza** o **tossicomania**, cui si legano spesso comportamenti delinquenziali (furti, rapine, violenze, etc.) finalizzati alla ricerca di denaro per l'acquisto clandestino delle sostanze.

Le ipotesi sulle motivazioni e sulle cause che spingono al consumo e alla dipendenza da droghe o da alcol sono moltissime. L'*Organizzazione Mondiale della Sanità* (OMS) ha elencato, a questo riguardo, alcuni tra i fattori principali che contribuiscono a sviluppare il consumo di sostanze stupefcenti:

— l'identità sessuale;
— l'età;
— la pressione del gruppo;
— l'automedicamento (ossia l'uso di sostanze con lo scopo di allontanare l'ansia o la depressione);
— le difficoltà familiari;
— i problemi e i profili di personalità;
— i fattori economici e sociali (crisi di valori, disagio esistenziale).

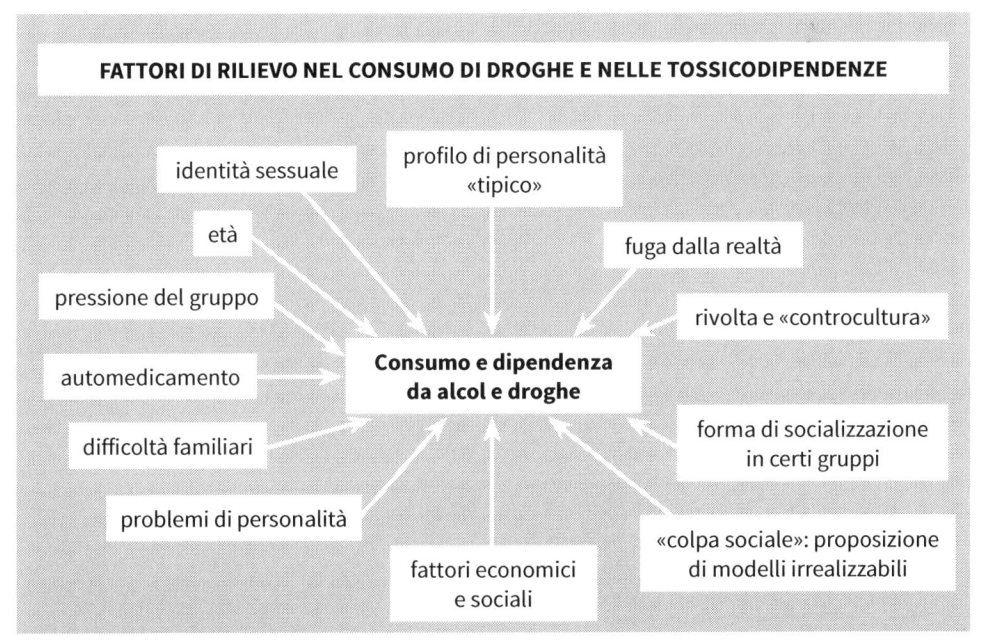

FATTORI DI RILIEVO NEL CONSUMO DI DROGHE E NELLE TOSSICODIPENDENZE

- identità sessuale
- età
- pressione del gruppo
- automedicamento
- difficoltà familiari
- problemi di personalità
- fattori economici e sociali
- profilo di personalità «tipico»
- fuga dalla realtà
- rivolta e «controcultura»
- forma di socializzazione in certi gruppi
- «colpa sociale»: proposizione di modelli irrealizzabili

→ **Consumo e dipendenza da alcol e droghe**

Alcune interpretazioni hanno inteso la tossicodipendenza come il comportamento di una personalità malata o con un profilo «tipico», altre hanno letto il consumo come **forma di regressione** di fronte a una realtà difficile. La psicologia sociale ha studiato il nesso fra condizione giovanile, frustrazione e consumo di droghe e di alcol come **forma di rivolta e «controcultura»** e, allo stesso tempo, **fuga dal senso di colpa** e forma di socializzazione «normale» all'interno di determinati tipi di gruppo. Esiste però anche la *colpa sociale* di proporre obiettivi e modelli di vita spesso irrealizzabili, di emarginare chi fa abuso di droghe o di alcolici fino a spingerlo alla vera e propria dipendenza.

Il problema del consumo di sostanze e delle dipendenze viene attualmente affrontato anzitutto a **livello di prevenzione**, pertanto sulla base di un approccio educativo o rieducativo. Dato il fatto che la quasi totalità delle dipendenze ha nell'adolescenza il momento iniziale di incontro con le droghe e con l'alcol, i programmi di prevenzione che possono essere sviluppati a scuola si indirizzano prevalentemente ai giovani. Si distinguono a questo proposito tre modelli fondamentali:

— il **modello informativo**. È l'approccio più tradizionale, basato sulla convinzione che una corretta informazione sugli effetti, sui danni e sulle implicazioni legali del consumo di droghe e di alcol possa allontanare dal loro uso, spesso ritenuto il prodotto di una sostanziale *leggerezza* o *curiosità*;

— il **modello della *drug education***. Sviluppatosi prevalentemente nell'ambiente nordamericano, questo approccio ha aggiunto agli obiettivi cognitivi del precedente anche obiettivi di tipo affettivo, incentrati sull'aumento dell'autostima, sulla capacità di fare chiarezza sui valori in gioco, di orientarsi e saper risolvere problemi attraverso decisioni autonome. La *drug education* ritiene che alla base del consumo vi sia una sostanziale difficoltà a livello di **autogestione** e di **rapporti sociali**, a partire dalla quale è possibile costruire dei soggetti in grado, se correttamente informati, di evitare il consumo mettendo anche in atto specifiche strategie di difesa;

— il **modello dell'educazione sanitaria**, più frequente in Europa, caratterizzato dall'idea che la prevenzione delle tossicodipendenze trovi posto nel più vasto ambito di un'educazione a un corretto rapporto fra organismo, ambiente e società. Questo punto di vista non lascia cadere il tema specifico delle tossicodipendenze (ad esempio propone un'educazione all'uso dei farmaci), ma lo colloca nel contesto di una generale educazione alla salute.

Va ricordato che il fenomeno della dipendenza può essere vinto soprattutto attraverso un **richiamo educativo alla responsabilità del singolo**, piuttosto che attraverso messaggi puramente informativi, esclusivamente mirati al comportamento di consumo e magari allarmistici. L'obiettivo è quindi quello di mettere in atto una sorta di «**vaccinazione psicologica generale**». Ciò non significa tralasciare l'approccio informativo, ma integrarlo in un percorso ragionato, che deve consistere in almeno cinque punti:

— la **fonte d'informazione** deve essere una persona vicina ai giovani, non autoritaria, molto preparata e possibilmente con esperienza specifica sul campo;

— il contesto deve essere adatto, cioè caratterizzato da una precedente disponibilità al dialogo aperto su problemi sociali, pena una sensazione di «innaturalità» e «artificiosità» nocive;
— il metodo deve essere quello di una **discussione guidata**, in cui sono i soggetti stessi a giungere alle conclusioni desiderate;
— i contenuti devono di volta in volta essere **adattati al gruppo**, ma essere **sempre corretti e oggettivi**, **non terroristici**, **non banalizzanti**, legati alla ricerca comunitaria delle cause e delle soluzioni;
— il messaggio fondamentale che deve essere trasmesso non è l'immagine dei soggetti come **potenziali consumatori**, ai quali raccomandare «di non drogarsi o di non fare abuso di alcol», quanto piuttosto come **soggetti responsabili** e degni di fiducia, cui dire: «Tu devi impegnarti per affrontare positivamente la vita: è scontato, quindi, per me, che non sarai tu a drogarti».

Il presupposto fondamentale delle varie forme di prevenzione resta, comunque, la **capacità di ascolto** e di **empatia** che permette di affrontare o di evitare le forme di disadattamento e di emarginazione che sono alla base dell'uso di droghe e del consumo smisurato di alcolici, la capacità di accreditarsi come interlocutori «diversi» e in grado di proporre valori alternativi, senza imporli come veri per definizione.

L'attuale normativa italiana prevede per la scuola un forte **coinvolgimento** sul tema delle tossicodipendenze, tanto sul piano organizzativo che su quello didattico, nel più generale quadro di una **educazione alla salute**. In particolare, viene previsto che la scuola assicuri un ambiente capace di prevenire le condizioni ritenute agevolanti il comportamento da consumo e dipendenza da sostanze. In modo laterale la scuola dovrebbe prevenire anche la diffusione delle *patologie correlate* (si pensi alle epatiti e all'AIDS) e contribuire, là dove il consumo e la dipendenza sono già presenti, alla cura, alla riabilitazione e al reinserimento delle persone coinvolte. Oltre all'educazione indiretta vengono così previsti anche **interventi mirati**, il coinvolgimento delle famiglie o il distacco di insegnanti presso comunità di accoglienza.

La condizione di dipendenza da droghe è tale da richiedere anche una serie di interventi specifici che, per varie ragioni, non possono essere condotti efficacemente all'interno degli ambienti abituali di vita come la famiglia, la scuola, il gruppo dei pari e così via. Ciò dipende in parte anche dal fatto che molto spesso i tossicodipendenti sono in una grave condizione di **emarginazione** rispetto a questi contesti. Sorge così la necessità di **ambienti alternativi**, capaci di assicurare quelle condizioni concrete (domicilio, assistenza, lavoro) e affettive che sono necessarie a un percorso di uscita dalla droga.

Le **comunità terapeutiche**, in quanto strutture residenziali dotate di regole e strategie educative, possono dunque costituire in vari modi un contesto educativo fondamentale per il recupero delle tossicodipendenze, grazie alla loro capacità di inserire le persone in un insieme di rapporti implicanti partecipazione, valori, progetti, responsabilità. Il rischio concreto presente in alcune di esse è tuttavia quello di diventare un luogo in cui la dipendenza dalla droga venga sostituita con la **dipendenza dal gruppo**: obiettivo contrario rispetto a quel valore dell'autonomia che sta al centro di ogni autentico rapporto educativo.

In sintesi

- **Devianza**: è un problema particolarmente sentito nel contesto scolastico. In classe, l'espressione del disagio si esprime in diverse forme, tra cui **atti vandalici**, **aggressività** verso i compagni e i docenti, **trasgressione** di norme e **rifiuto** di partecipare alle attività didattiche.
- **Cause del disagio giovanile**: le cause del disagio giovanile sono, spesso, da rintracciare nel vissuto familiare e sociale del singolo e vanno affrontate in continuità con il contesto di riferimento.
- **Bullismo**, **cyberbullismo** e **abbandono scolastico**: sono fenomeni strettamente correlati al disagio e alla devianza. Per fronteggiare tali emergenze educative, il docente deve lavorare su più fronti e in sinergia col corpo insegnante e le istituzioni presenti sul territorio. Punti cardine del suo operato sono: l'individuazione del disagio; la messa in campo di strategie finalizzate a definire le cause del problema; l'**atteggiamento empatico**; la definizione di interventi didattici mirati a lavorare sul singolo e sul gruppo classe, allo scopo di promuovere l'inclusione e la **decostruzione dei pregiudizi** a carico dei soggetti considerati «devianti».
- **Consumo di droghe e alcol**: tra le forme di devianza socialmente più diffuse tra gli adolescenti vi sono tutta una serie di comportamenti legati al consumo di droghe e alcol. La scuola deve intervenire soprattutto a livello di *prevenzione* portando avanti tre fondamentali modelli educativi: quello informativo, quello della *drug education* e quello sfinge nell'educazione sanitaria.

5
Continuità educativo-didattica e orientamento

1 Riferimenti psico-pedagogici: tra continuità e discontinuità

Non è facile parlare né definire in modo univoco il concetto di *continuità educativa e didattica*. Si tratta, infatti, di un tema complesso, fatto di molteplici sfaccettature (pedagogiche, didattiche, sociali, organizzative, psicologiche), che investe il sistema formativo nel suo complesso.

La diffusione capillare degli **istituti comprensivi** ha reso, inoltre, sempre più cogente affrontare il tema in un'ottica sistemica, dal momento che essi rappresentano la sede privilegiata per la costruzione di un *progetto in continuità*, in grado di vincere le sfide educative e garantire migliori opportunità di formazione a tutti i ragazzi in età evolutiva[1].

«Nell'istituto comprensivo si richiedono la progettazione e l'attuazione di forme di cooperazione tra insegnanti che precedentemente lavoravano separatamente all'interno dei diversi cicli, e soprattutto la diffusione delle responsabilità in gruppi di lavoro che assolvono funzioni necessarie per il coordinamento delle diverse attività. Nelle esperienze più accreditate si è consolidata la pratica di costituire uno staff di conduzione, anche sotto forma di gruppi di progetto incaricati di coordinare gli aspetti più innovativi del curricolo scolastico (come ad esempio le programmazioni «verticali», la gestione dei laboratori didattici, l'organizzazione dei tempi di insegnamento, i rapporti con il territorio)» (Circ. Min. n. 227/1999).

Intorno al tema, si è sviluppato nel tempo un ampio dibattito. Spesso, infatti, la continuità è stata considerata più come disconoscimento delle identità specifiche dei diversi ordini di scuola, che come occasione per accoglierle, valorizzarle, renderle coerenti.

Anche sotto il profilo pedagogico essa è stata variamente interpretata.

Sergio Hessen ne prospetta una visione organica e compatta, secondo la quale l'evoluzione dei tre gradi di sviluppo dell'educazione (anomia, eteronomia, autonomia) e quella dei tre gradi di istruzione (episodica, sistematica e scientifica) sono correlati tra loro secondo una dialettica di sviluppo. Il grado precedente rappresenta un momento propedeutico del grado successivo ma è anche presente nel periodo che precede. Non esiste pertanto alcuna soluzione di continuità nello sviluppo mentale[2].

---

[1] C. Guido (a cura di), *La didattica della continuità*, Franco Milella Editore, Lecce, 1993.
[2] S. Hessen, *Struttura e contenuto della scuola moderna*, Armando Editore, Roma, 1949.

Maria Montessori è stata la prima porre in Italia il problema della continuità, considerando la Casa dei bambini e la scuola elementare come "la continuazione dell'identico fatto". La continuità è soprattutto di tipo metodologico e, come tale, si realizza attraverso la continuazione del metodo.

Sotto il profilo più squisitamente pedagogico, il tema viene affrontato soprattutto da **Piaget**. Egli afferma che lo sviluppo cognitivo si verifica attraverso l'assimilazione di informazioni e gli scambi che avvengono direttamente con l'ambiente, permettendo in questo modo di strutturare delle rappresentazioni mentali e schemi cognitivi ben organizzati. Di conseguenza si determinano i ben noti stadi o fasi di crescita intellettiva (→ Parte I, Cap. 2, par. 5). Ciascuno stadio presuppone l'esistenza di una particolare organizzazione psicologica e il passaggio da uno all'altro è direttamente proporzionale all'età e varia da bambino a bambino, in relazione all'ambiente e la cultura.

Piaget ha quindi **della continuità una concezione organica**, compatta, naturale che non conosce fratture, alla quale L. Vigotskji contrappone il concetto di *continuità potenziata dalla presenza del docente e dalla didattica*[3].

U. Bronfenbrenner sostiene, a sua volta, che la continuità non può tradursi in una uniformità e in un appiattimento dei percorsi ma deve governare la diversità attraverso quella che definisce un'*ecologia della continuità,* vale a dire, un sistema concordato e programmato di raccordi reciproci e bidirezionali[4].

La molteplicità delle concezioni e dei punti di vista intorno al tema mette bene in evidenza la difficoltà di realizzare un'efficace pedagogia dei raccordi e una programmazione degli interventi, tesi a valorizzare l'evoluzione della storia cognitiva e umana di ogni alunno particolarmente nei momenti di passaggio da un grado di scolarità all'altro.

In questo senso, la **continuità** va vista come **filo conduttore che sostiene e accompagna lo sviluppo della personalità di ogni allievo**, tenendo presente che non vi sono situazioni statiche; ogni esperienza effettuata offre qualcosa in più o qualcosa di diverso e il cambiamento è continuo.

Vi sono però momenti della vita nei quali a tali cambiamenti viene impressa una accelerazione ed essi si prefigurano come un salto verso qualcosa di nuovo.

Accanto al diritto alla continuità è possibile perciò richiamare anche il **diritto alla discontinuità**. Il cambiamento da un tipo di scuola a un altro significa che si è concluso un ciclo e se ne avvia un altro. Il passaggio da un grado all'altro, da uno stile all'altro può anche essere il segno che si sta crescendo.

Continuità, dunque, si può coniugare con discontinuità. L'apprendimento, la crescita, lo sviluppo sono legati a nuove imprese e a sfide continue, tanto che si potrebbe cominciare a parlare di *discontinuità utile*. Da una parte ci sono azioni e

---

[3] L. Vigotskji, *Pensiero e linguaggio*, Giunti, Firenze, 1966.
[4] U. Bronfenbrenner, *Ecologia dello sviluppo umano,* Il Mulino, Bologna, 1986.

linee comuni, dall'altra dovranno essere scelti contenuti, linguaggi e metodologie diversi, a seconda dell'età degli allievi. Si rende necessaria una continuità senza riti e falsi miti, ma consapevole che nell'allestimento degli ambienti di apprendimento si deve tener conto della necessaria discontinuità delle mediazioni comunicative e delle diverse strategie di coinvolgimento di bambini e adolescenti[5]. La continuità, infatti, oltre che compatta e lineare è anche frastagliata e dinamica. L'attuazione di itinerari discontinui favorisce la creatività, la ricerca, e prefigura una linea operativa aperta al possibile, all'imprevisto, al nuovo.

2 Riferimenti normativi

Sotto il profilo normativo, l'anno 1992 può essere definito l'anno della continuità in quanto sono stati varati tre provvedimenti fondamentali.

Il primo riguarda la **legge 104/1992** relativa ai diritti degli handicappati per i quali vengono previste forme obbligatorie di consultazione tra i docenti dei diversi ordini di scuola.

Il secondo concerne il **D.M. del 16-11-1992** che disciplina gli itinerari della continuità nella scuola dell'infanzia, elementare e media.

Il terzo, il più noto, è rappresentato dalla **C.M. 339 del 16-11-1992** e rimanda alla necessità di inserire nella programmazione educativa e didattica itinerari tesi a favorire la continuità.

«La continuità nasce dall'esigenza primaria di garantire il diritto dell'alunno ad un percorso formativo organico e completo, che mira a promuovere uno sviluppo articolato e multidimensionale del soggetto il quale, pur nei cambiamenti evolutivi e nelle diverse istituzioni scolastiche, costruisce così la sua particolare identità. Una corretta azione educativa, infatti, richiede un progetto formativo continuo. Essa si propone anche di prevenire le difficoltà che sovente si riscontrano, specie nei passaggi tra i diversi ordini di scuola [...] Continuità del processo educativo non significa, infatti, né uniformità né mancanza di cambiamento; consiste piuttosto nel considerare il percorso formativo secondo una logica di sviluppo coerente, che valorizzi le competenze già acquisite dall'alunno e riconosca la specificità e la pari dignità educativa dell'azione di ciascuna scuola nella dinamica della diversità dei loro ruoli e funzioni».

Anche i successivi documenti programmatici *Indicazioni Nazionali del 2004* e *Indicazioni per il curricolo del 2007* davano grande spazio al tema della continuità e della necessità di operare un'integrazione disciplinare.

---

[5] G. Cerini, *Dalle Indicazioni al curricolo*, Tecnodid Editrice, Napoli 2012.

Questi aspetti vengono ulteriormente ribaditi nelle **Indicazioni Nazionali 2012**:
«**L'itinerario scolastico dai tre ai quattordici anni**, pur abbracciando tre tipologie di scuola caratterizzate ciascuna da una specifica identità educativa e professionale, **è progressivo e continuo**. La presenza, sempre più diffusa, degli istituti comprensivi consente la progettazione di un unico **curricolo verticale** e facilita il raccordo con il secondo ciclo del sistema di istruzione e formazione. Negli anni dell'infanzia la scuola accoglie, promuove e arricchisce l'esperienza vissuta dei bambini in una prospettiva evolutiva, le attività educative offrono occasioni di crescita all'interno di un contesto educativo orientato al benessere, alle domande di senso e al graduale sviluppo di competenze riferibili alle diverse età, dai tre ai sei anni. Nella scuola del primo ciclo la progettazione didattica, mentre continua a valorizzare le esperienze con approcci educativi attivi, è finalizzata a guidare i ragazzi lungo percorsi di conoscenza progressivamente orientati alle discipline e alla ricerca delle connessioni tra i diversi saperi».

Si afferma una **dimensione verticale e comprensiva del primo ciclo di scuola**, per cui i docenti possono realizzare concretamente, in modo collegiale, dei *curricoli in continuità* nel rispetto delle diverse peculiarità disciplinari.

Le Indicazioni per il Curricolo del 2012 si presentano come progetto organico che lega in uno stretto rapporto di reciprocità e di interdipendenza i diversi ordini. Si afferma una concezione non dispersiva e frammentata del sistema scuola, ma globale e complessiva. Un'identità non una, ma unitaria, ma anche un'identità plurima che considera il percorso formativo secondo la logica di uno sviluppo coerente che mentre recupera la specificità di ogni ordine di scuola ne esalta i punti di convergenza e di connessione.

Si auspica perciò una collaborazione e una cooperazione sia tra le diverse Istituzioni e agenzie formative, coinvolte nel processo: famiglia, associazioni, territorio (**continuità orizzontale**) che tra i diversi ordini di scuola e tra le classi dello stesso istituto (**continuità verticale**).

La **continuità** è **verticale** quando si distribuisce tra i diversi ordini di scuola e tra classi dello stesso istituto. La continuità verticale si sviluppa soprattutto fra i tre ordini di scuola: infanzia, primaria e secondaria di primo grado. Nel passaggio agli istituti superiori, la continuità verticale si attua con attività di tipo informativo sui possibili percorsi scolastici: essa si traduce, dunque, in **attività di orientamento**.

La continuità è **orizzontale**, quando si riferisce alla comunicazione e allo scambio tra le diverse agenzie educative coinvolte nel processo formativo: scuola, istituzioni, famiglia, territorio.

I **fini della continuità educativa** possono così essere sintetizzati:
— prevenire la dispersione scolastica che in Italia raggiunge sempre percentuali allarmanti;
— garantire agli alunni un percorso formativo coerente organico e completo;
— consolidare un'attitudine degli insegnanti alla continuità, ossia a collaborare anche con docenti esterni alla scuola, a scambiarsi metodologie e strategie educative, condividere esperienze didattiche.

La continuità del processo educativo diventa ancora più determinante per il bambino disabile o con BES.

3 La continuità verticale

Nelle Indicazioni Nazionali del 2012 viene dato grande rilievo alla **verticalità dell'impianto curricolare**. L'asse della continuità è particolarmente rilevante nel rapporto tra scuola primaria e secondaria di primo grado e presenta un impianto fortemente unitario. I **traguardi di sviluppo e gli obiettivi disciplinari sono indicati in sequenza e in progressione** (alla fine della scuola primaria e della scuola secondaria di I grado) quasi a favorire una lettura in continuità degli assetti curricolari[6].

Ci troviamo di fronte ad un tema che si espande a tutti gli aspetti della professionalità docente, per cui la costruzione di un quadro di riferimento pedagogico e didattico integrato si pone come un tema forte e ad ampio spettro per il quale devono essere considerate diverse dimensioni[7]:

- *pedagogica*: relativa al senso e al significato della scuola in rapporto all'individuo e alla società;
- *epistemologica*: che attiene alle discipline e alla loro articolazione;
- *sociale*: che implica una didattica dell'accoglienza che non si limiti solo ai momenti di passaggio, ma che permei di sé tutti i tempi e i modi dell'educazione.

È importante, per questo, agire in un'ottica sistemica coinvolgendo tutte le componenti e le agenzie formative (alunni, docenti, famiglie, territorio, organizzazioni) considerandole non come parti disgiunte o artificiosamente correlate, ma come elementi di uno stesso sistema. E del sistema avere la complessità: un insieme, che se pur pluridimensionale, può crescere ed evolversi se le sue parti contemporaneamente progrediscono: se queste, cioè, modificandosi, modificano il tutto.

La scuola dell'infanzia, la scuola primaria e quella secondaria di primo grado, realtà complesse, ma tratti specifici del medesimo sistema pedagogico, devono, insomma, nel rispetto della peculiarità di ogni ciclo evolutivo, giungere alla formazione di un alunno che, se pur proveniente da ordini di scuola diversi, sia in grado di organizzare e rielaborare conoscenze che lo realizzino come *persona* nella realtà in cui vive.

Spesso, nella pratica scolastica, la questione *continuità* sembra ridursi ad accostare segmenti contigui, riducendo "il salto" fra l'uno e l'altro.

La conoscenza, il confronto e l'interazione diventano, pertanto, un passaggio obbligato perché si possa comprendere, capire, comunicare e, quindi, operare con più consapevolezza, condividendo scelte metodologiche e contenutistiche. Non ci può essere realizzazione, dal punto di vista organizzativo, di processi "verticali" senza docenti che operano, si confrontano, progettano insieme.

Le Indicazioni nazionali 2012 sottolineano a più riprese l'importanza della continuità del processo educativo e tracciano, attraverso "traguardi per lo sviluppo delle competenze", un percorso che va dai tre ai quattordici anni.

---

[6] G. Cerini, op. cit.
[7] M.P. Calidoni, *Continuità Educativa*, Editrice La Scuola, Brescia, 2000.

Le affermazioni, dianzi esposte, sono sicuramente valide in linea di principio, non risolvono però tutti i problemi legati alla **difficoltà di integrazione tra i diversi ordini di scuola**. Il problema della continuità fra scuola dell'infanzia, scuola primaria e secondaria di primo grado e tra questa e la scuola secondaria di secondo grado deriva anche dalla profonda diversità di strutturazione dei due gradi di scuola e dalla diversa organizzazione e percezione sociale della figura del docente di scuola primaria, il maestro, e del docente di scuola secondaria, il professore.

Nelle Indicazioni Nazionali si precisano anche le condizioni necessarie per la realizzazione della scuola della continuità, ossia la **costruzione di un curricolo verticale**: «Ogni scuola vive e opera come comunità nella quale cooperano studenti, docenti e genitori. Al suo interno assume particolare rilievo la comunità professionale dei docenti che, valorizzando la libertà, l'iniziativa e la collaborazione di tutti, si impegna a riconoscere al proprio interno le differenti capacità, sensibilità e competenze, a farle agire in sinergia, a negoziare in modo proficuo le diversità e gli eventuali conflitti per costruire un progetto di scuola partendo dalle Indicazioni nazionali. Questo processo richiede attività di studio, di formazione e di ricerca da parte di tutti gli operatori scolastici ed in primo luogo da parte dei docenti (…). L'elaborazione e la realizzazione del curricolo costituiscono pertanto un processo dinamico e aperto, e rappresentano per la comunità scolastica un'occasione di partecipazione e di apprendimento continuo».

3.1 Il curricolo verticale

Costruire un curricolo verticale vuol dire tracciare in modo intenzionale i principi e le caratteristiche essenziali di una proposta formativa. Una proposta non statica e definita per sempre, ma soggetta a ulteriori e continui arricchimenti.

Il curricolo organizza e descrive l'intero percorso formativo che uno studente compie dalla scuola dell'infanzia alla scuola secondaria. L'unitarietà del percorso non deve far passare in secondo ordine la peculiarità dei diversi momenti evolutivi che vedono un progressivo passaggio dall'imparare facendo, alla capacità sempre maggiore di riflettere e formalizzare l'esperienza, attraverso la ricostruzione degli strumenti culturali e la capacità di utilizzarli consapevolmente come chiavi di lettura della realtà.

La relazione di continuità è difficile in tutti i sistemi complessi, ma lo è ancora di più nella scuola caratterizzata da un sistema di relazioni deboli, per cui essa può essere sostenuta solo da un'organizzazione efficiente, caratterizzata da ricerca e innovazione[8].

Gli **interventi da attuare** sono molteplici, essi possono avere come punto focale:
- l'individuazione dei nodi problematici che condizionano il passaggio fra i diversi ordini di scuola (famiglia, docenti, alunni-scuola-organizzazione);
- tassonomia dei nodi costanti (elementi ricorrenti);

---

[8] C. Guido. op. cit.

- ricerca di ipotesi di soluzione;
- la realizzazione di attività formative comuni (confronto obiettivi, contenuti, peculiarità di ogni ordine di scuola…);
- la conoscenza degli aspetti peculiari dei tre ordini di scuola e l'elaborazione di un quadro condiviso di riferimenti pedagogici e didattici;
- la condivisione di stili e modalità di lavoro;
- accoglienza anticipata: visite reciproche;
- scambio di interventi didattici;
- racconto di esperienze professionali;
- problematizzazione e progressiva armonizzazione delle strategie didattiche, degli stili educativi e delle pratiche di insegnamento/apprendimento;
- elaborazione di un *portfolio continuità* che contenga strumenti utili a illustrare gli aspetti cognitivi, sociali, affettivi ed emotivi dell'alunno.

Gli **anni ponte** rappresentano un momento privilegiato per realizzare un progetto di continuità dove le specificità/differenze di un segmento scolastico si coniugano, si graduano, si rendono *"ecologicamente compatibili"* con quelle dell'altro.

L'ingresso degli allievi in una nuova scuola, infatti, rappresenta certamente uno dei momenti in cui maggiore è la fragilità del loro processo di adattamento di fronte ai nuovi sistemi di relazione e di conduzione del lavoro. Ciò rende necessaria la predisposizione di un progetto che porti l'alunno a sentirsi al sicuro, a manifestare le proprie paure, a chiedere e fornire aiuto, ad acquisire quelle informazioni di base che lo mettano al riparo dall'ansia che le situazioni nuove producono.

È importante, allora, valorizzare i bisogni sociali e promuovere competenze relazionali attraverso la progettazione di:
- *laboratori* in comune con allievi provenienti da classi diverse che permettano di creare e ricreare continuamente gruppi, che facciano instaurare nuove forme di rapporto, che sollecitino gli allievi a lavorare insieme perché si conoscano meglio tra loro e migliorino l'immagine che hanno di se stessi sviluppando, nel contempo, le loro potenzialità naturali, la loro curiosità e la loro creatività;
- illustrazione di attività svolte nella scuola di provenienza;
- classi aperte e gruppi mobili per livello e per compito;
- lavoro di piccoli gruppi omogenei ed eterogenei finalizzato alla sistemazione del materiale realizzato;
- mostra dei lavori realizzati;
- giochi di squadra.

3.2 La continuità verticale: aspetti psico-pedagogici

Il bambino che inizia a frequentare la scuola dell'infanzia può aver vissuto l'esperienza del nido oppure «lascia» la famiglia per la prima volta, il bisogno di intimità e di sicurezza dei primi anni di vita l'hanno spinto ad instaurare un rapporto significativo con l'adulto che ha «mediato» l'esplorazione con il mondo. Le routine (pasto, bagno, riposo), le esplorazioni sensoriali, il gioco che lo hanno coinvolto in modo totale e indifferenziato hanno avuto un ruolo predominante per acquisire la consapevolezza di sé, degli oggetti, dell'ambiente.

Al termine della *prima infanzia*, la maturazione biologica, le conoscenze raggiunte gli consentono di affrontare, con maggior sicurezza ed autonomia, la «**prima scuola**», quindi un ambiente diverso da quello familiare, con nuovi adulti e altri coetanei, in cui impegnarsi ad apprendere.

Quando inizia a frequentare la **scuola dell'infanzia**, il bambino ha raggiunto maturazioni importanti: coordina i movimenti, cammina con sicurezza, corre, salta, usa gli oggetti con padronanza, ha una vivace capacità rappresentativa, sa ricordare, immaginare il futuro, sviluppa la capacità cognitiva che, pur dominata dall'affettività, con limiti incerti tra realtà e fantasia, gli consente di comprendere la realtà. Prende coscienza della propria individualità e tende ad affermarla, inizia gradualmente ad interagire e collaborare con i coetanei.

Se proviene dal **nido**, potranno essere sviluppati dei progetti di continuità per permettere al bambino di familiarizzare con l'ambiente della scuola dell'infanzia. La recente **Riforma 0-6 anni** (D.Lgs. 65/2017) è tesa proprio a favorire sempre più la coerenza educativa tra nido e scuola dell'infanzia.

Nella scuola dell'infanzia, viene così avviato un *curriculum verticale* per ogni alunno.

La **scuola primaria** riconosce il vissuto precedente (è diffusa la pratica di far conoscere agli alunni in uscita dall'infanzia, i bambini più grandi), dà risposta, creando un clima di fiducia e sicurezza, al bisogno conoscitivo, affettivo e relazionale del bambino con esperienze ed attività che tengono conto delle competenze maturate per svilupparle. La continuità avviene nella discontinuità per proseguire nella crescita.

Anche il **passaggio dalla scuola primaria alla scuola secondaria di I grado** rappresenta un momento critico perché avviene in un'età in cui si verificano importanti cambiamenti fisiologici e psicologici nei bambini che diventano ragazzi.

In particolare la scuola primaria deve raccordarsi con la scuola dell'infanzia e la scuola secondaria di primo grado per coordinare i percorsi degli **anni-ponte** attraverso una condivisione di obiettivi, itinerari e strumenti di osservazione e verifica.

Le azioni che la scuola può mettere in atto per garantire le **continuità verticale in entrata e in uscita dalla primaria** sono numerose:
— può organizzare incontri tra docenti delle classi ponte per «trasferire» le informazioni riguardanti il percorso formativo di ogni singolo alunno;
— può predisporre una scheda informativa sulle competenze dei bambini in uscita dalla scuola dell'infanzia e dalla quinta classe della scuola primaria con relativo certificato delle competenze;

— può redigere un curriculo verticale dei tre ordini di scuola durante gli incontri per dipartimento;
— può prendere accordi anche per una *continuità nella valutazione* tra la scuola primaria e secondaria durante gli incontri per dipartimento;
— può predisporre un **fascicolo personale dell'alunno**, che oltre a contenere i dati anagrafici del bambino, documenti il suo percorso formativo e riporti le osservazioni sul percorso di apprendimento realizzato;
— può programmare giornate dedicate ad attività didattica e di accoglienza tra le classi ponte, nonché progetti educativi (musicali, teatrali, educazione alla legalità etc.) con docenti e alunni della scuola dell'infanzia, primaria e secondaria di primo grado;
— può organizzare visite alla scuola primaria dei bambini della scuola dell'infanzia per conoscere la nuova realtà scolastica e gli insegnanti;
— può organizzare i consueti «*open day*», per consentire ai genitori, insieme ai bambini, di visitare i plessi della scuola primaria.

È evidente come la progettualità della continuità verticale sia particolarmente favorita negli **istituti comprensivi**, in cui sono presenti tutti e tre gli ordini di scuola (Infanzia, Primaria, Secondaria di I grado) e dove si evidenza, con maggiore immediatezza, la complementarità della professionalità direttiva, docente e amministrativa e le responsabilità di ogni profilo che si esplicitano nella stesura e nella realizzazione unitaria del PTOF.

«Nell'istituto comprensivo si richiedono la progettazione e l'attuazione di forme di cooperazione tra insegnanti che precedentemente lavoravano separatamente all'interno dei diversi cicli, e soprattutto la diffusione delle responsabilità in gruppi di lavoro che assolvono funzioni necessarie per il coordinamento delle diverse attività. Nelle esperienze più accreditate si è consolidata la pratica di costituire uno staff di conduzione, anche sotto forma di gruppi di progetto incaricati di coordinare gli aspetti più innovativi del curricolo scolastico (come ad esempio le programmazioni «verticali», la gestione dei laboratori didattici, l'organizzazione dei tempi di insegnamento, i rapporti con il territorio)» (Circ. Min. n. 227/1999).

Nel passaggio dalla scuola del primo ciclo a quella del secondo ciclo, la continuità verticale si identifica, come abbiamo visto, con attività di **orientamento**.

4 La continuità orizzontale

Per continuità orizzontale si intende la collaborazione fra la scuola e tutte le altre istituzioni che sono coinvolte in vario modo nell'educazione. La *famiglia* prima di tutto.

In tutte le riforme che si sono susseguite negli anni, è stata sempre sottolineata con forza la **necessità di un rapporto costruttivo tra scuola e famiglia**: «la crescita e la valorizzazione di ciascun allievo avviene nel rispetto dei ritmi dell'età evolutiva, delle differenze e dell'identità di ciascuno e delle scelte educative della famiglia, nel quadro della cooperazione tra scuola e genitori, in coerenza con il principio dell'autonomia delle istituzioni scolastiche secondo i principi sanciti dalla Costituzione» (legge n. 53/2003).

Nel tempo si è sottolineato sempre più l'importanza del passaggio dalla *partecipazione*, che trovava fondamento nel principio della delega, realizzato attraverso la rappresentanza negli organi collegiali, alla *cooperazione* che vede la famiglia come soggetto attivo che contribuisce a costruire il progetto educativo insieme alle altre agenzie presenti sul territorio.

Alla prova dei fatti, però, gli interventi per favorire i **rapporti scuola-famiglia** si sono mostrati molto deboli. Le cause di tutto ciò sono da ricercarsi nel fatto che la collaborazione tra scuola e famiglia non ha potuto confrontarsi veramente con le esigenze reali della scuola e con la complessità delle dinamiche sociali. I fattori di questo insuccesso possono essere attribuiti sia alla scarsa consapevolezza del proprio ruolo da parte dei genitori sia alla frammentarietà della partecipazione. Si è prodotta così una situazione difficile, caratterizzata da compiti e funzioni incerti. Una situazione, cioè, in cui l'unica costante è stata, per i genitori, rappresentare le ragioni della famiglia e dei figli, e per la scuola, dar voce alle ragioni dell'istituzione scuola e del lavoro in classe. Le due più importanti agenzie educative sono state, insomma, spesso troppo centrate su se stesse e questo ha reso debole e traballante l'azione di ciascuna ed ha costituito un limite notevole alla costruzione di un'autentica relazione educativa.

C'è da dire, inoltre, che i genitori appaiono generalmente molto interessati alla vita scolastica dei figli, ma purtroppo essi identificano ancora la scuola non tanto come il luogo in cui si cresce e si educa, quanto come il luogo in cui si valuta e si giudica (si veda in proposito il favore con cui è stato accolto il ritorno ai voti). Per questo *spesso il rapporto con l'istituzione è limitato quasi unicamente all'informazione sull'andamento scolastico* e ciò compromette la qualità della partecipazione e del dialogo.

L'acuirsi dei fenomeni di bullismo, il dilagare sempre più di atti vandalici rendono oggi cogente la necessità di ricercare un'idea comune, unitaria di persona, di educazione, di scuola.

La sfida è quella di abituarsi a pensare che quel bambino o quel ragazzo, che vediamo prevalentemente come figlio o come allievo di una scuola e di una classe, è in realtà un individuo che cresce e si forma a casa e a scuola, tra scuola e famiglia, nell'intreccio tra esperienza domestica e scolastica, portando a casa l'esperienza di allievo e a scuola quella di figlio.

La sfida è quella di sentirsi accomunati dall'essere educatori alle prese con un compito tra i più ardui e complessi, che non può prescindere, per realizzarsi pienamente, dall'interrogarsi insieme, dal confronto, dallo scambio e dalla collaborazione autentica.

Per questo è necessario che la **scuola rafforzi i canali di comunicazione con la famiglia** e condivida con essa una serie di iniziative volte a favorire una continuità che abbia come fine quello di:
- formare una mentalità aperta alla collaborazione e all'ascolto nel pieno rispetto dei valori e del ruolo di ognuno;
- creare e condividere una visione comune di educazione;

- unificare il progetto educativo della scuola con quello della famiglia e viceversa;
- percepirsi come scuola e come famiglia utili nella gestione del processo;
- sviluppare una reciproca affettività positiva;
- confrontare modelli e stili educativi.

Si possono, a tal fine, organizzare tutta una serie di **azioni** volte a potenziare la cooperazione attraverso:
- partecipazione di una rappresentanza delle famiglie nella commissione che elabora il PTOF;
- raccolta di proposte di miglioramento;
- incontri periodici tra alunni, docenti, famiglie;
- iniziative di benvenuto all'inizio dell'anno;
- illustrazione e racconto di percorsi lavorativi da parte dei genitori;
- organizzazione di attività culturali e ricreative per e con i genitori dentro e fuori dalla scuola;
- allestimento di spettacoli;
- partecipazione a concerti musicali e a gare sportive;
- attività di formazione riguardo ad aspetti educativi, psicologici e della comunicazione;
- iniziative in ambito di educazione degli adulti, di rafforzamento delle conoscenze dei genitori con laboratori linguistici, informatici, creativi etc.

La frequenza della scuola è particolarmente importante soprattutto da parte delle **famiglie di alunni stranieri**, ai fini della socializzazione e dell'apprendimento della lingua italiana.

4.1 Insieme per educare: Il Patto educativo di corresponsabilità

Il **Patto educativo di corresponsabilità** nasce in un provvedimento (D.P.R. 235/2007 di modifica dello *Statuto degli studenti e delle studentesse della scuola secondaria*) che era destinato ad inasprire le misure sanzionatorie previste per gli allievi autori di illeciti: esso *richiama le famiglie all'assunzione delle proprie responsabilità nell'educazione dei figli*.

Il Patto, elaborato dal Consiglio di istituto, si pone come una sorta di **contratto** tra la comunità della scuola e le famiglie, da firmare all'atto dell'iscrizione, in maniera da definire la misura della condivisione delle responsabilità e i diritti e i doveri necessari per la gestione corretta del rapporto scuola-famiglia.

Il **contenuto del Patto** si articola in una precisa enunciazione di doveri da rispettare sia da parte degli insegnanti che delle famiglie che degli studenti.

Deve essere firmato all'atto dell'iscrizione da parte di entrambi i genitori, anche se separati o divorziati (e da parte degli studenti delle scuole secondarie di secondo grado) e sancisce l'assunzione di responsabilità nel progetto formativo di educazione dell'istituto.

L'obiettivo, in sostanza, è quello di **impegnare le famiglie, fin dal momento dell'iscrizione, a condividere con la scuola i nuclei fondanti dell'azione educativa**. La scuola dell'autonomia può svolgere, infatti, efficacemente la sua funzione educativa soltanto se è in grado di instaurare una sinergia virtuosa, oltre che con il territorio, tra i soggetti che compongono la comunità scolastica: il dirigente scolastico, il personale della scuola, i docenti, gli studenti e i genitori.

L'introduzione del Patto di corresponsabilità è orientata a porre in evidenza il ruolo strategico che può essere svolto dalle famiglie nell'ambito di un'alleanza educativa che coinvolga la scuola, gli studenti e i loro genitori, ciascuno secondo i rispettivi ruoli e responsabilità. Il «patto» vuole essere, dunque, uno strumento innovativo attraverso il quale declinare i reciproci rapporti, i diritti e i doveri che intercorrono tra l'istituzione scolastica e le famiglie (Nota ministeriale n. 3602/P0/2008).

Le possibili coordinate di fondo da seguire nella **stesura del Patto** possono essere così sintetizzate:
- *Chiarezza e leggibilità*: Redigere un documento semplice, di immediata comprensione in modo da poter essere accessibile a tutti attraverso una descrizione e una visualizzazione schematizzata dei vari interventi programmati.
- *Collegialità e condivisione*: Considerare l'elaborazione del documento come occasione di confronto e di discussione tra tutte le agenzie educative (famiglie, alunni, docenti) e, quindi, come possibilità di costruire un sistema formativo veramente integrato.
- *Verifica e valutazione*: Controllare e mantenere un sistema di coerenza interna, documentare l'iter progettuale, predisporre il monitoraggio e la verifica finale.

Sul piano più squisitamente operativo è consigliabile che il Patto contenga:
- *Premessa*: in essa possono essere presentate le coordinate educative e formative che giustificano il Patto (es. costruire una visione condivisa di scuola puntando sui comportamenti delle persone, le culture sedimentate, le motivazioni, l'identità futura attraverso l'ascolto delle voci di tutti gli abitanti della scuola per definire quale cittadino vogliamo formare, quali comportamenti e valori sviluppare perché l'alunno di oggi possa essere, a pieno titolo, cittadino di domani. Abbattere l'isolamento tra le diverse agenzie educative con una struttura organizzativa che non lasci alla casualità i contatti e che coinvolga più forze possibili ascoltando in modo diretto le convinzioni e le istanze delle persone).
- *Obiettivi*: definire l'orizzonte di senso che vogliamo seguire con la sua elaborazione (es. instaurare positivi rapporti di collaborazione con tutti i soggetti e le agenzie formative sia dentro che fuori la scuola; confrontarsi, dialogare, scambiarsi produttivamente esperienze; individuare regole comuni; analizzare criticamente modelli e stili educativi; unificare il progetto educativo della scuola con quello della famiglia; percepirsi come scuola e come famiglia utili nella gestione del processo; sviluppare una reciproca affettività positiva; confrontare modelli e stili educativi).
- *Contenuti*: quali diritti, quali doveri. Per chiarezza di impostazione è opportuno suddividere i diritti e i doveri dei genitori, alunni, docenti in aree: *area della didattica, della*

partecipazione, della verifica, della valutazione ecc. (es. Area della didattica. Diritti Alunni: avere docenti responsabili ed attenti alle loro esigenze, conoscere il percorso di lavoro, non essere discriminato, esprimere liberamente le proprie idee, essere rispettato nella propria dignità di alunno, …. Docenti: essere rispettati nella propria persona e nella propria professionalità, avere a disposizione supporti didattici e materiali, … Genitori: conoscere il percorso di lavoro, conoscere interessi, attitudini del proprio figlio, essere informati tempestivamente di atteggianti scorretti, …).

Sarebbe importante altresì indicare le attività e le relative modalità di coinvolgimento della famiglia nella vita della scuola. Esempio:

- Accoglienza: giochi di squadra cui partecipano allievi, docenti, genitori;
- Incontro con le famiglie per la presentazione del percorso formativo;
- Orientamento: presentazione alle famiglie delle caratteristiche delle diverse scuole, Incontri tra famiglie e docenti delle scuole di probabile scelta, sportello dell'orientamento;
- Testimonianza di genitori sulle caratteristiche di alcune professioni;
- Informazione/comunicazione e partecipazione: istituzione di uno sportello di ascolto dei bisogni formativi e delle problematiche degli alunni (raccolta di suggerimenti, proposte, ...);
- Formazione: attività di formazione riguardo ad aspetti educativi, psicologici e della comunicazione.

In sintesi

- **Continuità didattica**: attività educative e didattiche finalizzate a garantire negli anni un percorso formativo di sviluppo progressivo, teso a valorizzare le competenze acquisite e le specificità dell'alunno.
Scopi primari della continuità educativa sono: prevenire la dispersione scolastica e garantire agli alunni un percorso formativo coerente organico e completo. La continuità del processo educativo diventa ancora più determinante per il bambino disabile o con BES.
- **Continuità verticale**: si sviluppa soprattutto tra i tre ordini di scuola: infanzia, primaria e secondaria di primo grado. Nel passaggio agli istituti superiori, la continuità verticale si attua con attività di tipo informativo sui possibili percorsi scolastici: essa si traduce, dunque, in attività di orientamento.
- **Continuità orizzontale**: si riferisce alla comunicazione e allo scambio tra le diverse agenzie educative coinvolte nel processo formativo: scuola, istituzioni, famiglia, territorio.
- **Patto educativo di corresponsabilità**: introdotto dal D.P.R. 235/2007, il Patto è una sorta di contratto, elaborato dal Consiglio di Isituto e da firmare all'atto dell'iscrizione a scuola, tra la scuola e la famiglia e con cui quest'ultima si assume la responsabilità di condividere con la scuola i nuclei fondanti dell'azione educativa.

6
Orientamento e didattica orientativa

1 L'orientamento

L'orientamento oggi è considerato un **diritto del cittadino in ogni età** e in ogni situazione. Per **orientamento** si intendono tutte quelle attività tese a mettere un *individuo in grado di gestire e pianificare il proprio apprendimento e le proprie esperienze di lavoro in coerenza con i personali obiettivi di vita*, in modo da sfruttare appieno le competenze e gli interessi individuali, per poter *raggiungere un pieno soddisfacimento personale*.

L'orientamento non riguarda un breve periodo dell'esistenza, ma deve essere un'attività che accompagna ogni persona lungo l'intero arco della vita (**lifelong learning**), in quanto la complessità della società attuale riguarda tutti i campi, da quello sociale a quello del lavoro, ed è soprattutto determinata dalla continua variabilità delle situazioni.

L'orientamento può avere **varie sfaccettature**, a seconda dell'aspetto che si vuole prendere in considerazione:

— **orientamento educativo**: serve per spingere gli individui alla conoscenza di sé attraverso la consapevolezza delle proprie attitudini e la somministrazione di test che fanno emergere gli interessi personali;
— **orientamento formativo**: serve per sviluppare le competenze orientative di base quali, per esempio, l'analisi del contesto, la ricerca autonoma delle fonti di informazione, le strategie che servono per prendere decisioni, le tecniche di risoluzione di problemi (*problem solving*), la capacità di elaborare progetti;
— **orientamento informativo**: è quello più diffuso e praticato e che si concretizza con la distribuzione di materiali informativi, con le informazioni fornite da insegnanti ed esperti, con le visite a strutture di vario genere (scuole, istituzioni, aziende, mostre, fiere etc.);
— **orientamento personale**: è quello che aiuta nelle scelte individuali attraverso uno stretto rapporto interpersonale fra chi richiede un aiuto e un esperto. Si tratta, in pratica, di un rapporto a due nel quale ci si rivolge a qualcuno di cui si ha fiducia (non necessariamente un insegnante o una figura istituzionale) per condividere le proprie incertezze e per ottenere un aiuto che a volte può risolversi in un semplice scambio di idee.

1.1 L'orientamento nelle scuole

L'orientamento non si esaurisce con la scelta di un percorso scolastico, né con l'avviamento dei giovani al mondo del lavoro, ma deve rappresentare la **centralità della fase formativa** a qualunque età.

L'orientamento finalizzato alle scelte dei percorsi successivi al termine dei vari cicli in cui la scuola è suddivisa, prevede che nella **scuola primaria** questo aspetto sia marginale in quanto la strada è automaticamente segnata dal passaggio alla scuola secondaria di primo grado.

Al termine di quest'ultima, invece, i ragazzi devono operare una prima scelta che li incammina verso l'età adulta. *Le azioni concrete che portano i ragazzi a scelte consapevoli devono essere organizzate nell'arco dei tre anni* con un piano di istituto che preveda più progetti di orientamento. Le iniziative possono essere affidate ai singoli insegnanti e possono coinvolgere una o più classi anche con la presenza di figure esterne alla scuola. Le attività dovrebbero essere varie e prevedere la più ampia conoscenza del territorio e delle realtà nelle quali la scuola agisce.

Non basta, però, che le scuole si limitino alle attività precedentemente esposte, pur se necessarie, ma devono partire fin dal primo anno facendo nascere negli alunni la motivazione allo studio, insegnando un efficace metodo di studio e spingendo i ragazzi verso un'autonomia che abbracci ogni campo. Il tutto deve mirare a far **maturare nei singoli allievi la scelta del percorso di studi successivo**, scelta molto complessa sia per la giovane età dei ragazzi, sia per una serie di condizionamenti esterni (soprattutto familiari e amicali) che li deviano dalle inclinazioni personali.

Molto spesso la **scelta dell'istituto secondario** da frequentare non è operata dal ragazzo, ma **dai genitori**. Alcuni scelgono la scuola per i figli in funzione della nostalgia della loro infanzia, o per conservare uno *status symbol*, o per pregiudizi culturali. È ancora molto diffusa, infatti, l'idea che gli alunni migliori debbano proseguire gli studi in un liceo, i meno studiosi in un istituto tecnico, i più deboli in un professionale; e ancora gli istituti tecnici industriali devono essere frequentati perlopiù da ragazzi, mentre le ragazze sono in prevalenza indirizzate agli studi umanistici.

Altre volte i genitori spingono il figlio verso un tipo di studi per realizzare, grazie a lui, un desiderio inappagato; altri scelgono il percorso che il figlio deve intraprendere solo con l'occhio teso al mondo del lavoro attuale, non tenendo in considerazione il fatto che i figli lavoreranno solo dopo 5 o 9-10 anni, quando la situazione risulterà sicuramente cambiata; altri ancora prendono in considerazione solo quelle scuole che rilasciano un diploma, visto come il più alto punto di arrivo al quale i figli possono aspirare.

Se non sono i genitori a decidere, spesso il ragazzo è **influenzato da meccanismi esterni alla scuola e alla famiglia**:
— i consigli di amici più grandi;
— la volontà di frequentare la stessa scuola dell'amico o del parente;
— le informazioni dell'ultimo minuto;

- la situazione economica della famiglia;
- i pregiudizi;
- la tradizione familiare;
- la vocazione.

Fra gli artefici delle scelte dei ragazzi spesso sono fondamentali **gli insegnanti** che al termine delle scuole dell'obbligo, sono chiamati a dare le indicazioni circa il proseguimento degli studi dei loro allievi. Con i loro **giudizi orientativi**, troppo spesso affidati all'intuizione o al buon senso e alcune volte condizionati anch'essi da pregiudizi, i docenti finiscono per scegliere al posto dell'allievo, basando i loro consigli sui comportamenti del ragazzo osservati solo in una determinata fascia d'età. Questo atteggiamento, sicuramente frutto di buona fede, spesso condanna alcuni ragazzi a intraprendere strade che non sono affatto le migliori per loro.

Tutti questi forti condizionamenti possono essere scardinati fornendo ai ragazzi le **informazioni necessarie** per una scelta personale. Per esempio: è fondamentale che un alunno, che deve decidere quale scuola frequentare, sappia che:

- la scelta della scuola comporta anche un **orizzonte temporale diverso**: mentre un liceo prevede uno studio lungo (la frequenza di un liceo porta quasi automaticamente al proseguimento in studi universitari), i tecnici e i professionali, uno medio (diploma che permette l'inserimento nel mondo del lavoro);
- è necessario tener conto delle **propensioni personali** (studi teorici o attività pratiche; discipline umanistiche o tecniche etc.);
- non si deve rinunciare a priori a una strada perché si ha una **carenza in una o più discipline**: uno studio aggiuntivo può far recuperare le proprie debolezze;
- la scelta di una scuola al posto di un'altra comporta anche l'avviamento verso uno **sbocco professionale** di elezione, seppure questo è sempre meno vero nella società attuale.

L'**orientamento nelle scuole secondarie di secondo grado** si presenta, dunque, molto articolato. Generalmente le attività sono diluite in vari momenti.

Tutte le scuole superiori progettano un'attività di **orientamento in ingresso** *rivolta agli studenti delle scuole medie* che serve a presentare i piani di studio, le caratteristiche della scuola, le competenze necessarie per frequentarla, visite e veri e propri stage presso la scuola, test di autovalutazione delle competenze per aiutare i ragazzi nella scelta.

La seconda fase è, di solito, l'orientamento rivolto agli alunni in ingresso al primo anno che consiste in **attività di accoglienza**, fase delicata che richiede la realizzazione di una serie di compiti ben strutturati:

- una valutazione delle conoscenze e degli aspetti affettivo-motivazionali di ogni ragazzo. Molto importante in questa fase è la verifica dell'abilità relativa alla *comprensione della lettura*;
- una forte individualizzazione delle attività di lavoro che seguono la valutazione iniziale e che vanno progettate in modo da adattarle a ogni singolo allievo;

— la realizzazione di una effettiva continuità educativa fra la scuola nella quale i ragazzi sono arrivati e quella da cui provengono.

Non bisogna mai dimenticare che proprio dalla qualità delle prime attività che compie l'insegnante deriva il grado di disponibilità degli alunni verso gli apprendimenti futuri e, come conseguenza, la possibilità di far affiorare in essi interessi e far sviluppare attitudini che li portino verso un vero e proprio auto-orientamento.

Il tempo impiegato nell'attività di accoglienza, anche se dovesse prolungarsi per due o tre mesi, non è tempo sprecato, ma risulta essere un vero e proprio «investimento formativo». Una volta che gli alunni sono stati motivati, hanno raggiunto i prerequisiti loro richiesti e sono pervasi dalla voglia di soddisfare i loro bisogni cognitivi, inizieranno facilmente a imparare le nuove nozioni che vengono loro proposte: il lavoro proseguirà più celermente e si recupererà il tempo che inizialmente sembrava improduttivo.

L'**orientamento intermedio** è presente **nelle seconde classi** negli istituti nei quali dal terzo anno si ha una diversificazione degli indirizzi; anche in questo caso le attività servono a presentare i curriculi, illustrare le specificità e gli sbocchi di ciascun indirizzo, attraverso esperienze di laboratorio ed eventuali test di interessi, oltre a una specifica consulenza per gli indecisi.

L'ultima fase è rivolta all'**orientamento in uscita** da svilupparsi nell'arco degli ultimi tre anni e prevede:
— la *presentazione degli sbocchi post-diploma*;
— la somministrazione di test per verificare gli interessi e portare a un'autovalutazione delle proprie propensioni;
— la presentazione generale del sistema universitario;
— corsi preuniversitari;
— l'orientamento al lavoro;
— varie esperienze di stage presso enti e aziende congruenti con il percorso di studi;
— interventi personalizzati ove se ne presenti la necessità;
— preiscrizioni assistite.

2 Orientare in una società complessa

«Orientare significa porre l'individuo in grado di prendere coscienza di sé e progredire per l'adeguamento dei suoi studi e della sua professione alle mutevoli esigenze della vita, con il duplice scopo di contribuire al progresso della società e di raggiungere il pieno sviluppo della persona» (definizione proposta all'Unesco in una Raccomandazione fatta al Congresso di Bratislava nel 1970).

Fin dagli anni '70, l'orientamento viene considerato come interazione tra un orientamento concepito in funzione della domanda di lavoro e un orientamento finalizzato alla promozione delle attitudini personali.

Nel tempo, si sono susseguite nei diversi documenti ministeriali molteplici definizioni e varie indicazioni:
— la Direttiva Ministeriale n. 487 del 1997 indica le attività di orientamento come "parte integrante [...] del processo educativo e formativo sin dalla scuola dell'infanzia";
— la Circolare Ministeriale n. 43/2009 emana le prime *Linee guida nazionali per l'orientamento permanente*;
— le nuove **Linee guida nazionali per l'orientamento permanente** (Nota n. 4232 del 19 febbraio 2014) affermano che «ancor di più che in passato, oggi l'orientamento assume una funzione centrale e strategica nella lotta alla dispersione e all'insuccesso formativo degli studenti...». e si ribadisce l'importanza del concetto di orientamento che «investe il processo globale di crescita della persona, si estende lungo tutto l'arco della vita, [...] ed è trasversale a tutte le discipline».

Nel documento sopracitato viene fatta la distinzione tra:
— **orientamento formativo** o **didattica orientativa**, che si realizza nell'acquisizione dei saperi di base, delle abilità logiche, cognitive, metodologiche e delle competenze trasversali di cittadinanza, che permettono al giovane di essere nelle condizioni di comprendere meglio se stesso, i propri bisogni, le attitudini e la realtà che lo circonda;
— **attività di accompagnamento e di consulenza** per il sostegno alla progettualità individuale, che si concretizza in azioni rivolte all'informazione circa gli sbocchi professionali, i percorsi formativi successivi, il mercato del lavoro e a trovare un punto di mediazione con le attitudini e le aspirazioni personali.

Viene ribadita la necessità di una piena consapevolezza nella scelta del percorso scolastico e l'acquisizione di competenze trasversali da spendere in un mondo del lavoro che richiede frequenti cambiamenti e capacità di adattarsi a nuove condizioni.

Il rapporto della scuola con quello del lavoro viene messo ancora più in evidenza con l'introduzione dell'ASL, l'**alternanza scuola-lavoro**, in cui gli studenti si cimentano in stage ed esperienze in vari ambiti lavorativi.

L'orientamento si connota, pertanto, sempre più come sistema integrato e, come tale, chiama in causa tutti gli attori che, a vario titolo, risultano coinvolti nel processo: le istituzioni, le università, i centri di formazione professionale, il mondo del lavoro, l'associazionismo ma anche e soprattutto, la famiglia.

La pluralità delle definizioni e delle norme emanate in tema di orientamento ben ne evidenzia la complessità.

Proprio per questo, non sono mancati elementi di criticità spesso dovuti al fatto che la scelta veniva fatta o consigliata esclusivamente sulla base del legame tra *rendimento scolastico e successivo percorso formativo/professionale*, piuttosto che sulle *reali capacità della persona e sulle sue attitudini*.

A questa visione di orientamento, considerato esclusivamente come consiglio sull'indirizzo di studio (classico, scientifico, professionale) e limitato ai momenti di passaggio tra un ordine di scuola e l'altro, ha fatto seguito, da tempo, un concetto di **orientamento formativo** che investe il processo globale di crescita della persona, che si estende lungo tutto l'arco della vita, assume una dimensione continua e che è trasversale a tutte le discipline.

L'azione orientativa dovrà perciò fornire non solo tutte le informazioni, le conoscenze, le competenze che consentano a ciascun allievo di scegliere con consapevolezza il proprio futuro, ma anche fornirgli gli strumenti che lo aiutino a compiere scelte autonome e responsabili, basate sulla conoscenza e la comprensione delle proprie possibilità e dei propri limiti. Soprattutto è necessario fargli maturare una mentalità flessibile capace di adattarsi ai cambiamenti continui e repentini che si verificano nel mondo del lavoro.

«Il mercato del lavoro, instabile ed incerto per definizione non cessa di richiedere profili professionali capaci di coniugare in modo virtuoso saperi elevati e competenze diffuse e non parcellizzate. In questa prospettiva l'orientamento professionale deve ancora di più essere in grado di sostenere l'ingresso in un mondo del lavoro altamente selettivo e competitivo»[1]. L'**orientamento è percepito pertanto come processo continuo**; non un insieme di interventi occasionali o legati a delle urgenze specifiche, ma uno strumento d'aiuto nella formazione delle scelte che le persone si trovano a fare nelle situazioni di transizione tra formazione e lavoro, tra lavoro e formazione.

Questo spiega il motivo per cui le politiche educative europee considerano l'orientamento come elemento di importanza cruciale per l'incremento dell'efficacia e della produttività dei sistemi formativi e come importante fattore di crescita civile e democratica dei diversi paesi[2].

Sapersi orientare significa essere in possesso di strumenti cognitivi, emotivi e relazionali idonei per fronteggiare il disorientamento derivante dalla attuale società che si connota per il flusso mutevole di conoscenze…dal momento che di continuo l'individuo viene spinto a mutare le proprie caratteristiche, a diversificare e ampliare le proprie attività e i campi di interesse in modo da aggiornare, in tempo reale, il proprio curriculum di conoscenze e competenze in modo dinamico e flessibile per rispondere alle trasformazioni costanti della nostra società[3].

2.1 La società della conoscenza[4]

I grandi cambiamenti che si sono verificati nella società hanno incrementato le possibilità di ciascun individuo di accedere all'informazione e al sapere. Ciò ha determinato una modifica delle competenze necessarie e dei sistemi di lavoro che

---

[1] A. Grimaldi, *Modelli e strumenti a confronto: una rassegna sull'orientamento*, Franco Angeli, Milano, 2002.
[2] G. Dominici, *Manuale dell'orientamento e della didattica modulare*, Laterza, Bari, 2002.
[3] A. Grimaldi, op. cit.
[4] Per un approfondimento del tema si rimanda a: L. Gallo Moles, *La lezione di Italiano, Storia e Geografia*, Edizioni Simone, Napoli, 2016.

richiedono notevoli adattamenti, per cui la posizione di ciascuno nella società verrà sempre più determinata dalle conoscenze che avrà acquisito. La società del futuro sarà, quindi, una società che dovrà investire sull'intelligenza, una società in cui si insegna e si apprende, in cui ciascun individuo potrà costruire la propria qualifica. In altri termini, una società conoscitiva[5].

Fra i numerosi e complessi mutamenti che travagliano la società europea, tre grandi «**fattori di cambiamento**» sono particolarmente rilevanti: l'avvento della società dell'informazione, l'estensione a livello mondiale degli scambi, il rapido progresso della rivoluzione scientifica e tecnica

– La società dell'informazione.

Come ha sottolineato la risoluzione del Parlamento europeo del 1996 su *L'Europa e la società dell'informazione planetaria* «nel mondo intero le tecnologie dell'informazione e delle telecomunicazioni generano una nuova rivoluzione industriale, che appare già così importante e radicale quanto quelle che l'hanno preceduta».

Questa rivoluzione ha notevoli conseguenze sull'occupazione e l'organizzazione stessa del lavoro in quanto le tecnologie dell'informazione contribuiscono alla scomparsa dei quei lavori ripetitivi che possono essere codificati e programmati dalle macchine automatiche. Il lavoro si basa sempre più su compiti che richiedono capacità di iniziativa e di adattamento.

Per questo motivo, si è insistito molto sulla necessità di incoraggiare la produzione europea di programmi informatici educativi. La società dell'informazione modificherà i modi d'insegnamento sostituendo al rapporto troppo passivo dell'insegnante e dell'allievo un nuovo rapporto, basato soprattutto sull'*interazione*.

La scuola ha, pertanto, grande rilevanza nella trasmissione di quei saperi critici e fondamentali che permettano a ciascun allievo di sapersi orientare in una società complessa controllando e decodificando la grande massa di informazioni che quotidianamente vengono sottoposte alla sua attenzione. La società dell'informazione accrescerà, pertanto, la valenza educativa della scuola che, servendosi dei linguaggi e dei metodi propri delle diverse discipline, dovrà preparare gli allievi a saper leggere realtà estremamente diversificate cogliendone i nuovi significati sulla base delle prospettive future e della memoria passata.[6]

– L'estensione a livello mondiale degli scambi

L'organizzazione economica ha subito negli ultimi decenni profonde trasformazioni. Le imprese nazionali tendono a scomparire e il mercato diventa sempre più globale. Il progressivo venir meno del significato economico dei confini nazionali tende inevitabilmente a sciogliere i legami fra i cittadini, mettendo una sempre

---

[5] Edith Cresson, *Libro bianco Insegnare e apprendere - Verso la società conoscitiva*, Commissione europea, 1995
[6] D. Sarsini, op.cit.

maggiore ricchezza a disposizione degli individui più capaci. Decisivo, in questo contesto, è il ruolo dell'istruzione e della formazione. La scuola è sempre più chiamata a insegnare ad elaborare in maniera produttiva ed efficace i conflitti in una dimensione globale e a promuovere senso di appartenenza ad un mondo senza confini, orientando l'allievo verso un sapere non parcellare, ma complesso che privilegi le articolazioni multidimensionali, le relazioni reticolari, la trasversalità dei concetti e dei sistemi.[7] È quanto, in ultima analisi, sostiene E. Morin: bisogna passare da una *società cognitiva* a una *democrazia cognitiva* attraverso un insegnamento che prediliga le contaminazioni tra concetti, linguaggi, informazioni provenienti da più campi disciplinari per sviluppare metodologie di analisi, di comprensione della realtà e per recuperare il significato totale delle cose.

– **La civiltà scientifica e tecnica**

Lo sviluppo delle conoscenze scientifiche, la loro applicazione ai metodi di produzione, i prodotti sempre più sofisticati, che sono il risultato di questa applicazione, danno origine a un paradosso: malgrado un effetto generalmente benefico, *il progresso scientifico e tecnico fa sorgere nella società un sentimento di minaccia*, addirittura una paura irrazionale. Numerosi paesi europei hanno cominciato a reagire a questa situazione di disagio, promuovendo la cultura scientifica e tecnica sin dai banchi di scuola, definendo regole etiche, in particolare nel settori della biotecnologia e delle tecnologie dell'informazione o ancora favorendo il dialogo fra gli scienziati e i responsabili politici, tramite istituzioni create appositamente[8].

3 Orientare come: la didattica orientativa

«La **didattica orientativa** costituisce parte integrante della funzione docente ed è compito della scuola far acquisire a ogni soggetto quelle competenze orientative, descritte come un insieme di caratteristiche, abilità, atteggiamenti e motivazioni personali che sono necessari al soggetto per gestire con consapevolezza ed efficacia la propria esperienza formativa e lavorativa, superando positivamente i momenti di snodo»[9].

Per applicare adeguatamente la didattica in una dimensione orientativa occorre partire da alcuni interrogativi di fondo:
1) quali saperi privilegiare?
2) quali metodologie adottare?
3) quali atteggiamenti favorire?

---

[7] F. Bauman, *Società individualizzata*, Il Mulino, Bologna, 2002.
[8] E. Cresson, op.cit.
[9] L. Pombeni, L'orientamento scolastico e professionale, Il Mulino, Bologna. 1997.

Per quanto attiene al primo punto bisogna precisare che *non esistono discipline più importanti delle altre per favorire l'orientamento*: tutte possono fornire agli alunni occasioni per conoscere meglio se stessi e le proprie potenzialità.

Come già si afferma nella IV parte della Premessa ai Programmi del 1979: «se correttamente interpretate tutte le discipline, sia pure in forme diverse, promuovono nell'allievo comportamenti cognitivi, gli propongono la soluzione dei problemi, gli chiedono di produrre risultati verificabili, esigono che l'organizzazione concettuale e la verifica degli apprendimenti siano consolidate attraverso linguaggi appropriati. Nella loro differenziata specificità, le discipline sono dunque strumento e occasione per uno sviluppo unitario ma articolato e ricco di funzioni, conoscenze, capacità e orientamenti indispensabili alla maturazione di persone responsabili e in grado di compiere scelte».

Viene assegnata a ciascuna disciplina una collocazione rivolta alla globalità del processo educativo, pur nel rispetto della sua struttura e della sua autonomia. A parte, insomma, il coefficiente contenutistico, metodologico, didattico proprio di ogni comparto del sapere, esiste un versante, uno spessore orientativo che va oltre le discipline stesse.

Secondo Louis Meylan "ogni disciplina è un'umanità" cioè un modo diverso di essere uomini. Umanità è dunque il saper parlare, l'esprimersi e il comunicare, umanità è il senso storico, lo spirito scientifico, l'intuizione, l'ideale estetico. Umanità è la volontà di significato, in virtù della quale ogni studente cerca risposte a una sua particolare visione del mondo[10].

Attraversare le discipline per sviluppare potenzialità personali, mettere in grado l'allievo di operare scelte consapevoli, usando i saperi in senso orientativo, individuando in essi le risorse più adatte per dotarlo di capacità spendibili nel suo processo di auto-orientamento rappresentano essenziali della didattica orientativa[11].

Tutto ciò comporta una **reinterpretazione dei curricoli in chiave orientativa**, in modo da permettere agli allievi una progressiva conoscenza di sé e una capacità di autorientarsi attraverso un'analisi dei propri interessi, delle proprie attitudini anche in rapporto ai diversi ambiti disciplinari.

L'orientamento rappresenta uno dei punti cardine dell'intero discorso educativo e didattico e per questo deve trovare **ampio spazio nel PTOF**. Il Collegio dei docenti dovrà riflettere e fare un bilancio tra le esperienze di orientamento, dirette o indirette, che l'alunno presenta all'inizio di un ciclo di studi e quelle che presumibilmente avrà maturato al termine. L'allievo infatti arriva a scuola già fortemente orientato, ma non sempre lo è in maniera critica e consapevole perché non ha gli strumenti per riflettere adeguatamente sulle esperienze che compie e sulle suggestioni che gli provengono.

---

[10] L.Meylan, *L'Educazione umanistica*, La Nuova Italia, Firenze, 1951.

[11] F. Marostica, *La centralità della didattica orientativa nel processo di sostegno all'auto-orientamento* in Maria Luisa Pombeni (a cura di), *L'orientamento tra passato e futuro*, Carocci, Roma 2008

Questo percorso collegiale di macroprogettazione, che rende esplicite le linee generali della scuola in tema di orientamento, deve incrociarsi con la progettazione disciplinare e interdisciplinare e con il contesto in cui la scuola opera.

In primo luogo bisognerebbe partire da alcuni interrogativi: Chi sono gli studenti? Quali sono i loro riferimenti culturali? Quale il loro stile di vita? Quale il tessuto socio-economico del loro territorio? Quale l'andamento del mercato del lavoro?

È importante, infatti, favorire da un lato la formazione di un'immagine di sé, la più realistica possibile, su aspetti che riguardano il possesso di abilità, le caratteristiche personali, i problemi sociali, dall'altro l'etero valutazione, cioè la percezione che gli altri, genitori, docenti, amici hanno dell'alunno e quella che egli ha degli altri.

Il momento della scelta obbliga l'adolescente a riflettere su di sé (in termini di caratteristiche personali, di risorse, di competenze, di interessi ed aspirazioni) e lo spinge ad esplicitare, almeno a se stesso, le proprie aspettative per il futuro[12].

Efficace può essere la predisposizione di **appositi questionari** che comprendano una gamma di voci su aspetti peculiari della personalità e il possesso di abilità particolari, e invitare ciascun allievo ad indicare in apposite griglie sia come si vede in rapporto alle voci considerate sia come egli vede gli altri componenti della classe. Ad esempio: Mi piace

1. comunicare con le persone
2. lavorare con le mani
3. fare osservazioni
4. fare calcoli
5. ……………………..

La lista così compilata potrà essere discussa e commentata in classe e i dati emersi raggruppati in sei aree che corrispondono a sei tipi di personalità, che poi saranno indicative per l'indirizzo di studio e il percorso professionale che si intende intraprendere: Realistica, Investigativa, Artistica, Sociale, Intraprendente e Convenzionale[13].

Parallelamente al processo di auto ed etero valutazione delle proprie abilità e attitudini, è altresì importante fornire informazioni sulle opportunità professionali, lavorative e formative offerte dal contesto di riferimento e dall'andamento del mercato del lavoro.

Il rapporto tra mondo scolastico ed economico è uno dei temi chiave del discorso pedagogico-didattico, dal momento che non sempre c'è stata giusta corrispondenza tra orientamento scolastico ed esigenze di formazione per l'inserimento nel sistema produttivo, per cui si è venuto spesso a creare un **distacco profondo tra orientamento scolastico e orientamento professionale**.

La rivoluzione tecnologica, le professionalità emergenti, il cambiamento dei sistemi produttivi rendono, pertanto, sempre più urgente il privilegiare una serie di attività e di contenuti indispensabili alla formazione di un sostrato formativo di base sul quale innestare i diversi percorsi professionali.

---

[12] L. Pombeni, op. cit.
[13] *Questionario sulle Preferenze Professionali (QPP)*, aggiornato nel 2016, elaborato da J.L. Holland, tradotto, adattato e aggiornato da Kliment Polacek. Holland considera la scelta professionale come un'espressione di crescita influenzata da fattori ereditari, culturali e personali che concorrono tutti insieme alla strutturazione, nella mente del ragazzo, di opinioni e atteggiamenti verso il mondo del lavoro e più nello specifico verso le singole professioni.

Alcuni elementi di cultura imprenditoriale, di sistemi economici devono entrare a far parte dei curricoli scolastici per non acuire il divario tra scuola e mondo del lavoro.

Utile potrà essere analizzare, attraverso le apposite rubriche dei giornali, i dati statistici, i siti internet, ... le offerte e le domande di lavoro, indagare sulle professioni emergenti, sulle attività lavorative del territorio, sulle figure professionali appartenenti al settore primario, secondario, terziario etc.

In tal senso, l'orientamento informativo si interseca con quello formativo e ne costituisce il necessario supporto in quanto consente di accedere a informazioni utili per affrontare i processi di scelta formativa e di sviluppo professionale.

Al di là di informazioni specifiche sulla realtà produttiva, è importante offrire agli allievi gli strumenti per interpretare i cambiamenti che si susseguono non solo nel mercato del lavoro e delle professioni ma nella società nel suo complesso.

Proprio per questo, molti autori si soffermano sul concetto di orientamento per il tempo futuro nel senso che esso non potrà essere calibrato su esigenze relative a un dato spazio e a un dato tempo ma deve essere proiettato, per così dire, verso un mondo ancora da realizzare.

Al di là dell'acquisizione di competenze disciplinari, andrà privilegiato il possesso di quelle che oggi vengono definite **soft skills** o **competenze trasversali**: creatività, curiosità, empatia, capacità di lavorare in team, intelligenza emotiva, flessibilità cognitiva che saranno alla base di tutte le professioni di domani.

Elemento cruciale per una buona attività di orientamento è costituito dalle pratiche didattiche, dalle metodologie utilizzate e dalla capacità del docente di stabilire all'interno della classe un clima collaborativo, di condivisione e di scambio, che favorisca autostima e fiducia in se stessi.

Per questo vanno valorizzate le esperienze di successo, il racconto delle proprie esperienze di vita e scolastiche. È opportuno per favorire l'**autovalutazione** dare spazio anche al pensiero narrativo. Raccontare significa, infatti, ripensare la propria esperienza, acquisire maggiore consapevolezza del percorso seguito, dare senso e significato alle azioni. Le storie permettono di costruire una memoria dell'esperienza, costituiscono una sorta di database, aiutano la comprensione in quanto il pensare, lo scrivere di sé non è solo testimonianza, ma soprattutto costruzione di sé[14]. Tutti i lavori significativi, le attività di riflessione possono confluire in un portfolio che documenti la progressiva maturazione dell'identità dell'allievo e la sua capacità di orientamento e di valutazione di attitudini e competenze.

Considerata in questa ottica, la documentazione diventa processo che fornisce "tracce, memoria, riflessione, che rende visibili le modalità e i percorsi di formazione, che permette di valutare i progressi nell'apprendimento individuale e di gruppo" (cfr. *Indicazioni per il Curricolo*, 2007). Uno strumento per riprogettare, ripensare alla propria azione educativo-didattica.

Lo svolgersi dell'azione quotidiana, la progettazione, non è costituita più da quella ipotizzata a priori sulla carta quanto da ciò che può essere dimostrato a posteriori. Ogni alunno, infatti, non impara ciò che abbiamo ipotizzato debba teoricamente imparare, ma ciò che, una volta conclusa l'attività di insegnamento, è riuscito effettivamente ad apprendere.

---

[14] D. Demetrio (a cura di), *L'educatore auto(bio)grafo, Il metodo delle storie di vita nelle relazioni d'aiuto*, Unicopli, Milano, 1999.

3.1 Strumenti per una didattica orientativa

Per **didattica orientativa** bisogna intendere, come precedentemente affermato, un modo di concepire l'azione didattica che abbia fra i suoi obiettivi finali anche quello di orientare gli alunni verso scelte autonome. È quindi un modo di operare trasversale che coinvolge tutti i docenti e che *può rientrare nell'insegnamento di tutte le discipline*.

Sul piano delle metodologie è fondamentale ricorrere a una **didattica attiva**, di tipo laboratoriale nella quale le informazioni sono discusse, ridefinite sul piano della riflessione, della problematizzazione, della ricerca. Operazioni cognitive queste che aiutano a sviluppare capacità strategiche fondanti la dimensione orientativa, perché consentono di *imparare a imparare* che rappresenta una competenza irrinunciabile in una società in rapida evoluzione[15].

In termini quanto più pratici possibili si può tentare una sintesi di **quali attività** è necessario progettare e realizzare per poter affermare di essersi avviati verso una didattica orientativa.

— Spingere i ragazzi a **progettare attività** che tengano conto delle aspirazioni personali, delle esigenze ambientali, delle possibilità di riuscita, dei mezzi disponibili, degli effetti probabili. Perciò è importante educare i ragazzi a pensare al futuro e a strutturare autonomamente un proprio progetto di vita.
— Mettere in evidenza la complessità insita in ogni disciplina in modo da offrire all'allievo la possibilità di coglierne gli aspetti più vicini alle sue inclinazioni.
— Soffermarsi sulla spendibilità di ciascuna disciplina anche sul piano pratico, privilegiando una didattica attiva di tipo laboratoriale che permetta di sperimentare il gusto della ricerca, della scoperta, della problematizzazione.
— Favorire la trasversalità dei saperi progettando i curricoli intorno ad assi portanti comuni cercando di superare la dicotomia tra saperi interni alla scuola e saperi esterni.
— Incoraggiare l'alunno a mettersi in gioco e a partecipare continuamente alle lezioni, senza aver timore di una valutazione negativa se la sua prestazione non è positiva.
— Considerare l'errore e le esperienze negative come mezzo di riflessione e di analisi sulle cause e sulle possibili ipotesi di soluzione dei problemi emersi.

Ciò assume una particolare importanza in quanto uno dei fattori che favoriscono l'apprendimento è la **motivazione**. Secondo Ugo Petter la motivazione è *la quantità di energia psichica che noi abbiamo immediatamente disponibile per attività che ci interessano*. Nel campo didattico la facilità con cui questa energia può essere sprigionata non dipende solo dalla volontà del singolo allievo ma anche dalle condizioni in cui si verificano le esperienze

---

[15] C. Pontecorvo, *Il senso dell'Orientamento oggi*, in *La formazione Orientativa*, Ministero della pubblica Istruzione, Direzione Generale dell'Istruzione secondaria di I grado, 1998,

di apprendimento. Attività per le quali gli allievi non proverebbero interesse possono diventare appassionanti se si riesce a cambiare in modo in cui le percepiscono e a incanalare nel senso giusto la loro energia.

Compito dell'insegnante è perciò comprendere le cause dell'insuccesso e aiutare il ragazzo a rafforzare l'interesse nei confronti di alcuni contenuti disciplinari attraverso l'individuazione di itinerari metodologico-didattici alternativi.

— **Rispettare le diversità** degli alunni, evitando di criticare le propensioni e le scelte del singolo e ricordando sempre che ogni individuo è diverso dagli altri e quello che può essere valido per alcuni non lo è per altri. È necessario piuttosto usare linguaggi specifici più vicini ai singoli e non commettere l'errore di spingere qualcuno verso scelte di moda o frutto dell'imitazione degli altri.
— Essere molto **attenti** a individuare le **propensioni degli allievi nei confronti dei diversi saperi**. È utile, a tal fine, tracciare un profilo delle loro caratteristiche cognitive, affettive e motivazionali dal quale emergono i possibili interessi e le aspettative che essi manifestano relativamente ai contenuti e ai risultati ottenuti nelle diverse discipline.
Un'efficace organizzazione didattica deve rendere possibile, però, non solo la valorizzazione degli interessi e delle attitudini individuali, ma anche far emergere nuovi talenti e suscitare nuove curiosità.
— Creare nell'azione didattica e nella vita scolastica degli alunni momenti di **continuità** e alternarli a momenti di **discontinuità**. Questo spinge i ragazzi a dover alternare momenti di «tranquillità» a momenti di adattamento a stimoli diversi.
— Sviluppare nei giovani la **capacità di accedere autonomamente alle principali fonti informative** senza che essi ne vengano travolti. Interpretare con spirito critico le informazioni è fondamentale poiché, nella società attuale, i ragazzi, al pari di tutti i cittadini, sono bombardati dai media che, spesso anche in maniera prepotente, tentano di proporre modelli ai quali adeguarsi, facilmente strumentalizzabili da aziende commerciali o da entità politiche a scopi propagandistici. Una **testa pensante** può resistere più facilmente ai condizionamenti che gli vengono imposti e se questa testa pensante sa pure essere **critica** può diventare un **cittadino libero**.
Nella società attuale è fondamentale che soprattutto le informazioni relative all'orientamento debbano essere rigorosamente affidabili e criticamente vagliate e questo per garantire un futuro democratico al nostro Paese.

La didattica orientativa prevede anche che l'intero **Consiglio di classe** lavori in sintonia senza che ci siano squilibri di metodo e di comportamento da insegnante a insegnante, anche se purtroppo nella maggior parte delle scuole ancora è scarsamente diffuso il lavoro di équipe del Consiglio di classe.

Per quanto riguarda i metodi che aiutano una didattica orientativa, senz'altro bisogna considerare la **didattica laboratoriale e di gruppo** che incentiva gli alunni a gestire le proprie scelte e li abitua al confronto con i pari.

Fra le competenze essenziali da trasmettere agli alunni vi è quella di sviluppare in ciascuno di loro la capacità di **strutturare decisioni in situazioni reali o simulate**.

La visita di aziende, mostre, fiere, la frequenza di stage aziendali, la conoscenza di altre agenzie educative sono tutte possibilità che contribuiscono a dare ai ragazzi una diversa prospettiva rispetto a quella che essi hanno, guardando il mondo dall'interno degli edifici scolastici. In questo ambito, i percorsi di **alternanza scuola-lavoro** (ora *Percorsi per le competenze trasversali e l'orientamento* → Parte V, Cap. 3, par. 6) che, in base a quanto previsto dalla legge 107 del 2015, coinvolgono gli studenti nel secondo biennio e nell'ultimo anno di studio hanno una forte valenza ai fini dell'orientamento e della crescita nell'ottica dell'apprendimento permanente (*lifelong learning*).

Ma non basta: è anche necessario che sia il mondo esterno a entrare nella scuola con **esperti di qualunque campo** che portino nelle aule esperienze e competenze diverse da quelle possedute dal corpo docente.

Infine, un aiuto fondamentale per la crescita umana, sociale e culturale dei ragazzi deriva, come è noto, dai **rapporti scuola-famiglia**. Solo se i due contesti hanno un dialogo frequente e, soprattutto, agiscono in sintonia trasmettendo ai giovani insegnamenti coerenti e non contrastanti, lo sviluppo di questi avviene in maniera armonica senza quei contrasti interiori che rendono più complesso qualsiasi apprendimento e impediscono una strutturazione armonica delle personali conoscenze e abilità.

4 Orientare quando: le Linee guida nazionali per l'orientamento permanente

Per **orientamento permanente** si intende l'insieme degli **interventi strategici** attuati sulla **formazione dei cittadini** atti a favorire non solo *la transizione fra scuola, formazione e lavoro* ma ad assumere un «valore permanente» nella vita di ogni individuo *garantendone lo sviluppo e il sostegno in tutti i processi di scelta e di decisione*.

L'orientamento permanente, pertanto, ha lo scopo non solo di ridurre la dispersione scolastica e l'insuccesso formativo, ma anche di favorire l'occupazione attiva, la crescita economica e l'inclusione sociale. Esso è, dunque, finalizzato a dare a ogni individuo tutti gli strumenti necessari per fare consapevolmente le migliori scelte per il suo sviluppo e la sua realizzazione. Esso può altresì essere definito come *l'insieme delle attività che mette in grado i cittadini di ogni età, in qualsiasi momento della loro vita di identificare le proprie capacità, competenze, interessi; prendere decisioni consapevoli in materia d'istruzione, formazione, occupazione; gestire i propri percorsi personali di vita nelle situazioni di apprendimento, di lavoro e in qualunque contesto in cui tali capacità e competenze sono acquisite e/o sviluppate.*

IL PORTFOLIO DELL'ORIENTAMENTO DELL' ALUNNO

La cultura della documentazione rappresenta un traguardo dei nuovi orientamenti della ricerca educativo/didattica degli ultimi decenni e rispecchia il senso di una concezione dell'insegnamento visto come attività collaborativa, progettuale, allargata all'alunno, alla famiglia, al territorio. La compilazione di un Portfolio dell'Orientamento costituisce uno strumento importante per rendere leggibile la storia, l'evoluzione degli apprendimenti e dei comportamenti di ciascun alunno e incorporarlo direttamente nel processo di insegnamento/apprendimento facendo emergere esperienze, storie soggettive, interessi, bisogni e caratteristiche individuali.

Esso potrebbe essere composto da una serie di schede così strutturate:

— *Io sono così*:
  l'allievo esplicita sinteticamente i suoi punti di forza e di debolezza

— **Scrivo la mia biografia iniziale**:
  l'allievo racconta se stesso, interessi, attitudini, ...

— **Ho capito che imparo meglio se**: si propone di stimolare la riflessione degli allievi sia sulla conoscenza che essi hanno del proprio funzionamento cognitivo sia sulle strategie che utilizzano per superare le difficoltà.

- **Laboratori che passione**:
L'alunno che sceglie un laboratorio ha alte aspettative di sperimentare nuovi metodi, nuove modalità di approccio ai contenuti, nuovi e più motivanti itinerari per la conoscenza delle sue vocazioni e per la costruzione di un suo personale progetto di vita.

I miei lavori migliori sono:
L'alunno attraverso la metodologia del racconto parla dei lavori che più lo hanno coinvolto, a cosa crede siano serviti, si sofferma sugli aspetti che ha ritenuto più significativi, su dubbi, perplessità, certezze, etc.

– **Autovalutazione orientamento finale**:
L'alunno è invitato a fare un viaggio su di sé: ripercorrere mentalmente l'itinerario educativo/didattico compiuto, valutare il livello di competenze che ritiene di aver conseguito, confrontare la sua valutazione con quella data dai docenti. La compilazione di questa scheda rappresenta la sintesi conclusiva di tutto un percorso che ha visto lo sviluppo della capacità di autovalutazione e orientamento come un vero e proprio traguardo educativo cui tendere.

Con **nota MIUR n. 4232 del 19-2-2014** sono state dettate le **Linee guida nazionali per l'orientamento permanente** che costituiscono un documento di impegno, a vari livelli, affinché l'intervento orientativo assuma un ruolo strategico per tutta la società.

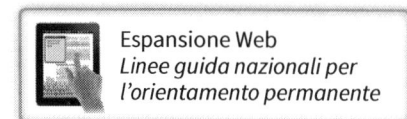

> Espansione Web
> Linee guida nazionali per l'orientamento permanente

L'orientamento permanente comincia dalla **scuola** che, anche nel documento del 2014, riafferma il suo ruolo di soggetto promotore del *lifelong learning (insegnamento permanente)*, del *lifelong guidance* (guida per la vita) e del *career guidance* (guida per la carriera).

In ambito scolastico, come abbiamo visto, occorre distinguere **due attività di orientamento**:

— *orientamento formativo o didattica orientativa/orientante*, per lo sviluppo delle competenze orientative di base, comuni a tutti (acquisizione dei saperi di base, abilità cognitive, logiche e metodologiche etc.);
— *attività di accompagnamento e di consulenza orientativa*, di sostegno alla progettualità individuale, che si realizzano in esperienze non strettamente curriculari, con connessioni al mondo del lavoro e con progetti di mini-imprenditorialità, rispondendo a bisogni e istanze specifici dei singoli o di gruppi ristretti assecondando le proprie inclinazioni.

Per realizzare concretamente i percorsi di orientamento formativo, la scuola è chiamata a individuare al suo interno, fin dalla scuola primaria, specifiche **figure di sistema** capaci di:

— organizzare/coordinare le attività di orientamento interno e relazionarsi con il gruppo di docenti dedicati;
— organizzare/coordinare attività di orientamento mirate sia per studenti disagiati sia per studenti plusdotati;
— interfacciarsi con continuità con tutti gli altri attori della rete di orientamento del territorio.

Per creare una «*comunità orientativa educante*» le Linee guida richiamano alla condivisione di responsabilità fra i vari soggetti. Alle scuole, in particolare, si assegna il compito di realizzare azioni volte a:

— potenziare la collaborazione con il mondo del lavoro, dell'associazionismo, del terzo settore sia in ambito di progettazione che di valutazione;
— sviluppare esperienze imprenditoriali anche come *start up* sostenute da un sistema tutoriale;
— creare laboratori di «*career management skills*» ossia di promozione di specifiche abilità di gestione della propria carriera professionale;
— comparare, selezionare e condividere modelli di certificazione;
— sviluppare stage e tirocini come modalità strutturalmente presenti nelle scuole;
— promuovere la diffusione dell'apprendistato;
— individuare le migliori pratiche sperimentate.

Affinché l'orientamento permanente diventi parte integrante del curricolo di ogni insegnante, è auspicabile, secondo la nota MIUR n. 4232, che ogni docente svolga **attività di formazione**.

Particolare attenzione è poi riservata — dallo stesso documento — ad **azioni di sensibilizzazione e formazione dei genitori** da prevedere all'interno del Patto di corresponsabilità educativa fra scuola, famiglia e studenti. Si propongono inoltre strumenti per l'integrazione dei sistemi, ipotizzando la costruzione di «**Centri interistituzionali per l'orientamento permanente**» operanti come multi-agency di orientamento.

Le Linee guida, infine, dedicano una apposita sezione alla diffusione delle **Tecnologie dell'Informazione e Comunicazione (TIC)** ed alle potenzialità che l'impatto di tali tecnologie ha sia sui processi di apprendimento sia sul mercato del lavoro. Presupposto perché le TIC siano funzionali ad azioni di orientamento è il garantire la possibilità di accesso a tutti gli studenti al web e alle tecnologie, superando il *digital divide*, formando docenti, operatori e dirigenti scolastici sul tema, migliorando strumenti di orientamento e comunicazione in ottica di trasparenza, inclusività ed efficacia.

In sintesi

- **Orientamento**: è considerato un diritto del cittadino in ogni età e in ogni situazione. Per orientamento si intendono tutte quelle attività tese a mettere un individuo in grado di gestire e pianificare il proprio apprendimento e le proprie esperienze di lavoro in coerenza con i personali obiettivi di vita, in modo da sfruttare appieno le competenze e gli interessi individuali, per poter raggiungere il proprio soddisfacimento personale. L'orientamento non riguarda un breve periodo dell'esistenza, ma deve essere un'attività che accompagna ogni persona lungo l'intero arco della vita (*lifelong learning*). Nella scuola l'orientamento rappresenta un dei punti cardine dell'intero discorso educativo e didattico e per questo deve trovare ampio spazio nel PTOF.

- **Orientamento permanente**: è l'insieme degli interventi strategici attuati sulla formazione dei cittadini atti a favorire non solo la transizione fra scuola, formazione e lavoro ma ad assumere un «valore permanente» nella vita di ogni individuo garantendone lo sviluppo e il sostegno in tutti i processi di scelta e di decisione. Attenendosi alle direttive comunitarie, con nota MIUR n. 4232 del 19-2-2014 sono state dettate le Linee guida nazionali per l'orientamento permanente che costituiscono un documento di impegno, a vari livelli, affinché l'intervento orientativo assuma un ruolo strategico per tutta la società.

- **Didattica orientativa**: si realizza nel permettere l'acquisizione dei saperi di base, delle abilità logiche, cognitive, metodologiche e delle competenze trasversali di cittadinanza, che permettono al giovane di essere nelle condizioni di comprendere meglio se stesso, i propri bisogni, le attitudini e la realtà che lo circonda.

- **Soft skills**: sono competenze trasversali (creatività, curiosità, empatia, capacità di lavorare in team, intelligenza emotiva, flessibilità cognitiva), che al di là delle competenze disciplinari, sono alla base di tutte le professioni del futuro.

IV
Gli strumenti

Sommario Parte IV

1 | Gli strumenti didattici tradizionali e digitali

2 | Gli ambienti di apprendimento

3 | La relazione insegnante-allievo

4 | Ambienti e contesti di apprendimento

5 | Lingua straniera e CLIL

1
Gli strumenti didattici tradizionali e digitali

1 I libri di testo

Il libro di testo è, ancora oggi, lo strumento didattico privilegiato per il tramite del quale gli studenti costruiscono il loro percorso di conoscenza e di apprendimento e dovrebbe costituire il **canale preferenziale su cui si attiva la didattica**. Il libro di testo deve essere adattabile alle diverse esigenze, integrato e arricchito da altri testi e pubblicazioni, nonché da strumenti didattici alternativi.

L'**adozione dei libri di testo** costituisce un momento particolarmente significativo dell'attività della scuola e *rientra nei compiti attribuiti al Collegio dei docenti.*

Secondo l'attuale normativa, il Collegio dei docenti deve adottare libri nelle versioni **digitali o miste**, previste nell'allegato al **D.M. 781/2013**. A partire dall'anno 2008-2009, infatti, i libri di testo sono prodotti nelle versioni a stampa, online (scaricabile da internet) e mista.

Questa disposizione — contenuta nell'art. 15 del D.L 25 giugno 2008, n. 122 conv. con legge 133/2008 — rientra in un più ampio novero di norme finalizzate a potenziare la disponibilità e la fruibilità, a costi contenuti, di testi, documenti e strumenti didattici da parte delle scuole, degli alunni e delle loro famiglie. Il passaggio graduale ad una integrazione del testo con contenuti digitali interattivi consente inoltre di accrescere la funzionalità dei libri di testo tradizionali.

Volendo sintetizzare, i docenti possono optare:
— per il cd. **libro misto**: ossia un libro in parte nel tradizionale formato cartaceo e in parte in formato digitale disponibile su internet. Normalmente il testo cartaceo viene integrato da materiali supplementari di approfondimento o di esercitazione disponibili in formato .pdf, ma non è raro trovare disponibili altre implementazioni che, sfruttando le capacità dei mezzi multimediali, rendono fruibili a docenti e studenti altre risorse quali video, file audio, esercitazioni interattive etc.
— per **il libro integralmente digitale**: in tal caso il libro di testo viene fornito nella sua interezza in formato elettronico utilizzabile su pc, tablet etc.

In realtà la maggior parte degli insegnanti continua a sottolineare l'utilità del manuale scolastico tradizionale, pur riconoscendo i vantaggi delle tecnologie digitali. Le circolari che riguardano l'adozione dei testi non intendono, infatti, in alcun modo limitare la libertà di scelta dei docenti ma solo richiamare la loro attenzione su alcuni aspetti necessari allo svolgimento delle proprie funzioni.

Il docente che si insedia ad anno scolastico iniziato deve evitare di apportare modifiche di cambiamento del testo già deliberato l'anno precedente.

Ogni proposta di sostituzione deve essere vagliata attentamente e giustificata e, sempre per non gravare sull'onere delle famiglie, deve essere consentito l'uso di vocabolari, atlanti, testi classici di edizione diversa da quella adottata dei quali gli alunni siano in possesso.

2 I nuovi strumenti digitali per la didattica

Il Web sta modellando e rimodellerà nei prossimi anni la nostra percezione del mondo. La strada è appena al suo inizio, e si profilano possibilità di utilizzo ancora inesplorate e una crescita costante di interesse nelle nuove generazioni, che progressivamente si allontanano dai media tradizionali.

Tutto ciò avrà, o meglio sta già avendo, delle ripercussioni significative in ambito didattico ed educativo, di cui gli operatori scolastici non possono non tenere conto. Da qui l'esigenza di analizzare la nuova *metafora del web 2.0* e di alcuni suoi strumenti per cercare di comprenderne le loro potenzialità nella didattica e nell'apprendimento.

Nei prossimi paragrafi analizzeremo alcuni strumenti digitali che possono essere utilmente impiegati in ambito educativo e didattico. Con tali strumenti, la classe diventa sempre di più un vero e proprio *ambiente di apprendimento* all'interno del quale l'interazione tra allievi e insegnanti può essere sviluppata con le tecnologie multimediali.

Nella didattica tradizionale si è standardizzata negli anni una **modalità comunicativa spesso frontale** durante le lezioni in classe, in cui l'ascolto attivo è stato affidato principalmente alla capacità del docente di destare attenzione. Unici supporti didattici in classe per decenni sono state le polverose cartine geo-storiche appese alle pareti, o la cartellonistica creata dai ragazzi durante i laboratori proposti dai docenti su focus tematici, o ancora dizionari, atlanti storici per lo più rari negli zaini degli studenti: comunque tutti strumenti di ridotta praticità in classe e di limitata visibilità per gli alunni.

A questi elementi si deve aggiungere un fenomeno spesso lamentato dai docenti, quello in cui, cioè, l'attenzione pur se continua in classe, spesso viene «deviata» dalla cattiva comprensione di quanto è oggetto di studio o, peggio ancora, da interpretazioni diverse a livello cognitivo, non necessariamente coincidenti con quanto spiegato dall'insegnante.

In questo quadro, le nuove tecnologie hanno definito un codice di comunicazione completamente diverso da quello ancora utilizzato nelle classi «tradizionali», un codice, cioè, in cui è possibile eliminare le ambiguità del discorso, alleggerire la comunicazione frontale, aumentare la capacità attentiva degli studenti, favorire la piena integrazione degli alunni.

L'ADOZIONE DEI LIBRI DI TESTO

L'adozione dei libri di testo rappresenta un momento particolarmente significativo dell'attività della scuola. Essa rientra nei compiti attribuiti al Collegio dei docenti, dopo aver sentito il parere del Consiglio di classe (scuola secondaria di primo e di secondo grado) (art. 7 del D.Lgs. 297/1994).

La prima fase prevede una **valutazione** dei testi e costituisce un momento di confronto poiché prevede la partecipazione dei genitori alle attività scolastiche e la loro collaborazione con i docenti.

I docenti di disciplina operano una *scelta* confrontandosi e coordinandosi prima tra loro per l'individuazione dei nuovi testi da adottare; in seguito, i docenti proporranno al Consiglio, nel mese di maggio i testi che intendono adottare, valutandone l'adeguatezza rispetto ai traguardi di competenza.

L'adozione dei libri di testo è **deliberata dal Collegio dei docenti** nella *seconda decade di maggio*, su *proposta formale* di delibera dei Consigli di classe. Non è consentito modificare nel corso dell'anno scolastico le scelte adozionali deliberate nel mese di maggio (Nota 3503/2016).

La segreteria della scuola provvede poi ad inviare, per via telematica, gli elenchi dei libri adottati all'AIE (Associazione Italiana Editori). In seguito, l'elenco dei libri di testo definitivi viene pubblicato sul sito Internet dell'istituto e sull'apposita piattaforma del sito www.adozioniaie.it (cfr. Nota 4586/2019), dividendo i libri tra *obbligatori* e *consigliati*, (questi ultimi sono quelli senza vincolo di acquisto da parte delle famiglie).

La **scelta dei testi scolastici** è disciplinata dall'art. 6 comma 1, L. 128/2013, in base al quale il Collegio dei docenti può adottare, con formale delibera, libri di testo oppure strumenti alternativi, in coerenza con il PTOF, con gli ordinamenti scolastici e con il limite di spesa stabilito per ciascuna classe di corso.

Tra gli strumenti alternativi, è previsto che le scuole possano **elaborare direttamente materiale didattico digitale**: l'elaborazione di ogni prodotto è affidata a un docente supervisore che garantisce, anche avvalendosi di altri docenti, la qualità dell'opera sotto il profilo scientifico e didattico. Le linee guida per l'elaborazione di questi materiali non sono state ancora adottate dal MIUR.

Ricordiamo che il vecchio vincolo **pluriennale di adozione** è stato **abolito** (art. 11, L. 221/2012); nello specifico, il vincolo temporale (introdotto dall'art. 5 D.L. 137/2008, conv. in L. 169/2008) di sei anni di adozione dei testi scolastici, così come il vincolo quinquennale di immodificabilità dei contenuti dei testi sono abrogati.

Pertanto, le scuole **possono confermare** i testi già in uso, anche per limitare, per quanto possibile, i costi a carico delle famiglie, oppure **provvedere all'adozione di nuovi testi**:

— per le classi prime e quarte della scuola primaria,
— per le classi prime della scuola secondaria di primo grado,
— per le classi prime e terze della scuola secondaria di secondo grado.

In caso di nuove adozioni, il Collegio dei docenti deve adottare, come detto, libri nelle **versioni digitali o miste**, previste nel D.M. 781/2013.

I libri di testo *adottati* si distinguono dai testi consigliati. I **testi consigliati** (art. 6, comma 2, L. 128/2013), infatti, possono essere indicati dal Collegio dei docenti *solo* nel caso in cui rivestano *carattere monografico* o di *approfondimento* delle discipline di riferimento.

Come è noto, i docenti sono tenuti a mantenere il costo dell'intera dotazione libraria di ciascuna classe entro determinati «**tetti di spesa**» indicati con decreto del MIUR.

In attesa di possibili nuove e ulteriori precisazioni da parte del MIUR, i **tetti di spesa** per l'adozione dei libri di testo sono ancora quelli individuati per le adozioni dell'anno scolastico 2012/2013 (D.M. 43/2012), con gli opportuni accorgimenti apportati con il D.M. 781/2013, che ha disposto la **riduzione del tetto di spesa** in percentuale nel caso di nuove adozioni di libri misti (riduzione del 10%) o interamente digitali (riduzione del 30%) al posto di quelli cartacei tradizionali.

Ad esempio, per la scuola secondaria di primo grado i tetti di spesa sono:

	se tra i libri in adozione (con prima adozione anteriore all'a.s. 2014-2015) vi sono ancora testi in versione interamente cartacea	se i libri in adozione sono tutti in versione mista: riduzione del 10%	se i libri in adozione sono tutti in versione interamente digitale: riduzione del 30%
Classi prime	€ 294,00	€ 264,60	€ 205,80
Classi seconde	€ 117,00	€ 105,30	€ 81,90
Classi terze	€ 132,00	€ 118,80	€ 92,40

Gli eventuali **sforamenti** degli importi relativi ai tetti di spesa della dotazione libraria obbligatoria delle classi debbono essere contenuti entro il **limite massimo del 10%**. In tal caso, le delibere di adozione devono essere adeguatamente **motivate** da parte del Collegio dei docenti (i coordinatori di classe devono preventivamente portare la motivazione al Collegio) e approvata dal Consiglio di Istituto. Oltre questo limite, gli Uffici Scolastici Regionali sono chiamati ad adottare provvedimenti nei confronti della scuola che sfora.

3 Lo strumento e-book

L'alternativa digitale al libro di testo tradizionale più facilmente intuibile è l'e-book. L'**e-book**, o **libro elettronico**, è un'opera edita in formato digitale consultabile attraverso un personal computer o un dispositivo portatile (ebook reader o tablet). Un formato molto diffuso per i libri digitali è il formato .pdf.

Il testo digitale presenta numerosi vantaggi: può essere ingrandito a piacimento e può essere sottolineato come un normale libro di testo. Gli argomenti si possono, inoltre, rintracciare facilmente attraverso ricerche che utilizzano come chiave, parole o frasi. L'e-book riduce i costi, lo spazio di ingombro e non ha peso.

Gli e-book sono poi indispensabili in tutti quei casi in cui uno studente ha limitate capacità sensoriali o presenta **disturbi nell'apprendimento**. Nei casi di *cecità e ipovisione*, la possibilità di disporre di testi digitali consente ai non vedenti di utilizzare programmi di sintesi vocale che permettono di convertire il testo in parlato e questo con ogni tipo di scrittura. L'uso congiunto di scanner e OCR combinato con la sintesi vocale permette ai non vedenti di raggiungere una completa autonomia (→ par. 11).

Come noto, negli ultimi anni il legislatore ha tentato di avviare un processo di trasformazione del libro di testo, che da esclusivamente cartaceo ora deve essere scelto solo nella **versione mista**, ossia costituita parte in formato cartaceo, parte in formato elettronico.

Le proposte delle case editrici sono state le più disparate: dalla più semplice digitalizzazione dei contenuti resi disponibili in formato PDF (d'altronde la norma prestava il fianco a questo tipo di interpretazione) alla rivisitazione del testo cartaceo con un'appendice scaricabile (tipo il vecchio DVD allegato), a proposte più interessanti. Si pensi ad esempio ad ambienti online dove i docenti, con l'ausilio di appositi *tool*, possono «aprire» i materiali e modificarli, assegnandoli ai ragazzi. Questi ambienti, opportunamente utilizzati, possono aiutare a ripensare i confini della classe troppo statici dal punto vista dello spazio (i banchi sono ancora in fila come nelle scuole dell'800) e del tempo (la campanella di fine ora). Per non parlare del grande mondo delle *app* che presto invaderà anche gli ambienti educativi.

Il libro di testo, così come è stato concepito fino ad oggi, cede dunque il passo ad **altre forme testuali** più idonee alla formazione degli studenti, in linea con l'utilizzo di strumenti didattici diversificati e più sofisticati.

Scostarsi dalla logica del libro di testo tradizionale, tuttavia, non è semplice e immediato. Non lo è per la scuola e non lo è neppure per i professionisti dell'editoria scolastica, chiamati a ridefinire il proprio ruolo e ad affinare una ricerca tuttora in corso sul futuro dell'editoria stessa.

Per la scuola, la trasformazione in digitale del testo significa operare una riflessione che segue due direttrici fondamentali, diverse seppure complementari:
— in primo luogo, accogliere l'idea che il materiale di studio possa presentarsi allo studente con una **ricchezza comunicativa** fino ad oggi impensabile e possa essere costituito da una serie composita di materiali rappresentati non solo da

testi scritti, ma anche da *immagini, filmati, registrazioni sonore* e quanto altro il supporto digitale consente oggi di assemblare;
— in seconda analisi, recuperare un concetto di testo di studio come **oggetto in costante divenire**, come strumento di rappresentazione e costruzione della conoscenza, affidato alle mani creatrici di docenti e studenti, coinvolti in un'operazione autoriale a tutti gli effetti.

Di fatto però anche nelle scuole in cui si è sperimentato l'apprendimento con l'uso esclusivamente degli ebook, si stanno facendo passi indietro ritornando al cartaceo, seguendo una tendenza che è partita già qualche anno fa negli Stati Uniti che per primi hanno introdotto l'uso degli ebook e dei tablet in classe. Le più recenti ricerche hanno fatto emergere, infatti, una maggiore *difficoltà nell'apprendimento* da parte degli studenti che utilizzano esclusivamente risorse elettroniche: sembra infatti che il cartaceo favorisca uno studio più attento e analitico e quindi una maggiore facilità di memorizzazione dei contenuti.

Senza contare che l'uso dell'ebook è generalmente associato al **tablet** e alla sua connessione Internet. Tutto questo può essere oltremodo distraente: si pensi alle continue notifiche di Instagram, Whatsapp, mail etc. che possono distrarre lo studente durante la lezione in aula o lo studio a casa.

La strada dell'evoluzione digitale a scuola sembra dunque essere ancora lunga.

4 La lavagna interattiva multimediale (LIM)

Tra i vari strumenti che le nuove tecnologie mettono a disposizione dei docenti vi è sicuramente la **lavagna digitale** che offre un'ampia gamma di possibilità al docente per creare un *mixed reality* in cui digitale, virtuale e creatività convivono, attraverso modalità di scrittura che non sono più semplici riproduzioni, bensì, fondamentalmente, *forme di visualizzazione del pensiero* attraverso immagini manipolabili, ibridabili, clonabili in un *insieme plurisensoriale accattivante*.

Con una **LIM in classe** è possibile, infatti, salvare schermate di lavoro e file prodotti dagli studenti, registrare lezioni, connettersi ad Internet per scaricare e/o visionare materiali, divertirsi a costruire con gli alunni mappe concettuali, o far divertire i ragazzi con quiz interattivi disciplinari appositamente creati dal docente. Si tratta, in poche parole, di sfruttare ambienti di apprendimento più motivanti per gli studenti, che danno possibilità illimitate di feedback nel monitoraggio del conseguimento degli obiettivi e innescano dinamiche di insegnamento/apprendimento efficaci, ottimizzando i processi di fruizione per mezzo del canale tecnologico e offrendo, nel contempo, la possibilità di editare i materiali prodotti in classe, mantenendo la *memoria storica* di quanto realizzato durante l'anno scolastico.

La LIM è una lavagna **interattiva** (consente cioè l'interazione strumento/utente) e **multimediale** (sfrutta più media e codici: testo, immagini, video, audio). È tecnicamente una periferica del computer.

Si tratta, come è noto, di una grande superficie su cui si visualizza lo schermo del computer grazie ad un proiettore che vi è collegato: ne risulta che tutto quello che può essere visualizzato e utilizzato sul computer può esserlo anche sulla LIM. Non si tratta però solo di un grande spazio di visualizzazione, ma di una *superficie interattiva* sensibile al tocco di una penna e/o delle dita (a seconda del tipo di tecnologia utilizzata). Sulla LIM i contenuti visualizzati non sono semplici proiezioni da guardare passivamente, ma *oggetti attivi* che possono essere editati, cliccati, spostati, operando direttamente sulla sua superficie interattiva.

La maggior parte dei produttori di LIM fornisce, insieme all'hardware e ai driver per l'utilizzo, anche un **software autore** che permette di creare e gestire contenuti digitali in un formato proprietario specifico. L'utilizzo di tale software non è affatto indispensabile: la LIM, in quanto periferica, può essere utilizzata sfruttando semplicemente il sistema operativo del computer o i software tradizionalmente utilizzati sul computer. Ciò non toglie che alcuni di questi software autore presentino funzioni specificamente progettate per la didattica in aula: si pensi alla possibilità di utilizzare una squadra per il disegno, un compasso digitale, il pentagramma, la carta millimetrata, una simulazione di campo magnetico etc. Alcune funzioni, inoltre, sono studiate specificamente per l'interazione sulla superficie: l'*Optical Character Recognition* (OCR) e lo *sketch recognition*, ad esempio, permettono all'utente di scrivere o disegnare forme geometriche a mano libera lasciando che il software riconosca il testo alfabetico o renda regolare le forme disegnate.

Come qualsiasi altro strumento didattico, la LIM presenta vantaggi e svantaggi.
I **vantaggi** della LIM in classe sono:
— *interattività*: è possibile modificare testi, evidenziare, spostare oggetti ed altro ancora (sollecita cioè la creatività);
— *interfaccia semplice e intuitiva*, tipica dell'universo dei ragazzi con visualizzazione «in grande» e «plateale» (per leggere insieme, condividere);
— *Internet fruibile in classe*, che significa: rapido e continuo accesso a materiali sempre aggiornati; applicazioni direttamente fruibili sulla rete; vicinanza alla nuova modalità degli alunni di approccio al sapere, che non è più sequenziale e lineare, ma reticolare ed associativa (si procede per mappe mentali);
— *individualizzazione*: in un'ottica di intelligenze multiple, la lavagna sostiene i diversi stili di apprendimento (visivi, uditivi, cinetici);
— *multimedialità*: attiva i diversi media, con un conseguente potenziamento della comunicazione;
— *multisensorialità*: consente un'esperienza che coinvolge più sensi e per questo è emotivamente coinvolgente (entra nel cuore e nella mente); le lezioni diventano «immersive», nel senso che si è del tutto immersi nella manipolazione e gestione delle azioni;
— *lavoro collaborativo*, con tutto ciò che ne consegue in termini di: *peer tutoring*, crescita di autostima, socializzazione, capacità di problem solving, costruzione attiva del sapere;
— *permette la memorizzazione e la riutilizzabilità* delle lezioni;
— può essere un utilissimo strumento compensativo per alunni BES).

La LIM ha anche **svantaggi**:
— *costo elevato* per l'acquisto e la manutenzione, il che comporta che spesso la scuola non può rifornire ogni classe di una LIM;
— esistenza di *pochi asset digitali* che richiedono tempo e fatica per essere realizzati;
— novità di uno strumento che può generare *disorientamento negli insegnanti*;
— rischio di ridurre le lezioni a uno show;
— *rischi di passivizzazione dell'ascolto*;
— rischi di un'eccessiva *semplificazione dei contenuti*;
— possibili rallentamenti delle lezioni per problemi tecnici;
— *difficoltà nel controllo del clima di classe*: una lezione interattiva può scatenare una vivacità intellettuale che a volte deborda e l'insegnante, assuefatto al silenzio della lezione frontale, deve abituarsi a un'atmosfera più democratica ed effervescente.

Nell'utilizzo della LIM è ipotizzabile procedere seguendo **due modelli didattici**:
— *modelli centrati sull'insegnante* (l'insegnante mantiene il controllo delle attività; gli studenti partecipano formulando domande, risolvendo esercizi, rispondendo a quesiti);
— *modelli centrati sugli studenti* (gli studenti presentano attività realizzate in gruppo o individualmente; l'insegnante ha un ruolo di coordinamento, aiuto, valutazione).

In tutti i casi è consigliabile **procedere per gradi**:
1. usare inizialmente la LIM come sostituta della lavagna d'ardesia (una superficie sulla quale scrivere e cancellare, ma anche evidenziare e soprattutto salvare);
2. usare la LIM come periferica di proiezione (materiali prodotti con software noti, materiali raccolti in rete, CD-Rom, film);
3. usare la LIM come periferica interattiva (risorse online, risorse offline, applicazioni online e offline).
4. creare lezioni con software autore LIM.

5 Il blog

Il blog è una sorta di *diario in rete*. Il termine è la contrazione di **web-log**, ovvero «traccia su rete».

Il **blogger** è colui che scrive e gestisce un blog, mentre l'insieme di tutti i blog viene detto **blogsfera** o **blogosfera** (in inglese *blogsphere*). Alcuni blog si possono considerare veri e propri diari personali e/o collettivi, nel senso che sono utilizzati per mettere online le storie personali e i momenti importanti della propria vita. In questo contesto, la riservatezza, il privato, il personale vanno verso la collettività.

I *blog didattici* diventano un interessante strumento di lavoro nel momento in cui favoriscono una indubbia gratificazione per gli alunni, derivante dal pubblicare articoli personali o realizzati in gruppo.

Lo strumento blog si sta rivelando così un ottimo catalizzatore di interesse e motivazione a fare; sta favorendo la crescita della naturale curiosità dei ragazzi con risultati sorprendenti riguardo alla maturazione di competenze specifiche (quali saper organizzare un progetto di editing di contenuti e grafica). Migliorano in tal modo indiscutibilmente le capacità di *problem posing* e *problem solving*, poiché spesso i ragazzi sono chiamati a risolvere i problemi legati alla realizzazione dei pezzi da pubblicare. Migliorano anche le capacità di prendere appunti durante la lezione e di lavorare in gruppo, poiché si è accomunati da un obiettivo comune non astratto, ma concreto.

Un blog è **facile da usare** non richiedendo competenze tecniche particolari. La sua struttura, infatti, è costituita di solito da un *programma di pubblicazione guidata* che consente la creazione di pagine web (ne è un esempio Wordpress), anche senza conoscere necessariamente il linguaggio HTML; questa struttura può essere personalizzata con vesti grafiche dette *template*, di cui esistono centinaia di versioni.

Un blog può essere pubblico o privato. Tutte le pubblicazioni, chiamate **post**, vengono generalmente visualizzate in ordine cronologico inverso, cioè dal più nuovo al più vecchio e conservate in un archivio storico facilmente accessibile. I lettori possono lasciare commenti ai post, in alcuni casi solo dopo essersi registrati. Tramite il blog si viene in contatto con persone lontane fisicamente, ma spesso vicine alle proprie idee e ai propri punti di vista: con esse si condividono i pensieri e le riflessioni su diverse situazioni, poiché raramente si tratta di siti monotematici. Si può così esprimere la propria creatività liberamente, interagendo in modo diretto con gli altri blogger.

6 I wiki

Nel 1995, per la prima volta nel mondo del web, W. Cunningham utilizzò il termine polinesiano *wiki* («rapido», «veloce») per indicare la possibilità di costruire un software in modalità condivisa: si tratta di un **sito web** che *permette ad ogni utilizzatore di aggiungere contenuti*, come in un forum, ma anche di modificare i contenuti esistenti inseriti da altri utilizzatori (ne è un esempio conosciutissimo *Wikipedia*).

Il wiki è uno strumento di editoria personale sul web, molto simile al blog, che ha visto un enorme sviluppo per un'esperienza di didattica costruttivista di nuova generazione: la sua funzione principale è la condivisione di conoscenze oltre che lo scambio e l'immagazzinamento di informazioni e contenuti.

Una caratteristica distintiva della tecnologia wiki è la **facilità** con cui le pagine possono essere create e aggiornate. La scrittura dei contenuti è molto agevole, le funzioni sono simili a quelle del Word ed è inoltre possibile aggiungere immagini e/o allegare file.

Date le sue caratteristiche, il wiki si presenta, pertanto, come **uno strumento utilizzabile a scuola**, sia per i docenti che per gli alunni. I primi possono, ad esempio, utilizzare un wiki per realizzare collaborativamente un progetto scolastico o di ricerca, potendo intervenire sulla pagina già scritta da un collega per modificarla con il proprio apporto e così possono fare tutti i componenti del team di progetto. Gli **alunni** possono creare un proprio wiki per collaborare a una ricerca tematica di Storia, Scienze, Italiano o in qualsiasi altro campo disciplinare e non. Si potrebbe anche dare vita ad un *wiki docenti/studenti*; basta disporre di una buona dose di creatività e voglia di sperimentare nuove strategie per la costruzione della conoscenza.

Il Wiki è **metodologia** che si rifà al costruttivismo e permette, in ambito didattico, di realizzare a più mani ricerche e studi che possono essere in qualunque momento modificati e completati nel tempo.

L'**interazione collaborativa** è la caratteristica fondamentale di qualunque *wiki*.

La sua applicazione didattica è immediata e in certi casi anche molto semplice: il docente potrebbe, infatti, stimolare i suoi allievi a modificare e approfondire le stesse voci di Wikipedia o a crearne di nuove.

7 I podcast

Tecnicamente, il **podcasting** è un sistema che permette di scaricare in modo automatico risorse audio o video, chiamate **podcast**, utilizzando un programma gratuito, per potere poi riascoltare su smartphone, tablet, pc etc. A differenza delle radio online in streaming, i podcast richiedono un collegamento ad Internet solo in fase di download e non anche durante la fase di ascolto: il che permette di *utilizzare podcast anche off-line*.

Per fruire del podacsting si deve prima di tutto installare un programma apposito come per esempio *iTunes*, quindi selezionare i podcast che interessano.

Costituito prevalentemente dalla contaminazione di più codici, da testo e audio che interagiscono tra loro (ma anche, in alcuni casi, da video), il podcast si presenta come uno strumento particolarmente adatto a scopi didattici, con cui è possibile presentare audiolezioni, sintesi, descrizioni, narrazioni etc. La caratteristica *brevità temporale* (di solito da 1 a 5 minuti) lo rende facilmente fruibile, gradevole da ascoltare, essenziale, variegato come i videoclip o i trailer televisivi. Fondamentalmente si tratta di uno strumento di potenziamento delle conoscenze acquisite che, opportunamente inserito in classe, può elevare la motivazione degli studenti, rendendo più coinvolgente l'apprendimento.

Il podcasting è un sistema utilizzato specialmente nell'insegnamento delle **lingue straniere**, non solo perché permette di fornire più materiale di ascolto agli studenti, ma soprattutto perché anche questi ultimi possono essere coinvolti nella registrazione e produzione dei podcast. La consapevolezza di poter essere ascoltati da altri spesso fa sì che si presti maggiore attenzione e cure alla produzione.

COSTRUTTIVISMO E IPERMEDIALITÀ

Negli ultimi anni si è compreso che, per elevare la qualità dell'apprendimento, è necessario ridisegnare la modalità del lavoro che si svolge nella classe, ancora oggi incentrato prevalentemente sulla lezione frontale. In questo contesto l'insegnante va aiutato a progettare una didattica che metta al centro l'apprendimento dello studente, che ne valorizzi le capacità relazionali e le conoscenze.

Affinché le **tecnologie dell'informazione** e della comunicazione possano essere inserite positivamente nell'ambito della didattica è indispensabile prendere coscienza della loro **valenza cognitiva**, cioè delle implicazioni profonde e indiscutibili all'interno dei processi cognitivi e di pensiero degli individui che se ne avvalgono.

Un aspetto importante inerente al rapporto tra tecnologia e aspetti psicologici è rappresentato dal **costruttivismo**, teoria che ha segnato l'applicazione di molti prodotti tecnologici alla didattica, soprattutto, a partire dagli anni Novanta, con la diffusione della **ipermedialità**.
Secondo tale indirizzo la costruzione della conoscenza si poggia su **mappe cognitive** attraverso le quali il soggetto si orienta per formulare le proprie interpretazioni, costruendo una mappa di significati personali.
Secondo i teorici del costruttivismo, ricordiamo, imparare non significa apprendere la «vera» natura delle cose, possedere cioè una «rappresentazione» del mondo esterno *oggettiva* e fotografica, ma operare una *soggettiva* costruzione di significato.

Con un approccio di carattere pragmatico e non ontologico, il costruttivismo focalizza l'attenzione sul processo di costruzione dei significati e sul modo di comunicarli.
L'apprendimento diventa così una complessa rielaborazione di sensazioni, conoscenze, credenze, emozioni che non hanno in sé ordine o struttura e che sono condizionate dal linguaggio e dal contesto culturale. Ciò significa che proprietà e relazioni tra le cose sono costruite a partire da chi osserva. Non esiste quindi il concetto di verità, ma quello di **adattamento funzionale** e di viabilità. Questi concetti vengono costruiti a partire dalle regolarità che si incontrano nell'esperienza, hanno prima di tutto una funzione predittiva, sono strumentali all'azione e vengono appunto definiti *viabili* quando permettono di raggiungere uno scopo pratico.
In questo contesto teorico, è evidente allora l'*importanza che assume l'ambiente di apprendimento* che diventa condizionante la conoscenza stessa.

In ambito **linguistico-letterario** è possibile utilizzarlo per migliorare la pronuncia dei ragazzi, correggere le distonie verbali talora ascrivibili al retroterra socio-culturale degli studenti, creare vere e proprie sintesi di autori della letteratura (utili da ascoltare per un ripasso a casa); si possono inoltre inserire testi appositamente selezionati per creare percorsi tematici e realizzare mini-guide su siti da visitare durante i viaggi di istruzione. In ambito **tecnico-scientifico** il podcast si presta per raccontare esperienze formative laboratoriali, esplicitare procedure, definire regole (ad esempio, in geometria e in matematica), fornire dati di osservazione di fenomeni scientifici etc.

Alcune scuole creano anche un **canale per la classe**. In questo modo, gli allievi stessi, grazie a software specifici, possono progettare e costruire video (es. una lezione di geografia, una visita didattica, un'esperienza di laboratorio, un esperimento scientifico etc.).

Esistono in commercio diversi **software** con cui realizzare, gestire, scaricare e pubblicare in modo semplice e veloce un podcast, con combinazioni di video/testo/audio a piacere. Essi consentono di progettare podcast insieme ai discenti, affidando loro le «parti» della sua costruzione sotto la regia del docente. In quest'ottica occorre, preliminarmente, creare una vera e propria redazione in classe, nominando i responsabili dei testi da inserire, dei file audio e delle immagini da selezionare.

8 Classi virtuali e LMS (*Learning Management System*)

Una **piattaforma e-learning** (il cd. *learning management system*) consente ai docenti di creare una **classe virtuale** alla quale iscrivere i propri studenti. Questo permette agli studenti di avere un luogo alternativo in cui comunicare in modo sincrono e/o asincrono tra di loro e/o con il docente, di scambiarsi messaggi, di scaricare materiali didattici che l'insegnante o loro stessi inseriscono nel *repository* della piattaforma.

Il docente prepara la lezione impostandone uno schema che poi gli studenti integrano secondo le indicazioni previste, progetta le esercitazioni da far svolgere agli studenti individualmente o in modo collaborativo, inserisce test di valutazione/autovalutazione: di fatto, monitora online l'accesso degli studenti e il loro processo di apprendimento. Può, ovviamente, anche valutarlo.

Il materiale didattico viene organizzato in cartelle, corrispondenti a unità didattiche o modulari, all'interno delle quali trovano posto test, wiki, blog o quant'altro permetta una condivisione di conoscenze. In questo modo, oltre alle competenze disciplinari gli studenti acquisiscono utili competenze in ambito tecnologico, abituandosi a usare in maniera più strutturata gli strumenti che già usano nella loro quotidianità.

Nella *classe virtuale* studenti e docenti potrebbero costruire collaborativamente conoscenza cercando in rete tutto il materiale libero da copyright, rendendolo disponibile e immediatamente fruibile ma anche creandone di nuovo attraverso gli strumenti che il Web 2.0 mette a disposizione.

Nei sistemi LMS più evoluti è possibile l'erogazione della lezione a distanza (appunto *e-learning*), realizzando dei veri e propri corsi online.

9 I social per la didattica

Non è facile definire un social network. Per gli studiosi americani Boyd ed Ellison, un **social network** è un servizio fruibile via Web che permette:
— la creazione di un profilo pubblico (in toto o anche solo parzialmente) nell'ambito di un sistema organizzato e regolato;
— la creazione da parte dell'utente di una lista di contatti;
— la possibilità (sotto diverse forme e secondo regole variabili) di visualizzare la lista degli amici e dei propri contatti.

È molto difficile, se non impossibile, fornire elenchi stabili e attendibili sui social network più usati, ma anche riassumere in poche pagine le caratteristiche e le funzionalità dei più diffusi social, dato che tutte le applicazioni Web 2.0 sono — per definizione — in uno stato di «beta perenne», cioè in costante evoluzione: nuovi layout, nuove funzionalità, nuove occasioni di condivisione e interazione, nuove regole per la gestione della privacy; modifiche piccole e grandi vanno accumulandosi mese per mese, rendendo inutile la descrizione puntuale del loro stato attuale, che finirebbe con l'essere un'istantanea destinata alla rapidissima obsolescenza.

Molto più utile per gli scopi di quest'opera è un rapido esame delle qualità peculiari di alcuni dei social network più diffusi e che possono avere anche una «funzione didattica», ricordando che — come per molte applicazioni informatiche — il modo migliore per conoscere, apprezzare e valutare un social è usarlo, sperimentandone le eventuali potenzialità didattiche.

I social sono strumenti di comunicazione molto potenti: essi possono far instaurare rapporti molto «intimi» e confidenziali con gli studenti. Per questo è molto vivo il dibattito sull'uso dei social da parte dei docenti: se è sicuramente consentito per scopi didattici, è invece sconsigliato il loro uso per scopi non coerenti con l'insegnamento. Spesso un eccesso di disinvoltura da parte del docente in chat può creare imbarazzo o disagio tra gli studenti, se non addirittura nello sconfinamento in comportamenti illeciti o in molestie. Per questo il MIUR ha anticipato la volontà di disciplinare le condotte pertinenti la relazione docente/allievi nell'uso di qualunque tipo di canali informatici: questi devono sempre essere coerenti con le finalità educative della comunità scolastica nei rapporti con le famiglie e con gli studenti.

L'ALFABETIZZAZIONE MEDIATICA

Tra le 8 competenze chiave per l'apprendimento permanente, le Raccomandazioni UE del 2006 e del 2018 identificano come competenza di base la **competenza digitale**. Questa non si limita all'uso delle tecnologie digitali, ma presuppone il loro *utilizzo con spirito critico e responsabile* per apprendere, lavorare e partecipare alla società.

La competenza digitale comprende, dunque, l'alfabetizzazione informatica e digitale, la creazione di contenuti digitali inclusa la programmazione, la sicurezza, ma soprattutto l'*alfabetizzazione mediatica*, in particolare per l'uso di Internet e dei social media.

Con **alfabetizzazione mediatica** (o *media education*) si intende un'**attività di tipo didattico ed educativo** finalizzata a sviluppare nei minori, ma anche negli adulti, la capacità di comprendere i diversi media, soprattutto Internet e i social, e le varie tipologie di messaggi, di utilizzarli correttamente, di saper interpretare in maniera critica, di essere in grado di generare un messaggio e quindi di usare in maniera propositiva i media.

L'esigenza di un'alfabetizzazione mediatica nasce dal preoccupante diffondersi a livello planetario di fenomeni quali *sexting*, *cyberbullismo*, *hate speech*, *fake news* ecc. I ragazzi, spesso lasciati soli nell'utilizzo della rete e dei dispositivi digitali, si scoprono nonostante siano "nativi digitali", del tutto inermi di fronte all'uso spregiudicato dei media online, e cosa ancora più preoccupante è che sia i docenti sia i genitori risultano ancora essi stessi impreparati ad un uso consapevole di Internet. Ecco perché sono numerosi e sempre più ricorrenti i progetti portati avanti da istituzioni europee e nazionali, da scuole, ma anche da semplici associazioni no profit (come *Parole O_Stili*) per diffondere tra docenti, genitori e minori, un'educazione a un uso consapevole e responsabile del web e dei social network.

La preoccupazione generale, soprattutto quando si parla di bambini, si focalizza normalmente su pedopornografia, incontri con sconosciuti incontrati in rete, *sexting* (l'invio, attraverso il cellulare, di immagini e video a sfondo sessuale ad amici, fidanzati, adulti) o *cyberbullismo*. Ma l'attenzione deve essere spostata anche su molti altri e più frequenti pericoli derivanti da:

— *condivisione di contenuti e dati personali* sui social e sugli store online: è necessario apprendere come funzionano i social, i motori di ricerca e cosa succede anche a livello di meccanismi pubblicitari e di marketing, quando si posta qualcosa su un profilo o si fa una ricerca in Rete o si acquista su uno store online, e come queste informazioni possono essere utilizzate da terzi;

— *condivisione di immagini e video* soprattutto se in violazione della **privacy** altrui: i giovani tendono sempre di più a inviare e ricevere, principalmente mediante il cellulare, immagini e video anche sessualmente espliciti, che possono essere diffusi in maniera virale a decine di migliaia di persone in pochi secondi, mettendo in pericolo e marchiando spesso per sempre la propria "reputazione". La **net reputation** non riguarda, infatti, più solo le imprese e i professionisti ma tutte le persone che accedono ad internet;

— **geolocalizzazione** che può essere utilizzata per individuare la posizione fisica del minore;

— **phishing**, un tipo di truffa online attraverso la quale si convince la vittima ignara a fornire informazioni personali, dati finanziari, numero della propria carta di credito, password e codici di accesso, fingendosi un ente affidabile (il phishing via email è diffusissimo);

— **hate speech**, sempre più dilagante sui social. Indica qualsiasi tipo di offesa o incitamento all'odio e all'intolleranza fondata su discriminazione razziale, etnica, religiosa, politica, di genere o di orientamento sessuale etc. ai danni di una persona o di un gruppo;
— *motori di ricerca* attraverso i quali è facile imbattersi in contenuti, immagini o video disturbanti o inquietanti;
— **fake news** *e diffusione virale di contenuti falsi*. Far apprendere ai ragazzi come funzionano davvero i social, quali sono i meccanismi che sottintendono alla pubblicità e alla propaganda online, come individuare una fonte attendibile ed evitare fake news e bufale, come districarsi tra i siti che fanno disinformazione e distinguerli da quelli affidabili, è la vera sfida dei prossimi anni. Internet e i social media sono, infatti, strumenti potenti, ed è necessario che le persone siano educate a capirne i meccanismi soprattutto quando si tratta di notizie che possono generare odio, falsi allarmismi o incidere sui meccanismi democratici di uno Stato;
— *abuso di videogiochi online* che a volte può sfociare in comportamenti aggressivi e antisociali (**gaming disorder**) creando vera e propria dipendenza.

9.1 Facebook

Nato nel 2004, conta oggi oltre due miliardi di utenti attivi (in Italia sono 30 milioni) che vi accedono almeno una volta al mese. Gli utenti possono registrarsi gratuitamente, inserendo pochi dati personali come nome, cognome, data di nascita e indirizzo email, dopodiché iniziano a creare il proprio *profilo personale*, includendo altri utenti nella propria rete sociale, aggiungendoli come *amici*, scambiando messaggi anche via chat, e ricevendo una crescente quantità di notifiche automatiche, ogni qual volta un amico aggiorna il proprio profilo.

Anche in questo caso, gli utenti possono creare o unirsi a gruppi per coltivare interessi in comune con altri utenti (oltre un miliardo di utenti FB risulta iscritta ad un gruppo), condividere contenuti multimediali (testo, immagini, video, link …) e utilizzare varie applicazioni presenti sul sito.

La diffusione di Facebook tra i ragazzi in età adolescenziale va sempre però più calando: i ragazzi tendono, infatti, ad usarlo meno dei loro genitori, preferendo altri social (Instagram, WhatsApp, Youtube etc.).

9.2 Twitter

Nato nel 2006, Twitter è un servizio gratuito, a metà strada tra il social network e il *microblogging* (blog caratterizzato da contenuti estremamente ridotti), che fornisce agli utenti una pagina personale aggiornabile con l'invio di messaggi di testo aventi la lunghezza massima di 280 caratteri.

Twitter si basa sul principio dei seguaci (*followers*). Quando si sceglie di seguire un altro utente di Twitter, i *tweet* (messaggi) di tale utente saranno visualizzati in ordine cronologico, sulla propria home page di Twitter. Se si decide di seguire 50 persone, saranno molti i tweet a scorrere sulla pagina, creando un flusso di informazioni e notizie completamente personalizzabile.

Dopo essere diventato molto popolare, ponendosi anche come «concorrente» di Facebook grazie alla sua semplicità d'utilizzo, Twitter sta sempre più perdendo appeal. Rimane però utilizzato da una vastissima schiera di utenti, secondo modelli e approcci assai diversi tra loro (soprattutto giornalisti e politici).

In **ambito didattico** è possibile organizzare molte attività con i propri studenti, grazie a **Facebook** e **Twitter** come:

— mettere in contatto alunni e docenti prima e durante l'anno scolastico, migliorando la mutua comunicazione;
— assegnare compiti e raccogliere appunti individuali e collettivi;
— coinvolgere esperti esterni;
— offrire link e approfondimenti agli amici e ai follower.

9.3 Instagram

Instagram è un social network fotografico. Permette di pubblicare, scattare, ritoccare e condividere istantaneamente anche su altri social (come Facebook) *fotografie, video e immagini*.

È popolarissimo tra gli adolescenti e in generale i giovani che preferiscono questo social visuale (in cui i commenti e i testi scritti sono ridottissimi ma sono tantissimi gli effetti speciali da applicare alle immagini) a tutti gli altri social network.

Anche questo social può presentare degli interessanti spunti per un docente:

— può essere utile per preparare una lezione utilizzando le immagini collegate a determinati hashtag (l'*hashtag #* permette di «categorizzare» le immagini pubblicate per argomento e renderle rintracciabili in base a parole chiave predefinite e a volte inventate dagli utenti);
— può innescare forme di *collaborazione e condivisione di idee* tra docenti e allievi: si immagini la possibilità di creare un profilo Instagram collettivo per la classe in cui realizzare una bacheca visuale, magari dedicata ad argomenti specifici e in cui avviare attività individuali o di gruppo;
— può essere molto utile per la *creazione di uno storytelling creativo*, reportage fotografici (ad esempio per riepilogare quanto si è visto durante un viaggio di istruzione), creare progetti culturali e interdisciplinari per conoscere il territorio e l'ambiente in cui la scuola è sita (si può chiedere agli alunni di scattare e poi pubblicare foto di monumenti, luoghi, oggetti o altre tipicità della loro città, invitandoli a specificare nei commenti le informazioni principali).

9.4 Linkedin

È un social network ideato ed utilizzato principalmente per lo sviluppo di contatti professionali.

Scopo principale di questo particolare social è la creazione e la gestione di un elenco di contatti ritenuti seri e affidabili in **ambito lavorativo**.

Sono, quindi, chiari gli obiettivi che si pongono gli utenti di questo servizio Web, che cerca di favorire il contatto tra domanda ed offerta di personale qualificato:

— essere presentati a qualcuno che si vuole conoscere attraverso un contatto mutuo e affidabile;
— trovare offerte di lavoro e opportunità di business, attraverso il supporto di qualche contatto della propria rete;
— pubblicare offerte di lavoro e rintracciare potenziali candidati (dedicato ai datori di lavoro).

Il docente dovrebbe avviare i ragazzi soprattutto degli ultimi anni delle superiori ad utilizzare questo social, anche al fine di avviarli alla creazione del proprio futuro curriculum.

9.5 I servizi di messaggistica istantanea: le chat

Diffusissimi e molto utilizzati tra giovani e adulti sono i servizi di messaggistica istantanea (WhatsApp, Telegram, Skype, Facebook Messenger, Snapchat, Viber etc.) che hanno ormai soppiantato gli sms e la posta elettronica.

Sono **chat** destinate a scambiarsi in tempo reale messaggi di testo e altri file di varia natura (immagini, video, audio, documenti etc.); permettono di creare gruppi tra i propri contatti e di effettuare chiamate o videochiamate.

Molti docenti sperimentano ormai da anni l'utilità di creare gruppi e chat con gli studenti della classe: questi permettono di scambiarsi facilmente informazioni anche durante il tempo dei compiti a casa, di porre domande e di creare un clima di «complicità» con il docente. Quest'ultimo può approfittare dell'uso della chat anche per insegnare ai ragazzi come comunicare con i «messaggini» che spesso risultano ancora una forma di comunicazione poco consueta e fonte di equivoci e tensioni.

Quindi è importante darsi con gli studenti delle regole per la **chat di classe** che diventa così una sorta di estensione dell'aula: niente immagini strane, scherzi, offese e linguaggi inappropriati o decontestualizzati, correttezza nel modo di esprimersi, correttezza ortografica dei messaggi etc.

Creare un gruppo scolastico su WhatsApp può dunque significare veicolare l'attenzione dei ragazzi sulla lingua, coinvolgere e stimolare gli alunni a migliorare la grammatica e l'ortografia, esercitandosi ad esprimere i propri pensieri in un contesto differente rispetto a quello prettamente scolastico, farli esercitare sulla produzione scritta di testi brevi che sarà una forma di comunicazione che utilizzeranno moltissimo anche in ambito lavorativo.

10 I media come ambienti del sapere

Uno degli obiettivi prioritari delle riforme scolastiche più recenti (la Buona Scuola in primis) è stato quello di **integrare nella didattica le tecnologie informatiche**, considerate ormai indispensabili per raggiungere le competenze chiave richieste dalla società della conoscenza, nella prospettiva di un apprendimento permanente che renda più competitive le società di ciascun paese[1].

---

[1] Per un approfondimento si veda anche *Competenze informatiche nella scuola*, Edizioni Simone, 2019, Napoli.

Dalle prime macchine per insegnare a oggi, le tecnologie hanno conosciuto un'evidente evoluzione che le ha condotte sino alle più recenti applicazioni[2]. Il Web ha reso possibile nuovi approcci della **formazione a distanza** e oggi in tutta la didattica, sia tradizionale sia legata alla telematica, sta aumentando l'interesse verso la tecnologia del *learning object* **(LO)**, intendendo con ciò ogni risorsa didattica «modulare» *erogabile a distanza*, utilizzabile su più piattaforme e in differenti formati, con la possibilità di archiviarlo e di riusarlo all'infinito, con enorme risparmio di tempo e di risorse. L'organizzazione pertinente delle sequenze di vari LO permettono la predisposizione di **percorsi formativi «personalizzati»**.

L'inserimento delle nuove tecnologie all'interno dei processi formativi genera motivazione allo studio e all'approfondimento personale, in quanto l'alunno è autonomo nella costruzione attiva della propria conoscenza.

Le finalità insite nell'uso delle tecnologie informatiche sono dunque:
— favorire la **padronanza della multimedialità** come capacità di utilizzare i diversi strumenti;
— incoraggiare l'adozione di **nuovi stili cognitivi**;
— sostenere la creazione di una **mentalità di rete** contro la frammentazione e il localismo spesso indice di isolamento delle scuole.

La multimedialità rappresenta, dunque, uno spazio entro il quale convergono i diversi linguaggi e le varie tematiche, generando la revisione dei contenuti, degli impianti e mobilitando le energie e la creatività in direzioni innovative.

Si può utilizzare la multimedialità all'interno della didattica in modi diversi:
— come semplice **strumento di insegnamento-apprendimento** inserito nei contesti tradizionali e consolidati delle pratiche educative;

---

[2] Qui di seguito, senza alcuna pretesa di completezza, una serie di link utili cui attingere per una didattica 2.0.
Risorse video
Youtube *www.youtube*
RAI *www.rai.it*
RAI Educational *www.raiscuola.rai.it*
RAI Storia *www.raistoria.rai.it/*
Archivio Luce *www.archivioluce.com/archivio*
Vimeo *https://vimeo.com/*
Risorse multimediali e bibliografiche
Google *www.google.it*
Google Books *https://books.google.it/*
Google Earth *https://www.google.it/intl/it/earth/*
Google scholar *https://scholar.google.it/*
Archive *https://archive.org/index.php*
Liber Liber *www.liberliber.it/online/*
iTunes University *http://www.open.edu/itunes/* - *http://www.apple.com/it/education/ipad/itunes-u*
EdMondo *http://www.scuola-digitale.it/ed-mondo/progetto/info/*
Scuola Digitale *http://www.scuola-digitale.it/*

— come oggetto di insegnamento finalizzato all'uso competente delle **strumentazioni**;
— come un ambiente entro il quale **rimodulare le forme, le modalità, i contenuti** dell'insegnamento e dell'apprendimento.

Il medium rappresenta uno stimolo per idee sempre nuove e sollecita un atteggiamento mentale che, con i suoi linguaggi e le sue logiche di funzionamento, modifica la percezione del mondo e interviene nella formazione dell'identità degli individui.

Il modello comunicativo che riassume questo processo può essere definito *network paradigm*, per indicare una **conoscenza** più **reticolare, aperta e decentralizzata**, grazie al contributo dei media.

I media diventano portatori di una nuova sensibilità culturale e si trasformano in *ambienti del sapere* che agiscono da stimolo nella progettazione e nello sviluppo di nuove idee, privilegiando forme di sapere esperenziali e metacognitive.

10.1 Studenti e docenti attori del processo di apprendimento

La molteplicità degli stimoli offerti dai media alla didattica rende così studenti e docenti **attori del processo di apprendimento**. La multimedialità agisce direttamente sul processo di costruzione dell'identità individuale e sociale dell'alunno, lo aiuta ad acquisire consapevolezza delle proprie abilità e capacità, sviluppa in lui quella maturità che gli permette di accettare e rispettare la diversità. I contenuti e la struttura delle relazioni sociali intrattenute dagli attori del processo di apprendimento influiscono sul processo medesimo sia attraverso la creazione di opportunità di acquisizione di nuove conoscenze sia attraverso l'influenza sul grado di condivisione e quindi di assimilazione delle conoscenze acquisite. Cambiate anche le modalità di acquisizione dei saperi, in quanto il trasferimento di risorse, tangibili o intangibili che siano, implica una relazione significativa tra gli attori.

L'uso della multimedialità richiede un docente che non solo abbia competenze informatiche e pedagogiche, ma anche comunicative, didattiche e metodologiche. L'insegnante deve saper utilizzare creativamente i media per porli al servizio del proprio metodo didattico e, quindi, intervenire sempre in situazioni imprevedibili, costruendo nuove esperienze cognitive e sociali. Non basta quindi attrezzare le aule con LIM, computer o tablet per innovare l'ambiente di apprendimento, ma è necessario che i docenti sappiano utilizzare le tecnologie informatiche in funzione della propria didattica disciplinare.

Oltre a consentire all'alunno l'accesso a una quantità illimitata di informazioni, i media ne mettono alla prova il grado di autonomia nello scegliere le opportunità offerte, nel valutare situazioni e prendere decisioni valutando rischi, costi e benefici.

I media possono essere sia **veicoli di messaggi culturali** sia **attivatori mentali**: non sono, infatti, solo supporti per la didattica, ma anche compagni per interpretare, socializzare, giocare e stabilire un rapporto di confidenza con la realtà circostante, poiché oltre a sviluppare il senso critico, esaltano gli aspetti affettivi e immaginativi dell'individuo.

I media diventano, così, **amplificatori della fantasia**, offrono l'opportunità di imparare, usufruendo contemporaneamente di più canali percettivi e comunicativi, e aumentano le capacità espressive, attraverso il coinvolgimento plurisensoriale del soggetto.

L'ipertestualità e l'ipermedialità forniscono agli alunni le giuste motivazioni per imparare e li rendono attivi nel modo di pensare, di essere nel mondo e di soddisfare i propri bisogni. In tal senso, la didattica può essere impostata in modo da favorire l'integrazione tra diversi codici e linguaggi espressivi.

11 Strumenti didattici e tecnologici per l'inclusione

Come abbiamo visto, la normativa (legge 170/2010) obbliga le istituzioni scolastiche a garantire «l'introduzione di strumenti compensativi, compresi i mezzi di apprendimento alternativi e le *tecnologie informatiche*, nonché misure dispensative da alcune prestazioni non essenziali ai fini della qualità dei concetti di apprendere», per tutti gli alunni con bisogni educativi speciali.

Il Consiglio di classe individua gli **strumenti compensativi** più idonei all'apprendimento degli alunni, ma è buona regola concordare l'utilizzo di tali strumenti con la famiglia e con l'alunno, ove sia maggiorenne. In quest'ultimo caso, è fondamentale la sua partecipazione, così da renderlo responsabile e protagonista del proprio processo di apprendimento.

In particolare, gli **strumenti compensativi** sono strumenti didattici e tecnologici che sostituiscono o facilitano la prestazione richiesta nell'abilità deficitaria. Tali strumenti sollevano l'alunno dalla prestazione resa difficile dal disturbo, permettendogli di focalizzare l'attenzione sui compiti cognitivi più complessi: il contenuto della prestazione non viene a modificarsi, ma si migliora la velocità e la correttezza di esecuzione della prestazione.

Di seguito accenneremo ad alcuni strumenti didattici e tecnologici che sostituiscono o facilitano la prestazione richiesta nell'abilità deficitaria.

11.1 Word processor

Il **word processor** è un software diffusissimo che consente di creare o modificare testi complessi, con immagini, tabelle, formule matematiche (il più diffuso è Microsoft Word).

La sua funzionalità può essere incrementata attraverso l'abbinamento con il *correttore ortografico*, che segnala errori ortografici, e con la *sintesi vocale* che legge ad alta voce i testi digitali o importati.

Alcuni esempi sono: Microsoft Word, Libre Office, Carlo II, SuperQuaderno, Alfa Re3ader 2.0 che stimola la scrittura utilizzando, oltre al ritorno in voce, l'affiancamento automatico di una immagine nel testo alle parole digitate. Questo approccio stimola la curiosità e l'interesse dei discenti in quanto ricevono al momento della scrittura il feedback dell'immagine corrispondente.

Il word processor agisce sulla autodeterminazione della scrittura, sulle meta-competenze e aiuta l'autorevisione e l'autocorrezione.

11.2 Sintesi vocali

La **sintesi vocale**, consentendo di ascoltare in voce i testi digitati o importati nel pc, fornisce un elevato grado di autonomia ai soggetti BES sia nello studio che nella vita lavorativa e un'accuratezza nella scrittura. In questo modo, l'approccio al testo scritto diventa nuovo, rispetto alla lettura comunemente intesa o all'ascolto di una voce umana dal vivo o registrata.

La sintesi vocale presenta, però, un **limite** in quanto richiede, come prerequisito, la capacità di cogliere adeguatamente il contenuto del testo. Ed è questo il motivo per cui *l'efficacia della sintesi vocale è legata all'affiancamento di altre strategie*, quali le **mappe concettuali**, che consentono una sintesi e una semplificazione prima dell'ascolto.

La sintesi vocale accompagna il lettore a seguire il segno durante l'ascolto del brano attraverso l'evidenziazione della parola letta che, in genere, cambia di colore o viene sottolineata. A mano a mano che si acquisisce maggiore competenza con il supporto, il lettore integra l'informazione che giunge attraverso il canale uditivo con gli input della vista. La lettura con la sintesi diventa un'operazione attiva: il lettore riesce a regolare il flusso delle parole in base alle sue esigenze di comprensione. Egli sa gestire le pause, riesce a rallentare il testo a seconda della complessità, sa accelerare quando è meno significativo, sa tornare sui propri passi per verifiche o riscontri etc. Diventa veramente «lettura» e non «ascolto».

11.3 Audiolibri

L'**audiolibro** presenta diverse potenzialità a costi contenuti: si tratta di un libro letto integralmente da una voce narrante che generalmente dà anche un'intonazione significativa alla lettura.

In commercio esistono molti audiolibri di narrativa (soprattutto classici della letteratura), anche in lingua straniera. Nei paesi di lingua anglofona, infatti, l'uso dell'audiolibro è ormai consolidato da decenni e molto diffuso anche tra gli utenti normodotati che, invece, di leggere un libro preferiscono ascoltarlo.

11.4 Mappe concettuali

Le **mappe concettuali** guidano e facilitano gli studenti nella comprensione e nella sintesi di un testo.

Le mappe, come è noto, rappresentano importanti strategie didattiche, definite *visual learning*, che aiutano a migliorare l'apprendimento e le performance di tutti gli studenti di ogni ordine di scuola sia nella comprensione del testo che nel ricordo di informazioni, come pure nell'organizzazione del pensiero e dell'apprendimento.

Le mappe concettuali esplicano la loro piena efficacia quanto vengono *rappresentate con colori, forme e strutture,* riducendo al minimo la necessità di frasi e periodi normalmente complessi per rappresentare in modo efficace il significato.

Le mappe risultano particolarmente efficaci soprattutto per i DSA. Con l'uso costante delle mappe concettuali lo studente con DSA riesce a coprire il suo gap, superando le difficoltà di interazione sociale con i compagni di classe: la tecnologia delle mappe concettuali può diventare quindi anche strumento per l'integrazione scolastica, senza evidenziare una «diversità».

Esempi di software per la creazione di mappe concettuali sono Cmap, Kidspiration e Supermappe.

11.5 Scanner con software OCR

Lo **scanner** consente di trasformare documenti cartacei, come riviste e libri, in file immagine facilmente fruibili da tutti. Spesso associato allo scanner vi è un software definito *OCR (Riconoscitore Ottico di Caratteri),* che trasforma l'immagine in testo elettronico (in un file .doc, .rtf., .txt).

In questo modo i ragazzi possono digitalizzare ogni tipo di documento da studiare o leggere.

11.6 Calcolatrice dotata di sintesi vocale

La **calcolatrice con sintesi vocale** consente di controllare i dati inseriti attraverso l'ascolto del numero digitato, del segno o del risultato. L'utilità di tale strumento appare evidente, in quanto le calcolatrici tradizionali richiedono l'inserimento del numero in maniera corretta. Al contrario, i soggetti con *disturbi di discalculia*, che compiono errori nel trascrivere i dati, possono utilizzare tale tipo di strumento per ottimizzare i tempi e per concentrarsi nello svolgimento dei problemi, piuttosto che nella scrittura di numeri o nell'applicazione delle procedure dei calcolo.

Dal punto di vista operativo, lo svolgimento delle operazioni matematiche può essere fatto con un software come la *Calcolatrice di SuperQuaderno* o *Carlo Mobile*, oppure combinando uno screen reader con la normale calcolatrice del sistema operativo o con un foglio elettronico.

11.7 Riconoscimento vocale

Il **riconoscimento vocale** (*speech recognition*) è un software che riconosce il linguaggio naturale verbale e lo trasforma automaticamente in scritto.

Gli alunni con gravi *disturbi di disortografia* possono utilizzare tali tipi di software che permettono di verificare la correttezza di quanto scritto.

L'utilizzo di programmi abilitativi e strumenti compensativi costituisce uno stimolo ai processi di letto-scrittura che altrimenti verrebbero probabilmente evitati.

Infatti, è stato provato scientificamente che l'utilizzo di strumenti compensativi non solo non nuoce al processo terapeutico, ma ha anche un effetto abilitativo. Per esempio, l'esposizione della lettura attraverso anche la via orale, tramite sintesi vocale, permette di migliorarne le prestazioni. Esse migliorano anche nello scritto, nel monitoraggio degli errori e nell'apprendimento in generale.

È necessario, quindi, offrire agli alunni modalità di apprendimento diverse dalla letto-scrittura «tradizionali», altrimenti i dislessici rifuggiranno dai compiti e quindi non svilupperanno l'esperienza lessicale e della struttura del testo.

11.8 La LIM

La **LIM** costituisce uno strumento indispensabile, sia per le sue potenzialità tecnologiche, sia per il supporto alle strategie compensative usate nella pratica quotidiana. Tutte le LIM presenti nelle scuole italiane presentano software che includono **strumenti compensativi e dispensativi specifici per i DSA**.

La LIM, come già visto, consente di utilizzare sfondi, che possono essere personalizzati in colore e in dimensioni, riducendo le difficoltà che i DSA incontrano nella lettura e nella copiatura di testi dalla lavagna tradizionale (molti dislessici sono sensibili alla luminosità del testo o agli sfondi bianchi puri e sostanzialmente al contrasto debole tra il testo e gli sfondi).

Il testo scritto a mano libera, in corsivo, sulla LIM può essere automaticamente trasformato in stampato, nel formato scelto (vanno preferiti i font semplici come Arial, Comic, Trebuchet, in formato Bold). Tutti i software trasformano il testo in oggetto che può essere, all'occorrenza, ingrandito o spostato.

Tra gli strumenti compensativi utili per i casi di **discalculia** sono particolarmente efficaci quelli matematici, come calcolatrice, riga, squadra, compasso, goniometro: sono presenti in tutti i software per LIM e manovrabili semplicemente con la penna digitale o con le mani, nelle lavagne fornite di touchscreen. Anche la *penna di riconoscimento forme* è generalmente presente nei diversi software e trasforma una forma disegnata a mano libera in una perfetta figura geometrica.

La superficie scrivibile della lavagna può essere estesa sia in orizzontale che in verticale, il che evita ai soggetti le difficoltà legate all'andare a capo e permette la visualizzazione di quanto scritto nella parte inferiore della lavagna.

Infine, l'aspetto multimediale della LIM, con l'accesso ad Internet e la possibilità di usare qualunque software didattico, consente di superare le difficoltà nella letto-scrittura con la presenza di immagini, simboli, mappe, etichette che permettono una corretta e rapida identificazione da parte degli alunni rassicurandoli ed aumentandone l'autonomia.

L'utilizzo della LIM, quindi, sollecitando stili cognitivi differenti, permette di coinvolgere gli alunni stessi nell'azione di progettazione della lezione creando nella classe un contesto di apprendimento personalizzato e che sa trasformare, valorizzandole e rendendole strumento, anche le situazioni di potenziale difficoltà.

11.9 I software compensativi

Tra i software compensativi esistono alcune versioni gratuite, scaricabili in rete e altre a pagamento.

Nella prima categoria rientrano, oltre ai programmi di sintesi vocale descritti precedentemente, anche quelli di *lettura agevolata*, di *elaborazione di mappe concettuali* e i programmi di videoscrittura con la correzione ortografica.

Nella seconda categoria rientrano: lettori vocali compensativi ed editor di testi con oggetti multimediali.

11.10 I dizionari di lingua straniera computerizzati, traduttori

Per gli alunni che incontrano difficoltà derivanti dalla non conoscenza della lingua italiana, possono essere molto utili i dizionari e i traduttori online, come quello di Google *https://translate.google.it* che spesso oltre alla traduzione e alla corretta grafia, permettono l'ascolto e quindi di apprendere la corretta pronuncia.

12 Viaggi di istruzione e visite guidate: apprendimento per outdoor training

Viaggi di istruzione e **visite guidate** sono considerati da sempre esperienze di apprendimento e di crescita della personalità rientranti tra le attività integrative della scuola.

Le visite guidate e i viaggi di istruzione, compresi quelli connessi ad attività sportive, richiedono ai docenti, in considerazione delle motivazioni culturali didattiche e professionali che ne costituiscono il fondamento e lo scopo preminente, una *adeguata programmazione didattica e culturale* da predisporre fin dall'inizio dell'anno scolastico.

La **fase progettuale** rappresenta un momento particolarmente impegnativo per i docenti e per gli organi collegiali e deve consistere in piani articolati e coerenti che consentano di qualificare dette iniziative come vere e proprie attività complementari della scuola, e non come semplici occasioni di evasione.

Un esempio di programmazione: **Una visita al castello**.

Una visita a un castello medievale diventa la **fase finale un'unità di apprendimento** (destinata alla scuola del primo ciclo) alla quale collaborano insegnanti di diverse discipline e nella quale gli alunni, divisi in gruppi, sono contemporaneamente visitatori, guide e protagonisti di una performance. Ciascun gruppo illustra, nell'ottica di un ambito di ricerca, un aspetto del tema: *La vita in un castello nel Medioevo*.

L'unità di apprendimento è stata articolata in cinque fasi usando per ciascuna una diversa metodologia: una lezione frontale, una ricerca-azione, attività di laboratorio per una produzione teatrale e musicale, un performance al castello e infine la produzione di video dell'evento.

- Italiano/Storia: breve rappresentazione teatrale ispirata a personaggi storici o immaginari vissuti nel castello.
- Musica: esecuzione coreutica su testi poetici medievali con accompagnamento strumentale.
- Arte e immagine: foto e riprese di elementi caratterizzanti il periodo storico trattato.
- Educazione fisica: rievocazione di giochi dei cavalieri o esibizioni di arcieri e sbandieratori.
- Tecnologia: illustrazione dei materiali utilizzati per la costruzione del castello e per gli oggetti di uso quotidiano.
- **Obiettivi specifici**:
  - conoscere il territorio nel suo aspetto storico-artistico;
  - acquisire consapevolezza del patrimonio storico-culturale;
  - potenziare le conoscenze storiche, geografiche, artistiche relative al territorio e al sito visitato in particolare.
- **Obiettivi formativi**:
  - promuovere progettualità e creatività;
  - comprendere l'importanza della tutela dei beni culturali;
  - saper utilizzare nuove tecnologie digitali per la diffusione della cultura.

La caratteristica comune delle iniziative didattico-culturali è, dunque, la finalità di integrazione della normale attività della scuola, sia sul piano della formazione generale della personalità degli alunni, sia sul versante del complemento delle preparazioni specifiche in vista del futuro ingresso nel mondo del lavoro.

Ai fini del conseguimento degli obiettivi formativi che i viaggi devono prefiggersi è necessario che gli alunni siano preventivamente forniti di tutti gli elementi conoscitivi idonei a documentarli sul contenuto delle iniziative stesse. Occorre, quindi, *predisporre del materiale didattico articolato* che consenta un'adeguata preparazione preliminare del viaggio nelle classi interessate, che fornisca appropriate informazioni durante la visita, che stimoli, al ritorno del viaggio, una rielaborazione delle esperienze vissute.

Considerata la valenza didattica dei viaggi di istruzione, in nessun caso deve essere consentito agli studenti partecipanti, l'*esonero*, anche parziale, dalle attività programmate, a meno di non vederne vanificati gli scopi didattici. I viaggi devono essere funzionali agli obiettivi cognitivi, culturali e didattici peculiari a ciascun tipo di scuola e di indirizzo di studi.

È necessario favorire, nella realizzazione di questo tipo di iniziative, quel complesso rapporto tra scuola e ambiente extrascolastico, diventato sempre più tangibile in questi ultimi tempi, e che ha visto assegnare un ruolo sempre più attivo e dinamico alla scuola, che viene pertanto rivitalizzata qualitativamente da nuovi motivi di riflessione, in vista del nuovo assetto comunitario europeo (da Circ. Min. n. 291/1992).

I viaggi d'istruzione possono essere di vario tipo:

- **Viaggi di integrazione culturale**
  Per quelli effettuati in località italiane, la normativa in materia sottolinea l'esigenza di promuovere negli alunni una migliore conoscenza del loro paese

nei suoi aspetti paesaggistici, monumentali, culturali e folcloristici. I viaggi possono altresì prefiggersi la partecipazione a manifestazioni culturali varie, o a concorsi che comportino lo spostamento in sede diversa da quella dove è ubicata la scuola. Al fine di facilitare il processo di integrazione culturale, devono essere incoraggiate le *iniziative di gemellaggio tra scuole* di regioni più avanzate economicamente e culturalmente e scuole meno favorite, anche per particolari situazioni geografiche e ambientali.

Per i viaggi effettuati all'estero, l'esigenza è rappresentata dalla constatazione della realtà sociale, economica, tecnologica, artistica di un altro paese, specie dei paesi dell'Unione Europea.

- **Viaggi di integrazione della preparazione di indirizzo**
  Sono essenzialmente finalizzati alle acquisizioni di esperienze tecnico-scientifiche inerenti il proprio percorso di studio. Al riguardo meritano di essere menzionati i *viaggi programmati dagli istituti di istruzione tecnica e professionale e dagli istituti d'arte*, che in attuazione e nel rispetto dei relativi programmi di insegnamento e in vista di una sempre più efficace integrazione tra scuola e mondo del lavoro, si prefiggono, in via primaria, le **visite in aziende**, unità di produzione o mostre, nonché la partecipazione a manifestazioni nelle quali gli studenti possano entrare in contatto con le realtà economiche e produttive attinenti ai rispettivi indirizzi di studio.
  In questa tipologia di viaggi rientrano anche quelli aventi carattere di esercitazioni didattiche, sempre nell'ambito dell'istruzione tecnica, professionale e artistica: crociere didattiche ed esercitazioni in mare, tirocini turistici, esibizioni artistiche.

- **Visite guidate**
  Si effettuano, nell'arco di una sola giornata, presso complessi aziendali, mostre, monumenti, musei, gallerie, località d'interesse storico-artistico, parchi naturali, etc. Le visite presso i musei devono essere programmate per un numero limitato di partecipanti per rendere possibile a tutti di ascoltare le spiegazioni e per evitare danni agli oggetti esposti.
  Per quanto attiene alla organizzazione di queste visite, è necessario che gli organizzatori contattino per tempo i vari centri di cultura, in particolare se si tratta di istituti di antichità e d'arte statali o, in genere, di località di interesse storico-artistico: sarà più semplice per il personale preposto gestire il libero ingresso dei gruppi di studenti accompagnati.

- **Viaggi connessi ad attività sportive**
  Non va sottovalutata la valenza formativa che assumono i viaggi finalizzati a garantire agli allievi esperienze differenziate di vita e attività sportiva. Questo tipo di iniziativa ha un'importanza rilevante anche sotto il profilo dell'educazione alla salute e al benessere. Vi rientrano sia le specialità sportive tipicizzate, sia le attività genericamente intese come «sport alternativi», quali le escursioni, i campeggi, le settimane bianche, i campi scuola. Ovviamente, rientra in tale categoria di iniziative anche la partecipazione a manifestazioni sportive.

Questi viaggi hanno come scopo preminente, oltre alla socializzazione, l'acquisizione di conoscenze culturali integrative a quelle normalmente acquisite in classe e devono perciò essere programmate in modo da lasciare sufficiente spazio alla parte didattico-culturale.

Oggi si parla molto dell'opportunità o meno di organizzare gite scolastiche, considerando, alla luce di eventi piuttosto recenti, i rischi che i viaggi comportano, tanto più se i viaggiatori sono ragazzi e ragazze ancora minorenni e affidati per l'occasione alla tutela degli insegnanti. La cronaca degli ultimi anni ha registrato episodi di studenti in gita scolastica precipitati dalla finestra dell'albergo in cui soggiornavano, atti di vandalismo da parte dei ragazzi, abusi di alcool e droghe. C'è poi il problema del terrorismo internazionale e della probabilità di attentati o di incidenti (pensiamo alla comitiva di studenti tedeschi morti nel febbraio 2015 nello schianto dell'aereo della German Wings contro le Alpi francesi).

Se per molti studenti la gita scolastica rimane uno dei momenti attesi con trepidazione durante l'anno, non è sempre così per gli insegnanti che li devono accompagnare e che devono «vegliare» su di loro: *sono perciò sempre di più gli insegnanti che preferiscono non accompagnare la classe nel viaggio di istruzione*, per non prendersi una responsabilità considerata troppo grave. Nell'ultimo decennio il numero degli insegnanti disponibili ad accompagnare gli studenti nel viaggio di istruzione si è così più che dimezzato.

LA RESPONSABILITÀ DEI DOCENTI DURANTE I VIAGGI DI ISTRUZIONE

Il personale docente (e non docente) ha un obbligo giuridico di sorveglianza e di vigilanza nei confronti degli alunni, affinché gli stessi non subiscano lesioni o non incorrano in pericoli durante la loro permanenza all'interno della struttura scolastica o, comunque, *durante il periodo in cui sono affidati alla scuola*. Pertanto, la mancata osservanza di tale obbligo (**culpa in vigilando**) fa sorgere la loro *responsabilità civile* (ad esempio, viola il dovere di vigilanza il docente che si allontana dall'aula durante l'orario di lezione).
L'obbligo di vigilanza si estende all'attività scolastica in genere, dal momento dell'ingresso degli allievi nei locali della scuola a quello della loro uscita, compresi il periodo destinato alla ricreazione, *le uscite didattiche, i viaggi di istruzione* e ogni altra attività che si svolga nei locali scolastici o in quelli di pertinenza.
In caso di eventi lesivi occorsi agli studenti durante un'uscita didattica è onere della scuola dimostrare, in concreto, che le lesioni sono state conseguenza di fatti ad essa non imputabili (Cass. 20-4-2011, n. 9325), oppure di aver adottato, in via preventiva, le misure organizzative e disciplinari idonee a evitare situazioni di pericolo.

Appare evidente, peraltro, che nel corso di una gita, la vigilanza esercitata dai *professori accompagnatori* assume connotati particolari: il carattere continuo del contatto con gli studenti durante l'intera giornata, comprendente anche le normali attività quotidiane, impone di limitare l'intensità della vigilanza affinché non si intrometta oltre lo stretto necessario nella sfera più intima e personale degli alunni. Pertanto, deve ritenersi esclusa (oltre che concretamente impossibile) *un'attività di ispezione continua e prolungata*, soprattutto nei momenti della giornata che l'alunno trascorre nell'intimità della propria stanza d'albergo.
Tuttavia, sussiste un **obbligo di intervento immediato** di fronte a eventi pericolosi o autolesivi, qual è, ad esempio, l'assunzione di sostanze stupefacenti o di superalcolici. Per dimostrare la carenza di colpa, però, occorre anche qualcos'altro: proprio perché il rischio che, lasciati in balia di sé stessi, i minori possano compiere atti incontrollati e potenzialmente autolesivi, ai docenti è imposto un obbligo di diligenza preventivo, che consiste nella scelta di vettori e di strutture alberghiere che non presentino rischi o pericoli per l'incolumità degli alunni.
Con una valutazione caso per caso, in relazione alle circostanze della concreta fattispecie, incombe quindi sull'istituzione scolastica l'onere di dimostrare di avere compiuto tali controlli preventivi e di avere impartito le conseguenti istruzioni agli allievi affidati alla sua cura e alla sua vigilanza (Cass. 8-2-2012, n. 1769).

In sintesi

▶ **Strumenti didattici tradizionali**: tra gli strumenti didattici da sempre più in uso nella scuola, vi è il libro di testo. Attualmente, il libro di testo cartaceo deve integrarsi anche con le nuove tecnologie (libro digitale o misto) che affiancano ai tradizionali contenuti, materiali digitali interattivi.

▶ **Strumenti didattici digitali**: sono sempre più in uso nella didattica (ebook, LIM etc.). La classe diventa così un vero e proprio ambiente di apprendimento all'interno del quale l'interazione tra allievi e insegnanti può essere sviluppata con le tecnologie multimediali. Cambiano i codici di comunicazione, prima impostati sulla lezione frontale e l'ascolto passivo da parte degli alunni, ora invece più dinamici e interattivi e capaci di alleggerire la comunicazione frontale, aumentare la capacita attentiva degli studenti, favorire la piena integrazione degli alunni.

▶ **Costruttivismo e strumenti didattici digitali**: ispirandosi alle teorie del costruttivismo degli anni Novanta, nella moderna didattica l'insegnante deve mettere al centro l'apprendimento dello studente, valorizzandone le capacita relazionali e le conoscenze. Le tecnologie dell'informazione e della comunicazione diventano così strumenti indispensabili in quanto, stante la loro valenza cognitiva, incidono profondamente sui processi cognitivi e di pensiero degli individui che se ne avvalgono: esse permettono la creazione di infiniti «ambienti di apprendimento» adattabili agli stili di apprendimento di ciascuno studente.

▶ **Internet per la didattica**: la rete ha messo a disposizione dei docenti nuovi strumenti didattici come siti web, blog, wiki, piattaforme e-learning. Gli stessi social (Facebook, Instagram, WhatsApp) stanno evidenziando interessanti risvolti didattici.

▶ **Strumenti digitali compensativi per l'inclusione**: la tecnologia diventa poi preziosa per tutti gli alunni con BES e disabili, per i quali sono predisposti *strumenti compensativi*, ossia strumenti didattici e tecnologici che sostituiscono o facilitano la prestazione richiesta nell'abilità deficitaria. Tali strumenti (word processor, sintesi vocali, audiolibri, mappe concettuali, OCR, calcolatrici con sintesi vocale, software compensativi etc.) sollevano l'alunno dalla prestazione resa difficile dal disturbo, permettendogli di focalizzare l'attenzione sui compiti cognitivi più complessi: il contenuto della prestazione non viene a modificarsi, ma si migliora la velocita e la correttezza di esecuzione della prestazione.

2
Gli ambienti di apprendimento

1 Cosa si intende per ambiente di apprendimento

Quello di **ambiente di apprendimento** è un concetto che può avere un'accezione molto ampia: può essere inteso come **luogo fisico o virtuale**, dotato di strumenti funzionali all'apprendimento, ma anche come **spazio mentale e culturale, organizzativo ed emotivo**. L'ambiente di apprendimento scolastico, come si intende oggi, è costituito da un insieme di componenti:

— la struttura, lo spazio e l'arredo in cui si svolgono le attività didattiche;
— gli attori del processo di insegnamento-apprendimento;
— le attività svolte;
— gli strumenti e le tecnologie disponibili;
— il clima relazionale e operativo in cui gli attori agiscono.

Non a caso nelle Indicazioni nazionali per il curricolo della scuola dell'infanzia e del primo ciclo del 2012 si afferma che l'**organizzazione degli spazi e dei tempi diventa elemento di qualità pedagogica dell'ambiente educativo** e pertanto deve essere oggetto di esplicita progettazione e verifica.

Quanto all'*ambiente fisico*, questo è tutt'altro che neutro, essendo influenzato dalla sua struttura, conformazione, qualità e predisposizione degli arredi. Esso si può, pertanto, anche definire come il **contesto di attività strutturate** predisposto dall'insegnante affinché avvenga il processo di apprendimento. Si tratta di un luogo creato al preciso scopo di sostenere e stimolare la costruzione di competenze, abilità, conoscenze e motivazioni.

Su questo *spazio azione* incidono elementi come:

— l'atteggiamento di docenti e studenti nei confronti dell'apprendimento;
— il clima disciplinare della classe;
— la relazione tra insegnante e studente;
— la capacità del docente nello stimolare motivazione e impegno;
— il ruolo, il coinvolgimento e le aspettative dei genitori rispetto al processo formativo (su questo punto → anche *infra* Cap. 4).

Gli ambienti di apprendimento come **dimensione metodologico-didattica** devono pertanto:

— valorizzare l'esperienza e le conoscenze degli alunni;
— attuare interventi adeguati nei riguardi delle diversità;

— favorire l'esplorazione e la scoperta;
— incoraggiare l'apprendimento collaborativo;
— promuovere la consapevolezza del proprio modo di apprendere;
— realizzare attività didattiche in forma di laboratorio.

Naturalmente, l'organizzazione degli spazi e dei tempi diventa elemento di qualità pedagogica dell'ambiente educativo e, pertanto, deve essere oggetto di esplicita progettazione e verifica in base al tipo di scuola.

2 L'organizzazione degli spazi di apprendimento

Nel nostro sistema scolastico, in genere, qualsiasi discorso sulla pedagogia tende a essere circoscritto a metodi e contenuti delle attività educative, mentre si sottovaluta l'importanza della **scuola** intesa come **spazio anche fisico** nel quale si svolge l'attività di insegnamento. In altri Paesi europei questo spazio è oggetto di ricerca e di progettazione: esistono architetti specializzati in *School Design*, cioè in un tipo di architettura centrata sulle esigenze degli studenti, che progetta spazi aperti con elementi facilmente spostabili e ricollocabili, adatti al lavoro in gruppi e alla costruzione collaborativa della conoscenza, nei quali si cerca di realizzare un'integrazione tra ambiente fisico e virtuale.

Tutte le pedagogie basate sulla centralità del discente, da Dewey a Freinet, da Maria Montessori a Don Milani, hanno visto nella disposizione classica di un'aula scolastica, con i banchi allineati di fronte alla cattedra, l'emblema di una *relazione educativa di tipo gerarchico*.

L'**aula tradizionale** trasmette l'idea di uno spazio pensato per dispensare nozioni dall'alto, attraverso una **lezione frontale** che prevede un atteggiamento innanzitutto di ascolto da parte degli studenti. Si tratta dunque di un *ambiente educativo centrato sulla figura del docente* e su un insegnamento in presenza, che si avvale dell'uso di uno o pochi media (nella maggior parte dei casi la LIM). In altri Paesi, invece, il rapporto tra l'aula (lo spazio fisico in cui si insegna e si apprende) e la classe (il gruppo di studenti) ha assunto da tempo una connotazione diversa.

Mentre in Italia in una stessa aula si alternano insegnanti di discipline diverse, con differenti esigenze, nei sistemi scolastici del Nord Europa e dell'area anglosassone (USA, Australia, Nuova Zelanda etc.), l'istruzione superiore si avvale di un'organizzazione molto diversa. Le aule non sono locali in cui una data classe di alunni prende posto stabilmente per l'intero anno scolastico, ma sono **aule disciplinari**, in cui un docente tiene differenti corsi della sua disciplina a differenti gruppi di studenti. La configurazione dell'ambiente, gli arredi e gli strumenti a disposizione, quindi, dipendono dalle metodologie, dalle esigenze e dalla didattica del docente che vi tiene lezione in pianta stabile.

In questi Paesi, nella progettazione di nuovi edifici scolastici, l'unità di base non è più considerata l'aula, ma la costruzione delle scuole parte da **ambienti di apprendimento polifunzionali**.

Anche in Italia ci sono state alcune esperienze significative in questo senso, come per esempio il **progetto «Scuole Senza Zaino»**, che ha coinvolto oltre 75 scuole, più di 6700 alunni e circa 650 insegnanti della scuola dell'infanzia, primaria e secondaria di primo grado. La novità di tale esperimento è il superamento dell'aula tradizionale. Al posto della cattedra e dei classici banchi, ci sono aree di lavoro con postazioni scomponibili e attrezzature per la matematica, le lingue, le arti, le scienze e le aree per attività di socializzazione e relax. Il rinnovamento in questa direzione prevede che anche arredi e attrezzature siano funzionali a metodologie interattive e collaborative tra gli studenti e gli insegnanti.

2.1 Verso la classe 2.0

Parlare di *School Design* a proposito della scuola italiana può sembrare utopico, considerando che gran parte degli edifici scolastici del nostro Paese soffrono di una insufficiente manutenzione e talvolta di seri problemi strutturali. Eppure, come abbiamo visto, lo spazio nel quale si svolge la didattica non è mai un aspetto irrilevante del processo di insegnamento/apprendimento, per quanto sia difficile pensare a una scuola dotata di moderne tecnologie multimediali ospitata in edifici scolastici cadenti e fuori norma.

Le recenti riforme del sistema scolastico portano in primo piano l'ambiente di apprendimento e la necessità di adeguarlo alle nuove prospettive della didattica, come per esempio l'**azione Cl@ssi 2.0**. Il progetto, realizzato con il supporto dell'A.N.S.A.S. e di una rete di Università associate, ha sperimentato un utilizzo costante e diffuso delle tecnologie a supporto della didattica quotidiana con l'obiettivo di guidare i giovani all'uso consapevole degli strumenti e dei linguaggi digitali. L'azione Cl@ssi 2.0 ha preso avvio nell'anno scolastico 2009/2010 con 156 classi di scuola secondaria di primo grado.

Con la scuola 2.0 si passa a un **ambiente formativo tecnologico centrato sull'autonomia del discente e sulla cooperazione tra gli utenti** che ne usufruiscono.

Dalle esperienze vissute in questi anni in molte scuole, tuttavia, è emersa la considerazione che *non basta introdurre le nuove tecnologie per rinnovare la didattica*, ma è necessario ridefinire tutto il contesto di apprendimento compresa l'organizzazione dello spazio fisico. La semplice introduzione di una lavagna interattiva multimediale e l'uso di tablet non possono costituire la sola risposta all'esigenza di innovazione didattica. Anche l'aula come spazio fisico e architettonico deve essere strutturata adeguatamente perché sia possibile praticarvi una didattica *web based* e *digital based*, nella quale gli studenti abbiano non solo la possibilità di esplorare gli spazi e di usufruire dei dispositivi elettronici in essi contenuti, ma anche di interagire tra di loro, costruendo personali percorsi di apprendimento.

È innegabile che gli aspetti che più caratterizzano gli ambienti di apprendimento della società postindustriale siano la **multimedialità** e l'**interattività**. La prima ha completamente trasformato i rapporti degli utenti con lo spazio, il tempo, le conoscenze e, quindi, con le informazioni: il sapere può percorrere reti illimitate e raggiungere i discenti in qualsiasi luogo e in qualunque momento.

In tale contesto la funzione dell'insegnante non è più quella di trasmettitore di conoscenza, ma piuttosto di coordinatore degli alunni all'interno del processo di apprendimento, nel quale le informazioni vengono erogate, attraverso la digitalizzazione, in forme differenti alla semplice rappresentazione testuale.

3 L'ambiente di apprendimento nella storia della pedagogia

L'attenzione per lo spazio dell'apprendimento non è un tema nuovo nella storia della pedagogia. La tradizionale concezione educativa che considerava il docente l'unico protagonista dell'insegnamento e l'alunno un semplice recettore di nozioni cominciò a entrare in crisi già con le pedagogie positiviste. Nella società industriale la scuola, secondo i pensatori del **Positivismo**, doveva porre l'individuo in grado di pensare autonomamente e doveva esercitarne il senso critico, in modo da promuoverne la partecipazione alla vita sociale e civile al fine di contribuire allo sviluppo economico del Paese. Alla fine del XIX secolo risalgono anche i primi tentativi di introdurre nelle organizzazioni scolastiche il lavoro di gruppo e la cooperazione come metodologie didattiche.

L'alunno diventa così il protagonista del processo di insegnamento-apprendimento.

3.1 L'attivismo pedagogico e le esperienze delle scuole nuove

L'**attivismo pedagogico**, sorto alla fine del XIX secolo (→ Parte I, Cap. 2, par. 10), aveva già riconosciuto un ruolo fondamentale all'*ambiente* nei processi di insegnamento e apprendimento. Nella società attraversata da una rapida industrializzazione la scuola tradizionale non era più in grado di assecondare i nuovi bisogni dell'alfabetizzazione di massa, della specializzazione del lavoro e della crescita complessiva del sapere tecnico-scientifico. Si diffusero allora in Europa una serie di nuove proposte, scaturite da quello che viene definito comunemente **movimento delle «scuole nuove»**. Con le «*Scuole attive*» *di Dewey*, la classe diventa il luogo in cui il bambino esplica i propri interessi e il lavoro di gruppo diviene il mezzo attraverso il quale egli impara a compiere delle scelte, a realizzare progetti insieme ai compagni e a relazionarsi rispettando i diritti degli altri.

Le molteplici forme che l'attivismo pedagogico assunse ebbero un fondamentale punto di convergenza: la riscoperta dell'infanzia come età qualitativamente diversa rispetto alle altre fasi della vita di un individuo, dotata di caratteristiche specifiche e autonome verso le quali era necessario procedere avvalendosi delle nuove scoperte psicopedagogiche, al fine di far «ruotare» l'intero processo educativo sul bambino e, soprattutto, sui suoi bisogni. La centralità del bambino nel processo educativo portava a **valorizzare specifici aspetti formativi** come il lavoro manuale e le attività pratiche, viste come accessi «pragmatici» alla scoperta del mondo; la co-educazione dei sessi, importante per lo sviluppo delle capacità interattive e socializzanti degli studenti; l'**insegnante**, visto come esperto psico-pedagogista che tuttavia occupa una posizione **non centrale** rispetto alla didattica, ma si limita a svolgere **funzioni di sostegno** nei confronti di allievi impegnati in processi di sostanziale auto-educazione.

Le prime esperienze di scuole nuove assunsero caratteri diversi nei vari paesi d'Europa, pur partendo da ipotesi teoriche comuni.

In Inghilterra **Cecil Reddie** (1858-1932) cercò di fornire modelli di educazione alternativa alle classi sociali elevate. La sua *New School*, inaugurata nel 1889, era una scuola-convitto in cui veniva impartita una formazione integrale che prevedeva: un'interazione tra cultura umanistico-linguistica e competenza tecnico-scientifica; una forte attenzione agli aspetti etici, morali, comportamentali; una decisa incentivazione alle attività extra-curricolari; una didattica anti-nozionistica e basata su esperienze concrete.

Ispirato ai valori dell'umanesimo e della democrazia fu l'istituto fondato nel 1910 da **Paul Geheeb** (1870-1961), nel quale gli alunni erano divisi in gruppi di sei-otto membri che condividevano uno spazio comune (secondo il modello della co-educazione dei sessi) sotto la guida di un educatore: lo spirito che anima la loro esperienza educativa è, secondo un'ispirazione romantica (più precisamente, goethiana) di tipo dichiaratamente cosmopolita, priva di influssi nazionalistici e totalmente laica.

In Germania furono attuate numerose esperienze di didattica e pedagogia innovative, ispirate a ideologie comunitarie e spontaneistiche, tra cui la cosiddetta «*Scuola del lavoro*» fondata da **Robert Seidl** (1850-1933), il quale teorizzò la centralità della capacità formativa del lavoro per una didattica innovativa. Punto di partenza teorico di Seidl era la convinzione che la moderna società industriale avrebbe progressivamente estinto quelle funzioni di istruzione e di educazione tradizionalmente esercitate dalle vecchie strutture di potere: secondo Seidl il lavoro non possedeva più le caratteristiche di sintesi tra apprendistato professionale e dimensione teorica. Una pedagogia alternativa dovrebbe dunque far centro sulle funzioni intrinsecamente «formative» dell'attività lavorativa.

Nello stesso orizzonte teorico si mosse **Georg Kerschensteiner** (1854-1931) che, in una celebre opera pubblicata nel 1912, *Il concetto della scuola del lavoro*, propose una riforma della scuola orientata su una diversa strutturazione dei piani didattici: anche per lui l'educazione al **lavoro** dovrebbe possedere un carattere «liberatorio» dalla schiavitù della materia in quanto il lavoro:

— viene considerato una forma essenziale dello sviluppo umano e culturale;
— non possiede solo valori pratico-manuali, ma anche profondamente etici;
— definisce il senso della collaborazione tra gli individui;
— deve essere da un lato produttivo, dall'altro deve essere in grado di generare fenomeni di integrazione tra singolo e comunità sociale;
— non può essere un'attività spontanea, ma deve configurasi secondo modelli di utilità ed efficacia.

Un'attenzione all'ambiente di apprendimento si ritrova nel *Piccolo piano di Jena*, del 1924, di **Peter Petersen** (1884-1952), nel quale si sottolinea l'importanza di spazi e strumenti specificamente rivolti all'apprendimento teorico e pratico, alle attività ludiche, alle dimensioni estetiche.

La scuola di Jena offriva corsi teorici misti ad attività manuali ed espressive; classi aperte; selezione non rigida; gruppi di livello (costituiti da allievi omogenei per competenze e capacità); sistema del tutorato; gruppi di recupero; co-educazione tra i sessi (classico principio delle scuole attive); liberi circoli a scopo socializzante; valutazione della maturazione personale e non delle prove obiettive. In questo modo si tendeva a delineare un corso di studi unitario finalizzato ad erogare **modelli di formazione integrale** attraverso un lavoro di programmazione teso a conciliare le esigenze della cultura umanistica con quelle della cultura tecnico-scientifica.

3.2 La scuola montessoriana a misura di bambino

In Italia il tema dell'ambiente di apprendimento trova spazio per la prima volta nella pedagogia di **Maria Montessori** (1870-1952), una delle prime donne medico italiane a occuparsi concretamente di problemi didattici, cognitivi, educativi e scolastici.

Secondo il metodo Montessori l'intervento pedagogico deve essere modificato e migliorato attraverso l'uso di metodi e mezzi ricavati dalla sperimentazione condotta sui bambini in condizioni di vita reale. I bambini hanno diritto a essere studiati, nel senso di comprendere veramente quali siano i **meccanismi di apprendimento** e **socializzazione** che li caratterizzano, esplorandone i processi di maturazione della personalità fin dai primi anni di vita.

Uno degli elementi più trascurati della psiche dei bambini, secondo la Montessori, è la specificità della loro «energia»: proprio la repressione di tale impulso originario è all'origine di comportamenti difettivi come ad esempio l'iperattività. Si tratta di un'ipotesi non lontana da quella freudiana sullo sviluppo «censorio» del Super-Io: sull'infanzia sembrano infatti ricadere drammaticamente le insensibilità degli adulti. Si rende pertanto necessario un radicale mutamento di prospettiva: occorre, letteralmente, costruire le condizioni per un *mondo «a misura di bambino»*.

Per arrivare a ciò, vanno utilizzate in maniera concreta e non soltanto teorico-speculativa le conoscenze sperimentali sulle diverse fasi dello sviluppo psichico e cognitivo dei bambini. Il punto-chiave iniziale sarà pertanto l'allestimento di *un ambiente totalmente innovativo*: ciò che la Montessori chiamò «**casa dei bambini**», una struttura dotata di autonomia istituzionale ed educativo-pedagogica, una sorta di micro-istituzione sociale infantile.

Nella «casa dei bambini» gli **spazi** sono organizzati e definiti secondo le esigenze di crescita dei piccoli. Tali spazi sono:

— privi del tradizionale arredamento scolastico;

- **collocati** nel **tessuto urbano**, evitando sia l'isolamento sia la convivenza con i grandi agglomerati metropolitani;
- le classi sono in numero **ridotto** e site in locali di dimensioni non troppo ampi;
- le **suppellettili** sono fabbricate rispettando le dimensioni fisiche e le potenzialità senso-motorie dei bambini;
- gli **spazi esterni** prevedono la presenza indispensabile del **giardino**;
- l'aula diventa un laboratorio con materiali (sedie, tavoli, scaffali, armadi etc.) a portata di mano dei bambini e di diretto utilizzo. Fondamentale è l'**abolizione del banco**, visto come strumento di limitazione e di imposizione;
- cambia il senso e il ruolo dell'insegnante: non più presunta guida spirituale, etica, cognitiva ma **direttrice** e **coordinatrice** delle attività dei bambini.

3.3 Un ambiente finalizzato non artificioso

Allestire un ambiente di apprendimento significa tenere sotto controllo vari aspetti, alcuni dei quali vanno concordati con gli alunni in modo da renderli effettivamente partecipi della gestione e responsabili:
- sistemazione funzionale dell'aula;
- tempi;
- attori che agiscono al suo interno e relazioni che determinano il clima relazionale e operativo;
- aspettative;
- attività;
- strumenti e materiali oggetto di osservazione, lettura, argomentazione, manipolazione.

A partire dagli anni Settanta, l'ambiente fisico, gli spazi e gli arredi sono stati al centro della ricerca di **Loris Malaguzzi** (1920-1994), condotta nelle scuole dell'infanzia di Reggio Emilia. Al progetto di Malaguzzi si sono ispirate scuole di tutto il mondo. Questo tipo di approccio si fonda sull'importanza dell'ambiente educativo, sulla partecipazione delle famiglie, l'introduzione della figura dell'*atelierista*, un «insegnante» con competenze di natura artistica, che ha il compito di stimolare nel bambino i linguaggi espressivi e la creatività.

Nelle indicazioni che caratterizzano gli ordinamenti e i programmi della scuola dell'infanzia e della scuola primaria negli anni Novanta spazi, ambienti, arredi, materiali rappresentano il luogo di vita in cui le esperienze si svolgono e acquistano significato, sono il luogo di incontro del bambino con le persone, gli oggetti, rappresentano l'ambiente in cui matura la consapevolezza che esiste «il sé e l'altro» e in cui si gettano le basi della convivenza civile.

L'**organizzazione modulare** (la sezione, la zona, l'angolo, il laboratorio) va attentamente studiata secondo le necessità e allestita anche con la partecipazione dei bambini perché consenta ai piccoli di giocare liberamente, di ricercare-sperimentare attraverso il fare con le mani, con il corpo, con i giochi.

L'organizzazione degli spazi definisce la **scuola come ambiente finalizzato non artificioso**. Lo spazio, infatti, si carica di risonanze e connotazioni soggettive attraverso precisi punti di riferimento, rappresentati da persone, oggetti e situazioni che offrono al bambino il senso della continuità, della flessibilità e della coerenza. Non appaiono quindi opportune né una continua destrutturazione né la ripetizione di tipologie standardizzate: la scuola, infatti, diviene educativamente vissuta quando spazi e arredi non vengono lasciati alla casualità e all'improvvisazione, ma sono predisposti al fine di facilitare l'incontro di ogni bambino con le persone, gli oggetti e l'ambiente.

Il tempo scolastico assume una esplicita valenza pedagogica in ragione delle esigenze di relazione di apprendimento dei bambini e deve porsi in un corretto equilibrio con le regole istituzionali che disciplinano i periodi di apertura del servizio.

Il ritmo della giornata va determinato in modo da **salvaguardare il benessere** psicofisico e da tenere nel massimo conto la percezione individuale del tempo e le sue componenti emotive, con particolare riguardo per quei bambini che possono trovarsi a disagio con le scansioni temporali proposte dalla scuola ed essere soggetti più degli altri a fenomeni di affaticamento.

Il **tempo** costituisce una **risorsa fondamentale** per lo sviluppo del curricolo, per cui il suo impiego ottimale eviterà il più possibile le ripartizioni innaturalmente rigide per consentire una distribuzione ordinatamente varia delle opportunità educative nella giornata scolastica.

Le attività libere e strutturate, le esperienze socializzate e quelle individuali, i momenti di accoglienza e le attività ricorrenti esigono un'attenta considerazione dei tempi necessari per realizzare un sereno alternarsi di proposte che richiedono una diversa intensità di impegno. Una corretta concertazione dei tempi consentirà di sviluppare **significative esperienze di apprendimento** e di acquisire e far proprie alcune **regole**.

4 La scuola della metacognizione

Il **cognitivismo** si oppone, come visto, all'idea di apprendimento inteso come semplice ricezione e memorizzazione di stimoli e lo considera una elaborazione dell'informazione basata su attività cognitive complesse: comprendere, ricordare, ragionare, risolvere problemi.

Una delle parole-chiave del cognitivismo è **metacognizione**. Per «metacognizione» s'intende l'insieme delle conoscenze che l'individuo possiede in riferimento al funzionamento della mente ma anche ai processi di controllo che sovrintendono alle attività cognitive durante la loro esecuzione. L'aspetto basilare risulta così essere la *consapevolezza*: attraverso una maggiore conoscenza di se stessi, delle strategie cui si ricorre quando si affronta un problema, dei propri punti di forza o, al contrario, di debolezza, si impara ad adeguarsi alle varie situazioni.

DIDATTICA LUDICA E INSEGNAMENTO INDIVIDUALIZZATO

La **didattica ludica**, la didattica basata sul *gioco*, è quasi sempre associata alla scuola dell'infanzia e primaria, ma può essere applicata efficacemente anche nella scuola superiore di primo e secondo grado. Qui di seguito riportiamo un brano significativo di Maria Secchi Famiglietti, ricco di spunti utili per una didattica fondata sul gioco.

«Chi lavora nella scuola, spesso si trova a dover ascoltare o a prendere parte a ragionamenti che svelano le due correnti di pensiero presenti nel processo educativo: da un lato la scuola dell'ascolto, che vede il gioco come elemento di svago, di disturbo e di perdita di tempo; dall'altro, la scuola del cognitivismo, che vede l'organizzazione didattica come struttura aperta e flessibile, dove il gioco diventa elemento conduttore costante della sistemazione del sapere e della costruzione consapevole della conoscenza, in grado di esaltare le capacità logiche sia di tipo operativo, sia di tipo ipotetico-inferenziale.

"Per introdurre il gioco ci vorrebbe tanto tempo". "Agli alunni piace più giocare che studiare, se dovessimo introdurre il gioco nella nostra didattica i ragazzi non studierebbero più!". "Per il ragazzo il gioco è un modo per realizzarsi, il gioco gli permette di prendere consapevolezza delle proprie capacità e dei propri limiti". "I ragazzi attraverso il gioco simulano situazioni reali e spesso nuove per loro, sviluppano il pensiero divergente creativo, devono prendere decisioni, devono organizzare tattiche, ipotizzando delle soluzioni".

Queste, insieme ad altre, le frasi ricorrenti nelle sale dei professori con l'oscillazione continua tra le due correnti di pensiero su cui di seguito riflettiamo.

Su cosa si basava la scuola dell'ascolto? Ciascuno di noi, rivisitando la propria esperienza, può dare una risposta: essa si prefiggeva di veicolare una visione del mondo consolidata, e ciò attraverso saperi codificati, che il docente impartiva mediante la lezione e la spiegazione, sulla base di una lista di contenuti ordinati e crescenti racchiusi in un programma.

L'alunno doveva, nei tempi stabiliti dall'insegnante, ascoltare, memorizzare lo studio a casa dei libri di testo e dimostrare poi la sua preparazione nel corso delle interrogazioni e dei compiti in classe. La valutazione verteva sulla quantità delle nozioni ritenute e sulle qualità espositive di esse. In questa visione il gioco non trovava spazio nella scuola, se non come svago dallo studio. E tutto questo perché l'educazione si fondava sulla psicologia comportamentale.

Di contro, la ricerca pedagogica derivata dalla psicologia cognitivista, individua l'apprendimento nella **presa di coscienza** da parte del soggetto degli **strumenti** e dei **processi logici** attraverso i quali si giunge alla modifica del comportamento. Proprio in questo consiste il processo formativo:

— nel saper operare per problemi (*problem solving*);
— nel saper affrontare la sequenza dei singoli sotto-problemi individuandone il criterio ordinatore a partire da quello prioritario sotto il profilo logico (*problem posing*);
— nel saper analizzare e schiumare i dati superflui di un problema, al fine di porli in relazione mediante strumenti logici.

Questi strumenti — libri di testo, fonti documentarie, materiali visivi, audiovisivi etc, — rappresentano e formalizzano operazioni mentali ben distinte: il grafo ad albero, ad esempio, è lo strumento fondamentale per sviluppare in modo cosciente le capacità di analisi di oggetti, contesti, sistemi dislocati nello spazio; il diagramma di flusso con blocchi decisionali e i grafi orientati sono, invece, essenziali per organizzare l'analisi di procedure temporali; le tabelle a doppia e tripla entrata risultano utilissime per sviluppare le capacità di relazione e di sintesi. Tutto questo porta alla maturazione di un abito mentale di tipo scientifico.

Ciò comporta che gli strumenti logici, fondamentali per accedere ai dati e sistemarli, determinano modelli che permettono l'organizzazione di conoscenze. Quando questi modelli "girano", diventano veri e propri programmi logico-mentali capaci di alimentare forme di pensiero aperto divergente e produttivo.

In questa diversa visione della scuola, che dà credito al pensiero creativo, il gioco trova il suo terreno fertile, perché è proprio attraverso dinamiche didattiche di tipo ludico che il giovane impara ad apprendere.

A questo punto, dopo aver accennato ai grandi rivolgimenti metodologici e culturali che hanno profondamente trasformato gli obiettivi dell'educazione e segnato il tramonto dell'era del comportamentismo e l'affermarsi della scuola formativa di impronta cognitivista, possiamo ben comprendere come sia stata proprio la rivoluzione del cognitivismo ad imporre nuove dinamiche e nuovi rapporti tra insegnante e alunno, per cui l'autoritarismo e il paternalismo lasciano il posto alla funzione di coordinamento di un docente che sia capace di **mettere i ragazzi in condizioni di apprendere**.

Questo nuovo rapporto ha il suo fulcro in una socializzazione, che potremmo definire cognitivo-ludica, basata su tre momenti distinti ma compresenti:

— l'educazione al confronto delle idee;
— l'insegnamento individualizzato all'interno delle dinamiche di gruppo;
— la conoscenza di sé da parte degli alunni, nella presa di coscienza delle proprie possibilità.

In tutto questo nuovo riassetto relazionale–metodologico, il gioco, all'interno della scuola del cognitivismo, costituisce momento forte di apprendimento, di rinforzo, di partecipazione attiva alla costruzione consapevole della conoscenza»*.

---

*M. Secchi Famiglietti, *Didattica ludica e insegnamento individualizzato*, in L. D'Urso Ligresti, D. Guadalaxara, *Giocare per apprendere. Le metodologie didattiche fondate sul gioco per realizzare «lezioni simulate» efficaci*, Edizioni Simone, Napoli, 2016.

Nell'**ambiente di apprendimento di impronta cognitivista**, in cui il docente abbandona ogni atteggiamento autoritario e assume la funzione di guida e di coordinatore, il **lavoro di gruppo** è una delle formule privilegiate della didattica, in quanto consente di attivare l'insegnamento individualizzato all'interno delle dinamiche di gruppo.

Nella scuola italiana la L. 517/1977 sancisce l'efficacia di tale metodologia, riconoscendone la validità per raggiungere obiettivi educativi di tipo cognitivo e interpersonale. Gli studenti, infatti, sono stimolati a produrre un pensiero di ordine più elevato, imparano a formulare ipotesi e a prendere decisioni; migliorano la padronanza linguistica e le relazioni interpersonali. La maggior parte degli alunni migliora il proprio apprendimento dopo l'esperienza del lavoro di gruppo, anche se, inizialmente, alcuni manifestano riserve verso questo tipo di approccio, in quanto non abituati a lavorare insieme. Questo avviene in particolare con i bambini anticipatari o con quelli con bisogni educativi speciali.

In questi casi una tecnica fra le più adeguate per creare un ambiente di apprendimento favorevole è quella definita «**educazione peer to peer**», vale a dire l'apprendimento fra pari. Gli alunni più grandi e/o più competenti assumono il ruolo di facilitatori con quelli più piccoli e/o meno competenti in modo da accompagnarli nell'apprendimento di conoscenze e abilità cognitive e sociali.

Un'altra modalità che può favorire la creazione di un clima positivo all'interno di una classe è il *role playing* (o gioco di ruolo) che consiste nel simulare, per quanto possibile, una situazione reale, allo scopo di farla conoscere ai partecipanti, attraverso l'esperienza pratica. Questa tecnica, che rientra nella cosiddetta *didattica ludica*, si rivela un metodo di animazione pedagogica per vivacizzare qualsiasi tipo di apprendimento. Ogni partecipante assume un ruolo all'interno della simulazione, identificandosi creativamente in un personaggio o in un concetto, e attivando anche la memoria motoria e affettiva.

Nel role playing, il docente diventa il regista della drammatizzazione e l'animatore di un nuovo tipo di apprendimento, che costituisce un'occasione per dare spazio all'intelligenza emotiva e alla creatività di tutti.

5 Gli ambienti di apprendimento nel I e nel II ciclo

Sin dalla scuola dell'infanzia, l'organizzazione degli **spazi** e dei **tempi** costituisce un elemento fondamentale per la buona riuscita dell'azione pedagogica.

In particolare, secondo le *Indicazioni nazionali per il curricolo della scuola dell'infanzia e del primo ciclo del 2012*:
— lo *spazio* dovrà essere accogliente, caldo, ben curato, orientato dal gusto estetico, espressione della pedagogia e delle scelte educative di ciascuna scuola. Lo spazio parla dei bambini, del loro valore, dei loro bisogni di gioco, di movimento, di espressione, di intimità e di socialità, attraverso l'ambientazione fisica, la scelta di arredamenti e oggetti volti a creare un luogo funzionale e invitante;
— il *tempo* disteso consente al bambino di vivere con serenità la propria giornata, di giocare, esplorare, parlare, capire, sentirsi padrone di sé e delle attività che sperimenta e nelle quali si esercita.

Nel primo e nel secondo ciclo scolastico, l'ambiente di apprendimento (così come delineato dalle *Linee guida*) impone la realizzazione di un contesto idoneo a promuovere apprendimenti significativi e a garantire il **successo formativo** di tutti gli alunni.

L'acquisizione dei saperi richiede un uso flessibile degli spazi, a partire dalla stessa aula scolastica, ma anche la disponibilità di luoghi attrezzati che facilitino approcci operativi alla conoscenza per le scienze, la tecnologia, le lingue comunitarie, la produzione musicale, il teatro, le attività pittoriche, la motricità. Così come previsto dalla legge 107/2015, il potenziamento delle competenze relative alle aree linguistica, musicale, artistica, giuridico-finanziaria richiede spazi e contesti adeguati, nonché il supporto di **strumenti digitali** e **attività laboratoriali**.

Particolare importanza assume la **biblioteca scolastica**, anche in una *prospettiva multimediale*, da intendersi come luogo privilegiato per la lettura e la scoperta di una pluralità di libri e di testi, che sostiene lo studio autonomo e l'apprendimento continuo; un luogo pubblico, fra scuola e territorio, che favorisce la partecipazione delle famiglie, agevola i percorsi di integrazione, crea ponti tra lingue, linguaggi, religioni e culture.

L'**aula di tipo tradizionale**, dotata di cattedra, lavagna di ardesia e banchi disposti in fila finalizzata alla *lezione frontale*, viene superata a favore di setting e di arredi d'aula innovativi.

In questa nuova visione degli ambienti di apprendimento, *il Piano Nazionale per la Scuola Digitale* (→ par. 8) prevede **ambienti per la didattica digitale** integrata, nell'ottica di investire su una visione sostenibile di scuola digitale, che non si limiti a posizionare tecnologie al centro degli spazi, ma che invece abiliti i nuovi paradigmi educativi che, insieme alle tecnologie, docenti e studenti possono sviluppare e praticare. La Buona Scuola ha sancito la necessità di riportare al centro la **didattica laboratoriale**, come punto d'incontro essenziale tra sapere e saper fare.

Al centro di questa visione è l'innovazione degli ambienti di apprendimento, che prevede:

— **aule *aumentate*** dalla tecnologia per una visione «leggera» ed economicamente sostenibile di classe digitale. Si tratta di assicurare ad un maggior numero di aule tradizionali le dotazioni per la fruizione individuale e collettiva del web e di contenuti, per un'integrazione quotidiana del digitale nella didattica, per l'interazione di aggregazioni diverse in gruppi di apprendimento, in collegamento wired e wireless;
— **spazi alternativi per l'apprendimento**, ovvero luoghi attrezzati per consentire la rimodulazione continua degli spazi in coerenza con l'attività didattica prescelta; adatti ad accogliere attività diversificate, per più classi, o gruppi-classe (verticali, aperti, etc.), piccoli gruppi etc.; spazi che, date queste caratteristiche, possono essere finalizzati anche alla formazione-docenti interna alla scuola o sul territorio;

— **laboratori mobili**, vale a dire dispositivi e strumenti in carrelli e box da poter spostare in modo che siano fruibili per tutta la scuola (per varie discipline, esperienze laboratoriali, scientifiche, umanistiche, linguistiche, digitali e non), in grado di trasformare un'aula tradizionale in uno spazio multimediale che può accelerare l'interazione tra persone.

Nel 2013, inoltre, il MIUR ha adottato le *Linee guida* per la progettazione della edilizia scolastica volte a realizzare *scuole più sicure e spazi di apprendimento al passo con l'innovazione digitale e inclusiva*.

«Se la scuola cambia e si rinnova, allora devono cambiare anche gli edifici e gli spazi educativi, secondo nuovi criteri per la costruzione degli edifici scolastici e uno sguardo al futuro, ai nuovi spazi di apprendimento coerenti con le innovazioni determinate dalle tecnologie digitali e dalle evoluzioni della didattica. [...] Tra gli obiettivi di fondo, garantire edifici scolastici sicuri, sostenibili, accoglienti e adeguati alle più recenti concezioni della didattica, sostenute dal percorso di innovazione metodologica intrapreso grazie alla progressiva diffusione delle ICT nella pratica educativa.

Le *Linee guida* rinnovano i criteri per la progettazione dello spazio e delle dotazioni per la scuola del nuovo millennio. Per questo motivo, si discostano dallo stile prescrittivo delle precedenti, risalenti al 1975. La nuova impostazione, infatti, è di tipo "prestazionale" e rende i criteri di progettazione più agevolmente adattabili alle esigenze didattiche e organizzative di una scuola in continuo mutamento. Vengono dunque riconfigurate le architetture interne, proponendo una concezione dello spazio differente da un modello di organizzazione della didattica rimasto ancorato alla centralità della lezione frontale.

Le Linee Guida 2013 propongono invece spazi modulari, facilmente configurabili e in grado di rispondere a contesti educativi sempre diversi, ambienti plastici e flessibili, funzionali ai sistemi di insegnamento e apprendimento più avanzati. Se infatti cambiano le metodologie della didattica, superando l'impostazione frontale, anche la realizzazione degli edifici scolastici dovrà rispondere a parametri e criteri architettonici e dell'organizzazione dello spazio del tutto nuovi».

Gran parte delle nostre strutture scolastiche sono costruite secondo modelli didattici del Novecento del secolo scorso, con molte aule tutte uguali e corridoi. Andrebbero quindi del tutto ristrutturate e ripensate per creare aree e zone integrate in cui svolgere attività diversificate. Spesso così la scuola si trova a dover inventarsi soluzioni di emergenza adattando gli spazi inutilizzati (come i corridoi), alle nuove esigenze didattiche.

6 Il laboratorio

Il termine **laboratorio** indica uno spazio attrezzato per il lavoro, per attività a scopo di ricerca ovvero di rielaborazione/reinvenzione delle conoscenze. In pedagogia, il laboratorio si connota come luogo di attività monodisciplinare: laboratorio linguistico, musicale, matematico etc., oppure pluridisciplinare o di servizio: laboratorio antropologico, fotografico etc.

Nella scuola il laboratorio, come struttura di supporto all'aula, presenta notevoli vantaggi didattico/formativi in quanto luogo pedagogico dove è più facile risvegliare negli allievi la *motivazione* alla ricerca, il bisogno di comunicare, esplorare, costruire, dare libertà alla creatività, alla fantasia, al «fai da te». Con l'uso del laboratorio il sapere cessa di essere centralizzato e diffusivo per assumere la connotazione di un reticolo di modelli mediante i quali la cultura si costruisce rielaborandola e producendola.

Le metodologie educano, inoltre, all'uso di modelli di **simulazione e di linguaggi specifici**, strumenti essenziali per far acquisire agli studenti i risultati di apprendimento attesi a conclusione del quinquennio. Tali metodologie richiedono un sistematico ricorso alla **didattica di laboratorio**, in modo rispondente agli obiettivi, ai contenuti dell'apprendimento e alle esigenze degli studenti, per consentire loro di cogliere concretamente l'interdipendenza tra scienza, tecnologia e dimensione operativa della conoscenza.

La didattica laboratoriale, che trova la sua matrice teorica nel pensiero di Dewey e Kilpatrick, si è sviluppata in Italia verso gli anni '60. Si tratta, come visto, di una metodologia che si basa sull'*apprendimento per scoperta*, che incoraggia la sperimentazione, la progettualità e la curiosità degli allievi.

La didattica laboratoriale (che si inserisce nell'ambito delle tecniche operative del *learning by doing*) richiede tempi più lunghi rispetto a quelli di una lezione frontale: nel laboratorio i tempi sono scanditi dai ritmi di apprendimento degli alunni e quindi possono allungarsi imprevedibilmente.

Ricordiamo che la didattica laboratoriale (→ Parte II, Cap. 2, par. 3) non va confusa con la *didattica in laboratorio*; essa non ha necessariamente bisogno dell'ambiente «laboratorio» con le sue attrezzature e i suoi strumenti per le sperimentazioni, ma è una metodologia realizzabile ovunque gli studenti possano fare esperienze dirette, mettendo in pratica i concetti appresi con l'uso di vari materiali.

Numerosi sono i **vantaggi** della didattica laboratoriale:

— gli alunni sono posti dinanzi ad un problema reale;
— si tratta di un'attività di gruppo e quindi che favorisce l'apprendimento cooperativo;
— spinge alla progettazione del lavoro e alla sperimentazione, sviluppando una costruzione consapevole della conoscenza;
— può essere utilizzata in ogni ciclo di studi e per ogni disciplina.

6.1 Le attività di laboratorio nelle Linee guida

Come specificato nelle *Linee guida per gli istituti tecnici*, il **laboratorio** è concepito, nei nuovi ordinamenti dell'istruzione tecnica, non solo come il **luogo** nel quale gli studenti mettono in pratica quanto hanno appreso a livello teorico attraverso la sperimentazione di protocolli standardizzati, tipici delle discipline scientifiche, ma soprattutto come una **metodologia didattica innovativa**, che coinvolge tutte le discipline, in quanto facilita la personalizzazione del processo di insegnamento/apprendimento che consente agli studenti di **acquisire il «sapere» attraverso il «fare»**, dando forza all'idea che la scuola è il posto in cui si «impara ad imparare» per tutta la vita. Tutte le discipline possono, quindi, giovarsi di momenti laboratoriali, in quanto tutte le aule possono diventare laboratori.

Il lavoro in laboratorio e le attività ad esso connesse sono particolarmente importanti perché consentono di attivare processi didattici in cui gli allievi diventano protagonisti e superano l'atteggiamento di passività e di estraneità che caratterizza spesso il loro atteggiamento di fronte alle lezioni frontali.

«L'attività di laboratorio, condotta con un approccio operativo ai processi tecnologici, può coniugare l'attitudine degli studenti alla **concretezza** e all'**azione** con la necessità di far acquisire loro i quadri concettuali che sono indispensabili per l'interpretazione della realtà e la sua trasformazione. La didattica di laboratorio **facilita l'apprendimento dello studente** in quanto lo coinvolge anche dal punto di vista fisico ed emotivo nella relazione diretta e gratificante con i compagni e con il docente.

I docenti, utilizzando il laboratorio, hanno la possibilità di guidare l'azione didattica per «situazioni-problema» e strumenti per orientare e negoziare il progetto formativo individuale con gli studenti, che consente loro di acquisire consapevolezza dei propri punti di forza e debolezza».

Il laboratorio, quindi, rappresenta la **modalità trasversale** che può caratterizzare tutta la didattica disciplinare e interdisciplinare per promuovere nello studente una preparazione completa e capace di continuo rinnovamento.

Ancora nelle Linee guida si legge: «nell'attività di laboratorio sono varie le attività che si possono esplicare sul piano didattico.

Oltre all'utilizzo delle diverse strumentazioni, delle potenzialità offerte dall'informatica e della telematica, si può far ricorso alle **simulazioni**, alla **creazione di oggetti complessi** che richiedono l'apporto sia di più studenti sia di diverse discipline. In questo caso, l'attività di laboratorio si intreccia con l'attività di progetto e diventa un'occasione particolarmente significativa per aiutare lo studente a misurarsi con la realtà. Tirocini, stage ed esperienze condotte con la metodologia dell'«**impresa formativa simulata**» sono strumenti molto importanti per far acquisire allo studente competenze molto utili per l'orientamento e per l'occupabilità.

Metodologie didattiche basate sul costante utilizzo delle tecnologie aiutano i docenti a realizzare interventi formativi centrati sull'esperienza, che consentono allo studente di apprendere soprattutto tramite la verifica della validità delle conoscenze acquisite in un ambiente interattivo di «apprendimento per scoperta» o di «apprendimento programmato», che simuli contesti reali. I docenti possono avvalersi della simulazione in svariati modi: per realizzare giochi didattici, esperimenti di laboratorio, per lo studio di fenomeni, esercitazioni, rinforzo, verifiche di apprendimento.

È importante, comunque, che i docenti, nel tener conto delle diverse intelligenze degli studenti e delle loro attitudini e motivazioni, scelgano le simulazioni in modo da integrarle con altre metodologie e strumenti didattici».

7 Ambienti di apprendimento e nuove tecnologie

Come abbiamo già visto, le nuove tecnologie hanno definito un codice di comunicazione completamente diverso da quello ancora utilizzato nelle classi «tradizionali».

Tra i vari strumenti che le nuove tecnologie mettono a disposizione dei docenti in questo senso vi è sicuramente la lavagna digitale, che offre un'ampia gamma di possibilità al docente per creare un ambiente di apprendimento che si basa su un **approccio didattico multicanale**, in grado di catturare, come una rete, i **differenti stili cognitivi** e **i bisogni educativi differenziati** degli studenti. Servendosi di testi, file audio, supporti iconografici, mappe, il docente può offrire alla sua classe un attraente insieme *plurisensoriale* di informazioni, tale da costituire materiale **significativo** per lo studente e, di conseguenza, di facile apprendimento e memorizzazione.

Un altro strumento molto utile e diffuso negli ultimissimi anni è quello delle LMS (*Learning Management System*), ovvero le piattaforme e-learning che consentono ai docenti di creare classi virtuali. Questi **ambienti di apprendimento virtuali** permettono agli studenti di avere un luogo in cui comunicare in maniera del tutto nuova e stimolante. Così come un ruolo del tutto nuovo ed inesplorato possono conseguirlo, come visto, anche i social.

8 La scuola digitale

Con la dizione «**scuola digitale**» si fa riferimento all'insieme di interventi — che coinvolgono tutti gli attori del sistema scolastico — atti a **potenziare la qualità dell'insegnamento** attraverso la diffusione e lo sviluppo di competenze informatiche e la loro applicazione alle strategie educative.

Le **finalità** insite nell'uso delle tecnologie informatiche nella scuola sono:
— favorire la padronanza della multimedialità intesa come capacità di utilizzare i diversi strumenti che le nuove tecnologie mettono a disposizione, riallineando la scuola alla realtà quotidiana ove tali strumenti sono già diffusi;

— incoraggiare l'adozione di nuovi stili cognitivi in ambienti di apprendimento più stimolanti che possano far crescere i risultati individuali e di gruppo;
— sostenere la creazione di un «apprendimento di rete» globale, che superi la frammentazione degli apprendimenti e le differenze in termini di risultati livellandoli verso l'alto.

È possibile suddividere gli interventi atti a raggiungere tali finalità in quattro categorie:
— **interventi strutturali sulla scuola**, come dotazioni di LIM nelle classi, creazione di aree laboratoriali multimediali, diffusione della connettività Wi-Fi negli edifici scolastici;
— **interventi sugli alunni**, come introduzione della disciplina informatica in tutti gli ordini di scuola, ampliamento del quadro-orario ove già prevista, sviluppo di progetti extracurriculari in tal senso (come l'ECDL), approccio «digitale» alla didattica delle discipline, introduzione del tablet come strumento di studio, interventi sull'editoria digitale (libro di testo misto o interamente elettronico etc.);
— **interventi sui docenti** come attività di formazione riservata (cd. *piano di aggiornamento professionale*) agli insegnanti e in generale a tutto il personale scolastico per un uso più consapevole delle dotazioni digitali messe loro a disposizione.
— **interventi sulle famiglie**: diffusione del registro elettronico, pagelle online, iscrizioni online.

La necessità di una adeguata **diffusione delle tecnologie digitali** nella scuola ha la sua origine nella già citata «Raccomandazione U.E. 18 dicembre 2006, che detta le cd. **competenze-chiave dello studente europeo** e che inserisce, appunto, le competenze digitali, fra le otto competenze necessarie.

Ai sensi della Raccomandazione U.E.: «la competenza digitale consiste nel sapere utilizzare con dimestichezza e spirito critico le tecnologie della società dell'informazione per il lavoro, il tempo libero, la comunicazione», specificando poi, che da un punto di vista strettamente pratico ciò significa usare adeguatamente i mezzi informatici per *reperire, valutare, conservare, produrre, presentare e scambiare informazioni,* anche attraverso un uso consapevole di Internet.

La **Raccomandazione UE del 2018 sulle competenze chiave** ha enfatizzato ancora di più il ruolo della competenza digitale quale competenza di base, che ora, come abbiamo visto, comprende: «l'alfabetizzazione informatica e digitale, la comunicazione e la collaborazione, l'alfabetizzazione mediatica, la creazione di contenuti digitali (inclusa la *programmazione*), la sicurezza (compreso l'essere a proprio agio nel mondo digitale e il possesso di competenze relative alla cibersicurezza), le questioni legate alla proprietà intellettuale, la risoluzione di problemi e il pensiero critico».

LA DIGITALIZZAZIONE DELLA SCUOLA ITALIANA

In Italia è possibile ricondurre il processo di digitalizzazione delle scuola ai due **Piani nazionali 2008 e 2015 (PNSD)**: si tratta di *documenti di indirizzo*, dunque non vincolanti normativamente, ma che manifestano l'orientamento del Governo sul tema e che necessitano pertanto poi di singoli provvedimenti di attuazione. Sono stati elaborati dal Ministero dell'Istruzione e finalizzati «alla definizione della strategia complessiva di innovazione della scuola italiana e per un nuovo posizionamento del suo sistema educativo nell'era digitale».

Il **Piano Nazionale della Scuola Digitale del 2008** è il documento che ha dato avvio al processo di digitalizzazione della scuola, attraverso i seguenti interventi:

— *Azione LIM*, per la diffusione capillare della Lavagna Interattiva Multimediale (LIM) nelle classi di tutte le scuole di ogni ordine e grado;
— *Azione Cl@ssi 2.0*, ovvero la sperimentazione su 416 classi di ogni ordine di una azione più incisiva che vada oltre l'uso della LIM (uso del tablet in classe, libri solo digitali). Le classi così individuate operano all'interno di contesti scolastici «tradizionali» al fine di verificare, nell'ambito di un medesimo tessuto socio-culturale, la differenza in termini di risultati di apprendimento della sperimentazione. Quattordici istituti scolastici sono stati poi coinvolti in un progetto ancora più avanzato di totale digitalizzazione (*Azione Scuol@ 2.0*);
— *Azione Editoria digitale scolastica*, finalizzato alla diffusione del libro digitale o misto (cartaceo + espansioni digitali);
— *Azione Wi-fi*, per lo sviluppo della connettività wireless nelle scuole;
— *Azione Poli formativi* con l'individuazione di istituzioni scolastiche (cd. Poli formativi) che, essendo più avanti nel processo di digitalizzazione, sono state incaricate dell'organizzazione e la gestione di corsi di formazione sul digitale rivolti ai docenti. In tal senso va ricordato anche il Regolamento ministeriale 15 febbraio 2011 che ha ulteriormente specificato l'obbligo di formazione dei docenti nell'ambito delle tecnologie multimediali.

Il **Piano nazionale per la scuola digitale 2015** nasce, invece, nell'ambito del più ampio progetto di riforma attuato dalla L. 107/2015 e mira, attraverso l'analisi dei risultati raggiunti dal Piano 2008, a rafforzare il potenziamento della diffusione degli strumenti tecnologici e laboratoriali nella scuola e a perfezionare lo sviluppo delle competenze digitali di tutti gli attori coinvolti (studenti, insegnanti etc.).

Il Piano 2015 è organizzato in **quattro** passaggi fondamentali: **strumenti, competenze e contenuti, formazione, accompagnamento**. Per ognuno di essi sono stati individuati **obiettivi e azioni**.

Come specificato nel PNSD 2015, portare la scuola nell'era digitale non è solo una sfida tecnologica. È una sfida organizzativa, culturale, pedagogica, sociale e generazionale. Le scuole devono, dunque, essere sostenute in un numero di passaggi sempre crescente, che vanno dall'acquisto di dotazioni tecnologiche alla loro configurazione, dalla predisposizione di spazi più accoglienti e aperti all'innovazione, fino alla creazione di politiche organizzative in grado di recepire le esigenze di innovazione del curricolo, dell'orario scolastico e del territorio.

Capitolo 2 Gli ambienti di apprendimento ■ 415

In sintesi

- **Ambiente di apprendimento**: è un concetto che ha un'accezione ampia: può essere inteso sia come *luogo fisico o virtuale*, sia come *spazio mentale, culturale, organizzativo ed emotivo*. È costituito da un insieme di elementi il cui equilibrio dipende soprattutto dal docente e dal suo approccio alla didattica, in quanto l'organizzazione degli spazi e dei tempi di apprendimento è determinante per la qualità pedagogica dell'ambiente educativo.
- **Organizzazione dell'aula**: l'aula tradizionale si basa su un modello didattico strutturato sulla *lezione frontale* che prevede un atteggiamento di ascolto da parte degli studenti. È un ambiente educativo centrato sulla figura del docente e su un insegnamento in presenza e non basta introdurre una LIM o altre nuove tecnologie, per renderla innovativa. Nella *classe 2.0*, invece, le aule (spesso disciplinari) sono progettate come ambienti formativi altamente tecnologici centrati sull'autonomia e sulla cooperazione tra gli allievi.
- **Ambiente di apprendimento di impronta cognitivista**: il cognitivismo si oppone all'idea di apprendimento inteso come semplice ricezione e memorizzazione di stimoli, che diventa un'elaborazione dell'informazione basata su attività cognitive complesse. Il lavoro di gruppo è una delle formule privilegiate della didattica, così come tra le tecniche l'educazione peer to peer e il role playing.
- **Ambienti di apprendimento 2.0**: ambienti per la didattica digitale che passano attraverso aule aumentate, spazi alternativi attrezzati, laboratori mobili. Si avvalgono di strumenti come la LIM, le piattaforme e-learning etc.
- **Laboratorio**: spazio attrezzato per il lavoro e per attività a scopo di ricerca, si connota come luogo di attività monodisciplinare o pluridisciplinare in cui si acquisisce il sapere attraverso il fare. Il laboratorio come spazio fisico è solo uno dei luoghi in cui può svolgersi la didattica laboratoriale.

3
La relazione insegnante-allievo

1 La relazione educativa

Nel contesto scolastico la **relazione educativa** si presenta in tutta la sua complessità. Per aiutare gli allievi a sviluppare i propri processi cognitivi, il *docente necessita di sapere pedagogico, metodologico-didattico, culturale e relazionale ma anche di competenze comunicative*. Relativamente a queste ultime, il docente deve sia saper leggere tra le righe, interpretando silenzi, azioni e provocazioni attraverso l'ascolto e l'empatia, sia attivare comunicazioni consapevoli e intenzionali perché siano facilitate le acquisizioni delle finalità educative.

La costruzione e la gestione della relazione insegnante-allievo rappresenta, dunque, un obiettivo imprescindibile per la realizzazione del processo educativo e didattico.

Il **punto nevralgico del rapporto insegnante-allievi è la comunicazione**, che è sempre *bidirezionale*; il docente da *stimolo* può diventare *reagente* e l'allievo da reagente può diventare stimolo. Quindi, in tale rapporto si verifica di continuo una reversibilità dei ruoli. Inoltre, il *sistema didattico* non opera nel vuoto ma in contesti vivi, ossia in una *situazione didattica* che opera a sua volta all'interno di una *situazione sociale*.

Ciò che è importante comprendere della complicata professione dell'insegnante e della gestione della relazione con gli allievi è che il **docente svolge due funzioni**:
— una propriamente **didattica**, che consiste nell'insegnare i fondamenti di una disciplina;
— l'altra **educativa** che consiste nell'accompagnare l'allievo attraverso la conoscenza verso una crescita non solo intellettuale, ma soprattutto umana.

L'atto educativo e didattico è un **rapporto di mediazione intenzionale**, nel senso che il messaggio trasmesso è diretto verso un fine già determinato. Nell'insegnamento il fine è quello di promuovere l'apprendimento: in tal senso, l'insegnante deve comunicare rispettando la semplicità, l'ordine e la brevità del messaggio. La comunicazione, peraltro, è pregna di componenti psicologiche che non devono sfuggire all'attenzione del docente.

Ovviamente ogni insegnante deve possedere *in primis* una **solida formazione culturale e professionale** acquisita attraverso specifici studi e abilitazioni, e poi *quelle competenze sociali e psicologiche utili* a gestire l'insegnamento come un processo innanzitutto relazionale. La realizzazione del processo didattico presuppone che l'insegnante sappia strutturare il suo metodo di insegnamento e le sue procedure didattiche, che sappia mettere in campo, attraverso la sua *mediazione*, **tecniche, strategie e mezzi per realizzare il processo di apprendimento**.

Gli atteggiamenti che il docente assume rappresentano l'espressione delle sue esperienze esistenziali, dei suoi valori, delle sue capacità, motivazioni e aspettative che influenzano l'educazione e l'apprendimento. Proprio per via di queste implicazioni, sono fattori di fondamentale importanza: la **capacità di autoanalisi dell'insegnante** e la consapevolezza della sua influenza sull'intero processo educativo dell'allievo, ossia sull'incremento delle sue capacità di apprendimento, oltre che sulla promozione della sua personalità.

L'**autorevolezza** si realizza, infatti, se riconosciuta dagli allievi, che individuano nella persona dell'insegnante una serie di peculiarità: comportamenti adeguati, competenza, capacità di comunicare efficacemente, equità nell'esigere dagli altri quanto si esige da sé, equilibrio psichico che permette di evitare l'aggressività, di ammettere i propri errori senza complessi e di saper gestire i conflitti al loro sorgere senza timore e autocensura.

1.1 L'influenza dei modelli educativi sulla relazione educativa

Fino al XV secolo la relazione educativa è sempre stata incentrata sulla figura dell'adulto, per cui il legame tra educatore ed educando si traduceva in un **rapporto adultocentrico** nell'ambito del quale l'educando subiva passivamente l'azione dell'educatore autoritario.

Solo dal XVI secolo in poi, con il consolidarsi del sapere in campo psicologico, l'attenzione degli studiosi si è spostata dall'adulto all'allievo. Pensatori come Comenio, Locke e Rousseau furono i primi a teorizzare un tipo di educazione ispirato al «**puerocentrismo**» (*centralità dell'allievo*). Si è continuato, però, a considerare l'educando in termini di singolarità, nelle sue caratteristiche psicologiche o funzionali — come l'attenzione, la capacità di apprendimento etc. — senza prendere in considerazione la questione della **relazione** e dell'interattività tra docente e discente.

Secondo alcuni studiosi, tra cui lo psicologo statunitense Jerome Bruner, i modelli educativi sono al tempo stesso culturalmente *condizionati*, perché creati dalla società, e *condizionanti*, perché tendono a creare la società secondo il modo in cui la descrivono.

La trasmissione dei modelli educativi dipende dal loro essere parte integrante di una cultura. Ciò significa che essi **sono saldamente collegati alle concezioni e alle forme di organizzazione di ciascuna società**. Ad esempio, in un regime autoritario la metodologia educativa sarà regolata dal condizionamento; l'educando sarà un soggetto passivo e dipendente dal docente, il quale tenderà a inculcargli una cultura già confezionata allo scopo di integrarlo nel sistema sociale.

Storicamente i modelli di educazione e quindi di relazione educativa si sono evoluti e adattati alle società. Con l'esplosione industriale del Novecento i processi educativi miravano alla formazione di soggetti dotati di capacità pratiche, ovvero specialisti capaci di padroneggiare un sapere in particolare.

Il nuovo modello educativo adatto ai nostri tempi avverte l'esigenza di educare un soggetto polivalente che non accetta passivamente il dato della tradizione ma se ne appropria con una personale ricerca critica. Nelle **società attuali** si è inclini a pensare al rapporto ideale educatore-educando come a un **rapporto dialogico di reciprocità educativa**. Oggi è diffuso il concetto di relazionalità educativa intesa essenzialmente come un rapporto in cui si prendono in considerazione anche gli *aspetti emotivi* delle varie persone coinvolte.

La **relazione educativa** è, dunque, produttrice di conoscenze; essa costituisce un incontro che arricchisce tutti i soggetti coinvolti e crea esperienze, cultura, valori, credenze e punti di vista che inducono a una continua trasformazione sia dell'educatore sia dell'educando. Accanto a questa dimensione intersoggettiva ne sussiste un'altra **intrasoggettiva**: entrambi i soggetti della relazione educativa, prima del ruolo di docente e di discente che rivestono, possiedono un'identità personale da cui non si può prescindere.

Il rapporto che si stabilisce tra i due soggetti risente fortemente della differenza di ruolo che intercorre tra chi insegna e chi impara. Tale **asimmetria** è un **elemento costitutivo della relazione educativa**: essa consente l'attuarsi di questo rapporto in quanto sottolinea la diversità che deve sussistere tra i termini di una relazione. Si tratta di una diversità che non riguarda il piano esistenziale e che non crea disequilibrio poiché è esclusivamente **legata al patrimonio di conoscenze che il docente possiede e alla sua autorità**. Differenza, dunque, non vuol dire disuguaglianza, ma possesso di conoscenze e di esperienze di vita diverse. Il docente insegna e arricchisce la relazione con il suo sapere; il discente impara e contribuisce facendo richiesta e tesoro di quel sapere.

2 La comunicazione nel sistema scolastico

La capacità di rapportarsi agli altri attraverso una rete articolata e complessa di relazioni interpersonali rappresenta uno dei requisiti fondamentali della professione docente e ha la **comunicazione** come elemento centrale.

La **relazionalità**, cioè l'*attitudine* di un individuo a scambiare informazioni con i componenti del proprio gruppo di appartenenza, si basa sull'*interazione* e assume un ruolo sempre più rilevante nella personalità del docente che si trova al centro di un reticolo di relazioni comprendente non solo gli alunni, ma anche *i genitori, i colleghi, i superiori, gli altri operatori scolastici* etc. Per questo motivo le **abilità comunicativo-relazionali** sono ritenute sempre più importanti, tanto da essere inserite, ormai da alcuni anni, anche nei programmi dei *corsi di formazione per i docenti* con lo scopo di insegnare a gestire i rapporti con alunni e colleghi e di evitare conflitti.

GLI ELEMENTI DELLA COMUNICAZIONE

Comunicare vuol dire «mettere in comune», attuare una forma di condivisione che si può realizzare con differenti modalità, di cui il linguaggio è forse la più importante.

Com'è noto gli **elementi fondamentali** di ogni processo comunicativo sono:
— un **emittente**: la «fonte», il produttore di un messaggio (nel caso della lezione, l'insegnante);
— un **messaggio** (una frase, un discorso, un segno, un testo etc.): ossia il **contenuto** di ciò che si comunica. Importante per la sua comprensione è che il ricevente abbia tutti gli elementi per decifrare il messaggio. Ciò è fondamentale per gli insegnanti che si rivolgono ad alunni che non hanno le sue stesse conoscenze di base;
— un **destinatario**: il soggetto cui deve pervenire il messaggio, qualificato spesso anche come **ricevente**. Le due definizioni non coincidono però totalmente, in quanto l'atto di ricezione del messaggio può effettivamente avvenire o, al contrario, fallire. Il destinatario diventa di fatto «ricevente» nel momento in cui effettivamente recepisce e comprende il messaggio: è possibile però che il messaggio ricevuto differisca da quello inviato, differenza che si determina in base al livello di attenzione ma soprattutto in rapporto ai criteri di selezione, decodifica e interpretazione usati, consapevolmente o meno, dal ricevente. Il processo della comunicazione comporta anche che il ricevente rimandi un altro segnale, con cui rende noto che il messaggio è stato (o non è stato) ricevuto e compreso (*feedback*).

Questa configurazione minimale, a tre fattori, del processo comunicativo è spesso approfondita mettendo in evidenza altri decisivi elementi:
— un **mezzo** (*medium*) o **canale**: ciò entro cui e in virtù del quale viene trasmesso il messaggio. Un canale può essere la **voce** con la quale si inviano messaggi verbali;
— un **codice**. Il «codice» è un sistema di segni e regole di utilizzo dei segni usato nel processo comunicativo (sono codici un certo idioma, la lingua, un determinato gesto etc.). Per l'effettiva riuscita dello scambio comunicativo, l'emittente e il destinatario devono condividere il medesimo codice. Quindi il messaggio della comunicazione, il suo contenuto, è elaborato dal lato dell'emittente mediante una *codifica*; all'emissione del messaggio corrisponde poi, come aspetto complementare della comunicazione, una (adeguata o meno) *decodifica* da parte del destinatario. L'insegnante, come detto, se vuole raggiungere l'obiettivo dell'apprendimento ed evitare fraintendimenti, deve badare ad *utilizzare un codice che sia facilmente decodificabile dagli alunni* in considerazione dell'età e delle conoscenze di questi;
— un **contesto** o **ambiente**: è il «luogo», fisico o sociale, dove avviene lo scambio comunicativo. A seconda delle situazioni può essere di aiuto per incentivare la comunicazione o, al contrario, può inibirla;
— il *feedback*: l'interscambio che avviene tra ricevente ed emittente e che permette all'emittente di capire se il messaggio è stato **ricevuto** e compreso nella maniera da lui desiderata (se emittente e ricevente sono presenti nello stesso luogo basta un cenno della testa di quest'ultimo per fornire un feedback).

Per un positivo adattamento all'ambiente e alle condizioni di apprendimento, è fondamentale, inoltre, che il docente sia in grado di **valutare la relazionalità dell'allievo**, per individuarne in tempo eventuali difficoltà e intervenire in maniera efficace.

La comunicazione rappresenta quindi una dimensione significativa per il raggiungimento della qualità, della flessibilità e dell'efficacia richieste dal sistema scolastico.

2.1 Modalità e linguaggi della comunicazione

Per quanto rileva in questa trattazione, le tipologie di comunicazione possono distinguersi in tre modalità:
1. **interpersonale**: sua caratteristica fondamentale è la compresenza dei comunicanti nello stesso luogo e nello stesso momento (la lezione in classe è sicuramente una forma di comunicazione interpersonale); la direzione è verso destinatari individuati;
2. **interazione mediata**: c'è separazione dei contesti, e non identità di luogo/spazio tra i soggetti coinvolti; l'emittente concepisce un messaggio che passa al destinatario attraverso un media (es. lettera, telefono, chat, email);
3. **comunicazione di massa**: la comunicazione mediata è rivolta ad un vasto pubblico, quindi a destinatari non individuati (stampa, internet, televisione).

La **comunicazione interpersonale** è una forma di comunicazione a carattere *lineare* e *simmetrico*: una «linea diretta» congiunge l'emittente al ricevente che possono comunicare attraverso:
— il linguaggio del corpo mimico-gestuale;
— il linguaggio puramente vocale consistente nell'emissione di suoni o segnali sonori;
— il linguaggio verbale orale o verbale scritto.

Nel caso del **linguaggio gestuale** e puramente vocale agisce in primo piano l'elemento della «fisicità», e si delinea così una comunicazione di natura immediata che utilizza la dinamica espressiva del corpo medesimo. Nel quadro di una comunicazione «faccia a faccia», è importante anche la **prossemica**, ossia l'analisi della disposizione dei corpi nello spazio, e la **cinesica**, cioè i movimenti che accompagnano e «potenziano» la comunicazione (il contatto visivo, la mimica facciale, i gesti delle mani e della testa, la postura): sono fattori non verbali molto rilevanti poiché interferiscono direttamente sui meccanismi di codifica e decodifica (e di feedback).

Tra le caratteristiche fondamentali o costanti della comunicazione e dell'interazione interpersonale «faccia a faccia» mediante qualsiasi forma di linguaggio, c'è l'*identità di spazio e di tempo*, vi è quindi condivisione di luogo e simultaneità tra i soggetti comunicanti.

La comunicazione mediante il **linguaggio verbale** si configura essenzialmente come dialogo, come un discorso che si sviluppa attraverso la trasmissione di messaggi da un soggetto a un altro. Su questo piano emerge come fondamentale il fatto che i ruoli o le posizioni dell'emittente e del destinatario-ricevente sono interscambiabili (di qui il senso della «simmetria»), e rivestono alternativamente i ruoli di emittente e destinatario.

Si può però pensare anche ad un tipo di **comunicazione interpersonale unidirezionale**, quindi non in senso stretto dialogica: ad esempio, un comizio o appunto una *lezione* in cui i ruoli di emittente e destinatario-ricevente rimangono fissi e non interscambiabili. Nel caso della lezione, inoltre, c'è quella *individuale*, che prevede un docente e un discente o allievo, e quella *collettiva*, come le lezioni scolastiche e universitarie, con un insegnante che invece si rivolge a un pubblico di studenti. Questi sono casi di comunicazione tradizionale interpersonale, unidirezionale, rispettivamente del tipo da «uno a uno» (*one-to-one*) e da «uno a molti» (*one-to-many*).

In più la comunicazione unidirezionale del docente è, come vedremo, quasi sempre «**asimmetrica**».

3 La comunicazione didattica

Se la maggioranza delle forme di comunicazione vede emittente e ricevente allo stesso livello (si pensi a ciò che avviene tra amici, tra colleghi, tra coniugi etc.), nella **comunicazione didattica** la interrelazione, come abbiamo già evidenziato, **avviene tra soggetti che non sono «pari»** e l'insegnante deve confrontarsi con le conoscenze e le competenze inevitabilmente lacunose dei ragazzi. Nell'ambito della comunicazione didattica vi è dunque un'**asimmetria relazionale**: non vi è identità nei codici comunicativi (quelli degli studenti sono parziali e ancora in evoluzione) mentre gli insegnanti si trovano in una posizione di oggettiva superiorità.

In passato ciò determinava un processo di insegnamento-apprendimento che potremmo definire *dirigistico*: l'insegnamento era una forma di comunicazione unidirezionale dall'insegnante allo studente in cui quest'ultimo assumeva un *ruolo passivo* (si pensi alla classica *lezione frontale accademica*).

Oggi, invece, si tende sempre più a riferirsi a un **modello di apprendimento più attivo**, basato sul dialogo e l'interazione (anche emotiva) tra docente e allievo.

La comunicazione didattica è un tipo di **comunicazione tipicamente verbale**. Il docente dovrebbe dunque prestare particolare attenzione al **canale** (la sua voce) nonché alle **notazioni della voce** (il modo cioè in cui si dicono le cose): *l'intonazione,* per esempio, nelle domande o nei richiami, *l'enfasi* per sottolineare una frase particolarmente importante, il *ritmo* che va rallentato quando si vuole sottolineare un concetto, la ripetizione di una parola o di una frase anche con parole diverse (**ridondanza**) per favorire l'apprendimento di alcuni concetti fondamentali. Tutti questi elementi sono indispensabili per tenere viva l'attenzione dello studente.

Anche il *silenzio* è una forma di comunicazione verbale e può essere in certi casi efficace per sottolineare il proprio pensiero.

Nell'ambito della propria attività didattica, **l'insegnante deve quindi tener ben presenti quelli che sono gli aspetti della comunicazione verbale**, ma **anche quelli non verbali** in quanto, per evitare fraintendimenti, ciò che si lascia intendere con lo sguardo, i movimenti del corpo, la gestualità non deve contrastare con quanto detto a parole.

	LA COMUNICAZIONE VERBALE E NON VERBALE DEL DOCENTE
Comunicazione verbale	— La comunicazione verbale utilizza principalmente il **linguaggio**, che ovviamente deve poter essere inteso dall'interlocutore, nel nostro caso gli allievi. — I discorsi troppo lunghi sono tipici della comunicazione unidirezionale e stancano presto il ricevente del messaggio. Meglio dunque **lezioni brevi e interattive** per evitare il calo di attenzione della classe. — **Attenersi all'argomento** di cui si vuole parlare evitando excursus che possono distrarre dal tema principale. Non trascurare i passaggi logici: non devono esserci vuoti nel discorso e nemmeno eccessi di parole; non si deve dire né troppo né poco. — **Evitare di leggere passi troppo lunghi** dai libri di testo. — Cercare di **coinvolgere anche emotivamente i ragazzi**, con domande, citando loro esperienze dirette, suscitando per quanto possibile anche reazioni emotive. — **Ascoltare e prestare interesse alle domande** che provengono dalla classe, in certi casi anche stimolandole. — Usare la **voce** per mantenere desta l'attenzione del gruppo classe: non usare mai lo stesso volume, gli stessi toni e lo stesso timbro per l'intera lezione.
Comunicazione non verbale	— La comunicazione non verbale fa, invece, riferimento a tutto ciò che non ha a che vedere con il parlato, come i gesti, le espressioni del volto, l'aspetto fisico, la postura, l'orientamento e le distanze nello spazio, l'abbigliamento, i cinque sensi etc. È importante che il docente curi anche questa forma di comunicazione: infatti, **la comunicazione non verbale rappresenta il 55% di uno scambio comunicativo**, il 38% è rappresentato dal tono della voce, mentre solo il 7% dipende da ciò che si dice, cioè dalla comunicazione verbale. — In primo luogo è bene prestare attenzione allo **sguardo**: lo sguardo svolge un ruolo di fondamentale importanza nella relazione con gli altri, soprattutto negli scambi *face to face* che sono tipici della comunicazione didattica. Guardare i ragazzi negli occhi crea contatto, ma è bene ricordarsi che guardare negli occhi è anche un segnale di attrazione (si tende a guardare di più chi ci interessa). — La **gestualità** può dare enfasi al discorso ma può anche distrarre. Tenerla quindi sempre sotto controllo. — La **postura** riguarda la posizione generale del corpo nello spazio. Normalmente l'insegnante in classe sta: *seduto*, spesso dietro la cattedra (cosa che comunica la volontà di mantenere un distacco dagli interlocutori sottolineando il proprio ruolo); *in piedi* soprattutto se si devono usare lavagne, tabelloni etc. (trasmette un ruolo meno formale). Oppure *cammina*, spesso tra i banchi: quest'ultima, riducendo le distanze tra emittente e ricevente, è una postura molto espressiva che tende a coinvolgere emotivamente gli ascoltatori stimolandone l'apprendimento. — La comunicazione non verbale si completa anche con **altri «segnali»**: il contatto corporeo, l'abbigliamento e l'aspetto fisico (il modo di vestirsi, di truccarsi, di portare i capelli è un vero e proprio linguaggio), ma anche il comportamento spaziale, ossia come occupiamo lo spazio tra noi e l'interlocutore.

L'insegnante normalmente si rivolge a un gruppo, la **classe**: si tratta di un **gruppo formale** in quanto i suoi componenti si sono aggregati non perché hanno interessi comuni, ma per disposizione esterna.

L'insegnante si trova a **dirigere il gruppo classe** verso gli obiettivi di apprendimento prestabiliti e, per far ciò, deve:
— rendere piacevole il clima d'aula;
— svolgere la funzione di catalizzatore (fare in modo che gli alunni socializzino tra loro, e non solo con l'insegnante);
— risolvere i problemi (gestire i conflitti, interpretare i problemi degli alunni, le carenze della scuola, i rapporti con i colleghi e il dirigente).

3.1 La comunicazione intersoggettiva docente-allievo

L'insegnante dovrebbe sempre essere disposto al dialogo e alla comunicazione con lo studente, ma sono i soggetti nelle loro singolarità e unicità ad incontrarsi e a dialogare: l'agire comunicativo del docente, quindi, non può essere sempre uguale a se stesso.

Ottimizzare una comunicazione vuol dire curarne la **chiarezza**. Se il messaggio raggiunge il destinatario in maniera chiara, precisa e completa, la comunicazione perviene ad ottimi risultati e può essere definita efficace. Ottimizzare, però, non vuol dire solo rendere ben comprensibile il messaggio in termini di ascolto, ma anche e soprattutto ricorrere alla sua **semplificazione** e, all'occorrenza, economizzare sugli effetti di *ridondanza*.

La comunicazione ha forse un'unica, vera regola: il **saper ascoltare**, così da poter individuare anche le *mappe* del nostro interlocutore, ossia l'insieme di conoscenze linguistiche, culturali ed emozionali da lui utilizzate, le quali sono sempre specifiche e individuali, dunque mai uguali alle nostre. L'esperienza di ogni individuo, infatti, deriva dalla parzialità della sua percezione, che non coglie l'intera realtà fenomenica, ma la seleziona, cancellando i dati su cui non pone attenzione e scegliendo quelli che invece vengono inseriti in apposite *categorie* per poterli semplificare. Pertanto diventa fondamentale lo sforzo di un continuo **ascolto attivo**, perché comprendere l'altro, quanto più possibile, agevola notevolmente l'intero processo comunicativo.

Per facilitare un rapporto comunicativo è necessario:
— cercare di instaurare prevalentemente un **rapporto empatico** con gli altri, intendendo per *empatia* la capacità di mettersi al posto di un'altra persona, di capire il comportamento degli altri sulla base della propria esperienza;
— garantire, attraverso la **ridondanza**, una migliore comunicazione e un più alto livello di ricettività. La *ridondanza* consiste, quando si utilizzano canali adeguati per il destinatario (parole, gesti, toni di voce etc.), nel ripetere, con modalità diverse, sempre la stessa informazione o lo stesso concetto;

I «DISTURBI» DELLA COMUNICAZIONE IN CLASSE

Il **rapporto comunicativo** in classe può essere **ostacolato** da diversi fattori, ad esempio:
— la **distrazione dello studente**, che può dipendere da mancanza d'interesse o stanchezza, oppure da disturbi esterni;
— la **saturazione**, che può scaturire dall'impossibilità dell'allievo di accogliere, per sopraggiunta stanchezza, ulteriori messaggi;
— l'**inadeguatezza dei canali**, che si verifica quando l'informazione viene trasmessa attraverso canali difettosi;
— l'esistenza di **codici incompatibili**, come accade, ad esempio, quando il docente e l'alunno parlano lingue diverse. In tutti questi casi l'attività didattica dell'insegnante, per quanto ben strutturata, può risultare scarsamente efficace.

Inoltre il rapporto comunicativo può complicarsi con **interlocutori difficili**, come:
— **allievo timido e silenzioso**. In tal caso: dargli spesso importanza; esortarlo ad esprimersi, mettendolo a proprio agio;
— **allievo spiritoso** (fa continue battute, gioca, distrae gli altri). In tal caso: alzare il tono della comunicazione; rivolgergli domande difficili e, dopo averlo invitato ad essere costruttivo, ignorarlo;
— **allievo polemico**. In tal caso: invitarlo ad essere riflessivo e costruttivo; evitare la polemica; cercare, quando manifesta comportamenti aggressivi, di non replicare e di delegare altri a rispondergli;
— **allievo distratto o annoiato**. In tal caso: cercare di farlo parlare delle sue esperienze, coinvolgendolo in attività che ritiene particolarmente interessanti;
— **allievo digressivo**. In tal caso: richiamarlo sempre al tema di cui si sta discutendo; ripetere una delle sue affermazioni e confrontarla con il tema di fondo;
— **allievo invadente**. In tal caso: bloccarlo con decisione e interloquire con gli altri, ignorandolo.

- far sempre corrispondere a un contenuto razionale del linguaggio un'attenta e adeguata risposta di **comportamento emotivo** (ad esempio, evitare di lodare con freddezza o con un tono di voce altero);
- creare le giuste condizioni affinché sia il docente (che in questo tipo di rapporto comunicativo ricopre, normalmente, il ruolo di emittente) sia lo studente (il ricevente) siano in grado di comprendere e rispettare i reciproci ruoli;
- individuare, quando si verificano, i **disturbi della comunicazione** e analizzarli in maniera attenta e rigorosa, così da poterli eliminare;
- evitare di valutare gli altri con atteggiamenti moralistici;
- favorire la ricerca dell'identità personale, sociale e professionale.

4 Il docente leader e la relazione con la classe

In genere gli studenti hanno la percezione della classe come gruppo strutturato e non come semplice aggregato di individui. La coesione del gruppo è data dall'esistenza di regole comuni rispettate da tutti e da valori e obiettivi condivisi.

Inoltre è proprio nel gruppo che l'individuo impara a **conoscere se stesso** mediante la **relazione con gli altri** e attraverso l'immagine di sé che i compagni gli rimandano.

Una classe prevede la presenza di un *team di conduttori* — i *docenti* — che hanno il compito di guidare e orientare gli studenti attivando una programmazione curricolare che tenga conto degli aspetti cognitivi, emotivi e relazionali.

L'interazione tra l'insegnante e la classe ha un ruolo determinante, perché se i docenti rispettano le regole condivise, gli alunni tendono a percepirsi come gruppo in senso positivo e collaborativo; se invece non vi si adeguano, il gruppo può assumere una posizione di difesa compattandosi in maniera quasi aggressiva, oppure si può frammentare, in quanto può accadere che si generi una lotta per la «sopravvivenza» individuale che porta alla competitività fra gli studenti e a scelte personali opportunistiche ed egoistiche.

Se il **docente** è **leader**, riesce a dare compattezza al gruppo, a guidarlo, a eliminare le tensioni e comprenderne i bisogni. In questo caso il docente è in grado di svolgere **il suo ruolo in maniera autorevole** e viene considerato non come un capo, ma come colui che «anima l'identità del gruppo». I ragazzi, infatti, non cercano né egalitarismo assoluto o anarchia, né autoritarismo, ma un professore-leader che, oltre a essere competente nella disciplina che insegna, sia in sintonia con i bisogni della classe.

Il docente leader deve perciò possedere doti relazionali ed empatiche, deve potenziare l'autostima degli studenti e favorire l'attivazione del pensiero di gruppo. Da una relazione così strutturata non sarà solo la classe a trarre vantaggio, ma il docente stesso, che si sentirà a proprio agio e in grado di dare il meglio di sé.

I docenti giudicati negativamente dagli studenti, e quindi esclusi da qualsiasi possibilità di ricoprire il ruolo di leader, sono quelli che non riescono ad avere un atteggiamento empatico e che adottano uno stile educativo eccessivamente permissivo o al contrario troppo autoritario.

Nel primo caso, l'insegnante lascia che le cose vadano per il proprio verso attribuendo la responsabilità agli alunni e dimostrandosi falsamente tollerante; nel secondo caso, appare rigido e sordo alle richieste della classe. Entrambe le situazioni rivelano una modalità didattica che non tiene conto dell'individualità e dei bisogni dei ragazzi, e che considera le differenze di profitto, il risultato di un processo quasi naturale e non modificabile attraverso l'azione didattica.

5 Relazione educativa e gruppi di attività in classe

In ambito scolastico la **formazione di gruppi di attività** può dare una nota di dinamicità alla lezione.

I gruppi possono essere:
— **omogenei** quando i membri rispondono a precise caratteristiche tipologiche: grado di intelligenza, cultura, sesso, problematiche psico-fisiche etc.;
— **eterogenei**.

I gruppi eterogenei richiedono da parte dell'insegnante, lo stesso impegno nell'organizzare le attività, mentre, per quanto riguarda i gruppi omogenei, l'impegno del docente si accentrerà prevalentemente sui gruppi i cui membri presentano capacità ridotte rispetto agli altri.

Dal punto di vista psicologico è molto più gratificante, per i *soggetti meno dotati*, far parte di un gruppo eterogeneo (purché essi vengano accettati dagli altri membri) perché possono *avere dei compagni a cui far riferimento* per apprendere in modo imitativo. Nei gruppi omogenei, invece, i soggetti meno capaci vedono confermata la loro diversità e inadeguatezza.

A seconda dei casi il docente stabilirà gruppi omogenei o eterogenei, avendo cura di verificare l'inserimento di tutti gli allievi al loro interno.

La suddivisione della classe in gruppi eterogenei o omogenei favorisce l'individualizzazione, che può avvenire per **fasce di livello**, dando all'insegnante l'opportunità di fornire una guida ravvicinata agli *allievi in difficoltà* e per consentire loro di sperimentare il «successo» con l'aiuto dei compagni.

La relazione educativa trova migliore espressione nelle metodologie cooperative e partecipative, in cui il ruolo del docente si configura come facilitatore e il gruppo-classe diviene soggetto di co-costruzione di conoscenze, abilità e identità individuale e di gruppo[1].

---

[1] S. Lipani, *Strategie, metodi e finalità nella relazione educativa*, in Scienze e Ricerche, n. 6, aprile 2015.

LEADERSHIP E DINAMICHE DI GRUPPO

Quando si costituisce un gruppo si determinano automaticamente le posizioni dei membri: c'è un **capo** (*leader*) e, all'estremo opposto, un **subordinato** (*gregario*).
I membri intermedi presentano una certa flessibilità (interscambiabilità dei ruoli).
Il **leader** è la persona che riveste il ruolo di guida e controllo dell'attività del gruppo e che definisce gli obiettivi che il gruppo si deve prefiggere. Secondo alcuni sociologi le competenze necessarie per guidare un gruppo sono innate e non possono essere apprese, secondo altri, invece si possono sviluppare con la formazione e l'esperienza.
La leadership ha molte sfaccettature che non ne rendono semplice la definizione.
È leader, ad esempio, chi sa ispirare e incoraggiare gli altri, chi accetta il cambiamento senza preconcetti e riesce a farlo accettare agli altri, chi sa come motivare le persone, chi punta su risultati di lungo termine che possano essere duraturi nel tempo, chi mette in atto continui feedback dagli altri per vedere se i collaboratori lo stanno seguendo, chi sa come formare e far crescere i collaboratori.
Un leader deve essere in grado di dare un esempio significativo, attraverso l'applicazione puntuale nella vita dei principi di cui si fa portavoce per raggiungere i risultati a cui aspira. Deve, però, assumersi anche la responsabilità del mancato conseguimento di questi risultati.
In un gruppo non sempre il capo ufficiale ha funzioni di leader: può succedere, per esempio che il proprietario di un'azienda eserciti un'influenza minima sui dipendenti, mentre il vero leader è un manager o un sindacalista oppure il capo del personale, al quale tutti i dipendenti fanno tacitamente riferimento per le loro attività e per trovare una conferma sul loro comportamento.

Si possono individuare vari tipi di leader:

— il **leader autoritario** esercita un notevole potere sui dipendenti (o gregari), concentrando in sé ogni potere decisionale, lasciando agli altri esclusivamente incarichi di tipo esecutivo e riducendo al minimo i rapporti interpersonali (*comunicazione unilaterale*);
— il **leader democratico** propone agli altri la massima partecipazione alla gestione del gruppo e favorisce le relazioni interpersonali (comunicazione bilaterale).
  Le persone insicure e quelle che rivestono una posizione ambigua o attraversano una fase critica tendono a preferire il leader autoritario.
  Le persone in grado di gestirsi da sé e che hanno chiari gli obiettivi da perseguire si orientano senz'altro verso il leader democratico.
  Quando viene meno il leader autoritario in genere il gruppo si scioglie o perde la sua compattezza. Quando, invece, viene meno la leadership democratica il gruppo è in grado di procedere senza aiuto.
— Le due opposte qualità dell'autoritarismo e della democrazia si unificano nel **leader carismatico**, colui che nel gruppo è la persona più competente nel prendere decisioni e nel guidare gli altri, ma al tempo stesso è la persona più amata.

L'efficienza di un gruppo dipende dalle possibilità di comunicazione dei membri fra loro e con il leader.

Tra le teorie e le metodologie che evidenziano le potenzialità del lavoro di gruppo, nell'ambito della scuola attiva, un contributo notevole è offerto dalla **pedagogia di C. Freinet** (1896-1966) il cui metodo richiama l'attenzione sulla cura del contesto scolastico e della regia educativa e didattica per creare le condizioni per un apprendimento attivo e collaborativo. La prospettiva cooperativistica di Freinet favorisce un insegnamento rispettoso delle differenze individuali degli allievi e dei loro ritmi di apprendimento. Non bisogna educare alla obbedienza e alla competizione, ma formare persone attive, responsabili, capaci di autocritica e disponibili alla condivisione e alla partecipazione. L'insegnante deve svolgere una funzione di regolazione dello scambio comunicativo del gruppo e talvolta solo di testimone. Si attiva così un processo costruttivo di apprendimento.

Il lavoro di gruppo pertanto non sostiene solamente la socializzazione, ma anche lo **sviluppo cognitivo e morale**. La pedagogia culturale di **Bruner** (→ Parte I, Cap. 2, par. 7) sottolinea come la cultura, appresa attraverso l'interazione con gli altri, offra gli strumenti per costruire il mondo, la concezione di sé e delle proprie capacità. Ne deriva una pedagogia interattiva e intersoggettiva che vede le persone come soggetti che imparano l'uno dall'altro.

La caratteristica essenziale del gruppo è l'**interdipendenza**, c'è, cioè, una relazione di dipendenza reciproca tra i componenti in vista della realizzazione di un determinato scopo. La riuscita del lavoro cooperativo è anche strettamente legata allo sviluppo di competenze sociali che si basano su abilità cognitive, assertività, empatia e autocontrollo, e concorrono alla *formazione di un clima inclusivo*, di aiuto e sostegno. Attivare la risorsa del gruppo dei pari significa non solo riconoscere il valore delle diversità individuali, ma anche promuovere la solidarietà di fronte alle diversità socioculturali e a quelle derivanti da disabilità di vario tipo.

6 Emozioni e apprendimento

L'uomo contemporaneo, grazie all'evoluzione degli studi sociologici e psicologici, riconosce le **emozioni** come elementi che fondano l'identità della persona, determinandone le scelte e il pensiero e influendo sull'apprendimento[2].

Piaget (→ Parte I, Cap. 2, par. 5) pone in evidenza, sin dalla fase senso-motoria, «l'inseparabilità della vita affettiva e cognitiva e l'indissociabilità degli stati affettivi e degli stati cognitivi»: per lo sviluppo armonico della personalità di un individuo, infatti, è necessaria l'**interazione fra cognizione e affettività**, per lo stretto parallelismo che esiste nel pensiero umano tra il piano affettivo e quello intellettuale.

Per **Vygotskij** (→ Parte I, Cap. 2, par. 8) il pensiero nasce «dalla componente motivazionale della nostra coscienza, che ingloba i personali impulsi e le soggettive motivazioni». Dietro al pensiero, perciò, c'è un orientamento volitivo-affettivo[3]. **Tra processi emotivi e apprendimento esiste una profonda connessione**, poiché quest'ultimo si sviluppa sempre all'interno di una relazione affettiva. Il rapporto educativo comporta la presenza esistenziale dell'educatore per l'educando,

---

[2] Sul tema, I. Lagreca, *Il ruolo delle emozioni nell'apprendimento* in www.edscuola.eu.
[3] L.S. Vygotskij, *Pensiero e linguaggio*, Giunti, Firenze, 1966.

creando tra insegnante e alunno un dialogo basato su un *sentimento di fiducia*. L'apprendimento non è assimilazione passiva di contenuti preconfezionati, ma «rappresenta una sfida e un'avventura che implica un atto di fiducia che consiste nel coraggio di tuffarsi nell'incerto e nell'ignoto»[4].

Alcune forme di disagio sociale, successo o insuccesso scolastico, stati d'ansia e disorganizzazione, problemi di autostima e insicurezza, dipendono spesso dalle prime esperienze di apprendimento. Dal momento che l'individuo forma la propria identità attraverso un processo unitario «sinergico e interfunzionale», fondato sull'interazione fra le singole dimensioni della personalità, un'affettività piena e sicura finisce con l'esercitare inevitabilmente una influenza positiva sulle altre dimensioni della personalità: da quella intellettuale a quella corporea e sociale. Bloom ritiene che **affettività, motivazione e apprendimento**, siano strettamente correlati poiché le variabili affettive esercitano un'azione rilevante nei processi di conoscenza, comprensione e socializzazione che avvengono nell'ambiente scolastico.

Oggi le neuroscienze ci permettono di comprendere come funzionino a livello neuronale le nostre emozioni e le nostre risorse per controllarle ed elaborarle. L'**intelligenza emotiva** è il risultato dell'interazione tra varie aree del cervello. E naturalmente non solo il cervello ma anche l'educazione ricevuta fin dalla prima infanzia è determinante per la nostra intelligenza emotiva.

Tutti sanno come sia facile agire spinti dagli impulsi indipendentemente dal proprio livello di intelligenza e di istruzione. Al contrario, l'intelligenza emotiva, ovvero «l'empatia, l'attitudine a motivarsi e a perseverare nelle avversità, a controllare le proprie pulsioni e sapere aspettare con pazienza la soddisfazione dei propri desideri, la capacità di non cambiare repentinamente umore e non lasciarsi dominare dall'amarezza al punto da non poter essere capaci di pensare, la capacità di sperare, etc.»[5] ha un'influenza positiva sulla nostra abilità di reagire alle avversità della vita. È come se la vita interiore, affettiva e sociale fosse governata da due «anime» emotivamente contrapposte: una dominata dagli impulsi e dalle passioni; un'altra più ponderata, intelligente, intuitiva, che sa comprendere e mediare.

7 Relazione educativa e apprendimento significativo

Secondo lo psicologo **Carl Rogers** (1902-1987), l'*apprendimento dipende in buona parte dal comportamento dell'insegnante*, che deve favorire un clima positivo di accettazione e assenza di tensioni[6].

Rogers menziona in tal senso l'**insegnamento «centrato sullo studente»** e suggerisce all'insegnante di raggiungere una serie di **mete educative**: dall'atteggiamento flessibile alla capacità di sostenere conflitti; dall'osservazione delle proprie azioni all'accettazione di sé; dalla propensione di comunicare agli altri le

---

[4] L.S. Vygotskij, *Il pensiero cognitivo*, Bollati Boringhieri, Torino, 1987.
[5] D. Goleman, *Intelligenza emotiva. Che cos'è e perché può renderci felici*, BUR, Milano, 2011.
[6] C. Rogers, *Libertà nell'apprendimento*, Giunti Barbera, Firenze, 1973.

proprie esperienze alla capacità di promuovere un comportamento collaborante e creativo. La realizzazione di queste mete educative consente di sviluppare in maniera armonica e globale la personalità degli alunni.

Inoltre, nello svolgimento del suo ruolo, il docente assume alcuni comportamenti (valutazioni, aspettative, coinvolgimenti emotivi etc.) che dipendono dalla propria personalità e dalle caratteristiche dell'ambiente scolastico, ai quali corrispondono i comportamenti di apprendimento degli allievi. Le modalità di comportamento che si richiedono all'insegnante devono sempre essere relative al tipo di attività didattica da attuare.

Nella società attuale, sottoposta a un'incessante evoluzione, il compito dell'insegnante non può esaurirsi nel mero istruire; piuttosto, si concretizza nell'educare, nel **saper rendere gli allievi protagonisti attivi delle proprie esistenze**. Ciò implica da parte dell'insegnante capacità di consulenza, affiancamento, sostegno, incoraggiamento per promuovere personalità mature e autonome, capaci, nel futuro, di autoeducarsi. L'insegnante, nella costruzione e nella gestione quotidiana della relazione educativa, deve essere in grado di cogliere attraverso uno sguardo sistemico la correlazione dei numerosi aspetti che con essa si presentano.

L'efficacia dell'azione educativa dipende in larga misura dalla relazione che si instaura tra insegnante e allievo. Una buona relazione educativa faciliterà il sapere, il saper fare e il saper essere. Una relazione non ben gestita, troppo amicale, oppure troppo autoritaria e direttiva, rischia di influire negativamente sul percorso di apprendimento e di crescita personale dell'allievo.

Secondo Rogers, l'apprendimento è veramente significativo quando il contenuto è vissuto dallo studente come rilevante per la soddisfazione dei suoi bisogni e delle sue finalità personali, quando lo studente è parte attiva del processo di insegnamento-apprendimento.

La scuola, scriveva Rogers intorno al 1968, non fa sufficiente educazione per la vita, invece bisognerebbe dedicarsi all'**apprendimento significativo**, cioè insegnare le cose che davvero contano per gli allievi, che si integrano nel loro progetto di vita, cose che gli stessi allievi giudicano importanti e investono di **carica motivazionale e affettiva**.

Già nel Cinquecento Michel de Montaigne scrisse «meglio una testa ben fatta che una testa ben piena»; Edgar Morin ha ripreso questo concetto distinguendo tra una «testa ben piena» nella quale il sapere è solo accumulato e una «testa ben fatta» che sa collegare i saperi (umanistico e scientifico), e sa dare loro senso. Morin suggerisce di ripristinare la finalità della «testa ben fatta» per poter rispondere alle formidabili sfide della globalità e della complessità nella vita quotidiana, sociale, politica, nazionale e mondiale[7].

Partendo dalla sua esperienza personale di insegnante Rogers, attraverso l'approccio centrato sullo studente, propone la realizzazione di un apprendimen-

---

[7] E. Morin, *La testa ben fatta. Riforma dell'insegnamento e riforma del pensiero*, Cortina Editore, Milano, 2000.

to che, non essendo focalizzato unicamente sugli aspetti cognitivi, stimoli un **coinvolgimento globale della personalità degli allievi**: un apprendimento che coniughi il piano cognitivo, quello affettivo ed esperienziale e che stimoli l'**autoconsapevolezza** e l'**autovalutazione** nello studente, sviluppi l'impegno personale, la capacità di iniziativa e l'identificazione di soluzioni democratiche e collaborative ai problemi. L'educazione centrata sulla persona, ovvero sullo studente, richiede che qualsiasi metodo di lavoro e di valutazione sia esente da minacciosità e rinunci all'uso coercitivo del potere senza, però, sfociare nel permissivismo. L'insegnante, in quest'ottica, diventa una risorsa per gli allievi che agevola il loro processo di apprendimento: egli mette a disposizione degli studenti la propria professionalità e le proprie conoscenze senza imporre nulla; dal canto loro, gli allievi si muovono in modo del tutto autonomo seguendo i propri obiettivi personali. In altre parole, Rogers sostiene che l'insegnante deve essere un «**facilitatore**» dell'**apprendimento** ed elenca i requisiti che dovrebbe avere un docente che desideri approcciarsi in questo modo all'attività didattica:

— fiducia profonda nella capacità dell'essere umano di sviluppare le proprie potenzialità;
— sincerità, lealtà, stima e rispetto per gli studenti, per i loro sentimenti e le loro opinioni;
— capacità di comprendere le reazioni degli studenti dal di dentro e di comprendere come appare loro il processo educativo.

In sintesi

- **Relazione educativa**: è la relazione tra insegnante e allievo. Essa è fondamentale per la realizzazione del processo educativo e didattico e un apprendimento significativo. Si fonda su una corretta comunicazione, e deve tener conto delle componenti psicologiche dell'alunno che non devono sfuggire all'attenzione del docente. La relazione educativa è strettamente collegata al modello educativo adottato: oggi si tende a pensare al rapporto ideale docente-discente come a un rapporto dialogico di reciprocità educativa, in cui si prendono in considerazione anche gli aspetti emotivi dei soggetti coinvolti.
- **Asimmetria relazionale**: la relazione educativa è inevitabilmente asimmetrica, in quanto diverso è il patrimonio di conoscenze che il docente possiede e la sua autorità. La comunicazione didattica avviene sempre tra soggetti che non sono pari.
- **Abilità comunicativo-relazionali del docente**: sono fondamentali in quanto il docente si trova al centro di una rete di relazioni che comprende alunni, genitori, colleghi, superiori e altri operatori scolastici.
- **Comunicazione didattica**: è un tipo di comunicazione tipicamente *verbale*, ma il docente deve tener conto anche della comunicazione *non verbale* (silenzi, sguardi, gesti, postura etc.). Essa deve essere improntata a criteri di chiarezza, semplificazione e ascolto attivo e deve avere il controllo dei vari tipi di disturbi della comunicazione in classe.
- **Docente leader**: il docente si rivolge a un gruppo formale, la classe, in cui svolge il ruolo di conduttore, ha cioè il compito di guidare gli studenti nel processo di apprendimento, di dare compattezza al gruppo, di eliminare le tensioni e comprenderne i bisogni. Il docente leader deve perciò possedere doti relazionali ed empatiche, deve essere autorevole (*leader carismatico*, né autoritario né democratico), deve potenziare l'autostima degli studenti e favorire l'attivazione del pensiero di gruppo.
- **Gruppi di attività**: la relazione educativa trova la sua migliore espressione nelle metodologie cooperative e partecipative in cui il ruolo del docente si configura come facilitatore e il lavoro di gruppo sostiene non solo la socializzazione ma anche lo sviluppo cognitivo e morale.
- **Apprendimento e affettività**: tra processi emotivi e apprendimento esiste una profonda connessione, poiché quest'ultimo si sviluppa sempre all'interno di una relazione affettiva. Per Bloom le variabili affettive esercitano un'azione determinante nei processi di conoscenza, comprensione e socializzazione che avvengono nell'ambiente scolastico.

4
Ambienti e contesti di apprendimento

1 L'interazione con l'ambiente

L'individuo entra nel processo educativo **sia come singolo che come gruppo**, tenendo conto di ogni possibile variante di ordine sociale, biologico, psicologico. L'elemento centrale di questo aspetto — che è emerso soprattutto a seguito delle grandi svolte pedagogiche del Novecento — è che qualsiasi individuo o qualsiasi piccolo gruppo, nell'ambito dell'insegnamento, non va mai considerato come soggetto passivo, ma sempre come **soggetto interattivo con l'ambiente** che lo circonda: un individuo deve potersi sentire libero di accogliere ma anche di contestare o rifiutare una determinata azione educativa, sulla base dei suoi bisogni, delle sue inclinazioni, delle sue motivazioni profonde. In questo senso, affinché vi sia un autentico processo educativo (istruttivo e formativo) non bastano dei singoli individui o dei singoli gruppi.

Occorrono anche:
— una **comunità sociale**, costituita sia dalle istituzioni che svolgono una precisa e intenzionale azione educativa (principalmente la **famiglia** e la **scuola**), sia dai soggetti che ne mettono concretamente in atto gli indirizzi: in primo luogo, ovviamente, *genitori* e *insegnanti*;
— un **sapere inteso come patrimonio comune**. Il **sapere** e la **cultura** rappresentano il patrimonio comune di conoscenze su cui si fonda una società: e cioè l'insieme delle abitudini, degli atteggiamenti condivisi, delle credenze, dei costumi, dei modelli che definiscono l'identità di un certo organismo sociale;
— **strumenti specifici dell'educazione**. Gli strumenti, come abbiamo visto nei precedenti capitoli, sono gli elementi che rendono concretizzabile nella pratica l'atto educativo: ad esempio, la scuola come spazio fisico, ma anche i libri di testo o gli stessi mezzi di comunicazione di massa, radio, TV, cinema, Internet per citarne solo alcuni.

È chiaro che tra tutti questi elementi deve esserci un legame molto radicato. Se il processo educativo può essere considerato come una lunga serie di **eventi sociali** in senso lato e, allo stesso tempo, di esperienze di **apprendimento personale** che accompagnano l'individuo dalla nascita alla morte, esso deve necessariamente implicare una relazione costante tra i molteplici agenti educativi.

In questo senso, uno dei compiti fondamentali di qualsiasi istituzione formativa (scuola, famiglia, ambienti extrascolastici) e di ciascun singolo operatore dell'educazione dovrebbe essere quello di prendere sempre in considerazione le varie opzioni possibili che una data società offre in termini di strumenti educativi. Non bisognerebbe mai limitarsi agli specifici contenuti della trasmissione culturale (ad esempio i singoli programmi scolastici) ma anche valutare di volta in volta quali siano gli strumenti o le istituzioni migliori per trasmettere, nel modo più efficace e duraturo possibile, quei contenuti.

1.1 Il modello sistemico di Bronfenbrenner

Lo psicologo di origini russe **Urie Bronfenbrenner** (1917-2005) è uno dei più noti studiosi dell'**interazione tra l'individuo e il suo ambiente**. Il suo approccio è definito *ecologico* proprio in virtù dell'attenzione che egli mostra per la *dimensione sociale e ambientale* in cui il soggetto nasce e sviluppa le sue competenze.

Per Bronfenbrenner, lo sviluppo del singolo individuo è imprescindibile da quello del *sistema* in cui egli si muove; l'ambiente esterno, secondo lo psicologo russo, non è, infatti, un elemento piatto e immutabile, bensì una dimensione che cresce e si modifica insieme agli individui che lo popolano.

Bronfenbrenner elabora allora un modello che tiene conto sia dell'individuo sia dei contesti, focalizzando l'attenzione anche sulle **variazioni storico-sociali** che intervengono nel tempo.

Questo approccio studia le relazioni in maniera circolare: *l'individuo e l'ambiente crescono nel corso della loro interazione; il comportamento di un individuo modifica il sistema di cui fa parte, e il sistema a sua volta influenza il soggetto in questione.*

Bronfenbrenner individua una serie di **strutture che influiscono sullo sviluppo delle persone**: non si tratta di elementi distinti, ma di insiemi inclusi gli uni negli altri. Essi sono:

— **Microsistema**: è l'ambiente più prossimo in cui vive l'individuo in un dato momento della sua evoluzione. Si compone delle relazioni, delle attività e delle esperienze vissute, ad esempio, *a casa, a scuola o nel gruppo più vicino di amici e parenti*.
— **Mesosistema**: è una zona di relazione tra due o più insiemi; il bambino, ad esempio, partecipa quotidianamente al microsistema casa e al microsistema scuola. Le connessioni e gli scambi tra questi due insiemi danno vita al mesosistema.
— **Esosistema**: in questo ambito ricadono quegli eventi che, seppur non direttamente in contatto con il bambino, ne influenzano lo sviluppo. Cattivi rapporti tra i genitori e alcuni parenti, ad esempio, seppur non direttamente partecipi della vita del piccolo, hanno comunque ripercussioni sul suo umore e sul suo clima familiare.
— **Macrosistema**: è il *contesto sociale* di riferimento, composto dalle leggi, dalle norme e dai valori della società in cui il bambino è inserito. Naturalmente si tratta di elementi che avranno un grosso peso sulla sua formazione culturale e sociale.

Sul piano della relazione educativa, questo approccio richiede una particolare attenzione circa il **mesosistema scuola-famiglia**; per un corretto sviluppo del bambino, infatti, i due microsistemi casa e scuola dovrebbero interagire al fine di individuare strategie mirate al raggiungimento di obiettivi comuni.

2 Scuola e famiglia per la costruzione di percorsi educativi condivisi

Il sociologo francese Émile Durkheim (1858-1917) definisce la **scuola come microcosmo sociale**, poiché in essa individua la cosiddetta prima «agenzia di socializzazione». In effetti, la scuola dell'infanzia costituisce spesso, per il bambino, il luogo della **prima uscita dall'ambito familiare**. In essa si possono realizzare differenti esperienze di socializzazione, da quelle tra pari a quelle con adulti che non sono figure parentali.

La scuola ricopre un ruolo fondamentale nei processi di differenziazione e nella crescita delle identità; la **scuola dell'infanzia**, in particolare, svolge un compito fondamentale, poiché consente al bambino di liberarsi dall'**immedesimazione emotiva** con la famiglia, favorendo in tal modo la sua autonomia e facendo sì che egli assimili i valori e le norme della società, confrontandosi con gli altri su di esse e grazie ad esse. Il processo di socializzazione è, inoltre, oggi più esteso negli anni, grazie alla graduale espansione dell'istruzione, che ha determinato l'aumentare del tempo di vita medio destinato all'educazione, per cui il contributo della formazione scolastica (e delle relazioni che in essa si compiono) allo sviluppo dell'identità personale è indubbiamente di notevole rilievo.

La scuola, inoltre, è terreno di incontro di esperienze, culture e religioni diverse, e ciò rappresenta un'enorme occasione di arricchimento per l'individuo. Attraverso la scuola il bambino impara a stare nel mondo e a confrontarsi con persone e situazioni che riproducono, seppur in «piccolo», ciò che affronterà nel mondo esterno.

All'interno delle scuole possono essere pianificati progetti appropriati per sviluppare l'interazione con le famiglie; i genitori, infatti, si sentono più coinvolti se le scuole stabiliscono programmi che includono **forme di collaborazione**, mentre gli insegnanti si mostrano più disponibili nei loro confronti se si apre un dialogo complessivo sull'educazione dei bambini. Gli studenti, infine, si mostrano maggiormente positivi e riescono meglio nei compiti di apprendimento se le famiglie partecipano con modalità specifiche e produttive.

Oggi, in tutte le famiglie è presente la preoccupazione per la scolarizzazione dei figli, e il sostegno nello svolgimento dei compiti rappresenta ormai una pratica diffusa nelle attività domestiche. Non mancano pertanto segnali positivi ottenuti proprio grazie al costante sostegno da parte dei genitori, supporto che, però, deve essere sempre preceduto dall'impegno personale da parte degli allievi. Naturalmente, permangono delle differenze legate soprattutto alla **diversità di risorse materiali e di istruzione presenti nelle famiglie**, ma in genere è possibile affermare che l'impegno e la presenza dei genitori nel percorso scolastico dei figli ha effetti decisamente positivi.

La constatazione che scuola e famiglie lavorino entrambe su uno stesso soggetto potrebbe comportare una sorta di «concorrenza», anche in virtù del fatto che mentre gli insegnanti mettono in primo piano l'allievo in un'ottica universalistica, i genitori si concentrano sul proprio figlio in un'ottica particolaristica e affettiva. Per evitare conflitti e incomprensioni è allora importante che l'ambito familiare e quello scolastico, con i rispettivi ruoli, rimangano distinti e separati, seppur collaborativi.

In realtà, **il rapporto tra genitori e insegnanti è molto complesso**: possono, infatti, esserci genitori che mostrano **esigenze eccessive** o che rischiano una inopportuna **ingerenza** nella scuola, mentre altri possono mostrare **scarsa motivazione** e partecipazione alla vita scolastica dei figli e poca fiducia nel rapporto con i loro insegnanti. Si può pertanto affermare che la collaborazione tra insegnanti e genitori è senz'altro utile ma certamente difficile da realizzare, in quanto impone un costante confronto e una continua negoziazione (si veda anche il ruolo dell'attuale Patto educativo di corresponsabilità → Parte III, Cap. 5, par. 4.1).

Una scuola pubblica ha senz'altro bisogno di dialogare con le famiglie, senza però sottomettersi alle esigenze particolaristiche dei propri utenti, al punto da consentire interventi nelle metodologie o nei contenuti didattici. Gli insegnanti dovrebbero in primo luogo aiutare le famiglie a migliorare le loro aspirazioni per i figli, stimolandoli così verso il successo scolastico, e dovrebbero poi curare i rapporti indiretti tra la scuola e la famiglia, come ad esempio le comunicazioni scritte ma, soprattutto, l'immagine dell'ambiente scolastico che il bambino trasmette in famiglia, al fine da avviare un rapporto sereno e aperto, concentrato sui bisogni educativi e formativi dei figli.

2.1 La famiglia e i suoi modelli educativi

I differenti **modelli familiari** si ripercuotono in maniera evidente sugli stimoli che vengono dati al bambino in direzione dell'istruzione e della formazione; lo stesso rapporto tra genitori e figli tende a cambiare in base ai valori sociali di riferimento.

In generale, è possibile individuare almeno **tre modelli educativi parentali**, che producono diverse dimensioni dei comportamenti infantili (ne abbiamo già accennato al Cap. 1, par. 4.3, Parte II), vale a dire:
— uno **stile repressivo**, che valorizza l'obbedienza, la tradizione e il rispetto dell'ordine e che provoca ripercussioni negative sulla socializzazione dei figli, con assenza di creatività, di autonomia e di competenza sociale;
— uno **stile indulgente** e **permissivo**, che si mostra tollerante nei confronti delle richieste dei figli, evitando restrizioni e castighi, ma al tempo stesso esigente

nei confronti delle aspettative di maturazione e di responsabilità e che può generare atteggiamenti ribelli e comportamenti aggressivi, non facilitando in tal modo il conseguimento dell'autonomia personale, della consapevolezza e della responsabilità;
— infine, uno **stile autorevole** ma basato sulla reciprocità, democratico, in cui i genitori partono dalla considerazione che nella famiglia esistono diritti e doveri per tutti e si mostrano sensibili alle necessità e alle richieste dei figli, cercando però di stimolarli a soddisfare anche le loro esigenze di adulti. I genitori si mostrano in questo caso fermi e decisi in merito a **regole** e **obblighi**, specificandone però la necessità attraverso il **dialogo** e il **ragionamento**, stimolando, cioè, il confronto e la comunicazione. Quest'ultimo stile si mostra in genere molto valido e comporta conseguenze decisamente positive nel processo di socializzazione dei figli, favorendo l'autostima e l'autocontrollo, il senso di iniziativa personale e di responsabilità, come pure la curiosità e la risolutezza. Ciò determina una particolare attitudine verso il **vivere sociale** e una spiccata **competenza cognitiva**, di controllo e di attenzione. In effetti, se le regole non sono arbitrarie, ma razionali e giustificate, hanno effetti positivi sulla socializzazione infantile, mentre la permissività totale o l'autoritarismo irrazionale danno risultati negativi.

In genere se le modalità di socializzazione familiare e scolastica tendono a convergere, le probabilità di una buona riuscita scolastica sono decisamente migliori.

3 L'apprendimento formale, non formale e informale

Si distinguono **tre diverse categorie fondamentali di apprendimento**:
— l'**apprendimento formale** che si svolge negli istituti d'istruzione e di formazione, è progettato in termini di obiettivi di apprendimento, tempi e risorse, e porta all'ottenimento di diplomi e di qualifiche riconosciute. L'apprendimento formale è *intenzionale* da parte dello studente;
— l'**apprendimento non formale** che si svolge al di fuori delle principali strutture d'istruzione, viene svolto da organizzazioni o servizi istituiti a complemento dei sistemi formali (quali corsi d'istruzione artistica, musicale, sportiva e di lingue o corsi privati per la preparazione degli esami). Anche l'apprendimento non formale è *intenzionale* dal punto di vista dello studente;
— l'**apprendimento informale** è il corollario naturale della vita quotidiana (è legato al lavoro, alla famiglia e al tempo libero). Contrariamente all'apprendimento formale e non formale, esso non è necessariamente intenzionale e può pertanto non venire riconosciuto a volte dallo stesso interessato, come apporto alle sue conoscenze e competenze.

Con l'espressione «**educazione informale**» si intende, dunque, un tipo di intervento educativo extrascolastico caratterizzato da elementi formativi non programmati in partenza, e quindi legati alle occasioni che si verificano, anche casualmente, nella vita quotidiana. Questo modello per lungo tempo è stato considerato inferiore rispetto a quello basato sull'**istruzione formale**, cioè su quel tipo di azione educativa (di Scuola e Università) che prevede una programmazione consapevole e intenzionale del processo formativo. Ciò ha fatto sì che qualsiasi attività non svolta nell'ambito scolastico venisse considerata come un semplice accessorio nel percorso formativo dell'individuo. Certo, è piuttosto evidente che di fronte alla precisa identità che possiede la scuola nella nostra società, la formazione extrascolastica appare tuttora un luogo dagli incerti confini.

Tuttavia, risulta importante sottolineare che se proviamo a riflettere in un'ottica globale — l'unica utile per comprendere una società complessa come quella contemporanea — essa può diventare un'area fondamentale in cui sono chiamati ad agire tutti gli educatori.

La cosiddetta **extra-scuola** fa riferimento principalmente a un'educazione gestita da famiglie, agenzie di formazione territoriali, associazioni culturali e sportive, da gruppi autonomi, da comunità di ambito religioso, da partiti o movimenti politici che svolgono compiti educativi eterogenei che vanno dal recupero scolastico alla prevenzione del disagio sociale, dall'organizzazione del tempo libero alla cooperazione internazionale e molto altro.

Si capisce così come, sempre di più, alla formazione generale dell'individuo concorrono, oltre alla scuola tradizionale, anche altri ambiti: tutto ciò permette di delineare un'idea di **formazione permanente**, vale a dire una dimensione educativa in cui viene posto l'accento su molteplici percorsi personali basati sulla continuità e varietà dell'apprendimento in tutto il corso della vita.

La coscienza dell'importanza dell'educazione extrascolastica è cresciuta negli ultimi anni simmetricamente alla scoperta che la maggior parte degli apprendimenti avviene attualmente al di fuori della scuola attraverso i *media*: basti pensare all'influsso esercitato dalla **televisione** prima e da **Internet** poi, le due grandi rivoluzioni del mondo contemporaneo.

In sintesi

- **Interazione con l'ambiente**: nei processi di apprendimento, come in tutti gli aspetti della vita dell'individuo, non si può non considerare che un soggetto è sempre in posizione di interattività con l'ambiente che lo circonda. Dunque, nella didattica, oltre che far riferimento ai saperi e agli strumenti specifici per l'educazione, si deve tener conto della comunità sociale in cui vive l'allievo (famiglia e scuola soprattutto). Per Bronfenbrenner l'individuo e l'ambiente interagiscono e crescono nel corso della loro interazione: il comportamento di un individuo modifica il sistema di cui fa parte e a sua volta il sistema influenza l'individuo.
- **Collaborazione scuola-famiglia**: il rapporto tra genitori e insegnanti è oggi quanto mai complesso, in alcuni casi è di vera e propria contrapposizione, ma per la riuscita dei processi educativi è fondamentale prevedere delle forme di collaborazione tra scuola e famiglia, attraverso progetti di interazione.
- **Apprendimento formale**: apprendimento intenzionale che si svolge in istituti di istruzione e formazione, come scuole e Università. Porta all'ottenimento di diplomi e qualifiche riconosciuti.
- **Apprendimento non formale**: apprendimento intenzionale che si svolge presso organizzazioni che elargiscono corsi di istruzione artistica, musicale, sportiva etc. complementari ai sistemi formali.
- **Apprendimento informale**: sulla formazione generale dell'individuo incidono non solo l'*educazione formale* (di scuola, università etc.) ma anche forme di *educazione informale* che si esplicano lungo tutto l'arco della vita in ambito lavorativo, familiare e sociale che a volte e in certi contesti dipendono dai media (televisione, Internet, social).

5
Lingua straniera e CLIL

1 Cittadinanza europea e conoscenza delle lingue

La conoscenza delle lingue straniere è ormai diventata indispensabile per svolgere ogni attività di studio o di lavoro e per sentirsi partecipi come cittadini attivi all'interno dell'Unione Europea. La conoscenza delle lingue straniere diventa un veicolo essenziale anche per i contatti con il resto del mondo sempre più globalizzato, dove è necessario imparare a convivere e a collaborare in maniera costruttiva con culture diverse da quella di appartenenza.

Le più recenti riforme che hanno inciso sul mondo della scuola (da ultimo la L. 107/2015) prevedono un **potenziamento della didattica delle lingue straniere** e si pongono come obiettivo l'apprendimento di lingue differenti da quella madre fin dalla scuola dell'infanzia.

In funzione dei cambiamenti previsti nel sistema scolastico, si rendono necessari per tutto il personale docente una definizione, un *aggiornamento e una riqualificazione del proprio profilo professionale*, in modo da rispondere in maniera adeguata ai nuovi cicli di insegnamento.

Anche nel resto d'Europa, gli studenti iniziano ad apprendere le lingue straniere sempre più precocemente: nella maggior parte dei paesi, lo studio della seconda lingua inizia fra i 6 e i 9 anni. Dal 2004/05 al 2014/15, la percentuale di studenti iscritti nella scuola primaria che non impara una lingua straniera è scesa dal 32,5% al 21,8%. Va anche sottolineato che un numero sempre più elevato di studenti in Europa impara *due lingue straniere*.

L'**inglese** è di gran lunga la lingua straniera più insegnata in quasi tutti i paesi, iniziando dalla scuola primaria. Nella maggior parte dei nazioni europee, l'inglese è seguito dal *tedesco* o dal *francese*, come seconda lingua straniera più diffusa. Lo *spagnolo* si attesta alla terza o quarta posizione fra le lingue più insegnate in un significativo numero di paesi, specialmente a livello secondario superiore. Lo stesso vale per l'*italiano* ma in un numero più basso di paesi. Il *russo* è la seconda lingua più insegnata in Lettonia e in Lituania dove vivono grandi comunità di russofoni, e anche in Bulgaria nell'istruzione secondaria inferiore. Pochissimi studenti imparano lingue diverse da inglese, francese, spagnolo, tedesco o russo.

La percezione da parte degli studenti dell'utilità di una lingua è un fattore che favorisce l'apprendimento e *l'inglese è considerato di gran lunga la lingua più utile*. La percezione che gli studenti hanno dell'utilità delle lingue che imparano può chiaramente contribuire ad aumentare la loro motivazione. In 15 dei paesi e delle regioni coperti dall'*Indagine europea sulle competenze linguistiche* (ESLC) del 2011, la percentuale media degli studenti che considera utile imparare l'inglese per il proprio futuro professionale è più alta della percentuale di coloro che considerano l'inglese utile per la vita personale. Queste percentuali scendono in maniera piuttosto significativa nel caso delle altre lingue.

Nel corso degli anni, l'insegnamento delle lingue è stato uno dei principali campi di indagine della pedagogia: discipline come la linguistica, la sociolinguistica, la psicologia e le scienze dell'educazione, hanno contribuito a fornire nuove strutture didattiche e tecniche di insegnamento.

Le linee guida per l'insegnamento delle lingue straniere sottolineano l'importanza di tutte le competenze di comunicazione *ma in classe la lingua target è poco usata da insegnanti e studenti*. I curricoli di una dozzina di paesi o di regioni raccomandano agli insegnanti di puntare sulle **competenze orali**, come ascoltare e parlare, all'inizio dell'insegnamento delle lingue straniere agli alunni più giovani. Alla fine dell'istruzione obbligatoria, tuttavia, quasi tutti i curricoli danno la stessa importanza a tutte e *quattro le competenze di comunicazione*, e cioè *ascoltare, parlare, leggere e scrivere*. La realtà dei fatti dimostra che più input ricevono gli studenti, più alto è il rendimento. Ciò nonostante, in quasi tutti i paesi o le regioni partecipanti all'ESLC, gli studenti sostengono che i loro docenti non usano regolarmente la lingua straniera che insegnano in classe, ma si limitano a usarla solo occasionalmente o, nella migliore delle ipotesi, spesso ma non sempre.

2 Il Quadro Comune Europeo di Riferimento (QCER)

Negli ultimi decenni l'implementazione e la certificazione della conoscenza delle lingue straniere dei cittadini europei è diventato un obiettivo prioritario anche per l'Unione europea e in tale prospettiva sono stati messi a punto vari strumenti, di cui il più importante è il **Quadro Comune Europeo di Riferimento per la conoscenza delle lingue (QCER)**, corrispondente all'inglese *Common European Framework of Reference for Languages (CEFR)*.

Quest'ultimo è un sistema descrittivo che viene usato per *indicare il livello di conoscenza conseguito da chi studia una lingua straniera continentale*. Tale sistema è stato messo a punto negli anni Novanta dal Consiglio d'Europa, come parte principale del progetto *Language Learning for European Citizenship* (Apprendimento delle Lingue per la Cittadinanza Europea), e si propone di fornire un metodo di accertamento delle conoscenze linguistiche applicabile a tutte le lingue del vecchio continente.

I **sei livelli di riferimento** in cui il QCER si articola (A1, A2, B1, B2, C1 e C2) sono ormai i parametri utilizzati in quasi tutti i Paesi d'Europa per valutare il livello di competenza linguistica individuale e sono sempre più numerosi gli **enti certificatori** delle varie lingue europee che adottano tali denominazioni per le certificazioni da essi rilasciate o, in alternativa, forniscono tabelle di conversione tra le denominazioni dei propri livelli e quelle «standard» del *Quadro Comune di Riferimento*.

Il QCER divide i livelli di competenza in **tre ampie fasce** (*Base*, *Autonomia* e *Padronanza*), articolate a loro volta in due livelli ciascuna. Per ciascuno dei **sei livelli complessivi** viene descritto ciò che un individuo è in grado di fare in dettaglio nei diversi ambiti di competenza: **comprensione scritta**, **comprensione orale**, **produzione scritta** e **produzione orale**.

	BASE
A1	LIVELLO BASE. Comprende e usa espressioni di uso quotidiano e frasi basilari tese a soddisfare bisogni di tipo concreto. Sa presentare se stesso/a e gli altri ed è in grado di fare domande e rispondere su particolari personali come dove abita, le persone che conosce e le cose che possiede. Interagisce in modo semplice purché l'altra persona parli lentamente e chiaramente e sia disposta a collaborare.
A2	LIVELLO ELEMENTARE Comprende frasi ed espressioni usate frequentemente relative ad ambiti di immediata rilevanza (Es. informazioni personali e familiari di base, fare la spesa, la geografia locale, l'occupazione). Comunica in attività semplici e di routine che richiedono un semplice scambio di informazioni su argomenti familiari e comuni. Sa descrivere in termini semplici aspetti del suo background, dell'ambiente circostante, sa esprimere bisogni immediati.
	AUTONOMIA
B1	LIVELLO PRE-INTERMEDIO O DI SOGLIA Comprende i punti chiave di argomenti familiari che riguardano la scuola, il tempo libero etc. Sa muoversi con disinvoltura in situazioni che possono verificarsi mentre viaggia nel paese in cui si parla la lingua. È in grado di produrre un testo semplice relativo ad argomenti che siano familiari o di interesse personale. È in grado di descrivere esperienze ed avvenimenti, sogni, speranze e ambizioni e spiegare brevemente le ragioni delle sue opinioni e dei suoi progetti.
B2	LIVELLO INTERMEDIO Comprende le idee principali di testi complessi su argomenti sia concreti che astratti, comprese le discussioni tecniche nel suo campo di specializzazione. È in grado di interagire con una certa scioltezza e spontaneità che rendono possibile un'interazione naturale con i parlanti nativi senza sforzo per l'interlocutore. Sa produrre un testo chiaro e dettagliato su un'ampia gamma di argomenti e spiegare un punto di vista su un argomento fornendo i pro e i contro delle varie opzioni.
	PADRONANZA
C1	LIVELLO POST INTERMEDIO O DI EFFICIENZA AUTONOMA Comprende un'ampia gamma di testi complessi e lunghi e ne sa riconoscere il significato implicito. Si esprime con scioltezza e naturalezza. Usa la lingua in modo flessibile ed efficace per scopi sociali.
C2	LIVELLO AVANZATO O DI PADRONANZA DELLA LINGUA IN SITUAZIONI COMPLESSE Comprende con facilità praticamente tutto ciò che sente e legge. Sa riassumere informazioni provenienti da diverse fonti sia parlate che scritte, ristrutturando gli argomenti in una presentazione coerente. Sa esprimersi spontaneamente, in modo molto scorrevole e preciso, individuando le più sottili sfumature di significato in situazioni complesse.

3 L'apprendimento multilinguistico nella scuola italiana

La scuola italiana già da molti anni si sta orientando per stimolare l'apprendimento multilinguistico e per sviluppare le competenze non solo linguistiche ma anche interculturali degli studenti.

Il maggior impulso è stato dato dalla **Riforma Moratti** che ha previsto per le lingue straniere, «l'alfabetizzazione in almeno una lingua dell'Unione europea oltre alla lingua italiana» **a partire dalle prime classi nella scuola primaria** e l'introduzione di una **seconda lingua straniera (L2) nella scuola secondaria di primo grado** (art. 2 L. 53/2003).

Il D.Lgs. n. 59/2004 relativo al primo ciclo ha però imposto solo lo studio dell'*inglese nella scuola primaria*; la scelta di un'altra lingua è concessa solamente nella scuola secondaria di primo grado e comunque come seconda lingua rispetto all'inglese.

Di questa seconda lingua ci si dimentica però nella scuola secondaria di secondo grado: l'annunciata adesione alla Raccomandazione europea relativa alle competenze chiave, che prevede la padronanza di più lingue straniere, viene quindi contraddetta dal riferimento esclusivo a una sola lingua.

L'Italia è tra i 14 paesi europei che hanno imposto **l'inglese come lingua obbligatoria**. L'inglese è peraltro quasi sempre la prima lingua straniera studiata, in quanto appunto imposta nella scuola primaria. Questa scelta culturale che alcuni considerano discutibile, nasce ovviamente dall'uso ormai prevalente dell'inglese come lingua della globalizzazione. Non è un caso, infatti, che l'idioma anglofono sia insegnato al 90% degli alunni in tutta Europa, soprattutto nella scuola primaria.

Riportiamo qui di seguito uno stralcio delle **Indicazioni nazionali per il curricolo della scuola dell'infanzia e del primo ciclo d'istruzione** (2012) relativo alle competenze linguistiche.

«LINGUA INGLESE» E SECONDA LINGUA COMUNITARIA

L'apprendimento della lingua inglese e di una seconda lingua comunitaria, oltre alla lingua materna e di scolarizzazione, permette all'alunno di sviluppare una competenza plurilingue e pluriculturale e di acquisire i primi strumenti utili ad esercitare la cittadinanza attiva nel contesto in cui vive, anche oltre i confini del territorio nazionale.

La **consapevolezza della cittadinanza europea attraverso il contatto con due lingue comunitarie**, lo sviluppo di un repertorio diversificato di risorse linguistiche e culturali per interagire con gli altri e la capacità di imparare le lingue concorrono all'educazione plurilingue e interculturale, nell'ottica dell'educazione permanente. Accostandosi a più lingue, l'alunno impara a riconoscere che esistono differenti sistemi linguistici e culturali e diviene man mano consapevole della varietà di mezzi che ogni lingua offre per pensare, esprimersi e comunicare.

Per facilitare i processi che rendono possibili questi risultati è necessario che **all'apprendimento delle lingue venga assicurata sia trasversalità in «orizzontale», sia continuità in «verticale»**. Attraverso la progettazione concordata degli insegnamenti d'italiano, delle due lingue straniere e di altre discipline si realizza la trasversalità in orizzontale come area di intervento comune per lo sviluppo linguistico-cognitivo. La continuità verticale si realizza dalla scuola primaria alla scuola secondaria di primo grado mediante la progressione degli obiettivi relativi alle diverse competenze e lo sviluppo delle strategie per imparare le lingue.

Per quanto riguarda la **lingua inglese nella scuola primaria**, l'insegnante terrà conto della maggiore capacità del bambino di appropriarsi spontaneamente di modelli di pronuncia e intonazione per attivare più naturalmente un sistema plurilingue. Tale processo integrerà elementi della nuova lingua nel sistema della lingua madre, della lingua di scolarizzazione e di eventuali altre lingue in possesso dell'alunno, ampliandone e differenziandone implicitamente le varie componenti linguistiche (aspetti fonico-acustici, articolatori, sintattici e semantici). Al fine dell'educazione plurilingue e interculturale potranno essere utili esperienze di sensibilizzazione a lingue presenti nei repertori linguistici di singoli alunni.

Nella **scuola secondaria di primo grado** l'insegnante guiderà l'alunno a riconoscere gradualmente, rielaborare e interiorizzare modalità di comunicazione e regole della lingua che egli applicherà in modo sempre più autonomo e consapevole, nonché a sviluppare la capacità di riflettere sugli usi e di scegliere tra forme e codici linguistici diversi quelli più adeguati ai suoi scopi e alle diverse situazioni.

Rispetto alla seconda lingua comunitaria che viene introdotta nella scuola secondaria di primo grado, l'insegnante terrà conto delle esperienze linguistiche già maturate dall'alunno per ampliare l'insieme delle sue competenze. Nella prospettiva dell'educazione plurilingue, la nuova lingua dovrà essere considerata come una opportunità di ampliamento e/o di approfondimento del repertorio linguistico già acquisito dall'alunno e come occasione per riutilizzare sempre più consapevolmente le strategie di apprendimento delle lingue.

4 Le competenze linguistiche dei docenti

In questo contesto scolastico e sociale la conoscenza di una lingua straniera diventa quindi fondamentale per qualsiasi insegnante, a prescindere dall'ordine e grado di scuola e della materia insegnata. L'approccio alle risorse di approfondimento online, spesso in lingua straniera, se è tendenzialmente «familiare» agli studenti, diventa dovuto anche per i docenti tutti.

La professionalità del docente necessita, infatti, di approfondire non solo le conoscenze disciplinari e didattiche ma di utilizzare tutti gli *strumenti che Internet offre di supporto per la didattica delle discipline anche in lingua straniera*, di comunicare e collaborare in maniera proficua con colleghi ed esperti lontani, di partecipare a dibattiti e seminari su temi di interesse anche attraverso *webinar* (seminari online).

Senza contare l'incremento della metodologia CLIL (*Content and Language Integrated Learning* - apprendimento integrato di contenuto e lingua) ormai definitivamente introdotta nella scuola secondaria di secondo grado.

Ecco perché sono sempre più frequenti i **programmi di formazione per i docenti** per l'apprendimento e l'approfondimento di una lingua straniera ed ecco anche il perché dell'accertamento della conoscenza di una lingua straniera comunitaria a livello B2 del QCER richiesto nelle prove selettive dei nuovi concorsi a cattedra.

5 Il Content and Language Integrated Learning (CLIL)

Nel 2012 il Rapporto Eurydice *Keydata on Languages at School in Europe* e la Raccomandazione della Commissione Europea *Rethinking Education* (2012) hanno definito la competenza linguistica in lingua straniera una **dimensione chiave per la modernizzazione dei sistemi di istruzione europei**: in questo processo di rinnovamento degli apprendimenti linguistici la **metodologia CLIL** è considerata il motore del miglioramento dei curricoli scolastici.

Il termine **CLIL** (*Content and Language Integrated Learning* - apprendimento integrato di contenuto e lingua) fu coniato nel 1994, per indicare un approccio, sviluppato a partire dagli anni Sessanta, per *potenziare l'insegnamento/apprendimento di una seconda lingua, utilizzandola come veicolo per l'apprendimento di altri contenuti*. Si tratta di una **metodologia didattica innovativa**, introdotta obbligatoriamente negli ordinamenti dei licei e degli istituti tecnici italiani con la **riforma Gelmini**, che consiste nel *trasmettere contenuti non linguistici in una lingua straniera, al fine di favorire l'apprendimento sia dei contenuti disciplinari, sia della lingua stessa*. È una metodologia quindi che si inserisce nell'ambito della competenza chiave «imparare ad imparare», in quanto è destinata non solo ad imparare una lingua, ma ad imparare a usarla per imparare altro.

Nell'«immersione linguistica» del CLIL, una o più **discipline non linguistiche** (storia, geografia, scienze, arte etc.) vengono apprese servendosi di una seconda lingua (indicata come *target*), diversa dalla lingua materna degli alunni.

Il docente CLIL deve possedere, quindi, competenze linguistiche e comunicative nella lingua straniera veicolare, di **livello C1**, oltre a competenze metodologico-didattiche acquisite al termine di un corso di perfezionamento universitario del valore di 60 CFU per i docenti in formazione iniziale e di 20 CFU per i docenti in servizio.

L'introduzione del CLIL è stata graduale: nel 2013 hanno debuttato i licei linguistici, dove il CLIL è obbligatorio già a partire dal terzo anno, mentre a partire dall'anno scolastico 2014-2015, materie come storia dell'arte, scienze, matematica, filosofia possono essere insegnate, per una parte delle ore curricolari in base alle decisioni prese dalla singola istituzione scolastica, in una lingua diversa da quella madre, anche nelle classi finali di tutti i licei e istituti tecnici. In particolare, per questi ultimi, la **disciplina non linguistica (DNL)** deve essere **caratterizzante l'indirizzo**, cioè deve essere compresa nell'area di indirizzo del quinto anno, e deve essere insegnata obbligatoriamente in lingua inglese; mentre per i licei, si tratta genericamente di una disciplina non linguistica da insegnare in una lingua straniera.

Dall'anno scolastico 2014-2015, il riordino della **secondaria di II grado** è andato a regime su tutte e cinque le classi e sono diventate operative quindi le norme inserite nei Regolamenti di riordino (D.P.R. 88 e 89/2010) che prevedono l'**obbligo, nel quinto anno, di insegnare una disciplina non linguistica (DNL) in lingua straniera secondo la metodologia CLIL** (ricordiamo che per discipline non linguistiche si devono intendere tutte le discipline, tranne l'italiano).

Dunque, l'insegnamento di una disciplina con il CLIL è previsto nell'ultimo anno dei licei e degli istituti tecnici (non è previsto espressamente per i professionali), mentre nei *licei linguistici* è previsto già dal terzo anno e, dal quarto anno in poi, le discipline non linguistiche per le quali è previsto il CLIL diventano due.

I **vantaggi** di questa metodologia di apprendimento per gli studenti sono evidenti:

1. utilizzo immediato della lingua come strumento comunicativo;
2. utilizzo della lingua in contesti concreti, integrando le abilità di ricezione, produzione e interazione;
3. possibilità di utilizzare abilità, conoscenze e competenze di altre discipline, ossia tutti i canali di apprendimento non solo quello linguistico;
4. possibilità di conseguire standard formativi elevati;
5. opportunità di apprendere una disciplina unitamente all'acquisizione di un'altra lingua;
6. aumento della competenza linguistica dei cittadini nelle lingue non materne;
7. spendibilità delle competenze linguistiche acquisite durante le attività della vita quotidiana;
8. maggiori possibilità in campo lavorativo;
9. possibilità di acquisire competenze aggiuntive oltre a quelle comunicative in lingua.

La metodologia CLIL, applicata nell'ultimo anno della scuola secondaria di secondo grado, ha anche lo scopo di favorire la **spendibilità delle competenze in ambito internazionale** e potenziare, nello studente, la capacità di comunicazione interculturale sul piano delle abilità e della professione.

Nell'ambito dell'autonomia organizzativa delle istituzioni scolastiche, i percorsi CLIL possono essere attivati con la **condivisione delle conoscenze** tra i docenti, l'utilizzo di **tecnologie multimediali** e di **tecniche comunicative multimodali**, il supporto di libri di testo corredati di materiali e schede didattiche in lingua veicolare etc.

Possono anche essere promossi incontri tra scuole o reti di scuole, sia in presenza, sia a distanza, allo scopo di condividere competenze ed esperienze. Nella Nota MIUR n. 4969 del 25 luglio 2014, vengono citate, ad esempio, la **didattica a classi aperte** (il coinvolgimento di più classi o gruppi classe) e l'utilizzo di **insegnamenti a distanza** (lezioni condotte da docenti esperti anche di altre scuole italiane o straniere), che possono rappresentare utili strategie organizzative, funzionali all'ampliamento di percorsi formativi CLIL all'interno della scuola.

Quanto alla scelta della disciplina da insegnare con metodologia CLIL, essa è **demandata agli istituti scolastici**, fermo restando l'obiettivo di arrivare a coprire il 50% delle ore in tutti gli indirizzi in maniera graduale e in base alle competenze e alle necessità delle singole scuole.

Nel testo della Nota n. 4969 viene, poi, precisato che, laddove ci fosse una **totale assenza di docenti di DNL** in possesso delle necessarie competenze linguistiche e metodologiche all'interno dell'organico dell'istituzione scolastica, «*si raccomanda lo sviluppo* *di progetti interdisciplinari in lingua straniera nell'ambito del Piano dell'Offerta Formativa, che si avvalgano di strategie di collaborazione e cooperazione all'interno del Consiglio di classe, organizzati con la sinergia tra docenti di disciplina non linguistica, il docente di lingua straniera e, ove presenti, il conversatore di lingua straniera e eventuali assistenti linguistici. Resta inteso che gli aspetti formali correlati alla valutazione rimangono di competenza del docente di disciplina non linguistica».*

5.1 La formazione dei docenti

Il Ministero ha provveduto anche a predisporre misure per la **formazione dei docenti per le competenze richieste dal CLIL**: con D.M. 30-9-2011 si sono, infatti, definite caratteristiche e modalità di attuazione del percorso universitario finalizzato alla certificazione delle competenze relative all'insegnamento in lingua straniera di una disciplina non linguistica. I docenti che, quindi, intendono insegnare la propria disciplina secondo la metodologia CLIL, hanno la possibilità di seguire corsi di formazione presso le Università.

Il Decreto Direttoriale 16-4-2012, n. 6 ha definito gli aspetti caratterizzanti dei *corsi di perfezionamento* (del valore di 20 crediti formativi) per l'insegnamento con la metodologia CLIL rivolti ai docenti in servizio nei licei e negli istituti tecnici. In base a questa specifica, ai corsi possono accedere i docenti che siano in possesso, in alternativa, di:

— **certificazioni** nella lingua straniera oggetto del corso almeno di livello C1 di cui al Quadro Comune Europeo di Riferimento per le Lingue (QCER);
— **competenze** linguistiche certificate, di livello B2 del QCER, iscritti e frequentanti un corso di formazione per conseguire il livello C1 del QCER.

Il candidato che supera l'esame finale ottiene un *certificato attestante le acquisite competenze per l'insegnamento di una disciplina non linguistica in lingua straniera.* Ruolo importante viene rivestito in questa fase dai *dirigenti scolastici,* che hanno il compito di individuare i docenti con le più elevate competenze sia linguistiche sia metodologiche, come dal *Collegio docenti,* che invece ha il compito di definire i criteri per l'individuazione delle discipline da destinare all'insegnamento secondo la metodologia CLIL.

5.2 La progettazione di un modulo CLIL

In generale, con la metodologia CLIL l'approccio linguistico incontra tra gli allievi minori resistenze grazie a elementi quali:

— il ricorso a simulazioni e a contesti accattivanti;
— l'introduzione di elementi integrati nel processo cognitivo;
— la possibilità di confrontarsi e applicare immediatamente le informazioni ottenute;
— il ricorso a situazioni che rispecchiano temi disciplinari interessanti;
— il ruolo attivo e autonomo dello studente;
— l'applicazione del *problem solving*;

— l'utilizzo di risorse metacognitive anche per imparare a valorizzare, rielaborare e canalizzare in modo critico e logico le funzioni linguistiche.

In sintesi, l'obiettivo principale è quello di sollecitare curiosità e approfondimenti attraverso un approccio trasversale e creativo; *dal sapere al saper fare; dalle nozioni alle azioni; dalle conoscenze alle competenze*.

Nella didattica CLIL, si utilizzano, perciò, **learning object** riguardanti diverse tematiche scientifiche corredate da specifiche tipologie di esercitazioni e da lavori su testi, immagini, animazioni, video che rappresentano il tema trattato e trascrizioni *(transcript)* dell'audio in versione stampabile, mappe concettuali etc.

Per **progettare un modulo CLIL** bisogna:
— individuare gli argomenti interdisciplinari più adatti in funzione dell'età degli alunni, della classe, delle loro competenze linguistiche, dei prerequisiti disciplinari/linguistici e le competenze chiave necessarie;
— individuare le discipline coinvolte (es. scienze, storia, geografia, inglese etc.)
— individuare il tema, i tempi, gli obiettivi linguistici e disciplinari, le strategie comunicative che il docente dovrà utilizzare;
— individuare le sequenze di lavoro, le risorse (bibliografia, sitografia etc.) e i materiali;
— definire le modalità di lavoro (attività individuali, di gruppo, problem solving, raccolta informazioni, osservazione e classificazione dei materiali etc.) e i materiali da produrre (disegni, cartelloni, booklet, blog, sito web etc.);
— definire le modalità di verifica, valutazione e autovalutazione.

MODELLO DI PROGETTAZIONE CLIL

Proponiamo qui di eseguito, a titolo meramente esemplificativo un **modello CLIL di Chimica dei materiali**.

Titolo: The rock - La pietra come materiale per l'arte

Destinatari: classe Quarta Liceo Artistico

Discipline: Chimica dei materiali, Inglese

Durata: 2 ore

Obiettivi specifici di apprendimento:
— conoscere le principali caratteristiche dei materiali pietrosi;
— conoscere la genesi dei materiali lapidei;
— saper applicare le conoscenze delle caratteristiche fisico-chimiche dei materiali lapidei in ambito artistico;
— saper **rielaborare e canalizzare in modo critico e logico le funzioni linguistiche**.

Metodologie didattiche: lezione partecipata, cooperative learning per l'individuazione di parole chiave

Sussidi didattici: mappe concettuali in inglese, computer o LIM per la ricerca di materiali in lingua

Corpo della lezione:

Rocks
Rock is an aggregate of minerals and/or mineraloids. The Earth's outer solid layer (lithosphere), is made of rock. There are three types of rocks: igneous, sedimentary, and metamorphic.

Petrology is the scientific study of rocks. Rocks are classified:
— by mineral and chemical composition;
— by the texture of the constituent particles;
— by the processes that formed them.

These indicators separate rocks into igneous, sedimentary and metamorphic.

Igneous rocks are formed when molten magma cools. They are divided into two main categories:
— plutonic or intrusive rocks → magma cools and crystallizes slowly within the Earth's crust;
— volcanic or extrusive rocks → magma reaches the surface either as lava or fragmental ejecta (pumice and basalt).

Sedimentary rocks are formed by deposition of clastic sediments, organic matter, chemical precipitates (evaporites). Particulate matter and cementation compact during diagenesis. Sedimentary rocks form at or near the Earth's surface. Mud rocks comprise 65% (mudstone, shale and siltstone); sandstones 20 to 25% and carbonate rocks 10 to 15% (limestone and dolostone).

Metamorphic rocks are formed by subjecting any rock type to high temperature and pressure.
These temperatures and pressures are always higher than those at the Earth's surface. They change the original minerals into other mineral types or else into other forms of the same minerals (for example by recrystallisation).
The three classes of rocks – the igneous, the sedimentary and the metamorphic – are subdivided into many groups. There are, however, no boundaries between allied rocks. By increase or diminution in the proportions of their constituent minerals, they pass by every gradation into one another. Therefore the definitions correspond to selected points in a graduated series.
Rocks have had a great importance in the technological advancement of the human race. Rocks have been used by Homo sapiens and other hominids for more than 2 million years. The mining of rocks has been one of the most important factors of human advancement. It has progressed at different rates in different places because of the kind of metals found in that region.
The prehistory and history of civilization is classified into the Stone Age, Bronze Age, and Iron Age. Rock is still used to construct buildings and infrastructure. When used for these purposes, rocks are called dimension stone.

Verifiche finali

Activities
True (T) or False (F)?

- T F 1. The «lithosphere», the Earth's outer solid layer, is made of rock.
- T F 2. Petrology is an essential component of geology.
- T F 3. Plutonic or intrusive rocks result when magma heats and crystallizes slowly within the Earth's crust.
- T F 4. Volcanic or extrusive rocks result from magma reaching the surface either as lava or fragmental ejecta.
- T F 5. Sedimentary rocks form far away from the Earth's surface.
- T F 6 Metamorphic rocks are formed by subjecting any rock type to different temperature and pressure conditions.
- T F 7 Igneous rocks are formed when molten magma heats.
- T F 8 Lithic technology marks some of the oldest and continuously used technologies.

Tick the correct answer

1. **In general rocks are of:**
   a) two types.
   b) three types.
   c) four types.

2. **Igneous rocks are divided into:**
   a) two main categories.
   b) three main categories.
   c) four main categories.

3. **Rocks have been used by Homo sapiens and other hominids for:**
   a) more than 1 million years.
   b) more than 2 million years.
   c) more than 3 million years.

Complete the sentences with the correct word
1. Rocks have had a huge impact on the cultural and .... advancement of the human race.
2. In geology, rock is a naturally occurring aggregate of ....and/or mineraloids.
3. Rocks are classified: by mineral and ....composition; ....of the constituent particles; .... that formed them.
4. Sedimentary rocks are formed by deposition of ....sediments.
5. Sedimentary rocks are also formed by organic ...., or chemical precipitates.
6. The temperatures and pressures are always .... than those at the Earth's surface.
7. The prehistory and history of civilization is classified into the Stone Age, ...Age, and Iron Age.
8. Nowadays rock continue to be used to construct .... and infrastructure.

In sintesi

- **Didattica delle lingue straniere**: le più recenti riforme della scuola hanno previsto un potenziamento della didattica delle lingue straniere che si pongono come obiettivo l'apprendimento di lingue diverse da quella madre, sin dalla scuola dell'infanzia. Ciò è stato fortemente incentivato dai programmi dell'Unione europea sulle competenze linguistiche dei cittadini comunitari.

- **Quadro comune europeo di riferimento (QCER)**: è un sistema descrittivo messo a punto negli anni Novanta dal Consiglio d'Europa, che viene usato per indicare il livello di conoscenza conseguito da chi studia una lingua straniera comunitaria. Con il QCER, che prevede sei livelli di riferimento (A1, A2, B1, B2, C1 e C2) è possibile accertare le conoscenze linguistiche dei cittadini comunitari con criteri standard validi e riconosciuti in tutta l'Unione europea.

- **Lingua inglese**: l'inglese in Italia (e così anche in altri 13 paesi dell'UE) è, nella scuola, lingua straniera obbligatoria, introdotta sin dalle prime classi della scuola primaria. Lo studio della lingua inglese è obbligatorio anche nella scuola secondaria di primo grado dove è previsto, però, lo studio di una seconda lingua straniera comunitaria (L2) a scelta.

- **CLIL**: è l'acronimo di *Content and Language Integrated Learning* (apprendimento integrato di contenuto e lingua). Sta ad indicare una metodologia didattica che consente di trasmettere contenuti non linguistici in una lingua straniera, al fine di favorire l'apprendimento sia dei contenuti disciplinari, sia della lingua stessa. È una metodologia che si inserisce nell'ambito della competenza chiave «imparare ad imparare», in quanto è destinata non solo a imparare una lingua straniera, ma a imparare a usarla per imparare altro. È obbligatoria nell'ultimo anno dei licei e degli istituti tecnici (nei licei linguistici è obbligatoria dal terzo anno).

- **Competenze linguistiche dei docenti**: a prescindere dalla disciplina insegnata, sono ora richieste a tutti i docenti competenze linguistiche in lingua straniera. La professionalità del docente necessita di approfondire non solo le conoscenze disciplinari e didattiche ma di utilizzare tutti gli strumenti che Internet offre di supporto per la didattica delle discipline, anche in lingua straniera; di relazionarsi con docenti stranieri ma anche con allievi che sempre più sviluppano nell'extra scuola le loro competenze linguistiche. Sono a tal fine previsti numerosi programmi di formazione per i docenti per l'apprendimento e l'approfondimento di una lingua straniera.

V. Gli ordinamenti didattici

Sommario Parte V

1 | Scuola dell'infanzia e scuola primaria
2 | La scuola secondaria di primo grado
3 | Il secondo ciclo di istruzione

1
Scuola dell'infanzia e scuola primaria

In quest'ultima Parte, tratteremo brevemente degli ordinamenti scolastici del sistema di istruzione italiano e delle norme che incidono sulla didattica dell'insegnante (orari, valutazione, esami etc.)[1].

1 Scuola dell'infanzia

L'ordinamento delle scuole dell'infanzia (chiamate prima della Riforma Moratti, *scuole materne*) e del primo ciclo è stato disciplinato dal **D.P.R. 89/2009** (che faceva parte del pacchetto normativo denominato Riforma Gelmini), con il quale si è provveduto ad introdurre nell'organizzazione e nel funzionamento della scuola dell'infanzia e del primo ciclo di istruzione misure di riorganizzazione e qualificazione, al fine di assicurare sia migliori opportunità di apprendimento e di crescita educativa, sia l'assolvimento dell'obbligo di istruzione.

La scuola dell'infanzia **dura tre anni** e la sua frequenza **non è obbligatoria**; le sezioni devono essere costituite con un numero di bambini non inferiore a 18 e non superiore a 26. Le sezioni di scuola dell'infanzia che accolgono alunni con disabilità sono costituite, di norma, con non più di 20 alunni, quando il bambino è un disabile grave.

L'**orario** di funzionamento della scuola dell'infanzia è stato stabilito in **40 ore settimanali**, con possibilità di estensione fino a 50 ore. Le famiglie possono chiedere la fruizione di un *tempo-scuola ridotto*, limitato alla sola fascia del mattino, per complessive **25 ore settimanali**. Tali orari sono comprensivi della quota riservata all'*insegnamento della religione*.

Le istituzioni scolastiche organizzano le attività educative per la scuola dell'infanzia con l'inserimento dei bambini in sezioni distinte a seconda dei modelli-orario scelti dalle famiglie.

La scuola dell'infanzia accoglie bambini di età compresa **fra i tre e i cinque anni**, compiuti entro il 31 dicembre dell'anno scolastico di riferimento. Su richiesta delle famiglie possono essere iscritti alla scuola dell'infanzia le bambine e i bambini che compiono tre anni di età entro il 30 aprile dell'anno scolastico di riferimento.

Le cosiddette **sezioni primavera** (*ex* L. 296/2006) con le quali, all'interno delle scuole dell'infanzia, possono essere istituite delle classi dedicate ai bambini **dai 2 ai 3 anni di età (da 24 a 36 mesi)**, costituiscono un ponte tra l'asilo nido e la scuola dell'infanzia e nascono da un accordo che viene siglato di anno in anno, in sede di Conferenza unificata Stato, Regioni e Autonomie locali, a cui seguono a livello locale le intese regionali tra Regione e Ufficio scolastico regionale.

---

[1] Per un approfondimento si veda *Legislazione scolastica*, Edizioni Simone, Napoli, 2019.

> **Espansione Web**
> *Indicazioni nazionali per la scuola dell'infanzia e il primo ciclo di istruzione*

L'approvazione definitiva delle **Indicazioni nazionali per il curricolo della scuola dell'infanzia e del primo ciclo di istruzione** è avvenuta dopo una sperimentazione durata tre anni ed ha portato al regolamento emanato con **D.M. 16-11-2012, n. 254**, che organizza le attività educative per i bambini di scuola dell'infanzia in base a cinque «campi di esperienza»:

— Il sé e l'altro
— Il corpo e il movimento
— Immagini, suoni, colori
— I discorsi e le parole
— La conoscenza del mondo.

1.1 Il Sistema integrato di educazione e istruzione 0-6 anni

Alla **scuola dell'infanzia** che accoglie bambini e bambine dai tre ai sei anni viene affidata una **funzione strategica** nel *sistema integrato di educazione e di istruzione dalla nascita fino a sei anni* introdotto con il **D.Lgs. 13-4-2017, n. 65** sulla base della delega contenuta nella L. 107/2015: essa, infatti, opera in maniera contigua con i servizi educativi per l'infanzia (i nidi), prima, e con il successivo primo ciclo di istruzione, per la necessaria *continuità* del processo educativo che è elemento imprescindibile dei servizi per la prima infanzia ma che si estende appunto a tutto il primo ciclo in un *processo unitario*.

Come si legge nella Relazione illustrativa, il *Sistema educativo 0-6 anni* è diretto a garantire «ai bambini e alle bambine pari opportunità di educazione, istruzione, cura, relazione e gioco, superando disuguaglianze e barriere territoriali, economiche, etniche e culturali», favorendo l'inclusione e ricorrendo ad un'adeguata personalizzazione ed organizzazione degli spazi.

L'articolo 2 del decreto definisce l'**organizzazione del Sistema integrato**, la cui uniformità deve essere garantita su tutto il territorio nazionale e che è articolato in:

— *servizi educativi per l'infanzia*, cioè **nido** e **micro-nido** (bambini da 3 a 36 mesi), **servizi integrativi** (spazi gioco, servizi educativi domiciliari), **sezioni primavera** (bambini da 24 a 36 mesi);
— **scuole per l'infanzia**, statali e paritarie.

Tale Sistema integrato di educazione e di istruzione, che verrà realizzato progressivamente e in funzione alla disponibilità delle risorse finanziarie e strumentali, recepisce in parte i servizi già esistenti sul territorio nazionale.

Inoltre, al fine di potenziare la ricettività dei servizi e sostenere la continuità del percorso educativo e scolastico delle bambine e dei bambini di età compresa tra tre mesi e sei anni di età, è previsto che le *Regioni*, d'intesa con gli Uffici scolastici regionali, promuovano la costituzione di **Poli per l'infanzia**, che però non saranno organismi dotati di autonomia scolastica. Essi potranno essere anche aggregati agli edifici che ospitano scuole primarie e istituti comprensivi, in modo da riunire in un unico contesto la formazione «prescolare» e quella successiva, con spazi e personale specializzato condivisi.

2 Il primo ciclo di istruzione: la scuola primaria

Il **primo ciclo di istruzione** si articola in due percorsi scolastici consecutivi e obbligatori:
1. la **scuola primaria**, della durata di cinque anni;
2. la **scuola secondaria di primo grado**, della durata di tre anni.

La **scuola primaria** (una volta chiamata *scuola elementare*), anch'essa regolata dal D.P.R. 89/2009, dura, come detto, **cinque anni** ed è articolata in:
— un **primo anno**, pensato come *continuum* con la scuola dell'infanzia;
— **due periodi didattici biennali** al termine dei quali l'alunno passa alla scuola secondaria di primo grado.

La frequenza della scuola primaria è **obbligatoria** in ottemperanza all'obbligo di istruzione disposto dal D.M. 139/2007.

Le classi di scuola primaria sono di norma costituite con un **numero di alunni non inferiore a 15 e non superiore a 26**.

Le sezioni di scuola primaria, che accolgono *alunni con disabilità*, sono costituite con **non più di 20 alunni**, limite confermato dal **D.Lgs. 66/2017** in materia di inclusione scolastica.

Sono iscritti alla scuola primaria le bambine e i bambini che compiono **sei anni** di età entro il 31 dicembre dell'anno scolastico di riferimento. Possono, altresì, essere iscritti alla scuola primaria, su richiesta delle famiglie, le bambine e i bambini che compiono sei anni di età entro il 30 aprile dell'anno scolastico di riferimento.

L'**orario scolastico** settimanale della scuola primaria è articolato su quattro modelli di durata pari a **24, 27 e fino a 30 ore**, nonché **40 ore** (**tempo pieno**): in quest'ultimo caso, qualora il numero delle domande di tempo pieno ecceda la ricettività di posti/alunno delle classi da formare, spetta ai Consigli d'istituto indicare i criteri di ammissione.

Le modalità di realizzazione del **tempo pieno** prevedono **2 insegnanti** titolari sulla stessa classe e uno specifico *progetto formativo integrato* (senza distinzione tra le attività didattiche del mattino e quelle del pomeriggio) attivabile sulla base delle disponibilità di organico assegnate all'istituto, nonché in presenza delle necessarie strutture e servizi.

Il tempo-scuola ordinario della primaria è svolto, invece, secondo il modello dell'**insegnante unico di riferimento**, attivabile a richiesta delle famiglie, che supera il precedente assetto del modulo e delle compresenze attualmente però ancora molto diffuso.

Di fatto l'insegnante, anche quando è scelto il modello dell'insegnante unico, unico non lo è mai. La L. 169/2008 aveva l'intento di restaurare il «maestro» unico in Italia, al fine di conformarsi a quello che è il *sistema adottato* prevalentemente in Europa. Ma di fatto l'insegnante non è unico bensì *prevalente*, in quanto è affiancato sempre da altri colleghi specializzati (docenti di sostegno, per l'insegnamento della lingua e della religione cattolica).

DIRITTO-DOVERE DI ISTRUZIONE E FORMAZIONE E OBBLIGO SCOLASTICO

L'art. 34, co. 1, Cost. stabilisce che «L'istruzione inferiore, impartita per almeno **otto anni**, è **obbligatoria** e gratuita».

In attuazione della cd. Riforma Moratti venne poi approvato il **D.Lgs. n. 76 del 15 aprile 2005** che ridefinì e ampliò l'**obbligo scolastico** di cui all'art. 34 Cost. in **diritto all'istruzione e formazione e correlativo dovere per almeno dodici anni**. La locuzione utilizzata dal legislatore va intesa nel senso che la fruizione dell'offerta di istruzione e formazione deve costituire per tutti i minori, compresi quelli stranieri presenti nel territorio dello Stato, non solo un **diritto**, ma anche, ai sensi dell'art. 4, comma 2 della Costituzione, un **dovere sociale**, appositamente sanzionato.

È stato osservato che un diritto/dovere di formazione così concepito sopravanzava certamente il vecchio *obbligo scolastico*, divenendo una sorta di **diritto di cittadinanza sociale**, per la realizzazione del quale si richiedeva l'azione di soggetti istituzionali diversi. Inoltre, la mutata concezione dell'obbligo scolastico in «diritto di formazione» crea un legame significativo tra sistema formativo e sistema delle imprese, dalle forme più antiche dell'apprendistato a quelle più moderne dello stage o dell'alternanza scuola/lavoro.

Con la L. 296/2006 (art. 1) l'obbligo scolastico previsto dalla Costituzione è stato poi innalzato di due anni e così portato a **dieci anni**. In tal modo, fino al sedicesimo anno di età è obbligatorio frequentare la scuola; tra i sedici e i diciotto, in base al diritto-dovere di istruzione e formazione, è possibile completare il percorso in una scuola, nella formazione professionale regionale o nell'apprendistato.

Attualmente, dunque, l'**obbligo di istruzione** riguarda la fascia di età compresa tra i 6 e i 16 anni. I genitori hanno quindi il diritto-dovere di iscrivere i propri figli a scuola. Non è invece obbligatoria la frequenza della scuola dell'infanzia.

Diverso dall'obbligo di istruzione è l'**obbligo formativo**, che è il diritto/dovere dei giovani maggiori di anni 16 che hanno assolto l'obbligo scolastico e che non vogliono proseguire gli studi nel sistema dell'istruzione scolastica, di frequentare attività formative fino a 18 anni (frequentando, ad esempio, il sistema della formazione professionale).
Negli ultimi tempi è sempre più acceso il dibattito sull'elevazione dell'obbligo di istruzione a 18 anni.

Le **Indicazioni nazionali per il curricolo della scuola dell'infanzia e del primo ciclo di istruzione** (D.M. 16-11-2012, n. 254) tracciano, come abbiamo visto, le linee e i criteri per il conseguimento delle finalità formative e degli obiettivi di apprendimento anche per la scuola del primo ciclo. Discipline di studio obbligatorie sono:

— Italiano
— Lingua inglese (per l'insegnamento dell'inglese nella primaria è diventata obbligatoria per i docenti la formazione linguistica)
— Storia
— Geografia
— Cittadinanza e Costituzione (inserita nell'area disciplinare storico-geografica)
— Matematica
— Scienze
— Musica
— Arte e immagine
— Educazione fisica
— Tecnologia
— Inoltre, per gli alunni che se ne avvalgono, è previsto l'insegnamento della **religione cattolica** per due ore settimanali (→ *infra* Cap. 2, par. 2.2).

La cd. Buona Scuola (art. 1, co. 20, l. 107/2015) ha potenziato l'insegnamento della lingua inglese, della musica e dell'educazione motoria per i quali possono essere utilizzati docenti in possesso di competenze certificate, anche provenienti da altri gradi di istruzione.

Le Indicazioni nazionali del 2012 vanno ora rilette anche alla luce del documento MIUR «**Indicazioni nazionali e nuovi scenari**» (nota MIUR 3645/2018) che ha potenziato soprattutto l'*insegnamento di Cittadinanza e Costituzione*.

La scuola primaria promuove, quindi, nel rispetto delle diversità individuali, lo sviluppo della personalità; permette di acquisire e sviluppare le conoscenze e le abilità di base fino alle prime sistemazioni logico-critiche; favorisce l'apprendimento dei mezzi espressivi, ivi inclusa l'alfabetizzazione in almeno una lingua dell'Unione europea (inglese) oltre alla lingua italiana; pone le basi per l'utilizzazione di metodologie scientifiche nello studio del mondo naturale, dei suoi fenomeni e delle sue leggi; valorizza le capacità relazionali e di orientamento nello spazio e nel tempo; educa i giovani cittadini ai principi fondamentali della convivenza civile.

Il passaggio alla scuola secondaria di primo grado, al termine della quinta classe, non prevede più che gli alunni sostengano un esame.

In sintesi

- **Scuola dell'infanzia**: accoglie bambini di età compresa fra i tre e i sei anni; dura tre anni e *la sua frequenza non è obbligatoria*. Alla scuola dell'infanzia viene affidata una funzione strategica nel *sistema integrato di educazione e di istruzione dalla nascita fino a sei anni* introdotto con il D.Lgs. 65/2017: essa, infatti, opera in maniera contigua con i servizi educativi per l'infanzia, e con il successivo primo ciclo di istruzione, per la necessaria continuità del processo educativo che è elemento imprescindibile dei servizi per la prima infanzia ma che si estende appunto a tutto il primo ciclo, in un processo unitario.

- **Primo ciclo di istruzione**: si articola in due percorsi scolastici consecutivi e obbligatori:
  1. la scuola primaria, della durata di cinque anni;
  2. la scuola secondaria di primo grado, della durata di tre anni.

- **Scuola primaria**: una volta chiamata scuola elementare, è regolata dal D.P.R. 89/2009; dura cinque anni ed è articolata in: un primo anno, pensato come continuum con la scuola dell'infanzia; due periodi didattici biennali al termine dei quali l'alunno passa alla scuola secondaria di primo grado.
  La frequenza della scuola primaria è obbligatoria in ottemperanza all'obbligo di istruzione disposto dal D.M. 139/2007.

- **Obbligo scolastico**: L'art. 34, co. 1, Cost. stabilisce che «L'istruzione inferiore, impartita per almeno otto anni, è obbligatoria e gratuita». Oggi è stato elevato sino all'età di 16 anni.

- **Diritto dovere di istruzione**: il D.Lgs. n. 76/2005 ha ridefinito l'obbligo scolastico di cui all'art. 34 Cost. come diritto all'istruzione e formazione e correlativo dovere per almeno dodici anni. La locuzione utilizzata dal legislatore va intesa nel senso che la fruizione dell'offerta di istruzione e formazione deve costituire per tutti i minori, compresi quelli stranieri presenti nel territorio dello Stato, non solo un diritto soggettivo, ma anche, ai sensi dell'art. 4, comma 2 della Costituzione, un *dovere sociale*, appositamente sanzionato.

2
La scuola secondaria di primo grado

1 La scuola secondaria di primo grado: evoluzione storico-normativa

Il primo ciclo di istruzione si conclude con la **scuola secondaria di primo grado** (precedentemente denominata *scuola media*), che ha il compito di assicurare ad ogni allievo il consolidamento delle padronanze strumentali (lettura, scrittura, matematica, lingue) e della capacità di apprendere, oltre ad un adeguato livello di conoscenze e di competenze, che formano la piattaforma su cui costruire il successivo percorso.

La **scuola media** fu istituita con la L. 31 dicembre 1962, n. 1859, la quale, all'art. 1, prevedeva che in attuazione dell'art. 34 della Costituzione, l'istruzione obbligatoria successiva a quella elementare dovesse essere impartita gratuitamente, per la durata di tre anni.

La finalità precipua era la formazione dell'uomo e del cittadino secondo i principi sanciti dalla Costituzione, favorendo l'orientamento dei giovani ai fini della scelta dell'attività successiva.

Con la L. 4 agosto 1977, n. 517 furono, poi, apportate importanti modifiche alla scuola di base:
— introducendo in luogo dei voti tradizionali un **giudizio di qualità** al fine di «misurare» il processo di crescita e di formazione di ciascun alunno;
— sostituendo la vecchia pagella con la **scheda di valutazione** in cui per valutazione s'intende verifica e revisione del lavoro svolto, corrispondenza tra resa individuale e obiettivi della programmazione didattica ed educativa, commisurata alle possibilità di ognuno e ai traguardi minimi o massimi raggiunti;
— garantendo maggiore assistenza ai soggetti portatori di **handicap** con la previsione dei **docenti di sostegno specializzati**.

Inoltre, la L. 16 giugno 1977, n. 348 cambiò parzialmente il **piano di studi** previsto dalla L. 1859/1962:
— trasformando la denominazione di *applicazioni tecniche* in *educazione tecnica*, matematica ed osservazioni ed elementi di scienze naturali in *scienze matematiche, chimiche, fisiche e naturali*;
— abolendo la facoltatività dell'educazione tecnica e dell'educazione musicale rendendole obbligatorie;
— introducendo nelle terze classi l'insegnamento facoltativo del *latino*;
— riformando l'esame di licenza media con **prove scritte** di italiano, scienze matematiche, lingua straniera e **prove orali** risolvibili in un *colloquio pluridisciplinare* su tutte le materie programmatiche.

2 L'ordinamento della scuola secondaria di primo grado

La scuola secondaria di primo grado ha subito un importante riordino con la **L. 28 marzo 2003, n. 53** (cd. **riforma Moratti**) e il **D.Lgs. 19 febbraio 2004, n. 59** che vi diede attuazione. Essa è articolata in **un biennio più un terzo anno** di orientamento e raccordo con l'istruzione del secondo ciclo.

Gli **obiettivi** di tale grado di istruzione sono:
— la crescita delle capacità autonome di studio e il rafforzamento delle attitudini all'interazione sociale;
— il miglioramento, anche attraverso l'alfabetizzazione e l'approfondimento nelle tecnologie informatiche, delle proprie conoscenze e abilità;
— lo sviluppo progressivo delle competenze e delle capacità di scelta in relazione alle proprie attitudini e vocazioni;
— la garanzia di strumenti adeguati alla prosecuzione delle attività di istruzione e di formazione;
— l'apprendimento di una seconda lingua dell'Unione europea;
— l'aiuto per orientarsi nella successiva scelta di istruzione e formazione.

2.1 L'orario di funzionamento

La frequenza della scuola secondaria di primo grado è **obbligatoria** per tutti i ragazzi, italiani e stranieri, che abbiano concluso il percorso della scuola primaria.

L'**orario annuale obbligatorio** delle lezioni nella scuola secondaria di primo grado è di **990 ore**, corrispondente a 29 ore settimanali, più 33 ore annuali da destinare ad attività di approfondimento riferita agli insegnamenti di materie letterarie (art. 5 D.P.R. 89/2009). Nel *tempo prolungato* il monte ore è determinato mediamente in **36 ore settimanali**, elevabili fino a 40, comprensive delle ore destinate agli insegnamenti e alle attività e al tempo dedicato alla mensa.

Il **quadro orario settimanale e annuale** delle discipline e le classi di concorso per gli insegnamenti della scuola secondaria di I grado, definiti tenendo conto dei nuovi piani di studio, è così determinato:

	Settimanale	Annuale
Italiano, Storia, Geografia (+ Cittadinanza e Costituzione)	9	297
Attività di approfondimento in materie letterarie	1	33
Matematica e scienze	6	198
Tecnologia	2	66
Inglese	3	99
Seconda lingua comunitaria	2	66
Arte e immagine	2	66
Scienze motorie e sportive	2	66
Musica	2	66
Religione cattolica (facoltativa)	1	33

Il quadro orario settimanale e annuale delle discipline per gli insegnamenti della scuola secondaria di I grado a **tempo prolungato** è invece determinato come segue:

	Settimanale	Annuale
Italiano, Storia, Geografia	15	495
Matematica e scienze	9	297
Tecnologia	2	66
Inglese	3	99
Seconda lingua comunitaria	2	66
Arte e immagine	2	66
Scienze motorie e sportive	2	66
Musica	2	66
Religione cattolica	1	33
Approfondimento a scelta delle scuole nelle discipline presenti nel quadro orario	1 o 2	33/66

Le classi prime della scuola secondaria di primo grado sono generalmente costituite con **minimo 18 alunni e massimo 27** (**28** se ci sono resti). Se si forma una sola classe, possono essere anche 30. Se ci sono alunni disabili gravi, le classi sono costituite con non più di 20 alunni.

Si tenga presente che, con la L. 107/2015, è stato previsto un incremento dello studio non solo della lingua straniera (→ *infra*), ma anche di **musica** e di **educazione motoria**, per le quali si può ricorrere anche a docenti di scuola primaria in possesso di competenze certificate o a docenti di altri gradi di istruzione, come **specialisti**.

Inoltre, con il **D.Lgs. 60/2017** di attuazione della Buona scuola in materia di **promozione e diffusione della cultura umanistica**, le discipline artistiche e creative entrano a far parte dell'offerta formativa delle scuole di ogni ordine e grado.

Le **Indicazioni nazionali per il curricolo della scuola secondaria di primo grado** sono quelle prescritte dal decreto n. 254/2012 per il primo ciclo di istruzione.

2.2 L'insegnamento della religione cattolica

Sia nel primo ciclo che nel secondo ciclo di istruzione, i genitori (o direttamente gli studenti della scuola secondaria di secondo grado) possono scegliere, al momento dell'iscrizione, di avvalersi o meno dell'**insegnamento della religione cattolica (IRC)**, che è disciplinato da un accordo tra lo Stato italiano e la Santa Sede del 1985 (L. 121/1985). L'IRC è impartito da insegnanti in possesso di una qualificazione professionale di idoneità dell'autorità ecclesiastica.

La collocazione dell'IRC nell'orario delle lezioni è effettuata dal dirigente scolastico sulla base delle proposte del Collegio dei docenti, secondo il normale criterio di equilibrata distribuzione delle diverse discipline nella giornata e nella settimana, nell'ambito della scuola e per ciascuna classe.

Per chi non si avvale dell'insegnamento della religione cattolica devono essere previste delle **attività alternative**, disciplinate dalla C.M. 28-10-1987 n. 316 e dalla C.M. 10-1-2014, n. 28, che possono essere distinte in:
— attività didattiche e formative;
— attività di studio e/o di ricerca individuali con assistenza di personale docente;
— libera attività di studio e/o di ricerca individuale senza assistenza di personale docente (per studenti delle istituzioni scolastiche di istruzione secondaria di secondo grado);
— non frequenza della scuola nelle ore di insegnamento della religione cattolica.

Quanto ai **docenti di religione cattolica**, essi fanno parte, come tutti i docenti, del Consiglio di classe e partecipano a pieno titolo alla valutazione finale degli alunni che si sono avvalsi dell'insegnamento di Religione. Così come partecipano anche i docenti delle attività alternative che si esprimono sull'interesse manifestato e sul profitto dell'alunno che ha seguito tali attività.

2.3 L'insegnamento delle lingue straniere

In tutte le classi della scuola secondaria di primo grado è impartito l'**insegnamento della lingua inglese per tre ore** settimanali e l'insegnamento di una **seconda lingua per due ore** settimanali.

A richiesta delle famiglie e compatibilmente con le disponibilità di organico e l'assenza di esubero dei docenti della seconda lingua comunitaria, può essere introdotto l'*insegnamento potenziato dell'inglese* **per 5 ore** settimanali complessive utilizzando anche le **due ore d'insegnamento della seconda lingua**. Per gli alunni stranieri non in possesso delle necessarie conoscenze e competenze nella lingua italiana, il relativo insegnamento, nel rispetto dell'autonomia delle scuole, è rafforzato anche utilizzando il monte ore settimanale destinato alla seconda lingua dell'Unione europea.

Con la L. 107/2015 il potenziamento dello studio della lingua inglese è stato ulteriormente confermato: è prevista, infatti, la possibilità di ricorrere alla metodologia CLIL già in uso nella scuola secondaria di secondo grado (art. 1, co. 7, L. 107/2015).

3 La valutazione degli alunni nel primo ciclo di istruzione

3.1 La valutazione degli apprendimenti

La valutazione degli apprendimenti delle alunne e degli alunni frequentanti la scuola primaria e secondaria di primo grado è di competenza dei docenti della classe.

Essa viene effettuata attraverso l'attribuzione di un **voto in decimi**, ma va corredata della esplicitazione dei *livelli di apprendimento raggiunti* dall'alunno. La valutazione, infatti, ha un'importante *funzione formativa*, cioè di accompagnamento dei processi di apprendimento, e di stimolo al miglioramento continuo, in modo da finalizzare i percorsi didattici all'acquisizione di competenze disciplinari, personali e sociali.

La disciplina della valutazione degli alunni è oggi contenuta nel **D.Lgs. 13-4-2017, n. 62**, attuativo della Buona scuola (L. 107/2015), che si applica a partire dall'anno scolastico 2017-2018.

Il decreto riordina e coordina in un unico testo le disposizioni previgenti, incidendo sulla **valutazione degli apprendimenti**, sulle prove degli **esami di Stato** e sulla **certificazione delle competenze** in un'ottica di maggiore equilibrio delle prove d'esame, soprattutto in relazione a quelle previste per il secondo ciclo, e di trasparenza nella comunicazione sugli effettivi livelli di apprendimento raggiunti.

La valutazione degli alunni, periodica e finale, compete dunque ai docenti contitolari della classe (nella scuola primaria) ovvero al Consiglio di classe: è **collegiale** (è necessaria la presenza di tutti i componenti, lo scrutinio è palese e non ci si può astenere); partecipano alla valutazione di tutti gli alunni anche gli *insegnanti di sostegno*, in quanto contitolari della classe (per la valutazione degli alunni disabili → Parte III, Cap. 1, par. 3).

L'**ammissione alla classe successiva** degli alunni del primo ciclo è così regolata:
— gli alunni della *scuola primaria* sono ammessi alla classe successiva **anche in presenza di livelli di apprendimento parzialmente raggiunti** o in via di prima acquisizione. La **non ammissione** alla classe successiva è possibile **in casi eccezionali** e deve essere deliberata all'*unanimità* e comprovata da *specifica motivazione* dei docenti contitolari (come già previsto nella normativa precedente);
— gli alunni della *scuola secondaria di primo grado* sono ammessi alla classe successiva o all'esame di Stato, con delibera del Consiglio di classe, anche in caso di parziale o mancata acquisizione dei livelli di apprendimento, dunque **anche in caso di attribuzione di voti inferiori a sei decimi**. In caso di alunni che non abbiano, totalmente o parzialmente, acquisito i necessari livelli di apprendimento in una o più discipline, il Consiglio di classe può deliberare, con *adeguata motivazione* e a maggioranza, la **non ammissione** alla classe successiva o all'esame conclusivo del primo ciclo.

Il decreto n. 62 del 2017 introduce, a tal proposito, per tutto il primo ciclo, l'attivazione, da parte dell'istituzione scolastica, di specifiche *strategie per il miglioramento* dei livelli di apprendimento parzialmente raggiunti o in via di prima acquisizione.

In buona sostanza, diventa difficile una «**bocciatura**», se non in casi eccezionali, poiché l'ammissione diviene la regola generale se la scuola avrà messo a punto, ben prima del termine dell'anno scolastico, i percorsi di supporto per colmare le lacune nei livelli di apprendimento.

3.2 La valutazione del comportamento

La valutazione del comportamento delle alunne e degli alunni del primo ciclo di istruzione viene espressa collegialmente dai docenti con un **giudizio sintetico riportato nel documento di valutazione** (art. 2 D.Lgs. 62/2017). Scompare, quindi, come nella scuola primaria, la valutazione del comportamento in decimi.

Di conseguenza, il giudizio negativo di comportamento risulta *neutrale* rispetto all'ammissione alla classe successiva. Inoltre, il criterio di valutazione deve essere riferito «allo sviluppo delle competenze di cittadinanza», cioè viene rafforzata l'importanza, nella valutazione, delle attività svolte nell'ambito di «*Cittadinanza e Costituzione*», insegnamento trasversale.

Ciascuna istituzione scolastica, poi, può determinare autonomamente iniziative rivolte alla promozione e alla valorizzazione dei comportamenti positivi delle alunne e degli alunni, anche in sede di predisposizione del PTOF (art. 1).

3.3 La valutazione delle assenze

Nella **scuola secondaria di primo grado**, le assenze vengono valutate ai fini della validità dell'anno scolastico, per la quale è necessaria la frequenza minima di almeno **tre quarti del monte ore annuale** personalizzato. Nel monte ore vi rientrano tutte le attività oggetto di valutazione periodica e finale da parte del Consiglio di classe (art. 5 D.Lgs. 62/2017). Resta dunque ferma la disciplina prevista dall'art. 14, co. 7, D.P.R. 122/2009, fatte salve le eventuali deroghe definite dal Collegio dei docenti. Le scuole, infatti, possono porre **deroghe** al limite dei tre quarti di presenza minima necessaria, *in casi eccezionali* (assenze continuative) e documentati: è il Collegio dei docenti che delibera la deroga purché la frequenza effettuata consenta al Consiglio di classe di procedere alla valutazione sulla base di elementi sufficienti.

Nel caso in cui non è possibile procedere alla valutazione, il Consiglio di classe delibera la **non ammissione** dell'alunno.

LE PROVE INVALSI

L'INVALSI (Istituto Nazionale per la Valutazione del Sistema educativo di Istruzione e formazione) è un ente incardinato nel Sistema nazionale di Valutazione (SMV): il suo compito è quello di operare insieme a MIUR, INDIRE e istituzioni scolastiche, per valutare l'efficienza e l'efficacia dell'intero sistema di istruzione e formazione italiano, inquadrandolo anche nel contesto internazionale e soprattutto europeo.

L'INVALSI, tra le altre cose, elabora le cd. **prove INVALSI**, attraverso le quali le istituzioni scolastiche sono obbligate a **periodiche rilevazioni nazionali** sugli apprendimenti e sulle competenze degli studenti.

Introdotte nel 2008, le prove INVALSI sono ora **obbligatorie**: esse, infatti, secondo quanto dispone il D.Lgs. 62/2017 costituiscono *attività ordinarie di istituto* e contribuiscono al processo di autovalutazione delle istituzioni.

Le prove INVALSI consistono in test standardizzati, ovvero uguali per tutti gli studenti delle scuole italiane. Scopo dei test è quello di tracciare un quadro di riferimento statistico sui livelli di apprendimento in Italia, nelle aree disciplinari dell'**italiano** e della **matematica** (Direttiva n. 85/2012) e ora anche dell'**inglese** (art. 4 D.Lgs. 62/2017). A tal fine, i test INVALSI sono **anonimi**: ogni alunno è identificato da un codice alfanumerico; solo i professori coinvolti e incaricati di seguire i test conoscono a quale nominativo corrisponde il codice. Anche gli esiti dei test sono restituiti alle singole scuole in forma privata e anonima.

Ciascuna scuola ha la possibilità di analizzare i risultati al suo interno, confrontandoli anche con quelli di altre scuole. In questo senso, è possibile per il dirigente scolastico e i docenti verificare l'efficacia educativa e metodologica-didattica dell'istituto.

Le prove INVALSI sono costituite da batterie di domande chiuse (a scelta multipla), domande aperte, nonché da esercizi di matematica e linguistici. Le prove sono svolte in un tempo che va dai 45 ai 90 minuti.

I test Invalsi vengono somministrati nelle **classi II e V** della scuola primaria, nella **classe III** della secondaria di primo grado e nella **classe II e V** della scuola secondaria di secondo grado.

Accanto ai test di italiano e matematica, per la V primaria e la II delle superiori è previsto anche il **Questionario dello studente**. La sua compilazione serve a raccogliere, sempre in forma anonima, informazioni sul contesto e il percorso dell'alunno.

Dall'anno 2017-2018 entrano in vigore alcune delle **novità introdotte dal D.lgs. 62/2017** di attuazione della L. 107/2015:

— i test sono *computer based*;
— *in terza media il test non fa più parte dell'esame di Stato* (come è era in passato) e non incide sul voto finale ma diventa requisito per l'amministrazione all'esame. È, inoltre, anticipato al mese di aprile;
— alle scuole medie, come già detto, è introdotta una prova per verificare l'apprendimento della lingua **inglese** (abilità di comprensione e uso della lingua) in aggiunta alle prove di italiano e matematica (art. 4 e 7) ed è prevista la restituzione individuale alle famiglie, attraverso un giudizio in forma descrittiva, del livello di apprendimento raggiunto in italiano, matematica e inglese (art. 9).

Dall'anno 2018-2019, poi, **per quanto riguarda le superiori, i test sono stati estesi anche alle quinte**: gli studenti vengono sottoposti a quiz in italiano, matematica e inglese e gli esiti sono riportati all'esame di Maturità.

La partecipazione alle prove, sia alle medie che alle superiori, è **obbligatoria**, pena la non ammissione agli esami conclusivi.

Altra novità consiste nel calcolo, da parte dell'INVALSI, del «Valore aggiunto», cioè il miglioramento o peggioramento di uno studente da un test all'altro nell'arco del suo percorso scolastico.

Norme particolari sono previste per le **prove INVALSI sostenute da alunni con bisogni educativi speciali**. Nello specifico, è previsto che le prove eventualmente svolte dagli allievi con disabilità non siano incluse nei dati di classe e di scuola, ad eccezione di quelle svolte dagli **allievi con disabilità sensoriale**. Queste ultime potranno essere incluse a condizione che le misure compensative e/o dispensative siano concretamente idonee al superamento della specifica disabilità.

Anche le prove sostenute dagli allievi con DSA o con altri BES potranno essere incluse nei dati di classe e di scuola a condizione che **le misure compensative e/o dispensative** siano concretamente idonee al superamento dello specifico disturbo.

Per gli alunni con svantaggio linguistico, al momento, non è previsto alcuno strumento compensativo o altre misure.

Per gli allievi ipovedenti o non vedenti, la partecipazione avviene alle stesse condizioni degli altri, ma essi possono utilizzare la prova in formato elettronico o in Braille.

3.4 L'esame di Stato

A partire dall'anno scolastico 2017-2018, l'esame finale del primo ciclo risulta modificato ai sensi del D.Lgs. 62/2017.

Con il **decreto n. 741 del 3 ottobre 2017**, il Ministero ha disciplinato in maniera organica l'esame di Stato del primo ciclo e le operazioni connesse; con la Nota n. 1865 del 10 ottobre 2017 ha anche adottato le *Indicazioni in merito a valutazione, certificazione delle competenze ed esami di Stato nel primo ciclo di istruzione*.

Il **voto di ammissione** all'esame conclusivo del primo ciclo è espresso dal Consiglio di classe **in decimi**, e deve tener conto del percorso scolastico compiuto dall'alunno.

L'art. 8 D.Lgs. 62/2017 disciplina e modifica il contenuto delle prove dell'esame conclusivo del primo ciclo, in particolare, «semplificandolo» rispetto alla normativa previgente. Esso prevede: **tre prove scritte** (italiano, matematica e lingua straniera articolata in sezioni per ciascuna delle lingue seguite), cui si aggiunge un **colloquio** per valutare le conoscenze descritte nel profilo finale dello studente e per accertare le competenze trasversali, quali la capacità di argomentazione, di risoluzione di problemi, di pensiero critico e riflessivo, nonché il livello di padronanza delle competenze di cittadinanza e delle competenze nelle lingue straniere.

La **Commissione d'esame predispone le prove d'esame** e i criteri per la correzione e la valutazione.

L'esame si intende superato se il candidato consegue una votazione complessiva di **almeno sei decimi**. La votazione di dieci decimi può essere accompagnata dalla **lode** se deliberata all'unanimità dalla Commissione.

Il voto finale dell'esame, espresso in decimi, deriva dalla media aritmetica, arrotondata all'unità superiore per frazioni pari o superiori a 0,5, tra il voto di ammissione e la media dei voti delle prove e del colloquio (prima il voto finale derivava dalla media tra il voto di ammissione e quello delle singole prove d'esame).

L'esito dell'esame di Stato, con l'indicazione della votazione complessiva conseguita, è **pubblicato** per tutti i candidati nell'albo della scuola sede della commissione d'esame ed è consultabile anche sul sito web della scuola.

3.5 La certificazione delle competenze

La **certificazione delle competenze**, per il primo ciclo di istruzione, consiste nella descrizione e certificazione delle *competenze chiave* nonché delle competenze di cittadinanza acquisite dall'alunno. Si tratta di un documento per livelli (avanzato, intermedio, base e iniziale) e non per voti: deve essere *scritto in maniera semplice in quanto si rivolge alle famiglie*. La certificazione delle competenze si affianca alla pagella ma non la sostituisce.

Essa infatti non è sostitutiva delle attuali modalità di valutazione e attestazione giuridica dei risultati scolastici (ammissione alla classe successiva, rilascio di un titolo di studio finale etc.), ma accompagna e integra tali strumenti normativi, accentuandone il carattere informativo e descrittivo del quadro delle competenze acquisite dagli allievi.

La certificazione delle competenze viene **rilasciata al termine della scuola primaria e del primo ciclo di istruzione** (art. 9, co. 2, del D.Lgs. 62/2017).

Con il **decreto n. 742 del 3 ottobre 2017**, il MIUR ha emanato i due **modelli di certificazione delle competenze** da compilare, a cura delle scuole, al termine della scuola primaria e al termine del primo ciclo di istruzione (→ Cap. 7, par. 4).

Per la **scuola primaria** il documento di certificazione delle competenze, a firma del dirigente scolastico, è redatto dagli insegnanti a conclusione dello scrutinio finale della classe quinta.

Relativamente alla **secondaria di primo grado**, viene redatto dal Consiglio di classe in sede di scrutinio finale solo per gli studenti ammessi all'esame di Stato e consegnato alle famiglie degli alunni che abbiano sostenuto l'esame stesso con esito positivo.

In sintesi

- **Scuola secondaria di primo grado**: ha il compito di assicurare ad ogni allievo il consolidamento delle padronanze strumentali (lettura, scrittura, matematica, lingue) e della capacità di apprendere, oltre che di un adeguato livello di conoscenze e di competenze, che formano la piattaforma su cui costruire il successivo percorso. È articolata in un biennio più un terzo anno di orientamento e raccordo con l'istruzione del secondo ciclo. *La sua frequenza è obbligatoria* per tutti i ragazzi, italiani e stranieri, che abbiano concluso il percorso della scuola primaria.

- **Insegnamento religione cattolica (IRC)**: sia nel primo ciclo che nel secondo ciclo di istruzione, i genitori (o direttamente gli studenti della scuola secondaria di secondo grado) possono scegliere, al momento dell'iscrizione, di avvalersi o meno dell'insegnamento della religione cattolica, che è disciplinato da un accordo tra lo Stato italiano e la Santa Sede del 1985. L'IRC è impartito da insegnanti in possesso di una qualificazione professionale di idoneità dell'autorità ecclesiastica.

- **Lingue straniere**: in tutte le classi della scuola secondaria di primo grado è impartito l'insegnamento della lingua inglese per tre ore settimanali e l'insegnamento di una seconda lingua per due ore settimanali. A richiesta delle famiglie può essere potenziato lo studio della lingua inglese per cinque ore settimanali complessive, utilizzando le due ore settimanali della seconda lingua.

- **Valutazione degli alunni nel primo ciclo di istruzione**: la valutazione degli apprendimenti è effettuata attraverso l'attribuzione di un *voto in decimi*, corredato della esplicitazione dei livelli di apprendimento raggiunti dall'alunno. La valutazione del comportamento viene espressa collegialmente dai docenti con un giudizio sintetico riportato nel documento di valutazione (così dopo il D.Lgs. 62/2017). Quanto alla valutazione delle assenze, nella scuola secondaria di primo grado, le assenze vengono valutate ai fini della validità dell'anno scolastico, per la quale è necessaria la frequenza minima di almeno tre quarti del monte ore annuale personalizzato.

- **Prove INVALSI**: consistono in *test standardizzati*, uguali per tutti gli studenti delle scuole italiane. Scopo dei test è quello di tracciare un quadro di riferimento statistico sui livelli di apprendimento in Italia, nelle aree disciplinari dell'italiano e della matematica e ora anche dell'inglese (dopo il D.Lgs. 62/2017). A tal fine, i test INVALSI sono anonimi. Anche gli esiti dei test sono restituiti alle singole scuole in forma privata e anonima. Introdotte nel 2008, le prove INVALSI *sono ora obbligatorie*: vengono somministrate nelle classi II e V della scuola primaria, nella classe III della secondaria di primo grado e nella classe II e V della scuola secondaria di secondo grado.

- **Esame di Stato**: al termine del primo ciclo, è previsto un esame di Stato, ora regolato dal D.M. 741/2017 che lo ha semplificato rispetto alla disciplina previgente. Esso prevede: *tre prove scritte* (italiano, matematica e lingua straniera articolata in sezioni per ciascuna delle lingue seguite), cui si aggiunge *un colloquio* per valutare le conoscenze descritte nel profilo finale dello studente e per accertare le competenze trasversali, quali la capacità di argomentazione, di risoluzione di problemi, di pensiero critico e riflessivo, nonché il livello di padronanza delle competenze di cittadinanza e delle competenze nelle lingue straniere. La Commissione d'esame predispone le prove d'esame e i criteri per la correzione e la valutazione.

▶ **Certificazione delle competenze nel primo ciclo di istruzione**: consiste nella descrizione e certificazione delle competenze chiave nonché delle competenze di cittadinanza acquisite dall'alunno. Si tratta di un *documento per livelli* (avanzato, intermedio, base e iniziale) e non per voti: deve essere scritto in maniera semplice in quanto si rivolge alle famiglie. La certificazione delle competenze si affianca alla pagella ma non la sostituisce. Viene rilasciata al termine della scuola primaria e del primo ciclo di istruzione. Con il decreto n. 742 del 3 ottobre 2017, il MIUR ha emanato i due modelli di certificazione delle competenze da compilare, a cura delle scuole, al termine della scuola primaria e al termine del primo ciclo di istruzione.

3
Il secondo ciclo di istruzione

1 La scuola secondaria di secondo grado

La **scuola secondaria di secondo grado** costituisce, nell'impianto della legge 53/2003 (Riforma Moratti, modificata a sua volta nel 2010 dalla Riforma Gelmini), il secondo ciclo dell'istruzione ed ha la finalità di preparare lo studente agli studi universitari nonché a fornirgli un'adeguata preparazione per il mondo del lavoro.

La **scuola secondaria superiore** è strutturata in:
— 6 licei;
— istituti tecnici suddivisi in 2 settori con 11 indirizzi;
— istituti professionali suddivisi in 11 indirizzi (D.Lgs. 61/2017).

Anche il **sistema di istruzione e formazione professionale di competenza regionale** presenta un ordinamento di rilievo nazionale che prevede *qualifiche triennali* e *diplomi quadriennali*.

Rafforzando le *caratteristiche identitarie* dei quattro settori nei quali è stata organizzata dal 2010-2011 l'offerta formativa dopo il primo ciclo d'istruzione (licei; istituti tecnici; istituti professionali; percorsi regionali di istruzione e formazione) si è resa più semplice e chiara l'offerta di istruzione secondaria, semplificando così il vecchio panorama costituito da centinaia di percorsi stratificatisi negli anni.

Anche i **piani di studio** delle scuole secondarie superiori nei decenni addietro erano stati ampliati fino a raggiungere dimensioni anomale — se confrontate con quelle degli altri Paesi europei — sia per estensione oraria, sia per numero di materie previste. Per questo motivo con la riforma Gelmini, i **quadri orari delle lezioni** sono stati alleggeriti in media del 10-15%. Le istituzioni scolastiche, avvalendosi della propria autonomia, possono poi ampliare e arricchire il curricolo con attività e insegnamenti facoltativi che, una volta scelti, comportano comunque l'obbligo di frequenza.

La normativa fissa un tetto massimo di **30-32 ore per l'orario settimanale** (**35 ore** solo per l'istruzione artistica). Le scuole, nell'esercizio della propria autonomia didattica e organizzativa, possono, inoltre, definire unità di insegnamento non coincidenti con ore di 60 minuti per realizzare specifiche attività didattiche (ad esempio l'alternanza scuola/lavoro), ma devono garantire agli studenti e alle famiglie un orario complessivo di lezioni corrispondente al monte-ore annuale assegnato al corso di studi, calcolato su ore di 60 minuti e non più di 50 come invalso nella pratica didattica della maggior parte delle scuole. Per gli allievi il tempo di presenza in aula è, dunque, più o meno lo stesso, ma distribuito su un minore numero di materie, in modo da consentire una maggiore concentrazione.

In sostanza, la riforma mirava ad offrire un'organizzazione più efficiente in un quadro più moderno e semplificato, mantenendo un servizio analogo a quello precedente dal punto di vista del monte-ore annuale.

Successivi interventi normativi, di cui tratteremo nei prossimi paragrafi, hanno inciso ancora sui percorsi del secondo ciclo di istruzione.

2 I licei

Il quadro normativo di disciplina dei licei è rappresentato dal D.Lgs. 17 ottobre 2005, n. 226 e dal D.P.R. 15 marzo 2010, n. 89.

Il **sistema dei licei** comprende le seguenti tipologie di liceo:
— liceo artistico;
— liceo classico;
— liceo linguistico;
— liceo musicale e coreutico;
— liceo scientifico;
— liceo delle scienze umane.

Tutti i percorsi liceali sono accomunati dalla maggiore sostenibilità per gli alunni del carico **orario annuale** obbligatorio, adattato alle esigenze dei percorsi, che contemplano di norma:
— *891 ore per ciascun anno del primo biennio;*
— *990 ore nel secondo biennio e nell'ultimo anno*, prolungato a *1.023 ore nel secondo biennio e nell'ultimo anno per il liceo classico*, al fine di rafforzare gli insegnamenti di lingua straniera e dell'area matematico-scientifica.

L'orario annuale, comprensivo della quota riservata alle Regioni, alle istituzioni scolastiche autonome e all'insegnamento della religione cattolica, è articolato in **attività e insegnamenti obbligatori** per tutti gli studenti e in **insegnamenti eventualmente previsti dal PTOF** coerenti con il profilo educativo, culturale e professionale dello studente elaborato per il relativo percorso liceale, il tutto affidato a un contingente di insegnanti messo a disposizione degli Uffici scolastici regionali o anche assumendo, in base al proprio bilancio, esperti qualificati.

La scelta delle attività e degli insegnamenti facoltativi è libera per gli studenti, che però sono tenuti alla frequenza delle attività e degli insegnamenti facoltativi prescelti. Le materie facoltative, a loro volta, concorrono alla valutazione complessiva.

Tutti i percorsi liceali hanno **durata quinquennale**, sviluppandosi in due periodi biennali e in un quinto anno che completa il percorso disciplinare:
— il **primo biennio** è finalizzato all'iniziale approfondimento e sviluppo delle conoscenze e delle abilità e ad una prima maturazione delle competenze caratterizzanti le singole articolazioni del sistema liceale, nonché all'assolvimento dell'obbligo d'istruzione di cui al D.M. n. 139/2007;

— il **secondo biennio** è finalizzato all'approfondimento e allo sviluppo delle conoscenze e delle abilità e alla maturazione delle competenze caratterizzanti le singole articolazioni del sistema liceale;
— nel **quinto anno** si persegue la piena realizzazione del profilo educativo, culturale e professionale dello studente, nonché il completo raggiungimento degli obiettivi specifici di apprendimento, e si consolida il percorso di orientamento agli studi successivi e all'inserimento nel mondo del lavoro.

Quanto alle discipline di insegnamento, la riforma e le successive **Indicazioni nazionali degli obiettivi specifici di apprendimento per il sistema dei licei** approvate con D.M. 7-10-2010, n. 211 prevedono che:

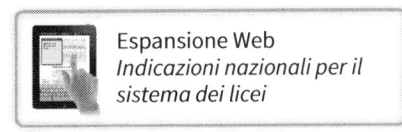

> Espansione Web
> *Indicazioni nazionali per il sistema dei licei*

— *nel liceo classico* è rafforzato l'insegnamento della lingua straniera, previsto anche nel triennio, con l'insegnamento in lingua straniera di una disciplina non linguistica nel quinto anno; è altresì previsto il potenziamento dell'asse matematico-scientifico e della storia dell'arte;
— *nel liceo scientifico* è confermato lo studio del latino;
— *nel liceo delle scienze umane*, opzione economico-sociale, si studiano due lingue straniere;
— *nel liceo musicale e coreutico* l'iscrizione è subordinata al superamento di una prova di verifica delle specifiche competenze possedute;
— *in tutti i licei* sono previsti stage e tirocini formativi;
— l'insegnamento di *Cittadinanza e Costituzione* è svolto nell'ambito delle aree storico-geografica e storico-sociale.

2.1 I percorsi liceali: Liceo artistico

Come precisato dall'**art. 4 D.P.R. 89/2010**, il percorso del liceo artistico è indirizzato allo studio dei fenomeni estetici e alla pratica artistica. Favorisce l'acquisizione dei metodi specifici della ricerca e della produzione artistica e la padronanza dei linguaggi e delle tecniche relative. Fornisce allo studente gli strumenti necessari per conoscere il patrimonio artistico nel suo contesto storico e culturale e per coglierne appieno la presenza e il valore nella società odierna. Guida lo studente ad approfondire e a sviluppare le conoscenze e le abilità e a maturare le competenze necessarie per dare espressione alla propria creatività e capacità progettuale nell'ambito delle arti.

Il liceo artistico si articola, **a partire dal secondo biennio**, nei seguenti **indirizzi**:
a) arti figurative;
b) architettura e ambiente;
c) design;
d) audiovisivo e multimediale;
e) grafica;
f) scenografia.

L'orario annuale delle attività e degli insegnamenti obbligatori per tutti gli studenti è di **1122 ore nel primo biennio**, corrispondenti a 34 ore medie settimanali; di **759 ore**, corrispondenti a 23 ore medie settimanali **nel secondo biennio**, e di **693 ore**, corrispondenti a 21 ore medie settimanali nel **quinto anno**. L'orario annuale delle attività e degli insegnamenti di indirizzo è di 396 ore nel secondo biennio, corrispondenti a 12 ore medie settimanali e di 462 ore, corrispondenti a 14 ore medie settimanali nel quinto anno.

2.2 I percorsi liceali: Liceo classico

Ai sensi dell'**art. 5 D.P.R. 89/2010**, il percorso del liceo classico è indirizzato allo studio della civiltà classica e della cultura umanistica; favorisce una formazione letteraria, storica e filosofica idonea a comprenderne il ruolo nello sviluppo della civiltà e della tradizione occidentali e nel mondo contemporaneo sotto un profilo simbolico, antropologico e di confronto di valori; favorisce l'acquisizione dei metodi propri degli studi classici e umanistici, all'interno di un quadro culturale che, riservando attenzione anche alle scienze matematiche, fisiche e naturali, consente di cogliere le intersezioni tra i saperi e di elaborare una visione critica della realtà; guida lo studente ad approfondire ed a sviluppare le conoscenze e le abilità e a maturare le competenze necessarie.

L'orario annuale delle attività e degli insegnamenti obbligatori per tutti gli studenti è di **891 ore nel primo biennio** (che mantiene la denominazione di ginnasio) corrispondenti a 27 ore medie settimanali, e di **1023 ore nel secondo biennio e nel quinto anno**, corrispondenti a 31 ore medie settimanali.

2.3 I percorsi liceali: Liceo linguistico

Il liceo linguistico trova disciplina nell'**art. 6 D.P.R. 89/2010**.

Il percorso del liceo linguistico è indirizzato allo studio di più sistemi linguistici e culturali; guida lo studente ad approfondire e a sviluppare le conoscenze e le abilità, a maturare le competenze necessarie per acquisire la padronanza comunicativa di tre lingue, oltre l'italiano, e per comprendere criticamente l'identità storica e culturale di tradizioni e civiltà diverse.

Dal primo anno del secondo biennio è impartito l'**insegnamento in lingua straniera di una disciplina non linguistica**, prevista nell'area delle attività e degli insegnamenti obbligatori per tutti gli studenti o nell'area degli insegnamenti attivabili dalle istituzioni scolastiche nei limiti del contingente di organico ad esse assegnato e tenuto conto delle richieste degli studenti e delle loro famiglie. *Dal secondo anno del secondo biennio* è previsto, inoltre, l'**insegnamento, in una diversa lingua straniera, di una disciplina non linguistica**, compresa nell'area delle attività e degli insegnamenti obbligatori per tutti gli studenti o nell'area degli insegnamenti attivabili dalle istituzioni scolastiche nei limiti del contingente di organico ad esse assegnato e tenuto conto delle richieste degli studenti e delle loro famiglie.

L'orario annuale delle attività e insegnamenti obbligatori per tutti gli studenti è di **891 ore nel primo biennio**, corrispondenti a 27 ore medie settimanali, e di **990 ore nel secondo biennio e nel quinto anno**, corrispondenti a 30 ore medie settimanali.

2.4 I percorsi liceali: Liceo musicale e coreutico

Come precisato dall'**art. 7 D.P.R. 89/2010**, il percorso del liceo musicale e coreutico, articolato nelle rispettive sezioni, è indirizzato all'**apprendimento tecnico-pratico della musica e della danza** e allo studio del loro ruolo nella storia e nella cultura; guida lo studente ad approfondire e a sviluppare le conoscenze e le abilità e a maturare le competenze necessarie per acquisire, anche attraverso specifiche attività funzionali, la padronanza dei linguaggi musicali e coreutici sotto gli aspetti della *composizione, interpretazione, esecuzione e rappresentazione*, maturando la necessaria prospettiva culturale, storica, estetica, teorica e tecnica. Assicura altresì la continuità dei percorsi formativi per gli studenti provenienti dai corsi ad indirizzo musicale di cui all'art. 11, comma 9, L. 3-5-1999, n. 124. L'iscrizione al percorso del liceo musicale e coreutico è subordinata al superamento di una prova preordinata alla verifica del possesso di specifiche competenze musicali o coreutiche.

L'orario annuale delle attività e insegnamenti obbligatori per tutti gli studenti è di **594 ore nel primo biennio, nel secondo biennio e nel quinto anno**, corrispondenti a 18 ore medie settimanali. Al predetto orario si aggiungono, per ciascuna delle sezioni musicale e coreutica, 462 ore nel primo biennio, nel secondo biennio e nel quinto anno, corrispondenti a 14 ore medie settimanali.

2.5 I percorsi liceali: Liceo scientifico

Il percorso del liceo scientifico (**art. 8 D.P.R. 89/2010**) è indirizzato allo *studio del nesso tra cultura scientifica e tradizione umanistica*; favorisce l'acquisizione delle conoscenze e dei metodi propri della matematica, della fisica e delle scienze naturali; guida lo studente ad approfondire e a sviluppare le conoscenze e le abilità ed a maturare le competenze necessarie per seguire lo sviluppo della ricerca scientifica e tecnologica e per individuare le interazioni tra le diverse forme del sapere, assicurando la padronanza dei linguaggi, delle tecniche e delle metodologie relative, anche attraverso la pratica laboratoriale.

Nel rispetto della programmazione regionale dell'offerta formativa, **può essere attivata l'opzione «scienze applicate»** che fornisce allo studente competenze particolarmente avanzate negli studi afferenti alla cultura scientifico-tecnologica, con particolare riferimento alle scienze matematiche, fisiche, chimiche, biologiche, della terra, all'informatica e alle loro applicazioni.

L'orario annuale delle attività e degli insegnamenti obbligatori per tutti gli studenti è di **891 ore nel primo biennio,** corrispondenti a 27 ore medie settimanali, e di **990 ore nel secondo biennio e nel quinto anno**, corrispondenti a 30 ore medie settimanali.

Il D.P.R. 52/2013 (Regolamento del liceo sportivo) ha previsto poi nei licei scientifici, la possibilità di costruire sezioni «**ad indirizzo sportivo**», per l'approfondimento delle scienze motorie e l'avviamento delle diverse discipline sportive, sulla base delle attitudini e delle capacità individuali degli studenti.

2.6 I percorsi liceali: Liceo delle scienze umane

Ai sensi dell'**art. 9 D.P.R. 89/2010**, il percorso del liceo delle scienze umane è indirizzato allo studio delle *teorie esplicative dei fenomeni collegati alla costruzione dell'identità perso-*

nale e delle relazioni umane e sociali; guida lo studente ad approfondire ed a sviluppare le conoscenze e le abilità ed a maturare le competenze necessarie per cogliere la complessità e la specificità dei processi formativi; assicura la padronanza dei linguaggi, delle metodologie e delle tecniche di indagine nel campo delle scienze umane.

Nell'ambito della programmazione regionale dell'offerta formativa, **può essere attivata** l'**opzione economico-sociale** che fornisce allo studente competenze particolarmente avanzate negli studi afferenti alle scienze giuridiche, economiche e sociali.

L'orario annuale delle attività e insegnamenti obbligatori per tutti gli studenti è di **891 ore nel primo biennio**, corrispondenti a 27 ore medie settimanali e di **990 nel secondo biennio e nel quinto anno**, corrispondenti a 30 ore medie settimanali.

3 Gli istituti professionali

Gli istituti professionali sono stati oggetto nel giro di pochi anni di due radicali riforme: il D.P.R. 87/2010 e il D.Lgs. 61/2017.

Il D.P.R. 15 marzo 2010, n. 87 (destinato a essere progressivamente abrogato dal D.Lgs. 61/2017) ha definito gli **istituti professionali (I.P.)** quali **percorsi quinquennali** di articolazione del secondo ciclo del sistema di istruzione e formazione. Gli istituti professionali, in base a questo ordinamento, operano in **due settori** che comprendono in totale **6 indirizzi** in luogo degli originari 28. Tale composizione rispondeva a un'esigenza di razionalizzazione e, in particolare, consentiva di evitare il rischio di sovrapposizione con l'istruzione tecnica e soprattutto con il sistema regionale dell'istruzione e della formazione professionale.

Nel **D.Lgs. 13 aprile 2017, n. 61** di attuazione della Buona scuola (art. 1, co. 180 e 181, lett. *d)*) si legge l'intenzione di rinnovare l'identità degli istituti professionali attraverso un nuovo PECUP, profilo educativo, culturale e professionale degli stessi I.P.; di innovarne l'assetto organizzativo e didattico attraverso la *revisione dei piani di studio*, improntati anche alla *personalizzazione* del percorso di apprendimento attraverso il **Progetto formativo individuale (PFI)**.

Dunque, al termine del primo ciclo di istruzione gli studenti che intendono proseguire con un'**istruzione di taglio professionale** possono scegliere tra:
— i *percorsi di istruzione professionale* (I.P.), di durata quinquennale, finalizzati al conseguimento del relativo diploma, realizzati da scuole statali e da scuole paritarie riconosciute;
— i *percorsi di istruzione e formazione professionale* (IeFP), per il conseguimento di qualifiche e di diplomi professionali quadriennali, realizzati dalle istituzioni formative accreditate dalle Regioni e dalle Province autonome.

Dal punto di vista **organizzativo**, il decreto legislativo n. 61/2017 riordina l'assetto dell'istruzione professionale nel seguente modo:
— un **biennio** di complessive **2112 ore** (1056 ore l'anno), articolate in **1188** ore complessive di attività e insegnamenti di istruzione generale e in **924** ore complessive

di attività e insegnamenti caratterizzanti l'indirizzo, comprensive del tempo da destinare al potenziamento dei **laboratori**. Nell'ambito delle 2112 ore del biennio, una quota non superiore a *264 ore*, è destinata alla *personalizzazione* degli apprendimenti e alla realizzazione del **Progetto formativo individuale (PFI)**, ad opera del Consiglio di classe; tale quota può comprendere anche le attività di alternanza scuola-lavoro, che negli istituti professionali sono attivabili già dal secondo anno;
— un **triennio** (in luogo dell'attuale secondo biennio più ultimo anno) articolato in un terzo, quarto e quinto anno e con una forte caratterizzazione laboratoriale e lavorativa in generale. Per ciascun anno del triennio, l'orario scolastico è di **1056 ore**, articolate in **462 ore** di attività e insegnamenti di istruzione **generale** e in **594 ore** di attività e insegnamenti di **indirizzo**.

Il **D.P.R. 31 luglio 2017, n. 133** (di modifica dell'art. 5 n. 87/2010) fissa poi i criteri di definizione dell'orario complessivo annuale degli istituti professionali.

Il **D.M. 92/2018** ha inoltre regolamentato la disciplina dei profili di uscita degli indirizzi di studio dei percorsi di istruzione professionale.

Il D.Lgs. 61/2017 prevede **11 indirizzi** in luogo dei 6 precedenti, a partire dalle prime classi dell'anno **2018-2019**:

a) Agricoltura, sviluppo rurale, valorizzazione dei prodotti del territorio e gestione delle risorse forestali e montane;
b) Pesca commerciale e produzioni ittiche;
c) Industria e artigianato per il Made in Italy;
d) Manutenzione e assistenza tecnica;
e) Gestione delle acque e risanamento ambientale;
f) Servizi commerciali;
g) Enogastronomia e ospitalità alberghiera;
h) Servizi culturali e dello spettacolo;
i) Servizi per la sanità e l'assistenza sociale;
l) Arti ausiliarie delle professioni sanitarie: odontotecnico;
m) Arti ausiliarie delle professioni sanitarie: ottico.

Dal punto di vista **didattico**, le attività e gli insegnamenti nel biennio sono **aggregati in assi culturali** che raccolgono insegnamenti fra loro omogenei e irrinunciabili in quanto consentono di acquisire le competenze chiave di cittadinanza rientranti nell'obbligo scolastico.

Le scuole, poi, sulla base del Progetto formativo individuale, articolano il primo biennio in *periodi didattici* che si concretizzano attraverso l'utilizzo di metodologie didattiche induttive da adottare nell'ambito delle esperienze laboratoriali, anche con la definizione di analisi e soluzioni di casi concreti. Molta importanza è data anche all'**alternanza scuola-lavoro** e all'organizzazione didattica per *unità di apprendimento*, agevolando così il più possibile i passaggi ad altri percorsi di istruzione e formazione.

La **quota di autonomia**, da utilizzare nell'ambito dell'organico dell'autonomia, sul monte ore generale resta invariata, è cioè pari al 20%, sia nel biennio che nel triennio; tale quota di autonomia è destinata a potenziare gli insegnamenti obbligatori con particolare riferimento alle attività laboratoriali, nonché gli spazi di flessibilità, intesa quale possibilità di articolare gli indirizzi del triennio in profili formativi, con riguardo al 40% dell'orario complessivo previsto per il terzo, quarto e quinto anno.

Per l'attuazione dell'autonomia sono previsti altri strumenti, tra i quali:
— stipula di contratti d'opera con esperti del mondo del lavoro;
— partenariati per il miglioramento dell'offerta formativa;
— sviluppo di attività e progetti di orientamento scolastico ed inserimento nel mondo del lavoro, con l'apprendistato di primo livello.

Il decreto attuativo della Buona scuola, D.Lgs. 61/2017, disciplina, come anticipato, i **passaggi tra i percorsi dell'istruzione professionale** e i percorsi dell'istruzione e formazione professionale (IeFP), stabilendone le modalità e criteri di realizzazione. La possibilità del passaggio tra i sistemi è diretta a consentire agli studenti di seguire un *percorso personalizzato* di crescita più rispondente alle proprie potenzialità anche cambiando la scelta iniziale. Le fasi per realizzare i passaggi sono state definite con Accordo in Conferenza Stato-Regioni del 10 maggio 2018.

La norma prevede che i passaggi degli studenti tra i percorsi di istruzione professionale e i percorsi di istruzione e formazione professionale siano attivati **su domanda** dello studente e non avvengano in maniera automatica ma tengano conto dei risultati di apprendimento; inoltre, il passaggio reciproco tra percorsi di istruzione professionale e quelli di IeFP *non sono irreversibili* ma prevedono che le scuole e gli istituti formativi progettino modalità di inserimento graduale nel nuovo percorso.

Il Ministero declinerà con decreto i profili di uscita e i risultati di apprendimento e la **correlazione** tra qualifiche e diplomi professionali IeFP da un lato e gli indirizzi dei percorsi dell'istruzione professionale dall'altro, per consentire i **passaggi** tra sistemi formativi.

> Espansione Web
> *Linee guida degli istituti professionali*

Le attuali **Linee guida degli istituti professionali** sono contenute nella Direttiva ministeriale n. 65/2010 per il primo biennio, e n. 5/2012 per il triennio.

I percorsi degli istituti professionali si concludono con un **esame di Stato**, al cui superamento viene rilasciato il **diploma di istruzione professionale**, indicante l'indirizzo seguito dallo studente e le competenze acquisite. Tale diploma costituisce titolo necessario per l'accesso all'università e agli istituti di alta formazione artistica, musicale e coreutica, agli istituti tecnici superiori e ai percorsi di istruzione e formazione tecnica superiore.

In particolare, dopo il completamento degli studi secondari, i diplomati degli istituti professionali hanno ulteriori opportunità, diverse rispetto all'inserimento nel mondo del lavoro e all'iscrizione all'università, vale a dire:

— iscrizione a percorsi brevi di 800/1.000 ore idonei a conseguire una **specializzazione tecnica superiore** (**IFTS**) per rispondere alle esigenze formative del territorio;
— iscrizione a percorsi biennali per conseguire un **diploma di tecnico superiore** nelle aree tecnologiche più avanzate presso gli Istituti Tecnici Superiori (**ITS**).

4 Gli istituti tecnici

Analogamente a quanto previsto per gli istituti professionali, anche il decreto di riordino degli **istituti tecnici**, **D.P.R. 15 marzo 2010, n. 88**, li configura quali **percorsi quinquennali** del secondo ciclo di istruzione.

L'identità degli istituti tecnici, in linea con le indicazioni dell'Unione Europea, si caratterizza per *una solida base culturale a carattere scientifico e tecnologico*, costruita attraverso lo studio, l'approfondimento e l'applicazione di linguaggi e metodologie di carattere specifico e generale. Essa è espressa da un *limitato numero di ampi indirizzi correlati a settori fondamentali per lo sviluppo economico e produttivo del Paese*, con l'obiettivo di far acquisire agli studenti, in relazione all'esercizio di **professioni tecniche**, saperi e competenze necessari per un rapido inserimento nel mondo del lavoro e per l'accesso all'università e all'istruzione e formazione tecnica superiore.

Gli istituti tecnici collaborano con le strutture formative accreditate dalle Regioni nei poli tecnico-professionali costituiti secondo le linee-guida adottate dal MIUR, anche allo scopo di favorire i passaggi tra i sistemi di istruzione e formazione.

Gli istituti tecnici operano in **due settori** che comprendono, in totale, **11 indirizzi**.

1. **Settore economico**, i cui indirizzi sono:
— Amministrazione, finanza e marketing (*Relazioni internazionali per il marketing*; *Sistemi informativi aziendali*);
— Turismo;

2. **Settore tecnologico**, i cui indirizzi sono:
— Meccanica, meccatronica ed energia (*Meccanica e meccatronica*; *Energia*);
— Trasporti e logistica (*Costruzione del mezzo*; *Conduzione del mezzo*; *Logistica*);
— Elettronica ed elettrotecnica (*Elettronica*; *Elettrotecnica*; *Automazione*);
— Informatica e telecomunicazioni (*Informatica*; *Telecomunicazioni*);
— Grafica e comunicazione;
— Chimica, materiali e biotecnologie (*Chimica e materiali*; *Biotecnologie ambientali*; *Biotecnologie sanitarie*);
— Sistema moda (*Tessile, abbigliamento e moda*; *Calzature e moda*);

— Agraria, agroalimentare e agroindustria (*Produzioni e trasformazioni*; *Gestione dell'ambiente e del territorio*; *Viticoltura ed enologia*);
— Costruzioni, ambiente e territorio (*Geotecnico*).

Tutti i percorsi di studio hanno la seguente struttura:

— un **primo biennio** articolato, per ciascun anno, in **660 ore** di attività e insegnamenti di istruzione generale e in **396 ore** di attività e insegnamenti obbligatori di indirizzo, ai fini sia dell'assolvimento dell'obbligo d'istruzione, sia dell'acquisizione dei saperi e delle competenze di indirizzo in funzione orientativa, anche per favorire la reversibilità delle scelte degli studenti;
— un **secondo biennio** articolato, per ciascun anno, in 495 ore di attività e insegnamenti di istruzione generale e in 561 ore di attività e insegnamenti obbligatori di indirizzo;
— un **quinto anno** articolato in **495 ore** di attività e insegnamenti di istruzione generale e in **561 ore** di attività e insegnamenti obbligatori di indirizzo;
— il secondo biennio e il quinto anno costituiscono un complessivo **triennio** nel quale, oltre all'area di istruzione generale comune a tutti i percorsi, i contenuti scientifici, economico-giuridici e tecnici delle aree di indirizzo vengono approfonditi e assumono connotazioni specifiche che consentono agli studenti di raggiungere, nel quinto anno, un'adeguata competenza professionale di settore, idonea anche per la prosecuzione degli studi a livello di istruzione e formazione superiore, con particolare riferimento all'esercizio delle professioni tecniche.

Il **D.P.R. 31 luglio 2017, n. 134** fissa i crieri per la definizione dell'orario complessivo annuale degli istituti tecnici.

Ciascun percorso è strutturato in modo da favorire un collegamento organico con il mondo del lavoro e delle professioni. È previsto lo sviluppo di metodologie innovative basate *sull'utilizzo diffuso del laboratorio* a fini didattici in tutti gli ambiti disciplinari e un raccordo più stretto con il mondo del lavoro e delle professioni, compresi il volontariato e il privato sociale, attraverso la più ampia diffusione di stage, tirocini, alternanza scuola/lavoro.

> Espansione Web
> *Linee guida per gli istituti tecnici*

Le **Linee-guida per il primo biennio** sono contenute nella direttiva ministeriale 28 luglio 2010, n. 57, a completamento delle quali sono state emanate poi le **Linee guida per il triennio** (D. Interministeriale 4-2012) che contengono, a sostegno dell'autonomia degli istituti tecnici, i riferimenti per la definizione del PTOF e gli orientamenti per l'organizzazione del curricolo.

I percorsi degli istituti tecnici si concludono con un **esame di Stato**, al superamento del quale viene rilasciato il **diploma di istruzione tecnica**, che costituisce titolo necessario per l'accesso all'università e agli istituti di alta formazione artistica, musicale e coreutica, agli istituti tecnici superiori e ai percorsi di istruzione e formazione tecnica superiore.

5 La valutazione degli studenti nel secondo ciclo di istruzione

5.1 La valutazione degli apprendimenti e le assenze

La materia è regolata dall'**art. 4** del **D.P.R. 122/2009** che va integrato con il **D.Lgs. 62/2017**, di riorganizzazione della valutazione e degli esami di Stato.

La valutazione *periodica e finale* degli apprendimenti, anche qui espressa in *decimi*, è effettuata dal **Consiglio di classe**, con deliberazione assunta, ove necessario, *a maggioranza*. I *docenti di sostegno*, contitolari della classe, partecipano alla valutazione di tutti gli alunni, e qualora un alunno con disabilità sia affidato a più docenti di sostegno, essi si esprimono con un unico voto.

Per poter valutare lo studente è richiesta la frequenza di almeno **tre quarti dell'orario annuale** (art. 5 D.Lgs. 62/2017). Se le **assenze** superano questo limite massimo, lo studente è escluso dallo scrutinio finale, con conseguente **non ammissione** alla classe successiva o all'esame finale. Il Collegio dei docenti può però consentire in casi eccezionali, delle deroghe al limite dei tre quarti di presenza del monte ore annuale (art. 14 D.P.R. 122/2009 e art. 5 D.Lgs. 62/2017).

Sono **ammessi** alla classe successiva gli alunni che in sede di scrutinio finale conseguono un voto di comportamento non inferiore a sei decimi e una votazione **non inferiore a sei decimi** in ciascuna disciplina o gruppo di discipline valutate con l'attribuzione di un unico voto.

Nello scrutinio finale il Consiglio di classe **sospende il giudizio** *degli alunni che non hanno conseguito la sufficienza in una o più discipline*, senza riportare immediatamente un giudizio di non promozione (cd. **debiti formativi**). A conclusione dello scrutinio, l'esito relativo a tutte le discipline è comunicato alle famiglie.

5.2 Il recupero dei debiti formativi

L'abolizione degli esami di riparazione negli istituti e scuole di istruzione secondaria superiore è stata disposta dal D.L. 253/1995, conv. in L. 352/1995, che, al loro posto, prevede l'attivazione di **interventi** *ad hoc* per l'efficace inserimento nella programmazione di classe di alunni il cui profitto, nel corso dell'anno scolastico, sia risultato insufficiente in una o più materie.

Tali interventi si attuano nella forma di *corsi di sostegno o di recupero delle carenze* (cd. **debiti**, più propriamente detti «**IDEI**», ovvero *interventi didattici-educativi integrativi*) dei quali il D.M. 42/2007 e il D.M. 80/2007 indicano modalità, strumenti e risorse.

Questi i **punti cardine** della normativa ministeriale:
— le scuole organizzano, subito dopo gli *scrutini intermedi*, **interventi didattico-educativi di recupero** per gli studenti che abbiano presentato insufficienze;
— è competenza dei *Consigli di classe* decidere come organizzare i corsi di recupero, che possono essere tenuti dagli insegnanti della scuola o con la collaborazione di soggetti esterni;

- dopo i corsi di recupero, che si svolgono nel corso dell'anno scolastico, gli studenti devono affrontare delle *verifiche intermedie* per dimostrare di aver superato il debito;
- all'esito degli scrutini di fine anno scolastico, il Consiglio di classe comunica alle famiglie le carenze scolastiche degli studenti che abbiano riportato voti insufficienti in una o più materie, rimandando la *decisione di promuoverli a dopo il 31 agosto*, in occasione della verifica finale del superamento dei debiti;
- dopo lo scrutinio finale, la scuola organizza ulteriori **corsi di recupero**, che si svolgono durante l'estate, per gli studenti che non hanno ottenuto la sufficienza in una o più discipline;
- entro il 31 agosto di ogni anno si *concludono le iniziative di recupero* e subito dopo, ma non oltre la data di inizio delle lezioni dell'anno successivo, si effettuano le verifiche finali sulla base delle quali si conclude lo scrutinio con il giudizio definitivo: **promozione o bocciatura**. All'avvio dell'anno scolastico tutti gli alunni sono a parità di condizioni, in modo tale che i docenti possano sviluppare il programma dell'anno regolarmente.

5.3 La valutazione del comportamento

Per il D.P.R. 122/2009 art. 7 «la valutazione del comportamento degli alunni nelle scuole secondarie di primo e di secondo grado si propone di favorire l'acquisizione di una coscienza civile basata sulla consapevolezza che la libertà personale si realizza nell'adempimento dei propri doveri, nella conoscenza e nell'esercizio dei propri diritti, nel rispetto dei diritti altrui e delle regole che governano la convivenza civile in generale e la vita scolastica in particolare».

La valutazione periodica e finale del **comportamento** degli alunni è espressa in **decimi** ed il voto numerico è riportato anche in lettere nel documento di valutazione.

La valutazione del comportamento concorre alla determinazione dei **crediti scolastici**.

La valutazione del comportamento **con voto inferiore a sei decimi** in sede di scrutinio finale comporta la non ammissione alla classe successiva o all'esame finale del ciclo e può essere decisa dal Consiglio di classe solo nei confronti dell'alunno cui sia stata precedentemente irrogata una *sanzione disciplinare*. La valutazione del comportamento con voto inferiore a sei decimi deve essere **motivata** e deve essere **verbalizzata** in sede di scrutinio intermedio e finale.

5.4 I crediti scolastici

Istituito con l'art. 11 D.P.R. n. 323/1998, il **credito scolastico** è un **punteggio** riconosciuto agli alunni in base al merito, per l'andamento degli studi durante il triennio della scuola secondaria di secondo grado, punteggio che viene sommato al punteggio ottenuto alle prove scritte e orali ai fini della determinazione del voto di maturità.

Il Consiglio di classe, negli scrutini di fine anno del triennio, calcola il credito per ciascun alunno tenendo conto dei seguenti parametri:
— la media dei voti;
— la frequenza scolastica delle attività curriculari e dei progetti;
— la partecipazione al dialogo educativo;
— l'interesse alle attività complementari e integrative;
— eventuali **crediti formativi documentati** (attività ed esperienze coerenti con gli obiettivi formativi dell'indirizzo: attività teatrali, artistiche, ricreative che siano certificate, anche se acquisite fuori della scuola di appartenenza o all'estero).

L'art. 15 del D.Lgs. 62/2017 fissa il punteggio attribuibile nel secondo biennio e nell'ultimo anno in un **massimo di 40 punti** (primo erano 25 punti), di cui 12 per il terzo anno, 13 per il quarto e 15 per il quinto, delineando i punteggi per fasce nella tabella A allegata al D.Lgs.; quest'ultima prevede anche la conversione del credito per gli anni precedenti al nuovo regime, disciplinando così il periodo transitorio.

Ricordiamo che il D.Lgs. n. 62/2017 prevede un nuovo esame di maturità, in cui è stata eliminata la terza prova, sono stati ridotti i punti da assegnare all'esame orale ed è stato dato maggior peso alla carriera scolastica (proprio tramite l'aumento del punteggio dei crediti scolastici).

5.5 La certificazione delle competenze nel secondo ciclo di istruzione

La **certificazione delle competenze** è prevista anche al **termine del secondo anno** della scuola secondaria di secondo grado (ossia al completamento dell'obbligo scolastico), per *attestare appunto l'assolvimento dell'obbligo di istruzione*, come previsto dal D.M. 139/2007.

A tal fine, la certificazione è rilasciata nei confronti di quegli alunni che nel corso dell'anno solare di riferimento, hanno compiuto 16 anni e, in sede di scrutinio di giugno, sono stati ammessi alla frequenza della classe terza. Il Dirigente scolastico, previa delibera del Consiglio di classe, rilascia a richiesta dell'interessato il *Certificato delle competenze di base acquisite nell'assolvimento dell'obbligo d'istruzione*, secondo il modello allegato al **D.M. 9/2010**.

Sussiste anche un obbligo di certificazione delle competenze acquisite *al termine del secondo ciclo di istruzione*, previo superamento dell'esame finale, ma al momento si attende ancora l'emanazione di un modello ministeriale.

5.6 L'esame di Stato

Il D.Lgs. 62/2017, riordinando e coordinando in un unico testo le disposizioni in materia (D.P.R. 122/2009, L. 425/1997, D.P.R. 323/1998, L. 176/2007), ha inciso anche sull'assetto dell'esame di Stato conclusivo del secondo ciclo di istruzione. Le nuove disposizioni si applicano a partire dall'anno scolastico 2018/2019.

Sono **ammessi** all'esame di Stato, con delibera del Consiglio di classe, gli studenti che siano in possesso dei seguenti **requisiti**:
— la frequenza di almeno tre quarti del monte ore annuale personalizzato dell'ultimo anno, salve le deroghe previste dall'art. 14, comma 7, D.P.R. 122/2009;
— la partecipazione alle prove INVALSI;
— lo svolgimento dell'alternanza scuola-lavoro, coerentemente alla L. 107/2015;
— la **votazione non inferiore ai sei decimi** in ogni disciplina e un voto di comportamento non inferiore a sei decimi. Nel caso di votazione inferiore a sei decimi in una disciplina, il Consiglio di classe può deliberare, con *motivazione adeguata*, l'ammissione all'esame finale.

Con **D.L. 91/2018**, conv. in **L. 108/2018** i requisiti delle prove Invalsi e e dell'alternanza scuola-lavoro previsti per l'ammissione all'esame conclusivo sono differiti al **1° settembre 2019**.

Con **D.M. 769/2018** sono stati definiti anche quadri di riferimento e griglie di valutazione; con **D.M. 37/2019** sono state individuate le *materie* oggetto della seconda prova scritta; inoltre, il Ministero ha emanato degli *esempi* di prova e previsto lo svolgimento di *simulazioni* delle prove, al fine di consentire alle scuole e agli studenti di adeguarsi alle nuove regole degli esami.

Le **prove** dell'esame di Stato conclusivo del secondo ciclo di istruzione non sono più quattro ma, in base all'art. 17 D.Lgs. 62/2017, **diventano tre**: due prove a carattere nazionale scritte e un colloquio:
— la **prima prova scritta** è intesa ad accertare la padronanza della lingua italiana o della lingua nella quale si svolge l'insegnamento, nonché le capacità espressive, logico-linguistiche e critiche del candidato;
— la **seconda prova**, che può essere scritta o anche grafica o scrittografica, pratica, compositivo/esecutiva, musicale e coreutica, ha per oggetto una delle materie caratterizzanti il corso di studio.
— il **colloquio** è diretto ad accertare il conseguimento del *profilo culturale, educativo e professionale* dello studente. A tal fine la Commissione valuta la capacità del candidato di analizzare testi, documenti, esperienze, progetti, problemi per verificare l'acquisizione dei contenuti e dei metodi propri delle singole discipline, la capacità di utilizzare le conoscenze acquisite e di collegarle per argomentare in maniera critica e personale anche utilizzando la lingua straniera (CLIL). Lo studente inoltre espone attraverso una breve relazione e/o un elaborato multimediale, l'esperienza di **alternanza scuola-lavoro** svolta nel percorso di studi.

Durante il colloquio, infine, si valutano le conoscenze e competenze maturate dal candidato nell'ambito delle attività relative a «*Cittadinanza e Costituzione*».

L'**esito** dell'esame resta espresso in **centesimi**, risultato della somma dei punteggi delle varie prove e dei punti acquisiti per il credito scolastico per un massimo, come visto, di 40 punti.

Un'ulteriore novità contenuta nel decreto è rappresentata dal fatto che, a differenza della disposizione della L. 425/1997, ora la prima e la seconda prova scritta ed il colloquio hanno ciascuno un peso di massimo **20 punti** nell'attribuzione del punteggio finale.

Il voto minimo per superare l'esame è di **sessanta centesimi**.

La Commissione può deliberare motivatamente di **integrare** il punteggio di 5 punti se il minimo del credito è di trenta punti e il risultato delle prove è pari ad almeno 50 punti; inoltre, la Commissione all'unanimità può decidere motivatamente di attribuire la **lode** a chi ha conseguito un punteggio di cento punti purché si sia conseguito il credito scolastico massimo con voto unanime del Consiglio di classe e punteggio massimo nelle prove.

5.7 Le prove INVALSI

Ai sensi dell'art. 19 D.Lgs. 62/2017 gli studenti dell'ultimo anno della scuola secondaria devono sostenere la **prova INVALSI**, *computer based,* in italiano, matematica ed inglese (→ Cap. 2, par. 3.3).

Lo svolgimento di questa prova, come visto, è obbligatorio poiché costituisce **requisito per l'ammissione all'esame**; il suo esito viene riportato all'esame finale ma non confluisce nel voto finale.

Ricordiamo che le prove INVALSI sono previste anche al II anno delle superiori.

6 I percorsi per le competenze trasversali e l'orientamento: l'alternanza scuola-lavoro

Agli studenti della scuola secondaria la riforma Moratti (art. 4 L. 53/2003) ha riconosciuto la possibilità di realizzare i corsi del secondo ciclo in **alternanza scuola/lavoro**, in collaborazione con le imprese, al fine di assicurare ai giovani, oltre alle conoscenze di base, l'acquisizione di **competenze spendibili nel mercato del lavoro**.

Per la concreta definizione dell'alternanza scuola/lavoro il Governo ha emanato un apposito decreto legislativo (**D.Lgs. 15 aprile 2005, n. 77**) che:
— fissa le modalità per svolgere la formazione **dai 15 ai 18 anni**, attraverso l'alternanza di periodi di studio e di lavoro, sotto la responsabilità dell'istituzione scolastica, sulla base di **convenzioni con imprese** o con le rispettive associazioni di rappresentanza o con le Camere di commercio o con enti pubblici e privati, ivi inclusi quelli del terzo settore, che siano disponibili ad *accogliere gli studenti per periodi di tirocinio. Tali periodi di tirocinio non costituiscono rapporto individuale di lavoro*;
— fornisce le indicazioni generali per il reperimento e l'assegnazione delle risorse finanziarie necessarie alla realizzazione dei percorsi di alternanza, ivi compresi gli incentivi per le imprese, la valorizzazione delle imprese come luogo formativo e l'assistenza tutoriale.

Successivamente i percorsi dell'alternanza scuola-lavoro sono stati richiamati nei Regolamenti nella «**Riforma Gelmini**», D.P.R. 87, 88 e 89 del 15-3-2010, come *metodo da introdurre nella didattica curriculare*.

Il rapporto scuola-lavoro comprende una pluralità di **opportunità educative** che valorizzano la componente formativa dell'esperienza pratica, integrando lo studio prevalentemente teorico con **esperienze di apprendimento**, quali:

— **visite aziendali**, che rappresentano un mezzo efficace per avvicinare gli studenti alle professioni osservate nei loro contesti operativi reali. Interagendo con i professionisti sui luoghi di lavoro, i giovani possono assumere informazioni dirette e approfondire interessi e motivazioni personali;

— **stage** progettati e realizzati soprattutto nell'ambito dell'area di professionalizzazione dei corsi dell'istruzione professionale e nell'area di progetto dell'istruzione tecnica. Le scuole, nell'esercizio della propria autonomia didattica e organizzativa, possono programmarli nel corso dell'anno scolastico;

— **tirocini**, intesi sia come **tirocini orientativi**, il cui obiettivo principale è quello di supportare il tirocinante nelle proprie scelte professionali, sia come **tirocini formativi**, che consentono al tirocinante un diretto coinvolgimento nelle attività concrete dell'azienda, finalizzato all'acquisizione di pratiche lavorative. Le modalità di svolgimento dei tirocini sono varie e spesso non c'è una netta distinzione fra le due tipologie, che in molti casi, infatti, sviluppano entrambi gli aspetti;

— **tirocini estivi**, promossi appunto durante le vacanze estive. Anche queste esperienze agevolano gli studenti nelle scelte professionali, permettendo loro di orientarsi e di acquisire competenze spendibili nel mondo del lavoro. Hanno una durata non superiore a tre mesi e si svolgono nel periodo compreso tra la fine dell'anno scolastico e l'inizio di quello successivo;

— **imprese formative simulate**. In questo caso le istituzioni scolastiche, sostenute dal Ministero, costituiscono, con il supporto di un'impresa reale e di un tutor aziendale, un'*azienda-laboratorio* in cui è possibile rappresentare e vivere le funzioni proprie dell'azienda. Le imprese simulate comunicano tra loro e realizzano transazioni in una rete telematica, rispettando la normativa come le aziende reali.

La materia dell'alternanza scuola-lavoro trova spazio in più punti della L. 107/2015; il suo incremento, infatti, è stato uno degli obiettivi prioritari della Riforma. Il comma 33 prevede, al fine di incrementare l'orientamento e le opportunità di lavoro degli studenti, l'**obbligatorietà dei percorsi in alternanza scuola-lavoro per tutti gli studenti delle secondarie**. La *L. 145/2018* (*Legge di bilancio 2019*) ha però ridotto, a decorrere dall'anno scolastico 2018/2019, il numero delle ore da destinare all'alternanza scuola-lavoro, ora ridenominata «**percorsi per le competenze trasversali e l'orientamento**»: quindi hanno una durata non inferiore a **210 ore** nel triennio terminale degli istituti professionali; non inferiore a **150 ore** nel secondo biennio e nell'ultimo anno degli istituti tecnici; non inferiore a **90 ore** nel secondo biennio e nel quinto anno dei licei.

Tra i soggetti menzionati nella L. 107/2015, presso i quali è possibile effettuare l'alternanza, vengono inseriti gli **ordini professionali e i musei e gli altri istituti pubblici e privati** operanti nei settori del **patrimonio e delle attività culturali, artistiche e musicali**, nonché con enti che svolgono attività afferenti al **patrimonio ambientale**.

È il *dirigente scolastico* ad avere il delicato compito di individuare le imprese con le quali stipulare le convenzioni per l'alternanza scuola-lavoro, dall'apposito *Registro nazionale*. Ai sensi del comma 41, infatti, è istituito presso le *Camere di commercio*, il **Registro nazionale per l'alternanza scuola-lavoro** che contiene l'elenco delle imprese e degli enti pubblici e privati disponibili a svolgere i percorsi di alternanza scuola-lavoro.

L'alternanza si realizza con attività sia dentro la scuola (orientamento, incontri con consulenti esterni etc.) sia fuori dalla scuola (anche all'estero purché durante la sospensione delle attività didattiche). Al termine del percorso vengono rilasciati attestati di frequenza, certificati di competenze e crediti scolastici/formativi.

Importanti istruzioni di dettaglio sono contenute nel documento rilaciato dal MIUR «*Attività di alternanza scuola-lavoro-Guida operativa per la scuola*» dell'8-10-2015.

7 Scuole non statali, paritarie e confessionali

Il comma 2 dell'**art. 33 Cost.** afferma che «*La Repubblica detta le norme generali sull'istruzione ed istituisce scuole statali per tutti gli ordini e gradi*», cosicché allo Stato competono, in via generale, la predisposizione dei mezzi d'istruzione e la creazione delle norme generali in materia. Tuttavia **l'istruzione non è monopolio dello Stato**: sempre l'art. 33 Cost. continua: «*Enti e privati hanno il diritto di istituire scuole ed istituti di educazione, senza oneri per lo Stato*».

L'esistenza di due tipi di **scuole (statali e non statali)** è considerata, infatti, garanzia di buon funzionamento per entrambe. Ciò discende, evidentemente, dal principio costituzionale della libertà di manifestazione del pensiero e della libertà di iniziativa economica tesa a realizzare la diffusione dello stesso, anche mediante l'insegnamento, senza dimenticare che la libertà per enti e privati di creare istituti di insegnamento trova tutela anche nella *Carta dei diritti fondamentali dell'Unione europea* (art. 14).

Lo Stato può, quindi, anche intervenire a *finanziare scuole o istituti in difficoltà, ovvero scuole private* in luoghi nei quali non esistono scuole statali (anche perché ciò addirittura giova al mantenimento di un pluralismo culturale).

La possibilità di **parificare ed equiparare gli studi** compiuti in istituti di istruzione privati, a quelli compiuti presso *scuole statali* è però legata a precise valutazioni tecniche: la **parità con le scuole statali** viene accordata alle scuole che ne facciano richiesta, in base alla legge dello Stato che ne fissa «*i diritti e gli obblighi*» (art. 33 co. 4 Cost.).

Collegandosi al dettato costituzionale, la **legge sulla parità scolastica, L. 10 marzo 2000, n. 62** riconosce, garantisce e istituisce, quindi, un *sistema nazionale di istruzione a carattere misto* costituito da **scuole statali** e da scuole gestite da privati o da enti locali col riconoscimento della parità (**scuole paritarie**).

Si definiscono **scuole paritarie**, a tutti gli effetti (in particolare per quanto riguarda l'abilitazione a rilasciare titoli di studio aventi valore legale), **le istituzioni scolastiche non statali** (comprese quelle degli enti locali) che, a partire dalla scuola per l'infanzia, corrispondono agli ordinamenti generali dell'istruzione, sono coerenti con la domanda formativa delle famiglie e sono caratterizzate da alcuni requisiti di qualità ed efficacia (art. 1, co. 2, L. 62/2000).

Il *riconoscimento della parità scolastica inserisce la scuola paritaria nel sistema nazionale di istruzione* e garantisce l'equiparazione dei diritti e dei doveri degli studenti, le medesime modalità di svolgimento degli esami di Stato, l'assolvimento dell'obbligo di istruzione e l'abilitazione a rilasciare titoli di studio aventi lo stesso valore dei titoli rilasciati da scuole statali.

Al fine di garantire identici standard educativi le **scuole paritarie sono soggette a valutazione e verifica da parte del Ministero**, che accerta il possesso dei requisiti descritti.

Lo Stato, al fine di sostenere la funzione pubblica svolta dalle scuole paritarie nell'ambito del sistema nazionale di istruzione, **eroga contributi alle scuole** dell'infanzia, primarie e secondarie di primo e secondo grado, in **possesso del riconoscimento di parità**.

Nell'ambito del sistema di istruzione italiano rientrano anche le **scuole non paritarie** che sono scuole non statali che *non intendono chiedere il riconoscimento della parità*. Esse sono iscritte in elenchi regionali che vengono aggiornati ogni anno. La regolare frequenza della scuola non paritaria da parte degli alunni rappresenta assolvimento dell'obbligo di istruzione, tuttavia tali scuole **non possono rilasciare titoli di studio aventi valore legale**.

Per quanto concerne più specificamente le **scuole confessionali**, secondo il Concordato del 1984 «la Repubblica italiana ... garantisce alla Chiesa cattolica il diritto di istituire liberamente scuole di ogni ordine e grado e istituti di educazione».

Il progetto educativo di tali istituti (che possono o meno ottenere la parità in base alla normativa esposta sopra) deve indicare l'eventuale indirizzo educativo di carattere culturale o religioso. Non sono, comunque, obbligatorie per gli alunni **attività *extra curriculari*** che presuppongano o esigano l'adesione ad una determinata ideologia o confessione religiosa.

In sintesi

- **Secondo ciclo di istruzione**: La scuola secondaria di secondo grado costituisce, nell'impianto della legge 53/2003 (Riforma Moratti), il secondo ciclo dell'istruzione ed ha la finalità di preparare lo studente agli studi universitari nonché a fornirgli un'adeguata preparazione per il mondo del lavoro.
Dopo la riforma Gelmini, è costituita da *6 licei*; *istituti tecnici* suddivisi in 2 settori con 11 indirizzi; *istituti professionali* suddivisi in 11 indirizzi.

- **Licei**: Il quadro normativo di disciplina dei licei è rappresentato dal D.Lgs. 226/2005 e dal D.P.R. 89/2010. Tutti e sei i percorsi liceali (liceo classico, scientifico, linguistico, artistico, musicale e coreutico, delle scienze umane) hanno *durata quinquennale*, sviluppandosi in due periodi biennali e in un quinto anno che completa il percorso disciplinare. I percorsi dei licei si concludono con un esame di Stato.

- **Istituti professionali**: sono stati oggetto nel giro di pochi anni di due radicali riforme: il D.P.R. 87/2010 e il D.Lgs. 61/2017, che prevede ora 11 indirizzi. Sono strutturati in un biennio e un triennio con una *forte caratterizzazione laboratoriale e lavorativa*. Molta importanza è data anche all'alternanza scuola-lavoro, anche al fine di agevolare il più possibile i passaggi ad altri percorsi di istruzione e formazione (IeFP). I percorsi degli istituti professionali si concludono con un esame di Stato, al cui superamento viene rilasciato il *diploma di istruzione professionale*, indicante l'indirizzo seguito dallo studente e le competenze acquisite.

- **Istituti tecnici**: sono percorsi quinquennali del secondo ciclo di istruzione. Sono strutturati in due settori che comprendono in totale 11 indirizzi e comprendono un primo biennio, un secondo biennio e un quinto anno. I percorsi degli istituti tecnici si concludono con un esame di Stato, al superamento del quale viene rilasciato il *diploma di istruzione tecnica*.

- **Valutazione degli studenti nel secondo ciclo di istruzione**: la valutazione degli apprendimenti (così come del comportamento) è espressa *in decimi*: sono ammessi alla classe successiva gli alunni che in sede di scrutinio finale conseguono un voto di comportamento non inferiore a sei decimi e una votazione non inferiore a sei decimi in ciascuna disciplina. Se il voto è inferiore a sei il giudizio e l'ammissione è sospesa fino all'esito dello scrutinio a settembre (*debito formativo*). Per il recupero dei debiti formativi la scuola deve organizzare corsi di recupero.

- **Alternanza scuola lavoro**: gli istituti della scuola secondaria devono organizzare per gli studenti, *percorsi in alternanza scuola/lavoro*, in collaborazione con le imprese, al fine di assicurare ai giovani, oltre alle conoscenze di base, l'acquisizione di competenze spendibili nel mercato del lavoro. *Sono obbligatori per tutti gli studenti delle secondarie*. L'alternanza si realizza con attività sia dentro la scuola (orientamento, incontri con consulenti esterni etc.) sia fuori dalla scuola (anche all'estero purché durante la sospensione delle attività didattiche). Al termine del percorso vengono rilasciati attestati di frequenza, certificati di competenze e crediti scolastici/formativi.

Appendici

Sommario Appendici

Appendice 1 | Struttura di un progetto   Appendice 2 | Struttura di una lezione

Appendice 1
Struttura di un progetto

IMPARIAMO AD IMPARARE[1]

DATI IDENTIFICATIVI

Titolo: «Impariamo ad imparare»

Problema: È possibile sviluppare strategie per imparare a studiare meglio e con più soddisfazione?

Breve descrizione dell'intervento
Come imparare a studiare? La risposta non è semplice perché studiare significa compiere una serie di attività che coinvolgono la personalità, le capacità, le abilità, l'esperienza dell'alunno, le attività da compiere, gli obiettivi da conseguire, l'oggetto dello studio,…
La sfida più grande, pertanto, è portare ciascun alunno a scoprire i meccanismi e le operazioni dello studio e a costruirsi un set di strategie che possano essere utili e produttive anche al di fuori dell'ambiente scolastico.

Risultati attesi
— Sviluppo della capacità di regolare e monitorare l'apprendimento
— Miglioramento delle performance scolastiche
— Acquisizione di operazioni cognitive e procedurali spendibili in tutte le aree disciplinari.

Prodotto finale:
Dossier metodo di studio
La mia biografia di apprendimento: descrizione di come cambiano e si sviluppano nel tempo le strategie, le motivazioni e gli atteggiamenti.

Motivazione dell'intervento

La nostra società è stata definita, da più parti, società dell'informazione e dell'apprendimento in quanto le nuove tecnologie dell'informazione stanno trasformando radicalmente il modo di produrre, consumare ed apprendere.

Il processo fondamentale da attivare a scuola è, perciò, quello dell'imparare.

La scuola deve *insegnare ad imparare* facendo apprendere non solo i contenuti delle singole discipline, ma soprattutto un metodo di studio che possa aiutare l'allievo a sviluppare le proprie capacità di apprendimento e ad utilizzarle in tutte le nuove situazioni.

E ciò è tanto più necessario se si pensa che, in genere, gli studenti apprendono più nozioni disciplinari che metodi e strategie di studio, mostrano scarsa motivazione verso il sapere, lo studio, la scuola, disinteresse e scarsa partecipazione alle attività della classe.

I problemi tipici che essi incontrano sono: difficoltà a pianificare ed organizzare il lavoro, selezionare le informazioni, fissare tempi e modalità di esecuzione, mancanza, insomma, di un metodo di studio.

---
[1] Per un approfondimento si rimanda a L. Gallo, *Scuola Progetto*, Spaggiari, Parma, 2007.

Il percorso di lavoro che presentiamo si propone di:
- rompere il modello tradizionale di insegnamento costituito dalla trasmissione e dall'uniformità pesentando un modello più innovativo che renda fattibile la costruzione e la diversificazione dei processi di apprendimento ed alimenti la motivazione e l'interesse;
- utilizzare strategie di tipo metacognitivo che possano permettere a ciascun allievo di:
  - diventare *strategicamente intelligente*: riflettere sul proprio apprendimento, fare un monitoraggio di quanto gli accade;
  - imparare dagli errori e con forme socializzate di apprendimento;
  - avere a disposizione un *set* di strategie formative e didattiche che agevolino l'apprendimento.

Obiettivi disciplinari e/o trasversali finali

- Riflettere sui propri atteggiamenti verso lo studio e sulle modalità di lavoro.
- Organizzare lo studio personale in maniera sempre più autonoma ed organizzata applicando procedimenti operativi specifici.
- Sperimentare ed applicare strategie che facilitano l'apprendimento e la riflessione.

Risultati attesi

- Sviluppo della capacità di regolare e monitorare il proprio apprendimento.
- Miglioramento delle *performance* scolastiche.
- Acquisizione di operazioni cognitive e meccanismi mentali spendibili in tutte le aree disciplinari.

ARTICOLAZIONE DEI CONTENUTI E DELLE ATTIVITÀ		
Nucleo tematico n. 1	**Contenuti**	**Attività**
Studiare, una parola per tanti significati	— Cosa significa studiare — Lo studio: in prosa, in poesia — Le parole dello studio in lingua straniera — Studiare ieri - Studiare oggi: facciamo un'indagine presso il Comune — Lo studio e la Costituzione	— Brainstorming — Discussione sul problema — Giochi di ruolo — Strategie specifiche — Analisi e commento di brani — Indagini ed interviste — Visualizzazione grafica dei dati — Raccolta e sistemazione del materiale prodotto

Saperi coinvolti

Tutte le discipline: Discussione e riflessioni sul tema studio.
Italiano: Lettura, analisi, produzione di testi sulla scuola e sullo studio.
Inglese: Le parole dello studio.
Storia: Lo studio presso le società antiche: un privilegio per pochi. Lo studio oggi, un diritto per tutti. Gli articoli della Costituzione.
Informatica: Rappresentazione grafica dei dati.

ARTICOLAZIONE DEI CONTENUTI E DELLE ATTIVITÀ		
Nucleo tematico n. 2	**Contenuti**	**Attività**
Le parole chiave del metodo di studio: attenzione, tempo, organizzazione	— Attenzione all'attenzione — Noi e il nostro tempo — L'importanza della pianificazione del tempo: tabelle e grafici — Tanti tipi di tempo: il tempo nella storia, nella musica, nella matematica, nella geografia, nella cultura popolare	— Brainstorming — Strategie specifiche — Questionari di indagine: come trascorriamo il nostro tempo — Compilazione di un piano di lavoro settimanale — Ricerca ed organizzazione delle informazioni sui vari tipi di tempo

Saperi coinvolti

Italiano: Conversazioni, lettura, analisi, produzione di testi sul tema tempo.
Matematica/Tecnologia: La suddivisione del tempo, costruzione tabelle e grafici.
Musica: Il tempo, l'importanza del tempo, …
Storia: La misura del tempo. Il calendario.
Informatica: Tabulazione e visualizzazione dei dati raccolti.

ARTICOLAZIONE DEI CONTENUTI E DELLE ATTIVITÀ		
Nucleo tematico n. 3	**Contenuti**	**Attività**
L'organizzazione dell'apprendimento	— L'importanza dell'organizzazione — Le strategie per l'organizzazione di un compito — Il memorandum dell'organizzazione	— Discussione sul tema — Simulazione di situazioni tipo — Costruzione di un diagramma per migliorare l'organizzazione dello studio — Applicazione della griglia

Saperi coinvolti

Tutte le discipline: Utilizzazione del diagramma per l'apprendimento dei diversi contenuti disciplinari.

Linee metodologiche e strategie didattiche

— Metodologia laboratoriale.
— Comunicazione: verbale, scritta, iconica, grafica, …
— Esperienza: racconto come studio, quali difficoltà incontro, …
— Metodo cooperativo: comunicare, aiutarsi, …
— Lavoro di gruppo con produzione e correzione collettiva.

Strumenti di verifica e di valutazione

— Tutti gli elaborati degli alunni atti ad evidenziare problemi, risorse e potenzialità.
— Schede di osservazione dei comportamenti in situazione individuale e di gruppo.
— Strumenti di autovalutazione.

Materiali didattici e risorse tecnologiche

— Libri di testo e non.
— Fonti scritte, grafiche, ...
— Computer.
— Lavagna luminosa.
— Materiale vario.

Modalità di monitoraggio e di valutazione del processo

— *Allievo*: Attività di metacognizione: cosa ho fatto? Come ho fatto? Cosa ho imparato? Ho raggiunto l'obiettivo? Come posso migliorare il mio rendimento?
— *Docente*: Predisposizione di schede per l'adeguamento dei processi e per impostare i nuovi interventi formativi.

Soluzioni organizzative

— Classi aperte e gruppi mobili per livello e per compito.
— Lavoro di piccoli gruppi omogenei ed eterogenei su compito finalizzato alla sistemazione del materiale.

Prodotto/i finale/i, modalità e strumenti di informazione e pubblicizzazione

— Dossier metodo di studio.
— La mia biografia di apprendimento: descrizione di come cambiano e si sviluppano nel tempo le mie strategie, le mie motivazioni ed atteggiamenti.
— Incontri famiglia/scuola: aiutiamo a costruire un metodo di studio.

PROPOSTE OPERATIVE

Nucleo tematico n. 1: Studiare, una parola per tanti significati

Cosa significa «studiare»

Accertare con un brainstorming le concezioni degli alunni nei confronti dello studio. Questa fase è molto importante per fare emergere le loro rappresentazioni mentali circa il senso dello studiare e dell'apprendere. Spesso, infatti, si ha la convinzione che apprendere significhi essenzialmente ripetere e memorizzare. Trovare strumenti che possano aiutare a riflettere sui molteplici significati, che può assumere il termine studiare, può essere una prima tappa per far nascere la motivazione e fornire le prime risorse per l'impegno ed il coinvolgimento individuale.

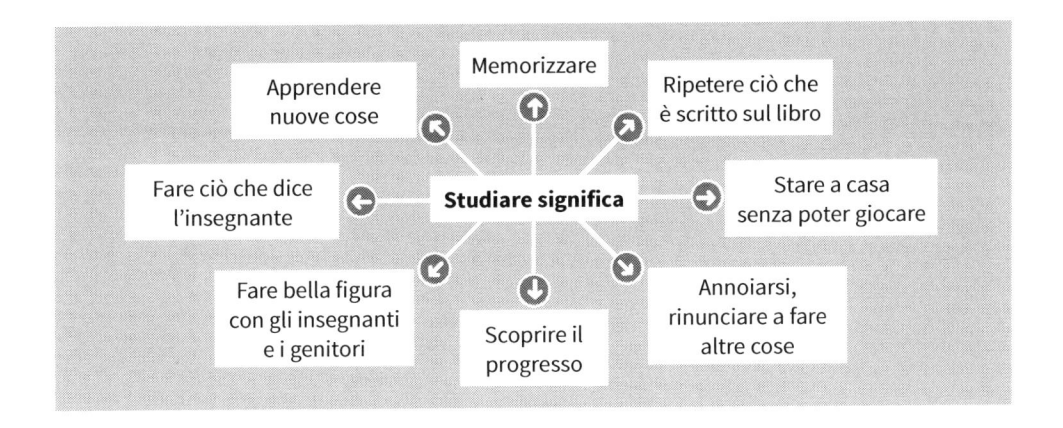

```
              Memorizzare
  Apprendere      ↑       Ripetere ciò che
  nuove cose    ↖   ↗    è scritto sul libro

Fare ciò che dice  ←  Studiare significa  →   Stare a casa
   l'insegnante                              senza poter giocare
                  ↙   ↘
  Fare bella figura  ↓      Annoiarsi,
  con gli insegnanti  Scoprire il   rinunciare a fare
     e i genitori     progresso      altre cose
```

Cosa significa «apprendere» una lezione[2]

— Scegliere un testo relativamente breve.
— Iniziare la lezione assegnando agli alunni la seguente consegna: «*Avete quindici minuti per imparare questa lezione. Non ponete domande non fate osservazioni perché dopo ci sarà tutto il tempo per discutere dei problemi che avete incontrato*».
— Trascorso il tempo stabilito, chiamare un alunno e chiedergli cosa ha imparato. In genere l'alunno si limita a ripetere il testo quasi a memoria. Il docente pone la discussione: perché avete memorizzato? Imparare significa, forse, ripetere?
— Procedere ad una definizione precisa del termine *imparare*, che sottende una molteplicità di significati e di procedure da seguire. Imparare può significare: fare il riassunto di un brano, sottolineare i concetti chiave, cercare il significato delle parole che non si conoscono, ...
— Invitare, quindi, gli alunni a darsi una consegna precisa sullo stesso brano e ad eseguirla.
— Trascrivere alla lavagna le diverse consegne e discutere sulla loro precisione.
— Compilare un elenco di cosa significa imparare.

Cosa significa apprendere una disciplina[3]

— Scegliere, insieme ai compagni e agli insegnanti, una o più discipline.
— Descrivere cosa significa apprendere una determinata disciplina.
— Confrontare le proprie idee con i compagni e l'insegnante.
— Riassumere in un cartellone di sintesi le caratteristiche relative alle discipline prese in esame emerse durante la discussione e il confronto.

Apprendere l'italiano significa:
- saper parlare
- comunicare
- scambiarsi idee
- avvicinarsi ai grandi poeti
- imparare le regole
- scrivere correttamente
- raccontare le proprie emozioni
- usare tecniche diverse
- saper leggere un giornale
- amare la lettura
- ....

Apprendere la matematica significa:
- ragionare
- risolvere problemi
- applicare procedimenti di calcolo
- pensare alle cose che si fanno
- essere ordinati e precisi
- usare la logica
- sviluppare l'intuizione
- verificare e controllare
- guardare con attenzione le cose che ci circondano
- ....

Apprendere una lingua straniera significa:
- conoscere nuovi vocaboli
- pronunciare bene suoni e parole
- colloquiare in un modo diverso
- scoprire nuove usanze e modi di vivere
- poter andare all'estero e capire
- giocare utilizzando un diverso modo di comunicare
- applicare regole grammaticali
- ....

Apprendere la musica significa:
- divertirsi, giocare con i suoni
- esprimere emozioni e pensieri
- ascoltare il mondo e noi stessi
- imparare a produrre suoni e ritmi
- comunicare con gli altri
- amare, essere uniti, incontrare popoli e culture diverse
- parlare anche di problemi sociali
- mettere a confronto esperienze musicali diverse

A ognuno le sue strategie[4]

- Invitare gli allievi a ripensare a un qualcosa che hanno imparato a fare (un gioco, un nuovo sport, un programma informatico, …).
- Far riportare in una tabella cosa hanno imparato e:
    - come hanno imparato;
    - come hanno proceduto;
    - che difficoltà hanno incontrato;
    - come hanno fatto per superarle;
    - se c'è qualcosa o qualcuno che li ha aiutati.
- Socializzare le strategie ed elencarle man mano che emergono dalla discussione.
- Confrontare le risposte date ai vari quesiti con gli altri gruppi e con l'insegnante.
- Fare un elenco delle strategie.
- Individuare quale strategia si vuole mettere alla prova.
- Aggiungere, se lo si ritiene opportuno, altre strategie all'elenco.

Nucleo tematico n. 2: le parole chiave del metodo di studio: attenzione, tempo

Il contrario dell'attenzione: la distrazione

L'attenzione va alimentata giorno dopo giorno con un insegnamento fatto di relazione, competenze, affettività. Essa, però, può essere indotta e, in qualche modo, controllata portando gli alunni a riflettere sulle cause più frequenti della loro distrazione e su cosa fare per combatterla e vincerla.

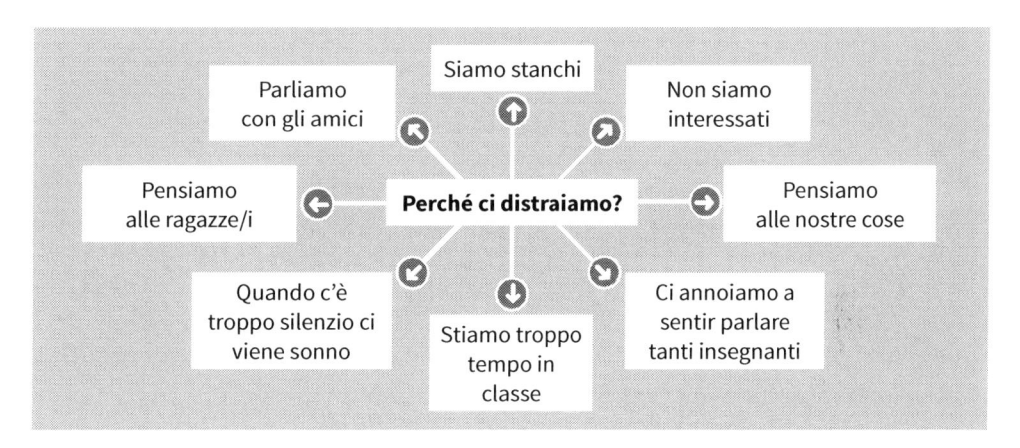

```
                    Siamo stanchi
    Parliamo              ↑              Non siamo
   con gli amici          ↑             interessati
        ↖                                   ↗
Pensiamo                                        Pensiamo
alle ragazze/i  ←   Perché ci distraiamo?  →   alle nostre cose
        ↙                                   ↘
  Quando c'è            ↓              Ci annoiamo a
 troppo silenzio ci     ↓              sentir parlare
  viene sonno      Stiamo troppo       tanti insegnanti
                    tempo in
                     classe
```

Diario di bordo:[5]

Per rinforzare la memoria storica e la capacità di prestare attenzione in classe, può essere utile far compilare agli alunni un diario. La caratteristica della quotidianità e la richiesta di ordine e precisione aiuta gli alunni a:
— essere costanti nello svolgimento di un compito anche ripetitivo e faticoso, essere ordinati e precisi nei propri lavori;
— alimentare una immagine positiva di sé anche in rapporto al gruppo;
— recuperare e rinforzare la memoria storica di ciò che si è fatto a scuola (consapevolezza degli apprendimenti).

Per questo è opportuno, per un certo periodo di tempo, far compilare agli alunni, al termine di ogni giornata, quale che sia il docente presente, un diario in cui annotare sistematicamente:
— il lavoro svolto durante la giornata scolastica;
— le difficoltà incontrate e come sono state superate;
— gli avvenimenti positivi e negativi.

Nella compilazione vanno osservate alcune regole:
— completezza: il diario va completato in ogni parte;
— non preoccuparsi di scrivere in modo chiaro perché si tratta di una bozza;
— scrivere con un colore diverso il compito di ogni ora.

Il diario va sempre tenuto in ordine e terminato in classe in brutta copia. A casa si trascriverà in bella arricchendo la pagina, magari, con disegni, illustrazioni.

L'orario settimanale:[6] *cosa fai durante il giorno?*

— Invitare gli alunni a compilare una scheda in cui registrare per una settimana tutte le attività che svolgono al pomeriggio a partire dalle h 14 fino alle 22.

ORE	LUNEDÌ	MARTEDÌ	MERCOLEDÌ	GIOVEDÌ	VENERDÌ	SABATO
14						
14,30						
15						
...						

— Sottoporre ai ragazzi il seguente questionario:
  — Il tuo orario settimanale rispetta un certo criterio? Quale?
  — Quali pomeriggi della settimana scolastica preferisci? Perché?
  — Alla fine di quali giornate sei più stanco mentalmente e fisicamente? Perché?
  — In quali giorni lavori meglio? In quali peggio? Quando rendi di più? Quando di meno?
  — Cosa pensano i tuoi genitori del tuo orario pomeridiano? E i tuoi insegnanti?
— Discutere, analizzare le varie risposte ed avanzare ipotesi su come migliorare il lavoro pomeridiano e settimanale.

Progettiamo un orario settimanale

All'inizio della settimana, invitare gli allievi a:
— elencare su un foglio gli impegni di studio;
— scrivere accanto a ciascuno il tempo che prevedono necessario per lo svolgimento (piano ipotetico).

Lunedì

Attività da compiere	Tempo previsto	Dalle ore Alle ore
— compiti di matematica	30 minuti	14,30 -15,00
— lettura e commento poesia	45 minuti	15,15 16,00
— relax	15 minuti	16,00 16,15
—		
—		

— Stendere, poi, un piano reale del tempo effettivamente impiegato.

---

[6] R. Mazzeo, *Un metodo per studiare,* Edizioni Il Capitello, Torino, 1998, pagg. 297 - 299.

— Confrontare il piano con ciò che effettivamente si è riusciti a realizzare e rispondere per iscritto alle seguenti domande:
  — Sono riuscito a fare tutto e bene?
  — Ho rispettato i tempi stabiliti?
  — Quali attività non ho svolto nei tempi stabiliti? Per quali ragioni? (stanchezza, errore nella previsione, imprevisti, …)
  — Sono necessarie delle correzioni al piano? Quali?
  — Ripeti l'operazione per una settimana e stendi alla fine il piano ragionato dei tuoi impegni e chiedi il parere dei tuoi insegnanti e dei tuoi genitori.

Nucleo tematico n. 3: l'organizzazione dell'apprendimento

Il memorandum dell'organizzazione
— Discutere con gli alunni l'importanza dell'organizzazione e simulare situazioni in cui essa diventa indispensabile per guadagnare tempo (ad esempio: dovete fare la spesa al supermercato, avete poco tempo, come vi organizzate?).
— Compilare insieme agli alunni il memorandum dell'organizzazione precisando che l'organizzazione investe tutti gli aspetti dello studio vale a dire: il luogo dove si studia, i materiali da usare, l'apprendimento: come faccio per, il controllo dell'apprendimento: cosa so, cosa so fare.

IL MEMORANDUM DELL'ORGANIZZAZIONE

Il luogo	L'apprendimento: come faccio
— Cerca di allestire una tua personale postazione di studio — Cerca di studiare sempre nel medesimo posto — Trovati una sedia comoda — Tieni il piano di lavoro libero — Disponi di condizioni di luce che non affatichino la vista — Tieni in ordine i tuoi libri — Impara ad apprezzare il silenzio e la concentrazione — …………………………	— Leggi il diario — Trascrivi la consegna, cerchia i verbi operatori — Quanto tempo prevedi di impiegare, devi prevedere pause — Chiediti: Cosa devo sapere e saper fare per affrontare questo compito? — È per te un compito facile o difficile? — Questo compito ha a che fare con te? — Qual è l'idea principale, quale confronto puoi fare con altre situazioni? — …………………………
I materiali	**Controllo: cosa so, cosa so fare**
— Consulta il diario — Tieni sempre il vocabolario — Tieni a portata di mano tutto l'occorrente: penne, gomme, …	— Confronta la corrispondenza tra ciò che ti richiedeva il compito e ciò che hai fatto — Trova un sistema per ricordare (fissa le immagini, costruisci una schema, …) — …………………………

— Applicare il memorandum dell'organizzazione ad un argomento di studio.

— Discutere della sua utilità, delle difficoltà incontrate, …

Esempio di applicazione

> **Argomento da studiare : Eneide, la fine di Troia**
>
> **Il luogo**: *Studio nella mia camera, spengo il telefono, chiudo la porta per impedire a mia sorella di disturbarmi.*
>
> **I materiali**: *Prendo il vocabolario di italiano per cercare vocaboli di cui non conosco il significato, libero la scrivania, esamino le fotocopie su cui devo affrontare il compito.*
>
> **L'apprendimento: come faccio**
> *Leggo il diario, trascrivo la consegna, evidenzio le azioni da compiere:*
> *Leggere ad alta voce, almeno due volte, il testo che hai in fotocopia, fare la costruzione del testo, eseguire oralmente la parafrasi e riassumere per iscritto il contenuto.*
>
> **Tempo**: *Per svolgere questo compito ritengo che ci voglia 1h.*
>
> **Cosa devo sapere e saper fare**: *Devo conoscere la struttura dei poemi epici, la trama dell'Eneide, le caratteristiche del linguaggio (epiteti, patronimici, …), saper riconoscere soggetto, predicato, …*
>
> **È un compito facile o difficile**. *Per me è un compito abbastanza difficile perché il linguaggio dell'epica non sempre lo capisco.*
>
> **Questo compito ha a che fare con me?** *Si, perché anch'io tante volte mi sono sentito ingannato.*
>
> **Qual è l'idea principale, quale confronto puoi fare con altre situazioni?** *Troia è stata distrutta con l'inganno e non con la forza delle armi. Anche durante la seconda guerra mondiale sulle città di Hiroshima e Nagasaki fu sganciata la bomba atomica senza che nessuno se l'aspettasse.*
>
> **Controllo**: *rileggo la consegna e verifico che so: leggere ad alta voce, fare la costruzione e la parafrasi .Per ricordare il contenuto ho fissato mentalmente le immagini della guerra e del cavallo.*

Appendice 2
Struttura di una lezione

LEZIONE
L'argomentazione[1]

TRACCIA: Il candidato illustri metodologie e strumenti didattici atti a sviluppare nell'allievo la capacità di argomentare una propria tesi su un tema oggetto di studio, con dati pertinenti e motivazioni valide.

TARGET: Una classe Terza di livello medio alto.

> ***Commento e contestualizzazione della traccia:*** Cosa significa discutere? Imporre con forza le proprie opinioni? Aggredire verbalmente l'interlocutore senza permettergli di controbattere? Parlare senza apportare elementi e prove a sostegno delle proprie tesi?
> Basta assistere a un qualsiasi dibattito televisivo o a uno dei tanti *talk show* per affermare che il modello di discussione prevalente oggi sia proprio questo.
> Certamente tutti amiamo discutere e cerchiamo di persuadere gli altri della validità del nostro punto di vista, difendendolo con forza.
> La vera discussione però è qualcosa di impegnativo, che ha bisogno di regole certe perché possa funzionare davvero mettendo a confronto opinioni diverse.
> Saper discutere significa essenzialmente *con-vincere*, vale a dire *vincere insieme* e *con-vivere*, essere disponibili all'ascolto e all'accettazione di altri punti di vista.

I FASE: Creatività, divergenza, motivazione

Il docente:

— introduce la lezione con una citazione sull'importanza della **parola come mezzo di comunicazione e di scambio**.

> «Bisogna parlare, imparare a parlare, parlare per raccontarci, rivelarci, scoprire le affinità, parlare per essere sempre nuovi, per non invecchiare, parlare per abbattere le barriere che ci separano».
>
> (G. Patroni Griffi, *Prima del silenzio*)

— stabilisce **collegamenti tra passato e presente**

> Il diritto alla parola è riconosciuto fin dalle epoche più antiche. Basta pensare che a fondamento della democrazia in Grecia c'era proprio la *parresia*, vale a dire il diritto per i cittadini di esprimere la propria opinione nelle pubbliche assemblee, affermando sempre la verità.
> La libertà di parola nel mondo moderno è considerata un diritto inalienabile.
> Aung San Suu Kyi, la leader del dissenso birmano, nel suo primo intervento pubblico dopo sette anni di arresti domiciliari, ha affermato che «la base della libertà democratica è la libertà di parola». La libertà di espressione è il fondamento di tutti i diritti politici e civili, senza di essa le altre libertà come quella di associazione, di voto, di insegnamento e apprendimento sarebbero vuote. Se non si possono esprimere le proprie idee non si può modificare la realtà e incidere sulla coscienza popolare.

— illustra come il **diritto alla parola** sia a fondamento di tutte le **Costituzioni**:

Nella **Dichiarazione universale dei diritti dell'uomo** del 1948:

Art. 19: *Ogni individuo ha il diritto alla libertà di opinione e di espressione, incluso il diritto di non essere molestato per la propria opinione e quello di cercare, ricevere e diffondere informazioni e idee attraverso ogni mezzo e senza riguardo a frontiere.*

Nella **Convenzione europea per la salvaguardia dei diritti dell'uomo e delle libertà fondamentali**:

Art. 1: *Ogni individuo ha diritto alla libertà di espressione. Tale diritto include la libertà di opinione e la libertà di ricevere o di comunicare informazioni o idee senza che vi possa essere ingerenza da parte delle autorità pubbliche e senza limiti di frontiera.*

Nella **Costituzione della Repubblica italiana**:

Art. 21: *Tutti hanno diritto di manifestare liberamente il proprio pensiero con la parola, lo scritto e ogni altro mezzo di diffusione.*

La stampa non può essere soggetta ad autorizzazioni o censure.

....

— **commenta**:

Il diritto alla libertà di parola non è tuttavia da considerarsi illimitato: i governi possono, sotto l'aiuto delle Nazioni Unite e dei Paesi che vi prendono parte, decidere di limitare particolari forme di espressione, come l'incitamento all'odio razziale, nazionale o religioso, oppure l'appello alla violenza contro un individuo o una comunità;

— **problematizza** raccontando come questo **diritto** sia stato **negato nell'antichità** soprattutto alle **donne**:

> *Silenzio! Le donne devono stare zitte*
> Per molto tempo, le donne sono state una sorta di lato oscuro della luna, presenti ed agenti, ma invisibili. Invisibili e destinate a ricoprire un ruolo domestico, secondario e, soprattutto, silenzioso. Un copione antico che affonda le sue origini in tempi lontani.
> Nella mitologia romana è famoso, ad esempio, l'episodio di Tacita *muta*.

> Tacita era una ninfa, il cui nome originario era Lara o Lala, termine che derivava dal verbo greco *laleo*, parlare. Di lei era innamorato Giove, re degli dei. Quando Lara rivelò alla sorella Giuturna l'amore che Giove provava per lei, questi per punirla della sua indiscrezione le strappò la lingua. Affidò, quindi, al dio Mercurio il compito di accompagnarla nel regno dei morti. Durante il tragitto il dio la violentò e nacquero due gemelli: i Lari, i numi che proteggevano la famiglia. Da allora, ogni anno il 21 febbraio si celebrò, in onore della ninfa, la festa del silenzio. Alla figura di Tacita, simbolo del silenzio, a cui secondo il motto di Sofocle «*Silenzio! Le donne devono stare zitte*», sono tenute le donne, si contrappone quella di Ortensia, figlia del retore romano Ortensio. Si narra che, a causa di un provvedimento fiscale, le signore più facoltose dovevano versare un contributo per le spese militari. Le matrone romane affidarono a Ortensia, figlia del retore Ortensio, il compito di perorare la loro causa in tribunale e difendere i loro diritti.

— **discute** con gli alunni e fa ricercare **esempi** di come ancora oggi venga **negato il diritto alla parola alle donne** (paesi islamici, …);

— **presenta e contestualizza** l'argomento:

> Imparare a sostenere una propria idea e a contestare quella degli altri attraverso la pratica dell'argomentazione. Argomentare significa infatti:
> — condurre un ragionamento, esprimere un giudizio, una valutazione su fatti, fenomeni o conoscenze;
> — scegliere una tesi, un punto di vista, un percorso logico tra diverse posizioni possibili;
> — imparare a ragionare, dimostrando la verità o la falsità di una tesi;
> — condurre il proprio interlocutore a vedere un problema da un altro punto di vista sulla base di testimonianze e prove.
>
> L'argomentazione è soprattutto un attività sociale e democratica che per funzionare richiede il rispetto delle idee e delle opinioni altrui.

— **illustra la metodologia di lavoro**:
  — presentazione in forma narrativa e problematica dell'argomento, conversazioni stimolanti;
  — raccolta e visualizzazione grafica delle conoscenze degli allievi prima della trattazione dell'unità;
  — comunicazione: verbale, iconica, grafica etc.;
  — esperienza: racconto di sé, degli altri etc.;
  — metodo cooperativo, tutoring: coppie di aiuto;
  — presentazione e simulazione di tecniche per la lettura, la comprensione, l'analisi e la produzione di un testo argomentativo.

— **enuncia**:
  - **gli obiettivi**:
    — riconoscere le caratteristiche di un testo argomentativo;
    — leggere, comprendere, riassumere, produrre un testo argomentativo;
    — individuare e analizzare il problema proposto;
    — riconoscere la tesi e gli argomenti a favore;
    — individuare l'antitesi e gli argomenti di confutazione;

- riconoscere le parole spia e i connettivi che introducono le diverse forme di ragionamento;
- esprimere un'opinione personale argomentando;
- lavorare insieme ai compagni per condividere esperienze di lavoro e di vita.

- **la competenza finale**:
  analizzare un testo argomentativo distinguendo tesi e antitesi, ricostruire ragionamenti e individuare argomenti a favore e contro. Scrivere un testo argomentativo sulla base di indicazioni date, discutere su un problema e sostenere le proprie idee.

- **gli standard di successo**:
  - riconoscere in un testo argomentativo le caratteristiche essenziali;
  - riassumere ed esporre il contenuto di semplici testi;
  - sostenere un'idea intorno a un fatto o a un problema;
  - stendere una relazione sulla base di elementi dati;
  - partecipare alle attività, collaborare, rispettare le regole.

- **il compito finale o di realtà**:
  scrivere e presentare in un incontro dibattito una relazione sui problemi dell'adolescenza (fumo, bullismo etc.).

- **gli apporti pluridisciplinari**:
  - tutte le discipline: scrivere un testo argomentativo su argomenti di studio o di interesse generale;
  - informatica: usare la videoscrittura per scopi diversi.

- **mezzi e strumenti di lavoro**:
  libro di testo, materiale di supporto, uso del computer e della LIM, laboratorio di informatica, di arte ed immagine.

- **strumenti di verifica e di valutazione**:
  - individuale: interrogazioni, prove soggettive e oggettive, questionari di autoverifica, autovalutazione etc.;
  - di gruppo: osservazione dei comportamenti: collaborazione, capacità di portare a termine i compiti assegnati.

II FASE: Mediazione didattica: il testo argomentativo

I Attività: «*Cosa devi sapere*»: le caratteristiche del testo argomentativo

- si illustrano:
  - **le caratteristiche**:

    > Il testo argomentativo è un particolare tipo di testo il cui obiettivo è quello di convincere qualcuno di una determinata tesi, portando a conferma degli argomenti o prove (dal latino *argumentum*, cioè prova).
    >
    > I testi argomentativi più comuni sono:
    > - i saggi di argomento scientifico, politico, artistico, filosofico, letterario, storico, …;

- gli articoli di fondo dei giornali in cui il direttore o un altro giornalista espone una propria tesi su alcuni fatti del giorno;
- i discorsi dei politici;
- le arringhe degli avvocati.

— **gli elementi che lo compongono**:

- un problema
- una o più *tesi* che rappresentano la risposta al problema
- la presentazione di una tesi contraria detta *antitesi* che viene confutata
- alcuni *elementi di prova o argomenti* mediante i quali si sostiene la tesi o le tesi
- la conclusione in cui si giustifica la fondatezza della tesi

— le **tecniche o principi argomentativi** più importanti:
  — autorità: riportare opinioni di esperti e studiosi a conferma della tesi;
  — confronto: mettere a confronto situazioni analoghe;
  — esempio: riportare esempi che confermano quanto si intende dimostrare;
  — concretezza: sottolineare i vantaggi che si potrebbero avere;
  — ....

— gli **espedienti linguistici** per convincere il destinatario:
  — adeguare gli argomenti, il lessico alle caratteristiche del destinatario;
  — utilizzare parole *positive* per sostenere la propria tesi e *negative* per confutare le opinioni contrarie;
  — utilizzare i verbi al presente o in maniera impersonale;
  — ricorrere all'uso di parole spia e connettivi per introdurre le varie forme di ragionamento (ma, di conseguenza, dunque, perciò,...) e per riconoscere le relazioni;
  — curare la punteggiatura per facilitare la comprensione.

— le **tecniche di analisi**:
  — individuare e analizzare il problema proposto;
  — distinguere la tesi e gli argomenti a favore;
  — individuare l'antitesi e gli argomenti di confutazione della tesi;
  — riconoscere il senso delle parole spia che introducono le diverse forme di ragionamento;
  — valutare l'efficacia della lingua, la coerenza e la coesione del testo;
  — esprimere una propria opinione sulle argomentazioni proposte.

II Attività: «*Osserva come fare*»: lavoriamo sul testo argomentativo

- si esemplifica il lavoro da compiere per la comprensione, l'analisi e l'interpretazione di un testo argomentativo;
- **si applica lo stesso procedimento** ad altri brani.

III Attività: «*Ora prova tu*»: suggerimenti e spunti per scrivere un testo argomentativo

- **Un quarto d'ora con...**

  Un buon esercizio per allenarsi a sostenere una opinione personale su un argomento o per affermare un'idea è saper ascoltare.
  Di comune accordo, si stabilisce che ogni allievo parli per almeno un quarto d'ora (o per un altro lasso di tempo) su un argomento che lo interessa particolarmente. Gli altri compagni potranno porre domande, ma non esprimere giudizi su quanto detto.

- **Il gioco del perché e delle ipotesi**

  Un altro buon esercizio per individuare cause, scopi, conseguenze di fatti e fenomeni è chiedersi il perché: perché è successo, perché l'ha fatto,...? Si suddivide la classe in gruppi e si chiede di stilare un elenco di perché a cui insieme dare una risposta. (Es. perché c'è violenza negli stadi? Perché è così diffuso tra i giovano l'uso dell'alcol?) Alla fine del lavoro ogni gruppo presenta alla classe i suoi *perché* e le relative risposte.

- **Mi metto nei panni di ...**

  Si invitano gli allievi a mettersi nei panni di un ragazzo che si dice stanco e annoiato della sua vita scolastica. Si chiede loro di capire le ragioni e di analizzare la situazione dal suo punto di vista.

  Quali potrebbero essere le ragioni del suo disagio?
  — scarso interesse per lo studio;
  — rapporto conflittuale con gli insegnanti;
  — rapporto conflittuale con alcuni compagni;
  — ....

  Quali argomentazioni porteresti per convincerlo?
  — importanza della conoscenza nella nostra società;
  — necessità di avere un gruppo di amici con cui condividere esperienze.

- **Progetto la stesura di un testo argomentativo**

  Prima di scrivere un testo argomentativo, come qualsiasi altro testo, è necessario progettarlo.

  Vale a dire:
  — approfondire la conoscenza del problema che s'intende affrontare
  — elencare gli argomenti che giustificano la tesi
  — elencare le possibili obiezioni o antitesi
  — stabilire l'ordine dell'esposizione che può essere *crescente*: gli argomenti deboli sono presentati per primi mentre i più forti concludono il ragionamento; *decrescente*: si comincia con gli argomenti più forti e si termina con quelli meno convincenti oppure gli argomenti più convincenti si collocano all'inizio e alla fine.

- **Organizzo l'ordine, l'esposizione** (stendo la scaletta)

I materiali raccolti vengono poi organizzati per l'esposizione. Si possono imitare le regole della retorica classica e cioè:

— premessa (*exordium*): si presenta il tema/problema;
— introduzione riassuntiva (*propositio*): si elencano i temi nell'ordine in cui saranno esposti;
— sviluppo dei temi (*narratio*): si espongono gli argomenti, si citano le fonti;
— prove conferme (*argumentatio*): si dimostra attraverso prove la tesi che si intende dimostrare e si confuta l'antitesi;
— conclusione (*conclusio*): si dà una valutazione complessiva.

IV Attività: Si fissano in una **mappa di sintesi i concetti della lezione**.

III FASE: Controllo: verifica, valutazione

- **In itinere**:
  — **compilazione di rubriche di valutazione** che riguardano la partecipazione alle attività, la collaborazione, il rispetto delle regole (vedi rubrica di valutazione lezione di Italiano n. 1);
  — somministrazione di **prove diverse** per verificare in progress l'**acquisizione delle conoscenze e delle abilità**. Es.:

  Prova n. 1: **Individuazione degli elementi di un testo argomentativo**

  Leggi attentamente il brano… e rispondi alle domande:
  1. Quale problema viene affrontato nel testo?
  2. Come si apre il testo?
  3. Qual è la tesi sostenuta dall'autore?
  4. Qual è l'antitesi
  5. È chiaramente espressa? Se non è così quale potrebbe essere a tuo avviso?
  6. Evidenzia ed elenca i connettivi e le parole spia con le quali l'autore conduce la sua argomentazione.

  Prova n. 2: **Esprimere un'opinione personale**

  Sei d'accordo o no con le argomentazioni dell'autore del brano…? Rispondi confutando o affermando la tesi.

- **Finale: scrivere un testo argomentativo** su una situazione data:

  Sei costretto a trascorrere gran parte del tuo tempo libero per strada perché mancano centri di aggregazione per i ragazzi. Devi convincere il capo di istituto a tenere aperta la palestra anche di pomeriggio. Quali argomenti apporteresti?
  — pericolo di fare brutti incontri;
  — lasciarsi trasportare da ragazzi più grandi;
  — esempi di ragazzi che sono finiti male;
  — ………………………………………………………………………………………………………

IV FASE: Metacognizione

- **Alunno**

Si invitano **gli allievi prima, durante e dopo lo svolgimento della prova** a compilare le schede presentate a pagg. 73-74 e a **riflettere sull'esperienza** compiuta.

- **Docente**

Alla fine dell'itinerario di lavoro **il docente** fa un **feedback sull'itinerario seguito**, registra punti **di forza e nodi problematici** su cui intervenire.

Indici

Indice analitico

A

Abbandono scolastico, 317
Abilità, 209
— definizione, 190, 191, 208
Accoglienza, 349
— alunni stranieri, 306
— cultura della, 271
— protocollo, 309
Action maze, 239
Adolescenza, 23, 34, 50
— pedagogia della, 23
— preadolescenza, 23
Adozione internazionale, 311
Affettività, 54, 98, 429
— intelligenza emotiva, 54 ss.
Alfabetizzazione mediatica, 197, 380 ss.
Alternanza scuola lavoro, 483, 490, 491 ss., 351, 360
— Registro nazionale, 493
— vedi *Percorsi per le competenze trasversali e l'orientamento*
Alunni plusdotati, 301
— vedi *Gifted*
Ambiente, 435 ss.
— ruolo nello sviluppo, 39, 41
— interazione tra individuo e (—), 42 ss., 436
— nel costruttivismo, 45
— vedi anche *Contesto e Ambiente di apprendimento*
Ambiente di apprendimento, 150, 397 ss.
— come ambiente metodologico-didattico, 397
— come spazio fisico, 397
— definizione, 397
— di impronta cognitivista, 404
— e nuove tecnologie, 412
— inclusivo, 165
— *media* come, 384
— nel I e II ciclo, 407 ss.
— nella pedagogia, 400 ss.
— organizzazione degli spazi, 398 ss.
Anni ponte, 339, 340
Apprendere
— significato, 111
Apprendimento, 5 ss., 13, 27 ss.
— attivo, 46, 119, metodi didattici, 155 ss.
— collaborativo, 46, 130
— comportamentismo, 29
— condizioni dell', 20
— contesto di, 435 ss.
— continuo, 9, vedi anche *Apprendimento permanente*
— cooperativo supportato da computer, 130
— di concetti, 20 e ss.
— di principi e regole, 20, 22,
— e ambiente, 397 ss.
— ed età evolutiva, 20 ss.
— ed emozioni, 429 ss.
— esperienziale, 77
— extrascolastico, 439
— fattori che incidono sull', 65 ss., 74 ss.
— formale, 439
— iconico, 40
— informale, 439
— meccanico, 113
— metodi, 111 ss.
— motivazione all', 48
— non formale, 439
— per competenze, 189 ss.
— per discriminazione, 20
— per imitazione, 30
— per padronanza, 161
— per prove ed errori, 28
— per scoperta, 77
— per stimolo-risposta, 20

— permanente, 117, 206, formazione dei docenti, 206, competenze chiave, 190 ss.
— pratico, 40
— *problem solving*, 22
— significativo, 76 ss., 113, 115, e relazione educativa, 430
— simbolico, 40
— sociale, 30
— stili di, 65 ss.
— strategie di, 225
— teorie dell', 27 ss.
— tipi di, 20 ss., 40 ss.
Argomentazione, 230
Assi culturali, 204
Atkinson K.C., 19
Atteggiamenti, 209
— definizione, 191, 208
Attenzione, 7, 12 ss.
— disturbo dell'attenzione, 300
— selettiva, 13, 15
Attivismo pedagogico, 47, 119, 400
— metodo didattico, 116
— modello didattico, 149
Attività cognitive cerebrali, 7
Attività motorie, 7
Audiolibro, 388
Aula, 408
— aumentata, 408
— di tipo tradizionale, 408
— disciplinare, 398
— organizzazione dell', 398
— organizzazione modulare, 403
Ausubel D., 76
Autonomia scolastica, 185
Autorevolezza dell'insegnante, 101, 418, 426
Autoritarismo, 92, 98
Autovalutazione, 222, 255 ss., 357

B

Bandura A., 30, 112 ss.
Bateson G., 154, 180
Behaviorismo, 29, vedi *Comportamentismo*
BES, 298 ss., vedi *Bisogni educativi speciali*
Biblioteca scolastica, 408

Bisogni educativi speciali (BES), 298 ss.
— adeguamento offerta formativa, 166
— piano didattico personalizzato, 299
— strategie didattiche, 164 ss.
— valutazione, 303
Blended learning, 163
Blog, 374
— blogosfera, 374
Bloom B., 161, 177
Bowlby J., 33
Brainstorming, 227
Broadbent D.E., 12, 33
Bronfenbrenner U., 436
Bruner J. 12, 33, 38 ss., 154, 236, 429
— sistemi di rappresentazione della conoscenza, 40
Bullismo, 318 ss.
— azioni di contrasto, 322
— cyberbullismo, 320 ss., 380
— diretto e indiretto, 319
— Linee di orientamento MIUR, 320
— relazione vittima/bullo, 319
Buzan T., 136

C

Calcolatrice con sintesi vocale, 389
Canali sensoriali, 67
Casa dei bambini, 402
Cattell R., 51
Certificazione delle competenze, 261 ss.
— modelli nazionali, 261 ss.
— nel primo ciclo di istruzione, 473
— nel secondo ciclo di istruzione, 489
Cervello, 7 ss.
— capacità evolutiva, 42
— plasticità, 8 ss.
— struttura, 7 ss.
— sviluppo, 9, 34
Chat, 384
Cinesica, 421
Circle time, 234
Cittadinanza
— competenza in materia di, 199
— competenze chiave di, 203 ss.

— e Costituzione, 324, 463
— europea, 443
Classe, 419 ss.
— clima della, 91
— gestione della, 427
— leadership del docente, 427 ss.
— virtuale, 378
Classificazione ICF, 279
CLIL, 448 ss.
— formazione dei docenti, 450
— progettazione modulo CLIL, 450 ss.
Cognitivismo, 32 ss.
— ambiente di apprendimento, 407
— modello didattico, 152
— e psicologia dello sviluppo, 33 ss.
— ruolo dell'ambiente, 41, 44
Collegio dei docenti, 95
Competenza comunicativo-relazionale, 91, 419 ss.
Competenza digitale, 197, 380, 413
Competenza disciplinare, 89
Competenza educativa dell'insegnante, 86
Competenza linguistica, 443
— dei docenti, 447, 450
Competenza metodologico-didattica, 103
Competenze dell'insegnante, vedi Insegnante
Competenze, 189 ss., 207
— caratteri, 210
— certificazione delle, 205, 261 ss., 473, 789
— competenze chiave di cittadinanza, 203 ss.
— competenze chiave per l'apprendimento permanente, 190 ss., 193
— definizione, 190, 208 ss.
— didattica centrata sulle, 210 ss.
— disciplinare, 214
— elementi fondamentali delle, 208
— metacompetenze, 207
— nel contesto scolastico italiano, 203 ss.
— progettare per, 212 ss.
— teorie sulle, 205
— trasversale, 214, 357
Compiti di prestazione, 216
Compiti di realtà, 216, 217, 218
— esempi, 217
— rubriche di valutazione, 218

Comportamentismo, 27 ss., 29
— metodo didattico, 116
— vedi anche *Condizionamento*
Comunicazione
— chiarezza, 424
— con gli allievi, 91
— con il gruppo docente, 93
— con il territorio, 102
— con le famiglie, 97
— dell'insegnante, 419 ss.
— di massa, 421
— didattica, 172, 422 ss.
— disturbi della, 425
— elementi della, 420
— interpersonale, 421
— linguaggi, 421
— modalità, 421
— non verbale, 423
— relazione con la classe, 426
— verbale, 423
— vedi anche *Relazione educativa*
Condizionamento (teorie sul), 27
— classico, 27
— modellamento, 29
— operante, 28
Conoscenze, 209
— definizione, 190, 191, 208
Consiglio di classe, 95
Contesto
— di apprendimento, 435 ss.
— e ambiente, 46, 76
— sociale, 39, 41
Continuità educativo-didattica, 333 ss.
— anni ponte, 339
— orizzontale, 336, 341 ss.
— riferimenti normativi, 335
— verticale, 336, 337, aspetti psico-pedagogici, 339, vedi *Curricolo verticale*
Cooperative learning, 128
— varianti, 131
Cooperazione, 45
Costruttivismo, 32, 44 ss.
— apprendimento significativo, 113
— caratteri, 46
— e ipermedialità, 377 ss.
— modello didattico, 155

Costruzioni mentali, 44
Creatività, 61, 138
Crediti scolastici, 488
CTS, 292
Culpa in vigilando, 395
Cultura dell'educazione, 38
Curricolo, 89, 174 ss.
— verticale, 336 ss., 338
Cyberbullismo, 320 ss., 380
— azioni della scuola, 322
— legge 2017 sul, 321

D

De Bono E., 57
— 6 cappelli per pensare, 59 ss.
Debate, 232 ss.
Debiti formativi, 487
Delinquenza minorile, 315 ss.
Dettato, 257
Devianza giovanile, 315 ss.
— fattori incidenti, 316
Dewey J., 47 ss., 400
Diagnosi funzionale, 278
Diagrammi di flusso, 134
Didattica, 111
— centrata sulle competenze, 152, 210
— collaborativa, 128 ss., caratteristiche positive, 129
— digitale, 408
— inclusiva, 270 ss.
— individualizzata, 160, 271, 274
— laboratoriale, 118 ss., 360, 408 ss.
— ludica, 405
— metacognitiva, 120, 49
— orientativa, 347 ss., 351, 354 ss., strumenti per, 358
— per concetti, 132
— per problemi, 136 ss.
— per progetti, 122 ss.
— per scoperta, 119, 149
— personalizzata, 161, 162, 271, 274, attraverso i media, 385

— strumenti digitali, 368 ss.
— vedi anche *Metodi* e *Modelli didattici*
Digital divide, 163
Diritto-dovere di istruzione, 462
Disabili (alunni), 273 ss.
— insegnante di sostegno, 279
— disciplina, nuova, 278, vecchia, 278
— PEI differenziato, 281, 285
— piano educativo individualizzato, 279 ss., 284
— piano per l'inclusione, 281, 282
— profilo di funzionamento, 279 ss.
— progetto individuale, 279 ss.
— valutazione, 284 ss.
Disabilità certificata, 277
— classificazione ICF, 279
Discalculia, 291, 390
Discipline di insegnamento, 89, 94, 214
Disgrafia, 290
Dislessia, 289
Disortografia, 290
Disturbi specifici dell'apprendimento (DSA), 289 ss.
— centri territoriali di supporto (CTS), 292
— diagnosi, 291
— diritto allo studio, 293
— gestione alunno DSA, 293
— misure dispensative, 294
— piano didattico personalizzato, 297, 302
— proposte operative, 68
— stile di apprendimento, 68
— strumenti compensativi, 294
— valutazione, 302
Disturbo da deficit dell'attenzione (DDAI – ADHD), 300
Diversità (rispetto delle), 54, 359
Diverso, 87
DNL (disciplina non linguistica), 448
Docente, vedi *Insegnante*
Docimologia, 25, 253
Doise W., 74
Droghe (consumo di), 327
DSA, vedi *Disturbi specifici dell'apprendimento*

E

Ebbinghaus H., 16
Ebook, 371
Ecopedagogia, 155
Educazione
— ai valori, 87
— alla salute, 329
— informale, 439
— permanente, vedi *Apprendimento permanente*
— tra pari, 141
EFTS, 485
E-learning, 155, 163
— piattaforma, 139, 378
Emozioni, 55
— e apprendimento, 429 ss.
Empatia, 424
Erikson E., 24, 48
— stadi dello sviluppo psico-sociale, 49
Esame di Stato, 254
— di alunni stranieri, 313
— di disabili, 284 ss., 286
— nel primo ciclo di istruzione, 473
— nel secondo ciclo, 489
Esperienza
— nei processi di apprendimento, 47
Età adulta, 34
Età evolutiva e apprendimento, 20 ss.
Etichettamento (teoria dell'), 315
Experiential learning, 78
Extra scuola, 440
Eysenck H.J., 74

F

F.A.R.E, 137
Facebook, 382
Fakenews, 381
Famiglia, 435, 437 ss.
— comunicazione con la, 97 ss.
— modelli educativi, 438
— orientamento, 348 ss.
— patto educativo di corresponsabilità, 343 ss.
— rapporti scuola-famiglia, 97, 342
— ruolo educativo dei genitori, 99
— stili educativi, 98 ss.
Fanciullezza, 34
Felder-Silverman (modello), 79
Ferrière A., 47
Feuerstein R., 75
Flip teaching, 138
Flipped classroom, 138 ss.
Formazione,
— a distanza, 385 ss.
— permanente, 440
Freinet C., 429

G

Gaming disorder, 381
Gardner H., 52
— teoria delle intelligenze multiple, 52
Geheeb P., 401
Generazioni connesse, 323
Genitori, vedi *Famiglia*
Geolocalizzazione, 380
Gestalt (teoria della), 10 ss., 32
Gifted student, 130, 301
Gioco
— ruolo del gioco nei processi di apprendimento, 49
— vedi *Didattica ludica*
Giovanilismo, 101
GIT, 283
Gite scolastiche, 391
GLH operativo, 278
GLHI, 283
GLHO, 283
GLI, 283
GLIR, 283
Goleman D., 54 ss.
Group reading activity, 229
Gruppi per l'inclusione scolastica (GLI), 282 ss.
Gruppo,
— didattica cooperativa, 128 ss.
— gruppi di attività in classe, 427
— lavoro di, 45

Gruppo dei pari, 24, 319, 325,
— mediazione del, 128
Gruppo docente, 93
Guilford J.P., 61

H

Handicap, 273, 277
Hate speech, 381
HIP, 19
Hirst H., 15

I

IDEI, 487
Imitazione
— apprendimento per, 112, 115
Imparare ad imparare, 104, 120, 198
Imparare facendo, 47, 79, 119, 150
Incident, 242
Inclusione scolastica, 269 ss.
— didattica inclusiva, 270
— strategie didattiche per, 164
— strumenti tecnologici, 387 ss.
Incoraggiamento, 93
Indicazioni nazionali dell'infanzia e del primo ciclo di istruzione 2012, 204 ss., 460, 463
Indicazioni nazionali per il sistema dei licei, 479
Individualizzazione, 271
Infanzia, 33, 43
Inglese, 443, 446
Insegnamento
— capovolto, 138 ss., 160
— definizione, 90, 111
— metodi, 111 ss.
— vedi anche *Apprendimento*
Insegnante
— affettivo, 55
— competenze dell', 85 ss., 105, educativa, 86, disciplinare, 89, comunicativo-relazionale, 91, 419 ss., linguistica, 447, 450, metodologica-didattica, 103
— di sostegno, 168, 279, 281 ss.
— inclusivo, 271

— leader, 426 ss., socio emozionale, 92
— per l'inclusione, 166, facilitatore, 166
— unico di riferimento, 461
Instagram, 383
Insuccesso scolastico, 212, 317
Integrazione
— culturale, 305 ss.
— scolastica, 269
Intelligenza, 10
— corporeo cinestetica, 53
— cristallizzata o fluida, 51
— emotiva, 54 ss., 430
— esistenziale, 53
— forme, 51
— intelligenza e stili di apprendimento, 65 ss.
— interpersonale, 53
— intrapersonale, 53
— linguistico verbale, 52
— logica matematica, 52
— multiple, 52 ss.
— musicale, 53
— naturalistica, 53
— spaziale, 52
Interazione sociale, 74
Internazionalismo simbolico, 155
Interrogazione orale, 251, 257
Iperattività, 300
Istituti professionali, 482 ss.
— diploma di istruzione professionale, 484
— indirizzi, 483
— Linee guida, 484
— orario, 482
— Progetto formativo individuale, 482
Istituti tecnici, 485 ss.
— diploma di istruzione tecnica, 486
— Linee guida, 486 ss.
— ordinamento, 486 ss.
— settori, 485
Istituto comprensivo, 333, 341
Istruzione professionale, 482
— passaggi tra i vari percorsi, 484
Italiano come seconda lingua L2, 310 ss.
ITS, 485

K

Kalmar S., 15
Kelly G.A., 44
Kerschensteiner G., 401
Kilpatrick W. H., 122, 184
Kohlberg L., 38
Kolb D., 77
— *learning cycle*, 77

L

Labelling theory, 315
Laboratorio, 107, 118 ss., 186, 409 ss.
— attività di, 410 ss.
— mobile, 409
— vedi *Didattica laboratoriale*
Lavagna interattiva multimediale, 372
— vantaggi e svantaggi, 373
Lavoro di gruppo, vedi *Gruppo*
Leader, 428
— autoritario, 428
— carismatico, 428
— democratico, 428
— insegnante, 426 ss., 92
Leadership del docente, 426 ss.
Learning by doing, vedi *Imparare facendo*
Learning management system, 378
Learning object, 385
Lezione
— dialogica, 173
— flipped, 138
— frontale, 112, 172, 183, vantaggi e svantaggi, 173, organizzazione degli spazi, 398
— struttura di una, 508
— studiare una, 241
Libro di testo, 160, 367
— adozione, 369
— digitale, 367
— ebook, 371
— misto, 367
Licei, 478 ss.
— Indicazioni nazionali per il sistema dei licei, 479
— percorsi liceali, 479

Lifelong learning, 206
LIM, 372 ss.
— per l'inclusione, 390
Linee di orientamento per il contrasto al bullismo, 320 ss.
Linee guida nazionali per l'orientamento permanente, 351, 360 ss.
Linee guida per il diritto allo studio dei DSA, 293
Linee guida per l'accoglienza degli alunni stranieri, 306
Lingua straniera, 443, 446, 468
— apprendimento multilinguistico, 446
— vedi anche *CLIL*
Linguaggio, 7
Linkedin, 383
LMS, 378

M

Malaguzzi L., 403
Mappa
— concettuale, 132 ss., 155, 295, 388
— mentale, 136
— cognitiva, 377
Mass media, 30
Mastery learning, 160, 161
Media education, 154
Media per la didattica, 385 ss.
Mediatori didattici, 76, 167, 181, 183
— analogici, 183
— attivi, 183
— iconici, 183
— simbolici, 183
Mediazione
— didattica, 75
— sociale, 129
Memoria, 16 ss.
— a breve termine, 19
— a lungo termine, 19
— curva dell'oblio, 18
— curva della ritenzione, 18
— modello associativo, 16
— modello cognitivista HIP, 19
— modello pluricomponenti, 17
— visiva, 17

Mentoring, 142
Merril M.D., 162
Metacognizione, 65, 78, 104 ss., 107, 207
— didattica metacognitiva, 49, 120
— organizzazione degli ambienti di apprendimento, 404
— strategie, 121
Metodo didattico, 111
— analitico, 116
— attivo-operativo, 116
— attraverso la ricerca, 114, 115
— cattedratico, 116
— costruttivista, 113, 115, 116
— espositivo, 155
— euristico o della ricerca, 116
— euristico-partecipativo, 157
— globale, 116
— individualizzato, 159
— investigativo, 159
— lineare classico, 112, 115
— naturale, 116
— operativo, 157
— per imitazione, 112, 115
— sistematico-programmatico, 116
— trasmissivo-espositivo, 116
Metodo Feuerstein, 75
Metodologie didattiche, 83 ss., 117
Misure dispensative, 275, 294, 299
Modeling, 235 ss.
— affettivo, 236
— cognitivo o didattico, 235
— educativo, 236
Modellamento, 29, 112, 235
Modelli didattici (o educativo), 147 ss., 156,
— *context oriented*, 148, 152 ss.
— culturacentrici, 149
— definizione, 148
— e nuove tecnologie, 160 ss., 167
— inclusivi, 167, per BES, 164
— *process oriented*, 148 ss.
— *product oriented*, 148, 151 ss.
— puerocentrici, 149
— tipologie, 148, 156
Modello CSCL, 130
Modulo, 179

Montessori M., 402
— modello didattico, 165
— continuità didattica, 334
MOODLE, 163
Morin E., 57
Motivazione allo studio, 48, 358, 430 ss.
Multiculturalità, 305 ss.
Multitasking, 13

N

Narrazione, 154
Nativi digitali, 160
— alfabetizzazione mediatica, 380
Net reputation, 380
Neuroni, 7,
— specchio, 31
Neuroscienze, 10 ss., 53
Nido, 340, 460
Novak J., 133

O

Obbligo scolastico, 462
Obiettivi educativi e didattici, 177
— programmazione, 176
— tassonomia, 177
Oblio, 18
OCR, 389
Oggetto culturale mediatore, 152
Ordinamenti didattici, 459 ss.
Organizzazione percettiva, 11
Orientamento, 336, 341, 347 ss.
— didattica orientativa, 347 ss., 354 ss.
— educativo, 347
— formativo, 347, 351
— in ingresso, 349
— in uscita, 350
— informativo, 347
— intermedio, 350
— per alunni stranieri, 308
— permanente, 360, Linee guida nazionali per l'orientamento permanente, 351, 360 ss.
— personale, 347

— portfolio dell', 361
— professionale, 356
Osservatorio permanente per l'inclusione scolastica, 277
Outdoor training, 391 ss.

P

PAI, 282
Parità scolastica, 494
PAS, 76
Paternalismo, 101
Patto educativo di corresponsabilità, 343 ss.
Pavlov I., 27
PDF, 278
PDP, 297, 299
Peer education, 141, 407
Peer to peer, 411, 407
PEI, 279
— differenziato, 281
Pellerey M., 208
Pensiero, 7
— complesso, 57
— convergente, 61
— divergente, 61
— ecologico, 43
— educazione del, 27 ss.
— forme del, 56 ss.
— intuitivo, 36
— laterale, 57
— simbolico, 36
— teorie sul, 56
— verticale, 58
Percezione, 10 ss.
— logica della, 57
— principi dell'organizzazione percettiva, 11
— prospettiva funzionalista, 12
— relatività, 12
Percorsi per le competenze trasversali e l'orientamento, 491 ss.
Periodo critico, 9
Personalità dell'individuo, 74
Personalizzazione, 271
Petersen P., 402

PFI, 483
Phishing, 380
Piaget J., 33, 34 ss., 429
— quattro stadi dello sviluppo, 35 ss.
— continuità didattica, 334
— sviluppo morale, 37
Piano annuale per l'inclusività (PAI), 282
Piano didattico personalizzato, 297, 299, 302
Piano educativo individualizzato (PEI), 279
Piano nazionale per la scuola digitale, 414
Piano per l'inclusione, 281 ss.
Plasticità cerebrale, 8
Podcast, 376
Poli per l'infanzia, 460
Preadolescenza, 23
Prima infanzia
— sviluppo del sistema nervoso, 9
Primo ciclo di istruzione, 461
Privacy online, 380
Problem solving, 20, 22, 51, 136
— procedimento F.A.R.E., 137
Processi cognitivi, 10 ss.
Profilo di funzionamento, 279, 280
Profilo dinamico funzionale (PDF), 278
Progettazione educativa e didattica, 184, per competenze, 212
Progetti didattici
— didattica per, 122 ss.
— educativo e didattico, 184 ss.
— fasi della stesura di un, 123
— lavorare per, 123
— modalità operative, 125
— modello di, 499
Progetto individuale, 279
Programma scolastico, 171 ss.
Programmazione curricolare, 175 ss., 185
— per obiettivi, 176
— per sfondo integratore, 180 ss.
Programmazione didattica, 174 ss., 185
Prossemica, 421
Prove di verifica, 248, 251
— oggettive e soggettive, 251 ss., 258
— strutturate, 258
— semistrutturate, 258
— tipologie, 257

Prove INVALSI, 284, 471 ss., 491
— per disabili, 284 ss.
— per DSA, 303
Prove scritte, 257
Psicologia cognitiva
— ruolo dell'ambiente esterno, 42
— strategia di formazione, 43
Psicologia dell'apprendimento, 5 ss.
Psicologia dello sviluppo, 5 ss., 27 ss.
— cognitivismo, 33 ss.

Q

Quadro Comune Europeo di Riferimento per la conoscenza delle lingue (QCER), 444 ss.

R

Raccomandazione UE 2006 sulle competenze chiave per l'apprendimento permanente, 190, 193 ss.
Raccomandazione UE 2018 sulle competenze chiave per l'apprendimento permanente, 191, 193 ss.
Ragazzi disagiati, 318
Ragionamento logico, 51
Rapporti scuola-famiglia, 360
Reddie C., 401
Regolamento di istituto, 324
Rehearsal, 19
Relazione educativa, 417 ss.
— adultocentrica, 418
— asimmetria della, 419, 422
— comunicazione, 419
— e apprendimento significativo, 430
— gruppi di attività in classe, 427
— puerocentrica, 418
Religione cattolica (insegnamento), 463, 467
Ricerca,
— azione, 157 ss., ciclo, 158
— di gruppo, 114, 115, 157, 239
— metodologia della, 48
— sperimentale, 159
Riconoscimento vocale, 389
Ridondanza, 422, 424
Riflesso condizionato, 28

Riforma 0-6 anni, 340
Rinforzo
— positivo e negativo, 29
Ripetizione (come rinforzo della memoria), 19, 122
Rizzolati G., 31
Rogers C., 430
Role playing, 237, 407, 218, 220
Rubrica di valutazione, 255 ss.
— analitica e olistica, 256
— costruzione, 256
— esempi, 259

S

S.O.F.E., 154
Sapere
— scolastico, 216, reale, 216
— disciplinare, 89
Scanner con OCR, 389
School design, 399
Scuola attiva, 400
Scuola dell'Infanzia, 340, 437, 459 ss.
— ordinamento, 459 ss.
Scuola digitale, 412 ss.
— digitalizzazione della scuola, 414
— Piano nazionale, 414
Scuola media, 171, 465
Scuola primaria, 340, 461
— continuità, 340
— ordinamento, 461 ss.
— orientamento, 348
Scuola secondaria di primo grado, 465 ss.
— evoluzione storica, 465
— orario, 466
— ordinamento, 466 ss.
— orientamento, 348
Scuola secondaria di secondo grado, 477 ss.
— orario, 477
— ordinamento, 477 ss.
— orientamento, 348
Scuola-famiglia, 342
Scuole nuove (movimento), 400
Scuole
— confessionali, 493
— non statali, 493

— paritarie, 493
— statali, 493
Secondo ciclo di istruzione, 477 ss.
Seidl R., 401
Servizi educativi per l'infanzia, 460
Sexting, 380
Sezioni primavera, 460
Sfondo integratore, 154, 180 ss.
Shallice T., 15
Sharan Y. e S., 114
Shiffrin R.M., 19
SIC, 323
Sinapsi, 7
Sintesi vocale, 294, 388
Sistema attenzionale supervisore, 15
Sistema integrato 0-6 anni, 460
Sistema nervoso
— sviluppo del, 9 ss.
Skinner B., 28
Social network, 320, 379
— didattica con, 379 ss.
Società dell'informazione, 353
Sociocostruttivismo, 45, 128
Soft skills, 357
Software compensativi, 391
Sostegno didattico, 279 ss.
STEM, 196
Stili di apprendimento, 66 ss.
— tecniche per la loro individuazione, 78 ss.
— tipi, 70 ss.
Stili educativi, 98 ss.
Stimolo-risposta, 19, 27
— apprendimento per, 27
— teorie, 27 ss.
Stranieri (alunni), 305 ss.
— adottati, 311 ss.
— esame di Stato, 313
— insegnamento italiano, 310
— iscrizione a scuola, 306
— Linee guida per l'accoglienza, 306
— non accompagnati, 305
— primo inserimento, 308
— protocollo di accoglienza e integrazione, 306

— valutazione, 313 ss.
— vedi anche *BES*
Strategie di Lisbona, 189
Strategie didattiche, 225 ss.
— comunicative, 229 ss.
— creative, 226 ss.
— euristiche, 239
— imitative, 235
Strumenti compensativi, 275, 294, 299, 387
Strumenti digitali per la didattica, 368 ss.
Studio di caso, 242
Studio e apprendimento, 65
— strategie preferenziali, 69
Svantaggio socioeconomico, linguistico e culturale, 299
Sviluppo
— e ambiente, 39, 41, vedi *Ambiente*
— in tarda età, 34
— mentale del bambino, 34
— morale, 37 ss.
— psico-sociale, 48
— psicologia dello, 33 ss.

T

Tablet, 372
Tecnologie informatiche, 140, 160 ss.
— didattica con, 368 ss.
— e ambienti di apprendimento, 412
— i media come ambienti di sapere, 385
— per l'inclusione, 273
— scuola digitale, 412
Tema, 257
Territorio, comunicazione scuola-territorio, 102
Test di intelligenza, 61 Thorndike E., 28
TIC, vedi *Tecnologie informatiche*
Tossicodipendenze, 327 ss.
Traduttori digitali, 391
Traduzione, 257
Traguardi per lo sviluppo delle competenze, 204, 337
Trasmissione del sapere, 112, 115, 116

Trasposizione didattica, 152
Tutoring, 142
Twitter, 382

U

Unità di apprendimento, 179
Unità didattica, 179

V

VAK (metodo), 79
Valori (educare ai), 87 ss.
Valutazione, 152, 222, 245 ss.
— autentica, 216, 246 ss.
— certificazione delle competenze, 489
— crediti scolastici, 488
— definizione, 245
— degli apprendimenti, 468, 487
— degli studenti nel secondo ciclo di istruzione, 487 ss.
— del comportamento, 470, 488
— delle assenze, 470, 487
— delle competenze, 248 ss., 252
— di alunni stranieri, 313 ss.
— di BES, 303
— di disabili, 284 ss.
— di DSA, 302
— esame di Stato, 489
— esterna, 253
— formativa, 245, 254
— interna, 253
— nel primo ciclo di istruzione, 468 ss.
— prove di, 251, oggettive e soggettive, 251 ss., 258, strutturate, 258, semistrutturate, 258, tipologie, 257
— recupero debiti formativi, 487
— rubrica di, vedi *Rubriche di valutazione*
— sommativa, 253
— strumenti di valutazione tradizionali, 247, 252
Verifiche, 248, vedi *Prove di verifica*
Vernon P.E., 52
Versioni, 257
Viaggi di istruzione, 391 ss.
— programmazione didattica, 391
— responsabilità dei docenti, 395
Videoscrittura, 294
Visite didattiche, 391 ss.
Vygotskij L., 33, 41 ss., 129, 429

W

Wertheimer M., 10
Whatsapp, 384
Wiki, 375
Winnicott D., 33
Word processor, 387

Z

Zona di sviluppo prossimale, 129

Indice generale

Parte I Fondamenti di psicologia dello sviluppo e dell'apprendimento

Capitolo 1 Struttura del cervello e processi cognitivi

1 Il cervello e la sua struttura	Pag.	7
1.1 Prima infanzia	»	9
1.2 Sviluppo del sistema nervoso nell'adulto	»	9
2 I processi cognitivi e l'intelligenza: la percezione	»	10
2.1 La prospettiva della Gestalt	»	10
Scheda: I principi dell'organizzazione percettiva	»	11
2.2 La prospettiva funzionalista	»	12
3 L'attenzione	»	12
Scheda: Attenzione selettiva e multitasking	»	13
4 La memoria	»	16
4.1 Il modello associativo	»	16
4.2 Il modello «pluri-componenti»	»	17
Scheda: Memorizzare e dimenticare	»	18
4.3 Il modello cognitivista HIP (*Human Information Processing*)	»	19
5 Età evolutiva e apprendimento	»	20
5.1 L'apprendimento di concetti	»	21
5.2 L'apprendimento di principi (o regole)	»	22
5.3 Il problem solving	»	22
6 Pedagogia dell'adolescenza	»	23

Capitolo 2 Apprendimento, psicologia dello sviluppo e educazione del pensiero

1 Le teorie dell'apprendimento	»	27
2 Le teorie sul condizionamento: il comportamentismo	»	27
2.1 Il condizionamento classico di Pavlov	»	27
2.2 Il condizionamento «operante» (o «strumentale»)	»	28
2.3 Comportamentismo e apprendimento	»	29
3 L'apprendimento sociale e per imitazione	»	30
Scheda: I neuroni specchio e gli studi Rizzolatti	»	31
4 Il Cognitivismo	»	32
4.1 Cognitivismo e psicologia dello sviluppo	»	33

5 Piaget e lo sviluppo mentale del bambino	Pag.	34
6 Lo sviluppo morale: Piaget e L. Kohlberg	»	37
7 Istruzione e cultura dell'educazione per Bruner	»	38
8 Ambiente e sviluppo secondo Vygotskij	»	41
8.1 Il ruolo dell'ambiente esterno nella psicologia cognitiva	»	42
Scheda: Valorizzare la capacità evolutiva del cervello	»	43
9 Il Costruttivismo	»	44
9.1 La teoria dei costrutti personali di Kelly	»	44
9.2 Il Sociocostruttivismo	»	45
10 L'Attivismo: J. Dewey	»	47
11 Lo sviluppo psico-sociale di Erikson	»	48
12 Le forme dell'intelligenza	»	51
12.1 Le intelligenze multiple: Gardner	»	52
12.2 L'intelligenza emotiva di Goleman	»	54
13 Le forme del pensiero	»	56
13.1 Il pensiero complesso	»	57
13.2 Il pensiero laterale e il pensiero verticale di de Bono	»	57
Scheda: Siamo sempre la stessa persona se indossiamo diversi cappelli?....	»	59
13.3 Il pensiero convergente e il pensiero divergente	»	61

Capitolo 3 Stili di apprendimento e pratiche didattiche per individuarli

1 Stili di apprendimento e intelligenza	»	65
2 Stili cognitivi	»	66
Scheda: I canali sensoriali	»	67
Scheda: Proposta operativa per DSA	»	68
2.1 I diversi stili cognitivi	»	70
3 Altri fattori che incidono sull'apprendimento	»	74
3.1 I tratti della personalità	»	74
3.2 L'interazione sociale	»	74
3.3 La mediazione didattica: il metodo Feuerstein	»	75
4 L'apprendimento significativo di Ausubel	»	76
5 L'apprendimento esperienziale di Kolb	»	77
6 Tecniche e attività per individuare gli stili di apprendimento	»	78
6.1 Approccio multisensoriale e metodo VAK	»	79
6.2 Il modello Felder-Silverman	»	79

Parte II Metodologie, strategie e tecniche didattiche

Capitolo 1 Le competenze dell'insegnante

1 Premessa	»	85
2 La competenza educativa	»	86
2.1 Educare ai valori	»	87

3 La competenza disciplinare	Pag.	89
3.1 Insegnare vuol dire scegliere	»	90
4 La competenza comunicativo-relazionale	»	91
4.1 Comunicare con gli allievi: il clima della classe	»	91
4.2 Comunicare con il gruppo docente	»	93
Scheda: Il Consiglio di classe e il Collegio dei docenti	»	95
4.3 Comunicare con le famiglie	»	97
Scheda: Genitori-figli: 10 regole per non sbagliare	»	99
4.4 Comunicare con il territorio e gli enti locali	»	102
5 La competenza metodologico-didattica	»	103
5.1 Imparare ad imparare: la metacognizione	»	104
Scheda: Le dieci competenze dell'insegnante moderno	»	105

Capitolo 2 Metodi e metodologie di insegnamento/apprendimento

1 I metodi di insegnamento/apprendimento	»	111
1.1 Insegnare e apprendere attraverso la trasmissione del sapere	»	112
1.2 Insegnare e apprendere per imitazione	»	112
1.3 Insegnare e apprendere attraverso approcci costruttivisti: l'apprendimento significativo	»	113
1.4 Insegnare e apprendere attraverso la ricerca di gruppo	»	114
1.5 Aspetti positivi e negativi dei diversi metodi	»	115
Scheda: Metodi di insegnamento/apprendimento: altre classificazioni	»	116
2 Le metodologie	»	117
3 La didattica laboratoriale	»	118
4 La didattica per scoperta	»	119
5 La didattica metacognitiva	»	120
6 La didattica per progetti	»	122
6.1 Le fasi per la stesura di un progetto	»	123
Scheda: Modalità operative per la stesura di un progetto	»	125
7 La didattica collaborativa o *cooperative learning*	»	128
7.1 Modello CSCL (*Computer-Supported Collaborative Learning*)	»	130
Scheda: Le varianti del *Cooperative Learning*	»	131
8 La didattica per concetti	»	132
8.1 Le mappe concettuali	»	133
8.2 Le mappe mentali	»	136
9 La didattica per problemi: il problem solving	»	136
10 L'insegnamento capovolto: flip teaching	»	138
11 Educazione tra pari o peer education	»	141
12 Tutoring o mentoring	»	142

Capitolo 3 I modelli didattici

1 I modelli didattici	Pag.	147
2 Fenomenologia dei modelli didattici	»	148
2.1 I modelli process-oriented	»	149
2.2 I modelli product-oriented	»	151
2.3 I modelli *context-oriented*	»	152
3 Metodi didattici di apprendimento attivo	»	155
Scheda: Tavola di sintesi dei modelli didattici contemporanei	»	156
3.1 Metodi operativi (rinvio)	»	157
3.2 Metodi euristico-partecipativi: la ricerca-azione	»	157
3.3 Metodi investigativi: la ricerca sperimentale	»	159
3.4 Metodi individualizzati	»	159
4 Modelli didattici e nuove tecnologie	»	160
Scheda: Apprendimento per padronanza: il Mastery Learning	»	161
4.1 L'e-learning	»	163
5 Modelli didattici e strategie per l'inclusione	»	164
5.1 Un ambiente inclusivo	»	165
5.2 Il ruolo del docente	»	166
5.3 Adeguamento dell'offerta formativa per BES e disabili	»	166
5.4 Modelli didattici inclusivi e nuove tecnologie	»	167

Capitolo 4 Modelli di scuola e tecniche di progettazione

1 La scuola del programma	»	171
1.1 La lezione frontale	»	172
1.2 La lezione dialogica	»	173
2 La scuola della programmazione	»	174
2.1 La programmazione per obiettivi	»	176
Scheda: La tassonomia degli obiettivi	»	177
Scheda: Unità didattica, modulo, unità di apprendimento	»	179
2.2 La programmazione per sfondo integratore o per contesto	»	180
Scheda: I mediatori didattici	»	183
3 La scuola della progettazione	»	184

Capitolo 5 Le competenze: dalla teoria all'applicazione pratica

1 Le competenze in Europa	»	189
1.1 La Raccomandazione UE 2006 sulle competenze chiave per l'apprendimento permanente	»	190
1.2 La nuova Raccomandazione UE sulle competenze chiave per l'apprendimento permanente del 2018	»	191
2 Le competenze nel contesto scolastico italiano	»	203
2.1 Le otto competenze chiave di cittadinanza	»	203
2.2 Le competenze nelle Indicazioni nazionali dell'infanzia e del primo ciclo di istruzione del 2012	»	204

		Pag.	
3 Le teorie sulle competenze		Pag.	205
Scheda: Il *lifelong learning* e la formazione dei docenti		»	206
4 Cosa si intende per competenza		»	208
4.1 Le conoscenze		»	209
4.2 Le abilità		»	209
4.3 Gli atteggiamenti e le disposizioni interne		»	209
4.4 I caratteri delle competenze		»	210
5 La didattica centrata sulle competenze		»	210
6 Progettare le competenze		»	212
6.1 I fase: pianificazione		»	213
Scheda: Esempi di compiti di realtà		»	217
6.2 II fase: organizzazione		»	218
Scheda: Modello di compito di prestazione o di realtà		»	219
Scheda: Rubrica di valutazione		»	220
6.3 III fase: valutazione e autovalutazione		»	222

Capitolo 6   Strategie e tecniche educativo-didattiche

1 Le strategie		»	225
2 Strategie creative		»	226
2.1 Il brainstorming: una tempesta di idee		»	227
2.2 Impara a dire bugie		»	228
3 Strategie comunicative		»	229
3.1 Group reading activity (gruppo di lettura attiva)		»	229
3.2 Argomentazione		»	230
Scheda: Imparare a sostenere le proprie idee		»	231
3.3 Il debate		»	232
3.4 Il circle time		»	234
4 Strategie imitative		»	235
4.1 Il modeling		»	235
4.2 Il modeling cognitivo o didattico		»	235
4.3 Il modeling educativo o affettivo		»	236
4.4 Spazio comunicativo e role playing		»	237
4.5 L'azione nel labirinto (*action maze*)		»	239
5 Strategie euristiche		»	239
5.1 Ricerca di gruppo		»	239
5.2 Impara a farti domande		»	240
5.3 Cosa significa imparare una lezione		»	241
5.4 Lo studio dei casi		»	242

Capitolo 7   La valutazione

1 La valutazione formativa		»	245
2 La valutazione autentica o alternativa		»	246

3 Strumenti di verifica e valutazione delle competenze	Pag.	248
Scheda: La valutazione autentica delle competenze	»	249
3.1 Prove oggettive e soggettive	»	251
Scheda: La docimologia, scienza della valutazione	»	253
3.2 Le rubriche di valutazione	»	255
Scheda: Tipologie di prove di verifica	»	257
4 La certificazione delle competenze	»	261
5 La valutazione nel primo e nel secondo ciclo di istruzione (rinvio)	»	265

Parte III Inclusione a scuola

Capitolo 1 La scuola dell'integrazione e dell'inclusione: gli alunni disabili

1 L'inclusione	»	269
1.1 La didattica inclusiva	»	270
2 Gli alunni disabili	»	273
Scheda: Didattica individualizzata e personalizzata	»	274
2.1 Il percorso per l'inserimento scolastico dell'alunno disabile secondo la vecchia disciplina	»	278
2.2 La nuova disciplina del D.Lgs. n. 66/2017	»	278
2.3 Il Profilo di funzionamento	»	280
2.4 I documenti di progettazione dell'inclusione scolastica: il PEI	»	280
2.5 L'insegnante di sostegno	»	281
2.6 Il Piano per l'inclusione	»	282
Scheda: I gruppi per l'inclusione (GLIR-GIT-GLI)	»	283
3 La valutazione degli alunni disabili	»	284

Capitolo 2 L'inclusione di alunni con DSA e BES

1 I Disturbi Specifici dell'Apprendimento (DSA)	»	289
1.1 La dislessia	»	289
1.2 La disgrafia e la disortografia	»	290
1.3 La discalculia	»	291
1.4 La diagnosi dei DSA	»	291
2 Il diritto allo studio degli alunni con DSA e gli strumenti compensativi	»	293
2.1 Strumenti compensativi e misure dispensative	»	294
2.2 Il Piano didattico personalizzato (PDP)	»	297
3 Bisogni Educativi Speciali (BES)	»	298
3.1 Il disturbo da deficit dell'attenzione/iperattività (DDAI o ADHD)	»	300
3.2 Didattica inclusiva per gli alunni plusdotati (cd. gifted)	»	301
4 La valutazione degli alunni con DSA e altri BES	»	302
4.1 Gli alunni con DSA	»	302
4.2 Gli alunni con altri BES	»	303

Capitolo 3 Inclusione e multiculturalità

1 Gli alunni stranieri	Pag. 305
1.1 Le Linee guida 2014 per l'accoglienza degli alunni stranieri	» 306
1.2 Accoglienza, inserimento e orientamento	» 308
Scheda: Il Protocollo di accoglienza e integrazione degli alunni stranieri	» 309
2 L'insegnamento dell'italiano come lingua seconda (L2)	» 310
3 Gli alunni stranieri adottati	» 311
4 La valutazione degli alunni stranieri	» 313

Capitolo 4 Bullismo, devianza e dispersione scolastica

1 Devianza e delinquenza minorile	» 315
2 Dall'insuccesso all'abbandono scolastico	» 317
2.1 Intercettare il disagio a scuola	» 318
3 Bullismo a scuola	» 318
4 Il cyberbullismo	» 320
4.1 La normativa di contrasto e le Linee di orientamento del 27 ottobre 2017	» 321
5 Le azioni della scuola e del docente	» 322
Scheda: Generazioni connesse - Safer Internet Centre Italiano (SIC)	» 323
6 Il gruppo dei pari	» 325
7 Consumo di droghe e dipendenze	» 327

Capitolo 5 Continuità educativo-didattica e orientamento

1 Riferimenti psico-pedagogici: tra continuità e discontinuità	» 333
2 Riferimenti normativi	» 335
3 La continuità verticale	» 337
3.1 Il curricolo verticale	» 338
3.2 La continuità verticale: aspetti psico-pedagogici	» 339
4 La continuità orizzontale	» 341
4.1 Insieme per educare: Il Patto educativo di corresponsabilità	» 343

Capitolo 6 Orientamento e didattica orientativa

1 L'orientamento	» 347
1.1 L'orientamento nelle scuole	» 348
2 Orientare in una società complessa	» 350
2.1 La società della conoscenza	» 352
3 Orientare come: la didattica orientativa	» 354
3.1 Strumenti per una didattica orientativa	» 358
4 Orientare quando: le Linee guida nazionali per l'orientamento permanente	» 360
Scheda: Il portfolio dell'orientamento dell' alunno	» 361

Parte IV Gli strumenti

Capitolo 1 Gli strumenti didattici tradizionali e digitali

1 I libri di testo	Pag. 367
2 I nuovi strumenti digitali per la didattica	» 368
Scheda: L'adozione dei libri di testo	» 369
3 Lo strumento e-book	» 371
4 La lavagna interattiva multimediale (LIM)	» 372
5 Il blog	» 374
6 I wiki	» 375
7 I podcast	» 376
Scheda: Costruttivismo e ipermedialità	» 377
8 Classi virtuali e LMS (*Learning Management System*)	» 378
9 I social per la didattica	» 379
Scheda: L'alfabetizzazione mediatica	» 380
9.1 Facebook	» 382
9.2 Twitter	» 382
9.3 Instagram	» 383
9.4 Linkedin	» 383
9.5 I servizi di messaggistica istantanea: le chat	» 384
10 I media come ambienti del sapere	» 384
10.1 Studenti e docenti attori del processo di apprendimento	» 386
11 Strumenti didattici e tecnologici per l'inclusione	» 387
11.1 Word processor	» 387
11.2 Sintesi vocali	» 388
11.3 Audiolibri	» 388
11.4 Mappe concettuali	» 388
11.5 Scanner con software OCR	» 389
11.6 Calcolatrice dotata di sintesi vocale	» 389
11.7 Riconoscimento vocale	» 389
11.8 La LIM	» 390
11.9 I software compensativi	» 391
11.10 I dizionari di lingua straniera computerizzati, traduttori	» 391
12 Viaggi di istruzione e visite guidate: apprendimento per outdoor training	» 391
Scheda: La responsabilità dei docenti durante i viaggi di istruzione	» 395

Capitolo 2 Gli ambienti di apprendimento

1 Cosa si intende per ambiente di apprendimento	» 397
2 L'organizzazione degli spazi di apprendimento	» 398
2.1 Verso la classe 2.0	» 399
3 L'ambiente di apprendimento nella storia della pedagogia	» 400
3.1 L'attivismo pedagogico e le esperienze delle scuole nuove	» 400

3.2 La scuola montessoriana a misura di bambino	Pag.	402
3.3 Un ambiente finalizzato non artificioso	»	403
4 La scuola della metacognizione	»	404
Scheda: Didattica ludica e insegnamento individualizzato	»	405
5 Gli ambienti di apprendimento nel I e nel II ciclo	»	407
6 Il laboratorio	»	409
6.1 Le attività di laboratorio nelle Linee guida	»	410
7 Ambienti di apprendimento e nuove tecnologie	»	412
8 La scuola digitale	»	412
Scheda: La digitalizzazione della scuola italiana	»	414

Capitolo 3 La relazione insegnante-allievo

1 La relazione educativa	»	417
1.1 L'influenza dei modelli educativi sulla relazione educativa	»	418
2 La comunicazione nel sistema scolastico	»	419
Scheda: Gli elementi della comunicazione	»	420
2.1 Modalità e linguaggi della comunicazione	»	421
3 La comunicazione didattica	»	422
3.1 La comunicazione intersoggettiva docente-allievo	»	424
Scheda: I «disturbi» della comunicazione in classe	»	425
4 Il docente leader e la relazione con la classe	»	426
5 Relazione educativa e gruppi di attività in classe	»	427
Scheda: Leadership e dinamiche di gruppo	»	428
6 Emozioni e apprendimento	»	429
7 Relazione educativa e apprendimento significativo	»	430

Capitolo 4 Ambienti e contesti di apprendimento

1 L'interazione con l'ambiente	»	435
1.1 Il modello sistemico di Bronfenbrenner	»	436
2 Scuola e famiglia per la costruzione di percorsi educativi condivisi	»	437
2.1 La famiglia e i suoi modelli educativi	»	438
3 L'apprendimento formale, non formale e informale	»	439

Capitolo 5 Lingua straniera e CLIL

1 Cittadinanza europea e conoscenza delle lingue	»	443
2 Il Quadro Comune Europeo di Riferimento (QCER)	»	444
3 L'apprendimento multilinguistico nella scuola italiana	»	446
4 Le competenze linguistiche dei docenti	»	447
5 Il Content and Language Integrated Learning (CLIL)	»	448
5.1 La formazione dei docenti	»	450
5.2 La progettazione di un modulo CLIL	»	450
Scheda: Modello di progettazione CLIL	»	452

Parte V — Gli ordinamenti didattici

Capitolo 1 — Scuola dell'infanzia e scuola primaria

1 Scuola dell'infanzia	Pag. 459
1.1 Il Sistema integrato di educazione e istruzione 0-6 anni	» 460
2 Il primo ciclo di istruzione: la scuola primaria	» 461
Scheda: Diritto-dovere di istruzione e formazione e obbligo scolastico	» 462

Capitolo 2 — La scuola secondaria di primo grado

1 La scuola secondaria di primo grado: evoluzione storico-normativa	» 465
2 L'ordinamento della scuola secondaria di primo grado	» 466
2.1 L'orario di funzionamento	» 466
2.2 L'insegnamento della religione cattolica	» 467
2.3 L'insegnamento delle lingue straniere	» 468
3 La valutazione degli alunni nel primo ciclo di istruzione	» 468
3.1 La valutazione degli apprendimenti	» 468
3.2 La valutazione del comportamento	» 470
3.3 La valutazione delle assenze	» 470
Scheda: Le prove INVALSI	» 471
3.4 L'esame di Stato	» 473
3.5 La certificazione delle competenze	» 473

Capitolo 3 — Il secondo ciclo di istruzione

1 La scuola secondaria di secondo grado	» 477
2 I licei	» 478
2.1 I percorsi liceali: Liceo artistico	» 479
2.2 I percorsi liceali: Liceo classico	» 480
2.3 I percorsi liceali: Liceo linguistico	» 480
2.4 I percorsi liceali: Liceo musicale e coreutico	» 481
2.5 I percorsi liceali: Liceo scientifico	» 481
2.6 I percorsi liceali: Liceo delle scienze umane	» 481
3 Gli istituti professionali	» 482
4 Gli istituti tecnici	» 485
5 La valutazione degli studenti nel secondo ciclo di istruzione	» 487
5.1 La valutazione degli apprendimenti e le assenze	» 487
5.2 Il recupero dei debiti formativi	» 487
5.3 La valutazione del comportamento	» 488
5.4 I crediti scolastici	» 488

5.5 La certificazione delle competenze nel secondo ciclo di istruzione.........	Pag.	489
5.6 L'esame di Stato	»	489
5.7 Le prove INVALSI...	»	491
6 I Percorsi per le competenze trasversali e l'orientamento: l'alternanza scuola-lavoro	»	491
7 Scuole non statali, paritarie e confessionali	»	493

APPENDICI

Appendice 1 Struttura di un progetto... » 499

Appendice 2 Struttura di una lezione .... » 509

**Altri volumi consigliati per la preparazione al
Concorso a Cattedra per la Scuola dell'Infanzia e Primaria
Posti comuni e posti di sostegno**

526/A - *Concorso Scuola dell'Infanzia e Primaria - Manuale completo per la preparazione al concorso*

526/A1 - *L'Inglese nella Scuola dell'Infanzia e Primaria - Guida alla didattica della lingua inglese con spunti per la preparazione alle prove scritte e orali*

526/A2 - *La prova orale del concorso per Infanzia e Primaria - Manuale per la preparazione al colloquio di natura didattico-metodologica per i posti comuni*

526/A3 - *La prova scritta del concorso per Infanzia e Primaria*

526/B - *Manuale delle metodologie e tecnologie didattiche – Per la preparazione alle prove metodologico-didattiche dei concorsi a cattedra e dei FIT*

526/C - *Legislazione scolastica - Manuale di preparazione alle prove dei Concorsi a Cattedra*

526/3 - *Competenze informatiche (Informatica) per tutte le classi di concorso*

526/4 - *Competenze linguistiche (Inglese) per la prova orale - Per tutte le classi di concorso*

526/22 - *Concorso Insegnante di sostegno Infanzia e Primaria - Manuale completo per la preparazione al concorso*

526/22C - *La prova scritta del concorso per Insegnante di sostegno Infanzia e Primaria*

526/22B - *La prova orale del concorso per Insegnante di sostegno Infanzia e Primaria - Manuale per la preparazione al colloquio di natura didattico-metodologica*

Consulta la nostra pagina *www.concorsiacattedra.it* per avere informazioni aggiornate sul concorso e sulle nostre pubblicazioni

Le curatrici

Lucia Gallo, docente di materie letterarie nella Scuola Secondaria di primo grado, esperta in didattica e progettazione di itinerari formativi, svolge intensa attività di formazione e di ricerca. Su incarico del Ministero dell'Istruzione, dell'Università e della Ricerca, ha coordinato progetti tesi a prevenire il disagio giovanile e la dispersione scolastica. Ha ricevuto numerosi riconoscimenti e premi per le opere pubblicate, tra cui lo Stilo di bronzo – VII Concorso Pedagogia e Didattica – Il Monitore, Pescara; lo Stilo d'oro – IX Concorso Pedagogia e Didattica – Il Monitore, Pescara; Premio nazionale di letteratura per l'infanzia per *Racconto per te* (Il Filo, Roma 2006).

Ha pubblicato vari saggi di Pedagogia e Didattica tra cui *ScuolaProgetto*; *Indicazioni per il curricolo. Che fare?*; *La valutazione in decimi nella Scuola Primaria e Secondaria di I grado*; *Le Nuove Indicazioni nazionali*; *Lezioni di Italiano, storia e geografia per la prova orale del concorso a cattedra*. È autrice di *Ora di lettura, Antologia di Italiano per la Scuola Secondaria di primo grado*, e di *Moda e mode*.

Collabora con riviste specializzate su temi di pedagogia e didattica ed è autrice di numerosi giornali per l'insegnante.

È appena uscito il suo primo romanzo *Ora come allora*.

Iolanda Pepe, direttore editoriale dell'Area Concorsi e Abilitazioni delle Edizioni Simone, si occupa da anni della realizzazione di manuali e supporti didattici per la preparazione ai concorsi, in particolare quelli nella scuola. É autrice e curatrice di numerose pubblicazioni giuridiche e di carattere pedagogico didattico, tra cui *Insegnare discipline giuridiche ed economiche*, *Compendio delle Avvertenze generali e Metodologie didattiche*, il *Manuale completo di preparazione Concorso Dirigente scolastico* (insieme a G. Strano) e il *Compendio per il concorso per Dirigente scolastico*.

Printed in Poland
by Amazon Fulfillment
Poland Sp. z o.o., Wrocław